4판

무역상무

오원석 · 박광서

International Commercial Transaction

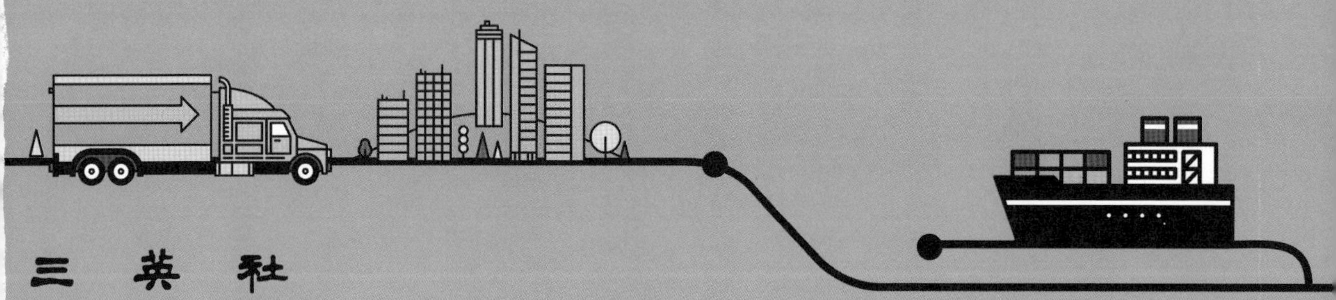

三 英 社

[4판] 머리말

새천년의 두 번째 십년이 시작되는 경자년(2020년) 새학기에 제4판으로 인사를 드리게 되었다. 2008년 초판이 출간된 이래 제3판까지 지속적인 관심과 사랑을 보내주신 여러 선생님들과 학생들께 감사의 말씀을 드린다.

그동안 우리 무역은 무역 1조 달러를 유지하여 세계 무역 7~9위권을 형성하고 있으며, 4차산업혁명, 신보호무역의 대두 등 국제환경도 많이 변화되고 있다. 무역도 상품무역에서 서비스 및 복합무역으로 발전하였으며, 글로벌전자상거래의 발전에 따른 디지털무역의 발전도 눈부시다.

제4차 개정에서는 다음 사항을 중심으로 보완하였다.

첫째, Incoterms 2020의 시행에 따른 인코텀즈 내용을 보완하였다. Incoterms 2020은 DAT를 DPU로 변경하였으며, 조항 내 배열순서를 재조정하여 관습의 정착을 도모하고 있다.

둘째, 무역상무의 목차를 조정하였다. 크게 무역상무총론과 각론으로 구분하여, 무역상무 총론에서는 무역상무의 기초, 무역계약의 성립, 무역계약의 이행(기본조건과 인코텀즈), 무역계약의 종료 순으로 기술하고, 각론에서는 무역통관, 무역운송, 무역보험, 무역결제를 자세하게 기술하였다.

셋째, 무역상무의 명칭에 걸맞도록 무역계약 중심으로 보완하였다. 특히, CISG를 알기쉽게 풀어 설명하여 무역상무의 중심이 무역계약임을 강조하고, 본서가 무역계약 교재로도 활용하고 무역실무 또는 무역상무 기본서로도 활용할 수 있도록 하였다.

넷째, 무역서식을 최신 것으로 교체하여 실무에서 활용도를 제고하였다. 특히 계약관련 서류로서 청약서 및 매매계약서를 보완하여 실무에서도 직접 활용할 수 있도록 하였다

마지막으로 책의 가독성을 높이기 위하여 무역상무 전체 및 개별분야에 대한 로드맵을 추가하였다.

이번 개정판이 무역을 공부하는 학생들과 실무자에게 계속 사랑을 받고 중요한 길라잡이 역할을 할 수 있다면 더없이 감사하겠다.

2020년 2월 15일 저자 씀

[3판] 머리말

2008년 첫 선을 보인 「무역상무」가 2011년 제2판을 거쳐 2015년에 제3판으로 새 단장할 수 있도록 지속적인 사랑을 보내주신 여러 선생님들과 학생들께 고마움을 전한다.

우리나라는 2011년부터 4년 연속 무역 1조 달러를 달성함으로써 2014년에 세계 수출 7강, 세계 무역 8강의 자리를 굳건히 하게 되었다. 그 동안 우리나라의 수출상품도 기존의 제조물 중심에서 서비스, IT 및 소프트웨어, 한류 및 문화 콘텐츠 등으로 확대되어 무역의 양적성장과 함께 질적 성장도 이룩해 가고 있다.

우리나라가 직면하고 있는 무역환경은 거시적인 차원에서는 최대 교역국인 중국, 미국 등을 비롯한 52개국과 FTA를 체결하였으며, 이제 환태평양 경제동반자협정(TPP), 역내 포괄적 경제동반자협정(RCEP), 아시아태평양 자유무역지대(FTAPP) 등과 같은 다자간 FTA를 준비하고 있다. 그리고 미시적인 차원에서는 해외직구 및 해외직판으로 표현되는 B2C거래 등으로 무역거래형태의 다양한 진화를 거듭하고 있다.

이러한 시점에 개정하는 무역상무 제3판은 다음에 중점을 두어 내용의 추가 및 수정을 하고 구성을 새롭게 하였다.

첫째, 서비스무역에 관한 내용을 추가하였다. 무역은 제조업 중심의 상품무역에서 서비스무역으로 그리고 상품과 서비스, 서비스와 서비스 등 2가지 이상의 결합에 의한 복합무역으로 발전해 나가고 있다. 이 번 개정에서는 충분하지는 않지만 서비스무역에 대한 내용을 보완하였다.

둘째, 해외직구 및 해외직판을 추가하였다. 최근 스마트기기 및 소셜미디어 등의 확산과 함께 각광받고 있는 거래형태로서 해외직구와 해외직판이 늘어나고 있다. 해외직구란 개인이 자가 사용을 목적으로 전자상거래 또는 통신판매 방법에 따라 해외에서 직접 물품을 구입하는 것이고, 해외직판이란 한국 판매자가 국경을 넘어서 직접 해외 소비자에게 물건을 파는 것으로 역직구(逆直購)라 불리기도 한다. 해외직구와 해외직판의 활성화됨에 따라 수반되는 통관제도 및 소액전자결제 등의 내용도 추가하였다.

셋째, 전문무역상사제도를 소개하였다. 2014년 대외무역법 개정으로 새 출범한 전

[3판] 머리말

문무역상사는 신시장 개척, 신제품 발굴 및 중소·중견기업의 수출확대를 위해 기여할 수 있는 무역상사를 지정하여 지원하는 것으로 종전의 종합무역상사를 대체하는 대외무역법상의 법정제도이다.

넷째, 무역금융제도의 전자화를 추가하였다. 2014년부터 구매확인서 및 내국신용장이 전면 전자화 되었다. 따라서 무역금융 관련 구매확인서 및 내국신용장의 발급, 통지, 결제 등이 전자식으로 해야 한다.

다섯째, 무역과 관련된 국제무역기구를 국제상업회의소(ICC), 정부차원의 국제무역기구, 비정부 차원의 국제무역기구 등으로 구분하여 설명하는 것을 추가하였다.

정보통신기술(ICT) 및 국제 환경의 변화에 따라 무역도 과거 사업자 사이의 B2B 거래에서 소비자와 기업의 직거래인 B2C 형태로 변화하고 있다. 따라서 무역상무도 계약, 운송, 결제 등 전 분야에서 빠르고 자유롭고 창의적인 형태로 변화될 것으로 보인다. 이러한 추세를 반영한 이번 개정판이 무역을 공부하는 학생 및 실무자들에게 조그마한 길라잡이 역할을 할 수 있다면 감사하겠다.

끝으로 광진구 신사옥에서 제2의 도약을 추진하는 도서출판 삼영사의 무궁한 발전을 기원한다.

2015년 2월 1일

저자 씀

[2판] 머리말

먼저 2008년 첫 선을 보인 「무역상무」가 이렇게 제2판으로 단장할 수 있도록 지속적인 사랑을 보내주신 여러 선생님들과 학생들께 고마움을 전한다.

새로운 십년을 시작하는 2011년은 한국무역에 있어서 중요한 출발을 의미하는 한 해가 될 것이다. 그것은 우리나라가 지난해에 이어 수출 세계 7위, 무역 세계 9위를 확고히 하는 한편, 처음으로 무역액 1조불을 달성하는 기념비적인 해가 될 것이 확실시되기 때문이다. 또한 지난해 우리나라는 G20의장국으로서 서울정상회담을 성공적으로 수행하였고, 올해는 2011년 대구 세계육상대회 개최와 더불어 2018년 평창 동계올림픽 유치가 확정되는 등 명실공히 세계 중심국가로 발돋움하고 있다.

G20시대의 우리나라 무역의 특징은 FTA중심으로 무역환경의 변화, 신흥경제권과의 교역의 중요성 확대, 교역상품의 복잡 및 다양화 등 무역의 뉴노멀(new normal) 현상으로 집약될 수 있을 것이다. 특히 서비스무역, 기술무역, 복합무역의 확산과 SNS, 소셜미디어 등의 활용은 무역의 새로운 전기를 마련해 주고 있다. 이러한 시점에 개정하게 되는 무역상무 제2판은 다음에 중점을 두어 개정하였다.

첫째, 무역상무 분야에 특화하여 분량을 대폭 줄였다. 제1판의 국제무역환경, 무역이론, 전자무역 파트를 삭제하였다. 따라서 무역상무의 기초, 무역계약의 성립・이행・불이행(종료) 체계에 맞춰 무역상무 분야에 특화하였다.

둘째, 최신 국제무역규칙을 반영하였다. 개정된 Incoterms(2010), Rotterdam Rules (2010), ICC보험약관(2009), URDG(2009)등을 반영하였다.

셋째, 무역서식을 보강하였다. 무역계약서, SWIFT L/C, B/L 등 실무에서 빈번하게 사용되는 무역서식을 보강하였고 기타 서류는 목록만 표시하였다. 무역서식 Update에 도움을 주신 코비죤상사 백상현 사장님께 감사를 드린다.

넷째, 서비스무역과 복합무역을 반영하였다. 무역거래형태의 다양화를 반영하여 최근에 늘어나고 있는 서비스무역・복합무역 등의 개념을 반영하였다.

다섯째, 결제리스크 관리를 추가하였다. 결제리스크를 대비하기 위한 독립보증을 비롯한 보증신용장, 팩토링, 포페이팅 등을 별도의 절로 추가 및 정리하였다.

[2판] 머리말

우리나라의 무역발전은 우수한 글로벌무역전문인력의 양성에 달려있기 때문에 우리나라 무역의 핵심역량은 곧 사람이다. 이 책이 글로벌무역전문인력의 역량강화를 위한 기본서로써 선생님들과 학생들에게 조금이라도 도움이 될 수 있기를 기원한다. 끝으로 새로운 조직으로 재출발하는 도서출판 삼영사의 무궁한 발전을 기원한다.

2011년 8월 15일

저자 씀

머리말

무역이 우리나라에서 무역흥방(貿易興邦)의 국가목표를 달성하는데 중추적인 역할을 해왔음은 주지의 사실이다. 이제 무역의 범위가 과거 상품매매 중심에서 서비스 및 국제비즈니스 중심으로 확장되고 있으며 나아가 복합무역 및 문화무역으로 확대되고 있음은 무역의 새로운 가능성을 말해주고 있다.

무역학은 복합학문, 실용학문 그리고 우리나라 특수성이라는 학문적 특성을 지니고 있다. 즉, 무역학은 복합학문으로써 무역상무・국제경제・국제경영 등 3대 분야를 중심으로 지역 및 외국어, legal mind 등을 두루 연마하여 국제비즈니스 현장에 적용하는 실용학문인 것이다. 이 가운데 무역상무는 다른 학문과 구별되는 특화된 분야이기 때문에 무역학의 중심 자리를 차지한다.

무역상무의 학습목표는 국제무역환경의 변화와 기업의 니즈를 충족하는 글로벌무역인력 양성에 있다. 문제는 국가발전의 중추인 기업에서는 무역인력이 부족하다고 주장하는 반면에 청년들은 일자리를 찾지 못하여 아우성이라는 점이다. 따라서 이 책은 이러한 교육과 무역현장 사이의 엇박자를 해소하는데 일조하고자 무역전문인력이 갖추어야 할 무역지식을 함양하는데 필요・충분한 기본서로서 집필되었다. 이 책이 대학에서 무역, 경영 및 국제통상을 공부하는 학생들에게 무역상무 지식 습득의 길잡이 역할을 하고, 무역업계에 종사하는 실무자에게 참고서로 도움이 될 수 있다면 저자로서는 더 없는 영광이겠다. 아울러 이 책은 관세사 및 국제무역사 기본서로서 충실한 역할을 할 수 있음을 덧붙인다.

이 책의 설명방식은 무역상무를 중심으로 무역계약의 성립・이행・종료(불이행)에 초점을 맞춘 법리적 접근방식을 사용하였다. 따라서 수출과 수입절차를 중심으로 설명하는 기존의 방식을 탈피하여 매도인과 매수인 사이의 주계약인 매매계약을 근간으로 계약 내용을 구체적으로 실현하는 무역통관・무역운송・무역보험・무역결제를 중심으로 실무적 관점에서 상세히 설명하였다.

또한 최근에 개정된 UCP600을 비롯한 계약・결제・운송・보험 등 국제규칙과 대외무역법・관세법 등 국내법규를 반영하였다. 한편 무역상무를 충실히 이해하기 위해서는 무역을 둘러싸고 있는 국제환경 및 트랜드를 포괄적으로 이해하는 것이 필요하다. 따라서 WTO 및 FTA 등 국제무역환경, 무역이론, 무역마케팅, 전자무역 등을

머리말

적은 분량이나마 지면을 할애함으로써 대학에서 강의하시는 교수님들의 강의 및 무역업계 실무자들의 지침서로서 역할에 편의를 도모하였다.

이 책을 저술하면서 여러 학자들의 저서 및 연구와 한국무역협회, 은행, 무역유관기관의 실무 자료가 많이 도움 되었음을 밝힌다. 끝으로 본서를 실무적 관점에서 감수해준 (주)코비존상사 백상현 사장님께 감사드리고, 원고 정리에 수고해 준 건국대학교 대학원 정지영 양, 손상락 군에게 감사하며, 부족한 책을 기꺼이 출간해 주신 도서출판 삼영사에게 심심한 감사를 드린다.

2008년 8월 1일

저자 씀

Contents

총 론

PART 1 무역상무 기초

Contents

PART 2 무역계약의 성립

Contents

PART 3 무역계약의 이행(기본조건)

Contents

Contents

Contents

각 론

PART 1 무역통관

Contents

PART 2 무역운송

Contents

PART 3 무역보험

Contents

Contents

PART 4 무역결제

Contents

무 역 상 무

총 론

PART

1

무역상무 기초

1 무역상무 개요

2 무역업의 경영

무역상무

무역계약

1. 국제물품매매계약
2. 계약체결절차
3. 청약과 승낙
4. 계약체결방식
6. Terms of Quality
7. Terms of Quantity
8. Terms of Price
9. Terms of Packing
10. Terms of Shipment
11. Terms of Payment
12. Terms of Insurance
13. Incoterms 2020
14. CISG
15. 계약위반 & 권리구제
16. Claim & 상사중재

무역법규

1. 대외무역법
   주체, 객체, 행위관리
   무역진흥제도
   무역관리제도
   원산지제도
   전략물자관리
2. 관세법
   통관(수출 · 수입 · 반송)
   과세(과세물건, 과세가격
   (관세율, 납세의무자)
   관세환급
   보세제도
3. 외국환거래법
   주체, 객체, 행위관리
   지급과 수령
   자본거래

무역통관

무역결제

1. 송금방식, O/A결제
2. 추심방식(D/P, D/A)
3. 신용장방식
4. 보증신용장, 청구보증서
5. 팩토링과 포페이팅
6. 알리페이와 페이팔
7. B2C간편결제
8. 무역결제서류
9. 국제결제규칙

무역운송

1. 물류와 운송
2. 수출운송, 수입운송
3. 해상운송
4. 항공운송
5. 복합운송
6. 운임 및 부대비용
7. 무역인프라
8. 운송서류

무역보험

1. 무역보험 관련 용어
2. 해상보험증권과 약관
3. 구해상보험증권 (ICC구증권)
4. 신해상보험증권 (ICC신증권)
5. 무역보험과 보증
6. 보험서류

기타

전자상거래

1. 전자무역과 전자상거래
2. 전자상거래 계약 시스템
3. 전자상거래 결제 시스템
4. 전자상거래 운송 시스템
5. 인터넷 마케팅
6. 해외직구 & 직판
7. CBEC(국경 간 전자상거래)

서비스무역

1. 서비스와 서비스무역
2. 서비스무역 국제규칙
3. 서비스무역 국내법규
4. 서비스무역상무
5. 산업별 서비스무역

CHAPTER 1

무역상무 개요

제1절 무역의 의의

I ▸▸ 무역의 개념 및 특징

1 무역의 개념

무역(貿易, international trade)은 나라와 나라를 달리하는 사람(私人)간의 물품(대상)과 대금(대가)의 교환을 말한다. 물품과 대금의 교환은 국내거래에도 있기 때문에 무역은 특히 국제거래(international transaction)를 의미한다. 국제성을 근본으로 하는 무역은 거래 당사자 간에 기본적으로 언어, 관습, 법률, 제도 등을 달리하기 때문에 여러 가지 문제가 발생하기도 한다. 따라서 무역을 성공적으로 수행하기 위해서는 무역거래 당사자 간에 의사소통에 필요한 언어, 상관습, 법규 등에 대한 이해가 필요하다.

대외무역법에서는 무역을 "물품과 대통령령이 정하는 용역 또는 전자적 형태의 무체물의 수출입"이라고 하고 있다.[1] 이를 나누어 설명하면 다음과 같다.

첫째, 무역은 **수출** 또는 **수입**을 의미한다. 수출(輸出, export)이란 국내에서 외국

1) 대외무역법 제2조(정의) 제1호

으로 물품 등이 이동하는 것이며, 반대로 수입(輸入, import)이란 외국으로부터 국내로 물품 등이 이동하는 것을 말한다. 국내(國內)라 함은 대한민국 주권이 미치는 지역을 의미한다. 주의할 것은 남・북한 간의 거래는 국내거래로 구분하여 무역이라는 표현 대신에 교역(交易), 수출・수입 대신에 반입(搬入)・반출(搬出)이라는 표현을 사용하고 있다는 점이다.

둘째, **수출입의 대상**은 물품, 용역(서비스) 및 전자적 무체물이다. 일반적으로 물품은 보거나 만질 수 있는 것으로 물건 또는 상품이라고도 하며, 서비스는 눈에 보이지 않는 거래대상으로 예를 들면 음식은 상품이고, 음식을 나르는 것은 서비스라고 할 수 있다. 전자적 무체물은 전자적 형태의 소리, 영상 등을 포함하는 디지털 재화를 말한다.

셋째, 무역은 수출입을 의미하는 것으로 실어 나르는(輸) 운송(運送, transportation)이 필연적으로 따르게 된다. 인류역사와 함께 해 온 무역은 교역당사자 간 물품과 대금의 직접교환을 의미하였지만, 오늘날 무역은 운송업무를 제3자에게 위탁하는 방식으로 이루어지고 있다. 즉, 물품의 이동은 운송사, 대금의 이동은 은행을 통하게 된다. 그러한 업무위탁 관계에서 선하증권 등 운송서류와 신용장 등 금융서류의 교환으로 이루어지기 때문에 오늘날은 무역을 **'서류에 의한 거래'**라고 부르기도 한다.

요약하면 무역은 당사자 간의 계약에 따라 물품 및 대금을 국가 간 이동시키고 그에 따른 부가가치 증대를 이익으로 향유하는 국제상거래라고 할 수 있다.

2 무역의 특징

무역은 서로 다른 국가에서 사업을 영위하는 격지자간의 거래(place gap)이고, 계약 체결과 이행 간에 상당한 시차(time gap)가 있기 때문에 무역거래 시에는 국내거래에서는 고려하지 않아도 되는 위험이 있다.

1) 국가관리의 위험

어느 국가를 막론하고 무역에 대한 **최소한의 규제**와 **지원**을 하고 있는데 이를

국가관리 위험이라 한다. 우리나라 역시 대외무역법, 외국환거래법, 관세법 등 각종 법규 및 제도적 장치를 통해 규제와 지원을 하고 있다.

아울러 무역업자는 국내뉴스뿐만 아니라 해외 정보에도 관심을 기울여야 한다. 실제로 중동지역에 전쟁이 발발한 경우 중동지역 수출에 대한 제한이 가해지거나, 동남아시아에서 콜레라, 조류독감, 구제역 등이 발생한 경우에는 그 지역으로부터 해산물, 육류의 수입을 금지하는 조치가 발동되는 **비상위험**(emergency risk) 또한 있다.

무역거래자에게 국가관리가 중요한 것은 당사자인 매도인과 매수인 사이에 문제가 발생하면 손해배상, 대체물품 청구 등의 타협을 통해서 해결될 수 있지만, 국가에 의한 금지 또는 제한의 경우에는 무역거래 절차가 중단되기 때문에 큰 손해를 입을 수 있다는 점이다. 예를 들어, 목재포장재 검역사항을 어긴 경우에는, 세관에서 통관이 불가하거나, 해당 목재제품 또는 포장재 등에 관한 검역, 소각 또는 반환(ship back) 등의 조치가 처해질 수 있다.

국가관리 위험을 체크하는 1차적인 방법으로 HS code에 따른 '**품목별 수출입요령**'을 확인하여 수출 또는 수입 규제내용을 확인하는 것이다. 특히 민감품목의 경우에는 해당 품목의 수출입요령을 확인함에 추가하여 해당 소관부처에 확인을 거친 후 절차를 진행하는 것이 안전하다.

2) 거래 상대방에 대한 위험

국제무역이란 수출상과 수입상이 매매조건을 합의한 후, 수입상은 수출상에게 대금을 지급하고 수출상은 수입상에게 물품을 인도하는 것으로 수출상은 물품인도 의무를, 수입상은 대금지급 의무를 지게 된다.

수출상은 수입상으로부터 수출대금을 확실하게 회수할 수 없는 '**신용위험(credit risk)**'이 있을 수 있다. 신용위험이란 계약 체결 후 수입상이 소재하고 있는 국가 내에서 시황의 변동으로 계약물품 가격이 하락하여 시장성이 없다고 판단되거나, 수입상이 부도가 나는 경우 대금지급 능력을 상실할 수 있는 위험이다. 특히 수출상이 먼저 수입상에게 상품을 선적하고 대금은 수입상이 상품을 수령한 후에 송금하는 사후송금방식(later remittance after shipment) 거래에서 발생한다.

반면에 수입상은 수출상으로부터 약정된 선적기일 내에 계약 물품을 인수할 수 있는지에 대한 '**상업위험(mercantile risk)**'을 지게 된다. 이것은 수입상이 무역대금의 전액을 상품 선적 전에 수출상에게 미리 지급하고 수출상은 일정기일 이내에 약정상품을 선적하는 사전송금방식(advance remittance before shipment) 거래에서 주로 발생한다.

수출상의 대금회수 위험은 대금결제방식을 적절하게 정하는 방식으로 대비할 수 있으며, 수입상의 물품에 대한 계약적합성 및 납기위험은 선적전검사와 선적조건 등을 정확하게 정함으로 대비할 수 있다.

3) 시간적 · 장소적 위험

무역은 시간적 · 장소적 차이에서 오는 위험이 있다. 국제무역거래에서는 매매계약시기, 선적과 인수시기, 대금결제시기 등에 있어서 시간의 차이가 존재하기 때문에 시차 동안 발생하는 환율변동으로 인한 '**환위험(foreign exchange risk)**'이 있으며, 무역의 계약시점과 상품의 인도시점 간에 있어서 시간적인 차이가 발생하게 되고 이러한 시간적인 차이뿐만 아니라 상품의 국제시세가 급변하게 되는 경우에는 '**가격변동위험(market risk)**'이 존재한다.

무역은 서로 다른 국가에서 사업을 영위하는 **격지자간(隔地者間)의 거래**라는 점에서 국가마다 국내법과 상관습이 다르기 때문에 수출입 이행시 거래 당사자 간에 동일한 사안에 대하여 다르게 해석할 수 있다. 원활한 무역거래를 위해 ICC(국제상업회의소, International Chamber of Commerce)와 UN 등에서는 무역 관련 표준화된 매매관습인 Incoterms나 신용장 관습인 신용장통일규칙(UCP) 및 각종 표준계약서 등을 제정 · 시행하고 있다.

4) 기타 위험

무역은 격지자 사이의 거래이기 때문에 이를 이행하기 위해서는 후속적인 계약이 필요하다. 물품의 인도를 위한 운송계약(contract of carriage), 대금의 지급을 위한 지급계약(contract of payment), 위험을 커버하기 위한 보험계약(contract of insurance) 등이 각각 운송인, 은행, 보험회사 등과 체결된다.

또한 양국간 사용되는 언어가 다른 경우가 대부분이기 때문에 당사자 간 커뮤니케이션과 계약서에는 영어가 주로 사용되므로 비즈니스영어를 익혀야 업무를 원만하게 수행할 수 있다.

마지막으로 무역거래는 서류거래이다. 따라서 계약에 일치되는 물품과 함께 서류를 제공함으로써 매도인의 인도의무가 완료된다. 따라서 무역 관련 서류의 정확한 작성의 해독은 중요한 부분이다.

Ⅱ ▸▸ 무역의 주체와 객체

1 무역의 주체

무역의 주체(subject)는 계속·반복적으로 무역사업을 영위하는 주체(主體), 즉 **무역거래자**를 말한다. 무역업은 국제간의 거래인 무역을 일정한 목적과 계획을 가지고 지속적으로 경영하는 것이다. 사업은 사람(who), 사업대상(what), 영업(how)의 3가지 요소가 결합된 것이다. 무역업을 시작하고자 하는 사람(who)은 어떠한 사업대상(what, item)을 어떠한 방식(how)으로 사업을 진행할 것인가에 대한 사업계획을 수립(PLAN)하고, 사업을 수행(DO)하고, 평가(SEE)하는 절차를 반복하게 된다.

대외무역법에서는[2] 무역의 주체를 무역업자(수출 또는 수입을 하는 자), 무역대리업자(외국의 수입자 또는 수출자의 위임을 받는 자), 무역위임자(수출입을 위임하는 자) 및 무역대행자(수출입의 위임을 행하는 자)를 무역거래자(貿易去來者)라는 명칭으로 통합하여 사용하고 있다.

우리나라는 2000년 1월 이후 무역업종이 자유화되어 명칭 구분도 없어졌으며, 특별한 인허가 등의 제한도 없다. 다만 특정한 품목을 수출입하고자 하는 경우에는 품목 특성상 개별법에 따라서 별도의 자격요건을 갖추어야 하는 경우도 있다.

다만 무역을 업(業)으로 계속 영위하고자 하는 사람은 한국무역협회에서 '**무역업**

2) 대외무역법 제2조(정의) 제3호

고유번호'를 받으면 무역실적의 관리 등에서 편리하다. 무역업고유번호는 한국무역협회의 본부 및 각 시도에 위치한 지역본부를 방문하거나 인터넷을 통하여 신청서와 사업자등록증 사본을 제출하면 신청 즉시 발급받을 수 있으며, 무역협회 회원으로 가입하면 무역에 관한 One stop Service를 받을 수도 있다. 무역업고유번호를 발급받기 이전에 사업장 소재지 관할세무서에서 먼저 사업자등록증을 발급받아야 한다.

사업자등록 및 무역업고유번호 신청

	사업자등록증	무역업고유번호증
신청장소	관할세무서	한국무역협회 본・지부
필요서류	주민등록등본, 사무실임대계약서(필요시)	사업자등록증, 무역업고유번호부여신청서
처리기간	1~2일	즉시
소요경비	무료	무료

2 무역의 객체

무역의 객체(object)라 함은 무역거래의 대상, 즉 거래의 목적물을 말한다. 무역의 객체는 거래대상에 따라 유형무역(visible trade)과 무형무역(invisible trade)으로 나누어, 전자는 주로 물품(goods) 거래, 후자는 서비스나 기술 등의 거래를 말한다. 기술무역은 특허권, 의장권, 저작권 등의 지적재산권(IPR : intellectual property right)이 이에 속한다.

무역의 객체는 대외무역법의 정의를 기준으로 물품, 용역(서비스) 및 전자적 형태의 무체물 등으로 구분할 수 있다.

물품(物品, goods)이란 상품, 제품, 물건 등 여러 가지로 불리고 있으며, 대외무역법에서는 '외국환거래법에서 정하는 지급수단인 증권 및 채권을 화체한 서류 외의 동산'으로, 민법에서는 '유체물 및 전기 기타 관리할 수 있는 자연력'이라고 정의하고 있다(민법 제98조). 이러한 개별법상의 정의가 너무 어렵기 때문에, 실무적으로는 HS code[3]가 있는 것을 물품이라 칭해도 무방하며, 현재 HS code가 있는

3) 국제통일상품분류(The Harmonized Commodity Description and Coding System)란 국제 무역에서 사

상품은 약 12,000개에 달한다.

용역(用役, service)이란 물질적 재화의 생산 이외의 생산이나 소비에 필요한 노무인데 모든 용역이 무역 개념에 포함되는 것은 아니고, 경영상담업, 법무・회계 서비스업, 디자인, 컴퓨터 설계 및 자문업 등 대통령령에서 특별히 정하는 것만을 수출입 대상으로 하고 있다.

전자적 형태의 무체물이란 소프트웨어산업진흥법에 규정된 소프트웨어, 부호・문자・음성・음향・이미지・영상 등을 디지털방식으로 제작하거나 처리한 자료 또는 기타 이와 유사한 전자적 형태의 무체물로써 산업통상자원부장관이 정하여 고시하는 것을 말한다. 정보통신기술의 발달로 인터넷을 통하여 소프트웨어를 판매하는 등 가상공간을 통한 무역거래, 즉 전자무역거래가 빠른 속도로 증가하고 있다. 정보통신망을 이용한 '전자적 형태의 무체물'에는 소프트웨어[4]와 영상물(영화・게임・애니메이션・만화・캐릭터), 음향・음성물, 전자서적, 데이터베이스 등이 포함된다.

물품의 수출입은 국내와 외국간 물품의 이동이 전제되기 때문에 국경개념과 이를 경유하는 통관의 개념이 있지만, 전자적 형태의 무체물은 정보통신망을 통하여 거래되기 때문에 국경의 개념이 없고 거주자와 비거주자라는 거래주체를 기준으로 수출입의 개념을 이해하여야 한다.

용되는 세계적으로 공통된 상품 분류방식을 말하는 것으로 10자리 숫자로 되어 있고, 6자리까지가 세계 공통이다.

4) 소프트웨어산업진흥법 제2조 1호 : '소프트웨어'라 함은 컴퓨터・통신・자동화 등의 장비와 그 주변장치에 대하여 명령・제어・입력・처리・저장・출력・상호작용이 가능하도록 하게 하는 지시・명령(음성이나 영상정보 등을 포함한다)의 집합과 이를 작성하기 위하여 사용된 기술서 기타 관련 자료를 말한다.

제2절 무역상무의 공부방법

I ▸▸ 무역학의 특징과 목표

1 무역학의 특징

무역상무의 공부방법을 언급하기에 앞서 무역학은 복합학문, 실용학문 그리고 우리나라의 특수성에 기인한 학문이라는 특성을 이해해야 한다.

첫째, **복합학문**으로서 무역학이다. 무역학은 무역상무(무역실무)분야, 국제경제(무역이론 및 정책)분야, 국제경영(무역경영)분야 및 국제통상(지역연구)분야를 다루는 전형적인 복합학문이다. 인류사회가 복잡해지고 다양성이 날로 심화되는 과정에서 복합적 성격을 지닌 학문이 빠르게 증가하고 있다. 실제로도 복합학문에 해당되는 국제관계학, 교육학, 생활과학, 사회복지학, 산업공학 등이 미국이나 유럽 등 선진국에서 각광을 받고 있음을 주목할 필요가 있다.

둘째, **실용학문**으로서 무역학이다. 무역학의 교육목표가 궁극적으로는 글로벌무역전문가 양성에 있다는 점을 고려할 때 무역학은 무역상무, 국제경제, 국제경영에 관한 지식함양 및 국제통상 전략에 관련된 실무적인(practical) 측면이 보다 중요시 되는 실용학문이다. 오늘날 대학의 사명은 지난날의 상아탑 이미지를 과감하게 벗어나 시대적·사회적 요구에 부응하여야 할 사명을 지니고 있을 뿐만 아니라 실용성을 중요시하지 않을 수 없다. 따라서 무역학은 수요자인 기업의 니즈(needs)에 맞춘 무역전문인력 양성을 목표로 하는 실용학문이라는 점에서 그 가치가 있다.

셋째, 우리나라의 **특수성에 기인**하는 무역학이다. 무역학은 무역의존도가 80% 이상인 우리나라의 특수한 국민경제 여건 하에서 기업에게 전문무역인력을 공급하고 정부에게 국가경제발전에 필요한 이론과 정책을 개발하는데 있어서 중추적 역할을 담당해 왔다. 또한 향후 무역은 기존 상품무역에 서비스무역 등이 포함된 '복합무역' 개념으로 발전할 것이기 때문에 무역학의 중요성은 더욱 강화될 것이다.

2 무역학의 학습목표

전통적으로 무역학은 무역상무분야, 국제경제분야, 국제경영분야를 다루고 있다. 따라서 무역학의 공부는 경영학 및 경제학 지식 기반 위에 무역상무를 공부하고 있다. 특히, 무역상무는 무역학의 여러 영역 중에서 특화된 분야이기 때문에 무역학의 연구중심이 되어야 한다.

국제경제는 무역의 이론적 근간이 되는 사고력과 창의력 등 정의적 목표를 달성함에 있어서 필요하고, 국제경영은 무역전문가가 해당기업의 경영자가 된다는 점에서 "상무－경제－경영" 3박자를 고루 공부하는 균형감이 중요하다.

또한 산업계의 needs에 부합하는 전문지식 함양에 초점을 맞추어야 한다. 국제무역 현장에서 즉시 활용할 수 있도록 산업계에서 필요로 하는 전문지식(무역상무·국제경제·국제경영) 및 기반지식을 갖추어야 한다. 외국어, 국제감각 및 법적소양(legal mind)을 키워야 한다. 거래 상대방의 상관습, 문화, 법률 등에 대한 이해를 위해서 지역연구와 함께 다양한 국제화 경험이 필요하고 외국어(영어, 제2외국어)는 별도의 언급이 필요치 않을 만큼 중요하다.

무역상무(international commercial transaction)의 구체적인 학습목표는 무역실무전문가의 양성이다. 이러한 목표를 달성하기 위하여 먼저 매매계약, 운송계약, 보험계약 및 지급계약을 학습하고 이러한 계약의 기초가 되는 국제거래관습과 국내외 관련 법규의 학습이 필요하다. 영미 국가에서는 이러한 교육이 로스쿨(law school)에서 이루어지고 있다. 이는 영미법이 관습에 근거한 관습법이라는 점도 있지만, 계약은 당사자 간 법률적 관계이기 때문에 법리적 연구가 불가피하여 로스쿨에서 학습하고 있다. 우리나라도 2009년부터 로스쿨제도가 시작되어 실무중심의 국제거래법에 대한 수요가 늘어나고 있다.

Ⅱ ▸▸ 무역학의 학습범위와 공부방법

1 무역학의 학습범위

무역학의 학습범위는 핵심연구영역과 인접연구영역으로 구분할 수 있다. 먼저 핵심연구영역은 매매당사자간 체결된 기본계약인 매매계약과 이행하기 위한 운송계약, 보험계약, 지급계약 등과 관련된 영역이다.

운송계약은 해상, 육상, 항공 및 복합운송이 있으며 여기에 창고 및 보관 등의 개념이 합쳐져 물류까지 포함된다. 보험계약은 해상보험, 무역보험, P&I Club 및 제3자에 대한 배상책임을 커버하는 제조물책임보험도 경우에 따라서는 포함된다.

지급계약은 전통적 결제방식인 L/C, D/A, D/P거래 이외에 전자결제, paypal 등 소액결제 방법이 있다.

무역관련 계약이 영문으로 작성되기 때문에 무역영어와 인터넷 등의 보편적 사용에 따른 인터넷무역 등도 핵심·연구 분야로 분류할 수 있다.

수출입이 국내 무역 관련 법규(대외무역법, 외국환거래법, 관세법) 및 국제거래관습·법규(CISG, Incoterms, UCP, Hague Rules, Hamburg Rules, Warsaw Convention, UNCTAD/ICC Rules, CMI규칙, M.I.A., UNCITRAL Model Law)에 따라 제한 또는 준거되기 때문에 이들에 관한 연구도 필수적이라고 할 수 있다. 저자는 본서에서 이들 핵심연구분야를 중심으로 기술한다.

인접연구영역으로 국제거래법 또는 상사법 분야가 있다. 무역상무가 국제거래관습에 초점을 두는데 반하여 이들 분야는 실정법에 초점을 두고 있다.

한편 WTO 협정문이나 EU법 등 국제공법도 무역상무와 긴밀한 관계가 있다. 다자간 협정을 통하여 국제적 통일규범이 확립되어야 각국 내의 기업들이 이러한 통일된 규범에 따라 계약을 체결할 수 있다.

또한 무역이론이나, 해외 시장조사와 거래처 발굴 등에 관한 국제마케팅, 물품·자본·기술을 결합하여 해외로 진출하는 해외직접투자 등도 무역상무와 밀접한 분야이다.

끝으로 무역은 2개 이상의 국가가 관련되어 이루어지기 때문에 상대국의 문화,

제도, 법률, 관행, 통화 등에 관한 것을 연구하는 지역연구도 관련된 영역이다.

2 무역학의 공부방법

많은 사람들이 무역을 수출과 수입으로 나누어 수출실무와 수입실무를 절차중심으로 접근하고 있다. 하지만 이 접근방식에는 다음과 같은 문제점이 있다.

첫째, 내용의 중복이다. 즉, 수출의 반대가 수입이므로 수출절차에서 나누어지는 모든 과정이 수입절차에서 그대로 중복되게 된다.

둘째, 절차 중심의 학습은 무역학습에 대한 이해의 부족을 불러올 수 있다. 절차 중심으로 무역 업무를 암기하는 것은 바람직하지 않으며, 특히 무역자유화가 진전되면서 점차 절차가 간소화되기 때문에 절차중심 학습의 의미가 약해진다.

셋째, 무역상무도 사회과학의 한 영역이라면 논리적 정당성을 확립하기 위한 과학적 방법론이 필요하다. 절차중심의 학습방법에서는 어떤 과학적 연구방법이 있는지 분명하지 않다.

본서는 계약중심의 접근방식을 사용하며 **법리적 연구(法理的 硏究)**에 중심을 두었다. 여기에서 법리적 접근이란 국제거래관습과 법규를 중심으로 한다는 점이다.

계약중심의 접근방식은 계약당사자 입장에서 계약성립, 계약이행, 계약불이행 및 권리구제의 3단계로 나누어 검토하는 것을 말한다. 각 단계별 모든 원리를 국제법규 및 거래관습을 중심으로 고찰하는 것을 의미한다.

아울러 무역에 대한 연구는 주제나 목적에 따라 사회과학의 다른 방법론 또는 실증적 연구도 필요하다.

제3절 무역거래 절차

I ▸▸ 수출입절차 개요

수출입절차란 거래상대방을 발굴하고 상담을 진행하는 등 해외마케팅과 국내마케팅 과정을 거쳐 수출 또는 수입계약을 체결한 후 계약 내용대로 수출입거래를 이행하는 일련의 과정을 말한다.

수출입거래는 수출자와 수입자가 물품조달 또는 물품판매를 위한 국내활동을 전제로 어느 일방의 주도로 해외거래선 확보를 위한 마케팅절차를 거쳐 무역계약을 체결하는 것으로써 본격적으로 시작된다. 즉, 수출입절차는 수출자와 수입자가 함께하는 계약체결단계와 수출자의 수출이행단계 및 수입자의 수입이행단계 등 3단계로 나눌 수 있다.

계약체결 시 수출자와 수입자는 먼저 수출입하려는 물품과 결제방법 등 무역거래가 국내법규에 의해 허용되는지 여부를 검토한 후 제한사항이 있는 경우 사전에 승인 등이 가능한지 여부를 점검한다.

수입자는 수입이 제한되는 품목을 수입하고자 하는 경우는 승인기관에서 수입승인(I/L)을 받고, 신용장에 의하여 결제하기로 약정한 경우 거래은행을 통하여 신용장 개설을 시작으로 수입이행활동을 진행한다.

수출자는 수입자가 개설한 신용장을 수취한 후, 자체 생산하거나 협력업체에 발주하여 수출 물품을 조달하는 것을 시작으로 수출이행활동을 진행한다. 수출자는 수출물품을 조달하기 위하여 완제품이나 원자재를 국내 또는 해외에서 구매하거나 수입한다. 국내에서 수출물품을 구매하는 경우 수출자는 수출물품을 발주한 후 현금(어음) 또는 내국신용장을 개설하여 물품대금을 결제한다. 수입자의 요청에 따라 수출물품이 계약내용과 적합한지 여부에 대하여 선적전검사(PSI)를 받고,

수출입 절차

5) P/L(paperless), EDI(electronic data interchange), C/S(cargo selectivity)

필요한 경우 승인기관으로부터 수출승인(E/L)을 받으며, 수출물품을 조달한 후, 세관에 수출신고를 한다.

수출자는 보험회사에 해상보험을 가입하고 운송회사에 수출물품의 운송을 의뢰하여 선적을 완료한다. 선적 후 운송회사로부터 운송서류(B/L)를 교부받으며, 신용장이나 수출계약서에서 요구하는 제반서류를 갖추어 환어음을 발행하여 거래은행에 제시하여 대금을 회수한다.

수입자는 거래은행에 수입대금을 지급하고 선적서류 원본을 입수한다. 그 사이 수입자는 수출자로부터 미리 입수한 선적서류 사본을 가지고 수입통관 절차를 거치며, 수입대금을 결제한 후에 입수한 선적서류 원본을 운송회사에 제시하고 수입물품을 인수한다.

Ⅱ ▸▸ 무역마케팅 및 계약체결 단계

1 무역마케팅

수출상은 물품을 어느 나라 누구에게 수출하느냐 하는 점을 정하게 된다. 대상국가의 선정은 국민소득, 정치적·사회적 사정, 상관습, 언어, 법률, 인구 등 정치경제·사회문화적 여건을 고려하여 대상 국가를 선정하고 **수출마케팅조사(export marketing research)**를 한다.

목적시장이 선정되면 수출상은 수입상을 물색하기 위하여 국내외 인터넷 무역거래알선사이트(e-MP : e-Market Place), 한국무역협회 등 유관기관, 무역대리인(agent), 해외광고, 전시회 참가 등을 통해서 거래처를 발굴한다.

거래처가 물색되면 상대방에게 거래제의(business proposal)를 하게 된다. 이때 제의를 받은 상대방이 거래할 의사가 있으면 거래문의(trade inquiry)를 하면서 견본, 상품목록(catalogue), offer 등을 요청한다.

수출의 경우에는 목적시장과 거래처를 선정하는 것이 거래의 관건이지만, 수입의 경우에는 먼저 국내시장에서 판로를 생각하여야 한다.

2 무역계약의 체결

수출상은 수입상의 요청에 따라 편지 또는 e-mail 등의 방법으로 수입상 앞으로 청약서(offer sheet)를 보낸다. offer는 수출상이 계약을 체결하겠다는 확정적 의사표시이므로 수입상이 이에 동의(acceptance)하면 **매매계약(sales contract)**이 성립되지만 필요한 경우 별도의 계약서를 작성한다. 거래의 기초가 되는 일반거래조건협정서(Agreement on General Terms and Conditions of Business)를 교환할 수도 있다. 일반거래협정서가 교환되면 수입상의 요청에 따라 수출상은 offer하고 수입상이 이를 acceptance하므로 매매계약이 체결된다. 매매계약이 수출상의 입장에서 보면 수출계약이 되고 수입상의 입장에서 보면 수입계약이 된다.

Ⅲ ▸▸ 수출이행단계

1 수출대금 회수방안 마련(신용장 수취)

매매계약이 성립되면 계약서의 지급조건(terms of payment)에 따라 사전송금방식에서는 사전송금을, L/C방식에서는 수입상의 요청에 의하여 L/C가 개설되어 수출상에게 보내진다. L/C를 수취한 수출상은 L/C상의 내용이 계약내용과 일치하는지를 점검하고 만약 불일치가 발견되면 수입상에게 조건변경(amendment)을 요구하여야 한다.

2 수출승인

대부분의 물품이 **수출승인(E/L : export licence)**을 받지 않고 수출할 수 있으나 수출입공고에서 수출이 제한을 받는 경우 승인기관에서 수출승인을 받아야 한다. 원래 승인권자는 산업통상자원부장관이지만 공고에 의하여 그 권한을 관련 협회나 조합 등의 단체에 위임하고 있다.

3 무역금융

수출 물품을 생산 혹은 구매하기 위해서는 자금이 필요하다. 수출물품을 확보하는 방법은 수출상이 직접 생산하는 방식과 다른 제조업자로부터 완제품을 구매하는 방식이 있다. 전자의 경우 필요한 원자재를 국내에서 조달할 수도 있고, 해외에서 수입할 수도 있다. 원자재나 완제품을 국내에서 조달할 경우 자신의 거래은행을 통하여 공급업자를 수익자로 한 **내국신용장**(Local L/C)을 이용하거나, 내국신용장에 준하여 발급하는 **구매확인서**를 이용한다.

전자무역금융의 전면 실시에 따라 2014년부터 내국신용장과 구매확인서의 발행, 통지, 매입 등을 100% 전자식으로 사용되고 있다.[6] 내국신용장과 구매확인서의 전자화는 기존의 EDI방식 및 서류제출 방식이 결합되어 개설신청과 개설, 통지, 변경 및 매입신청, 서류보관과 증명, 잔여한도 관리 등 전 과정에서 이용 당사자들에게 상당한 편의를 제공하고 있다. 이와 함께 납세자료 제출절차 간소화 및 관련 비용경감, 은행의 내국신용장 결제업무, 국세청의 행정비용감소 등 관련 정부기관 및 업체의 업무프로세스 개선과 비용이 절감되는 효과를 내어 전자무역 활성화에도 도움이 되고 있다.

4 운송계약 체결

수출상은 신용장이나 계약서 등에서 정해진 선적기일 내에 물품의 선적이 이루어져야 하므로 운송회사와 운송계약을 체결하여야 한다. 운송계약은 수출상이 선복요청서(S/R : shipping request)를 제출하고, 선사가 인수확약서(B/N : booking note)를 교부하면 성립되고, 선하증권(B/L : bill of lading)은 운송계약 성립의 추정적 증거(prima facie evidence)가 된다.

운송계약의 체결당사자는 통상 매매계약의 정형거래조건(trade terms)에 따라 결정된다. FCA나 FOB조건에서는 수입상이 운송계약을 체결하고, CIF나 CIP조건에서는 수출상이 운송계약을 체결한다. 그러나 FCA나 FOB조건에서도 수입상의 요

6) 무역업무 단일창구 포털(www.utradehub.or.kr/)

청에 따라서 수출상이 운송계약의 당사자가 되어 해상·항공·복합운송 등 운송계약을 체결하고 B/L·AWB·MTD 등 운송서류를 발급받아 환어음을 첨부하여 수출대금을 회수하는 경우도 있다.

5 보험계약 체결

물품이 수입상에게 인도되기 위해서는 통상 운송과정을 거쳐야 하고 운송 중에 생길지도 모를 위험을 커버하기 위하여 **해상적하보험**(marine cargo insurance)이 이용된다.

보험계약의 체결과 보험료의 부담자는 통상 매매계약의 정형거래조건에 따라 결정된다. CIF조건과 CIP조건은 수출상이 수입상을 위하여 보험계약을 체결하고 보험료를 부담하지만 나머지 조건에서는 수출상에게 보험계약의 체결의무가 없다. 따라서 대부분 수출상 또는 수입상은 자신의 위험부담을 커버하기 위하여 자신의 비용으로 보험계약을 체결한다. 보험계약체결의 증빙서류로는 해상보험증권(I/P : insurance policy)이나 보험증명서(certificate of insurance)가 발급된다.

6 수출통관

수출상은 선적 전에 세관에 **수출신고**(export declaration)를 하고 30일 이내에 수출 선박에 적재하여야 한다. 수출신고는 전자문서(EDI)로 작성된 신고자료를 통관시스템에 전송하여 이행된다.[7] 수출신고는 하주, 관세사, 통관법인 또는 관세법인의 명의로 하여야 한다.

수출신고는 수출상이 관세사의 도움 없이 수출통관 업무를 수행할 수도 있는데 이를 자가통관이라 한다. 수출신고가 끝나면 사이트에서 수출신고필증을 출력할 수 있다.

7) 수출상이 관세사에게 수출통관 의뢰 → 관세사의 수출신고(KTnet 또는 UNIPASS 시스템) → C/S검사(우범화물 선별) → 수출신고수리(관세사에게 통보)

7 선 적

수출통관을 끝낸 화물은 내륙운송을 거쳐 본선의 선측까지 운송되어 **본선에 적재**된다. 본선에 적재된 화물에 대하여 본선수령증(M/R : mate's receipt)이 발급되며, 선사는 이와 상환으로 선적선하증권(on board B/L)을 교부받는다.

화물이 컨테이너를 가득 채운 FCL화물은 CY에서, 소량화물인 LCL화물은 CFS에서 각각 CY operator 또는 CFS operator에게 인도되고 부두수령증(D/R : dock receipt)을 교부받아 이와 상환으로 수취선하증권(received B/L) 또는 복합운송서류(MTD : multimodal transport document)를 교부받는다.

8 수출대금 회수

L/C방식의 경우 수출상은 선적하고 바로 거래은행과 체결한 외국환거래약정에 따라 환어음(bill of exchange 또는 draft)과 L/C상에 명기된 서류를 준비하여 자신의 거래은행에 화환어음 매입(negotiation)을 의뢰함으로써 수출대금을 회수한다.

추심방식의 경우에는 환어음과 서류를 준비하여 거래은행을 통하여 추심(collection)을 의뢰하며 수출대금을 회수한다. 경우에 따라서는 추심전 매입도 가능하지만 추심거래는 수입상의 신용에 바탕을 둔 거래로 L/C방식에 비해 위험한 거래이다. 추심전매입은 매입은행이 수입상의 신용위험을 부담하게 되므로 무역보험공사의 수출보증보험에 가입한 후 보험증권을 은행에 담보로 제공한다.

사후 송금방식의 경우에는 수출상은 물품을 보낸 후 수입상이 보내오는 수출대금을 수령하면 되는데, 수출대금 회수를 위한 안전장치가 필요하다.

9 사후관리 및 관세환급

수출상이 물품을 선적하고 수출대금을 수령하면 수입상과의 계약관계는 종료된다. 그렇지만 수출상 혹은 제3자가 수출용 원자재를 수입하여 물품생산에 사용하였다면 이를 수입할 때 세관에 납부한 관세를 되돌려 받을 수 있다. 이를 **관세환급**이라 한다. 관세환급액의 산출방식은 정액환급률표에 따른 정액환급과 개별환급이 있다.

Ⅳ 수입이행단계

수입자는 수출입 계약내용이 확정되면 계약내용에 따라 신용장을 개설하고, 수입대금을 결제한 후 선적서류를 입수하여 국내영업을 하는 일련의 활동을 전개한다. 이러한 수입이행활동은 수입자가 수입계약을 이행하는 과정으로 파악할 수 있으며 시간의 경과에 따라 단계별로 수입승인·수입신고, 수입대금결제, 선적서류입수, 물품수령 및 국내영업 활동의 순으로 진행된다.

1 수입승인

수입승인(I/L : import licence)은 수입물품이 수출입공고 등에서 수입이 제한되는 경우에 제한조치에 합당한 수입요령에 따라 받는 승인이다. 아울러 수입품목이 통합공고에 의한 요건확인 품목인 때에는 세관에 수입신고하기 전까지 해당 개별법에 따른 요건확인을 받아야 한다. 수입승인의 유효기간은 원칙적으로 1년이나 물품의 가공기간, 물품의 선적 및 도착기간 등을 감안하여 따로 결정할 수 있다.

2 수입신용장 개설

매매계약의 지급조건(terms of payment)에 따라 사전송금방식에서는 사전송금을 해야 하며, L/C방식에서는 수입상은 L/C를 개설하여야 한다.

수입승인기관으로부터 수입승인을 받은 수입상은 수입승인서를 첨부하여 거래은행에 **신용장개설**을 의뢰한다. 은행은 신용장을 개설하면 수출상이 발행한 어음에 대해 지급책임이 있기 때문에 신용장개설의뢰인(applicant)인 수입상과 수입신용장개설약정의 체결 시 수입물품을 양도담보로 제공받고, 동시에 추가적인 개설담보를 확보한다.

신용장은 매매계약서 및 수입승인서상의 조건과 일치되도록 개설되어야 하며, 신용장은 개설은행(issuing bank)에 의하여 **SWIFT**[8)]로 통지은행(advising bank)을 통해 수출상에게 전달된다.

3 운송 및 보험계약 체결

물품의 운송과 운송 중 위험을 커버하기 위하여 필요한 운송계약과 보험계약의 체결당사자는 일반적으로 매매계약 시 선택되는 정형거래조건에 따라 결정된다. FCA, FOB, FAS조건에서는 수입상이 운송계약을 체결하고, 선박 수배정보를 수출상에게 통지해야 하며, **CIF, CIP를 제외한 조건에서는 수입상이 위험을 커버하기 위하여 해상**보험을 가입해야 한다.

CIF나 CIP인 경우에는 수출상이 수입상을 위하여 운송계약 및 보험계약을 체결하므로 수입상은 자신이 원하는 담보조건을 매매계약 체결 시 합의하여야 한다.

4 대금결제 및 선적서류 입수

개설은행은 접수된 서류를 심사한 후 신용장조건과 일치가 확인되면 개설의뢰인인 수입상에게 선적서류의 도착을 통지한다. 개설의뢰인은 수입대금을 결제한 후 선적서류를 인도받아 수입물품을 수령하게 된다.

수입물품은 도착항에 도착하였으나 선적서류의 송달이 지연된 경우 수입상은 개설은행으로부터 **수입화물선취보증서(L/G : letter of guarantee)**를 발급받아 수입물품을 인수할 수 있다. L/G는 선적서류가 도착하기 전에 물품의 인도로부터 발생하는 모든 문제를 개설은행이 책임지며, 추후 선하증권 원본이 도착하면 이를 선박회사에 인도할 것을 보증하는 개설은행의 보증서이므로, 선사의 입장에서는 운송서류의 원본을 인수하는 것과 같은 효과를 가지게 된다.

---

8) SWIFT(Society for Worldwide Interbank Financial Telecommunication, 세계은행간 금융전산망)은 세계 회원은행 상호간에 온라인망으로 연결하여 국제간의 자금결제 및 메시지 교환을 보다 신속하고 안전하게 처리하기 위한 국제은행업무의 자동화이다. 1973년에 설립된 비영리 협동조합으로 벨기에에 본부가 있고, 우리나라도 1992년부터 도입하였다.

수입상이 개설은행으로부터 선적서류를 인도받을 때 자금이 없거나, 은행 자금으로 수입한 경우에는 담보권은 은행이 갖고, 처분권을 수입상에게 주어 매각하여 약정된 기간 내에 수입대금을 결제하도록 하는 **수입화물대도**(T/R : trust receipt)를 활용할 수도 있다.

5 수입통관

수입신고는 시기에 따라 출항전 신고, 입항전 신고, 보세구역 도착전 신고 그리고 보세구역 장치 후 신고 등 4가지가 있다. 수입신고는 하주, 관세사, 관세법인 및 통관법인이 할 수 있다.

세관은 수입신고서와 제반구비서류를 심사하고 필요한 경우 현품을 검사한 후 수입화물에 대한 과세가격을 평가하여 관세 등을 부과·징수한다. 수입상이 관세 등을 은행에 납부하면 수입신고필증이 교부된다. 수입상은 수입신고필증으로 물품을 수령하므로 수입절차가 종료된다.[9]

9) 수입신고(수입자의 의뢰를 받은 관세사가 KTnet 또는 UNIPASS를 통해 전송) → C/S검사(우범화물선별검사) → 수입신고수리(즉시수리, 심사대상, 물품검사 중 한 가지 방법) → 관세납부

제4절 무역관리와 국내무역법규

I 무역관리와 국내무역법규

모든 국가는 자국의 경제정책이나 무역정책에 따라 수출입에 제한을 가하고 있는데 이것이 무역관리이다. **무역관리**(trade control)라 함은 거래당사자가 국제규범에 따라 자유롭게 체결한 수출입 계약을 이행할 때 국가에서 무역정책에 따라 사전·사후적으로 무역거래를 관리 또는 통제하는 것이다. 국가마다 자국의 무역정책을 구체화하기 위하여 무역관련 국내법을 제정하여 시행하고 있는데, 우리나라도 무역관리를 위한 **3대 법규**로 대외무역법, 외국환거래법 및 관세법을 갖추고 있다.

무역진흥을 위한 법규로 무역금융을 지원하기 위한 한국은행의 '금융기관 대출규정 및 대출세칙', 수출물품에 대하여 부가가치세 영세율 적용을 위한 '부가가치세법', 관세 환급을 위한 '관세환급 등에 관한 특례법(환급특례법)'이 있다. 이와 함께 약사법, 식품위생법, 식물방역법, 환경보전법, 전기용품안전관리법 등 60개 정도의 무역 관련 개별법이 있다.[10]

무역관리 3대 법규

대외무역법 (수출입총괄)	· 품목관리 : 수출입공고, 통합공고, 전략물자수출입고시 등 · 수출입승인 : 수출입승인 및 요건확인 · 거래형태 : 특정거래형태인정제도 · 원산지제도 : 원산지판정, 원산지표시, 원산지확인
외국환거래법 (대금 이동)	· 거주자와 비거주자 간 외국환의 지급 및 영수행위 · 외국환은행장의 확인 또는 신고사항 · 한국은행총재 또는 기획재정부장관의 허가사항

10) 통합공고 제3조 (적용법령 등)

관세법 (물품 이동)	• 통관 : 수출통관, 수입통관, 반송통관 • 과세 : 관세 부과 및 징수, 보세제도 • 환급 : 관세법상 환급, 환급등에 관한 특례법상의 환급

II ▸▸ 대외무역법에 의한 관리

대외무역법은 1967년부터 제정·시행해 온 '**무역거래법**'을 대신하여 1986년에 제정[11)]되었으며, 지금까지 국내외 무역환경에 따라 개정되어 왔다. 대외무역법은 '대외무역을 진흥하고 공정한 거래질서를 확립하여 국제수지의 균형과 통상의 확대를 도모함으로써 국민경제의 발전에 이바지하는 것을 목적으로 한다(제1조).

대외무역법의 성격은 무역에 대한 기본법이고, 무역 및 통상에 관한 진흥법이자 무역에 관한 통합법이다. 즉, 무역에 관하여 다른 법이 대외무역법의 적용 배제를 명시하고 있지 않은 한 모든 무역거래는 대외무역법이 일반적으로 적용된다.

대외무역법에는 무역거래자, 수출입품목, 수출입행위, 수출실적, 외화획득용 원료 등의 국내구매를 위한 구매확인서, 원산지제도, 전략물자제도 등을 두고 있다.

대외무역법령의 체계는 대외무역법, 대외무역법시행령, 대외무역관리규정 및 공고 등으로 이루어져 있다. 공고(公告)에는 수출입제한사유 등에 관한 기본공고인 '수출입공고'와 '통합공고', '전략물자수출입고시','국제평화및안전유지등의무이행을위한무역에관한특별조치고시'[12)] 등이 있다.

1 주체에 대한 관리

무역업은 허가제, 등록제(1993년), 신고제(1997년)를 거쳐 2000년부터는 자유화되었으며, 무역업종에 대한 구분도 없이 '**무역거래자**'라는 용어로 단순화되었다.

11) 법률 제3895호, 1986년 12월 31일 제정
12) 무역에관한특별조치로는 'UN안보리결의이행을위한무역제재대상국가별수출입통제'와 '킴벌리프로세스이행을위한다이아몬드원석수출입통제'가 있다.

무역업은 과거 허가제로 운영되던 시절에는 수출입 모두 가능한 갑류무역업과 자가생산에 필요한 원료의 수입 및 자가생산품 수출만 가능한 을류무역업으로 구분하였고, 무역대리업도 수입대리업(offer agent)인 갑류무역대리업과 수출대리업(buying office)인 을류무역대리업으로 구분되어 있었다.

전문무역상사제도(법정)가 2013년 12월 대외무역법을 개정하여 2014년 7월부터 새롭게 출발하게 되었다. 전문무역상사는 신시장개척, 신제품발굴 및 중소·중견기업의 수출확대를 위해 기여할 수 있는 전문무역상사를 지정하여 지원하는 것을 목적으로 대외무역법에 근거를 마련한 법정제도이다.[13)]

2 객체에 대한 관리

무역이 자유화되면서 무역주체에 대한 관리는 거의 폐지되었지만 무역의 객체인 **물품에 대한 관리**는 대외무역법의 중심 관리내용이다. 수출입물품 관리체계는 수출입공고와 각종 개별법에 의한 제한내용을 취합해서 공고하는 통합공고로 이루어져 있다.

수출입공고는 우리나라 수출입품목을 관리하기 위한 기본공고체계이다. 산업통상자원부장관은 헌법에 의하여 체결·공포된 조약과 일반적으로 승인된 국제법규에 의한 의무의 이행 및 생물자원의 보호를 위하여 필요하다고 인정되는 경우에는 물품의 수출입을 제한하며 필요한 요건을 갖추어 승인(承認, license)을 얻는 경우에만 수출입을 할 수 있도록 하고 있다(대외무역법 제14조). 다만 외화획득용 원료 및 제품의 수입에는 비록 수입제한품목일지라도 별도의 제한 없이 수입승인을 받을 수 있다. 수출입공고상 상품분류방식은 HS방식을 따르고 있으며, Negative List System을 사용하여 수출금지품목(별표 1), 수출제한품목(별표 2), 수입제한품목(별표 3)을 정해 놓고 관계행정기관에서 승인을 받아야만 수출 또는 수입이 가능하도록 하고 있다.

통합공고는 산업통상자원부장관이 대외무역법 이외의 다른 법령(약사법, 마약법, 식품위생법, 검역법 등 60개 정도 개별법)에 물품의 수출입요령을 정하고 있는 경우

13) 대외무역법 제8조의2(전문무역상사의 지정 및 지원)

이들 수출입요령을 통합한 공고이다. 관계행정기관의 장은 해당 품목별 수출입요령을 산업통상자원부 장관에게 제출하여야 한다.

수출입공고는 국가경제목표의 달성을 위한 규제인데 반하여 개별법에 의한 통합공고는 국민보건, 환경보호, 사회질서유지, 규격 및 안정성 확보 등 경제외적 목적을 달성하기 위한 규제이기 때문에 해당 품목수도 비교적 많다. 예를 들어 향정신성의약관리법에 의하여 향정신성의약품으로 지정된 품목을 수출입하고자 할 경우 식품의약품안전청장의 허가를 받아야 하며, 방위산업에 관한 특별조치법에 의한 방산물자의 수출입은 국방부장관의 허가를 받아야 한다.

3 행위에 대한 관리

대외무역법상 행위관리는 수출입제한품목에 대한 수출입승인제도와 수출입 거래형태를 제한하는 특정거래형태에 대한 인정제도가 있다.

수출입승인이란 수출입공고의 별표에 규정된 품목에 대하여 승인을 받는 것을 말하며, 수출승인(E/L : export license)과 수입승인(I/L : import license)이 있다. 승인(license)이란 국가 또는 위임받은 승인기관이 무역거래자의 특정한 행위에 대하여 부여하는 동의·허락 등을 뜻하는 것으로 수출입행위를 행하기 이전에 이루어져야 하며, 승인을 얻지 못하는 경우 수출입절차의 진행을 할 수 없다.

수출입자유품목 중에서 국민의 건강 및 안전 등을 이유로 수출입 통관전까지 요건을 충족해야 하는 요건확인제도를 운영하고 있다. 개별법령에서 제한하는 해당품목은 통합공고에서 고시를 하고 있다.

Ⅲ 외국환거래법에 의한 관리

외국환거래법은 외국환거래법상 국민인 거주자와 외국인인 비거주자 간에 **외국환을 영수**하거나 **지급**하는 방법을 규정하고 있다. 종전의 **외국환관리법**(1961년 제정)은 외국환거래 기타 대외거래의 합리적인 조정 또는 관리를 입법목적으로 하였으나, **외국환거래법**(1998년 제정)은 대외거래의 자유보장을 입법목적으로 하므로 대외거래에 대한 제한을 최소한의 범위 안에서 행하여지도록 하였다.

외국환거래법의 목적은 외국환거래 기타 대외거래의 자유를 보장하고 시장기능을 활성화하여 대외거래의 원활화 및 국제수지의 균형과 통화가치의 안정을 도모함으로써 국민경제의 건전한 발전에 이바지함을 목적으로 한다(제1조). 현행 외국환거래법의 체계는 기본법으로 외국환거래법, 외국환거래법시행령, 외국환거래규정으로 구성되어 있다.

'**외국환**'이란 대외지급수단, 외화증권 및 외화채권을 말한다. 그리고 대외지급수단은 외국통화, 외국통화로 표시된 지급수단, 기타 표시통화에 관계없이 외국에서 사용할 수 있는 지급수단을 말한다.

1 주체에 대한 관리

주체에 대한 관리는 거주성을 기준으로 거주자와 비거주자로 구분된다. 외국환거래의 유형과 절차는 거주성을 기준으로 규정되어 있고, 이 거주성에 따라 업무처리방법이 상이하므로 거래주체들의 거주성 구분이 중요하다. 거주성은 국적과는 관계없이 일정기간을 거주하고 있거나 거주할 의사가 있거나 또는 경제활동 유무 등에 따라 결정되며 세법상의 거주자, 비거주자와는 다르다.

거주자는 국민, 내국법인, 국내 입국한 외국인 및 외국법인, 국내본사가 있는 개인 및 법인의 외국에 있는 대표자, 대리인, 종업원 등이다. 거주성을 파악하기 위해서는 거래당사자의 해당국적, 소재지, 개인인 경우에는 여권, 등록증 등을 확인하고 국내의 체류목적이나 체류기간 등을 기준으로 판단하게 되는데, 국내체류기간은 여권상에 기재된 입국일과 출국일을 기준으로 한다.

비거주자는 거주자 이외의 개인 및 법인을 말한다. 다만 비거주자의 대한민국 내의 지점, 출장소는 법률상 대리권 유무에 불구하고 거주자를 말한다. 거주자 또는 비거주자에 의하여 주로 생계를 유지하는 동거가족은 당해 거주자 또는 비거주자와의 거주성과 동일하게 구분된다.

2 객체에 대한 관리

객체에 대한 관리 대상은 외국환, 내국지급수단, 귀금속이다. ① 외국환은 대외지급수단, 외화증권[14], 외화채권을 말한다. 여기에서 지급수단이란 정부지폐, 은행권, 주화, 수표, 우편환, 신용장, 환어음, 약속어음, 지급지시, 증표・플라스틱카드 등 통화에 갈음할 수 있는 것이다. ② 내국지급수단은 대외지급수단을 제외한 내국통화 및 기타이다. ③ 귀금속은 금, 합금, 지금, 금화 등 금을 주재료로 하는 가공품이다.

환(換, exchange)이란 서로 멀리 떨어져 있는 사람, 기타 경제주체 사이에 채권・채무관계(증여, 자본이동 포함)가 있을 경우에 자금의 수수(授受)를 현금의 이동에 의하지 않고, 은행이나 우체국을 통하여, 계정간 이체방식으로 대차(貸借)관계를 청산하는 것을 말한다. 환거래가 한 나라 안에서 발생되는 경우를 내국환이라 하고, 외국과의 거래에서 발생되는 경우를 외국환이라 한다.

외국환(外國換, foreign exchange)이란 국제간에 대차관계를 결제하는 대금결제 시스템을 말하고, 단순히 서로 다른 통화의 교환(매매)을 지칭하기도 한다. 외국환거래법에서는 외국환을 대외지급수단, 외화증권, 외화채권으로 정의하고 있다.

외환의 발생원인은 수출입, 이전거래, 국가 간 투자 등이다. 수출입의 경우는 재화나 용역의 수출입으로 수출에 따른 영수, 수입에 따른 지급이다. 이전거래의 경우는 거주자와 비거주자간의 증여, 정부간 배상금 지급, 군사원조 등이다. 국가 간 투자의 경우에는 직접투자, 간접투자, 대부 및 차관의 원리금 지급 등 국제자본거래의 결과로 외환이 발생한다.

3 행위에 대한 관리

행위에 대한 관리는 외국환의 지급과 영수 등 거래행위이다. ① 대한민국내에서 일어나는 외국환거래, 기타 이와 관련되는 행위, ② 대한민국과 외국간의 거

14) • 외화증권이란 외국통화로 표시된 증권 또는 외국에서 지급받을 수 있는 증권이다.
• 증권이란 지급수단에 해당하지 않는 것으로 자본시장법에 따른 증권과 무기명양도성예금증서, 그 밖의 재산적 가치가 있는 권리가 표시된 증권 또는 증서로서 투자의 대상으로 유통될 수 있는 것을 말한다.

래, 지급, 영수, 기타 이와 관련되는 행위, ③ 외국에 있는 개인과 외국에 본사가 있는 법인이 내국통화로 거래하는 행위, ④ 국내에 있는 개인 및 대리인(사용인, 종업원)이 외국에서 개인의 재산 또는 업무에 관하여 행한 행위, ⑤ 국내에 본사가 있는 법인, 대표자, 대리인(사용인, 종업원)이 외국에서 법인의 재산 또는 업무에 관하여 행한 행위 등이다.

외국환에 대한 관리방법은 사전관리제도와 사후관리제도로 구분된다. 사전관리제도는 외국환거래에서 거래당사자간이나 관리주체들이 거래실행 이전에 사전적으로 이행하고 수행해야 할 법규상의 절차를 말하며 해당 거래가 시장에 미치는 영향과 자본시장 자유화의 단계별로 우선 자유화할 경미한 거래부터 확인사항, 신고사항, 신고수리사항, 허가사항, 인정사항으로 분류하여 모든 외국환거래는 이러한 신고 등의 절차에 의한다. 사후관리제도는 외국환거래당사자 및 외국환업무취급기관은 일정한 기준에 따라 거래내역을 사후적으로 각 기관에 보고하고 있다. 정부는 거래규모나 거래동향 등을 파악하고 분석하는 기본정보로 사용하고 동 모니터링 결과를 토대로 외환시장의 조기경보시스템 가동이나 시장안정 등에 효과적으로 대응하기 위해 마련한 제도이다.

Ⅳ 관세법에 의한 관리

관세법은 수출입물품의 **통관절차**와 수입물품에 대한 **과세절차**를 규정하고 있다. 세관은 우리나라의 관문으로서 물품이 국내외로 이동되는 것을 통제하는 최종적인 현장이다. 수출입 통관 시 세관은 당해 물품의 수출입이 국내의 제반법규에 따라 허용되는지 여부에 대하여 최종적으로 확인하며, 수입물품에 대하여는 납세의무자가 적정한 과세가격에 대하여 타당한 세율만큼의 관세 등을 납부하도록 하고 있다.

관세법은 1967년에 제정되어 수십 차례 개정을 거쳐 오늘에 이르고 있으며, 주요 내용은 과세와 징수, 운송기관, 보세구역, 통관, 관세사, 세무공무원 등에 관한 규정이다.

관세법은 관세의 부과, 징수 및 수출입상품의 통관을 적정하게 하여 국민경제의 발전에 기여하고 관세수입의 확보를 목적으로 한다. 즉, 관세법은 우리나라의 관문인 세관을 통하여 물품이 국내외 간에 이동하는 것을 통관절차와 수입물품에 대한 과세절차를 규정하고 있다.

관세에 관한 기본법령은 관세법, 관세법시행령, 관세법시행규칙 및 관세청고시 및 관세청 훈령 등으로 되어 있다.

1 주체에 대한 관리

관세법은 수출입 통관과 과세에 관한 법률이므로 수출통관 및 수입통관과 관련한 주체관리 화주는 수출화주, 수입화주이다. 또한 과세와 관련한 관리대상은 관세가 수입시에만 부과되기 때문에 수입화주가 기본이며, 대응수출에 대한 관세환급이 이루어질 때에는 수출화주 또한 대상이 될 수 있다. 수출입 통관을 화주를 대신하여 관세사, 관세법인, 통관취급법인이 대리하는 경우에는 그들 또한 주체가 될 수 있다.

2 객체에 대한 관리

관세법에서 관리하는 객체는 물품이다. 수출입통관에서 관리하는 대상은 수출물품, 수입물품이며, 관세부과에서 관리하는 대상은 수입물품이다. 물품이라 함은 제품, 상품, 품명, 물건 등으로 다양하게 불릴 수 있지만, 관세법에서 물품이 되기 위해서는 통일상품분류코드인 HS code가 있는 물건이라고 할 수 있다.

3 행위에 대한 관리

관세법은 통관과 과세를 중심으로 규정되어 있다. 우선, 통관(customs clearance)이란 관세법의 규정에 의한 절차를 이행하여 물품을 수출·수입 또는 반송하는 것을 말한다. 따라서 통관은 관념적으로 물품이 관세선(custom line)을 수출·수입·반송하는 것이며, 현실적으로 세관을 통과하는 것을 말한다. 통관에는 수출통관, 수입통관, 반송통관이 있다. 수출통관이란 물품을 우리나라에서 외국으로 반출하는 사실행위를 말한다. 관세법에서는 수출을 내국물품을 외국으로 반출하는 것으로 정의하고 있다.

수입통관이란 외국으로부터 국내로 물품을 이동하는 일련의 사실행위를 말한다. 관세법에서는 수입을 외국물품을 우리나라에 반입하거나, 우리나라에서 소비 또는 사용하는 것으로 정의하고 있다.

과세는 세금을 부과하는 것이다. 수입물품에는 관세, 부가가치세, 개별소비세, 주세, 교통・에너지・환경세, 교육세, 농어촌특별세 등의 세금이 부과될 수 있다. 수입자가 수입신고 시 물품의 가격을 신고하면 이에 대한 적정성 여부에 관한 심사를 거쳐 **과세의 4대 요건**인 과세물건, 납세의무자, 과세표준, 관세율이 결정되고 이에 따라 관세가 부과된다.

제5절 국제무역법규와 국제무역기구

I ▸▸ 국제무역법규

국가마다 상관습이 다르고 국내 법률 체계가 다르기 때문에 거래당사자가 통일되게 인식할 수 있는 국제규범이 필요하다. 국제무역법규(law and practice of international trade)는 무역거래의 진행과정에 따라 크게 무역계약법규, 무역결제법규, 국제운송법규, 국제보험법규 등으로 구분할 수 있다.

무역관련 국제 법규 및 규칙

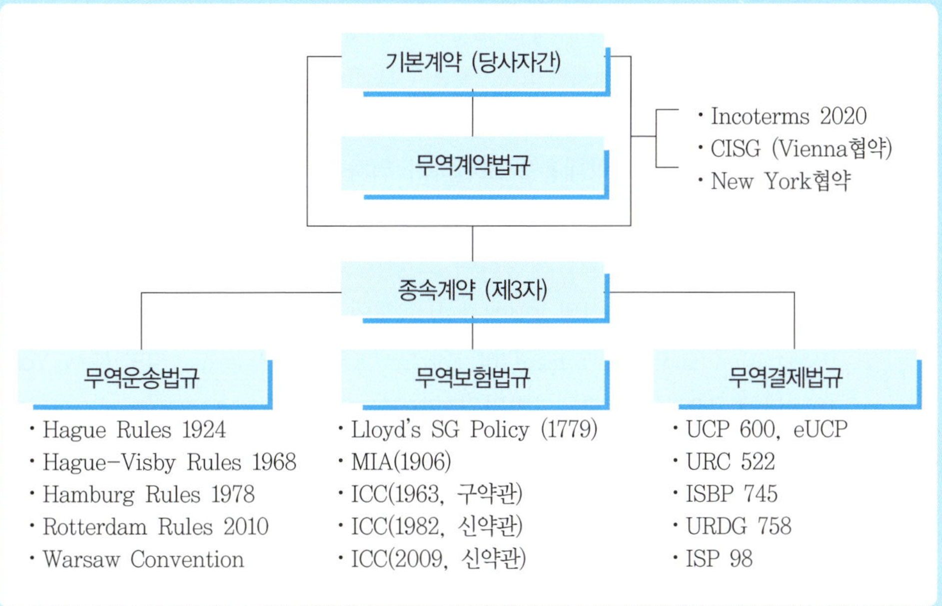

1 무역계약법규

무역계약법규는 매매계약에 관련된 국제규칙이나 협약 및 이에 대한 법 이론의 기초를 제공하는 준거법규 등이다. 여기에는 CISG, Incoterms, 분쟁해결을 위한 중재법규, New York협약, 국제상사계약에 관한 UNIDROIT원칙, 개정미국외국무역정의 등이 있다.

"국제물품매매계약에관한UN협약"(**CISG** : United Nations Convention on Contracts for the International Sales of Goods, 일명 **Vienna협약**)은 모든 국제매매계약에 적용되는 무역계약의 공통법으로서 UN의 국제무역법위원회(UNCITRAL)가 1980년에 제정하였으며 우리나라에서도 2005년 3월 1일부터 정식 발효하였다. CISG는 통일된 국제민법으로 주로 당사자 간에 수출입 기본계약을 체결할 때 준거법으로 활용된다. 따라서 ① 계약 성립, ② 물품매매 총칙, ③ 매도인 의무(물품인도와 서류교부, 물품의 계약 일치성과 제3자 청구권, 매수인의 계약위반에 대한 구제수단), ④ 매수인 의무(대금지급, 인도수령, 매도인의 계약위반에 대한 구제수단), ⑤ 위험이전, ⑥ 매도인과 매수인 의무에 대한 공통규정(이행기 전의 계약위반과 분할이행계약, 손해배상, 이자, 면책, 계약 해제의 효과, 물품의 보전) 등을 규정하고 있다.

"정형거래조건에관한국제해석규칙"(**Incoterms**)[15]은 FOB, CIF, CFR 등 당사자 간에 무역계약 체결 시 계약내용을 보완하기 위하여 채택하는 11개의 정형거래조건(trade terms)을 해석하기 위한 국제규칙으로 1936년 국제상업회의소(ICC : international chamber of commerce)가 제정하여 그동안 보완 또는 개정되면서 사용되고 있다.

"외국중재판정의승인및집행에관한UN협약"(United Nations Convention on the Recognition and Enforcement of Foreign Arbitral Awards, 일명 **New York협약**)은 1958년에 UN의 국제무역법위원회(UNCITRAL : United Nations Commission on International Trade Law)가 제정한 중재법으로서, 중재판정의 효력에 대한 국제성을 부여한 법, 즉 중재판정의 내용은 외국에서도 간단한 집행판결만으로 강제 집행할 수 있는 근거법이다. 이 협약은 적용의 범위, 중재합의, 판정의 승인과 집행절차, 승인과 집행의 신청, 승인과 집행의 거부사유, 판정의 집행연기 등에 관한 규정을 두고 있다.

15) Incoterms = INternational COmmercial TERMS

2 무역결제법규

국제결제법규는 매매대금결제에 관한 국제규칙이나 주요 국가의 준거법규 등을 말하는 것으로써, 대표적으로 "신용장통일규칙"(UCP 600 : Uniform Customs and Practices for the Documentary Credits, 2007)이 있다. 신용장통일규칙(UCP600)은 신용장 업무를 취급할 때 지켜야 할 제반사항 및 해석의 기준을 규정한 국제규약으로 국제상업회의소(ICC)의 은행위원회가 신용장통일규칙을 만들었으며 2007년도에 제6차 개정이 이루어져 시행되고 있다.

기타 "추심에관한통일규칙"(URC 522 : Uniform Rules for Collection, 1995), "은행간신용장대금보상통일규칙", "독립적보증서와보증신용장에관한유엔협약", "국제환어음과약속어음에관한유엔협약", "미국 통일상법전 제5편 신용장", "영국 환어음법" 등이 있다.

3 무역운송법규

국제운송법규는 화물의 해상, 항공, 육상 또는 복합운송에 관련된 국제규칙이나 협약을 말한다. 해상운송과 관련하여 "선하증권통일조약"(Hague Rules, 1924)과 "개정선하증권조약"(Hague-Visby Rules 1968, Hamburg Rules 1978, Rotterdam Rules 2010) 등이 있다.

항공운송과 관련하여 "국제항공운송에 관한 통일규칙"(Warsaw Convention, 1929)이 있으며, 복합운송과 관련하여 "복합운송증권을 위한 통일규칙"(Uniform Rules for a Combined Transport Document, 1973)이 있으며, 해상화물운송장 및 전자식 선하증권의 사용 증대에 따른 "해상화물운송장에 관한 통일규칙" 및 "전자식 선하증권에 관한 규칙" 등이 있다.

4 무역보험법규

해상보험법규는 해상보험에 관련한 국제규칙과 준거법 및 표준약관 등을 말한다. 1906년에 제정된 영국의 "해상보험법"(Marine Insurance Act, 1906)이 가장 권위 있는 준거법으로 인정받고 있으며, 국제언더라이팅협회(IUA)[16]와 로이즈시장협회(LMA)의 합동적하위원회(JCC : Joint Cargo Committee)가 1982년 협회적하약관(ICC : Institute Cargo Clause)을 개정한 ICC(2009)가 공표되었다.

Ⅱ 국제무역기구

무역관련 국제기구는 크게 정부차원의 국제무역기구와 비정부차원의 국제무역기구로 대별할 수 있다. 비정부차원의 국제기구 중에서 **국제상업회의소(ICC : International Chamber of Commerce)**는 Incoterms와 UCP 등의 국제무역관습을 제정·개정하여 국제무역의 원활화를 도모하고 있다. 따라서 본 장에서는 ICC를 먼저 설명하고 이어서 정부차원의 기구와 비정부 차원의 기구 순으로 설명한다.

1 ICC(국제상업회의소)

최초의 상업회의소는 1599년 마르세이유에 설립된 것으로 알려져 있다. 그리고 1768년에 뉴욕, 1834년에 캘커타, 1873년에 파리에서 설립되었으며, 오늘날에는 상업회의소가 전세계 주요 도시에 설립되어 상공업자와 무역업자를 돕기 위한 세미나 개최, 정보제공, 해외마케팅 지원 등 다양한 업무를 수행하고 있다.

국제상업회의소(ICC : International Chamber of Commerce)는 1919년 파리에 설립되어 국제무역에서 핵심적인 일을 수행하고 있다. 특히, 화환신용장에 관한 통일규칙(UCP), 정형거래조건에 관한 해석규칙(Incoterms) 등 국제규칙의 제정 및 개정과 같은 국제무역에서 중요한 역할을 하고 있다.

ICC는 회원사나 각국의 상업회의소로부터의 회비 수입이 재원이 되지만, 대부분은 ICC 국제중재법원의 수입과 국제규칙 및 서적의 출판 수입 등으로 충당하고

16) 국제언더라이팅협회(IUA : International Underwriting Association of London)는 런던보험자협회(ILU : Institute of London Underwriters)와 런던국제보험·재보험협회(LIRMA : London International Insurance and Reinsurance Market Association)와의 합병을 통해서 1998년 12월에 설립되었다. 따라서 런던보험자협회는 현재 존재하지 않는다. ⇨ 웹사이트 : www.iua.co.uk

있다. 무역과 관련해서는 ICC 출판부서에서 발간하는 가이드북, 국제규칙, 핸드북, 모델 계약서(model contracts) 등이 많은 도움이 되고 있다.[17)]

ICC에는 여러 위원회가 있어서 국제 비즈니스에 영향을 미치는 사안인 은행업무, 경쟁, 환경, 에너지, 금융서비스, 보험, 지적재산, 마케팅, 유통, 세금, 무역 투자정책 등의 검토를 위해 정기적으로 회의를 가진다.

2 정부차원의 국제무역기구

유엔국제무역법위원회(UNCITRAL : United Nations Commission on International Trade Law)[18)]는 국제 무역법의 단계적인 조화와 통일을 촉진하기 위한 유엔의 사법부로서 비엔나에 설립되었다. 유엔의 국제 무역법 분야에서 중심기관이며, 중재, 조정, 국제 물품 매매, 전자상거래 등에 대해 활동한다.

사법통일국제연구소(UNIDROIT : International Institute for the Unification of Private Law)[19)]는 1926년에 국제연맹의 하부조직으로 로마에 국제 사법의 통일과 일관성을 높일 목적으로 독립된 국제기구로 설립되었다. 특히 국가 간 상법의 표준화에 힘쓰고 있으며 각종 협약 및 조약을 제정하고 있다.

세계관세기구(WCO : World Customs Organization)[20)]는 이전에는 관세협력이사회(CCC)로 알려져 있었던 것으로, 벨기에 브뤼셀에 본부를 두고 있는 국제기구이다. 전 세계 총 174개 회원국이 참여하고 있으며, 관세에 관한 국제협약 개발, 상품분류, 관세평가, 원산지, 관세징수, 물류 공급망 안전, 국제 무역 원활화, 관세조사, 위조방지, 지식재산권 보호, 세관 공무원 청렴성, 세관 현대화를 위한 업무 등을 수행한다. 국제통일상품분류협약(HS System : The International Convention on the Harmonized Commodity Description and Coding System)과 세계무역기구(WTO)의 관세평가협정(Agreement on Customs Valuation), 원산지협정(Agreement on Rules of Origin)의 기술 부문을 담당하고 있다.

17) www.iccbooks.com
18) www.uncitral.org
19) www.unidroit.org
20) www.wcoomd.org

국제무역센터(ITC : International Trade Centre)[21]는 스위스 제네바에 본부를 두고 있는 유엔(UN)과 세계무역기구(WTO)의 공동 기관이다. 개발도상국들에게 수출 원조를 하는 UN시스템의 중심적 기관이다.

3 비정부 차원의 국제무역기구

국제항공운송협회(IATA : International Air Transport Association)[22]는 1945년 4월 19일 쿠바 아바나에서 설립되어, 현재는 캐나다 몬트리올에 있는 항공기구이다. 주로 항공료 합의, 공항코드(3자리), 항공사코드(2자리) 할당 등의 업무를 담당한다.

국제운송주선인연합회(FIATA : The International Federation of Freight Forwarders Associations)[23]는 1926년 국제적인 운송대리업의 확장에 따른 제반 문제를 다루기 위해 설립되었으며, 국제화물운송의 기준과 품질을 증진하기 위한 기구이다.

국제해사위원회(CMI : Commite Maritime International)[24]는 해사관습과 해사실무를 통일하는 해사사법의 입법기관으로 1887년 벨기에 앤트워프에 세워진 기구이다. 선하증권에 관한 헤이그와 헤이그-비스비 규칙을 포함하는 브뤼셀 컨벤션과 해양법 의정서를 탄생시켰다.

국제해사기구(IMO : Inter-Governmental Maritime Consultative Organization)는 1958년 영국 런던에 설립되어 1982년에 IMCO에서 IMO로 명칭을 변경하였다. 정부 간 해사기술의 상호협력, 해사안전 및 오염방지 대책, 차별조치 철폐, 해운업체의 불공정한 제한적 관행문제 심의, 국제간 법률문제 해결, 개발도상국의 해사기술협력 등을 목적으로 한다.

---

21) www.intracen.org, 일명 CCI(Centre du commerce international)

22) www.iata.org

23) http://fiata.com/

24) www.comitemaritime.org, 1924년 선하증권통일조약(International Convention for the Unification of Certain Rules of Law Relating to Bills of Lading), 1968년 선하증권통일조약의 개정의정서(Protocol to Amend the International Convention for the Unification of Certain Rules of Law Relating to Bills of Lading), 1974년 York-Antwerp Rules, 1990년 CMI Uniform Rules for the Sea Waybill, 1990년 CMI Rules for Electronic Bills of Lading 등

4 WTO(세계무역기구)

세계무역기구(WTO : World Trade Organization)[25]는 경제분야에서 자유무역질서를 확대・강화하기 위하여 출범한 국제법상의 명실상부한 국제기구이다. 산하에 분쟁해결기구(DSB)까지 갖추고 법적으로 구속력 있는 권한을 행사할 수 있는 경제 분야의 UN이다. 1947년 시작된 관세 및 무역에 관한 일반협정(GATT : General Agreement on Tariffs and Trade) 체제를 대체하여 1994년에 등장하였다.

WTO는 GATT를 대체하였지만 성격이 다르다. GATT가 주로 과도적 단체에서 관리된 일련의 규칙이었다면, WTO는 고유의 사무국이 있는 영구적인 기관이다. GATT의 적용 범위가 물품의 무역에만 제한되었다면, WTO는 서비스와 무역과 관련된 지적재산권 또한 다룬다.

【지식】 무역인의 축제! 무역의 날

「무역의 날」은 무역의 균형적 발전과 무역입국의 의지를 다짐하기 위해서 매년 12월 5일에 산업통상자원부 주관으로 개최하는 국가기념일이다. 「무역의 날」은 당초에 「수출의 날로 11월 30일에 개최되었으나, 현재는 12월 5일에 「무역의 날」로 변경하여 개최되고 있다. 「수출의 날」은 우리나라가 처음으로 수출 1억 달러를 달성한 1964년 11월 30일을 기리기 위해서 제정하여 매년 11월 30일에 개최되어 오다가, 1990년 정부의 기념일 규정에 따라서 「무역의 날」로 변경되었다.

한편, 2011년 무역 1조 달러 달성일인 12월 5일을 기념하기 위하여 2012년부터 「무역의 날」 행사를 12월 5일로 변경하여 개최하였으며, 2019년에 제56회 「무역의 날」 기념식이 무역센터에서 개최되었다.

우리나라 수출의 발전은 1964년 수출 1억달러 달성, 1971년 수출 10억달러 달성, 1977년 수출 100억달러 달성, 1995년 수출 1000억달러 달성, 2011년 수출 5천억달러 달성 등으로 성장을 거듭해 왔다.

25) www.wto.org

CHAPTER 2

무역업의 경영

제1절 해외시장 진출방식과 거래형태

I ▸▸ 해외시장 진출방식과 일반거래형태

1 해외시장 진출방식

기업이 해외시장에 진출하는 일반적인 방법에는 수출에 의한 진출, 계약에 의한 진출, 투자방식에 의한 진출 등이 있다.

1) 수출에 의한 진출

수출은 국내에서 생산된 제품을 해외시장의 소비자들에게 판매하는 것으로써 가장 기본적인 국제마케팅 활동이다. 수출은 크게 간접수출과 직접수출로 구분할 수 있다.

간접수출(indirect export)은 무역상사, 수출대행업자, 수출조합 또는 국내에 거주하고 있는 외국 바이어 등을 통하여 수출함으로써 수출국 내에서 요구되는 수출관련 업무와 기능을 직접 수행하지 않고 간접적으로 제품을 해외시장에 판매하는 방식이다. 간접수출의 장점은 ① 마케팅비용 절감, ② 해외시장 진출 용이성, ③

현지 시장정보 입수 및 활용, ④ 클레임과 환율변동위험 회피 등이다.

반면에 간접수출의 단점은 ① 판매에 대한 통제권 상실, ② 제품판매기회 상실, ③ 해외시장격리 가능성, ④ 다른 회사제품 동시 취급, ⑤ 해외시장 기반구축 어려움, ⑥ 수출이익 감소 등이다.

직접수출(direct export)은 국내의 중간 수출상을 개입시키지 않고 직접 제조업체가 현지시장의 유통업체나 대리점과 판매계약을 맺거나, 자사의 판매지사나 법인 설립을 통하여 해외시장 개척, 판촉활동 등 수출과 관련된 업무와 기능을 수행하는 방식이다. 직접수출의 장·단점은 간접수출과 반대라고 할 수 있다.

2) 계약에 의한 진출

계약에 의한 해외진출방식은 기업이 자신의 무형자산인 기술, 상표, 저작권과 같은 지적소유권, 컴퓨터 소프트웨어와 같은 기술적 노하우, 경영관리 및 마케팅과 같은 경영적 노하우 등 경영자산을 하나의 상품으로 취급하여 현지기업과 일정한 계약에 의해 국제마케팅 활동을 수행하는 방식이다.

이 방식은 수출방식과 해외직접투자방식의 중간적 성격을 갖게 되며, 라이센싱계약(licensing contract), 프랜차이징계약(franchising contract), 계약생산계약(contract manufacturing contract), 관리계약(management contract), 플랜트공급계약(plant supply contract) 등의 방식이 있다.

3) 투자에 의한 진출

투자에 의한 해외진출방식에는 해외직접투자방식과 해외간접투자방식이 있다. 먼저, **해외직접투자**(FDI : foreign direct investment)는 투자기업이 외국의 투자대상기업에 대한 경영참여를 목적으로 자본뿐만 아니라 무형의 경영자원인 기술, 특허, 상표권, 경영 또는 마케팅 노하우 등 기업의 제반 자원을 패키지 형태로 현지시장에 이전시키는 방식이다.

해외간접투자(FII : foreign indirect investment)는 국내시장의 주식이나 채권투자처럼 배당수익 또는 이자수익 등의 자본이득의 수취를 목적으로 외국의 증권에 투자하는 것 등을 말한다. 해외직접투자는 합작투자와 단독투자로 구분할 수 있다.

합작투자(joint venture)는 서로 다른 국적을 가진 2개 이상의 기업체가 특정한 사업목적을 달성하기 위해 각 기업의 경영자원과 능력을 결합하여 공동사업체를 설립하는 것으로 소유권지분에 따라 Majority ownership, Equality ownership, Minority ownership으로 구분된다.

합작투자의 장점은 투자비용 반감, 사업위험부담 반감, 정치적 위험부담 반감, 폭넓은 해외시장 다변화 가능, 신속한 현지시장 침투 가능, 현지정부 및 국민과의 유대관계 양호, 국유화 위험 경감, 외국기업에 대한 적대감 경감, 현지 파트너의 인적자원 활용 등이다. 반면에 단점으로는 이익금의 공유, 독점금지 및 수출통제 관련법 저촉 우려, 양호한 파트너 선정의 어려움, 현지 파트너와의 갈등(재투자, 판매, 관리방식, 인사문제 등), 임직원 순환근무 애로, 복잡한 회계 및 세금 문제 등을 들 수 있다.

단독투자(sole venture)는 전체 지분을 보유하기 때문에 통제권을 장악할 수 있으나, 위험부담도 크고 현지국 정부와의 갈등 등도 심화될 수 있다는 점을 주의해야 한다.

2 일반거래형태

수출입 거래형태는 매매계약, 대금결제, 물품운송 등 다양한 기준으로 구분할 수 있지만 특정거래형태와 일반거래형태로 구분할 수 있다. **일반거래형태**는 대외무역법상 승인 또는 요건확인 절차가 필요하지 않은 **정상거래방식**으로 다음과 같이 분류할 수 있으며 본 서에서는 몇 가지 방식만을 설명한다.

일반거래형태의 분류

결제방식에 따른 분류	• 신용장, 추심, 송금방식, Open Account, 팩토링, 포페이팅 등 • 전자결제, 에스크로우, 소액결제방식(Paypal, Alipay 등) 등
계약방식에 따른 분류	• 국제대리점계약, 국제판매점계약, 합작투자계약, 플랜트수출계약, • 관리계약, 프랜차이즈계약, 라이센싱계약, OEM, ODM 등
기타방식에 따른 분류	• 보세창고거래(BWT), 국영무역, 스위치무역, 각서무역 등 • 서비스무역, 전자무역, 복합무역 등

1) 국제대리점계약 · 국제판매점계약

매도인이 매수인 소재지의 제3자를 지정하여 보다 효율적으로 매수인을 개발하고 판촉활동을 하며 계약체결 업무를 대신하는데, 이런 대리인을 대리점(agent) 또는 판매점(distributor)이라 한다. 전자가 본사와 고객 간의 계약체결을 대신하는 기능을 한다면, 후자는 자신이 판매상이 되어 판매 업무를 하기 때문에 보다 적극적인 판매채널이라고 할 수 있다.

대리점계약은 본인(principal)을 대신하여 고객과 접촉을 하는 대리인(agent)에게 영업활동에 대한 수수료(commission) 지급, 영업활동으로 인해 본인의 이익이 충분히 나타날 수 있도록 하기 위한 본인과 대리인간의 약정이다. 국제대리점계약은 본인과 대리인간에 체결하는 계약당사자들 간의 자치에 관한 것이지만, 그 효과는 타국인 현지에서 발생되기 때문에 계약서에 국제적인 보편성이 충분히 반영될 때에만 그 안정성이 보장된다.

국제판매점계약은 자신의 책임하에 물품을 공급받아 판매하여 그 차액을 얻고자 하는 것이기 때문에, 자본과 판매조직이 필요하고 사후 서비스도 판매점 자신이 수행한다. 특히 판매점은 공급자가 제공할 물품을 그대로 판매하기 때문에 수입국에서 제3자에 의하여 제기될 지적재산권침해에 대한 소송을 공급자가 책임지도록 하여야 한다.

대리점계약과 판매점계약의 차이를 보면, 첫째, 전자는 본인의 위험과 비용부담으로 물품이 판매되고 대리점은 단지 자신이 제공한 유통서비스에 대한 수수료를 수령하는데 반하여, 후자는 판매점 자신의 위험과 비용으로 판매하는 대신 매매차익을 목표로 하기 때문에 그 기능이 적극적이고 주도적이다. 둘째, 전자는 대리점이 본사를 대신하여 계약을 체결하기 때문에 마케팅기능이나 계약이행 및 그 이후의 A/S의 업무를 담당하지 않지만 후자는 판매점 자신이 판로를 개척하고 계약 및 그 이행을 담당하고 그 이후의 A/S까지 수행하여야 하기 때문에 충분한 인적조직과 재고관리 및 A/S를 수행할 기술력을 확보하여야 한다. 이러한 점으로 보아 판매점계약이 대리점계약보다 한 단계 더 국제화 전략에 접근했다고 볼 수 있다. 셋째, 전자는 판매된 물품의 품질에 대한 담보책임을 본사가 부담하지만 후자는 영업소가 고객이 거주하는 현지에 있기 때문에 품질보증이 현지에서 이루어진다. 따라서 고객의 입장에서는 구매의사결정시 보다 안전한 구매를 할 수 있다.

2) 라이센싱계약 · 프랜차이징계약

라이센싱계약(licensing contract)은 특정기업, 즉 기술제공자(licensor)가 보유하고 있는 기술, 특허, 등록상표 및 상업적 자산 등을 다른 기업, 즉 기술사용자(licensee)에게 사용권을 부여하고, 그 대가로 일정한 수수료를 받도록 체결하는 계약으로 국내생산이 비효율적인 경우, 해외운송에 비용이 많이 들거나 수입장벽 등이 높은 경우에 주로 사용한다.

라이센싱을 이용하는 이유는 licensor에게 추가이익 발생, 마케팅이익, 기술보호 효과, 조립부품 수출, 기술인력 수출, 상업정보 보호효과 등의 장점이 있으며, licensee에게 기술활용 효과, 추가이익 발생, 낮은 투자비용, 상업신용 혜택, 기술인력 훈련, 마케팅 채널확보 등의 장점이 있다는 점이다.

라이센싱과 프랜차이징의 차이점

	라이센싱	프랜차이징
1. 대가	• 로열티	• 관리수수료
2. 계약 대상	• 특정 제품 생산기술 기존 기술	• 노하우 등 사업전반 신기술에 대한 혜택 수혜
3. 대상 기업	• 기존 기업	• 신생 기업
4. 주도자	• 기술도입자(라이센시)	• 프랜차이저
5. goodwill(영업권)	• 기술제공자(라이센서)	• 가맹점(프랜차이지)도 공유
6. 로열티 수준	• 기술도입자 교섭력	• 표준화된 수수료율 체계

자료 : J.S. Perkins, How Licensing, Franchising Differ

라이센싱의 장점은 관세, 쿼터 등 현지국 수입장벽을 회피할 수 있고, 해외직접투자방식에 비해 정치적 위험에 덜 노출되며, 소규모 제조업체 또는 서비스업체의 해외진출에 효과적이다. 반면에 단점은 licensee가 장래 경쟁상대가 될 가능성이 있고, licensee의 로열티 지급 중단 및 제3국 또는 본국으로의 역수출 가능성이 있다는 점이다. 또 licensee의 능력부족으로 licensor의 이미지 손상 우려가 있고, 개도국의 경우 외화송금 불가능 사태 및 영업상 기밀유출 위험 등이 있다.

프랜차이징계약(franchising contract)은 라이센싱의 한 형태로서 제공기업(franchis-

or)이 어떤 표준화된 제품이나 시스템, 경영 서비스 등을 특정기업이나 개인(franchisee)에게 제공하고 특별한 이름이나 상표를 포함하여 상품을 판매하도록 허가해 주는 사업방식이다. 흔히 호텔 또는 패스트푸드산업에서 볼 수 있다.

3) 계약생산계약 · 관리계약 · 플랜트공급계약

계약생산계약(contract manufacturing contract)은 한 기업이 외국의 다른 기업에게 생산 및 제조기술을 제공하면서 특정 제품의 생산을 주문하여 그 주문 생산된 제품을 공급받아 현지시장이나 제3국의 시장에 판매하는 사업방식이다. 라이센싱과 해외직접투자방식의 중간적 성격으로 현재 남북한 간의 위탁가공교역이 한 예이다. 아울러 계약생산의 한 방식으로 OEM 및 ODM 등이 있다.[1)]

계약생산의 장점은 적은 자본과 경영자원으로 해외시장에 진출할 수 있고, A/S를 포함 마케팅활동에 대한 통제가 가능하다는 것이다. 단점은 적합한 현지 업체 발굴 애로가 있고, 일정 수준의 생산량 및 품질유지를 위한 기술지원이 필요하며, 계약생산자가 미래의 경쟁자가 될 가능성이 있다.

관리계약(management contract)은 계약에 의해 한 기업이 일정기간 외국의 특정 기업의 경영업무를 대신 맡아 관리해 주고 대가를 받는 형태의 시장진입방식으로 주로 호텔, 레스토랑, 병원 등의 서비스분야에서 많이 활용된다. 장점은 적은 위험부담으로 해외시장에 참여할 수 있다는 것이지만, 단점은 수입에서 일정 기간 수수료에 한정된다는 점이다.

플랜트공급계약(plant supply contract)은 주로 중화학공업 분야의 공장이나 여타 설비를 건설하여 가동 직전의 단계까지 준비해 준 후 인도하는 방식으로, 일명 **턴키계약**(turn key contract)이라고 한다. 경우에 따라서는 턴키 플러스계약, 즉 설비 시설+서비스 일체를 포괄하는 경우도 있다.

1) OEM : 주문자상표부착방식(original equipment manufacturing)
ODM : 제조업자개발생산(original development manufacturing),
제조업자설계생산(original design manufacturing)

Ⅱ 특정거래형태

특정거래라 함은 수출입의 제한을 회피하거나 산업보호에 지장을 초래할 우려가 있는 거래, 또는 대금결제가 수반되지 아니하고 물품 등의 이동만 이루어지는 거래를 의미한다. 대외무역법[2]에서는 특정거래형태 11가지에 대한 정의 규정을 두고 있다.

종전에는 국부(國富)의 유출을 초래할 수 있는 미화 5만달러(신고가격기준) 상당액을 초과하는 물품의 무환수출과 하나의 은행을 통하지 않는 중계무역의 경우에는 산업통상자원부 무역정책과에서 특정거래형태의 인정을 받도록 하고 있었지만 **현재는 폐지되었다.** 다만, 특정거래형태 11가지에 해당된다는 것은 무역실적으로 인정되고 각종 수출지원제도의 적용을 받는 등 무역정책의 기초자료로 활용되기 때문에 중요하다.

1 위탁판매수출과 수탁판매수입

위탁·수탁판매거래는 수출자가 물품의 소유권을 수입자에게 이전하지 않고 수출자가 자기책임 하에 수입국에 물품을 수출한 후 판매된 범위 내에서만 대금을 영수하고, 판매 잔량에 대하여는 계약기간 만료 후 수출자에게 반송하거나 제3자에게 판매하는 거래를 말한다. 이는 수출자인 본사가 수입국에 지사 또는 판매법인을 설치하거나 설립한 후 판매를 위탁하는 경우이거나, 최초로 해외시장개척 시에 주로 활용되는 거래형태이다.

동 방식으로 거래할 경우 수입판매업자는 수입에 따른 자금 부담이 없고, 수입물품이 계약과 상이할 경우 무역claim을 제기하여야 하는 불편이 없으며, 수입부대비용을 경감할 수 있다는 이점이 있다. 그러나 위탁자인 수출자는 자기 책임하에 소유권을 이전하지 않은 채 수탁자인 수입자에게 물품을 인계함에 따라 자금부담과 금리 및 판매에 따르는 위험을 부담하여야 한다. 결국 수탁판매자는 단지 판매대리인으로서 위탁자가 지정한 판매조건에 따라 물품을 판매하고 판매대금

2) 대외무역법 제14조, 동시행령 제20조, 동관리규정 제2조 및 제21조~제23조

중에서 경비 및 수수료를 공제한 금액을 위탁자에게 송금한다.

2 임대수출과 임차수입

임대차방식 수출입거래는 임대차계약에 따라 물품의 임대료를 영수하거나 임차료를 지급하는 조건으로 물품을 수출하거나 수입한 후 임대차계약기간 종료 후 임대물품이나 임차물품을 재수입 또는 재수출하거나, 임대차계약기간 종료 전 또는 종료 후에 소유권을 이전받는 수출입거래를 말한다. 이는 생산설비 등 거대자본이 소요되는 경우나 의료용구, 컴퓨터 등과 같이 물품가격이 고액이지만 수명주기(life cycle)가 상대적으로 짧은 물품을 수입할 때 자금압박을 완화하거나, 신제품 개발에 따른 위험을 회피하는 수단으로 활용되고 있다.

임차방식수입은 기업에서 설비투자 시 일시에 거대자본이 투입됨에 따른 부담을 완화한다는 측면에서 그 활용도가 높다고 볼 수 있다. 또한 설비의 내용연수가 경과하거나 경과하기 전이라도 이미 중고화 된 생산설비를 보다 저렴한 가격으로 소유권을 이전받을 수 있는 기회를 가질 수 있다는 점에서 경우에 따라서는 상당히 유리할 수 있다.

임대차방식의 수출입은 외국환거래법상 기타의 자본거래에 해당되므로 사전에 외국환은행에 신고하여야 하며 특히 임차수입의 경우에는 관세법상 재수출면세에 해당될 수 있으므로 수입신고 수리 전에 반드시 관세감면 신청을 하여야 관세감면이 가능하다.

3 외국인도수출과 외국인수수입

외국인도수출이란 국내에서 수출통관되지 않은 물품을 외국에서 외국으로 인도하여 매각하고 그 대금을 국내에서 영수하는 거래방식을 말한다. 외국인도수출은 산업설비수출, 해외건설, 해외투자 등 해외사업현장에서 사용한 기자재 등을 국내로 반입하지 않고 이를 다시 매각할 때나 항해중이거나 어로작업 중인 선박을 현지에서 매각하는 경우에 사용하는 거래형태이다.

외국인수수입이란 물품을 외국에서 조달하여 외국의 사업현장에서 인수하고 그

대금을 국내에서 지급하는 거래방식을 말한다. 외국인수수입은 해외에서 산업설비수출, 해외건설, 해외투자, 위탁가공무역 등의 사업을 추진하는데 있어서 필요한 기자재 및 원자재를 외국(제3국 또는 현지)에서 수입할 필요가 있을 때 운송시간과 경비를 절감하기 위하여 해당물품은 외국의 사업현장에서 직접 인수하고 수입대금은 국내에서 지급하는 거래형태를 말한다.

외국인도수출과 외국인수수입은 물품인도지와 대금결제지가 상이한 3국간 수출입이지만 수출입거래의 주체는 우리나라에 소재하고 있는 거래형태이다.

4 위탁가공무역과 수탁가공무역

위탁가공무역은 가공임을 지급하는 조건으로 가공할 원자재의 전부 또는 일부를 통상 무상으로 외국의 거래상대방(임가공업자)에게 수출하여 이를 가공한 후 가공물품을 국내에 재수입하거나 제3국에 판매하는 수출입거래를 말한다. 그리고 수탁가공무역은 위탁가공무역과 정반대의 거래형태로서 가공임을 취득할 목적으로 외국의 거래상대방의 위탁에 따라 원자재의 전부 또는 일부를 무상으로 수입하여 이를 국내에서 가공한 후에 외국의 위탁자 또는 위탁자가 지정하는 제3자에게 재수출하는 거래를 말한다. 이와 같은 가공무역방식 수출입은 주로 외국 또는 국내의 저렴하거나 숙련된 노동력을 이용하거나 고도의 기술을 이용하고자 할 경우나 현지생산을 통한 해외시장 접근의 일환으로 이용하는 수출입거래이다.

위탁가공무역은 섬유나 일부 전자산업 등 노동집약적인 사양산업의 경우 국내에서 생산하면 더 이상 수출경쟁력을 유지할 수 없음에 따라 산업구조 조정과정을 통하여 국내의 유휴설비를 해외에 이전하는 해외투자와 연계하여 파악할 수 있다. 이 경우 현지생산・현지판매체제를 구축함으로써 저렴한 인건비와 원자재 조달을 통하여 경쟁력을 확보함은 물론 해외시장에 보다 쉽게 접근할 수 있다는 이중적인 효과를 취할 수도 있다.

단계별로 보아 위탁가공무역방식 수출입은 초기단계에는 외국의 생산시설을 이용하여 가공만을 위탁하는 방식에서 점차 해외직접투자를 통하여 해외현지에 생산설비를 갖추어 직접 현지에서 생산하는 단계로 진행하게 된다. 초기에는 주로

OEM(original equipment manufacturing)을 채택하다가 점차 기술이 덜 가미된 중간재 원자재를 수출하여 현지에서 조립하는 SKD(semi knock down)방식에서 기술의 함유정도가 높은 기초원자재를 수출하여 현지에서 생산하는 CKD(complete knock down)방식으로 이전하는 형태를 취하게 된다.

수탁가공무역은 정유 등 설비산업이나 상대적으로 기술수준이 높은 산업에서 유휴생산설비의 가동률을 높이거나, 우리나라의 숙련된 노동력이나 고도의 기술을 이용하고자 하는 경우의 거래형태이다.

5 중계무역

중계무역(中繼貿易, intermediary trade)은 수출할 것을 목적으로 물품을 수입하여 이를 제3국으로 수출하는 수출입거래방식으로서, 수입한 상품을 원상태 그대로 수출하여 수출대금 영수액과 수입대금 지급액과의 차액에 해당하는 가득액을 취하는 거래방식이다. 이때 취하는 가득액은 수출가액(FOB)에서 수입금액(CIF)을 공제한 금액으로서 이를 중계차액이라 하며, 이 중계차액만을 수출실적으로 인정한다. 자국 내에서 생산한 물품을 위주로 하여 수출을 계속하여 온 수출자가 산업구조 조정 등 경제상황의 변화에 따라 자국에서 상품의 공급능력이 한계에 이를 때나 국내에서 물품을 조달하는 경우 수출채산성을 확보하기 어려운 경우 또는 해외에서 물품을 조달하면 보다 많은 수익을 취할 수 있는 경우 중계무역방식거래를 활용하여 해외에서 수출물품을 확보함으로써 해외시장을 관리하거나 거래처와의 거래를 계속할 수 있을 것이다.

중계무역과 **중개무역(仲介貿易,** merchandising trade)은 구분되어야 한다. 양자 간의 차이를 계약관계에 따라 파악하면 명확하다.

중계무역에서 중계자는 최종 수입자 및 최초 수출자 와의 무역계약 당사자로서 계약의 주체이다. 즉, 물품을 매입하여 매도함으로써 매매차익을 취하고, 거래 시 분쟁이 발생하는 경우 직접적인 분쟁의 당사자가 된다. 그러나 중개무역에서 중개자는 중개수수료를 대가로 최종수입자와 최초 수출자 간에 직접 거래할 수 있도록 중개·알선하는 자이므로 직접적인 무역거래당사자가 아니다. 따라서 중개자는 분쟁발생 시 직접적인 분쟁당사자가 아니다. 따라서 중계무역 시는 통상 물품과 선적서류가 중계자를 경유하여 최종수입국에 인도되며, 중개무역 시는 물품과 선적서류가 최초 수출자로부터 최종수입자에게 직접 인도된다.

우리나라의 대외무역법상에서 인정하고 있는 중계무역은 물품의 인도방법으로 보아서는 중개무역의 범주까지 포함시키고 있다. 즉, 형식상으로 보아 '중계무역 형태'로서 물품이 중계국을 경유하는 경우는 물론, '중개무역 형태'로서 물품이 중계국을 경유하지 않고 최초 수출국에서 최종 수입국으로 직접 인도되는 경우까지를 포함하고 있다.

6 연계무역

수입국의 외환보유고가 부족한 경우 결제조건이 열악하여 연지급수입 등 외상결제조건을 제시하는 경우가 많다. 심지어는 물품대금을 자국에 풍부한 원자재로 결제하겠다는 제의를 하는 경우도 있다. 연계무역은 이와 같이 외국환이 부족한 국가와 거래할 경우에 많이 활용되는 거래형태로서 동일한 거래상대자 간에 수출물품과 수입물품이 교환됨으로 인하여 수출과 수입이 연계된 형태의 무역거래 형태이다. 여기에는 수출입계약 형태, 대응구매기간, 물품대금 청산의 형태, 교환되는 물품과의 관계에 따라 물물교환, 구상무역, 대응구매, 산업협력(industrial co-operation) 위주의 제품환매, 절충교역거래 등 여러 가지 형태가 있다.

물물교환(barter trade)은 가장 오래된 무역거래의 형태로써 현재에도 선상교역, 중국・러시아 간, 중국・베트남 간의 국경무역에서 많이 활용되고 있으며, 환거래가 발생하지 않고, 상품이 1 대 1로 교환되는 무역형태이다.

구상무역(compensation trade)은 환거래가 발생되고, 대응수출의무를 제3국에 전가할 수 있는 거래형태로써 원칙적으로 수출과 수입이 하나의 계약서로 작성되어야 하며, 별도의 계약서로 작성될 경우에는 계약서 간에 상호 관련되어야 한다. 그리고 대금결제가 상계되어야 함에 따라 동시개설신용장(back to back L/C), 기탁신용장(escrow L/C) 등 상계방식으로 대금을 결제하는 특수신용장을 사용하여 거래한다.

대응구매(counter purchase)는 계약서상의 대응수입조건에 따라 수출액의 일정비율에 해당하는 상품을 대응수입하여야 하는 의무를 부과한다는 점에서 구상무역과 비슷하다. 그러나 수출과 수입이 거래내용상은 상호 연계되어 있으나, 형식적으로는 수출계약과 수입계약을 별도로 체결함에 따라 완전히 분리된 두 건 이상의 일반 무역거래형태를 취한다. 따라서 수출대금과 수입대금이 상계되지 않으며, 두 개의 일반신용장이 개설된다.

대부분의 연계무역형태 수출입은 거래규모가 크고 거래내용이 다소 복잡함에도 불구하고 구상무역은 거래상대방에게 대응수입의무를 보다 확실하게 강제하기 위하여 수출대금과 수입대금을 상계하도록 하고 있음에 따라 대응수입을 위한 시차조정 등의 문제로 인하여 활용이 다소 제한되고 있다.그러나 대응구매는 수출대금과 수입대금을 별도로 결제함에 따라 구상무역 형태의 문제점을 상당히 해소함으로써 다양한 무역거래 현실을 수용하는데 있어서 보다 용이하다.

제품환매(buy-back trade)는 플랜트나 기술수출 등에 대응하여 그 대가를 당해 설비나 기술을 사용하여 생산되는 제품을 수입하는 방법으로 결제받는 형태의 거래이다. 산업협력은 일종의 원조로서 수출한 설비나 기술에 의하여 생산되는 제품을 수입하는 방식(buy back deal)과 같은 무역거래형태 이외에 수출한 설비 등의 대가로 자본참여, 판매망 제공 등 일정한 지분을 보유하고 설비 등을 수입한 자의 사업에 참여하는 합작투자(joint venture)형태를 취하기도 한다.

절충교역거래(off-set deal)는 주로 군수품거래 시 활용되고 있다. 전투기나 군사시설을 도입할 때 부수적으로 기술이전의 효과를 거두기 위하여 전체 계약에 대한 이행책임을 부과하면서, 일부 부품을 국내에서 조달하도록 하는 절충교역거래 보완거래를 강제하거나, 제조시설을 국내에 이전하도록 하는 방법 등을 추가한다.

7 무환수출입

무환수출입이란 외국환 거래가 수반되지 아니하는 물품 등의 수출·수입을 말한다. 국가에서 특정거래형태 인정제도를 운영하는 것은 무환수출이며, 무환수출의 종류에는 증여, 상속 등에 의한 **무상무환(無償無換)**과 위·수탁판매무역, 위·수탁가공무역을 위한 원자재 수출입, 임대차수출입, 물물교환 등의 **유상무환(有償無換)**이 있다. 이중 후자, 즉 유상무환수출은 해당 무역거래과정에서 본질적으로 수반되는 거래이므로, 무환수출이 아닌 본래의 무역거래형태로 분류할 수 있다.

현재 인정대상이 되는 무환수출은 없다. 다만 전에는 다음과 같이 규정되어 있었다. 신고가격 기준 미화 5만달러 상당액을 초과하는 물품을 대외무역관리규정 별표3호(수출승인의 면제)에서 정한 사유에 해당하지 않는 사유로 국내에서 외국으로 수출하는 무환수출거래이다. 다만 위탁판매수출, 위탁가공무역, 임대수출, 연계무역 등의 목적으로 무환수출되는 무역거래형태는 인정대상에서 제외된다.[3]

3) 대외무역관리규정 제21조 제2항 제2호

제2절 무역업의 창업과 무역마케팅

I 무역업의 창업과 경영

무역과 관련한 사업계획 수립 시 사업범위와 관련하여 다음 사항을 정해야 한다. 첫째, 수출업인지 수입업인지, 둘째, 무역업인지 무역대리업인지, 셋째, 수입의 경우 완제품수입인지 원자재수입인지, 넷째, 수출의 경우 제조업인지 유통업인지 등이다. 물론 이와 같은 구분이 '칼로 무 자르듯' 딱 부러지게 이루어지는 것은 아니며, 실제 사업은 이러한 영역이 혼합되어서 이루어진다.

1 수출업 vs 수입업

경제활동의 목적이 소비활동을 통해서 개인 또는 사회의 후생을 증진하는 데 있다고 본다면, 국가 전체로 볼 때 결국 수입하기 위하여 수출한다고 할 수 있다. 그러나 개별기업 입장에서 보면 사정이 다르다. 수출업이냐 수입업이냐를 고려할 때에는 우선 수출은 해외영업을, 수입은 국내영업을 위주로 한다는 전제하에 현실적인 시장구조를 파악하여야 한다. 수입업을 영위하고자 하는 경우 우리나라는 상대적으로 그 규모가 크지 않아 상당히 배타적이며 산업 내에 품목별로 시장지배자(market leader)가 존재하여 "market leader = price maker"임을 염두에 두어야 한다.

수출은 무역금융, 관세환급, 부가가치세 영세율 등 각종 수출지원제도가 있기 때문에 자금 부담이 상대적으로 적다. 그리고 수출시장(해외시장)은 수입시장(국내시장)에 비하여 비교할 수 없을 만큼 크고, 자금의 회전기간이 짧다. 따라서 수출의 경우 경쟁력만 있다면 얼마든지 해외시장 확보가 어렵지 않다.

수입은 수출에 비하여 자금에 대한 부담이 크고 회전기간이 길다는 점 이외에도 관세, 비관세장벽으로 대표되는 각종 수입규제가 있다는 점을 고려하여야 한다. 특히 시장규모가 작아 재고부담이 크다는 점은 수입업을 영위하는데 있어서 가장 큰 부담으로 작용하고 있다.

2 무역업 vs 무역대리업

무역계약의 당사자 여부에 따라 무역업자와 무역대리업자로 구분할 수 있다.[4) **무역업자**는 제조시설을 보유하고서 생산을 위한 원자재를 수입하거나 자가 생산품을 수출하는 '제조무역상사'와 제조설비 없이 다른 사람의 제품을 수입하거나 구매하여 수출하는 '전문무역상사'가 있다.

무역대리업자는 수출자 또는 수입자인 본인(principal)으로부터 수수료(commission)를 받고 수출입을 중개·알선·보조하는 자로서, 자기명의를 사용하지 않고, 본인(principal)이 아닌 대리인(agent)으로서 계약대리권을 행사한다. 수출대리인과 수입대리인이 있다.

수출기업의 영업형태는 외국의 수입자와 계약관계 및 수출물품 조달방법에 따라 제조수출상(maker), 전문무역상사(trader), **수출중개상(buying office)**으로 구분된다. 수입기업의 영업형태는 외국의 수출자와 계약관계 및 국내영업방법에 따라 자가 사용 수입상, 직수입판매상(stock sale), 대행(선매)수입상, **수입중개상(offer agent)** 등으로 구분된다.[5)]

3 완제품 vs 원자재

수입업의 경우 부가가치창출과 사업의 안정감 차원에서 완제품 수입업인지 원자재 수입업인지를 고려해야 한다. 일반적으로 완제품을 수입하는 경우 최종소비

---

4) 대외무역법은 종전에는 국가관리의 일환으로 무역업(갑류·을류)과 무역대리업(갑류무역대리업·을류무역대리업)으로 구분하였었지만, 현재는 '무역거래자'로 통일해 사용하고 있다.

5) buying office와 offer agent를 수입대리상 및 수출대리상으로 해석하는 것이 언어적 표현으로는 옳을 것이다. 하지만 과거 대외무역법의 을류무역대리업자(수출대리업자)와 갑류무역대리업자(수입대리업자)의 관습에 따라 각각 수출중개상과 수입중개상으로 표현하였다.

자를 대상으로 하기 때문에 국내 유통마진폭이 큰 만큼 자금부담 및 재고부담이 크다. 반면에 원자재를 수입하는 경우는 제조회사를 상대하기 때문에 국내 유통마진율은 낮은 만큼 자금부담과 재고부담 역시 적고 회전율에 있어서 상대적으로 유리하다.

4 제조업 vs 유통업

수출업의 경우 제조업을 영위할 것인지, 제조시설 없이 유통업에 치중할 것인지에 대한 판단도 필요하다. 무역업체의 일반적인 성장과정을 살펴보면 우선 자금 부담이 적은 **중개상**(agent)으로 출발하여, 직접 자신의 이름으로 무역업을 영위하는 **무역상**(trader)의 과정을 거쳐 제조시설을 갖춘 **제조업**(maker)으로 발전하는 경향이 있다. 한편으로 '한번 오퍼상은 영원한 오퍼상'이라는 말이 있듯이 오퍼상은 매매차익이 아니라 커미션 수취를 목적으로 하기 때문에, 자기 책임 하에 자기명의로 사업을 영위하는 무역업자와 달리 실물거래에 따른 위험부담을 기피하는 속성이 있으므로 오퍼상(agent)으로 머무는 경우도 많다.

Ⅱ ▸▸ 무역마케팅

1 무역마케팅과 마케팅전략

1) 무역마케팅

마케팅은 조직이나 개인이 자신의 목적을 달성시키는 교환을 창출하고 유지할 수 있도록 시장을 정의하고 관리하는 과정이다. Kotler & Armstrong[6]은 "**마케팅**은 개인과 조직이 제품과 가치를 창조하여 다른 사람과 교환함으로써, 그들이 원하는 것을 획득할 수 있도록 하는 사회적 관리적 과정"이라고 정의하였다.

6) Kotler & Armstrong, Principles of Marketing, 9th ed., 2001, p. 6.

마케팅 개념은 수출마케팅, 무역마케팅의 개념으로 확대할 수 있을 것이다. **수출마케팅**이란 자국의 제품이나 서비스를 타국의 소비자에게 이전, 유통시키는 일방적인 기업 활동을 말한다면 **무역마케팅**이란 수출마케팅뿐만 아니라 기술제휴를 비롯한 합작투자 등 주로 해외에서의 현지생산 또는 현지판매에 관련된 해외사업 활동에 관한 마케팅이다.

2) 마케팅전략

무역마케팅의 본질은 해외시장의 기회를 성공적으로 실현시킬 수 있는 적절한 목표와 전략을 개발하는데 있다. 세계시장은 끊임없이 변화하고 그 변화가 가속화되고 있으므로 기업의 목표를 달성하기 위해서는 무역마케팅의 명확한 목표(vision & mission)를 설정하고, 그 목표를 달성하기 위한 일련의 **시장조사(research) → 계획 및 전략 수립(PLAN) → 실행(DO) → 평가(SEE)** 절차를 반복하게 된다.

기업이 통제할 수 없는 외부환경의 흐름에 대한 기회(opportunity)와 위협(threat)을 분석・예측하고 내부의 장점(strength)과 단점(weakness) 및 이용 가능한 자원에 대한 분석(SWOT)을 통하여 전사적 관점에서 **국제시장세분화**[7], **목표시장 선정**[8], **포지셔닝**[9] 그리고 경쟁적 우위를 달성하기 위한 **마케팅 믹스**(marketing Mix)를 개발하는 것이 중요하다. 마케팅 믹스전략에는 제품전략(product), 가격전략(price), 유통전략(place), 촉진전략(promotion) 등이 있다.

7) 국제시장세분화(segmentation) : 비슷한 욕구를 가진 소비자 집단을 어떤 유사성 기준(소득수준, 지리적 환경, 문화적 배경, 인구 통계적)으로 찾아내는 과정
8) 표적시장선정(targeting) : 시장 세분화를 통해 확인된 소비자 집단을 비교 평가하여 가장 잠재력이 큰 하나 혹은 복수의 시장을 목표시장으로 선정하는 과정
9) 포지셔닝(positioning) : 제품을 구매자 마음속에 확고한 위치를 심어주려는 전략

무역마케팅 전략기획 절차[10)]

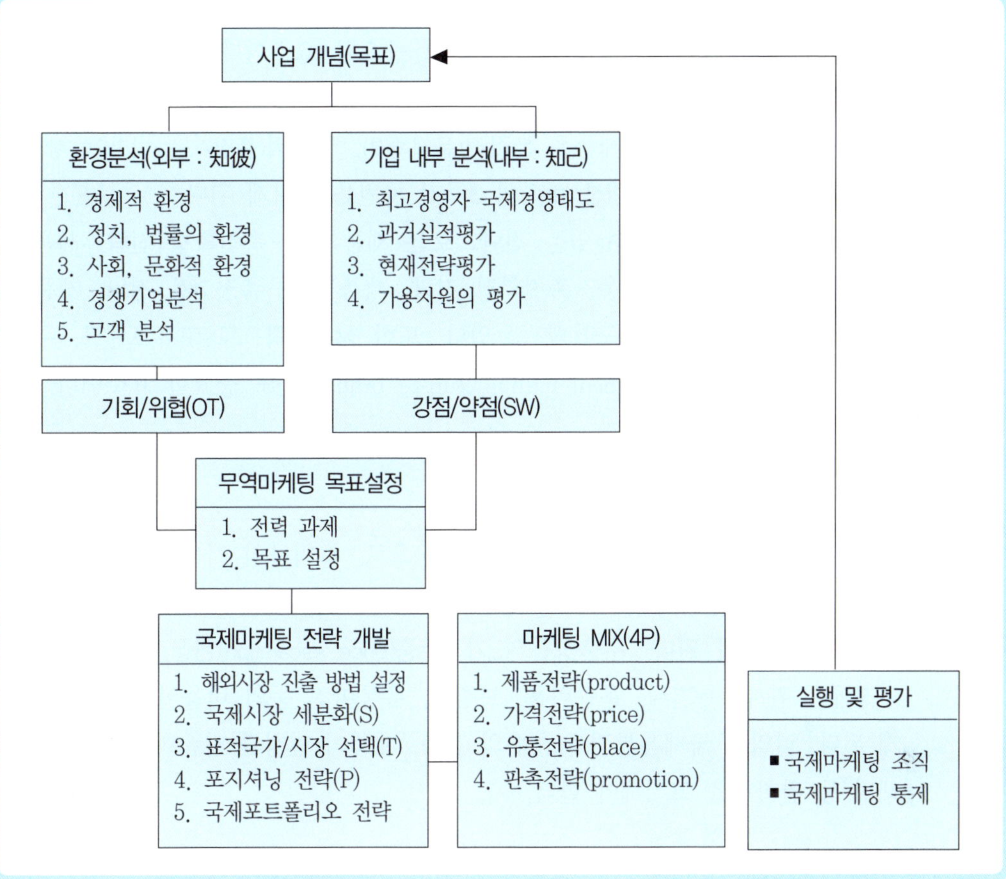

2 무역마케팅전략의 수립과 시행

마케팅믹스란 기업이 국내외의 통제 불가능한 환경변화에 대응하기 위하여 기업내부에서 통제할 수 있는 모든 요소들을 유기적으로 혼합·조정·통합하는 활동이다. 기업 내의 통제 가능한 요소는 제품, 가격, 유통경로, 촉진 등으로 전략이 된다.

10) 이철·장대련, 「글로벌시대의 국제마케팅」, 학현사, 1998, p. 182. 필자 일부가공

1) 제품전략(product)

제품전략은 기업의 마케팅전략 중 가장 중요한 요소이다. 제품이란 소비자가 욕구를 충족하기 위하여 사용하거나 구입 또는 소비라는 모든 형태의 재화와 서비스를 말하는 것으로써 제품은 본질적(문제해결), 실체적(품질기능, 디자인, 상품, 포장), 확장적(A/S, 사용법, 환불/보증)의 3가지 차원을 지니게 된다.

제품전략으로 선택할 수 있는 전략으로는 제품확장－촉진확장 전략, 제품확장－촉진적응 전략, 제품적응－촉진확장 전략, 제품적응－촉진적응 전략, 제품창조－촉진창조 전략 등으로 구분할 수 있다. 또한 **상표전략**으로 고유브랜드, 주문자상표(OEM : original equipment manufacturer's brand) 등도 중요한 요소이다.

2) 가격전략(price)

가격은 제품의 원가를 하한선(price floor)으로, 소비자의 지불능력 등 수요측면을 상한선(price ceiling)으로 하여, 그 사이에서 경쟁상황과 기업의 목표 등을 고려하여 결정하게 된다. 수출상품의 **가격누증(price escalation)현상**, 즉 수출가격의 결정에는 관세, 특별세, 운송비용, 보험료, 유통마진 등의 비용이 추가로 발생하게 된다. 따라서 국제유통경로(단계)의 감축, 제품의 변형과 단순화를 통한 저가격 책정 등 완화책을 고려해야 한다.

3) 유통전략(place)

유통은 자사의 제품이나 서비스를 최종소비자에게 어떠한 방법으로 도달하도록 할 것인가를 결정하는 것이다. 유통경로 설계에는 각국 시장의 소비자 특성, 경쟁의 정도, 제품의 특성, 기업자체의 특성, 마케팅구조 등을 고려하게 된다.

유통경로의 설정은 전체적인 마케팅목표와 부합하는지 여부, 해외시장의 목표고객 및 이들의 욕구와 선호도에 따라 국제유통경로가 결정된다. **고객과 관련**해서는 해외시장 목표고객의 구매습관, 지역적 분포, 소득수준, 유통기구에 대한 선호도를 검토하고, 제품과 관련해서는 표준화 정도, 부패가능성, 부피, A/S정도, 단가 등을 고려하며, **중간상과 관련**해서는 중간상들은 자신들의 이익을 최우선으로 고려하고, 고객의 수요가 있는 제품만 주문하고 적극적인 판촉이 필요한 제품은 취급을 회피하는 경향(cherry picking problem)이 있다는 것을 고려하게 된다.

끝으로 **환경요인**으로써 각 해외시장의 다양한 정치·경제·사회적 환경 때문에 현지 경영자나 중간상에게 상당한 정도의 의사결정권을 이양하거나 각국의 고유의 사회·문화·경제적 환경을 고려하여 그 환경요인에 부합되는 유통경로를 설정하게 된다.

4) 광고·촉진전략(promotion)

광고는 잠재고객에게 제품에 대한 정보 및 가치를 알려주고 인지도를 높여주는 역할을 한다. 일반적으로 산업재보다 소비재의 경우에 그 역할이 더욱 중요하다. 국제 광고전략의 고려요인으로 제품수명주기상의 상이한 위치, 제품 인지도, 용도, 기호, 여러 환경적 요인 등이다.

국제 광고 전략으로 **표준화**와 **현지화**가 있다. 전자는 소비자들이 지역에 따라 특성이 다르더라도, 기본적인 생리적 욕구와 심리적 동기는 동일하다는 점에서 성공적인 광고전략은 지리적인 차이보다 소비자 욕구의 동질성을 최대한 이용하는 전략이다. 후자는 국가 간 차이, 즉 문화, 소비자 기호, 매체 보급도 및 경제적 여건의 차이를 고려하여 현지시장에 적합한 광고를 차별적으로 개발하여 사용하는 전략이다.

광고를 어떠한 매체를 이용하여 얼마만큼 할 것인가도 중요하다. 일반적으로 TV, 방송, 신문 등을 광고로 이용할 수 있으며, 최근에는 인터넷, 블로그(blog) 또는 YouTube, SNS 등도 효율적인 광고수단이 되고 있다.

제3절 해외시장조사와 거래선 발굴

I ▸▸ 해외시장조사

1 해외시장조사의 의의

물품을 수출 또는 수입하려면 먼저 목표하는 시장부터 찾아야 한다. 목표시장을 찾기 위해서는 여러 시장을 대상으로 거래와 관련된 항목을 조사하여 서로 비교・검토하는 절차가 선행되어야 하는데, 이것이 해외시장조사(overseas market research)이다.

시장조사는 "물품을 그 생산자로부터 소비자에게로 유통・판매함에 관련된 해당 문제에 대한 모든 사실을 수집・기록・분석하는 활동"이라고 정의할 수 있다. 특히 수출에 있어서 해외시장조사란 수출상이 자신의 물품을 장기적으로 가장 효율적으로 수출할 수 있고 시장을 탐색하기 위하여 행하는 최초의 절차로써 당해 물품의 판매에 관련된 여러 가지 정보를 과학적 방법을 통해 최대한 합리적으로 수집 종합・비교 분석하는 일련의 활동이라고 할 수 있다.

시장조사를 통하여 목표시장이 결정되며 그 시장에서 거래처가 결정된다. 결국 수출입상에게는 거래의 성공여부의 첫 단계가 바로 목표시장의 결정이라면 이에 따라 조사의 중요성은 매우 크다고 할 수 있다.

2 해외시장조사 항목

1) 제1단계(일반 시장조사)

제1단계의 조사항목은 지리적 조건, 정치・경제적 조건, 사회적 조건 등과 관련된 일반적 조사항목이다. 해외시장조사는 세계시장 및 무역환경에 대한 검토와 목적시장에 대한 구매력 측정 및 시장 상호간의 비교·검토가 필요하다. 국내시장의 경우와 달리 해외시장에 대한 정보는 불완전·불통일로 인하여 신빙성이 부족한 경우가 많다. 따라서 해외시장조사는 소수의 자료를 기초로 각국의 시장을 비교하는 것이기 때문에 가급적 간결한 조사항목을 설정할 필요가 있다.

첫째, **지리적 조건**으로 각국의 면적, 지형, 기후, 거리, 도시의 분포상황 등을 조사한다.

둘째, **정치·경제적 조건**으로 각국의 자원분포상황, 경제·재정·금융 국내 산업에 대한 보호정책의 정도, 국내외 투자 상황, 국제수지 동향 등을 검토하여야 한다. 또한 후진국이나 개발도상국에 있어서는 공업화의 진전에 따른 소비재의 수입규제 등도 파악해 둘 필요가 있다.

셋째, **사회적 조건**으로 각국의 총인구, 인구의 도시집중도, 인종구성, 사용언어, 교육정도, 종교, 인터넷의 보급정도, 주민생활, 풍습, 관습 등이 정확히 파악되어야 한다.[11)]

2) 제2단계(특수 시장조사)

제2단계 조사항목은 주로 판매효과(sales effect)에 대한 조사이다. 여기서는 사례연구(case study)와 통계적 방법을 필요에 따라 혼합하는 방법에 의한 특수 조사항목이다.

(1) 품질 적응성

품질은 목적시장에의 적응성 여부에 관한 문제이다. 물품의 본질적 효용인 사용효과(effectiveness in use) 및 편리성(convenience)이 검토되어야 한다. 물품의 사용목적, 사용계층, 미래의 개량방향 등을 파악하기 위하여 물품의 크기(size), 모양(shape), 중량(weight), 끝마무리(finish), 상표(brand), 색상(color), 포장(packing)

11) 세부 조사내용은 ① 인구와 특성, ② 소득수준과 구매력, ③ 기후 및 지리적 여건, ④ 통화체제, ⑤ 판매계통 유형(인터넷 판매정도), ⑥ 교통·통신, ⑦ 상관습, ⑧ 당해품목 또는 유사품목의 국내생산과 수입실적, ⑨ 조세체계, ⑩ 금융기구, ⑪ 수출입의 규모, ⑫ 타국과의 경쟁관계, ⑬ 일반적인 사업의 안정성, ⑭ 정부의 경제활동, ⑮ 행정적·법적체계 등이다.

등의 검토와 함께 **상품화 계획**(merchandising)[12)]의 적응성에 관한 조사이다.

(2) 가격 적응성

수출상의 가격 경쟁력을 조사하기 위하여 목적시장까지 단계별로 소요되는 **요소비용**을 조사하여야 한다. 운임(freight), 보험료(insurance premium), 내륙운송비(inland transportation charge), 내국세(local taxes) 및 수입관세(taxes and import duties), 창고료 등을 산정하여야 경쟁물품과의 비교가 가능하며 이러한 비교를 통하여 **가격경쟁력**의 유무를 확인할 수 있다.

(3) 납기 적응성

국내거래와 달리 풍속·관습이 다른 해외시장에 물품을 수출하는 경우에는 대부분이 **주문생산**이다. 특히 미국, EU, 중동 등으로 수출되는 물품은 취미, 기호, 기후, 풍속등이 다르기 때문에 수주 후에 생산하여 선적하게 된다. 그렇게 하지 않고 미리 생산해 둘 경우 주문이 내도하지 않으면 처분할 수 없는 불량재고가 될 위험성이 있다.

위탁판매(consignment)와 주문 후 생산하여 선적하는 납기조건과는 인도 시기면에서 큰 차이가 있기 때문에 이에 대한 조사가 선행되어 납기 적응성을 점검하여야 한다.

(4) 결제방식 적응성

일반적으로 수출상에게는 사전송금방식, L/C방식이 유리하고 수입상에게는 사후송금, 청산계정(open account),[13)] 추심방식이 유리하다. 그러나 수입상에게도 L/C방식이 유리할 때가 있으며, 반대로 수출상에게도 추심방식이 보다 유리한 경

---

12) 'merchandising'이란 적정한 상품을 적정한 가격에, 적정한 시기에, 적정한 수량을 소비자에게 제공하는 계획이며, 이를 위하여 시장조사를 기초로 품질, 디자인의 개발, 판로의 확장 및 합리화 등을 행하는 것이다.

13) 수출입거래가 빈번한 경우 대금결제를 장부상에 상쇄·정리한 다음 일정한 기간에 그 차액만을 결제하는 방법으로서 주로 외국인투자기업이나 대형상사의 본·지사간에 이용되고 있다. 청산계정에서는 수출상이 환어음을 발행하지 않고 주로 송장만으로 물품대금을 청구한다.

우도 있다. 결제방식 가운데 어떤 조건을 요구하느냐 하는 것은 거래의 성패를 좌우하는 중요한 조건이 될 수 있다. 따라서 수출상의 입장에서는 자신의 결제방식을 고집하지 말고 객관적이고 냉정한 입장에서 목적시장의 관습이나 경쟁자의 결제조건 등을 조사·검토하여 그 시장에 적응 가능한 결제방식을 선택하여야 한다.

(5) 배급방식 적응성

배급방식은 수입상이 물품을 수입하여 이를 최종 소비자에게 전달하는 **배급경로**(channel of distribution)를 말한다. 수출상은 수입상과 직접 거래를 할 것인지, 대리점(agency)을 둘 것인지, 판매점(distributor)을 둘 것인지, 프랜차이징(franchising)을 통할 것인지 등 어떤 배급경로가 당해 시장에 적응성이 있는지 등을 조사하여야 한다.

수입상이 외국물품을 취급하는 동기는 이윤추구에 있기 때문에 유사한 경쟁물품에서 더 큰 이윤이 기대된다면 언제든지 기존거래를 중단하게 된다. 따라서 수출상의 물품이 목적시장에서 확고한 기반을 구축했는지의 여부는 일시적 물량증대나 수입상과의 친밀도만을 기준으로 판단하는 것은 위험하다. 다시 말하면 수입상, 판매점, 도매상, 소매상 및 최종소비자가 그 물품의 거래기반이 확립될 수 있다. 이러한 의미에서 수입유통기반의 확립이 바로 판매력 증진의 기반이 된다.

3) 제3단계(실험적 조사)

제3단계는 제1·2단계에서 조사한 결과를 근거로 한 가설을 실증하는 단계를 말한다. 실무에서는 시험주문(trial order)이나 견본주문(sample order)을 통하여 실험하는 경우가 많다. 그러나 실험적 조사는 어디까지나 제1·2단계의 기초 위에 이루어져야 하며 실험적 조사를 위한 과학적 방법이나 기준 등이 검토되어야 한다.

3 해외시장조사 방법

해외시장조사의 방법으로는 자사의 해외 지점이나 사무소에 직원을 파견하고 직접 정보를 수집하여 조사하는 **직접조사방법**, 공적·사적 기관이 발행하고 있는 조사자료 등을 수집하여 조사하는 **간접조사방법**, 해외 전문조사기관에 위탁하여 조사하는 **위탁조사방법**, 인터넷을 이용한 **인터넷 조사방법** 등이 있다.

1) 직접조사

첫째, 해외지점, 출장소, 사무소 등에 의한 시장조사로 무역업자나 제조업자가 해외에 지점이나 출장소를 갖고 있는 경우에 주재국의 신문·잡지 등에서 정보를 입수하거나 거래상대방과 꾸준히 접촉하여 신속하고 기밀한 정보를 얻을 수 있다.

둘째, 거래상대국의 시장에 직접 출장을 가서 조사하는 방법으로, 조사비용이 많이 든다는 단점이 있음에도 불구하고, 주관적이지만 감각적인 시장정보를 얻기 위한 좋은 방법이라고 할 수 있다. 출장조사에는 ① 한 회사만의 단독출장조사, ② 업계에서 파견되는 시장조사단에 참가하는 공동출장조사, ③ 해외전시회 참가를 통한 시장조사 등이 있다.

특히 **해외전시회 참가**는 목적하는 물품과 관련이 깊은 동업자들과 접촉할 수 있기 때문에 정보를 직접 입수할 수 있다. 현지방문 시에는 현지 대사관, 공관 또는 무역관의 최대한 협조를 구하고 목적지 국가의 상업회의소나 유관기관의 협조를 받는 것도 바람직한 방법이다. 현지의 유력 수입상 및 도매상을 직접 방문하여 조사하는 과정에 거래관계가 확립될 수도 있다는 이점이 있다.

셋째, 거래처를 통한 시장조사이다. 거래는 상호이익의 관계에서 성립되는 것이기 때문에 거래상대방의 정보제공에 대하여 이쪽에서도 상대방에게 필요한 정보를 제공하여야 한다.

2) 간접조사

첫째, 한국에 주재하는 외국의 대사관이나 영사관 또는 외국에 주재하는 우리나라의 공관을 통하여 목적시장의 정보를 입수한다.

둘째, 외국의 상업회의소 또는 우리나라의 한국무역협회, KOTRA 등을 통한 해외시장조사이다.

셋째, 해외의 광고대리점을 통하여 시장조사를 할 수 있다. 조사대상 지역의 광고회사와 업무제휴를 맺고 있는 국내 회사에 시장조사를 의뢰할 수 있다.

이 밖에도 UN의 'Yearbook of International Statistics', IMF의 'International Financial Statistics', OECD, World Bank, ESCAP[14] 등 국제기관에서 발표하고 있는 일반경제통계에 의한 조사방법도 있다.

3) 위탁조사

국내외의 조사기관에 조사명목을 명시하고 비용을 부담하는 조건으로 조사를 위탁하는 경우인데, 특정 시장이나 특정 물품에 대하여 전문적이고 철저하며 상세한 시장조사를 기대할 수 있다. 외국의 **전문조사기관**으로는 'Booz Allen and Hamilton', 'Mckinsey and Company', 'Dun and Bradstreet' 등이 있다.

4) 인터넷조사

오늘날에는 인터넷, **SNS**[15] 등을 통한 시장조사가 모든 사업의 출발점이라 해도 과언이 아니다. 해외시장조사를 함에 있어서 인터넷을 활용하면 유익한 정보를 쉽게 얻을 수 있다. 가령 수출이나 수입을 하는 지역과 관련된 정보, 수출입 정보, 수출입 통계, 무역거래 관습 등을 정부기관 사이트나 기업의 웹사이트를 이용하여 쉽게 조사할 수 있다.

14) ESCAP(Economic and Social Commission for Asia and Pacific, 아시아태평양 경제사회위원회)

15) SNS(social network service)는 웹상에서 이용자들이 인적 네트워크를 형성할 수 있게 해주는 서비스로 Kakao talk, LINE, facebook, twitter 등이 있다.

Ⅱ 거래선발굴 및 신용조사

1 거래처 선정방법

해외시장조사가 끝나서 특정한 해외시장이 선정되면 다음에는 그 시장의 누구와 거래관계를 맺을 거래선(business partner)을 물색하여야 한다. 거래선 발굴 방법에는 인터넷을 통한 발굴, 해외광고를 통한 발굴, 공공기관을 통한 발굴 및 직접출장을 통한 발굴 등의 방법이 있다.

1) 인터넷 거래알선 사이트 활용

과거에는 Trade Directory나 Yellow Page 등의 간행물을 통한 홍보가 보편적이었다면, 오늘날에는 인터넷 거래알선 사이트를 활용하여 마케팅하는 것이 보편적이다. 따라서 EC21, Alibaba 등과 같은 **전문 거래알선사이트**, Naver, Google, Yahoo 등 **검색 포털사이트**, Amazon, Auction, ebay 등 **사이트** 등을 활용하고 있다.

2) 무역 관련기관 활용

각국 상업회의소, 세계무역센터(WTCA : World Trade Center Association), 수출입 관련기관을 통해 관련 업자를 소개받는 방법도 있다. 국내 기관으로는 한국무역협회, KOTRA, 중소기업진흥공단, 대한상공회의소 등을 들 수 있다

3) 해외광고 및 홈페이지 홍보

해외홍보용 책자(catalogue나 leaflet)를 제작하여 예상거래처에 배포하거나 국내기관의 해외홍보매체 등에 자사상품을 홍보하여 거래처를 물색할 수 있다. 해외배포용 Catalogue나 Leaflet의 제작 시에는 세심한 사전 계획과 영어나 대상지역의 언어로 제작하여야 하며 홍보물의 내용도 회사 또는 대표자의 홍보보다는 물품 자체의 설명에 주안점을 두어야 한다. 인터넷상 **홈페이지**는 찾아오는 고객들에 대한 회사의 홍보 및 신뢰감을 줄 수 있는 마케팅 수단이다. 홈페이지는 제작도

중요하지만 자료의 정확성 및 자료의 주기적인 갱신 등 사후관리가 더욱 중요하다. 아울러 해외를 상대하는 기업은 한국어뿐만 아니라 영어 및 주요 타겟 시장의 언어로도 만들 필요도 있다.

4) 직접 출장(전시회 등)을 통한 거래처 발굴

해외에 직접 출장을 가거나, 무역사절단, 박람회 또는 전시회 등에 참가하여 거래처를 발굴하는 것이 가장 확실한 방법일 것이다. 하지만 직접 출장에는 많은 준비와 비용 등이 필요하므로 해외 마케팅의 초기 단계에는 한국무역협회, 지방자치단체, KOTRA 등에서 주관하는 민간무역사절단, 해외전시회 등을 활용하면 경비 지원, 정보 및 업무 협조 등에서 많은 도움을 받을 수 있다.

2 거래형태의 정립

거래처를 선정함에 있어 먼저 고려하여야 할 사항은 물품이 어떤 경로를 거쳐 최종 소비자에게 전달되느냐 하는 점이다. 물품의 배급경로를 확인하고 난 후에야 거래상대방이 어떤 기능을 하는지 알 수 있고 상대방에게 어떤 권한을 줄 것인지가 분명해진다.

1) 대리점 지정

대리점은 수출상이 현지 수입상과 일일이 접촉하지 않고 자신의 판매 대리인을 통하여 매매예약을 체결하고 판매망을 구축하려는 경우의 현지 거래처이다. 현지 대리점이 판매 대리에 독점적 지위가 있는 경우가 **독점대리점(exclusive agent)**이다.

2) 판매점 지정

판매점(dealer)은 공급자(supplier, manufacture)와 법률상 대등한 지위에 있으며, 현지시장에서 자신의 위험과 비용부담으로 매매차익을 목적으로 한다. 도매상을 겸하고 있는 현지시장의 수입상에게 독점으로 판매할 수 있는 **독점판매권한**

(exclusive distributorship)을 부여하기도 한다. 판매점은 **판매점계약**(dealership or distributorship agreement)에서 물품의 공급자에게 최소 주문량(minimum purchase)을 약정한다.

3) 기타 거래형태

대리점이나 판매점과 같은 중간단계를 거치지 않고 수출상이나 제조업자가 수입상이나 수요자와 직접 거래하는 경우이다. 수출상의 입장에서 판매점이나 대리점을 두지 않고 해외로부터의 단편적인 거래제의에 수동적으로 응한다면 안정적인 무역거래를 기대할 수 없다.

수출상이 지속적인 거래를 위하여 직접 해외에 진출하는 경우에 처음에는 판매대표부(sales representative)를 두었다가 안정적인 판매가 보장되면 현지공장을 설립하거나 현지회사와 공동으로 합작투자회사(joint venture company)를 설립할 수 있다.

3 인터넷 광고와 거래처 선정

1) 인터넷 광고

인터넷 광고는 크게 인터넷상에 등록되어 있는 웹사이트 그 자체를 홍보하기 위한 웹프로모션과 자신의 홈페이지를 통하여 물품을 홍보하는 방법이 있다. 홈페이지 자체를 홍보하기 위한 방법으로는 Off-Line광고와 On-Line광고가 있는데, **Off-Line광고**는 TV나 신문 등을 통하여 홍보하는 것을 말하며 **On-Line광고**는 인터넷 포털사이트에 하는 배너(banner)광고가 대표적이다.

또한 메일을 이용하는 방법이 있는데 이 방법은 목적하는 상대방에게 가장 확실히 전달되는 장점이 있다. 최근에는 웹상의 ID를 검색할 수 있는 프로그램을 개발하여 target marketing을 하기도 한다.

2) 전자거래알선사이트

전자거래알선사이트(ETOs : electronic trading opportunities)에서는 인콰이어리,

상품카탈로그, 기업 디렉토리 정보를 검색하거나 자사 정보를 등록할 수 있으며 오퍼 타입(buy/sell)별, 품목별 업체명 등을 검색할 수 있다. **ETOs사이트**에는 ec21.com, wtpfed.org, tradekorea.com, ecplaza.net, alibaba.com 등이 있다.

4 신용조사

1) 신용조사의 필요성

선정된 상대방과 정식으로 거래관계를 갖기 이전에 상대방의 신뢰도(reliability)를 확인하기 위하여 **신용상태(credit standing)**를 조사하여야 한다. 그 이유는 무역거래의 경우 국내거래와 비교할 수 없을 만큼 큰 신용위험(credit risk)이 존재하기 때문이다. 국제거래는 거리, 제도, 법률 등 여러 가지 사정들로 인해 접근하기가 쉽지 않다. 특히 국제거래에서 견본을 수집하여 생계의 수단으로 삼는 sample merchant나 고의로 클레임을 제기할 것을 미리 계산하고 있는 claim merchant도 있다. 근본적인 대책은 재정상태, 평판, 영업력 등에서 문제없는 상대방을 선택하는 것이기 때문에 신용상태를 조사하여 우수한 평가를 받는 상대방과 거래를 개시하고 정기적으로 조사하는 것이 가장 좋은 방법이다.

2) 신용조사 항목

신뢰도를 측정하는 신용조사의 항목은 **3C's**(character, capital, capacity) 이외에 시장상황(condition), 담보능력(collateral), 거래통화(currency), 소속국가(country) 중 1~2개를 추가하여 **4C's** 또는 **5C's**가 있다. 여기서는 3C's를 중심으로 설명한다.

(1) 상도덕(character)

상도덕(character)은 업체의 개성(personality), 성실성(integrity), 평판(reputation), 영업태도(attitude toward business), 채무변제이행열의(willingness to meet obligation) 및 기업윤리나 기업의 사회적 책임 등을 확인하는 것이다. 특히 대금결제에

대한 성의는 상대방의 자금상태나 영업실적보다 경영진의 도덕성과 성실성에 의존하는 경우가 많으므로 신용조사에서 특히 이 항목에 중점을 두어야 한다. 수출무역의 경우 빈번한 Market Claim도 악의적인 상도덕에서 비롯되기 때문에 신용조사 항목 가운데 가장 중요한 항목이다.

(2) 자본(capital)

재정상태(financial status), 자본과 부채의 비율, 영업결과에 따른 이익과 손실 등을 점검하는 항목이다. 이를 조사하기 위하여 일반적으로 상대방의 재무제표(financial statements)를 검토하게 되며, 그 대표적인 것이 대차대조표(balance sheet)와 손익계산서(income statement)이다. 경우에 따라서는 이러한 자금의 입수가 곤란한 경우도 있으며, 또한 자금 자체의 신빙성이 문제가 될 수 있다.

(3) 능력(capacity)

연간매출액(turn-over), 회사의 형태[16], 연혁(historical background), 경력(career), 영업권(good will), 취급업종, 장래성 등에 관한 항목이다. 비록 건실하고 양호한 재정 상태라 하더라도 장래성이 없는 업종이나 경영자의 경영능력이 없다면 장기적인 전망이 밝다고 할 수 없다.

3) 신용조사 방법

(1) 거래은행이나 동업자를 통한 조사

상대방의 거래은행(bank reference)이나 자사와 오랜 거래관계가 있는 동업자(trade reference)를 통하여 신용조회를 하는 것이 가장 보편적이다. 상대방으로부터 받은 Inquiry에 자사의 신용조회처(reference)를 명기하는 경우가 많고, 때로는 Letter head에 거래은행이 인쇄되어 있는 경우도 있다. 그러나 현실적으로 이들 은행에 신용조회를 하여도 만족할 만한 신용정보(credit information)를 얻을 수 없

16) 회사형태 : 개인회사(individual proprietorship), 합명회사(partnership), 합자회사(limited partnership), 주식회사(limited company, incorporated company) 등

는 경우가 많고 때로는 회답이 전혀 없는 경우도 있다. 은행을 통한 신용조사의 경우에는 조사의뢰인은 우선 자기의 거래은행에 의뢰하고 거기서 다시 상대측의 은행에 의뢰하는 방법을 취하는 것이 현명하다.

(2) 전문기관에 의한 조사

신용조사 전문기관은 국내는 물론 세계 주요 도시에 통신원 또는 조사원을 주재 또는 파견하여 현지조사를 하고 또한 세계 각국의 동업자와 연락을 취하고 정보를 교환하면서 전적으로 신용조사를 위하여 활동하고 있다.

세계적으로 유명한 **전문신용조사기관**으로는 Dun & Bradstreet사(미국), Bradstreet British사(www. dnb.com)(영국), Tokyo Mercantile Agency(일본), Auskunft W. Schimmelofung(독일) 등이 있다. 특히 Dun & Bradstreet사는 세계적인 신용평가기관인 Moody's Investors Service 등 20여개의 자회사를 거느린 정보 서비스 회사로서 160여년의 역사와 전세계 5,000만개 회사의 데이터베이스와 120여개 국가의 자료를 보유하고 있다.

우리나라 해외신용조사 기관으로는 한국무역보험공사, KOTRA, 신용보증기금 등이 있다. 특히 신용보증기금은 미국의 Dun & Bradstreet사 등 유수의 해외신용조사 전문기관과 제휴하여 신속·정확한 자료를 제공하고 있다. 한국무역보험공사는 국내 수출업체가 필요로 하는 해외 신용정보 자료를 수집하여 제공하고 있다.

제4절 무역거래형태의 확장과 서비스무역

I ▸▸ 무역거래형태의 확장

1 무역거래형태의 확장

무역은 제조업 중심의 상품무역에서 서비스무역으로 그리고 상품과 서비스, 서비스와 서비스 등 2가지 이상의 결합에 의한 복합무역으로 발전해 나가고 있다. 하지만 아직까지 서비스무역과 복합무역에 대한 용어 및 분야에 대한 개념정립조차 완전하다고 볼 수 없다.

서비스무역은 유통, 금융, 운송, 건설, 정보통신 등 상품무역 이외의 서비스업의 국제거래를 말한다. UR교섭 시에는 개발도상국을 포함한 모든 국가들이 서비스무역의 증대에 따라 금융, 운수, 건설, 유통 등 광범위한 서비스분야를 대상으로 최혜국대우, 내국민대우, 시장접근 등을 규정한 「서비스무역에 관한 일반협정(GATS : General Agreement on Trade in Services)」을 합의한 바 있다. 서비스 산업의 경우 WTO, FTA, 인터넷 등 글로벌 및 디지털 열풍의 직접적 영향을 받아 사업범위의 영역파괴(borderless), 경쟁자의 신규 출현과 퇴출 등으로 변화의 중심에 놓여 있다.[17)]

지금까지 서비스 산업은 생계형산업이면서 생산성이 낮다는 특징을 갖고 있었으나, 최근에는 교육과 의료 등 지식 기반형 서비스 비중이 높아지고 부가가치가 높다는 이유로 주목을 받는 추세이다. 중국・러시아・동남아・일본 등 인접지역에 대규모 서비스 시장이 펼쳐져 있으며, 한류, IT 등의 분야에 우수한 인적자원이 많다는 것도 서비스 수출에 호재이다. 특히, 서비스 수출 가운데 인력의 수출,

17) 박문서, "서비스무역 거버넌스 분석과 리모델링 전략", 「통상정보연구」 제11권 제2호(한국통상정보학회, 2009), 174면.

즉 IT 인력의 해외진출이 중요한 이슈로 부각되고 있다.

복합무역은 유형의 재화뿐만 아니라 여객 및 운송, 보험, 여행 및 관광, 유학 및 연수 등의 눈에 보이지 않는 서비스와 기술의 해외진출까지 총체적으로 결합한 무역을 말한다. 복합무역 전략에서 무역의 대상은 기존 상품무역의 한계를 뛰어넘어 상품뿐만 아니라 서비스·기술·인력 등 생산요소까지를 모두 포괄한다.

과거의 상품무역에서는 소비자가 필요로 하는 상품을 가장 싸게 만들 수 있을 때 경쟁력을 갖게 되었지만, 복합무역시대에는 소비자의 필요를 충족시키는 것은 물론이고 거기에 더해 심리적 만족을 가져다 줄 수 있을 때 경쟁력을 갖게 된다. 이러한 경쟁력을 종합경쟁력이라고 할 때 경쟁력의 원천도 과거의 가격과 품질에 대한 경쟁력만을 의미하는 것이 아니고 그 외에 서비스 정신, 독창성, 문화적 이해, 발전된 개인의 이미지 등을 포함해야 한다. 각종 산업이 융·복합되는 디지털 컨버전스시대에 정보기술 IT의 역할과 중요성은 더욱 커지고 있는데, 이러한 IT를 다른 산업과 융·복합하면 다양한 고부가가치 기술 및 틈새시장을 창출할 수 있다.

최근에는 한류의 영향으로 우리나라의 문화컨텐츠[18] 관련 산업과 현지국 기업들과의 상생적인 협력전략이 필요한 상황인데, 이 또한 복합무역의 일환으로 볼 수 있고, K-팝 등 한류열풍으로 교육 및 문화적 수요증대와 더불어서 한국의 가전제품 및 인터넷 관련 솔루션 포털 업체 등도 한류의 직·간접영향을 받으면서 매출이 지속적으로 증가하고 있다.

2 해외직구와 해외직판

최근 스마트기기 및 소셜미디어 등의 확산과 함께 각광받고 있는 거래형태로서 해외직구와 해외직판이 있다.

해외직구란 개인이 자가 사용을 목적으로 전자상거래 또는 통신판매 방법에 따라 해외에서 직접 물품을 수입하는 것을 말한다. 최근 해외직구가 가파르게 늘어

18) 「문화산업진흥기본법」 제2조 정의에 의하면 문화상품이란 예술성, 창의성, 오락성, 여가성, 대중성이 체화되어 경제적 부가가치를 창출하는 유·무형의 재화와 서비스 및 이들의 복합체를 말함. 한편 콘텐츠라 함은 부호, 문자, 음성, 음향 및 영상 등의 자료 또는 정보를 말하며 문화컨텐츠라 함은 문화적 요소가 체화된 콘텐츠를 말한다.

나고 있는 이유는 똑똑한 소비자의 진화, Black Friday, Boxing Day[19] 등과 같은 쇼핑시즌, 구매대행 및 배송대행 업체의 등장, SNS를 통한 활발한 정보 공유 등 편리해진 인터넷 환경으로 소비자들이 국내보다 훨씬 저렴한 가격으로 해외 사이트에서 직접 살 수 있기 때문이다.

전자상거래란 물품의 주문, 대금결제 등 거래의 전부 또는 일부가 전자문서에 의하여 처리되는 상거래를 말하며, 국내 구매자란 전자상거래를 통하여 자신이 직접 소비할 목적으로 물품 등을 구매하는 자로서 국내에 주소 또는 거소가 있는 자이다.[20]

해외직판은 한국 판매자가 국경을 넘어가서 해외 소비자에게 물건을 파는 것으로 역직구(逆直購)라 불리기도 한다. 해외직판은 우리나라에 쇼핑몰을 만들어 놓고 외국어로 서비스를 하거나, 판매 대행사를 통해 외국에 판매하거나, 아마존이나 이베이 같은 해외 쇼핑몰에 입점하거나, 한국무역협회에서 지원하는 K-mall[21]과 같은 해외진출지원 서비스를 이용하거나, 해외에 직접 진출하는 방식 등으로 치열한 경쟁이 불붙고 있다.

Ⅱ ▸▸ 서비스무역

1 서비스 및 서비스무역의 의의

1) 서비스의 의의

서비스(service)는 재화 이외의 생산이나 소비와 관련된 모든 경제활동을 말하는 것으로 용역(用役)이라고도 불린다. 서비스는 그 자체가 변화하거나 이의 제공

19) Black Friday는 미국 추수감사절(11월 4째주 목요일) 다음날인 금요일, Boxing day는 크리스마스(12월 25일) 다음 날인 12월 26일임

20) 전자상거래물품 등의 특별통관절차에 관한 고시(관세청고시) 제1-2조(용어의 정의)

21) www.kmall24.com : 국내 중소업계의 해외 직접판매 지원을 위해 한국무역협회에서 구축한 해외 직접 판매(B2C) 온라인 쇼핑몰

에 대한 대가로 발생하는 시간, 공간 및 형태의 효용을 제공하는 경제적 활동을 말하는 것으로 물품과 사람의 운송과 다른 금융 중개, 통신, 유통, 호텔, 식당, 교육, 의료, 회계 등과 활동들을 포함한다.[22] 서비스는 상품무역과 비교하여 만질 수 없고 보이지 않으며, 생산과 소비가 동시에 일어나는 본질상 다음과 같은 특징이 있다.

첫째, **무형성**(intangibility)이다. 서비스는 생산과 동시에 소비가 이루어지고 생산자와 소비자가 같은 장소에서 거래를 행하는 특성이 있다.

둘째, 저장 **불가능성**(non-storability)이다. 서비스는 쌓아두는 것이 불가능하여 계획생산이나 주문생산을 하여야 한다. 예를 들어 항공권, 호텔객실 등을 예약하는 것은 서비스 자체는 아직 존재하지 않기 때문에 서비스의 저장이 아니라 서비스 예약의 저장에 지나지 않는다.

셋째, **소멸성**(perishability)이다. 서비스는 어느 일정시간 동안 존재하였다가 사라지는 것으로서 예약의 전매는 가능하지만, 서비스 자체는 일과성으로 인해 소멸되어 버린다.

넷째, **불가역성**(irreversibility)이다. 서비스는 한번 제공되면 이를 원상태로 되돌릴 수 없다. 따라서 원칙적으로 A/S가 없는 것이다.

다섯째, **인식의 곤란성**(irrecognizability)이다. 서비스는 공급자로부터 제공받기 전에는 품질을 인식하기 곤란하다.

2) 서비스의 분류

서비스는 기준에 따라 다양하게 분류될 수 있지만[23] 관심 주제에 따라 지식기반서비스, 정보서비스, 문화서비스 등으로 구분할 수 있다. 특히 미래지향적 관점에서 지식기반 서비스가 매우 중요하다.

지식기반서비스(Knowledge-based Service)라 함은 OECD의 정의에 따르면 지식을 창출・가공・활용・유통시키거나 지식이 체화된 중간재를 생산 활동에 집약

22) 서정두, 무역상무, 탑북스, 2011, p. 414
23) 기능적 특성에 따라 소비자서비스, 생산자서비스로 구분하거나, 서비스의 제공주체에 따라 민간서비스, 공공서비스 등으로 분류한다.

적으로 활용하는 고부가가치 서비스이다. 우리 정부도 인간의 지식을 집약적으로 활용하여 높은 부가가치를 창출하는 서비스를 지식서비스로 정의하고, 구체적으로는 통신, 금융·보험, 사업서비스(법률·회계, 컨설팅, 디자인, R&D 등), 교육, 의료, 문화산업 등이 포함되는 것으로 하여 육성하고 있다.

GATS가 분류할 때 서비스는 ① 사업서비스(Business services), ② 통신서비스(Communication services), ③ 건설서비스(Construction services), ④ 유통서비스(Distribution services), ⑤ 교육서비스(Educational services), ⑥ 환경서비스(Environmental services), ⑦ 금융서비스(Financial services), ⑧ 건강 및 사회 서비스(Health-related and social services), ⑨ 여행 및 관광관련 서비스(Tourism and travel-related services), ⑩ 여가, 문화, 스포츠 서비스(Recreational, cultural and sports services), ⑪ 운송서비스(Transport services), ⑫ 기타서비스(Other services not elsewhere included) 등 12가지로 구분하고 있다.

3) 서비스무역의 의의

서비스무역(trade in services)이란 서비스의 공급 또는 소비가 국경을 넘어 이루어지는 것이다. 서비스무역에서 무역은 단지 전통적인 의미의 한나라에서 생산된 상품이 다른 나라의 소비자에 의해서 소비되는 것이 아니라, 국제거래의 전범위인 국제투자와 소비자 또는 서비스의 공급자로서 사람의 국제간 이동을 포함하는 것이다. 따라서 서비스무역은 육로와 항공운송의 국경 간 무역, 외국인의 관광 서비스에 의한 소비, 은행, 통신, 유통분야에서 외국인 직접투자, 의사, 교사, 건설노동자의 일시적인 이동 등이 포함된다.

서비스무역 및 투자는 글로벌경제의 중요한 부분이 되고 있으며, 정보통신기술의 발전으로 국경 간 거래가 가능한 서비스의 범주를 확대하고 있다. 또한 많은 국가들이 에너지, 통신, 운송 등과 같은 중요한 서비스 인프라의 경쟁적인 시장에 외국인 투자를 허용하고 있다. 그리고 많은 사람들이 관광, 교육, 의료 및 건설에서부터 소프트웨어 개발에 이르는 서비스를 소비하기 위해 외국으로 이동 또는 여행하고 있다.

서비스무역은 상품무역과 비교할 때 다음과 같은 차이가 있다.

첫째, 대부분 상품무역은 한 국가에서 다른 국가로의 상품의 운송에 관련되는 반면에, 서비스무역에서는 국경을 넘는 운송이 덜 중요하다. 왜냐하면 서비스는 외국제휴 또는 해외직접투자(FDI) 등을 통해서도 거래가 가능하기 때문이다.

둘째, 서비스는 규제가 심하고 공개적으로 제공되거나 엄격한 독점에 의해서 생산된다. 일부 서비스 분야는 상품과 다르게 국내의 규제가 존재하며, 차별적인 세금의 대상이 된다. 서비스무역 장벽은 종종 시장실패에 반응하고, 외국 경쟁자로부터 국내 공급자를 보호하는 등 이중 목적으로 운영된다.

2 서비스무역에 관한 일반협정

1) GATS의 의의

서비스무역이 국제경제에 차지하는 비중이 증대되자 UR협상에서 서비스무역 자유화와 공정성의 문제가 주요 과제로 등장하였다. 이에 따라서 GATT 1994와 별도의 「서비스무역에 관한 일반협정(GATS : General Agreement on Trade in Services)」을 제정하였다.

GATS의 협정문은 전문, 본문 총 6부 29개 조항, 8개 부속서 및 각국의 양허표로 구성되어 있다. 그리고 서비스무역의 자유화 대상은 국경 간 서비스공급(cross border supply), 해외소비(Consumption abroad), 상업적 주재(commercial presence), 자연인의 주재(presence of natural persons) 등 4가지 분야의 모든 서비스 공급 형태를 포함한다.

① **국경간 거래(Mode 1)** : 한 회원국의 영토로부터 다른 회원국의 영토로의 서비스 공급 형태이다. 예를 들면 소프트웨어가 한 국가에 있는 공급자에 의하여 우편 또는 전자적 수단을 통하여 다른 국가에 있는 소비자에게 공급되는 것이다.

② **해외소비(Mode 2)** : 한 회원국의 영토 내에서 다른 회원국의 소비자에게 대한 서비스 공급 형태이다. 예를 들면 소비자가 관광, 교육 서비스 등을 소비하기 위하여 다른 국가로 이동하는 것이다. 또한 선박의 해외 수리, 소비자 재산의 이동 등과 같은 행위도 포함된다.

서비스무역의 형태 (GATS)

공급자의 소비자국 주재 여부	형 태	정의
주재하지 않는 경우	1 국경이동 (Cross-border supply)	인력이나 자본 등 생산요소의 이동이 수반되지 않는 서비스제품 자체의 국경 간 공급 ⇨ 서비스 생산물의 이동
	2 해외소비 (Consumption abroad)	서비스 소비자의 소속국 이외의 영토에서 서비스의 소비행위가 완결되는 경우 ⇨ 소비자의 이동
주재 하는 경우	3 상업적 주재 (Commercial presence)	서비스 수입국 내에 서비스 공급주체를 설립하여 서비스를 생산 판매하는 경우 ⇨ 생산요소(자본)의 이동
	4 자연인의 주재 (presence of natural persons)	서비스 수입국 내에 서비스 공급인력이 주재하는 경우 ⇨ 생산요소(노동)의 이동

③ **상업적 주재(Mode 3)** : 한 회원국의 서비스 공급자가 다른 회원국 영토 내에서 사업 또는 직업적 설립을 통한 서비스 공급 형태이다. 예를 들면 한 회원국의 시민에 의해 소유된 보험회사의 다른 회원국에 FDI의 수단으로 지사를 설립하는 것이다.

④ **자연인의 주재(Mode 4)** : 한 회원국의 서비스 공급자에 의해 다른 회원국 영토 내에서의 자연인 주재를 통한 서비스 공급 형태이다. 형태는 독립적 서비스 공급자와 다른 회원국의 서비스 공급자의 종업원들 모두 포함된다. 예를 들면 한 회원국의 의사가 다른 회원국에 실제로 주재하여 서비스를 공급하거나, 외국은행의 외국인 종업원이 임시적으로 서비스를 제공하는 경우 등이다.

2) GATT와 GATS의 차이점

GATS의 조건과 개념이 상품무역에 관한 협정인 GATT(관세와 무역에 관한 일반협정)로부터 차용해 왔지만 중요한 차이점이 있다.

GATS가 더 포괄적이어서 서비스무역의 정의는 국경을 넘나드는 전통적인 개념을 넘어 소비자의 운동과 요소의 흐름(투자와 노동)에까지도 확장된다. 그리고 학문체계가 서비스를 다루는데 국한하지 않고, 서비스 공급자(생산자, 무역업자, 유통업자)에게 영향을 미치는 수단까지 확장된다.

GATS의 범위와 분야는 규칙들의 유연성과 대조를 이룬다. 예를 들어, GATT와는 다르게 GATS에서 양적 제한의 사용은 합법적이고, 관련 회원들에 의한 명백한 전례가 없다면, 국가의 조치는 일반의무가 아니라 협의가 가능한 약속이다. 국가들이 정한 양허표는 이러한 규칙들을 개별적으로 서비스분야에 적용하기 위한 정도로만 정의되며 공통의 형식은 없다.

GATS의 구조에 관한 설명은 WTO 회원국의 다양성과 분야별 목적과 관심사의 차이점들을 수용하는데 초점을 맞추고 있다. 이것은 정부들이 GATS하에서 수용될 수 없는 사실상 관심 있는 정책이 없다는 것을 안심시키는 반면에 협약의 유연성 또한 가공할만한 도전을 의미한다.

PART

2

무역계약의 성립

무역계약

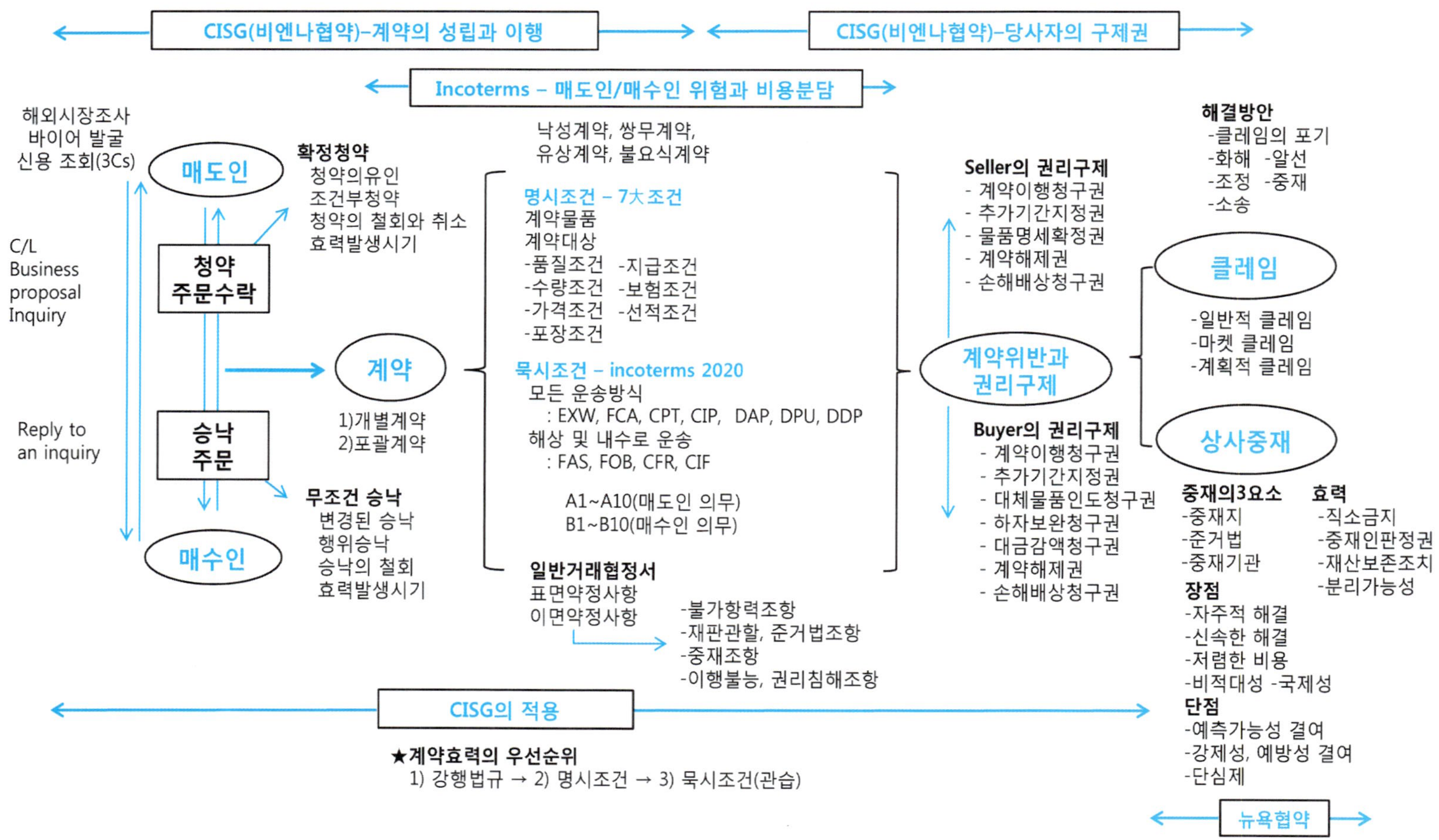

CISG(비엔나협약)-계약의 성립과 이행
CISG(비엔나협약)-당사자의 구제권
Incoterms – 매도인/매수인 위험과 비용분담
해외시장조사
바이어 발굴
신용 조회(3Cs)
C/L
Business
proposal
Inquiry
Reply to
an inquiry
매도인
청약
주문수락
승낙
주문
매수인
확정청약
청약의유인
조건부청약
청약의 철회와 취소
효력발생시기
계약
1)개별계약
2)포괄계약
무조건 승낙
변경된 승낙
행위승낙
승낙의 철회
효력발생시기
낙성계약, 쌍무계약,
유상계약, 불요식계약
명시조건 – 7大조건
계약물품
계약대상
-품질조건 -지급조건
-수량조건 -보험조건
-가격조건 -선적조건
-포장조건
묵시조건 – incoterms 2020
모든 운송방식
: EXW, FCA, CPT, CIP, DAP, DPU, DDP
해상 및 내수로 운송
: FAS, FOB, CFR, CIF
A1~A10(매도인 의무)
B1~B10(매수인 의무)
일반거래협정서
표면약정사항
이면약정사항
-불가항력조항
-재판관할, 준거법조항
-중재조항
-이행불능, 권리침해조항
계약위반과
권리구제
Seller의 권리구제
- 계약이행청구권
- 추가기간지정권
- 물품명세확정권
- 계약해제권
- 손해배상청구권
Buyer의 권리구제
- 계약이행청구권
- 추가기간지정권
- 대체물품인도청구권
- 하자보완청구권
- 대금감액청구권
- 계약해제권
- 손해배상청구권
해결방안
-클레임의 포기
-화해 -알선
-조정 -중재
-소송
클레임
-일반적 클레임
-마켓 클레임
-계획적 클레임
상사중재
중재의3요소
-중재지
-준거법
-중재기관
효력
-직소금지
-중재인판정권
-재산보존조치
-분리가능성
장점
-자주적 해결
-신속한 해결
-저렴한 비용
-비적대성 -국제성
단점
-예측가능성 결여
-강제성, 예방성 결여
-단심제
뉴욕협약
CISG의 적용
★계약효력의 우선순위
1) 강행법규 → 2) 명시조건 → 3) 묵시조건(관습)

CHAPTER

1 무역계약의 기초

제1절 무역계약의 의의

I ▸▸ 무역계약의 개념과 특수성

1 무역계약의 개념

계약(契約)은 서로 대립하는 2개 이상의 의사표시(意思表示)가 합치된 법률행위이며 채권(債權)발생을 목적으로 하는 것을 말한다. **법률행위**(法律行爲)란 본인이 의사표시에 의하여 권리의무를 발생하거나 변경하는 행위를 말하는 것으로 의사표시를 기준으로 할 때 단독행위(單獨行爲)[1], 계약(契約)[2], 합동행위(合同行爲)[3]가 있다.

실무적 관점에서 정의한다면 계약이란 '**법적 구속력 있는 약속**'이라고 말할 수 있다. '법적 구속력이 있다'는 것은 의사표시에 대하여 책임을 지는 것을 의미한다. '약속'이란 의사표시의 합치를 의미한다. 따라서 계약은 청약(offer)과 승낙

1) 단독행위(單獨行爲)는 유언, 기부행위 등과 같이 1개의 의사표시로 성립하는 법률행위를 말한다.
2) 우리나라 민법은 전형계약(典型契約)으로서 증여, 매매, 교환, 소비대차, 사용대차, 임대차, 고용, 도급, 현상광고, 위임, 임치, 조합, 종신정기금, 화해 등 14가지를 규정하고 있다.
3) 합동행위(合同行爲)는 법인의 설립행위와 같이 여러 사람이 공동으로 같은 목적을 향하여 행하는 의사표시를 말한다.

(acceptance)이라는 의사표시가 완전히 합치될 때 성립하며, 계약당사자는 성실하게 의무를 이행할 책임이 따르게 된다.

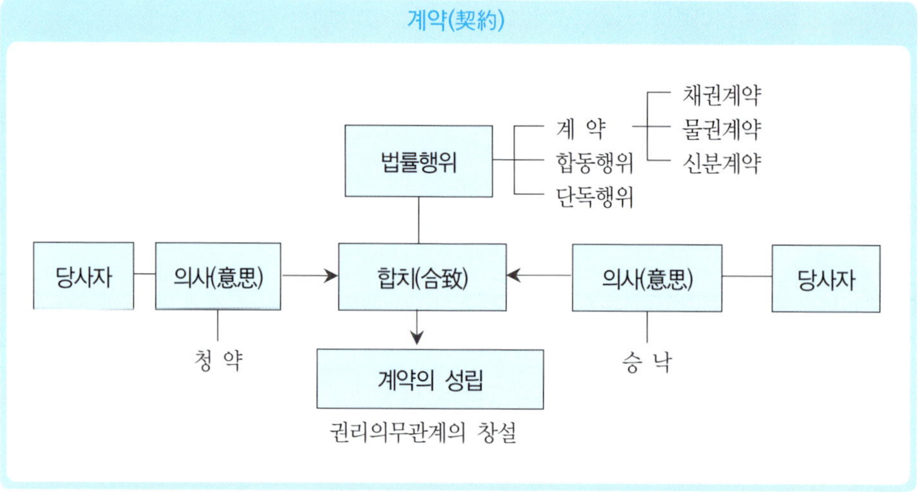

무역계약은 **국제물품매매계약**(國際物品賣買契約, contract for international sale of goods)을 말하는 것으로 매도인(수출상) 입장에서는 수출계약(export contract)이 되고, 매수인(수입상) 입장에서는 수입계약(import contract)이 된다.

첫째, 무역계약은 **매매계약(賣買契約**, sales contract)이다. 매매계약은 당사자 일방이 재산권을 상대방에게 이전할 것을 약정하고 상대방이 그 대금을 지급할 것을 약정함으로써 성립하는 계약을 말한다(민법 §563). 매매계약의 당사자를 매도인(seller)과 매수인(buyer)이라 부르며, 매도인은 물품인도의 의무를 매수인은 대금지급의무를 진다.

둘째, 무역계약은 물품을 거래대상으로 하는 **물품계약(物品契約**, contract of goods)이다. 물품에는 서비스나 지적재산권은 포함되지 않으나 정보산업의 발달로 생긴 디지털제품은 포함된다.

오늘날 '무역'의 개념이 전통적인 물품거래 외에 서비스나 지적재산권까지 포함하지만, 이들 거래는 이행되는 방법에 있어 물품의 경우와 같이 통관이나 운송 등은 포함하지 않기 때문에, 본서에서 설명하고자 하는 무역계약은 물품계약만을 의미한다.

셋째, 무역계약은 **국제계약(國際契約**, international contract)이다. 국제계약은 계약 당사자인 매도인과 매수인이 서로 다른 국가에 영업소(place of business)를 두고 실행하는 계약을 말한다.

매매계약의 목적이 되는 물품은 매매계약 체결 시 존재하는 현물(existing goods)이거나 계약 체결 후 매도인이 취득하는 선물(future goods) 또는 제도가 될 수도 있다. 매매계약 성립 시 매도인이 현물을 소유하고 있지 않는 경우가 일반적이다. 공산품의 경우에는 견본이나 명세서를 기준으로 계약을 체결하고 생산에 들어가며, 농산물의 경우에는 표준품 매매(sale on standard)[4)]방식으로 거래가 이행되기 때문에 수확 전에 계약이 체결된다.

무역계약은 계약의 목적이 되는 물품의 소유권을 이전하기 위한 계약이라고도 할 수 있다. 일반적으로 목적물이 선물이기 때문에 계약체결 시에는 단지 물품의 종류, 품질 또는 명세 등으로만 정해져 있는 불특정물품(unascertained goods)이다. 불특정물품은 특정되기까지는 소유권이 이전되지 않는다.[5)] 불특정물품을 특정하기 위해 행하여지는 행위를 충당(appropriation)이라 하고, 매도인이 물품을 선택하거나 운송인의 관리하에 인도하면서 처분권을 유보하지 않을 때, 물품을 계약에 무조건 충당(unconditional appropriation)한 것으로 보고, 이때 소유권이 매수인에게 이전된다.[6)]

2 무역계약의 특수성

무역계약은 법률・언어・통화 등이 다른 국가에 속한 당사자 간 물품의 국제적 이동을 전제로 하고 있기 때문에 국내거래와는 다른 특수성을 가진다. 즉, 매매계약을 이행하기 위하여 3가지 후속계약이 수반된다.

첫째, 물품의 국제적 이동을 위하여 운송이 필요하며, 운송서비스를 제공받기

4) 미수확 농산물의 품질을 기준으로 전년도 작물의 표준품을 기초로 가격을 정하고 계약을 체결하지만, 실제로 인도되는 물품은 당해연도 수확물의 평균중등품에 해당하면 된다.

5) 영국물품매매법(Sale of Goods Act, 1979), 제16조 : "Where there is a contract for the sale of unascertained goods no property in the goods is transferred to the unless and until the goods are unascertained."

6) 영국물품매매법(1979) 제18조 원칙 5(1)

위해서는 운송인과 **국제운송계약**이 체결되어야 한다.

둘째, 운송 중에는 운송위험이 존재한다. 이러한 위험을 담보하기 위하여 보험서비스를 이용하게 된다. 통상 운송구간이 해상 또는 해상과 연결된 육상이기 때문에 **해상보험계약**으로 담보될 수 있다.

셋째, 매도인의 물품인도에 대응하여 매수인은 대금을 지급해야 한다. 특히, 매도인이 대금을 은행으로부터 받기를 원하는 경우에 사용되는 것이 신용장이다. 이때 매도인은 은행과 **대금결제계약**을 체결하여 환어음과 신용장에서 요구하는 서류를 제공함으로써 대금을 지급받는다.

이들 3가지 계약 가운데 운송계약과 보험계약은 물품인도를 위하여 체결되는 계약이며 결제계약은 대금지급을 위하여 체결된다. **운송계약**에서 운송방법, 운송계약 체결당사자, 운임부담자, **보험계약**에 담보조건, 보험계약 당사자, 보험료 부담자, **지급계약**에서 지급방법과 지급시기 등의 계약내용은 매매계약에 의하여 결정된다. 계약 내용이 매매계약에 명시될 수도 있고, 거래관습인 정형거래조건(trade terms)에 의해 결정되기도 한다. 따라서 당사자 사이의 매매계약을 주(主)계약이라고 한다면, 매매계약의 이행을 위하여 제3자와 체결되는 운송계약, 보험계약, 지급계약은 **종속(從屬)계약**이라고 불린다.

무역거래는 물품 인도와 대금지급이 동시에 이루어지는 동시이행조건(concurrent condition)이 아닌 물품의 현실적 인도(actual delivery)와 함께 서류를 인도하는 상징적 인도(symbolic delivery)의 2단계에 걸친 인도의 양면성이 있기 때문에 무역계약이 중요하다.

무역계약 체결 시 매도인과 매수인은 계약이행 과정에 예상되는 모든 점을 계약서에 반영하기가 거의 불가능하다. 국제거래이기 때문에 양국의 사정이 가변적이며, 법·제도·언어·통화 등이 상이할 뿐 아니라 이행과정에서 운송·보험계약이 수반되고 은행이 개입된다. 따라서 계약에 전문가가 아닌 매매당사자로서 거래의 기본조건만 상호 합의하여 명기하고 물품의 인도에 따른 문제는 거래관습에 의존하게 된다. 따라서 무역계약에서 거래관습이 매우 중요하다. 거래관습을 정형화하여 통일된 해석을 해 놓았는데, 이것이 정형거래조건에 관한 통일규칙인 Incoterms이다. Incoterms는 당사자 간 명시적으로 합의하지 않은 많은 계약내용을 내포하고 있다.

무역계약은 법역(法域, jurisdiction)을 달리하는 당사자 간 거래이므로 계약의 준거법(governing law) 결정에 어려움이 있다. 계약 당사자는 각각 자국법을 준거법으로 하고자 할 것이기 때문에 국제적 수준의 입법이 필요하다. 이러한 요구에 부응하여 1980년 UNCITRAL[7]에서 「국제물품매매계약에 관한 UN협약」(United Nation Convention on Contracts for the International Sale of Goods : 일명 Vienna Convention)이 제정되어 1988년부터 발효되었으며, 우리나라도 2005년 3월 1일부터 이 협약의 적용을 받고 있다. 이 UN통일매매법은 계약성립과 계약위반에 따른 구제 등을 상세하게 규정하고 있기 때문에, 당사자 간 계약의 상당한 부분을 보충하는 역할을 한다.

Ⅱ ▸▸ 무역계약의 법적 성질

자본주의는 사유재산제와 함께 **계약자유원칙**(契約自由原則)을 근간으로 한다. 계약자유의 원칙이란 계약의 체결, 계약내용의 결정 및 계약방식 등에 관하여 계약당사자가 자유로이 할 수 있음을 말하는 것이다. 이러한 계약자유원칙에 따라 무역계약은 낙성계약, 쌍무계약, 유상계약 및 불요식계약이라는 법적 성질을 지닌다.

1 낙성계약(consensual contract)

낙성계약(諾成契約)은 계약이 당사자 간 의사의 합치로 성립되는 것을 말한다. 낙성계약의 반대는 요물계약(要物契約)으로 당사자의 합의 이외에 일방의 물품인도나 기타의 행위를 필요로 하는 계약으로 질권 설정 등이 있으며 양자 간 계약성립 시기에 차이가 있을 수 있다. 하지만 무역계약은 당사자 사이의 청약과 승낙의 합의만으로 성립되는 낙성계약이다.

7) UNCITRAL(국제상거래법위원회, United Nations Commission on International Trade law)

2 쌍무계약(bilateral contract)

쌍무계약(雙務契約)은 매매계약이 성립되면 양 당사자가 동시에 채무를 부담한다는 것이다. 따라서 매도인은 물품인도의 의무가 있고, 매수인은 대금지급의 의무가 있다. 한편, 증여계약과 같이 계약당사자 일방만이 채무를 부담하는 것을 편무계약(片務契約)이라고 한다.

3 유상계약(remuneration contract)

유상계약(有償契約)은 무상계약(無償契約)에 반대되는 개념으로 금전적 대가를 부담한다는 것이다. 유상계약과 무상계약의 구별은 쌍무 및 편무계약과 혼동하기 쉬우나, 전자는 대가적 채무가 화폐인가에 중심을 둔 분류인데 반하여 후자는 채무 자체의 상호 의존성에 중점을 둔 개념이다.

4 불요식계약(informal contract)

불요식계약(不要式契約)은 특별한 형식 없이 구두나 행위 또는 서명에 의하여도 의사의 합치만 확인되면 계약이 성립된다는 것이다. 요식계약(要式契約)은 부동산 매매계약과 같이 서류로 작성되어야 한다. 불요식계약은 반드시 서류요건을 필요로 하지 않기 때문에, 당사자가 계약서를 작성하지 않아서 후일 분쟁 발생 시 계약증빙에 문제가 되기도 한다.

"매매계약은 서면으로 체결되거나 입증될 필요는 없으며 형식에 있어서도 다른 요건에 구속되지 않는다. 매매계약은 증언을 포함한 어떠한 수단에 의해서도 입증될 수 있다."[8] 여기서 서면이란 전보나 FAX를 포함할 뿐 아니라 정보화시대에는 전자문서(electronic message)도 문서로서의 효력을 갖도록 인정되고 있다.[9]

---

8) UN통일매매법 제11조
9) 전자거래기본법 제5조

각국 입법의 모델이 되는 전자상거래에 관한 UNCITRAL모델법은 'electronic message' 대신 'data message'란 용어를 사용한다. 이것은 전자문서교환, 전자우편, 전보, 텔렉스, 텔레카피 등을 포함한 전자적·광학적 수단으로 작성, 송·수신 또는 저장되는 정보를 말하며 이들도 문서로서의 효력을 인정하고 있다.[10)]

10) UNCITRAL Model Law on Electronic Commerce(1996) Art. 6 : "Where the law requires information to be in writing, that requirement is met by a data message if the information retained therein is accessible so as to be usable for subsequent reference."

제2절 무역계약의 성립

I ▸▸ 성립요건 개요

1 당사자 의사의 합치

계약성립의 가장 중요한 요소는 계약당사자 간 **의사의 합치**(meeting of the minds)이다. 의사표시는 순차적으로 있게 되는데, 앞의 의사표시는 뒤의 의사표시를 유도하는 인과관계에 있다. 앞의 의사표시는 청약(請約, offer), 뒤의 의사표시는 승낙(承諾, acceptance)이 된다.

무역계약은 불요식·낙성계약이므로 날인증서가 없어도 성립된다. 무역계약은 의사의 표시가 아닌 의사실현에 의해서도 성립된다. 청약자가 승낙의 통지를 필요로 하지 않는다는 뜻을 표시하였을 경우이다. 예를 들면, 청약과 함께 송부되어 온 물품을 소비하거나 사용한 경우(계약에 의하여 취득한 권리의 실행행위), 또는 손님으로부터 객실의 예약신청을 접수한 호텔이 객실을 준비하는 경우와 같이 어떤 행위가 승낙을 전제로 하여 행하여지는 것으로 보여질 때 계약은 성립된 것으로 본다. 본서에서는 계약의 성립요건을 UN통일매매법을 중심으로 기술하고자 한다.

2 계약의 유효성

당사자 간 의사의 합치로 계약이 성립되지만 계약이 유효하기 위해서는 공법, 민법 및 계약법의 제한을 받지 말아야 한다.

가장 강력한 것은 **공법상의 제한**으로 대표적인 것은 수출입허가나 제한 및 외환통제에 관한 법률 등이다. 이러한 법률은 관련 국가의 정책과 관계되기 때문에 당사자 간의 합의도 여기에 제한을 받게 된다. 이러한 공법은 강행법규(mandatory rules)로서 당사자 간 합의보다 우선한다.

다음으로 **사법상의 제한**이다. 이것은 계약법에서 제외하거나 규정이 있는 경우에 적용된다. 대표적으로 계약당사자의 행위능력(capacity of the parties)이다. 대부분의 국내법이 무능력(incapacity), 무권한(lack of authority) 및 부도덕(immorality) 또는 불법(illegality), 행위무능력자 등에 의한 계약은 무효 또는 취소할 수 있는 법률행위로 규정하고 있다.

마지막으로 **계약법상의 규정**이다. 즉, 계약당사자의 의사표시의 진의 또는 하자에 관한 문제이다. 의사표시의 진의를 해석하는 원인으로 착오(mistake), 사기(fraud), 강박(threat) 및 현저한 불공정(gross disparity) 등이 입증되면 상대방은 계약을 취소할 수 있다.

UN통일매매법은 계약이나 그 어떠한 조항 또는 어떤 관행의 유효성(the validity of the contract or of way of provisions or of any usage)에 관계하지 않는다고 규정[11]하면서 이러한 문제는 법정지의 국제사법규칙(the rule of private international law)에 따라 결정되는 국내법에 위임하고 있다. 즉, UNCITRAL은 UN통일매매법을 제정하면서 각국 간에 조정과 타협이 어려운 계약의 유효성 문제를 국내법에 위임하였다.

"국제상사계약에 관한 UNIDROIT원칙"(UNIDROIT Principles of International Commercial Contracts)은 제한적이기는 하지만 제3장에서 계약의 유효성을 규정하고 있다.[12]

11) UN통일매매법 제4조 (a)

12) 국제상사계약의 일반원칙(general principles)을 제공하고 국제통일법을 보충하거나 국내·국제 입법자들의 입법모델로 활용하기 위하여 제정된 UNIDROIT원칙에서는 제3.1조~제3.20에서 규정하고 있다.

CHAPTER

2 청약과 승낙

제1절 청약(offer)

I ▸▸ 청약의 의의와 종류

1 청약의 의의

청약(請約, offer)이란 거래당사자 일방(청약자, offeror)이 거래 조건을 구체적으로 상대방(피청약자, offeree)에게 제시하여 물품을 판매 또는 구매하겠다는 확정적인 의사표시(signification of intention)이다. 청약은 1인 또는 그 이상의 특정인(specific person) 앞으로 행하여져야 하며, 상대방의 무조건·절대적 승낙(unconditional and absolute acceptance)이 있으면 계약이 성립된다는 청약자의 의사가 나타나 있어야 한다.[1] 어떤 의사표시가 확정적이기 위해서는 계약대상인 물품을 표시하고 있을 뿐 아니라 명시 또는 묵시적으로 그 수량과 대금을 정하는 규정을 두고 있어야 한다.

청약이 이루어지기 전 사전 예비교섭단계에서 의사의 교환행위를 **청약의 유인**(invitation to offer)이라고 하며, 청약과 구별되는 개념이다. 청약의 경우에는 상대방

1) UN통일매매법 제14조 제1항

의 승낙이 있으면 계약이 성립되어 당사자 간 법률적 관계가 성립되지만, 청약의 유인의 경우에는 상대방이 승낙하여도 계약이 성립되지 않고, 이러한 승낙은 비로소 청약이 되며 이에 동의하여야 계약이 성립된다.

실무에서 청약과 청약의 유인을 구별하는 것은 쉽지 않다. 구별의 기준은 당사자의 의사와 거래관습 및 계약내용을 보고 판단하여야 하기 때문에 많은 논란의 여지가 있다. 예를 들면, 가격표나 견적서, 가격이 적힌 카탈로그의 송부나 물품에 정가를 표시하여 전시장에 진열해둔 것은 청약의 유인에 불과하다.[2] 실무적으로 offer sheet(청약서) 대신에 **proforma invoice(견적송장)**을 사용하여 청약의 법적 구속력을 회피하기도 한다.

청약 시 'offer'란 용어를 사용하지 않아도 법률상 청약을 의미할 때가 있으나 실무상 혼란을 피하기 위해서도 정식으로 청약을 의미할 필요가 있으면 'offer'란 표현을 사용하는 것이 좋다.[3]

주의할 점은 'offer'란 어구가 사용되었다고 해서 반드시 청약이라고 볼 수 없다는 점이다. 예를 들면 "offer subject to market fluctuations"(시장변동조건부 청약), "offer subject to being unsold"(재고잔류조건부 청약), "offer subject to prior sale"(선착순매매조건부 청약), "offer subject to our final confirmation"(매도인 최종확인조건부 청약), "offer on sale or return"(반품허용조건부 청약) 등은 실무에서는 offer로 통용되고 있으나, 이들은 엄격한 의미에서 조건부청약(conditional offer) 또는 무확정청약으로 확정적 의사표시가 아니다. 이들은 청약자가 최종적으로 계약체결권을 갖는다는 의미에서 Free Offer의 일종으로 볼 수 있으며 청약의 유인이라고 할 수 있다.

offer는 acceptance와 같이 법률상 또는 당사자 간 계약에 의하여 별도로 정한 바가 없는 한 의사표시에 특정한 방법을 필요로 하지 않는다.[4] 따라서 offer는 구두(word of mouth), 서면(written) 및 경우에 따라서는 행위(act or conduct)에 의해서도 가능하다. 예를 들면 행위에 의한 청약은 자동판매기를 설치하여 두는 것과

2) Hrevey v. Facey(1893) A.C.552 : J. O. Honnold, Uniform Law for International Sale Under 1980 United Nations Convention, Kluwer, 1982, p. 161.
3) 보통 offer시 "We offer you …", "We pleased to make you an offer …" 또는 "We are pleased to offer you …"와 같은 표현을 사용한다.
4) UN통일매매법 제11조

같은 경우이다. 이 경우 승낙은 자동판매기에 지정한 코인을 투입하고 버튼을 누르는 행위로 볼 수 있다. 그러나 무역거래에서 통상 offer는 e-mail, SNS, 인터넷을 이용한 전자문서의 방법으로 이루어지며, 우편, 전화, 미팅 등으로도 행하여 진다.

2 청약의 종류

청약(offer)은 분류기준에 따라 여러 가지로 나눌 수 있다.

첫째, 발행주체에 따라서 매도인이 발행하는 **selling offer**, 매수인이 발행하는 buying offer가 있다. buying offer인 경우 purchase order 등의 형식으로 발송되며 매도인이 주문수락(acknowledgement)으로 계약이 성립된다.

둘째, 확정성 여부에 따라서 확정성이 확보된 **firm offer(확정청약)**와 확정성이 확보되지 않은 free offer(불확정청약)로 구분할 수 있다. UN통일매매법에 따르면 불확정청약은 청약이 아닌 청약의 유인에 해당한다. 보통 확정청약은 승낙기간이 명시되고, 그 기간 내에는 취소될 수 없다.

셋째, 발행방향에 따라서 최초로 발행된 original offer(원청약)와 이러한 original offer에 대하여 수정을 가한 **counter offer(반대청약)**가 있다. 반대청약은 원청약의 거절이며 새로운 청약이 된다. 실제 무역거래에서는 original offer에 대한 counter offer의 반복으로 거래조건이 조정되어 합의에 이르게 된다.

넷째, 발행지에 따라서 offer가 매수인이 거주하는 국내에서 매도인의 판매대리인(selling agent)에 의하여 발행되는 domestic offer(국내발행 offer)와 해외에서 발행되는 overseas offer(해외발행 offer)가 있다.

Ⅱ ▸▸ 청약의 효력발생과 소멸

1 청약의 효력발생

청약은 어느 시점에서 효력이 발생하는가는 청약의 성립과 철회나 변경 또는 취소와 직결되는 문제이기 때문에 매우 중요한 의미를 갖는다.

이해를 돕기 위하여 우편으로 의사표시 과정을 살펴보기로 하자. 청약자는 편지를 써서[表白], 우체통에 넣어[發信] 상대방에게 배달[到達]되어 읽어[了知]진다는 순서를 밟게 되는데, 이에 따라 **표백주의**, **발신주의**, **도달주의**, **요지주의**의 4가지 입장이 있다. 매매계약을 위한 의사표시의 효력발생시기에 대한 각국의 입법례는 발신주의나 도달주의 가운데 하나를 선택하고 있다.

UN통일매매법은 도달주의를 규정하고 있다.[5] 여기서 '도달'이라 함은 청약, 승낙의 선언 또는 기타의 의사표시는 그것이 수신인에게 구두로 전해지거나 수신인의 영업소 또는 주소에 전달되는 것을 의미한다. 청약이 전자문서에 의하여 이루어진 경우 수신자가 지정하거나 수신자가 관리하는 컴퓨터에 입력된 때를 도달시기로 보아야 한다.[6]

실무적으로는 효력발생 기간을 "We offer subject to your reply being received here by October 30."과 같이 구체적으로 명기하는 것이 좋다. 거래전 당사자 간 교환하는 '일반거래조건협정서'(Agreement on General Terms and Conditions of Business)에 firm offer의 효력발생시기를 명기할 수 있다.[7] firm offer임에도 불구하고 유효기간이 구체적으로 정해져 있지 않을 때에는 상당한 기간(resonable time)이 경과하면 그 효력을 상실한다. 여기서 상당한 기간이란 거래관습이나 청약이 행하여지는 개개의 환경 등에 의하여 결정되어야 할 '사실의 문제'(a matter of fact)이다.

2 청약의 소멸

offer는 여러 가지 원인에 의하여 그 효력을 상실한다.

첫째, 상대방의 **승낙**이다. 청약은 승낙에 의하여 계약이 성립되며, 계약이 성립되면 청약은 그 효력을 상실한다.

5) UN통일매매법 제15조 (1) : "A offer becomes effective when it reaches the offeree"
6) 전자거래기본법 제9조 ②항
7) 예) "All firm offers shall be subject to a reply being reached to the sellers within the period stated in respective cables or telex"

둘째, **청약의 거절 또는 대응청약**이다. 피청약자가 청약을 거절하면 청약의 효력은 소멸되며, 청약 내용에 조건을 붙이거나 일부만의 승낙은 대응청약이 된다. 이는 최초의 청약에 대하여 거절하는 효과를 갖게 됨과 동시에 새로운 청약이 되기 때문에 최초의 청약은 효력을 상실한다.

셋째, **청약의 취소**(revocation)이다. 청약의 취소는 청약의 효력이 발생한 뒤에 그 효력을 소멸시키는 것으로 반드시 상대방에게 통지되어야 하고, 그 통지는 상대방의 승낙이 발송되기 전에 상대방에게 도달하여야 한다.

UN통일매매법에는 ① 청약에서 승낙을 위한 지정된 기간을 명시하거나 또는 기타의 방법으로 그것이 취소불능임을 표시한 경우, ② 피청약자가 청약을 취소불능이라고 믿고 신뢰하는 것이 합리적이고 피청약자가 청약을 신뢰하여 행동한 경우 등은 청약이 취소될 수 없다고 하고 있다.[8)]

청약의 취소(revocation)와 **철회**(withdrawal)는 구분되어야 한다. 전자가 청약의 효력발생 후 효력을 소멸시키는 반면, 후자는 청약의 효력이 발생되기 전에 그 효력을 중지시키는 것으로 비록 청약이 취소불능이라도 청약의 의사표시가 상대방에 도달하기 전에 또는 도달과 동시에 철회의 의사표시가 피청약자에게 도달한 때에는 철회가 가능하다.[9)]

넷째, 당사자의 **사망**이다. 청약이나 대응청약이 승낙되기 이전에 어느 일방이 사망하면 청약이나 대응청약의 효력이 상실된다.

다섯째, **유효기간(validity)의 경과**이다. 청약은 그 내용에 승낙기간이 정해져 있을 때에는 그 기간이 경과하면, 그러한 기간이 정해져 있지 않을 때에는 상당한 기간이 경과하면 그 효력을 상실한다. 여기서 승낙기간의 기산일 또는 승낙이 도달할 기간이 청약 시에 명시된다면 그것에 따르고 명시되어 있지 않을 경우에는 계약의 준거법에 따라 청약의 발신시기 또는 도달시기를 기준으로 결정하면 된다. UN통일매매법은 청약의 효력발생시기를 도달한 때로 규정하고 있다.

8) UN통일매매법 제16조 (2)항

9) UN통일매매법 제15조 (2): "An offer, even if it is irrevocable, may be withdrawn if the withdrawal reaches the offeree before or at the same time as the offer."

제2절 승낙(acceptance)

I ▸▸ 승낙의 의의와 방법

1 승낙의 의의

승낙(承諾, acceptance)은 피청약자가 청약자의 청약에 따라 계약을 성립시킬 목적으로 행하는 동의의 의사표시이다. 계약은 당사자 간의 의사의 합치로 성립되기 때문에 승낙은 청약에 대한 **무조건·절대적 동의**(unconditional and absolute assent)이다. 영미법에서는 이를 **완전일치의 법칙**(完全一致의 法則) **또는 경상의 법칙**(鏡像의 法則, mirror image rule)이라고 한다. 따라서 비록 승낙의 의도를 갖고 있다고 하여도 청약의 내용을 추가하거나 제한 또는 변경내용이 담긴 응답은 승낙이 되지 못하며 이것은 대응청약이 된다.[10)]

오늘날 무역계약에서 청약자와 승낙자가 각자 자신의 계약서식을 사용하면서 각자 서식의 인쇄된 계약조건의 일치여부를 확인하지 않고 주요한 거래조건만 확인한 후 계약을 이행한다. 이행과정에서 문제가 발행하며 양자의 계약서식을 확인하는 과정에서 나타나는 불일치를 서식 불일치 또는 약관의 충돌(battle of forms)이라 한다. 이 경우에 서로 모순되는 2개의 통신 가운데 최후의 서식에 효력을 부여하는 이론을 최후발포이론(last shot theory)이라고 한다. 그 이유는 전쟁에서 최후에 발포한 자가 승리한다는 격언과 연계되며, 계약성립 후 이행행위는 최후 서식에 대한 동의를 표시하는 것으로 해석하기 때문이다.[11)]

10) UN통일매매법 제19조 (1): "A reply to an offer which purports to be an acceptance but contains additions, limitations or other modifications is a rejection of the offer and constitutes a counter-offer."

11) J.O.Honnold, Uniform Law for International Sales, Kluwer, 1990, p. 237.

피청약자가 청약에 대한 승낙을 의도하였지만, 다만 청약의 조건을 실질적으로 변형(to alter the terms of offer materially)하지 않는 수준으로 추가적 조건을 첨부한 경우에는 승낙으로 간주한다. 단, 청약자가 그 상위를 구두로 반대하거나 반대의 취지를 발송하는 경우에는 승낙으로 간주되지 않는다.

일반적으로 청약 중에서 대금지급, 품질, 수량, 인도장소 및 시기, 당사자의 책임범위, 분쟁해결 등에 관한 조건의 변경은 청약의 조건을 실질적으로 변경하는 것으로 간주된다.[12)]

2 승낙의 방법

승낙의 방법은 청약에서 별도로 정한 바가 없다면 서면이나 구두(口頭)에 의하거나 행위에 의하여도 가능하다. 그렇지만 침묵(silence)이나 무행위(inactivity)는 그 자체만으로는 승낙이 되지 않는다.[13)]

청약·승낙의 내용으로 보아 행위의 이행을 요구하고 있을 경우에는 그 행위 자체가 승낙이며 별도의 승낙의 통지를 할 필요가 없다. 하지만 그 외의 경우에는 반드시 승낙의 통지가 필요하다.

실무적으로 **승낙의 통지방법**은 다음의 기준을 따르는 것이 좋다.

첫째, 청약 시에 승낙의 방법이 명시적으로 지정되어 있는 경우에는 그 방법에 따른다.

둘째, 청약 시에 승낙의 방법이 지정되어 있지 않는 경우에는 청약이 행하여진 방법대로 승낙한다. 즉, 청약이 우편인 경우에는 우편으로, Fax인 경우에는 Fax로, e-mail 경우에는 e-mail로 하는 것이 좋다.

12) UN통일매매법 제19조 (3)항

13) UN통일매매법 제18조 (1): "A statement made by or other conduct of the offeree indicating assent to an offer is an acceptance. Silence or inactivity does not in itself amount to acceptance."

II ▸▸ 승낙의 효력발생과 소멸

1 승낙의 효력발생시기

승낙의 효력발생 시기는 승낙의 철회가능성과 관련되고, 승낙의 효력발생 시점이 바로 계약 성립시점이며,[14] 승낙의 효력발생 장소가 바로 계약의 성립장소가 된다는 점에서 중요하다.

계약의 성립 시기는 당사자의 계약의무가 발생하는 시점이며, 계약위반 시 손해배상금의 중요한 고려요인이 된다. 승낙의 효력발생시기도 입법례에 따라 다르지만[15] UN통일매매법은 청약과 마찬가지로 도달주의를 규정하고 있다.

계약 체결지는 계약당사자 간 분쟁이 발생하여 준거법을 결정하여야 할 경우 별도의 명시가 없으면 계약과 가장 밀접한 관련에 있는 법이 준거법이 된다. 밀접성을 판단하는 기준으로 계약 체결지법, 이행지법, 사용언어, 재판관할지법 등이 고려될 수 있다.

2 승낙의 철회 또는 취소

승낙은 그 효력이 발생하기 전에, 즉 승낙의 통지가 청약자에게 도달하기 전 또는 그와 동시에 철회의 의사표시가 청약자에게 도달하면 철회 가능하다.[16] 그렇지만 승낙이 발효되면 계약이 성립되기 때문에 취소될 수는 없다. 승낙의 효력발생시기가 발신주의를 택하는 미국법 또는 격지자간의 경우의 한국법과 영국법에는 승낙의 철회라는 개념은 성립될 수 없다.

---

14) UN통일매매법 제23조 : "A contract is concluded at the moment when an acceptance of an offer becomes effective in accordance with the provisions of this Convention."

15) 승낙의 효력발생 시기 : 한국법 · 영국법(대화자 : 도달주의, 격지자 : 발신주의), CISG(도달주의), 독일법(도달주의), 미국법(발신주의)
* 대화자는 동시적 통신수단에 의한 경우이고, 격지자는 동시적 통신수단 이외의 경우임

16) UN통일매매법 제22조

승낙이 철회되기 위해서는 승낙의 통지보다 철회의 통지가 먼저 또는 동시에 청약자에게 도달하여야 한다. 따라서 승낙이 전화, Fax 또는 e-mail 등 동시적 통신수단으로 이루어진 경우 발신과 수신이 동시적이기 때문에 철회문제는 생길 수 없다.

제3절 무역계약의 내용과 무역계약서

I ▸▸ 무역계약의 내용

무역계약도 계약자유의 원칙에 따라 그 내용을 계약당사자 합의로 정할 수 있다. 당사자 간의 합의로 계약서에 명시하는 조건을 **명시조건(明示條件, express terms)**이라고 한다.

계약당사자가 아무리 치밀하다 해도 계약이행에 예상되는 문제를 모두 다 명시하는 것은 불가능하다. 따라서 계약이행과정, 즉 물품의 인도와 관련된 문제는 거래관습(trade usage or customs)에 따르게 된다. 이러한 문제는 거래관습에 함축된 것으로 보기 때문에 이를 **묵시조건(黙示條件, implied terms)**이라고 한다.

묵시조건은 계약내용이 거래관습에 묵시되거나 준거법에 묵시된다. 거래관습이 명시되지 않은 계약의 모든 공백을 메울 수 없다. 계약의 공백을 메우기 위한 최후의 기능을 **준거법(準據法, governing law)**이라 한다.

1 명시조건(express terms)

명시조건은 매매계약서에 명기되는 조건이다. 일반적으로 매매계약서에 품질(quality), 수량(quantity), 가격(price), 포장(packing), 선적(shipment), 지급(payment), 보험(insurance) 등의 조건과 불가항력(force majeure), 중재(arbitration), 준거법(governing law) 등이 약정된다. 계약체결 시 거래관습이나 준거법에 따를 경우 불확실하다고 판단되면 이를 명시하는 것이 거래의 안정성을 위하여 바람직하다.

명시조건 중 품질, 수량, 가격, 선적, 지급 등의 기본조건은 거의 매 거래 시에 offer와 acceptance를 통하여 확정되는 반면 불가항력이나 중재조항 등은 거의 모든 거래에 공통적인 조항으로 매 거래 시마다 변동될 필요가 없는 조항이다. 국제거래의 신속성과 편의성을 확보하기 위해서 공통적인 조항은 미리 일반협정서(general agreement)를 통하여 확정해 두고 가변적 조항은 offer와 acceptance로 확정하는 것이 좋다.

무역계약이 장기공급계약(long-term supply contract)인 경우에는 신축조항(escalator clause), 보증조항(warranty clause), 계약종료조항(termination clause), 약정손해배상액조항(liquidated damage clause) 등이 추가될 수 있다.

2 묵시조건(implied terms)

매매계약서나 일반거래조건협정서에 명시되지 않는 조건은 대부분 무역관습(trade usage, trade practice 또는 trade customs)에 따른다. 무역관습은 당해 무역거래에서 확립된 관습으로 당사자들이 알고 있거나 당해 거래와 관련된 종류의 계약을 체결하는 자들에게 널리 알려져 있고 통상적으로 준수되고 있는 관행이다. 대표적인 거래관습 중 정형거래조건에 관한 해석규칙(Incoterms)에는 물품의 인도에 따른 당사자의 의무에 관한 내용이 내포되어 있기 때문에 묵시조건이라고 한다.

무역계약은 명시조건을 가능한 한 줄이고 계약의 많은 부분을 관습에 의존하려는 경향이 있기 때문에 무역관습의 중요성은 매우 크다고 할 수 있다. 무역관습에는 매매관습, 결제관습, 운송관습, 보험관습 등이 있으며, 이 가운데 매매관습이 그 중심이 된다.

3 준거법(governing law)

정형거래조건에는 매매당사자의 인도에 따른 의무만 규정하고 있을 뿐 매매계약의 성립 및 계약위반에 따른 권리구제에 관해서는 언급이 없다. 준거법(governing law)은 명시조항이나 거래관습을 적용함에 있어 발생하는 법적 공백을 메우는 기능을 한다. 준거법상의 내용이 명시조항이나 거래관습과 충돌하면 명시조항이 우선하고 다음으로 거래관습이 우선한다.

매매당사자는 준거법 결정 시 자국법을 준거법으로 할 것을 주장하기 때문에 생기는 문제점을 해결하기 위한 통일법이 필요하다. 이러한 노력은 UNIDROIT가 1930년부터 시작하여 1969년 국제물품매매에 관한 통일법(ULIS : Uniform Law on the International Sale of Goods)과 국제물품매매계약의 성립에 관한 통일법(ULF : Uniform Law on the Formation of Contract for International Sale of Goods)을 채택하여 1972년 발표되었으나 널리 확산되지 못하였다.

1968년에 발족한 UNCITRAL이 ULF와 ULIS를 기초로 1980년 UN통일매매법(CISG : United Nations Convention on Contracts for the International Sale of Goods)을 제정하여 1988년에 발표하였다. 2020년 1월 현재 93개국이 비준 또는 가입하였기 때문에 영국, 인도, 대만 같은 몇몇 주요 국가를 제외한 국제거래에서 국제적 통일매매법으로 정착되고 있다.[17] 우리나라도 2004년 2월 17일에 가입하여, 2005년 3월 1일부터 발효되었다.

계약당사자 영업지의 양국이 체약국이면 동법이 적용되지만 그렇지 않을 경우 특정국의 국내법이 적용될 수도 있기 때문에 계약 시 준거법 조항을 두어 분명히 하는 것이 좋다.

Ⅱ ▸▸ 무역계약서의 작성

1 무역계약서의 작성

무역계약은 불요식계약이므로 반드시 문서로 작성되어야 할 의무는 없으나, 후일 분쟁발생 시 계약내용을 증명하기 위한 문서화가 필요하다. 무역현장에서는 정식 무역계약서 없이 간단한 오퍼나 오더만으로 진행하는 경우가 많지만 무역계약의 이행불능 또는 계약위반의 경우에는 여러 가지 문제가 발생하므로 가급적 정식 무역계약을 체결하는 것이 좋다.

무역계약을 **체결하는 방법**은 크게 두 가지가 있다. 하나는 거래가 성립될 때마다 작성하는 개별계약방법과 다른 하나는 계속 반복거래를 위한 일반협정서를 체

17) http://www.uncitral.org/uncitral/

결하고 필요시마다 수정을 가하는 포괄계약방법이다.

개별계약방법(case by case contract)은 매거래 건별로 무역계약을 체결하는 방법으로 통상 거래상대방과의 최초 거래 또는 중요 거래 시에 활용하는 방법이다. 개별무역계약서는 표면과 이면의 양면으로 구성되어 있다. 표면에 포함되는 사항은 거래건별로 확정해야 하는 개별약정사항들이다. 즉, 물품의 품질, 수량, 가격 등 거래상품에 관한 사항과 선적, 결제, 보험조건 등이 여기에 해당한다. 이면약정사항은 무역에 관한 일반약정(general terms and conditions)으로서 무역계약의 체결당사자, 표면사항인 품질에 대한 검사, 수량, 가격 및 선적조건 등을 정하는 기준 등 개별약정을 해석하는 기준과 계약불이행과 관련한 조항으로서 불가항력조항, 클레임조항, 중재조항 및 준거법조항 등 일반적으로 적용되는 공통사항이 여기에 포함된다.

포괄계약방법(master contract)은 통상 동일한 거래상대방과 계속적으로 거래가 이루어지는 경우에 채택하는 방법이다. 매거래시마다 건별로 무역계약을 체결하는데 따른 번거로움을 피하는데 적합한 방법이다. 흔히 당사자는 향후의 수출입거래 준칙인 일반거래조건협정(Agreement on general terms and conditions of business)을 무역계약으로 체결한다. 개별계약 방법 시 이면약정에 포함되는 **무역거래일반약정**(general terms and conditions)과 함께 거래건별로 오퍼나 오더를 확정하는 방법을 정한다. 따라서 실제 거래에는 포괄계약에서 정한 방법에 따른 간단한 offer나 order를 교환함으로써 무역계약을 확정한다.

Sales Contract를 매도인이 작성할 경우 Sales note, 매수인이 작성할 경우 Purchase note라고도 부른다.

개별계약서에는 품명, 규격, 수량, 단가, 금액, 인도시기, 선적항, 도착항, 포장, 보험 등을 명기한다. 포괄계약서에는 품질조건의 경우 품질의 기준과 기준시기, 가격조건의 경우 가격의 산출기준과 표시통화, 선적조건의 경우 선적일의 증명방법 등과 불가항력조항, 권리철회조항, 중재조항, 정형거래조건, 준거법조항 등이 명기된다. 포괄계약과 개별계약은 상호 보완적이며, 서로 모순될 경우 개별계약 내용이 우선한다.[18]

18) 샘플(case by case contract, master contract, offer sheet 등)은 부록 참조

무역계약 체결방식 및 계약서 형식

계약체결 방식	계약서 형식	비 고
개별계약방식 (case by case contract)	· 표면사항 · 이면사항	첫거래, 건별거래, 중요거래
포괄계약방식 (master contract)	· 일반거래협정서(이면사항과 유사) · 실제 진행 : offer/order sheet	계속 · 반복거래

장기공급계약의 경우 long term 계약인 sales agreement가 작성된다. long term 계약의 경우 가격신축조항(escalation clause), 보증조항(warranty clause), 약정손해배상액조항(liquidated damage clause), 계약종료조항(termination) 등이 추가된다.

2 ICC 모델 표준계약서

국제거래가 증가함에 따라 기업은 외국의 대리인, 파트너, 바이어, 공급자, 중개인과 다양한 계약상 합의 필요성이 증대된다. 국제무역 전문가들은 이러한 관계 속에서 경영전략과 법률적인 제약을 이해하고 계약을 체결할 수 있어야 한다. ICC상사법무위원회(Commission on International Commercial Law and Practice)에서는 이러한 목적에 충족될 수 있도록 준거법으로 CISG를 따르는 국제모델계약서를 개발하였다. 특히 국제판매에 관한 ICC모델계약서(ICC Model International Sale Contract)는 재판매를 목적으로 하는 제품(manufactured goods)의 국제적 판매에 특화된 계약서이다. 이 계약서는 국제적인 원자재의 판매 혹은 장기 공급계약은 배제하였으며, 서비스, 지적재산 혹은 지분(corporate interests)의 판매에 관한 계약과도 구별된다.

국제거래에서는 세부적인 근거계약(underlying contract)이 필요하다. 그러나 계약서를 직접 작성하는 것은 비용과 시간이 많이 소요될 뿐만 아니라, 현실적으로 국제거래의 모든 형태를 경험한 변호사나 실무자를 찾는 것은 매우 어렵기 때문에 모델계약서를 이용하는 것이 좋은 방편이 될 수 있다. 모델계약서는 대개 곳곳에 공란을 두고, 이용자들이 계약의 세부사항에 따라 채워 넣을 수 있도록 되어있다.

모델계약서를 활용하는 가장 좋은 방법은 기업이 모델계약서를 자신만의 계약서를 작성하기 위한 초안으로 이용하는 것이다. 이 경우 무역담당자나 법률고문은 이중 가장 적절한 조항은 계약서에 편입시키고, 적합하지 않은 조항은 새로 작성하거나 대체하는 작업을 수행하게 된다. 아울러 상대방과의 협상에서 모델계약서를 협상의 수단 내지는 참고자료로 사용할 수 있다. 상대방이 초안 계약서(proposed contract)를 제시하였을 때, 무역담당자는 이것을 관련된 모델계약서의 조문과 비교해볼 수 있다. 만일 특정 조항이 모델계약서에 담겨진 유사 조항에 비해 문제가 있거나 불리해 보인다면, 모델계약서의 조항을 공정한 절충안으로써 제시할 수 있다.[19)]

19) ICC, The ICC Model International Sales Contract(Manufactured Goods), 2013

PART

3

무역계약의 이행(기본조건)

1 무역계약의 기본조건

2 정형거래조건해석규칙

CHAPTER

1 무역계약의 기본조건

무역계약의 조건

1. 기본사항
   1) 당사자 및 서명 : Privity(당사자 법률관계, principal to principal basis), Signature
   2) 계약확정 문언, 계약체결일자, 유효기간(validity) 등

2. 계약대상(물품)에 관한 조건
   1) 품질조건(terms of quality) : 품질결정방법, 시기
   2) 수량 〃 (〃 quantity) : 수량표시방법, 시기, Bulk Cargo의 수량표시
   3) 가격 〃 (〃 price) : 가격결정 및 표시방법, 요소비용, Incoterms
   4) 포장 〃 (〃 packing) : 포장재, 포장방법, 화인

3. 계약이행에 관한 조건 : 제3자와 종속계약
   1) 선적조건(terms of shipment) : 매수인의 납기관리
      선적시기, 선적방법 선적항 · 도착항 등
   2) 지급 〃 (〃 payment) : 매도인의 대금회수 위험관리
      지급방식, 지급시기 등
   3) 보험 〃 (〃 insurance) : 보험조건, 부가보험, 보험금청구지, 부보통화 등

4. 계약불이행사항
   1) 이행불능 : frustration, force majeure, acts of god
   2) 계약위반 : breach, claim
   3) 클레임해결 : Arbitration clause

5. 기타 조항
   1) trade terms : Incoterms
   2) governing law : CISG

제1절 계약대상(물품)에 관한 조건

I ▸▸ 품질조건

1 품질조건의 의의

매매의 목적이 자신이 원하는 물품의 거래에 있다면 품질이 바로 이러한 물적 성취 여부의 기준이 된다는 점에서 품질조건은 매매계약의 가장 중요한 조건이다. 따라서 계약당사자는 계약에서 물품의 품질에 관하여 가능한 한 상세하게 약정한다. 매도인의 기본의무는 매매계약에 약정된 물품을 매수인에게 제공하는 인도의무이며, 품질의 일치성은 물품 자체뿐만 아니라 용기와 포장까지지도 계약과 일치하여야 한다.[1)]

당사자 간 품질에 관한 구체적인 합의가 없는 경우에는 물품이 동일명세의 통상적인 목적에 적합하여야 하며, 계약체결 시 명시적·묵시적으로 매도인에게 알려져 있는 특정 목적에 적합해야 한다. 따라서 매도인이 견본이나 모형을 제시했다면 같은 품질을 가지고 있어야 한다.[2)]

일반적으로 무역거래는 명세서에 의한 선물거래이다. 따라서 계약서에 물품의 품질, 성능, 색상, 중량, 부피, 성분 등을 상세하게 명기한다고 하여도 여러 품질의 물품이 생산될 수 있기 때문에 보다 가시적인 방법으로 품질을 확인하는 방법을 약정하는 것이 좋다. 매매계약(sales contract), 청약서(offer sheet), 주문서(order sheet) 등의 품질조건(quality terms)에는 품질에 관한 세부적 내용, 즉 ① **품질결정방법**, ② **품질결정시기**, ③ **품질증명방법** 등을 규정하는 것이 좋다.

1) UN통일매매법 제35조 (1)항 참조.
2) UN통일매매법 제35조 (2)항 참조.

2 품질결정방법

품질을 결정하는 방법으로 견본매매(sale by sample), 점검매매(sale by inspection), 표준품매매(sale by standard), 상표매매(sale by trade make or brand), 명세서매매(sale by specification or dimensions), 규격매매(sale by grades) 등이 있으며, 경우에 따라서는 이들 방법을 혼합하여 사용할 수도 있다.

1) 견본매매(sale by sample)

무역거래가 선물거래이기 때문에 매수인은 계약체결 시 물품의 명세와 함께 견본을 받고, 이와 동질의 물품이 제공될 것을 전제로 계약을 체결한다. 따라서 매매계약서나 협정서에 매매 시 품질 기준이 견본임을 명시할 필요가 있다. 즉 "Goods sold on sample shall be warranted by the seller to be equal to the sample upon arrival at destination."라고 약정하게 된다.[3]

의류, 가방 등 규격제품이 아닌 경우 수주받을 욕심으로 견본은 최상의 품질로 제작하였으나, 최종 납품하는 물품의 품질이 이를 따라가지 못하는 경우 품질 불일치로 인한 분쟁이 발생할 수 있다는 점에서 중간품질을 견본으로 제시하는 방법도 바람직하다.

견본의 종류는 견본제시 당사자에 따라 매도인이 보내는 매도인견본(seller's sample), 매수인이 보내오는 매수인견본(buyer's sample), 매도인의 요청에 의해서 매수인이 보내는 대응견본(counter sample) 등이 있다.

매도인은 통상 매수인에게 보내는 제1견본(original sample), 자신이 보관하는 제2견본(duplicate sample) 또는 보관견본(keep sample), 제조업자에게 보내는 제3견본(triplicate sample) 등 견본 3개 이상을 만든다.

매매계약 성립 후 선적품 중에서 골라 매수인에게 보내는 견본을 선적견본(shipping sample)이라고 하는데, 이것은 매수인으로 하여금 선적품의 품질이 계약과 일치하는지를 확인하도록 하기 위함이다.

---

3) "equal to"나 "confirm" 등의 용어보다 'almost equal', 'about equal', 'similar to', 'as per the sample' 등 표현이 매도인이 후일의 분쟁을 피할 수 있는 적절한 표현이다.

2) 점검매매(sale by inspection)

점검매매는 매수인이 거래물품을 물품의 소재지에서 실제 점검하여 품질을 결정하는 방법이다. 이 방법은 **보세창고도거래**(BWT : bonded warehouse transaction)나 **현물상환도지급**(COD : cash on delivery) 방식 등에서 주로 이용된다. 이것은 매수인이 직접 물품을 점검하고 구매하기 때문에 분쟁발생 가능성이 낮다.

3) 표준품매매(sale by standard)

농산물, 임산물 또는 광산물과 같은 1차산품은 일정한 규격이 없으므로 품질을 약정하기가 곤란하다. 따라서 이러한 물품의 거래에서는 일정한 표준품(standard)을 추상적으로 제시하여 대체로 이와 유사한 수준의 품질을 인도하면 된다.

표준품매매의 품질표시방법에는 **평균중등품질조건**(FAQ : fair average quality), **판매적격품질조건**(GMQ : good merchantable quality)과 **보통품질조건**(USQ : usual standard quality) 등이 있다.

(1) 평균중등품질조건(FAQ : fair average quality)

주로 곡물이나 과일과 같은 농산물과 광산물 등의 매매에 이용되며 표준품은 법규에 의하여 공공기관이 정한다. 표준품은 동종물품의 평균적인 중등의 품질을 선정하여 표준품의 대표품질로 한다. 전년도 수확물의 평균중등품을 품질의 기준으로 삼고 계약을 체결한 후 실제로 인도되는 물품은 당해 연도 수확물의 평균중등품을 기준으로 한다.

FAQ조건을 품질의 기준으로 할 경우 계약서에는 "Goods sold without sample shall be guaranteed by the seller to be almost equal to the fair average quality of the season's crop at the time and place of shipment."와 같은 조항을 두면 된다.

(2) 판매적격품질조건(GMQ : good merchantable quality)

원목(timber or lumber)이나 냉동 수산물 등과 같이 외관상으로는 좋게 보이지만 그 내부가 부식되는 등 잠재하자 가능성이 높은 경우와 먼저 선적된 미확인 물품이 도착지에서 매수인에게 인도 시 판매 적격성을 매도인이 보증하는 품질조건이다. 매수인이 도착지에서 품질을 검사하여 판매적격성이 없을 경우 이에 대한 책임을 매도인이 지는 조건이다.

(3) 보통품질조건(USQ : usual standard quality)

당해 생산물의 공인 검사기관 또는 표준기관에 의하여 확인된 보통품질을 표준품의 품질로 정한다. 공인검사기관은 특정 물품의 품질을 그 등급에 따라 특등, 1등, 2등과 같이 표준화 해놓고 있다. 선적품은 이들과 비교하여 가격이 결정되며 결국 결제대금이 조정된다.

4) 상표매매(sale by trade mark or brand)

상표(trade mark, brand)가 국제적으로 널리 알려져 있을 경우에 견본을 구태여 제공할 필요 없이 그 상표 또는 브랜드를 신뢰하여 이를 품질의 기준으로 삼는다. 매도인은 약정된 상표나 브랜드가 부착된 물품을 제공하면 물품의 품질조건을 충족한 것으로 간주된다.

예를 들어, Samsung 스마트폰, LG 가전제품, Hyundai 자동차, Lancome 화장품, Nike 신발, Rolex 시계, Coca cola 음료 등이 브랜드 거래품목이라고 할 수 있다.

5) 명세서매매(sale by specification or dimensions)

선박, 대형운반기계, 의료기기, 철도차량 등은 견본이나 표준품으로 물품의 품질을 표시하는 것이 불가능하다. 또한 화공약품, 의약품 및 연료 등은 그 함유된 성분을 견본으로 입증하기 곤란하다. 이들 제품은 소재, 구조, 규격, 성능 및 성분을 표시한 자세한 명세서로 품질의 기준을 삼는다. 이러한 명세서의 보조로 청사진(blue print), 도해목록(illustrated catalogue) 및 설계도(plan drawing) 등이 이용된다.

6) 규격매매(sale by grades)

국제적으로 물품의 규격이 정해져 있거나 수출국의 법적 규정에 의하여 물품의 규격이 정해져 있을 경우 이를 품질의 기준으로 삼고 거래가 이루어진다. 국제적인 규격의 예로는 국제표준기구(ISO : international standardization organization)의 규격이 있으며, 개별국가의 표준규격으로는 우리나라의 KS(korea standard), 일본의 JIS(japan industrial to standard), 영국의 BSS(british standard specification) 등이 있다.[4]

3 품질결정시기

국제 간 거래되는 물품은 장기간에 걸친 운송으로 선적시와 도착시에 품질이 달라질 수 있다. 특히, 선적시와 도착시에 품질의 변화가 가장 큰 물품이 농산물이다. 따라서 어느 시점의 품질을 기준으로 할 것인지 미리 정해 두지 않으면 매도인은 선적시의 품질을 기준으로 하기 원하는 반면에, 매수인은 양륙 시 품질을 기준으로 하기 원하기 때문에 계약당사자 간 분쟁이 발생될 수 있다.

품질 결정시기는 크게 선적시를 기준으로 하는 선적품질조건(shipped quality terms)과 도착시를 기준으로 하는 양륙품질조건(landed quality terms)으로 나눌 수 있다.

1) 선적품질조건

인도되는 물품이 계약상의 품질기준과 일치여부를 결정하는 시기를 물품의 선적시를 기준으로 하는 조건이다. 이 조건은 운송 중 품질변화가 잘 발생하지 않는 공산품 등에서 많이 이용되고 있다. 매도인은 물품의 선적 시 품질기준과 일치할 것을 보증하기 때문에 운송 중 변질에 관하여는 책임을 지지 않는다.

FCA나 CIP조건은 선적지 인도조건이기 때문에 계약에 별도의 명시가 없으면 선적 시를 품질기준시기로 보아야 한다. 매수인이 선적 시 검사를 하지 않았다면 도착지에서 물품을 검사할 권리를 가질 수 있다.[5]

4) 인증제도 국가통합인증마크(http://www.kats.go.kr/kcmark/) 참조.

곡물류의 거래에 있어서 **TQ(tale quale)**는 선적품질조건을 의미하며[6] **SD(sea damage)**는 조건부 선적품질조건으로 해상운송 중 생긴 유손(damaged by wet), 즉 바닷물(wet by sea water), 빗물(wet by rain), 담수(wet by fresh water), 증기(wet by vapor) 등으로 야기되는 품질손해에 대하여는 매도인이 도착 시까지 책임을 지는 조건이다.

선적전검사제도(PSI : pre-shipment inspection)는 물품의 품질이나 수량 또는 상품분류 등과 관련하여 수입자 또는 수입국 정부의 계약 또는 그 위임·위탁에 의하여 별도로 행하는 검사이다. Incoterms의 모든 조건은 이러한 선적전 검사 비용의 부담자에 대하여 규정하고 있다.[7]

2) 양륙품질조건

인도된 물품의 품질이 계약상의 품질기준과 일치여부를 결정하는 시기를 물품이 목적항에 도착하여 양륙되는 시점을 기준으로 한다. 이 조건에서 물품의 운송 중 변질에 따른 책임을 매도인이 부담한다. DAP, DPU, DDP조건은 양륙지 인도조건이므로 별도의 약정이 없으면 양륙지의 인도장소에서 품질의 일치여부가 결정된다.

원래 호밀(rye)의 거래에서 쓰여지던 RT(rye term)는 양륙품질조건을 나타낸다. **R.T.(rye terms)**는 런던시장에 있어서 곡물류의 거래에 이용되는 양륙품질조건(landed quality terms)의 매매를 말한다. 도착한 화물에 손해가 발생한 경우에는 매수인은 가격인하를 요구할 수 있으나 인수를 거부할 수 없다. 다만 손상이 심하여 다른 용도가 없을 때 인수를 거부할 수 있다.

4 품질의 증명

물품검사는 매도인이 인도하는 물품이 계약에 일치하는지를 매수인이 확인하는

5) UN통일매매법 제38조 (2)항 : "If the contract involves carriage of the goods, examination may be deferred until after the goods have arrived at their destination."

6) T.Q.는 라틴어로 tale quale, 프랑스어로 tel quel로서 운송중의 손해를 상대방이 부담하는 선적품질조건(of condition on arrival)을 의미한다. "as they are", "just as they come"의 뜻이다.

7) Incoterms 각 조건 A7/B7(Export/Import clearance)

방법이다. 당사자는 필요한 경우 매매계약에 검사에 관한 조항을 삽입하여야 한다. 검사조항에는 검사시기, 검사장소, 검사인, 검사방법 및 검사비용 부담 등에 관하여 명시하여야 한다. 만약 수출국의 검사규정에 따른 검사로 대신하려면 그 취지를 명기하여야 한다.[8)]

국제적으로 권위있는 전문 검사기관에 검사를 의뢰할 것을 약정할 수 있다. 국제적 전문검사기관으로는 프랑스의 SGS(societe generale de serveillance S.A), 영국의 Lloyd's Agent, 미국의 Del Pan Inc.[9)] 등이 있다. 이들 검사기관의 감정보고서(survey report)는 국제적으로 신뢰를 받고 있다. 만일 당해 항구에 이러한 검사기관이 없으면 수입지에 있는 수출국 영사, 수출국에 주재하는 수입국 영사 또는 수입지의 상업회의소에 적절한 감정인(surveyor)을 의뢰할 수 있다.

매매계약서에 검사조항을 두지 않아도 통상 claim 조항에 클레임 제기 시 상대방의 계약위반의 증빙서로 감정보고서를 제출하도록 하고 있다. 이러한 감정보고서는 물품의 품질이 품질 기준에 적합한지를 입증하는 입증방법 중의 하나이다.

Ⅱ ▸▸ 수량조건

1 수량의 의미

수량(quantity)이란 개수만을 의미하는 것이 아니라 길이, 넓이, 부피, 중량 등을 의미한다. 국제거래에서 수량은 품질 다음으로 분쟁이 많이 일어나는 조건이다. 따라서 계약 체결 시 ① **수량의 단위**, ② **수량의 결정시기**, ③ **과부족용인조항** 등에 주의를 요한다.

---

8) ㉮ "Inspection performed under the export regulation of Korea in final in respect of quality and/or conditions of the contracted goods, unless otherwise stated on the face"

9) http://www.sgs.com/
http://www.lloyds.com/
http://www.rjdelpan.com.ph/

2 수량의 단위

수량을 표시하는 단위는 개수(piece), 길이(length), 넓이(square), 부피(measurement), 중량(weight), 포장(package) 등으로 나눌 수 있다.[10)]

1) 개 수

개수는 낱개로 거래되는 공산품의 계산단위이다. piece(pc), each(ea), set, dozen(dz), gross(12dzs=144pcs), great gross(12gross=1,728pcs), small gross(10dzs=120pcs), unit 등의 단위를 사용한다.

2) 길이 및 넓이

길이는 meter, inch(≒2.54㎝), feet(=12inch≒30.4㎝), yard(=3ft= 36inch≒91㎝), 자(≒30.30㎝) 등이 있다. 넓이는 ㎡, ft^2, yd^2, 에이커(≒4,166.7㎡), 헥타아르(≒10,000㎡), 평(≒3.3058㎡) 등이 있다. 예컨대, 합판이나 타일 등은 SFT(ft^2 : square feet) 등이 사용된다.

길이 변환표

단위	센티미터	미터	인치	피트	야드	마일
센티미터	1	0.01	0.3937	0.0328	0.0109	....
미터	100	1	39.37	3.2808	1.0936	0.0006
인치	2.54	0.0245	1	0.0833	0.0278	....
피트	30.48	0.3048	12	1	0.3333	0.00019
야드	91.438	0.9144	36	3	1	0.0006
마일	160930	1609.3	63360	5280	1760	1

10) 붙임 서식 Sample No 12-1 참조

넓이 변환표

단위	평방자	평	평방미터	아르	평방피트	평방야드	에이커
평방자	1	0.02778	0.09182	0.00091	0.98841	0.10982	....
평	36	1	3.3058	0.03305	35.583	3.9537	0.00081
평방미터	10.89	0.3025	1	0.01	10.764	1.1958	0.00024
아르	1089	30.25	100	1	1076.4	119.58	0.02471
평방피트	1.0117	0.0281	0.092903	0.000929	1	0.1111	0.000022
평방야드	9.1055	0.25293	0.83613	0.00836	9	1	0.000207
에이커	44071.2	1224.2	4046.8	40.468	43560	4840	1

3) 부피(용적)

용적을 나타내는 단위로 **CBM(㎥ : cubic meter)**, CFT(ft^3 : cubic feet), **TEU**, **FEU**,[11] liter, drum, gallon, barrel, bushel 등이 있다. 예를 들어 액체류에 사용하는 1drum(200 liter), 1gallon(3.785 liter), 1barrel(158.984 liter) 등이다.

화물을 부피로 나타낼 때는 소량화물은 CBM으로, 만재화물은 TEU 또는 FEU로 나타낸다.

부피 변환표

단위	입방센치	입방미터	리터	입방인치	입방피트	입방야드	갤론
입방센치	1	0.00001	0.001	0.06102	0.00003	0.00001	0.00026
입방미터	1000000	1	1000	61027	35.3165	1.30820	264.186
리터	1000	0.001	1	61.027	0.03531	0.00130	0.26418
입방인치	16.386	0.00001	0.01638	1	0.00057	0.00002	0.00432
입방피트	28316.8	0.02831	28.3169	1728	1	0.03703	7.48051
입방야드	764511	0.76451	764.511	46656	27	1	201.974
갤론	3785.43	0.00378	3.78543	231	0.13368	0.00495	1

11) TEU(20푸터) : twenty-foot equivalent unit(8feet×8.6feet×20feet)
33CBM(최대적재), 25CBM(평균적재)
FEU(40푸터) : forty-foot equivalent unit(8feet×8.6feet×40feet)
67CBM(최대적재), 55CBM(평균적재)

4) 중 량

중량은 철강제품, 광물, 곡물 등의 거래에 주로 사용된다. 중량을 표시하는 단위는 pound(lb, libra), kilogram(kg), Ton 등이 있다.

무게 변환표

단위	그램	킬로그램	톤	그레인	온스	파운드
그램	1	0.001	0.000001	15.432	0.03527	0.0022
킬로그램	1000	1	0.001	15432	35.273	2.20459
톤	1000000	1000	1	....	35273	2204.59
그레인	0.06479	0.00006	....	1	0.00228	0.00014
온스	28.3495	0.02835	0.000028	43.7	1	0.0625
파운드	453.592	0.45359	0.00045	7000	16	1

Ton의 경우 중량을 표시하는 중량톤(W/T : weight ton)과 용적을 표시하는 용적톤(M/T : measurement ton)이 있다. 중량을 표시하는 중량톤은 **Long Ton(L/T), Short Ton(S/T), Metric Ton(M/T)**이 있다. 주로 영국계에서 사용하는 1 L/T는 1,016kg(2,240lbs)이며, 미국계에서 사용하는 1 S/T는 907kg(2,000lbs)이며, 유럽계에서 사용하는 1 M/T는 1,000kg (2,204lbs)이다.

중량의 측정기준 또는 중량기준의 대금결제기준에는 총중량, 순중량, 법적순중량 및 정미순중량이 있다.

총중량(Gross Weight)은 포장한 그대로의 중량을 대금계산의 중량으로 하는 조건이며 포장용기(tare) 및 함유잡물(dust)이 일정한 면화, 소맥, 분발 등 그 성질상 포장과 분리가 어려운 특성을 지닌 제품에서 많이 사용된다.

순중량(Net Weight)은 총중량에서 포장물의 중량을 공제한 것을 대금계산의 단위로 하는 조건이다. 순중량 조건은 무역에서 가장 많이 사용되는 중량단위이다.

법적 순중량(Legal Net Weight)은 중량관세의 부과를 위하여 사용되는 중량으로 총중량에서 겉포장재료의 무게를 공제한 수량이다. 즉, 물품이 소매될 때 포장되어 있는 상태의 포장물의 무게를 포함하는 조건으로 비누, 화장품 등에 적용된다.

정미순중량(Net)은 순중량에서 함유잡물(dust)의 중량을 제외하거나(예, 농산물),

부자재의 중량을 제외한(예, 섬유제품) 중량을 말한다.

【사례】 아차! 단위를 헷갈려서…6600억이 허공으로

1999년 9월 23일 새벽. 미국 항공우주국(NASA) 연구원들은 분주하게 움직였다. 1시 41분 '화성기후관측위성(MCO · Mars Climate Orbiter)'이 화성 궤도 진입을 위해 태양전지판을 접었고 자세 제어를 시작했다. 모든 것은 순조로워 보였다. 잠시 뒤 위성은 화성 뒤쪽 궤도로 진입하면서 지구와 통신이 잠시 끊어지게 돼 있었다. 하지만 예정보다 49초 더 빨리 통신이 두절된 뒤 위성은 영원히 사라졌다. MCO 개발에 NASA가 들인 시간은 3년, 비용은 6억달러(약 6,583억원)였다. 제대로 된 탐사조차 못 해보고 계획은 물거품이 됐다.

원인은 이틀 뒤 밝혀졌다. 로켓을 나가게 하는 힘인 '추력(推力)'이 미터법의 힘의 단위인 '뉴턴(N)'으로 표시돼야 하는데, MCO는 '피운드(lb)'단위로 입력돼 있었다. 1파운드는 1뉴턴보다 4.45배 큰 힘이다. 한 치의 오차조차 용납하지 않는 우주비행에서 치명적인 실수였다.

MCO 실종 사건은 단위 통일의 중요성을 보여주는 대표적인 사례다. 미국과 영국은 미터(m) 대신 피트(ft)를, 킬로그램(kg) 대신 파운드(lb)를 사용한다. 당시 MCO 비행 데이터 분석을 맡은 군수업체 록히드마틴은 lb와 ft를 사용하고 있었고, NASA는 MCO 미션에 kg과 m를 사용했다. 록히드마틴이 보낸 파운드 수치를 누군가 뉴턴으로 환산하지 않고 입력한 것이 비극으로 이어진 것이다.

1986년 1월 28일 발사한 지 73초 만에 폭발한 우주왕복선 챌린저호 사고도 단위 때문에 생겨난 참극이었다. 당시 NASA는 챌린저호를 실은 로켓 외벽 이음새의 고무 링에 문제가 생기면서 연료가 흘러나와 폭발했다고 발표했다. 다른 모든 부품은 미터 기준으로 제작됐는데 이중으로 만들어진 고무링이 미터가 아닌 인치(inch)를 기준으로 제작돼, 부품 간의 수치 차이로 미세한 오류가 생겨 정확하게 밀봉되지 않았던 것이다.

우리도 단위 착오로 대형사고를 겪었다. 1999년 4월 중국 상하이에서 이륙한 대한항공 화물기가 수분 만에 추락해 조종사 3명, 주민 5명이 사망했다. 당시 한국은 미국의 항공체계를 따라 '피트'를 사용했지만, 중국은 '미터'를 사용했다. 공항 관제탑에서 "고도 1500m를 유지하라"고 지시하자, 조종사는 이를 1500ft로 알아듣고, 900m 고도로 날다가 추락한 것이다.

아직까지 많이 사용되고 있는 근 · 평 등의 단위를 정부가 굳이 근절하기 위해서 애쓰는 이유도 통일성 때문이다. 산업통상자원부에 따르면 재래시장 등에서 통용되는 '1근'은 육류는 600g이지만, 딸기는 400g, 채소는 375g이다. 논 · 밭의 단위인 1마지기는 경기도에서는 150평으로 환산되지만, 충청도에서는 200평, 강원도에서는 300평으로 쓰인다. 강원도 사람이 경기도에 가서 땅을 사면서 '마지기'로 거래한다면 서로 다른 땅 크기를 생각하며 흥정을 하게 되는 것이다.

(출처 : 조선일보, 2015.4.25.)

3 Bulk cargo의 수량약정

산화물(散貨物, 撒物(살물), bulk cargo)이란 불가산(uncountable)·비포장상태(unpacked)로 거래되는 대량물품, 예컨대 포대나 용기에 넣지 않은 곡물류, 석탄, 광석, 모래, 자갈 등을 말한다. 살물은 약정된 수량을 정확히 인도하는 것이 불가능하기 때문에 어느 정도 과부족(surplus or deficiency)을 허용하는 조건으로 약정해야 한다. 따라서 수량에 관한 분쟁을 미연에 방지하기 위해서 과부족용인조항이나 개산수량조건을 사용하여 수량을 표시하는 것이 좋다.

1) 과부족용인조항(M/L clause : more or less clause, 過不足容認)

약정된 수량에서 약간의 과부족은 계약위반으로 간주하여 클레임을 제기하지 않도록 하기 위하여 과부족을 용인하는 조항이 필요하다. 과부족 용인조항에는 용인수량의 한도와 과부족의 선택권자를 명시한다. 예를 들면 "5% more or less at seller's option"이나 "seller has the option of delivering 10% more or less on the contracted quantity" 등과 같은 조항이다.

신용장통일규칙(UCP600 §30)에는 산화물의 과부족 용인에 관한 전통적인 거래관습을 반영하여 반대의 명시가 없는 한, 또한 어음발행금액이 신용장금액을 초과하지 않는 범위 내에서 5%의 과부족을 허용하는 규정을 두고 있다.[12] 주의할 점은 신용장통일규칙은 신용장거래에만 적용되기 때문에 송금 및 추심(D/A, D/P) 거래에서는 과부족용인조항을 반드시 명시해 두어야 한다는 것이다.

과부족용인 선택권자는 운송계약의 체결권자와 관계가 있다. 왜냐하면 Bulk cargo의 운송계약은 주로 용선운송계약이며 용선된 선박에 장치된 적재 장치에 의하여

---

12) UCP600 §30 (Tolerance in Credit Amount, Quantity and Unit Prices)

a. The words "about" or "approximately" used in connection with the amount of the credit or the quantity or the unit price stated in the credit are to be construed as allowing a tolerance not to exceed 10% more or 10% less than the amount, the quantity or the unit price to which they refer.

b. A tolerance not to exceed 5% more or 5% less than the quantity of the goods is allowed, provided the credit does not state the quantity in terms of a stipulated number of packing units or individual items and the total amount of the drawings does not exceed the amount of the credit.

물품이 본선에 적재되기 때문이다. 따라서 FOB계약에서는 “buyer’s option”, CIF계약에서는 “seller’s option”이 일반적이다. 과부족에 해당하는 부분에 대한 정산 가격 기준은 통상 계약가격(contract price)이지만 때로는 선적일 가격(day-of-shipment price)이나 도착일 가격(day-of-arrival price)에 따라 계산하는 방법도 있다.

2) 개산수량조항(approximate terms, 槪算數量)

개산수량조항은 “약”이란 뜻의 “about”, “circa”, “approximately”, “around”, “some” 등의 용어를 사용하는 조항이다. **신용장통일규칙(UCP600 §30)**에는 수량, 금액 및 단가 앞에 이러한 단어가 사용되었다면 **10%의 과부족**을 허용한다고 규정하고 있다. 신용장거래의 경우에도 가격, 수량, 금액을 제외한 선적기일, 운임 등에는 “about”의 10% 오차가 적용되지 않는다. 주의할 점은 무신용장거래에는 적용되지 않으므로 필요한 경우 과부족용인약관을 사용하여야 한다.

3) 최소·최대 주문수량

공산품인 경우 1회의 주문량이 적으면 단위당 생산비가 많이 들고 운임과 보험료도 비싸기 때문에, 매도인은 예상외의 손해를 볼 수 있으므로 계약 시 **최소주문수량**(MOQ; minimum order quantity)을 약정해 준다. 반대로 농산물과 같은 계절상품이나 대량생산이 불가능한 수공예품 등의 경우에는 계약 시 1회 **최대주문수량**(maximum quantity)을 약정해 둔다.

4 수량결정시기

품질조건에서 언급한 바와 같이 수량조건에서도 어느 시점의 수량이 계약상의 수량과 같아야 하느냐는 것이다. 품질조건의 경우와 마찬가지로 선적 시의 수량을 기준으로 하는 **선적수량조건(shipped quantity terms)**과 양륙 시를 기준으로 하는 **양륙수량조건(landed quantity terms)**이 있다.

양륙수량조건의 경우 운송도중의 중량 감소는 매도인의 책임이지만 그 원인이 보험사고에 기인할 경우 매수인은 송장금액을 지급한 후 보험계약에 따라 보상을 받아야 한다. 양륙수량조건은 운송 중 보험사고가 발생하지 않는 경우 도착수량을 대금결제수량으로 하는 조건이다. 선적수량조건의 경우 운송도중의 감량은 매수인이 책임을 져야 한다.

FCA나 CIP조건은 특약이 없는 한 선적수량조건으로 해석하며, DAP, DPU, DDP조건은 양륙수량조건이다. 일반적으로 운송 중 감량위험이 큰 곡물류, 청과류 및 화공약품 등은 양륙수량조건이 관례이다.

Ⅲ ▸▸ 가격조건

무역계약조건 가운데 매매당사자의 관심이 가장 높은 것이 가격조건(price terms)이다. 왜냐하면 가격이 당사자의 이윤과 직결되기 때문에 offer에 대한 acceptance의 가장 결정적인 조건이다. 가격조건에서는 ① **가격표시방법**, ② **가격결정방법**, ③ **요소비용 및 Incoterms** 등을 살펴볼 필요가 있다.

1 가격표시방법

가격표시방법과 관련하여 **"Price : US$125.75/set FCA Seoul Coex Warehouse, Incoterms 2020"**와 같이 통화, 단가(unit price), 수량단위, trade term, 비용의 분기점, Incoterms 버전 등을 명기하게 된다.

표시통화는 수출국통화, 수입국통화, 제3국통화가 있는데, 표시통화의 선택에는 안정성(stability), 유통성(circulative), 교환성(convertibility) 등이 고려되어야 한다.

일반적으로 표시통화를 선택할 때에는 환시세의 변동에 따른 환위험이 적은 안정된 통화를 선택하는 것이 바람직하다. 매도인은 무역계약을 체결한 후 시장가격 상승, 매수인은 가격하락에 따른 위험을 부담한다. 수출국의 통화로 표시하면 환율변동에 따른 환위험(exchange risk)을 수입상이 부담하며, 수입국의 통화로 표시하면 이를 수출상이 부담한다. 제3국의 통화로 표시하면 환위험을 양 당사자가 모두 부담하게 된다.

통화 중에는 같은 명칭이라도 사용국가에 따라 가치가 다르다. 예를 들면 dollar에도 US dollar, Canadian dollar, Hong Kong dollar 등이 있기 때문에 반드시 통화 앞에 국명을 붙여야 한다.

Trade term 뒤에 따라오는 지명은 Incoterms 각 조건에 명시되어 있다. 즉, FOB : Free on Board(insert named port of shipment), CIF : Cost, Insurance and Freight(insert named port of destination) 등이다.

2 가격결정방법

수출입물품의 가격은 **"Price = (제조 · 구매)원가 + 이윤 + 요소비용"**의 공식에 따라 결정하게 된다. 요소비용으로는 운송 · 물류비, 보험료, 은행비용, 행정비용 및 부대비용 등이 계산된다. 수출입물품의 가격은 물품의 단가를 정하여 상대방에게 제시할 때 원래 물품의 원가와 영업비 및 이윤을 제외한 아래의 여러 가지 수출입비용 가운데 어느 항목까지 포함시켰느냐에 따라 달라질 수 있다.

수출입과정에서 발생하는 **비용**은 ① 포장비(packing charge), ② 검사비(inspection fee), ③ 내륙운송비(inland freight), ④ 부두비용, ⑤ 수출승인(export license), 정부승인 취득비(governmental authorization), ⑥ 운임(freight), ⑦ 선적비(shipping charge), 적화비(loading charge), 적입비(stowing charge), 부두사용료(wharfage charge), 항구세(port dues), 창고료(storage), ⑧ 양하비(unloading charge), ⑨ 수출통관비용(export clearance), 수입통관비용(import clearance), ⑩ 보험료(insurance premium), ⑪ 수입국 내 내륙운송비와 보험료, ⑫ 각종 수수료(commission)와 이자 또는 외환비용, ⑬ 기타 영업비용과 잡비(petty) 등이다.

국제거래에서는 이들 비용의 부담정도에 따라 가격의 표시방법을 정형화(standardization)하여 매매당사자의 선택에 따라 사용하도록 하고 있다. 이와 같이 정형화된 가격조건을 정형거래조건(trade terms)이라고 하며 이에 관한 ICC의 해석규칙을 Incoterms라 한다. Incoterms는 1936년에 제정된 후 여러 차례 개정하여 2020년 1월 1일부터 Incoterms 2020이 사용되고 있다.[13] Incoterms에 대

13) 정형거래조건의 해석에 관하여 ICC의 Incoterms 외에 미국무역협회(National Foreign Trade Commercial Inc.)의 개정미국외국무역정의(Revised American foreign Trade Definitions, 1990)와 국제법협회(International Law Association)가 제정한 C.I.F.계약에 관한 와루소-옥스포드 규칙

하여는 챕터를 달리하여 상술한다.

Ⅳ ▸▸ 포장조건

무역거래에서 포장은 운송 중 물품을 안전하게 보호하고, 경우에 따라서는 물품의 상품가치를 높이는 기능을 한다. 안전성을 너무 강조하면 과대포장(over packing)이 될 가능성, 포장비용 및 운송비의 부담을 증가시킬 수 있다. 따라서 물품의 종류, 운송방법, 거리, 기후, 온도, 환적, 항만시설, 포장비 및 운임 등을 고려하여 가장 합리적인 포장이 중요하다. 필요할 경우 구체적인 포장방법과 포장재를 명기할 수 있고, 다른 화물과 식별을 위하여 화인(cargo mark)을 하게 된다. 화인은 선하증권이나 포장명세서 등에 그대로 나타나므로 화물과 서류의 대조가 가능하다. 포장조건에서는 ① **포장의 종류 및 방법**, ② **화인** 등을 살펴볼 필요가 있다.

1 포장의 종류

포장의 종류는 **외장, 내장 및 개장**으로 구분할 수 있다.

외장(outer packing)은 수송 중에 일어날 수 있는 물품의 변질이나 파손 또는 유실 등의 위험을 미연에 방지하고 화물취급을 편리하게 할 수 있도록 수개의 내장을 합쳐서 큰 단위로 포장하는 것을 말한다. 외장에서는 화물의 단위화(unitization)를 고려하여야 한다. 단위화에는 해상운송에는 팔레트(pallet), 컨테이너(container), 항공운송에는 ULD (unit load device)가 사용된다.

내장(inner packing, interior packing)은 개장 물품의 수송이나 취급에 편리하도록 수개의 개장 물품을 모아서 포장하는 것이다. 내장에는 물품이 영향을 받을 수 있는 수분, 광열, 충격을 고려하여 물품의 보호를 위한 보호적 내장(inner protection)도 있다.

(Warsaw-Oxford Rules for C.I.F. Contract, 1932)이 있다.

개장(unitary packing)은 물품 하나하나에 대한 포장으로 각 물품의 보호기능과 소비자의 구매의욕을 자극하기 위한 기능도 한다.

2 화 인

화인(marking)은 화물의 식별과 취급을 용이하게 하기 위해 포장의 외장에 특정한 기호나 문자 따위를 표기하는 것으로, 주화인(main mark), 부화인(counter mark), 화번(case number), 착항표시(port mark), 중량표시(weight mark), 원산지표시(origin mark), 주의표시(care mark, side mark, caution mark) 및 주문번호(order no), 지시표시(attention mark), 품질표시(quality mark) 등 여러 가지가 추가적으로 표시될 수 있다.

화인 예시

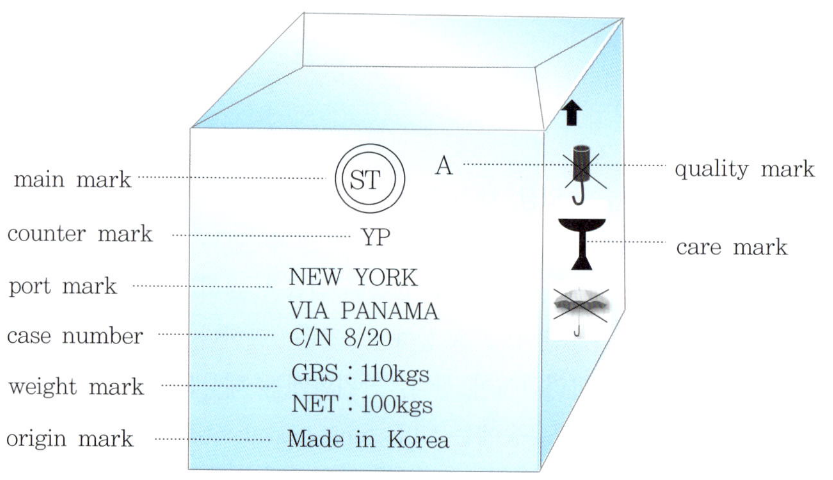

화인 가운데 main mark와 port mark 및 case number는 반드시 표시해야 하는 필수사항이다. 이러한 중요한 화인표시가 누락된 화물을 **무인화물**(NM cargo : no mark cargo)이라고 한다. Hague rules(1924) 제4조(catalogue of exception)에는 중요 화인이 누락된 화물에 대하여는 운송인의 면책을 규정하고 있다.

① 주화인(main mark) : 다른 화물과의 식별을 용이하게 하기 위하여 외장에 특정의 기호(symbol)를 표시하고 그 안에 상호 등의 약자를 삽입한다. 기호로서는 삼각형(triangle), 정사각형(square), 직사각형(rectangle), 원형(circle), 동심원(concentric circle), 마름모(diamond) 등이 있다.

② 부화인(counter marks) : 주화인만으로 다른 화물과 식별이 어려울 때 생산자 또는 공급자의 약자를 보조적으로 표시한다.

③ 포장번호(case number) : 매 포장마다 일련번호(consecutive number)를 부여하여 송장이나 포장명세서 또는 운송서류상의 포장과 대조 확인할 수 있도록 한다.

④ 항구표시(port mark) : 한 선박에 여러 나라로 운송되고 화물이 함께 선적되기 때문에 화물의 선적과 양하 작업이 용이하도록 또는 배달사고(non delivery)가 없도록 도착항이나 경유항[14]을 표시한다.

⑤ 품질 또는 중량표시(quality or weight mark) : 내용물의 품질 또는 등급을 기호로써 표시하며 검사의 합격표시도 할 수 있다. 또한 운임계산, 통관, 하역작업 등을 용이하게 할 수 있도록 순중량과 총중량을 표시한다.

⑥ 원산지표시(origin mark) : 당해 물품의 생산국을 외장의 맨 아래에 표시한다.

⑦ 주의표시(care mark, caution mark) : 화물취급 시 주의할 점을 표시하는 것으로 외장의 측면에 도안이나 문자로 표시한다.[15]

---

14) 예를 들어 파나마항이나 시애틀항을 경유할 경우 'New York via Panama' 또는 'New York overland via Seattle' 등으로 표시한다.

15) 주요 문자주의표시 : "This Side up", "stand on end", "Keep flat", "Keep Dry", "Keep Cool", "No Hooks", "fragile", "perishable goods", "liquid", "Inflammable", "Explosive" 등

제2절 계약이행에 관한 조건

무역계약의 이행은 매도인의 물품인도와 매수인의 대금지급으로 요약된다. 매도인은 물품인도를 위하여 운송인과 운송계약을 체결하므로 운송서비스를 통하여 간접적으로 매수인에게 인도된다. 운송도중에는 운송위험이 존재하므로 이는 보험을 통하여 커버한다.

이러한 인도를 정하는 조건이 선적조건(shipment terms)이며 위험을 커버하는 조건이 보험조건(insurance terms)이다. 매수인은 인도된 물품에 대하여 대금을 지급하여야 한다. 대금의 지급시기와 지급방법을 정하는 조건이 지급조건(payment terms)이다.

I ▸▸ 선적조건

선적조건은 수입상이 물품의 납기를 관리하는데 중요한 역할을 하게 된다. 따라서 선적조건에서는 ① **선적기일 및 선적일의 증명**, ② **선적방법(분할선적 · 할부선적 · 환적)**, ③ **불가항력 및 면책**, ④ **지연선적**, ⑤ **선적항 및 도착항** 등을 약정하게 된다.

1 선적과 인도

국제무역에서 선적은 인도의 가장 대표적 방법이다. 그렇지만 Incoterms는 인도장소와 방법에 따라 11가지 정형거래조건을 제정하여 사용하고 있다. FOB나 CIF조건에서 선적과 인도가 같은 개념이지만 DAP나 DDP 등에서는 그 개념을 달리한다. 따라서 계약조건으로 인도조건(delivery terms)이란 용어를 사용하면 이것이 선적을 의미하는지, 위험의 이전을 의미하는지 또는 매도인이 매수인의 관리하에 물품의 반입을 의미하는지 혼동하기 쉽다.

인도조건하에서는 11가지 정형거래조건 가운데 상당수가 그 장소와 방법이 다르기 때문에 명료하지 않고 또한 구체적이지 못하다. 결국 물품의 인도와 관련된 시기를 나타내는 계약조건은 선적조건(shipment terms)이라고 명기하는 것이 명확하다고 할 수 있다.

선적과 인도의 개념 차이를 잘 이해하여야 무역계약의 이행법리를 이해하게 된다. **인도**는 위험의 이전과 연계되어 있으므로 그 시기는 정형거래조건에 의하여 자동적으로 결정되는데 반하여 **선적**은 물품이 운송되기 위하여 본선적재, 인수 또는 수탁의 의미로 사용된다. 선적일과 관련하여 shipment는 해상운송뿐만 아니라 철도, 항공, 우편, 복합운송의 경우에까지 확대하여 사용하고 있다.

구체적으로 선적(shipment)은 본선적재(loading on board), 발송(dispatch), 수탁(taking in charge), 운송을 위한 인수(accepted for carriage), 우편수령(date of post receipt), 접수일(date of pick-up)까지 모두 포함된 광의의 개념이다.

2 선적시기

선적시기(S/D, shipping date)는 바이어가 납기를 통제하는 수단으로써 의미를 지닌다. 따라서 선적기일(S/D)을 지키지 못하면 매도인은 선적한 후라도 대금회수를 보장받을 수 없다. 선적기일은 통상적으로 **최종선적일자(latest shipping date)**를 말하는 것이므로 선적기일 표시에 붙는 '전치사'에 유의해야 한다.

1) 선적시기의 표시

① 단월조건 : 선적시기와 관련하여 "Shipment shall be made during September"와 같이 합의하였다면 매도인은 9월 1일부터 9월 30일까지 선적하면 된다.

② 연월조건 : 선적시기와 관련하여 "Shipment shall be made during June and July" 또는 'June/July shipment'와 같이 합의하였다면 매도인은 6월 1일부터 7월 31일 사이에 선적하면 된다.

③ 특정일 이전 또는 이후 선적조건 : 선적시기와 관련하여 "Shipment shall be

made till September 15"와 같이 합의하였다면 9월 15일까지 선적하면 된다. 선적기일 표시와 관련하여 'from', 'till', 'by', 'until', 'to' 등은 당해 일이 포함되나 'after'나 'before'는 당해일이 제외된다. 또한 'on or about'(경)은 양당일(both end deep)을 포함하여 명시된 일자의 전후 5일, 즉 총 11일 이내에 선적되는 것으로 해석한다(UCP600 §3).

④ 특정일 이전을 표시하는 문언에는 'the latest shipping date' 또는 'not later than'과 같은 표현을 사용하기도 한다.

⑤ 특정월 초순은 'at the beginning of …'로, 중순은 'in the middle of …'로, 하순은 'at the end of …'로 표시한다.
가각 해당월의 1일부터 10일, 11일부터 20일, 그리고 21일부터 말일까지를 나타낸다. 또한 특정월을 전반과 후반으로 구분한 때는 각각 'the first half of …'와 'the second half of …'고 표시하고 전자는 1일부터 15일, 후자는 16일부터 말일까지를 나타낸다(UCP600 §3).

⑥ 선적시기와 관련하여 L/C상에 구체적인 일자나 기간을 명기하지 않고 'prompt', 'immediate', 또는 'as soon as possible'과 같은 문언은 사용하지 말 것을 권고하고 있다. 그럼에도 불구하고 이러한 용어나 이와 유사한 용어가 사용되었다면 은행은 이를 무시하도록 규정하고 있다(UCP600 §3).

2) 선적지연(delayed shipment)

약정된 물품을 계약서나 L/C상에 명기된 기간 내에 선적하지 못하면 선적지연이 된다. 일반적으로 선적지연은 매도인의 고의 또는 과실이나 불가항력적 사정에 의하여 발생한다. 만약 선적지연이 매도인의 고의 또는 과실로 발생했다면 이것은 계약위반(breach of contract)이 되며 매수인에 대하여 손해배상책임을 져야 한다. 실무에서는 인도지연이나 불인도시 매도인이 지연기간에 따라 약정된 손해배상금액을 지급하도록 하는 **손해배상액약정약관(liquidated damage clause)**을 사용하기도 한다.

물론 매도인이 미리 인도지연을 예상하고 매수인과 연락하여 선적기간의 연장 등 가능한 조치를 취할 수 있다. 한편 선적지연이 '매도인이 통제할 수 없는 사유'(any causes beyond seller's control)인 불가항력에 의한 경우에는 매도인은 원칙적으로 손해배상책임이 면제된다. 이 경우 지연이 허용되는 기간은 계약에 의하여 정해진다. 불가항력에 따른 이행기간의 연장은 불가항력에 대한 매도인의 입증책임을 전제로 하기 때문에 매도인은 지체 없이 자국의 상공회의소, 수출국에 거주하는 수입국의 영사관 등 관련기관으로부터 증명서를 교부받아 매수인에게 이를 송부하여야 한다.

불가항력이 장기간 지속되어 최초 연장된 선적기간을 경과하고도 선적이 불가능한 경우 선적기일을 다시 연장할 것인지 그렇지 않으면 매매계약을 종료시킬 것인지의 결정권한은 통상 매수인이 갖는다. 매매당사자는 불가항력에 의한 선적지연에 대비 일반협정서(general agreement)나 매매계약서(sales contract)에 불가항력조항(force majeure clause)을 두어야 한다. 여기에는 불가항력의 내용, 증명방법, 선적기일 연장, 연장 이후의 계약효력 등에 관하여 상세하게 명기하는 것이 좋다.

3 분할선적 및 환적

1) 분할선적

분할선적(partial shipment)이란 약정수량을 한꺼번에 선적하지 않고 수차례에 걸쳐 나누어 선적하도록 하는 것을 말한다. 물량 또는 금액이 많은 거래에서는 매도인이 그 전체를 한꺼번에 생산하여 선적하기 곤란한 경우도 있고, 매도인이 자금이 급하여 조기 대금회수를 원하여 먼저 생산한 부분을 선적하기 원할 수도 있다. 또한 매수인도 자신의 판매계획이나 시황에 따라 전체가 한꺼번에 선적되길 원할 수도 원하지 않을 수도 있다.

할부선적(installment shipments)은 매수인의 요구 또는 당사자의 합의에 의하여 이루어지고, 할부선적의 횟수, 각 할부부분의 수량 또는 금액과 선적시기 등이 미리 정해지며 보통 매회의 선적분이 균등하게 나누어지는데 반하여, 분할선적은 당사자의 합의가 없어도 매도인 또는 송하인이 임의로 행할 수 있다는 점에서 구분된다.

영국물품매매법(제31조 1항)에는 "별도의 합의가 없는 한 매수인은 분할에 의한 물품의 인도를 수락한 의무가 없다"고 규정하고 있으나, 신용장통일규칙(UCP600

§31)에는 L/C상 분할선적에 관한 **별도의 명시가 없는 한 분할선적을 허용**하고 있다.

당사자는 계약에서 분할선적을 약정하고 이에 따라 매도인이 선적하는 과정에서 특정 분할분의 선적이 약정된 기간에 이행되지 않았을 경우 이 분할분의 불이행이 계약 전체의 효력에 영향을 줄 수 있다. 신용장통일규칙도 "신용장에 일정기간에 할부방식에 의한 어음의 발행 및 선적이 명시되어 있는 경우, 어느 할부부분이 허용된 할부기간 내에 어음이 발행되지 않았거나 선적되지 아니하였다면 동 신용장은 별도의 명시가 없는 한 동 할부 부분은 물론 그 이후에 있을 모든 할부 부분에 대하여 효력을 상실한다."(UCP600 §32)하여 위약된 한 부분은 물론 그 이후의 분할분에 대하여도 신용장의 효력이 종료됨을 명시하고 있기 때문에 할부기간과 수량이 약정된 할부거래에서는 각별한 주의가 요구된다.

동일항해(same voyage)와 동일선박(same vessel)에 의한 것이라면 운송서류상 선적일자, 선적항, 수탁지 또는 발송지가 다르게 명시되어 있더라도 이는 이를 분할선적으로 간주하지 않고 1회 선적으로 본다.[16)]

우편 또는 특송(courier)에 의한 선적은 우편수취증(post receipt), 우송증명서(certificate of posting) 또는 특송업자 수령증 또는 발송장(courier's receipts or dispatch notes)이 신용장에서 물품이 발송되도록 규정된 장소에서 동일한 날짜에 날인 서명 또는 기타의 방법으로 인증된 것으로 표시되는 경우에는 분할선적으로 간주되지 아니한다.[17)] 이것은 우편이나 특송의 경우 소포의 포장단위가 여러 개가 될 수 있고 또 포장단위로 명세서가 작성되므로 여러 장의 수령증이 발급될 수 있음을 고려한 것으로 해석된다.

2) 환 적

환적(transhipment)이란 일단 선적한 화물을 내려서 다른 선박이나 다른 종류의 운송수단에 적재하는 것을 말한다. 매수인의 입장에서 보면 물품이 환적될 경우 그 과정에서 파손위험이 있기 때문에 환적을 원하지 않을 수 있다. 그렇지만 매도인의 입장에서는 약정된 선적기일까지 목적항으로 출항하는 직항선이 없다면

16) UCP600 §31 b항
17) UCP600 §31 c항

환적이 허용되는 경우 일단 선적할 수 있으므로 신용장상의 선적기일을 지킬 수 있다. 이와 같은 환적도 매매당사자의 이해관계가 다를 수 있기 때문에 만약 매수인이 환적이 금지되기 원한다면 신용장상에 "transhipment is prohibited" 또는 "transhipment is not allowed"라고 명기하여야 한다.

특수한 사정 때문에 동일선박에서 화물을 양륙한 후 당해 선박에 다시 적재하는 것은 환적이 아니다. 선적지에서 목적지까지 직항선(direct line)이 없는 경우에는 환적이 불가피하다. 이와 같은 경우 매수인은 신용장상에 환적허용 문구를 삽입하거나 이에 관하여 언급하지 말아야 한다. 만약 신용장상에 환적금지문언이 있을 경우 매도인은 매수인에게 이를 알려 조건을 변경하도록 하여야 한다. 정기선 운항에서 운송인은 채산성을 고려하여 모선(mother vessel)이 주요 항구에만 기항할 경우 나머지 작은 항구에서 주요 항구까지의 운송은 지선(feeder vessel)이 담당하게 된다. 이 경우에도 환적이 가능해야만 지선운송을 이용할 수 있다.

신용장통일규칙에는 해상선하증권이나 비유통해상운송장(non-negotiable sea waybill)의 경우 신용장상에 **환적금지의 특약이 없는** 경우 환적이 허용되는 것이 통설이나 예외도 있다. 비록 환적금지의 특약이 있을 지라도 복합운송의 경우에는 환적표시가 있는 운송서류를 수리한다고 규정하고 있다.[18] 왜냐하면 복합운송의 경우에는 화물이 수탁지에서 선적지, 양륙지 및 최종목적지에 이르는 구간에 선박, 철도, 자동차 등 상이한 운송수단 간의 환적이 불가피하기 때문이다.

계약서에 선적조건으로 'direct shipment'(직항선적) 또는 'direct steamer'(직항선)이라고 명기될 수 있다. 이들은 환적금지의 의미뿐 아니라 관습적 항로(customary route)로 항해할 것을 묵인하고 있다. 그렇지만 직항선적의 경우에도 해난을 만나 피난항에 기항하거나 선용품의 조달을 위하여 일시적으로 기항하는 것은 예외이다.

4 선적일의 증명

매도인은 자신이 계약상 선적조건을 지켰음을 운송서류로서 증명해 보일 수 있

18) UCP600 §19

다. 즉, 선적일은 운송서류에 있는 **선적일(on board date)**로 증명된다. 해상운송에서 선적선하증권(shipped B/L)을 사용한 경우에는 선하증권의 발급일이 곧 선적일이다. 그렇지만 수취선하증권(received for shipment B/L)을 사용한 경우에는 운송인이 화물수취 후 선적되었음을 나타내는 'on board notation'에 표시된 일자를 선적일로 간주한다.[19] 기타 운송서류는 그 발행일을 선적일로 본다.[20] 그러나 서류에 스탬프 또는 기타의 방법으로 적송(積送), 인수 또는 본선 적재일을 표시하고 있는 때는 그 날짜를 선적일로 본다.

선적일을 증명하기 위하여 사용되는 운송서류는 매도인의 인도의무 이행의 증빙서류의 기능을 한다. 따라서 Incoterms는 각 정형거래조건별로 매도인이 인도의 증빙으로 사용할 운송서류를 열거하고 있다. 선적과 인도가 동일한 의미로 사용되는 FOB나 CIF조건 등은 선적의 증빙서류로 사용되는 운송서류가 인도의 증빙서류가 될 수 있으나, 선적과 인도의 의미가 달리 사용되는 D그룹 조건에서는 선적의 증빙서류와 인도의 증빙서류가 다를 수 있다. 매도인이 인도의 증빙서류로 제공하는 운송서류는 매수인에게 물권적 효력과 채권적 효력을 부여하여, 매수인으로 하여금 이들 증빙서류를 담보물권 또는 물품의 청구증권으로 사용할 수 있는 권리를 부여한다.

II ▸▸ 지급조건

매매거래에서 매도인의 주의무가 물품인도의 의무라면 매수인의 주의무는 대금지급의무이다. 대금회수는 매도인뿐만 아니라 수출국의 외국환 관리측면에서도 매우 중요하다. 수출자는 대금회수의 위험을 안전한 지급조건(terms of payment)을 선택함으로써 줄이고자 한다. 즉, 무역거래 시 수출상은 선적에 앞서 대금을 미리 받고 싶어 하지만, 반대로 수입상은 대금지급에 앞서 물품을 수령하기를 원한다. 이러한 사전 또는 사후 송금에 의한 대금결제방식은 수출상 또는 수입상에게 한쪽에게만 유리한 조건이기 때문에 신뢰가 쌓인 거래선이 아니면 선뜻 선택

19) UCP600 §20, §19
20) UCP600 §19

할 수 없을 것이다. 따라서 사전 또는 사후 **송금**(remittance)방식 사이에는 전통적으로 **신용장**(letter of credit), **추심방식**(collection) 및 **혼합방식**(mixed payment) 등이 존재하게 된다.

당사자가 수출입 대금결제 방식을 선택하는 기준으로 상호간의 신뢰도, 상대방의 신용도, 상품의 특성, 상거래 관습, 당사자간 협상력, 해당 국가의 수출입규제, 국가위험 등을 종합적으로 고려하게 된다. 이렇게 선택된 대금결제 방식은 무역계약서(sales contract), 청약서(offer sheet), 주문서(order sheet) 등의 지급조건(terms of payment)에 표시된다. 실무적으로는 거래은행과 '환거래약정'을 체결한 후 이러한 서류들을 근거로 신용장 등을 개설한다.

1 지급시기

수출대금은 지급방식 및 지급시기에 따라 당사자에게 미치는 위험·가격을 연결시켜 고려해야 한다. 즉, 수출상에게 위험이 높으면 가격을 높이 책정하고, 위험이 낮으면 가격도 낮게 책정하는 것이 원칙이다.

따라서 매도인이 대금지급을 받는 시기에 따라 **선지급**(payment in advance), **동시지급**(concurrent payment) 및 **후지급 또는 연지급**(deferred payment)으로 나눌 수 있다.

1) 선지급

매도인이 물품을 매수인이나 운송인에게 인도하기 전에 대금을 지급받는 방식이다. 선지급은 통상 매수인이 미리 물품을 확보할 수 있도록 주문 또는 계약 시에 대금을 지급하는 방식으로 **주문도방식**(CWO : cash with order), **선대(전대)신용장**(red clause L/C) 등이 있다.

선지급방식은 매도인에게는 대금회수에 따른 위험이 없으므로 안전한 거래방식이나 매수인은 미리 대금을 지급하였기 때문에 물품의 적기 입수 및 계약적합성에 대한 위험이 따른다. 선지급은 주로 견본구매나 소액거래 시에 사용되며 지급방식으로는 주로 전신환(T/T)이 사용된다.

2) 동시지급 또는 후지급

동시지급은 수입지에서 물품인도와 동시에 대금지급이 이루어지는 **현물상환지급**(COD : cash on delivery)**방식**과 수출지에서 서류 인도와 교환으로 대금지급이 이루어지는 **서류상환지급**(CAD : cash against document)**방식**이 있다. 서류상환방식은 서류가 은행을 통하지 않는 경우와 서류가 은행을 통하여 제시되는 경우가 있다. 서류가 은행을 통하는 경우는 지급자가 매수인인 경우와 매수인 거래은행인 경우가 있다. 전자는 **지급인도**(D/P : document against payment)**방식**, 후자는 **일람출급신용장**(sight L/C)**방식**이다.

후지급(또는 연지급)은 물품 또는 서류가 매수인에게 인도되고 일정기간 경과 후에 매도인이 대금을 지급받는 방식이다. 후지급은 매수인의 입장에서는 자금부담 없이 물품을 수령하여, 이를 판매 후 그 대금으로 결제할 수 있으나 매도인의 입장에서는 대금회수에 따른 위험을 부담한다. 후지급방식에는 지급자가 매수인인 경우와 매수인의 거래은행인 경우로 나눌 수 있다. 전자를 **인수인도**(D/A : document against acceptance)**방식**이라 하고, 후자는 **기한부신용장**(Usance L/C)**방식**이라고 한다.

3) 누진 또는 할부지급

누진 또는 할부지급(progressive or installment payment)은 거래단계에 따라 계약 시, 주문 시, 인도 시, 인도 후 일정기간 등으로 구분하여 대금을 지급하는 방식이다. 기계류나 플랜트 등과 같이 중장기연불수출 등에서 계약금액이 너무 크기 때문에 그 대금을 누진 또는 할부방식으로 결제한다.

2 지급방식

지급방식에는 전통적인 송금방식(remittance basis), 추심방식(collection basis), 신용장방식(letter of credit basis) 및 혼합방식이 있다. 이러한 방식 외에도 국제팩토링(international factoring), 포페이팅(forfaiting), 신용카드(credit card), 국제리스

(international lease), 에스크로우(escrow), 전자결제(bolero project or trade card), 페이팔(paypal) 등이 있다.

1) 송금결제방식

송금(remittance, 送金)결제방식은 수입상이 계약물품을 수령하기 전(前), 후(後) 또는 동시에 전신환(T/T : telegraphic transfer), 우편환(M/T : mail transfer) 및 수표(D/D : demand draft) 등으로 수출상에게 대금을 보내는 방식이다. 대부분 T/T 방식을 사용하고 있으며, T/T방식은 수입상의 요청에 따라 송금은행이 일정한 금액을 전신환으로 발행하여 지급은행 앞으로 보내는 방식이다. 특히 오늘날에는 대표적 사후송금방식으로써 선적통지 조건부 사후송금방식인 O/A(open account) 방식이 널리 이용되고 있다.

2) 추심결제방식

추심(collection, 推尋)결제방식은 수출상(customer)의 의뢰를 받은 추심의뢰은행(remitting bank)이 추심은행(collecting bank)을 통해 환어음을 수입상에게 제시하여 대금을 회수하는 거래이다.

① 환어음의 지급인(수입상)이 선적서류를 영수함과 동시에 대금을 결제하는 **일람지급**(D/P, document against payment)방식과, ② 수입상이 환어음의 앞면에 인수(引受, acceptance) 표시해 선적서류를 일단 수령하고, 일정기간 후에 대금을 결제하는 **기한부지급**(D/A, document against acceptance)방식 2가지가 있다.

3) 신용장결제방식

신용장(L/C : letter of credit, 信用狀)결제방식은 개설의뢰인(applicant)의 요청에 따라 개설은행(issuing bank)이 수출상(beneficiary)에게 서류요건 충족 시 대금을 지급할 것을 약속하는 '조건부 지급 확약서'(conditional bank undertaking of payment)인 신용장을 활용하는 결제방식이다.

Ⅲ ▸▸ 보험조건

운송 중인 물품은 예상하지 않는 위험을 만나 손해(loss or damage)가 발생할 가능성이 있기 때문에 이러한 위험을 담보하기 위하여 적하보험(cargo insurance)에 가입해야 한다. 적하보험 중 해상운송은 해상적하보험(marine cargo insurance), 육상운송은 운송보험(transport insurance), 항공운송은 항공적하보험(air transport insurance)이 이용된다.

계약체결시 보험조건(insurance terms)에 포함되어야 할 내용은 ① **보험계약체결자와 보험료부담자**, ② **사고발생 시 보험을 받게 될 피보험자**, ③ **담보위험과 담보기간**, ④ **손해보상범위** 등이 있다.

매매계약체결 시 보험조건을 합의하여 규정해야 하지만, 보험에 관하여 별도의 약정을 하지 않는 경우도 많다. 명시의 약정이 없을 경우 묵시계약의 성격을 갖는 Incoterms에 의하여 결정한다.

1 보험계약자 및 피보험자

매매당사자 중 누가 보험계약을 체결하며, 보험금을 지급받는 피보험자는 누구인지는 일반적으로 정형거래조건에 따라 결정된다. 정형거래조건은 보험계약체결의 의무가 누구에게 있는지 규정하고 있으며, 위험의 이전시기를 규정하여 **피보험이익**(insurable interest)[21)]이 누구에게 귀속되는지를 알 수 있다.

통상 위험을 부담하는 자가 보험계약을 체결하지만 CIF와 CIP조건에서는 위험부담자가 매수인인데 반하여 매도인이 보험계약체결과 보험료지급의무를 지고 있기 때문에 보험계약 체결자와 피보험자 간에 보험 분쟁이 발생할 가능성이 있다. 따라서 Incoterms는 보험분쟁을 막기 위해서 양 당사자 간 별도의 합의가 없다면 CIF의 경우는 최저담보(minimum cover)인 C조건 또는 FPA조건으로 가입하고,

21) 피보험이익은 피보험목적물과 특정인간의 관계를 말하며, 피보험이익이 바로 보험계약의 목적이며 보험보호의 대상이다. 피보험이익의 중심은 소유이익으로 피보험목적물의 소유권자가 갖는 이익이다. 계약체결 시에는 이익이 없어도 상관없으나 손해발생 시에는 피보험이익이 있어야 한다.

CIP의 경우는 최대담보(maximum cover)인 A조건 또는 A/R조건으로 가입하도록 규정하고 있다.

2 담보위험과 담보구간

보험계약은 운송계약과 같이 보험자가 다수의 계약자와 계약을 체결하므로 계약자유의 원칙에 따라 계약조건을 상호 협의하여 정하지 않고 보험자가 제시하는 약관을 보험계약자가 선택하여 체결하는 부합계약(contract of adhesion) 형식을 따르고 있다. 따라서 보험계약자는 담보위험에 관하여 제시된 담보조건 중의 하나를 선택하게 된다.

적하보험업계에서 현재 국제적으로 널리 통용되는 보험약관은 1982년 런던보험자협회(Institute of London Underwriters : ILU)가 제정한 **협회약관(Institute Clauses)**이다.[22] 협회약관은 선박보험에 사용되는 협회기간약관(Institute Time Clauses, Hulls : ITC)과 적하보험에 사용되는 협회적하약관(Institute Cargo Clauses : ICC)으로 구분된다.

협회적하약관은 구약관(1963)과 신약관(1982) 및 신약관(2009)이 있으며, 구약관은 전위험담보(A/R : all risks), 분손담보(WA : with average) 및 분손부담보(FPA : free from particular average)약관으로 구분되고, 신약관은 ICC(A), ICC(B) 및 ICC(C)으로 구분된다.[23]

구약관이 인쇄된 보험증권을 **S.G. Policy**라 하고 신약관이 인쇄된 보험증권을 **MAR Policy**라 하여, 1982년 이후 양 증권을 병행하여 사용하다가 2000년부터 양 증권을 통합하여 사용하고 있다.

---

22) 2009.1.1. 영국 합동적하위원회(JCC) : Joint Cargo Committee는 ILU의 1982년 협회적하약관(ICC)을 일부 개정하여 새로운 협회적하약관(ICC)을 공표하였으나 명칭은 그대로 유지하였다.
JCC는 로이즈시장협회(LMA : Lloyd's Market Association)와 국제언더라이팅협회(IUA : International Underwriting Association of London)의 대표들로 구성된다. LMA는 로이즈언더라이팅협회(LUA : Lloyd's Underwriters Association)의 후신이며, IUA는 런던보험자협회(ILU : Institute of London Underwriters)와 런던국제보험·재보험시장연합(LIRMA : London International Insurance and Reinsurance Market Association)을 합병하여 1998년 12월 31일에 설립되었다.

23) 각각 종래의 전손담보(A/R : All Risks), 분손담보(W/A : With Average), 특정분손부담보약관(FPA : Free from Particular Average)을 대체하는 것이다.

구약관인 A/R은 위험을 중심으로 전위험을 담보하는 포괄담보방식이지만 여기에도 일반면책약관(general exclusion clauses)상의 면책위험과 전쟁, 동맹파업 등 면책위험이 있다. 그렇지만 WA나 FPA는 손해를 중심으로 열거담보방식에 따라 열거된 위험에 의한 분손담보 또는 분손부담보를 명시하고 있다. WA는 통상 손해보상범위에서 면책률이 적용된다.

신약관인 (A), (B), (C)는 구약관의 A/R, WA, FPA에 각각 상응하며, 담보방식도 (A)는 포괄담보방식, (B)와 (C)는 열거담보방식을 취하나 (A), (B), (C) 모두 위험을 중심으로 담보 여부를 명시하고 있다.

담보구간은 적하보험증권인 경우 항해보험증권(voyage policy)이기 때문에 항해단위로 커버된다. 신·구약관 모두 운송약관(transit clause)에 의하여 매도인이 창고에서 매수인의 창고까지 담보되므로 복합운송에도 사용할 수 있다.

제3절 기타 무역계약 조항

I 클레임조항

무역거래 시에는 거래상대방을 잘 아는 것이 가장 중요하다. 왜냐하면 무역거래도 사람이 하는 것이고 거래상대방의 character에 따라 클레임이 발생 및 해결에 대한 태도가 전혀 다를 것이기 때문이다. 특히 대금을 지급하는 시점에 계약 시와 사정변경을 이유로 사소한 트집을 잡는 **'마켓클레임(market claim)'**의 경우에는 상대방의 character가 분명해진다.

클레임(claim)이란 계약당사자 어느 일방이 일종의 법률상 권리를 주장하는 이의신청 또는 이의제기로써 계약이행과 관련하여 발생하는 제반 분쟁에 대하여 금전적인 배상을 청구하거나 약정물품의 대체 또는 그 밖에 다른 구제조치를 구하는 문서상의 청구나 주장을 의미한다.

무역클레임은 거래당사자가 무역계약에 따라 그 계약을 이행하면서 그 계약의 일부 또는 전부의 불이행으로 말미암아 발생되는 손해를 상대방에게 청구할 수 있는 권리를 말한다. 무역클레임의 원인이 되는 사유를 구분해 보면, buyer's claim의 원인으로 수량부족, 품질불량, 선적지연 등이 있고 seller's claim의 원인으로 결제지연, 신용장 개설지연 등이 있다.

계약의 전부 또는 일부를 이행하지 못하여 야기되는 클레임에 대한 예방은 우선 계약을 정확하게 체결하는 것이 중요하다. 계약이 정확하게 체결되었더라도 계약을 이행하는 과정에서 체결 시에는 예측할 수 없었던 불가피한 사정이 발생할 수도 있다. 따라서 장래의 무역분쟁에 대비하기 위해 기본조건 외에 클레임과 권리구제에 관한 조건으로써 중재조항, 사법관할조항, 준거법조항, 권리침해 등도 약정하는 것이다.

계약위반(breach of contract)의 유형에는 이행거절(renunciation), 이행불능(frustration, force majeure, acts of god), 이행해태(failure of performance) 및 불완전이행이 있다.

이행불능을 대비하여 불가항력조항(force majeure clause)으로써, 천재지변(acts of god)인 태풍, 홍수, 화산폭발, 악천우, 지진 및 인위적인 사유인 전쟁, 동맹파업, 폭동, 소요, 나포 및 체포 등을 미리 정해놓고, 이에 대한 유예기간 및 입증서류 등을 정해 둔다. 또한 클레임을 제기하는 기간, 방법 및 증명요구(surveyor report) 등을 정한다. 해결방법에는 클레임 포기(waiver of claim), 화해(amicable settlement, composition, compromise), **알선(intercession, recommendation)**, **조정(conciliation, mediation)**, **중재(arbitration)** 및 **소송(litigation)**이 있다.

II ▸▸ 중재조항

중재는 당사자 쌍방의 중재합의로 법률관계를 법원의 소송절차에 의하지 아니하고 공정한 제3자를 중재인(arbitrator)으로 선정하여 중재판정부(arbitral tribunal)를 구성하고, 그 곳에서 내려진 중재판정(arbitral award)에 양 당사자가 무조건 승복함으로써 클레임을 해결하는 방법이다. 중재판정은 법원의 확정판결과 동일한 효력을 지니며, 외국중재판정의 승인 및 집행에 관한 국제연합협약[24](the United Nations Convention on the Recognition and Enforcement of Foreign Arbitral Awards : 일명 뉴욕협약)에 따라 각 체약국 내에서는 외국중재판정의 승인 및 집행을 보장받게 된다.

중재는 소송에 비하여 **저렴한 비용**(1인 : 30-60만원, 3인 : 180만원), **빠른 판정**(3월 이내 : 단심제), **회사 기밀보호**(비공개원칙), **공정성**(arbitrator : 1,000여명), **강제 집행력**(뉴욕협약)에서 장점을 가지고 있다. 반면에 중재인이 법률 비전문가인 관계로 충분한 법률적 판단이 이루어지지 않을 수 있다는 점을 단점으로 들 수 있다.

24) 우리나라도 1973년 2월 8일 가입, 동년 5월 9일부터 그 효력이 발효됨에 따라 상설중재기관인 대한상사중재원에서 내려진 중재판정도 뉴욕협약 체약국 간에서는 그 승인 및 집행을 보장받게 되었다.

CHAPTER 2

정형거래조건해석규칙

제1절 정형거래조건의 의의

I ▸▸ 정형거래조건의 개념

국제물품매매계약의 내용은 당사자인 매도인과 매수인이 합의한 권리와 의무로 구성되지만 매 계약 시 당사자의 모든 의무를 합의하여 기재하는 것은 매우 번거로운 일이다. 따라서 매매당사자가 계약 내용을 일일이 계약서에 명기하지 않고 단지 알파벳 3자리의 부호를 선택함으로써 계약내용을 확정할 수 있다면 매우 편리할 것이다.

물품인도와 관련하여 인도장소, 인도방법, 인도증빙, 운송·보험계약, 수출입통관, 위험 및 비용부담 등에 관한 관습을 그 성격에 따라 부호화하여(FCA, CIP 등) 사용하고 있는데 이러한 부호를 **정형거래조건(trade terms)**[1]이라 한다.

당사자들이 정형거래조건에 함축된 내용을 다르게 해석한다면 오해와 분쟁이 발생할 것이다. 따라서 국제상업회의소(ICC : International Chamber of Commerce)는 1936년에 Incoterms를 제정하였으며, 국제운송 및 통신의 발달과 무역관습의 변화에 따라서 수차례(1953년, 1967년, 1976년, 1980년, 1990년, 2000년, 2010년, 2020

1) "trade term"은 흔히 "거래조건" 혹은 "무역거래조건"으로 번역되기도 한다.

년) 개정・보완되었다. 현행 Incoterms 2020은 2019년에 개정되어 2020년 1월 1일부터 발효되었다.

Incoterms는 International Commercial Terms에서 발췌하여 합성된 조어이다. Incoterms는 "정형거래조건의 해석에 관한 국제적 통일규칙" 또는 간단히 "정형거래조건해석규칙"이라고 할 수 있다. Incoterms 2010부터는 〈ICC rules for the use of domestic and international trade terms〉(국내・국제거래조건의 사용에 관한 ICC규칙)이라 하고 있다.[2)]

Ⅱ ▸▸ 정형거래조건의 목적

무역거래에 있어 거래당사자들은 상대국의 법과 관습을 잘 모르기 때문에 당사자들 간 오해와 분쟁이 야기될 수 있다. 따라서 각국에서 사용하던 정형거래조건의 내용을 통일시켜 무역거래의 계약당사자들 사이에 발생할 수 있는 무역 분쟁을 예방하고 해석 차이로 인한 불확실성을 최소화시키고 궁극적으로 시간과 금전의 낭비를 방지하는데 Incoterms의 목적을 두고 있다.

정형거래조건은 가격조건이자 인도조건 및 묵시조건이라는 기능을 동시에 가진다. **가격조건**으로써 FOB가격은 매도인이 매수인에게 제시하는 가격에는 물품이 본선에서 인도되기까지 소요되는 모든 비용이 포함되는 것을 의미한다.

인도조건으로써 FOB조건은 매매당사자 간의 권리의무로써 인도장소, 위험이전, 운송 및 보험계약의 체결의무 및 수출입 통관의무 등을 나타낸다.

묵시조건(implied terms)으로써 정형거래조건은 계약의 명시조건(express terms)을 보완하는 기능과 거래관습의 통일된 해석기준을 제시한다.[3)]

---

2) Incoterms 2000에서는 『정형거래조건의 해석에 관한 국제규칙』(International Rules for the Interpretation of Trade Terms) 내지 『정형거래조건의 해석에 관한 ICC 공식규칙』(ICC Official Rules for the Interpretation of Trade Terms)이었다.

3) UN통일매매법 제9조 (1)항 : "당사자들은 당사자 자신들이 동의한 관행과 당사자들 자신들 사이에서 확립된 관습에 구속된다" (2)항 : "… 통상적으로 준수되고 있는 관행은 당사자들이 이를 그들의 계약 또는 계약 성립에 묵시적으로 적용하는 것으로 본다"고 규정한다.

Ⅲ ▸▸ 정형거래조건의 적용범위

Incoterms는 소프트웨어와 같은 무형재를 제외하고 유형재로서 매매되는 물품의 인도와 관련된 계약당사자들의 권리와 의무에 대하여 적용된다. 따라서 Incoterms는 **인도장소, 인도방법**(반입인도・적재인도), **인도의 증빙**(인도서류), **위험 및 비용분담, 운송 및 보험계약의 체결당사자, 운임 및 보험료 부담자, 수출입허가 승인, 수출입통관의무, 관세부담** 등에 관하여 규정하고 있다.

Incoterms는 매매계약에서 당사자 관계만을 규정할 뿐 종속계약인 운송계약, 보험계약, 지급계약 등에 대하여 적용되지 않는다. 또한 소유권 이전 및 계약위반과 구제 등은 다루지 않는다. 이러한 문제들은 준거법(governing law)에 따라 해결되어야 한다.

인코텀즈규칙에서 **다루지 않는 것**은 다음과 같다. 즉, 매매계약의 존부, 매매물품의 성상, 대금지급의 시기/장소/방법/통화, 계약위반에 대한 구제수단, 의무이행 지체 및 위반의 효과, 제재의 효력, 관세부과, 수출/수입금지, 불가항력 또는 이행가혹, 지식재산권, 의무위반의 경우 분쟁해결 방법/장소/준거법 등이다.4)

Incoterms는 정형거래조건에 관한 통일된 해석규칙이므로 통일법이나 조약과 같이 강제력을 갖지 못하고 오직 계약당사자들의 상호협의에 의해 임의적으로 적용된다. 따라서 계약당사자들은 계약체결 시 자신들이 선택한 정형거래조건이 'Incoterms 2020'에 따라서 규율되기를 원한다면 계약서에 준거법조항과 함께 "**Trade Terms** : Unless otherwise stated, the trade terms under this contract shall be governed and interpreted by the Incoterms 2020"의 문구를 포함시키는 것이 좋다.

4) Incoterms 2020, What the Incoterms rules DO NOT DO

제2절 정형거래조건에 관한 국제규칙

19세기부터 영국을 중심으로 사용되던 FOB나 CIF 같은 거래조건을 국제적으로 광범위하게 사용하기 위하여 민간경제기구인 ICC가 중심이 되어 Incoterms라는 정형거래조건에 관한 통일규칙을 제정하게 되었다.

미국은 해상국가인 영국과 달리 인접국과 육상운송에 의한 거래가 증가하자 FOB조건을 다양화하여 독자적인 해석규칙을 사용하고 있는데 이것이 **"개정미국외국무역정의"**(Revised American Foreign Trade Definitions)이다. 또한 국내거래에도 정형거래조건을 사용하기 때문에 통일상법전(UCC : Uniform Commercial Code)에 규정하고 있다.[5)]

정형거래조건 가운데 CIF조건은 법리상 문제가 있다고 판단되어 국제법협회(ILA : International Law Association)가 중심이 되어 1932년 **CIF계약에 관한 Warsaw－Oxford규칙**(Warsaw－Oxford Rules for C.I.F. Contract)을 제정하였다.

I ▸▸ Incoterms

1 Incoterms의 제정 및 개정

1) "Trade Terms Definition" 초판 및 "Trade Terms" 제2판

1920년 ICC가 창립된 후 세계에서 실행되고 있는 무역용어나 약어가 그 해석과 적용이 다양하여 무역업자 사이에 오해와 분쟁 소지가 있었기 때문에 정형거래조건에 관한 해석을 통일하는 것이 가장 시급한 사업으로 인식하고 이를 위하

5) FOB・FAS조건은 제2-319조에, CIF・C&F조건은 제2-320조, 제2-321조에 규정

여 ICC 내에 "정형거래조건위원회"(Trade Terms Committee)를 설치하였다. 본 위원회는 1923년 각국 국내위원회로부터 조사보고서를 받아 ① FOB, ② FOR/FOT, ③ Free Delivered, ④ CIF 등 4가지 정형거래조건에 관한 "Trade Terms Definition"을 출간하였다.

1929년 동 위원회는 상기 4가지 정형거래조건 외에 FAS와 C&F를 추가한 6가지 조건에 대한 "Trade Terms" 제2판을 발간하였다.[6)]

인코텀즈의 제정 및 개정조건

Incoterms 2020	Incoterms 2010	Incoterms 2000	Incoterms 1990	Incoterms 1980	Supplement 1976	Montreal Rules 1967	Incoterms 1953	Incoterms 1936	Trade Terms 2nded. 1929	Trade Terms definition 1923
EXW	EXW	EXW	EXW	EXW			Ex Works	Ex Works		
				FRC				Free-		
FCA	FCA	FCA	FCA	FOR/FOT			FOR/FOT	FOR/FOT	FOR/FOT	FOR/FOT
CPT	CPT			FOA	FOB Air					
CIP	CIP	FAS	FAS	FAS			FAS	FAS	FAS	
		FOB	FOB	FOB			FOB	FOB	FOB	FOB
DAP	DAT	CFR	CFR	CFR			C&F	C&F	C&F	
DPU	DAP	CIF	CIF	CIF			CIF	CIF	CIF	CIF
DDP	DDP	CPT	CPT	DCP			DCP	DCP*		
		CIP	CIP	CIP						
FAS	FAS	DEQ	DEQ	EXQ			Ex Quay	Ex Quay		
FOB	FOB	DES	DES	EXS			Ex Ship	Ex Ship		
CFR	CFR	DAF	DAF	DAF						
CIF	CIF	DDU	DDU	DDP		DAF				
		DDP	DDP			DDP		Free or	Free	Free
								Free-Delivered	-Delivered	-Delivered
11개	11개	13개	13개	14개	(1개추가)	(2개추가)	9개	11개	6개	4개

* 1) Incoterms 1976까지는 무역조건을 풀어서 표기 → 1980부터 약호(3 digit)로 표기
2) DCP(Delivered Costs Paid) → 1990년에 CPT(Carriage Paid to)로 변경
3) 분류방식변경: Incoterms 1990(E/F/C/D그룹) → Incoterms 2010(모든 운송방식 / 해상운송방식)

---

6) • Trade Terms Definition 1923: FOR/FOT, FOB, CIF, Free Delivered
• Trade Terms Definition 2nd edition 1929: FAS, C&.F.

2) Incoterms 1936

국제상업회의소(ICC)는 1936년에 Ex Works, Free-(지정선적항 반입인도), DCP(Delivered Costs Paid), Ex Quay, Ex Ship 등 5개 조건을 추가로 정의하여 11개 조건에 관한 Incoterms 1936을 제정하였다.[7] DCP(Delivered Costs Paid)는 지정목적지점 운송비지급(Freight or Carriage Paid to...named point of destination)을 말하는 것으로 1990년에 CPT로 변경되었다.

3) Incoterms 1953

제2차 세계대전 후 ICC는 서로 혼동하기 쉽고, 각국의 해석이 서로 다르며 무역거래에서 거의 이용되고 있지 않는 Free-(지정선적항 반입인도)와 Free or Free Delivered(지정 목적지점 반입인도) 등 2개 조건을 삭제한 9개 조건의 Incoterms 1953을 공표하게 되었다.[8]

Incoterms의 제정 목적은 여러 국가에서 사용되는 동일용어에 대한 다른 해석을 통일되고 명확한 국제규칙을 원하는 여러 기업인들의 편리한 사용을 위하여 주요한 무역용어의 해석을 위해서 만든 것이다.[9]

---

7) 【Incoterms 1936】
① (신설) 공장인도(Ex Works)
② 지정출하지 철도인도(FOR/FOT ... named departure point)
③ (신설) 지정선적항 반입인도(Free ... named port of shipment)
④ 지정선적항 선측인도(FAS ... named port of shipment)
⑤ 지정선적항 본선인도(FOB ... named port of shipment)
⑥ 지정도착항 운임포함(C&F ... named port of destination)
⑦ 지정도착항 운임 보험료포함(CIF ... named port of destination)
⑧ (신설) 지정목적지점 운송비지급(Freight or Carriage Paid to...named point of destination)
⑨ (신설) 지정항 착선인도(Ex Ship ... named port)
⑩ (신설) 지정항 부두인도(Ex Quay ... named port)
⑪ 지정목적지점 반입인도(Free or Free Delivered ... named point of destination)

8) 【Incoterms 1953】 삭제조건
① (삭제) 지정선적항 반입인도(Free ... named port of shipment)
② (삭제) 지정목적지점 반입인도(Free or Free Delivered ... named point of destination)

9) Incoterms 1953, Introduction "1. The purpose of Incoterms is to provide a set of international rules for the interpretation of the chief terms used in foreign trade contracts for the optional

4) Montreal Rules 1967 및 Supplement 1976

유럽에서 동서진영 간 대립격화로 매수인이 수출국 내에서 물품을 인수하거나 매도인이 수입국 내의 목적지점까지 물품을 송부하는 것이 어렵게 되자 국경에서 물품을 인도하는 '국경인도조건'이 사용되었다. 아울러 컨테이너나 팔레트에 의한 '단위화물수송'(unit load transportation)이 등장하여 매도인이 수입국 내의 지정목적지까지 물품을 통관하여 인도하는 형태의 '관세납부인도조건'이 생겨나게 되었다. 하지만 이들 조건은 모든 국가에서 사용되는 것이 아니기 때문에 Incoterms를 전면적으로 개정하지 아니하고 1967년 제2차 몬트리올 총회에서 DAF와 DDP 등 2조건을 추가한 "Montreal Rules 1967"을 발표하였다.[10)]

1970년대에 들어와서 항공화물수송이 본격화되자 FOB조건을 항공운송에 원용하여 공항인도조건이 사용되었다. 이에 ICC는 FOB Air(공항인도조건)를 제정하여 "Supplement 1976"으로 공표하였다.[11)]

결국 Incoterms는 'Montreal Rules 1967'과 'Supplement 1976'을 거쳐 12종의 정형거래조건을 수용하게 되었다.

5) Incoterms 1980

1970년대부터 본격화되기 시작한 컨테이너를 이용하여 Door to Door 수송을 위해 육해공을 일관 복합운송이 등장하게 되었다. 복합운송을 수용하기 위하여 기존의 내륙운송 조건인 운송비지급조건(DCP)을 수정하고, FRC, CIP 등 2개 조건을 제정하여 Incoterms 1980을 공표하였다.[12)]

---

use of businessmen who prefer the certainty of uniform international rules to the uncertainties of the varied interpretations of the same terms in different countries."

10) 【Motreal Rules 1967】 추가조건
① 지정인도지 국경인도(DAF; Delivered at Frontier … named place of delivery)
② 지정목적지 관세납부인도(DDP; Delivered Duty Paid … named place of destination)

11) 【Supplement 1976】 추가조건
① 지정출발공항인도(FOB Airport … named airport of departure)

12) 【Incoterms 1980】 수정 및 신설조건
① (수정) 지정 목적지점 운송비지급인도(DCP : Freight or Carriage Paid to … named point of destination)

ICC는 이때부터 컴퓨터 등에 의한 전신망 사용을 감안하여 14가지 조건을 EXW, FOR/FOT, FRC, FOA, FAS, FOB, C&F, CIF, DCP, CIP, EXS, EXQ, DAF, DDP 등과 같이 3자리 전신부호로 표시하였다

6) Incoterms 1990

RO-RO방법과 같은 운송기법의 발달과 무역거래에 EDI(전자자료교환 방식, electronic data interchange)이 도입됨에 따라 이러한 관습을 수용하기 위하여 개정되었다. Incoterms 1990의 개정내용은 다음과 같다.

① FRC조건을 FCA조건으로 개칭함과 동시에 FOA, FOR/FOT를 흡수하였다.
② DCP는 CPT로, EXS는 DES로, EXQ는 DEQ로 바꾸었다.
③ 특성별로 E군(EXW), F군(FCA, FAS, FOB), C군(CFR, CIF, CPT, CIP), D군(DAF, DES, DEQ, DDU, DDP)로 분류하였다.
④ 거래조건별 매도인·매수인 의무를 10개씩 대칭·구분하였다.
⑤ 기존의 DDP조건을 DDU와 DDP로 세분화하였다.
⑥ EDI 사용 증가를 수용하기 위해 선하증권, 상업송장 및 다른 인도 증빙서류를 EDI통신문으로 대체될 수 있게 하였다.

7) Incoterms 2000

관세자유지역의 확대, 무역거래에서 전자통신문의 사용증가 및 운송관습의 변화 등을 반영하여 개정하였는데 개정의 특징은 다음과 같다.[13)]

① 용어를 UN통일매매법과 일치시키고, 같은 의미의 표현은 한 가지만 사용하도록 하였다.
② 매도인의 인도의무에 초점을 맞춰 상세하게 명시하였다. 다만 FOB나 FAS조건은 인도방법을 각 항구의 관습에 따르도록 하였다.

---

② (신설) 지정 지점 운송인인도(FRC : Free Carrier … named point)
③ (신설) 지정 목적지점 운송비·보험료지급인도(CIP : Freight or Carriage and Insurance Paid to … named point of destination)

13) ICC, Incoterms 2000, Pub. No. 560, 1999. 9, p. 4.

③ 물품의 위험과 비용부담의 의무는 원칙적으로 물품이 계약에 정히 충당되었다면 매도인이 물품인도 시 이전되지만 매수인이 인수거절이나 지시불이행의 경우에는 물품인도 전에도 이전할 수 있다.

④ 각 당사자가 상대방에 대하여 의무가 없을 때는 "의무없음"(no obligation)이라 표현하였다.

⑤ "EXW loaded", "FOB stowed", "FOB stowed and trimmed"와 같은 변형을 사용할 경우 매도인은 위험과 비용에 추가의무를 부담하는지 여부를 분명히 하여야 한다.

⑥ 일부 조건에서 인도장소가 구역(range)이나 넓은 장소로 명시되는 경우 매수인이 정확한 지점의 지정 권리를 갖도록 규정하고, 매수인이 이를 이행하지 아니한 경우에는 이로 인한 위험과 추가비용을 부담하여야 하며, 매도인에게 지점을 선택할 권리를 부여하였다.

⑦ **통관의무**는 관세와 기타 부과금의 지급, 세관을 거치는 모든 행정적 의무의 이행 및 정보 제공을 포함한다. 수출통관은 EXW를 제외하고 매도인, 수입통관은 DDP를 제외하고 매수인이 이행토록 하였다.

⑧ **선적전검사**(PSI : pre shipment inspection)가 매수인의 이익을 위하여 이행되는 경우에는 비용을 매수인이 부담하고, 수출국 당국에 의하여 요구된 경우에는 EXW를 제외하고 매도인이 부담하도록 하였다.

⑨ 각 조건의 전문(preamble)에 복합운송을 포함한 모든 운송방식에 사용 가능한지 또는 해상운송에만 사용 가능한지 여부를 밝히고 있다.

⑩ 당사자가 전자식으로 통신하기로 합의한 경우 전자문서가 위의 전통적 선하증권을 대신할 수 있다고 규정하였다.

⑪ 매도인의 물품인도 증빙서류로 선하증권 이외에 해상화물운송장(sea waybill), 정기선화물운송장(liner waybills), 화물수령증(freight receipt) 등 비유통서류도 사용할 수 있도록 하였다.

⑫ 계약당사자들은 필요한 경우 ICC 중재에 관한 별도의 합의규정으로 **표준중재조항**을[14] 두도록 권하고 있다.

14) (표준중재조항) "All disputes arising out of or in connection with the present contract shall be finally settled under the Rules of Arbitration of International Chamber of Commerce by one of

Incoterms 2000에 규정된 정형거래조건은 13가지이며 그 성격에 따라 E, F, C, D의 **4개 그룹**으로 구성된다.

Incoterms 2000의 구조

Group E Departure	EXW	Ex Works(공장인도)
Group F Main carriage Unpaid	FCA FAS FOB	Free Carrier(운송인인도) Free Alongside Ship(선측인도) Free on Board(본선인도)
Group C Main Carriage Paid	CFR CIF CPT CIP	Cost and Freight(운임포함인도) Cost, Insurance and Freight(운임 보험료포함인도) Carriage Paid to(운송비지급인도) Carriage and Insurance Paid to(운송비 보험료지급인도)
Group D Arrival	DAF DES DEQ DDU DDP	Delivered at Frontier(국경인도) Delivered Ex Ship(착선인도) Delivered Ex Quay(부두인도) Delivered Duty Unpaid(관세미지급인도) Delivered Duty Paid(관세지급인도)

① "E"군은 출하지(departure)인도조건으로 매도인이 자신의 영업장구내에서 매수인에게 물품을 인도하는 조건이다.

② "F"군은 주 운송비 미지급(main carriage unpaid)조건으로 매도인은 적출지에서 매수인이 지정한 운송인에게 물품을 인도하지만 목적지까지의 주운송비는 지급하지 않는 조건이다. 특히, FAS조건의 수출통관의무와 FCA의 인도방법이 바뀌었다.

③ "C"군은 주 운송비 지급(main carriage paid)조건으로 매도인은 목적지까지 운송 및/또는 보험계약을 체결하고 주운송비를 지급하지만 적출후의 위험과 추가비용은 부담하지 않는다.

④ "D"군은 도착지(arrival)인도조건으로 매도인은 목적지까지 물품을 운송하는데 따른 모든 위험과 비용을 부담하는 조건이다. 특히, DEQ의 수입통관의무에

more arbitrators appointed in accordance with the said Rules."

큰 변화가 있었다.

8) Incoterms 2010

Incoterms 2010의 개정 배경은 EU 등 관세자유지역의 지속적인 확대, 전자통신의 사용증대, 물류보안의 강화, 운송관행의 변화 등이며 주요 특징은 다음과 같다.

① **분류기준을 2그룹**으로 하였다.

Incoterms 2010의 구조

Rules for Any Mode or Modes of Transport (단일 또는 복수의 운송방식에 사용가능한 규칙)	Rules for Sea and Inland Waterway Transport (해상운송과 내수로운송에 사용가능한 규칙)
EXW (Ex Works, 공장인도) FCA (Free Carrier, 운송인인도 CPT (Carriage Paid To, 운송비지급인도) CIP (Carriage and Insurance Paid to, 운송비·보험료지급인도) DAT (Delivered At Terminal, 도착터미널인도) DAP (Delivered At Place, 도착장소인도) DDP (Delivered Duty Paid, 관세지급인도)	FAS (Free Alongside Ship, 선측인도) FOB (Free On Board, 본선인도) CFR (Cost and FReight, 운임포함인도) CIF (Cost Insurance and Freight, 운임·보험료 포함인도)

Rules for Any Mode or Modes of Transport(어떠한 단일 또는 복수의 운송방식에 사용가능한 규칙)와 Rules for Sea and Inland Waterway Transport(해상운송과 내수로운송에 사용가능한 규칙)로 구분하고, 복합운송규칙을 전면에 배치하여 FCA·CPT·CIP 등의 사용을 유도하고 있다. 특히 컨테이너화물은 복합운송규칙을 사용하는 것이 바람직하지만 FOB·CFR·CIF 등의 선박운송 전용규칙의 습관적 사용을 수정하려 의도하고 있다.[15)]

15) 컨테이너를 FCA가 아닌 FOB를 사용하는 문제점은 ⓐ 위험부담과 관련하여, 매도인으로서는 물품이 본선에 적재되기 전에 이미 운송인(매수인이 지정)에게 인도되어 자신은 물품에 대한 통제를 상실하였음에도 물품이 본선에 적재될 때까지 위험을 부담하여야 하는 문제가 있다. ⓑ 적하보험과 관련하여, 원칙적으로 자신이 스스로 부보하여야 하는 매수인으로서는 위험이전시점부터 비로소 피보험이익(insurable interest)을 취득하므로 물품이 본선에 적재되기 전에 보험사고가 발생한 경우에 보험의 보호를 받지 못

제1그룹은 해상운송이나 항공운송, 육상운송 등의 모든 운송방식에 사용가능하다. 특히 복합운송에도 사용가능하고, 또한 여러 운송방식이 순차적으로 함께 사용되나 복합운송이 아닌 경우에도 사용가능하다. 편의상 운송방식 불문규칙이라 할 수 있을 것이다.

제2그룹은 물품이 해상이나 내수로에서 운송되는 경우에만 사용이 가능하다. 편의상 선박운송전용규칙이라 할 수 있을 것이다.

② Incoterms 규칙 총수를 축소(13개→11개)하였다. **DAT와 DAP가 신설되고, DAF, DES, DEQ, DDU가 폐지**되었다. DAF・DES・DDU를 DAP로 통합하고, DEQ를 DAT[16]로 발전시켰다.

③ **국내거래에 사용**을 공식화하였다. Incoterms의 공식부제를 『ICC rules for the use of domestic and international trade terms』(국내・국제거래조건의 사용에 관한 ICC 규칙)로 하여, Incoterms가 종래와 같이 국제거래조건이지만 국내거래조건이기도 하다는 점을 강조하였다. EU 등 자유무역지대 및 관세자유지역(customs-free zone)이 확대되어 국경의 중요성이 점차 퇴색하여 국내거래와 국제거래의 차이가 감소하고, 미국에서도 국내거래에서 종래 UCC(Uniform Commercial Code, 통일상법전)상의 정형거래조건 대신에 Incoterms를 사용하는 경향이 증가하고 있는 추세에 따른 것이다.[17]

④ **본선 난간(ship's rail)을 폐기했**다. FOB・CFR・CIF 조건에서 위험이전의 분기점이었던 본선의 난간(ship's rail) 문구를 완전히 삭제하고, 본선에 적재(on board the vessel)된 때에 인도되는 때에 위험이 원칙적으로 이전하는 것으로 하였다. "ship's rail"이라는 기준은 위험이 가상의 수직선 위에서 좌우(the risk swinging to and fro across an imaginary perpendicular line)되는 문제를 개선한 것이다.

⑤ 모든 정형거래조건에서 원칙적으로 위험이전이 **인도시점**으로 통일되었다.[18]

하게 된다.

16) 해상 및 수상운송방식에만 사용될 수 있었던 DEQ(Delivered Ex Quay, 부두인도)를 복합운송을 포함한 모든 운송방식에 사용가능한 조건으로 발전시켰다.

17) Incoterms 2010에서는 수출/수입통관에 관한 규정(A2/B2, A5/B5 등)에서 '해당되는 경우에'(where applicable) 한하여 당해 의무가 있음을 명시하고 있다.

18) 각 A5에서는 "The seller bears all risks of loss of or damage to the goods until they have been delivered in accordance with A4 ..."(매도인은 물품이 A4에 따라 인도되는 때까지 물품의 멸실 또는

또한 CPT · CIP · CFR · CIF(C-terms)를 제외한 모든 조건에서 원칙적 비용부담의 분기점이 인도시점으로 통일되었다.[19)]

⑥ 각 규칙 앞에 **사용지침**(Guidance Note)을 두면서 그 지위를 명시적으로 부여하고 있다. Incoterms 2000에도 전문(前文)이 있었으나 title(題名)이 붙지는 않았었다. 사용지침은 규칙의 일부를 구성하지는 않으며, 단지 사용자로 하여금 당해 거래에 적합한 규칙을 정확하게 사용할 수 있게 안내하는 목적을 가진다.

⑦ 전자적 수단에 의한 통신에 대하여 종이에 의한 통신과 동일한 효력을 부여하여 **전자서류**도 허용된다는 것을 명확하게 하였다.[20)]

⑧ 협회적하약관(Institute Cargo Clauses)의 개정을 반영하여, 제정주체를 로이즈시장협회(LMA)와 국제보험업협회(IUA)로 개정하였다.[21)] 당사자가 보험계약체결의무를 지지 않는 경우에 상대방에게 보험계약의 체결을 위한 정보를 제공할 의무를 규정하였다. 일반적 정보제공의무(A10/B10) 중에서 보험에 관한 부분을 이동시켰다.

⑨ **보안** 관련 통관 및 정보의 강화이다. 매도인과 매수인 사이에 보관사슬정보(chain-of-custody information) 입수와 같이 보안관련 통관을 수행하거나 그에 필요한 협조를 제공할 의무를 명시와 함께 그러한 협조제공에 따른 비용을 상대방에게 상환할 것을 명시하고 있다.

⑩ 거래조건별 당사자 의무를 10개로 구분하여 조정하였다.

손상의 모든 위험을 부담한다)로 규정되고, B5에서는 "The buyer bears all risks of loss of or damage to the goods from the time they have been delivered as envisaged in A4."(매수인은 물품이 A4에서 상정하는 바에 따라 인도되는 때까지 물품의 멸실 또는 손상의 모든 위험을 부담한다)로 규정하였다.

19) C조건의 A6. "The seller must pay (a) all costs relating to the goods until they have been delivered in accordance with A4."(매도인은 (a) 물품이 A4에 따라 인도되는 때까지 물품에 관련된 모든 비용을 부담하여야 한다)

C조건이 B6. "The buyer must pay (a) all costs relating to the goods from the time they have been delivered as envisaged in A4,"로 규정한다(매수인은 물품이 A4에서 상정하는 바에 따라 인도되는 때까지 물품에 관련된 모든 비용을 부담하여야 한다)

20) 각 규칙 A1/B1. "Any document referred to in [A1-A10] [B1-B10] may be an equivalent electronic record or procedure if agreed between the parties or customary."(당사자 간에 합의되었거나 관습이 있는 경우에, [A1-A10] [B1-B10]에 규정된 서류는 그에 상당하는 전자적 기록이나 절차로 할 수 있다.)

21) CIP와 CIF의 A3(b). "the minimum cover as provided by Clauses (C) of the Institute Cargo Clauses (LMA/IUA)", "Clauses (A) or (B) of the Institute Cargo Clauses (LMA/IUA)", "Institute War Clauses and/or Institute Strikes Clauses (LMA/IUA)"

거래조건별 당사자 의무조항

A. 매도인의 의무 (General obligations of the seller)	B. 매수인의 의무 (General obligations of the buyer)
A1 General obligations of the seller (매도인의 일반의무)	B1 General obligations of the buyer (매수인의 일반의무)
A2 Licences, authorizations, security clearances and other formalities (허가, 인가, 보안통관 기타 절차)	B2 Licences, authorizations, security clearances and formalities (허가, 인가, 보안통관 기타 절차)
A3 Contracts of carriage and insurance (운송계약과 보험계약)	B3 Contracts of carriage and insurance (운송계약과 보험계약)
A4 Delivery (인도)	B4 Taking delivery (인도의 수령)
A5 Transfer of risks (위험이전)	B5 Transfer of risks (위험이전)
A6 Allocation of costs (비용분담)	B6 Allocation of costs (비용분담)
A7 Notices to the buyer (매수인에 대한 통지)	B7 Notices to the seller (매도인에 대한 통지)
A8 Delivery document (인도서류)	B8 Proof of delivery (인도의 증빙)
A9 Checking-packaging-marking (점검-포장-하인)	B9 Inspection of goods (물품검사)
A10 Assistance with information and related cost (정보에 관한 협조 및 관련비용)	B10 Assistance with information and related costs (정보에 관한 협조 및 관련비용)

⑪ **THC**의 부담이다. 목적지까지 매도인이 운송계약을 체결하는 C와 D조건의 경우 운임은 매도인이 부담하지만 운송비용은 이미 매매가격에 산입하기 때문에 실제로는 매수인이 부담한다. 실무에서 물품취급·운반비용을 물품수령 시 매수인에게 청구하는 경우 매수인은 이중지급의 문제가 있다. 따라서 Incoterms 2010에서는 관련 A6/B6에서 그러한 비용을 명확히 할당함으로써 이중지급이 발생하지 않도록 하였다.

⑫ **연속매매(string sale)**를 고려하였다. 공산품과 다르게 1차산품은 운송 중에 연속적으로 전매된다. 연속매매의 중간 매도인은 최초 매도인에 의하여 이미 선적되어 있기 때문에 물품을 선적하지 않는다. 따라서 중간매도인은 물품을 선적하는 대신에 그렇게 선적된 물품을 '조달(procure)'함으로써 매수인에 대한 인도의무를 이행하는 것으로 하였다.[22]

22) FAS·FOB, CFR, CIF의 A4(Delivery, 인도). "The seller must deliver the goods either by placing them on board the vessel ... at the named port of shipment or by procuring the goods so delivered."(매도인은 물품을 ... 본선에 적재함으로써 또는 그렇게 인도된 물품을 조달함으로써 인도하

2 Incoterms 2020[23)]

1) 개정의 특징

Incoterms 2020의 개정은 올바른 인코텀즈 규칙의 사용을 목적으로 한다. 따라서 Incoterms는 소유권(property, title, ownership), 매매계약의 존재, 물품의 성상, 지적재산권, 수출입의 금지, 관세부과, 대금지급(시기·장소·방법·통화) 등에 대해서는 역할을 하지 않는다.[24)] 반대로 매도인과 매수인 중에서 누가 운송, 보험, 서류, 허가 등의 의무를 수행하는지, 매도인이 언제 어디서 물품을 인도하는지, 매도인과 매수인 중에서 누가 운송, 포장, 적재/양하, 점검, 보안 등의 비용을 부담하는지에 대해서는 역할을 한다.[25)]

매매계약과 종속계약(ancillary contract) 사이의 관계를 명확히 하고, 각 인코텀즈 규칙의 사용지침(guidance note)을 설명문(explanatory note)으로 업그레이드하였다. 아울러 개별규칙 10개의 조항순서를 변경하여 인도와 위험을 강조하였을 뿐만 아니라 비용에 관한 일람표(one-stop list)를 일괄적으로 열거하여 활용상 편의성을 도모하고 있다.[26)]

Incoterms 2020은 외형적으로 변경된 부분이 많지 않지만, 인코텀즈의 제정 및 개정 목적을 고려할 때 Incoterms의 활용 제고차원에서는 잘된 개정이라고 볼 수 있다. 이하에서 주요한 개정을 중심으로 정리하여 설명한다.

① 「DAT → DPU」 명칭변경 및 배열순서 조정

최근 Incoterms의 개정은 "D"조건 개정의 역사라 할 만큼 D조건의 변경이 많았다. 이번 Incoterms 2020에서도 유일하게 DAT를 DPU로 변경하고, 배열순서도 DAP 다음에 놓았다. 그렇게 함으로써 물류의 흐름에 맞추어 수입지 지정장소에 도착하여 인도하거나(DAP), 지정장소에서 물품을 내려서 인도하거나(DPU), 수

여야 한다.)

23) 박광서 · 김고현, Incoterms 2020의 주요 개정내용 및 실무상 유의점, 무역상무연구 제84권, 2019.12.

24) ICC, Introduction to Incoterms 2020, Introduction Ⅱ. What the incoterms rules "DO NOT DO"

25) ICC, Introduction to Incoterms 2020, Introduction Ⅰ. What the incoterms rules "DO"

26) ICC, Introduction to Incoterms 2020, 제58조

입통관까지 마친 후에 인도(DDP)하게 된다.

"D"조건의 개정 역사를 살펴보면, Incoterms 2000에서는 DEQ의 수입통관을 매도인에서 매수인으로 변경하였다. Incoterms 2010에서는 DEQ, DES, DAF, DDU 4개 조건을 삭제하고, DAT와 DAP 2개 조건을 신설하였으며, 운송방식에 따라 모든 운송에 사용 가능한 EXW, FCA, CPT, CIP, DAT, DAP, DDP 순으로 배열하였다.

DAT(Delivered at Terminal, 도착터미널인도)조건과 DAP(Delivered at Place, 도착장소인도)조건은 Incoterms 2010에서 신설된 조건으로 DAT는 DEQ조건을 변경한 것이며, DAP는 DES, DAF, DDU조건 3개를 삭제하여 통합한 조건인데, 양조건의 명확한 구분이 쉽지 않았다. 즉, DAP는 운송수단에서 '실린 채로', DAT는 운송수단으로부터 '내려서'라는 차이 외에는 양 조건의 차이가 별로 없었다. 더욱이 DAT에서 터미널은 부두 또는 내륙을 가리지 않으며, 지붕의 유무도 상관하지 않는다.

인코텀즈 "D"조건의 제·개정 역사

제정 (1936)	1~3차개정 (53·67·76)	4차개정 (1980)	5차개정 (1990)	6차개정 (2000)	7차개정 (2010)	8차개정 (2020)
Ex Quay	Ex Quay	EXQ	DEQ	DEQ	DAT	–
Ex Ship	Ex Ship	EXS	DES	DES	DAP	DAP
Free	–	–	DDU	DDU	–	DPU
Delivered	DAF	DAF	DAF	DAF	–	–
–	DDP	DDP	DDP	DDP	DDP	DDP
3개	4개	4개	5개	5개	3개	3개

DPU(Delivered at Place Unloaded, 도착지양하인도)는 물품을 도착지에서 운송수단으로부터 양하된 상태로 매수인의 처분 하에 놓인 때에 인도되는 조건으로 '양하'를 강조한 'Unloaded'를 추가하고 약어도 DPU로 표기하였다. 만약 매도인이 내리는데 위험과 비용의 부담을 원하지 않는다면 DAP를 사용해야 한다.

② 각 규칙의 조항순서 조정

Incoterms는 수출지로부터 수입지까지 특정지점에서 Seller와 Buyer의 의무, 위험, 비용을 규정함으로써 물품매매계약상 기업간 거래관행(business to business practice)을 반영하여 설명하고 있다.[27] 매도인과 매수인의 의무는 각각 A1~A10와 B1~B10으로 10가지씩인데, Incoterms 2020에서는 규칙의 목적에 맞게 조항을 재배열하였다.

인코텀즈 조항별 순서

조항	Incoterms 2010	Incoterms 2020
A1/B1	일반의무	일반의무
A2/B2	허가, 인가, 보안통관, 기타절차	인도/인도의 수령
A3/B3	운송계약과 보험계약	위험이전
A4/B4	인도/인도의 수령	운송
A5/B5	위험이전	보험
A6/B6	비용분담	인도/운송서류
A7/B7	매수인/매도인에 대한 통지	수출/수입통관
A8/B8	인도서류/인도의 증빙	점검/포장/하인표시
A9/B9	점검, 포장, 하인표시/물품검사	비용분담
A10/B10	정보에 관한 협조 및 관련비용	통지

특히, 인도와 위험이전조항을 각각 A2/B2와 A3/B3로 배치하여 강조하고 있으며, 비용에 관해서는 A9/B9에서 비용에 관한 일람표(one-stop list)를 일괄적으로 열거하여 편의성을 도모하고 있다.

매매계약당사자의 의무를 조항별 10가지로 통일하여 기술한 것은 Incoterms 1990부터이며, Incoterms 2000과 2010까지는 비슷한 순서와 내용으로 규정되어 있었다.[28] 참고로 Incoterms 1953를 보면 개별조건별로 Guidance Note(사용지

27) ICC, Introduction to Incoterms 2020, 제4~5조

28) Incoterms 1990

A. 매도인의 의무: ① 계약에 합치하는 물품의 제공, ② 허가·승인 및 통관절차, ③ 운송 및 보험계약, ④ 인도, ⑤ 위험의 이전, ⑥ 비용의 분담, ⑦ 매수인에게 통지, ⑧ 인도의 증거·운송증권 또는 상응하는 전자통신문, ⑨ 검사·포장·화인, ⑩ 기타의 의무

B. 매수인의 의무: ① 대금의 지급, ② 허가·승인 밑 통관절차, ③ 운송계약, ④ 물품의 인수, ⑤ 위험의 이전, ⑥ 비용의 분담, ⑦ 매도인에의 통지, ⑧ 인도의 증거·운송증권 또는 상응하는 전자통신문, ⑨

침)[29] 또는 Explanatory Note for User(사용자를 위한 설명)[30]도 없이 A. Seller must(매도인의 의무)와 B. Buyer must(매수인의 의무)를 제목도 없이 5~12개를 규정하고 있다.

③ CIP의 부보조건을 ICC(A) or (A/R)로 변경

Incoterms에서 위험을 부담하지 않는 매도인이 매수인을 위하여 보험을 대신 가입하는 조건인 CIF와 CIP조건은 보험계약자는 매도인이지만, 피보험자는 매수인이다. 종전에는 최소부보(C or FPA)조건으로 가입하면 됐지만, Incoterms 2020에서는 CIP는 최대부보조건인 ICC(A or A/R)조건으로 부보수준을 강화하여 종전 Incoterms 2010과 다르게 CIF와 CIP 사이의 부보수준을 차별화하였다. 개정 논의 과정에서 협회적하약관의 C-약관에서 A-약관으로 변경하여 매수인에게 이익이 되도록 하려는 의견과 1차산품 해상무역에서 C-약관의 원칙을 유지하려는 의견이 대립하여 최소부보조건을 다르게 규정하는 것으로 결정되었다. CIF조건이 적용받는 C-약관은 항목별 면책위험의 제한을 받는 담보위험을 열거하고, CIP조건이 적용받는 A-약관은 항목별 면책위험의 제한 하에 모든 위험(all-risks)을 담보한다.

④ FCA규칙에서 본선적재 표기 선하증권

FCA조건은 대표적인 복합운송조건으로서 매도인은 매수인이 지정한 운송인에게 물품을 인도하면 의무를 면하게 되어 있다. 그러나 Incoterms 2020에서는 FCA조건에서 본선적재표기(on-board notation) 선하증권(B/L)을 추가옵션으로 할 수 있도록 하였다. 즉, FCA규칙에서 해상운송을 사용하는 경우에 본선적재(on-board) 표시된 선하증권이 필요하다면[31] 매수인은 운송인에게 본선적재 선하증권을 발행할 것을 지시할 수 있도록 하는 선택적 방식(optional mechanism)을 규정하였다.[32] 물론 이러한 경우에 운송인의 물품 수취일자와 본선적재일자는 차

물품의 검사, ⑩ 기타의 의무

29) Incoterms 2010 방식

30) Incoterms 2020 방식

31) 예를 들면, FCA Las Vegas 조건에서 물품이 Las Vegas에서 수취(received)되고, Los Angeles에서 선적(on board)되었음이 기재된 선하증권을 원할 경우

이가 있을 수 있으며, 매도인은 운송계약 조건에 관하여 매수인에 대하여 어떠한 의무도 없으며, Incoterms에서 FOB대신 FCA의 권장은 여전히 유효하다.

⑤ FCA와 "D"조건에서 매수인과 매도인의 자가운송 허용

FCA, DAP, DPU, DDP조건에서 매도인 또는 매수인이 운송계약을 체결하거나(to contract for carriage) 또는 자신의 운송수단에 의한 운송(to arrange for carriage)을 허용하여 제3자 운송인의 개입이 없는 경우를 염두에 두었다. 예를 들어 "D"조건에서는 매도인이 수입지에서, "FCA"조건에서는 매수인이 수출지에서 제3자에게 운송을 의뢰하지 않고 자신의 차량을 사용하는 것을 허용한다. 주의할 점은 "CPT"조건과 "CIP"조건은 매도인이 수출지에서 운송계약을 체결하므로 "FCA"조건과 같은 자가운송 허용이 불필요하다는 점이다.

2) 실무상 유의점

① 변형(Variants)의 사용시 유의

Incoterms가 개정되어 관습으로 정착되기 위해서는 매도인과 매수인은 물론 은행, 운송사, 보험사, 관세사 등 많은 관련자들이 개정된 Incoterms 규칙을 준수하고, 변형없이 사용하려는 노력이 필요하다. 무역실무 현장에서는 거래조건의 의미를 정확하게 하기 위하여 단어를 추가하거나 조건을 변경하여 사용한다. Incoterms 2020도 그러한 변형을 금지하지는 않지만 위험이 따르기 때문에 변형으로 의도하는 효과를 계약서에 분명하게 표시할 것을 권장하고 있다.[33)]

결론적으로 '질서는 편하다.'는 말이 있듯이 가급적 정해진 인코텀즈 규칙대로 사용되는 것이 바람직하다. 그래서 trade terms를 무역조건이라기보다는 '정형'거래조건이라고 부르고, Incoterms를 '정형거래조건에 관한 국제해석규칙'이라고 부른다고 생각한다. Incoterms의 변형을 정리하면 다음과 같다.

32) ICC, Introduction to Incoterms 2020, FCA Explanatory notes for users 제6조
33) ICC, Incoterms 2020 Introduction 제78조(caution with variants of incoterms rules)

인코텀즈 변형(Variants) 요약

2020	Trade terms & Variants
EXW	• Ex Works, Loco, On spot, Ex…point of origin, FOB Factory, Ex Mine, Ex Plantation, Ex Warehouse, Ex Store • EX(point of origin) → EXW • EXW loaded, EXW clear for export
FCA CPT CIP	• FOR, FOT, FOA, FOB Air → FRC • DCP → CPT • FCA(terrestrial delivery), FCA(maritime) • FCA undischarged or loaded, FCA seller's premises, FCA loaded from terminal onto departing vehicle • CIP loaded
DAT DPU DDP	• Free Delivered, DAF, DDU, Franco • DDU cleared for import • Ex Quay → EXQ → DEQ → DAT → DPU • Ex Ship → EXS → DES → DAP • Ex Dock → DEQ, DEQ Delivered • DTP(Delivered at Terminal Paid), DPP(Delivered at Place Paid), DDP VAT unpaid • LDP(Landed Duty Paid)
FAS	• F.A.S.
FOB	• F.O.B., F.O.B.(place of shipment), F.O.B.(place of destination), F.O.B.(vessel, car or vehicle), FOB(secured) • FOBS(Stowed), FOBT(Trimmed), FOBST(Stowed and Trimmed), • F.O.B. inland carrier at inland point of departure • F.O.B. inland carrier at inland point of departure, freight prepaid to named point of exportation • F.O.B. inland carrier at inland point of departure, freight allowed to named point • F.O.B. inland carrier at named inland point of exportation • F.O.B. vessel named port of shipment • F.O.B. inland point in the country of importation
CFR	• C.&F. C&F, CNF • CNI(Cost and Insurance), C&I • C.I.F. or C.&F.: 'net landed weights', 'delivered weights', 'out turn' quantity or quality, any warranty of quality or condition of the goods on arrival places
CIF	• C.I.F., CIF&C, CIF&I, CIF&E, CIF C&I , CIF Berth Term • CIF maximum insurance cover • CIF out-turn, CIF no arrival-no sale, CIF landed weight, CIF undischarged, CIF free out, CIF cleared, CIF Duty Paid

② Incoterms의 올바른 표기법

Incoterms는 자동적으로 매매계약에 적용되지 않으며, 매매계약의 준거법으로도 정하지 않는다. 따라서 인코텀즈규칙은 매매계약서에 편입될 때 그 매매계약의 일부가 될 뿐이다.[34] 따라서 실무적으로는 정식계약서 또는 약식계약서에서 인코텀즈의 사용을 정할 때 가급적 정확하게 정하는 것이 요구된다.

정식계약서인 개별(case by case) 또는 포괄(master)계약서에 문구[35]로 삽입되거나, 약식계약서인 청약서(offer sheet) 또는 주문서(order sheet)에 문구[36]로 삽입될 수 있다.[37] 특히 중요한 것은 Incoterms 버전(2020)을 명기하는 것이 중요하며, FOB 등의 해상운송조건의 경우에는 항구명을, 기타 조건의 경우에는 구체적인 지점의 지리적 위치를 명기하는 것이 중요하다.

③ Incoterms가 가격조건만을 의미하지 않는다는 인식

일반적으로 실무업계에서는 인코텀즈를 가격조건으로 사용하여 청약서에서 "Price: USD125.50/set FCA Seoul"과 같이 표기되곤 하지만, Incoterms는 전적으로 가격지표(exclusively as price indicator)는 아니다.[38]

인코텀즈가 매도인과 매수인 사이의 상대방에 대하여 부담하는 일반적인 의무들의 목록이라고 이해하는 것이 정확하다. 인코텀즈의 중요한 역할 중의 하나가 위험과 비용의 분기점을 표시하는 것이고, 매도인과 매수인이 상대방에 대한 의무를 정리한 것이다. 따라서 정형거래조건 뒤에 표기되는 공항만이나 장소·지점은 전적으로(exclusively) 가격지표가 아니며 주요한(primarily) 가격지표도 아님을 알고 사용하여야 한다.

34) ICC, Introduction to Incoterms 2020, 제8조

35) Trade Terms: Unless specially stated, the trade terms under this contract shall be governed and interpreted by the provisions of latest Incoterms published by the International Chamber of Commerce.

36) Trade Terms: CIP Seoul, Incoterms 2020 또는 CIP 511, Youngdongdae-ro, Gangnam-gu, Seoul, Incoterms 2020

37) ICC, Introduction to Incoterms 2020, 제10조

38) ICC, Introduction to Incoterms 2020, 제5조

Incoterms 2020의 주요내용

구분 거래조건	위험이전(A)	비용이전(B)	비 고
EXW(Ex Works) (공장인도)	매도인의 작업장 구내에서 매수인의 임의처분할 수 있도록 물품을 인도하였을 때	매도인은A(위험이전)까지의 제비용 부담	수출입통관・승인 : 매수인의무
FCA(Free Carrier) (운송인인도)	매도인이 매수인이 지정한 운송인에게 수출통관된 물품을 인도하였을 때 · 매도인 영업구내: 적재인도 · 영업구내 아닌 경우: 실린채인도	매도인은A(위험이전)까지의 제비용 부담 · 추가의무부: 선적선하증권요구 · 자가운송 허용	수출통관 : 매도인 수입통관 : 매수인
CPT(Carriage Paid To) (운송비지급인도)	물품이 약정된 일자 또는 기간 내에 지정목적지까지 운송할 운송인의 보관하에 또는 후속운송인이 있을 경우 최초의 운송인에게 물품인도 시	매도인은 FCA 조건+지정된 목적지까지의 물품운송비(복합운송개념에서의 운송비)	〃
CIP(Carriage And Insurance Paid To) (운송비・보험료 지급인도)	〃	매도인은 CPT 조건+지정된 목적지까지의 적하보험료 부담 · 부보 : ICC(A) or ICC(A/R)	〃
DAP(Delivered At Place) (도착지인도)	지정목적지에서 도착운송수단에 실린 채 양하 준비된 상태로 매수인의 처분하에 놓이는 때	매도인은A(위험이전)까지의 제비용 부담 · 자가운송 허용	〃
DPU(Delivered At Place Unloaded) (도착지양하인도)	도착운송수단으로부터 양하된 상태로 지정목적항이나 지정목적지의 지정터미널에서 매수인의 처분하에 놓이는 때	〃	〃
DDP(Delivered Duty Paid) (관세지급인도)	약정된 일자 또는 기간 내에 매도인이 지정된 수입국 내의 목적지점에 물품을 반입하여 매수인의 임의처분하에 인도한 때	〃 (단, 관세 포함)	수출입통관・승인 : 매도인의무
FAS(Free Alongside Ship) (선측인도)	물품이 지정선적항의 부두에 혹은 부선으로 본선의 선측에 인도하였을 때	매도인은A(위험이전)까지의 제비용 부담	수출통관 : 매도인 수입통관 : 매수인
FOB(Free On Board) (본선인도)	물품이 지정선적항에서 본선에 적재하였을 때	〃	〃
CFR(Cost And Freight) (운임포함인도)	〃	매도인은 적재시까지의 제비용+목적항까지의 운임+정기선의 경우 양하비 부담	〃
CIF(Cost Insurance And Freight) (운임・보험료포함인도)	〃	매도인은 적재시까지의 제비용+목적항까지의 운임 및 보험료+정기선의 경우 양하비 부담 · 부보 : ICC(C) or ICC(FPA)	〃

Incoterms 2010의 주요내용

구분 거래조건	위험이전(A)	비용이전(B)	비 고
EXW(Ex Works) (공장인도)	매도인의 작업장 구내에서 매수인의 임의처분할 수 있도록 물품을 인도하였을 때	매도인은A(위험이전)까지의 제비용 부담	수출입통관·승인 : 매수인의무
FCA(Free Carrier) (운송인인도)	매도인이 매수인이 지정한 운송인에게 수출통관된 물품을 인도하였을 때	매도인은A(위험이전)까지의 제비용 부담	수출통관 : 매도인 수입통관 : 매수인
CPT(Carriage Paid To) (운송비지급인도)	물품이 약정된 일자 또는 기간 내에 지정목적지까지 운송할 운송인의 보관하에 또는 후속운송인이 있을 경우 최초의 운송인에게 물품인도 시	매도인은 FCA 조건+지정된 목적지까지의 물품운송비(복합운송개념에서의 운송비)	〃
CIP(Carriage And Insurance Paid To) (운송비·보험료 지급인도)	〃	매도인은 CPT 조건+지정된 목적지까지의 적하보험료 부담	〃
DAT(Delivered At Terminal) (도착터미널인도)	도착운송수단으로부터 양하된 상태로 지정목적항이나 지정목적지의 지정터미널에서 매수인의 처분하에 놓이는 때	매도인은A(위험이전)까지의 제비용 부담	〃
DAP(Delivered At Place) (도착장소인도)	지정목적지에서 도착운송수단에 실린 채 양하 준비된 상태로 매수인의 처분하에 놓이는 때	〃	〃
DDP(Delivered Duty Paid) (관세지급인도)	약정된 일자 또는 기간 내에 매도인이 지정된 수입국 내의 목적지점에 물품을 반입하여 매수인의 임의처분하에 인도한 때	〃 (단, 관세 포함)	수출입통관·승인 : 매도인의무
FAS(Free Alongside Ship) (선측인도)	물품이 지정선적항의 부두에 혹은 부선으로 본선의 선측에 인도하였을 때	매도인은A(위험이전)까지의 제비용 부담	수출통관 : 매도인 수입통관 : 매수인
FOB(Free On Board) (본선인도)	물품이 지정선적항에서 본선에 적재하였을 때	〃	〃
CFR(Cost And Freight) (운임포함인도)	〃	매도인은 적재시까지의 제비용+목적항까지의 운임+정기선의 경우 양하비 부담	〃
CIF(Cost Insurance And Freight) (운임·보험료포함인도)	〃	매도인은 적재시까지의 제비용+목적항까지의 운임 및 보험료+정기선의 경우 양하비 부담	〃

Incoterms 2000의 주요내용

거래조건 \ 구분	위험이전(A)	비용이전(B)	비 고
EXW(Ex Works) (공장인도)	매도인의 작업장 구내에서 매수인의 임의처분할 수 있도록 물품을 인도하였을 때	매도인은A(위험이전)까지의 제비용 부담	수출입통관・승인 : 매수인의무
FAS(Free Alongside Ship) (선측인도)	물품이 지정선적항의 부두에 혹은 부선으로 본선의 선측에 인도하였을 때	〃	수출통관 : 매도인 수입통관 : 매수인
FOB(Free On Board) (본선인도)	물품이 지정선적항에서 본선의 난간을 통과할 때	〃	〃
CFR(Cost And Freight) (운임포함)	〃	매도인은 적재시까지의 제비용+목적항까지의 운임+정기선의 경우 양하비 부담	〃
CIF(Cost Insurance And Freight) (운임・보험료 포함)	〃	매도인은 적재시까지의 제비용+목적항까지의 운임 및 보험료+정기선의 경우 양하비 부담	〃
FCA(Free Carrier) (운송인인도)	매도인이 매수인이 지정한 운송인에게 수출통관된 물품을 인도하였을 때	매도인은A(위험이전)까지의 제비용 부담	〃
CPT(Carriage Paid To) (운송비지급)	물품이 약정된 일자 또는 기간 내에 지정목적지까지 운송할 운송인의 보관하에 또는 후속운송인이 있을 경우 최초의 운송인에게 물품인도 시	매도인은 FCA 조건+지정된 목적지까지의 물품운송비(복합운송개념에서의 운송비)	〃
CIP(Carriage And Insurance Paid To) (운송비・보험료 지급)	〃	매도인은 CPT 조건+지정된 목적지까지의 적하보험료 부담	〃
DAF(Delivered At Frontier) (국경인도)	접경지인도장소에서 수입통관직전의 상태로 매수인의 임의처분하에 인도한 때	매도인은A(위험이전)까지의 제비용 부담	〃
DES(Delivered Ex Ship) (착선인도)	목적항선상에서 매수인에게 물품 인도한 때	〃	〃
DEQ(Delivered Ex Quay) (부두인도)	목적항 부두상에서 매수인의 임의처분하에 물품 인도한 때	〃	〃
DDU(Delivered Duty Unpaid)(관세미필인도)	약정된 일자 또는 기간 내에 매도인이 지정된 수입국 내의 목적지점에 물품을 반입하여 매수인의 임의처분하에 인도한 때	〃 (단, 관세 불포함)	〃
DDP(Delivered Duty Paid) (관세필인도)	〃	〃 (단, 관세 포함)	수출입통관・승인 : 매도인의무

④ Incoterms와 다른 종속계약들과의 관계

Incoterms는 매도인의 의무(A1~A10)와 매수인의 의무(B1~B10)를 10가지씩 규정하고 있기 때문에 매도인으로부터 매수인에게 언제 어디에서 인도(위험이전)되고, 비용이 할당되는지를 규정하고 있을 뿐이다. 그러므로 무역거래와 관련된 은행, 운송사, 보험사, 통관인, 세관 등 정부기관 등은 주요 당사자가 아니다.

인코텀즈 규칙은 제3자와의 결제계약, 운송계약, 보험계약, 통관계약 등의 일부를 이루지 않으므로 운송에 관한 규정(A4/B4, A6/B6) 또는 부보에 관한 규정(A5/B5)은 관련된 운송인, 보험자, 은행을 구속하지 않는다. 다만, 물품은 서로 관련된 계약들의 네트워크를 통해서 수출되고 수입되는 것이 이상적이기 때문에 매도인과 매수인은 무역거래 네트워크상에 관련된 다른 계약들과 매매계약을 일치되도록 하고, 관련 당사들과 종속계약을 체결하는 경우에 Incoterms 2020 규칙과 일치되도록 노력하는 것이라는 점을 인식해야 한다.

Ⅱ ▸▸ 개정미국외국무역정의

미국은 지리적 특수성 때문에 인접국과의 거래에서 선박을 사용하지 않는 육상운송을 이용하여 영국식 FOB조건과 다른 FOB조건을 사용하여 왔다. 따라서 여러 형태의 FOB조건의 통일된 해석을 위하여 1919년 전미무역회의(National Foreign Trade Convention)에서 수출가격조건정의(Definitions of Export Quotations)가 채택되었다. 이 정의는 ① FOB, ② FAS, ③ CIF, ④ C&F의 4종에 대하여 규정하였는데, 특히 FOB조건을 다시 4계통 8종으로 나누어 정의하였다.

동 정의가 매도인에게 유리하게 작성되었다는 수입업자의 불만에 따라 1941년 전미무역협회(National Foreign Trade Council Inc.), 전미수입자협회(National Council of American Importers Inc.), 미국상공회의소의 합동위원회에서 작업하고, 전미무역협회가 개정미국외국무역정의(Revised American Foreign Trade Definitions, 1941)를 채택하였다. Ex(point of origin)와 Ex Dock을 추가한 6종의 거래조건과 FOB 6종에 대하여 매도인과 매수인의 의무를 규정하고 있다.

1990년에 무역관습과 절차의 변화를 감안하여 **개정미국외국무역정의(Revised**

American Foreign Trade Definitions, 1990)를 개정하였다. 1990년 규칙에는 종전 Ex(point of origin)을 EXW로, C&F를 CFR로, Ex Dock을 DEQ Delivered로 개칭하여 Incoterms 1990과 일치시켰다.

개정미국외국무역정의도 Incoterms와 같이 정형거래조건의 해석기준이기 때문에 매매당사자가 이 기준을 채택하기로 합의한 경우에만 계약당사자를 구속한다.

개정규칙의 조건은 다음과 같다.

① EXW(Ex works ... named place)

② F.O.B.[39]

ⓐ F.O.B.(named inland carrier at named inland point of departure)(지정된 내륙출하지점에서 지정된 내륙운송인에게 인도) : 매도인이 수출국 내 지점에서 매수인이 지정한 내륙운송인에게 물품을 인도하는 조건이다.

ⓑ F.O.B.(named inland carrier at named inland point of departure) Freight Prepaid to(named point of exportation)(지정된 내륙출하지점에서 지정된 내륙운송인에게 인도)(지정된 수출지점까지 운임선지급) : 매도인이 수출국 내 출하지에서 매수인이 지정하는 운송인에게 물품을 인도하되 해상운송출발지까지의 운임을 매도인이 부담하는 조건이다.

ⓒ F.O.B.(named inland carrier at named inland point of departure) Freight Allowed to(named point)(지정된 내륙출하지점에서 지정된 내륙운송인에게 인도)(지정된 지점까지 운임공제) : 매도인은 수출국 내 출하지에서 매수인이 지정한 운송인에게 물품을 인도하되 물품가격에 해상운송출발지까지 운임을 공제하는 조건이다. 운임은 해상운송출발지에서 지급되고 그 금액만큼이 송장에서 공제되므로 매도인의 운임부담은 실제로는 ⓑ의 경우와 같다.

ⓓ F.O.B. vessel(named port of shipment)(지정선적항에서 본선적재인도) : 매도인은 지정된 선적항에서 매수인이 지정한 본선에 물품을 적재하여 인도하는 조건이다.

ⓔ F.O.B.(named inland carrier at named inland point of exportation)(지정된 수

39) 미국식 F.O.B. 계약은 F.O.B. place of shipment(본문상 ⓐ~ⓓ)와 F.O.B. destination(본문상 ⓔ~ⓕ)으로 구분된다. 전자는 선적지조건이며, 후자는 도착지조건이다.

출지점에서 지정된 내륙운송인에게 인도) : 매도인은 자신의 비용부담으로 해상운송출발지까지 물품을 운송하여 매수인이 지정한 운송인에게 인도하는 조건이다.

ⓕ F.O.B.(named inland point in the country of importation)(수입국 내의 지정된 내륙지점에서 인도) : 매도인이 물품을 수출국과 수입국에서 각각 수출통관 및 수입통관 절차를 이행하고 수입국 내의 지정지점에서 인도하는 조건이다.

③ FAS(Free Alongside Ship)

④ CFR(Cost and Freight)

⑤ CIF(Cost, Insurance, Freight)

⑥ DEQ(Delivered Ex Quay)

Ⅲ ▸▸ CIF계약에 관한 Warsaw-Oxford규칙

세계국제법협회(International Law Association)[40]는 1928년 Warsaw회의에 CIF계약에 관한 통일 초안을 상정하여 채택하였다. 1931년에는 ICC의 강력한 지원 아래 Warsaw규칙 개정 초안이 작성되어 1932년 Oxford에서 개최된 국제법협회 회의에 상정되어 Warsaw-Oxford규칙(Warsaw-Oxford Rules for C.I.F. Contract, 1932)이 채택되었다.

서문(preamble)과 21개 규칙(Rules)[41]으로 구성되어 있으며 Incoterms와는 달리 소유권 이전에 관한 규정을 포함하고 있다. 또한 CIF조건에서 매도인이 물품의

40) 세계국제법협회(ILA; www.ila-hq.org)는 국제공법의 연구와 보급을 위해 1873년 설립된 학회로서 국제법 연구·진흥 및 국제법률의 통일을 촉진하기 위한 활동을 한다.

41) ① Scheme of Rules, ② Duties of the Seller as to Shipment, ③ Time of Shipment and Evidence of Date, ④ Exceptions, ⑤ Risk, ⑥ Property, ⑦ duties of the Seller as to Bill of Lading, ⑧ Specific Vessel-Kind of Vessel, ⑨ Freight Payable at Destination, ⑩ Import Duties Etc. ⑪ Duties of the Seller as to Condition of Goods, ⑫ duties of the Seller as to Insurance, ⑬ Notice of Shipment, ⑭ Import and Export licenses, Certificates of Origin, Etc, ⑮ Certificate of Quality, Etc, ⑯ Tender of Documents, ⑰ Loss or Damage after Shipment, ⑱ Duties of the Buyer as to Payment of Price, ⑲ Rights of Buyer as to Inspection of Goods, ⑳ Right, and Remedies under contract of Sale, ㉑ Notices.

선적항에서 선적되는 시점까지의 당해 물품에 대한 위험만을 부담하면, 충분한 적출지 인도조건이면서도 비용면에서는 목적항에 도착할 때까지 운임과 보험료를 매도인이 부담할 뿐 아니라 다른 조건과는 달리 현물인도(actual delivery)방식이 아닌 서류인도방식을 취한다는 내용이 규정되어 있다.

CIF조건은 위험과 비용의 이전시기가 불일치하여 소유권주의에서 소유권자가 위험과 비용을 부담하는 분기점에 차이가 있기 때문에 법리적 측면에서 당사자의 의무를 명료히 할 필요성이 있었다. 이 규칙도 Incoterms나 개정미국외국무역정의와 같이 매매당사자가 임의로 선택할 수 있는 통일적 해석기준에 지나지 않으므로 매매계약에서 당사자의 합의에 의하여 본 규칙에 따를 것이라는 취지의 조항을 명시적으로 규정한 경우에 한하여 적용된다.

제3절 정형거래조건(11 Trade terms)

I ▸▸ EXW : Ex Works(공장인도 ... 지정인도장소 기입)

EXW(insert named place of delivery) Incoterms® 2020

1 인도의무의 이행

이 규칙은 운송방식을 가리지 않고 사용될 수 있으며 둘 이상의 운송방식이 채택된 경우에도 사용될 수 있다. 국내거래에 적합하고, 국제거래에서는 통상 FCA가 보다 적절하다.

"공장인도"는 매도인이 자신의 영업장 구내 또는 기타 지정장소(예컨대, 작업장, 공장, 창고 등)에서 물품을 매수인의 처분 하에 두는 때에 매도인이 인도한 것으로 되는 것을 의미한다. 매도인은 물품을 수취용 차량에 적재하지 않아도 되고, 물품의 수출통관이 요구되더라도 이를 수행할 필요가 없다. 당사자들은 지정장소 내의 지점을 가급적 명확하게 명시하는 것이 바람직하다. 그러한 지점까지 비용과 위험을 매도인이 부담하기 때문이다. 매수인은 인도 장소에 합의된 지점이 있는 때에는 그 지점부터 물품의 수령에 수반되는 모든 비용과 위험을 부담한다.

매도인의 **최소의무(minimum obligation)**를 표방한다. 만약 당사자 간에 매도인이 물품 적재의 의무를 부담하기 원하고, 이에 따른 위험과 비용을 매도인에게 부담시키기 원한다면 매매계약서에 이러한 취지의 명시적 문언이 추가되어야 한다.[42)]이 조건에서 유의할 것은 매수인이 직접 또는 간접적으로 수출통관 등 수출절차를 이행할 수 없는 경우 사용해서는 안 된다.

실무에서 영국은 **Loco(현지인도)**, **On spot(현장인도)**, 미국은 Ex...point of ori-

42) "EXW loaded" 또는 "EXW cleared for export"와 같은 문언을 사용할 수 있다.

gin(원산지 인도), FOB Factory(공장인도)라고 부르기도 한다.

2 위험 · 비용의 분기점

위험 및 비용부담의 분기점(critical point)이 인도시점이다. 이 조건에서 매도인은 물품의 제조원가와 이윤, 수출포장비, 품질, 수량점검비용, 기타 자신의 영업장 구내에서 물품을 인도할 때까지의 부대비용을 가산한 요소비용과 이때까지의 위험을 부담한다. 그 후에 물품을 수거용 차량에 적재하고 수입국의 목적지까지 운반하는데 따른 일체의 위험과 비용을 매수인이 부담한다.

3 당사자의 주요 의무

매도인은 ① 매매계약과 일치하는 물품을 자신의 영업장 구내에서 매수인에게 인도한다. ② 매도인은 매매계약에 일치하는 물품 및 상업송장과 그 밖에 계약에서 요구하는 일치하는 증거를 제공하여야 한다. 당사자 사이에 합의되었거나 관습이 있는 경우에 서류는 그에 상당하는 전자적 기록이나 절차로 할 수 있다. ③ 매도인은 매수인의 요청에 따라 매수인의 위험과 비용으로 매수인이 물품의 수출에 필요한 수출허가, 기타 공적 인가를 획득하는 데 협조하고, 자신이 보유하고 있고 물품의 보안통관에 요구되는 정보를 제공하여야 한다. ④ 매도인은 매수인에 대하여 보험계약을 체결할 의무가 없다.

매수인은 ① 매도인의 영업장 구내에서 물품을 수령하고 이를 입증하는 적절한 증빙을 제공하여야 한다. ② 자신의 위험과 비용부담으로 물품을 목적지까지 운반하기 위한 조치, 즉 수출입승인, 허가, 수출입통관 및 운송계약 등을 이행하여야 한다. ③ 매수인은 수출국에 의하여 강제적인 검사를 포함하여 모든 선적전검사(PSI) 비용을 부담하여야 한다. EXW조건은 수출을 전제로 한 조건이 아니다. 수출여부는 매수인이 결정하기 때문에 이 경우에 수출자는 매수인이다. ④ 매수인은 매도인에 대하여 보험계약을 체결할 의무가 없다.

Ⅱ ▸▸ FCA : Free Carrier(운송인인도...지정인도장소 기입)

FCA(insert named place of delivery) Incoterms® 2020

1 인도의무의 이행

운송인인도는 매도인이 물품을 자신의 영업장 구내 또는 기타 지정장소에서 매수인이 지정한 운송인이나 제3자에게 인도하는 것을 의미한다. 당사자들은 지정인도장소 내의 지점을 가급적 명확하게 명시하는 것이 바람직하다. 그러한 지점에서 위험이 매수인에게 이전하기 때문이다.

운송인이라 함은 철도, 도로, 항공, 해상, 내수로 또는 이들의 복합방식에 의한 운송을 이행하거나 또는 그 이행을 조달하기로 약정하는 자를 말하며 운송인 또는 운송대리인(shipping agent)을 포함한다.

매도인은 물품을 지정장소에서, 특히 그 장소에 합의된 지점이 있는 경우에는 그 지점에서, 합의된 기일이나 합의된 기간 내에, 매수인이 지정한 운송인 또는 제3자에게 인도하여야 한다.

지정인도장소 내에 매수인이 통지한 특정한 지점이 없는 경우와 복수의 지점이 있는 경우에 매도인은 그의 목적에 가장 적합한 지점을 선택할 수 있다. 매수인의 다른 통지가 없는 경우에, 매도인은 물품의 수량, 성질상 요구되는 방법으로 운송을 위하여 물품을 인도할 수 있다.

2 위험 · 비용의 분기점

위험 및 비용부담의 분기점은 매도인이 합의된 시기에 지정된 장소에서 지정된 운송인에게 인도하는 시점이다. 만약 매수인의 요청이 있거나 상관습에 따라 매도인이 운송계약을 체결하는 경우(예를 들면 철도 또는 항공운송)에는 매도인은 매수인의 위험과 비용부담으로 이를 수행한다.

인도장소와 시점은 다음과 같이 둘로 나뉜다.

① 지정장소가 매도인의 영업구내인 경우에는 물품이 매도인의 영업장구내에서

매수인의 운송인이나 그 대리인이 제공한 운송수단에 적재한 때부터 물품에 대한 위험과 비용은 매수인이 부담한다.

② 기타의 경우에는 물품이 지정된 장소에서 매도인의 운송수단에서 양하되지 아니하고, 운송인이나 그 대리인의 처분 하에 놓인 때부터 물품에 대한 위험과 비용은 매수인에게 이전한다.

FCA조건 인도장소와 인도시점

인도 장소	인도의 완성
매도인의 영업장 구내	• 물품이 매수인이 마련한 운송수단에 적재된 때 (매도인이 차량적재 책임을 짐)
기타 모든 지정장소	• 매도인이 운송수단에 적재하여 지정장소에 도착하고, 양하준비된 상태로 매수인이 지정한 운송인이나 제3자의 처분하에 놓인 때 (매도인이 운송인에게 양하하여 인도할 책임이 없음)

3 당사자의 주요 의무

매도인은 ① 매매계약과 일치된 물품을 지정된 장소에서 매수인이 지정한 운송인에게 인도하여야 하고, ② 매도인의 비용부담으로 수출허가와 수출통관을 이행하고, ③ 계약에 일치함을 입증하는 상업송장과 매도인이 물품인도를 증빙하는 통상적인 인도증빙서류를 제공하여야 한다. 매도인의 인도증빙서류가 운송계약을 증명하는 운송서류가 아닌 경우에는 매수인의 요청과 위험 및 비용부담으로 운송서류(transport document)를 제공하여야 한다.

Incoterms 2020에서는 처음으로 본선적재표기가 있는 선하증권을 요구할 수 있게 하였다. 당사자들이 합의한 경우에 매수인은 그의 운송인에게 본선적재표기가 있는 선하증권을 매도인에게 발행하도록 지시하고, 운송인은 물품이 본선적재된 때에 해당 선하증권을 발행할 의무와 권리가 있다. 운송인이 매수인의 비용과 위험으로 매도인에게 선하증권을 발행하는 경우에는 매도인은 바로 그 선하증권을 매수인에게 제공하여야 하고 매수인은 운송인으로부터 물품을 수령하기 위하여 그 선하증권이 필요하다.

매수인은 ① 매도인의 물품인도를 위한 운송인을 지정하고 운송방식과 물품의 인도기일 및 장소를 통지하여야 하며, ② 매도인에게 특별히 운송계약을 요청하지 아니하는 한 지정장소로부터 물품의 운송을 위한 운송계약을 체결하고 운송비를 지급하여야 한다.

Ⅲ ▸▸ CPT : Carriage Paid To(운송비지급인도...지정목적지 기입)

CPT(insert named place of destination) Incoterms® 2020

1 인도의무의 이행

운송비지급인도라 함은 매도인이 다음과 같이 매수인에게 물품을 인도하고 위험을 이전하는 것을 의미한다. 즉, 매도인과 계약을 체결한 운송인에게 물품을 교부함으로써 또는 그렇게 인도된 물품을 조달함으로써(by procuring) 매도인은 사용되는 운송수단에 적합한 방법으로 그에 적합한 장소에서 운송인에게 물품의 물리적 점유를 이전함으로써 물품을 인도할 수 있다.

운송인에게 인도로 매도인의 인도의무는 완료되고 이후에 발생되는 모든 위험과 비용(목적지까지의 운송비 제외)은 매수인이 부담한다. 운송인(carrier)은 운송계약에 따라 철도, 도로, 해상, 항공, 내수로 및 복합운송을 이행하거나 또는 그러한 이행을 조달할 것을 약정하는 모든 자이다.

CPT는 매도인이 수출통관 의무를 이행하여야 하며 복합운송을 포함하여 모든 운송방식에 사용될 수 있다. 따라서 반드시 해상운송서류를 제공할 필요가 없으며, 해당되는 운송방식에서 통상적으로 사용되는 운송서류를 제공하면 된다.

CPT는 원래 Incoterms 1953에 내륙운송에 대비한 Freight or Carriage Paid to라는 명칭으로 처음 도입된 후 Incoterms 1980에서는 복합운송에 적합한 Freight or Carriage Paid to(DCP)로 보완된 후 Incoterms 1990부터 모든 운송방식에 사용될 수 있도록 개정되었다.

2 위험 · 비용의 분기점

선적지 인도조건으로 매도인은 자신이 지정한 운송인에게 물품을 인도하면 자신의 인도의무가 이행되어 위험부담이 매수인에게 이전되지만 운송비는 목적지까지 매도인이 부담하므로 위험과 비용의 분기점이 일치하지 않는다.

매도인은 물품을 운송인에게 인도하기까지 일체의 비용을 부담한다. 따라서 물품의 적재비를 포함하여 목적지까지의 운송계약에 따른 비용과 운반비 그리고 운송계약 체결 시 목적지에서의 양하비가 운송비에 포함될 경우 이러한 비용을 부담하여야 한다.

3 당사자의 주요 의무

매도인은 ① 매매계약과 일치하는 물품을 운송인이나 최초의 운송인에게 인도하고, ② 수출허가와 수출통관을 이행하고 이에 따른 비용을 부담하며, ③ 약정품의 운송에 통상적인 경로와 관습적인 방법으로 목적지까지 운송계약을 체결하고 운임을 부담하여야 하며, ④ 매매계약에 일치함을 입증하는 상업송장과 최초의 운송인에게 물품인도와 운송계약체결을 증명하는 통상적 운송서류를 제공하여야 하며 이러한 서류는 당사자의 합의에 따라 전자적 기록이나 절차로 할 수 있다. ⑤ 물품의 적재비뿐만 아니라 운송계약체결이 운송비에 포함될 수 있는 목적지에서의 양하비도 지급하여야 한다.

매수인은 ① 물품이 운송인에게 인도되고 상업송장과 관습적 운송서류가 자신에게 제시되면 물품이 운송인에게 인도된 때에 이를 승낙하고 목적지에서 운송인으로부터 물품을 수령하여야 하고, ② 목적지에서 양하비가 운송비에 포함되어 있지 아니할 경우에는 이를 지급하여야 하고, ③ 매도인에 대한 통지 불이행으로 인하여 물품의 인도가 지연되어 발생하는 모든 위험과 추가적인 비용을 지급하여야 한다.

Ⅳ ▸▸ CIP : Carriage and Insurance Paid to (운송비 · 보험료 지급인도...지정목적지 기입)

CIP(insert named place of destination) Incoterms® 2020

1 인도의무의 이행

운송비 · 보험료지급인도란 매도인이 선적지에서 자신이 지정한 운송인에게 물품을 인도하되 지정된 목적지까지 운송계약과 보험계약을 체결하고 운송비(carriage)와 보험료(premium)를 지급하는 조건이다. 이것은 물품이 인도된 이후 발생하는 모든 위험과 비용(운송비 및 보험료제외)은 매수인이 부담하는 것을 의미한다.

매도인은 협회적하약관의 A약관이나 그와 유사한 약관에 따른 광범위한 담보조건으로 부보할 의무가 있다. 그러나 당사자들이 더 낮은 수준의 담보조건으로 부보하기로 합의할 수 있다.

운송인이란 운송계약에 있어서 철도, 도로, 항공, 해상, 내수로 또는 이들의 복합방식에 의한 운송을 이행하거나 또는 이행을 조달할 것을 약정하는 모든 자를 의미한다. 합의된 목적지까지 운송을 위하여 후속되는 운송인이 사용되는 경우에도 위험은 최초의 운송인에게 물품이 인도될 때 이전된다. 당자자들은 가급적 정확하게 두 장소(인도장소와 목적지) 또는 두 장소내의 실제 지점을 지정하는 것이 운송비용과 보험비용을 명확히 한다는 점에서 좋다.

CIP는 "Incoterms 1980"에서 복합운송에 대비하여 도입되었으나 Incoterms 1990부터 복합운송을 포함한 모든 운송방식에 사용할 수 있도록 개정되었다.

2 위험 · 비용의 분기점

위험은 선적지에서 매도인이 스스로 지정한 운송인에게 물품인도 시 이전되지만 비용은 인도 시까지 발생하는 모든 비용에 목적지까지의 운송비와 보험료를 추가하여 부담하여야 한다. 물론 운송비에 목적지에서의 양하비가 포함된 경우 이것도 부담하여야 한다. 반면 매수인은 목적지까지 운송비와 보험료를 제외하고 물품이 운송인에게 인도된 때로부터 그 물품에 관련된 모든 비용을 부담하여야 한다.

보험계약은 평판이 양호한 보험인수업자나 보험회사와 체결하여야 하고, 보험은 매수인이나 물품에 피보험이익을 가지는 제3자가 보험자에 대하여 직접 청구할 수 있도록 하는 것이어야 한다. 매수인의 요청이 있는 경우에, 매도인은 그가 요청하는 필요한 정보를 매수인이 제공하는 것을 조건으로 매수인의 비용으로 가능하다면 협회전쟁약관, 협회동맹파업약관, 기타 그와 유사한 약관에 의하여 부보하는 등의 추가보험을 제공하여야 한다. 보험금액은 최소한 매매계약에서 약정된 대금에 10%를 더한 금액(110%)이어야 하고, 보험의 통화는 매매계약의 통화와 같아야 한다.

보험구간은 인도지점으로부터 적어도 지정목적지까지 물품을 보호하는 것이어야 한다. 매도인은 매수인에게 보험증권이나 기타 부보의 증거를 제공하여야 한다. 또한 매도인은 매수인에게, 매수인의 요청에 따라 매수인의 위험과 비용으로 매수인이 추가보험을 드는 데 필요한 정보를 제공하여야 한다.

3 당사자의 의무

매도인은 ① 매매계약과 일치한 물품을 운송인이나 최초운송인에게 인도하여야 한다. ② 자신의 비용부담으로 수출허가와 수출통관을 이행하고 이에 따른 비용을 부담하여야 한다. ③ 매도인은 자신의 비용부담으로 약정품의 운송에 통상적인 경로와 관습적인 방법으로 목적지까지 운송계약을 체결하고 운임을 부담하여야 한다. ④ 자신의 비용부담으로 평판이 좋은 보험자와 보험계약을 체결하고 보험료를 지급하여야 한다. ⑤ 인도하는 물품이 계약에 일치함을 입증하는 상업송장, 운송계약체결의 증빙서류인 통상적 운송서류 및 보험계약의 증빙서류인 양도가능한 보험서류(보험증권, 보험증명서)를 제공하여야 하며 이들 서류는 당사자의 합의에 따라 전자적 기록이나 절차로 할 수 있다. ⑥ 물품의 적재비뿐만 아니라 운송계약체결이 운임에 포함될 수 있는 목적지에서의 양하비도 지급하여야 한다.

매수인은 ① 물품이 운송인에게 인도되고 상업송장, 보험서류 및 관습적 경우의 운송서류가 자신에게 제시되면 물품의 인도를 승낙하고 목적지에서 이들 서류를 제시하고 물품을 수령하여야 한다. ② 목적지에서 양하비가 운송비에 포함되어 있지 아니할 경우에는 양하비를 지급하여야 한다. ③ 매도인에 대한 통지 불이행으로 인하여 물품의 인도가 지연되어 발생하는 모든 위험과 추가적인 비용을 지급하여야 한다.

V ▸▸ DAP : Delivered at Place(도착지인도 ... 지정목적지 기입)

DAP(insert named place of destination) Incoterms® 2020

1 인도의무의 이행

도착지인도란 물품이 지정목적지에서 또는 지정목적지내 합의된 지점에서 도착운송수단에 실린 채 양하 준비된 상태로 매수인의 처분 하에 놓이는 때에 매도인이 인도한 것으로 되는 것을 말한다. 매도인은 그러한 지정장소까지 물품을 운송하는 데 수반하는 모든 위험을 부담한다.

당사자들은 합의된 목적지 내의 지점을 가급적 명확하게 명시하는 것이 바람직하다. 그러한 지점까지의 위험은 매도인이 부담하기 때문이다. 매도인은 이러한 선택을 정확하게 만족하는 내용으로 운송계약을 체결하는 것이 좋다. 매도인이 그의 운송계약에 따라 목적지에서 양하에 관한 비용을 지출한 경우에, 당사자 사이에 달리 합의되지 않았다면 매도인은 이를 매수인에게 구상할 수 없다.

매도인은 해당되는 경우에 물품의 수출통관을 하여야 한다. 그러나 매도인은 물품을 수입통관하거나 수입관세를 부담하거나 수입통관절차를 수행할 의무가 없다. 당사자 사이에 매도인이 물품을 수입통관하고 수입관세를 부담하며 수입통관절차를 수행하도록 원하는 때에는 DDP가 사용되어야 한다.

2 위험 · 비용의 분기점

매도인은 물품이 인도되는 때까지 물품의 멸실 또는 손상의 모든 위험을 부담하되, B3에 규정된 상황에서 발생하는 멸실 또는 손상은 예외로 한다.

매도인은 ① 매수인이 부담하는 비용을 제외한 물품이 인도되는 때까지 물품에 관련되는 모든 비용, ② 운송계약상 매도인이 부담하기로 한 목적지의 양하비, ③ 수출에 필요한 통관비용과 수출시 부과되는 모든 관세, 세금 기타 공과금 및 물품을 인도하기 전에 제3국을 통과하여 운송하는 데 드는 비용을 부담하여야 한다.

매수인은 물품이 인도된 때로부터 물품의 멸실 또는 손상의 모든 위험을 부담한다. 그러나 ① 매수인이 의무를 이행하지 않는 경우에 그로 인한 모든 물품의 멸실 또는 손상의 위험, ② 매수인이 통지를 하지 않은 경우에 합의된 인도기일이나 합의된 인도기간의 만료일부터 물품의 멸실 또는 손상의 모든 위험을 부담한다. 다만 이를 위하여 물품은 계약물품으로 명확히 특정되어 있어야 한다.

매수인은 ① 인도되는 때로부터 물품에 관련되는 모든 비용, ② 매도인이 부담하기로 한 경우를 제외한 지정목적지에서 도착운송수단으로부터 물품의 인도를 수령하는 데 필요한 모든 양하비, ③ 매수인이 의무를 이행하지 않은 경우에 매도인에게 발생하는 추가비용, ④ 물품의 수입통관비용 및 수입시 부과되는 모든 관세, 세금 기타 공과금을 부담하여야 한다.

3 당사자의 주요 의무

매도인은 ① 매매계약과 일치한 물품을 지정된 지정목적지 또는 그 지정목적지 내에 합의된 지점에서 도착운송수단에 실어둔 채 양하준비된 상태로 매수인의 처분 하에 둠으로써 인도하여야 하고, ② 매도인은 자신의 위험과 비용으로 수출허가 기타 공적 인가를 획득하여야 하고 물품의 수출 및 제3국을 통과하는 인도전의 운송에 필요한 모든 통관절차를 수행, ③ 매매계약에 일치된 물품을 제공했음을 입증하는 상업송장과 그 밖에 일치성에 관하여 계약에서 요구되는 증거를 제공하여야 한다. 서류는 그에 상당하는 전자적 기록이나 절차로 할 수 있다.

매수인은 ① 양하 준비된 상태로 매수인의 처분하에 인도된 물품을 수령하여야 하고, ② 자신의 비용부담으로 물품의 수입허가와 수입통관의 절차를 이행하고 이에 따른 관세·조세 등을 지급하고, ③ 물품이 인도되는 때로부터 물품에 관련되는 모든 비용, 지정목적지에서 도착운송수단으로부터 물품의 인도를 수령하는 데 필요한 모든 양하비, 매수인이 의무를 이행하지 않은 경우 매도인에게 발생하는 추가비용을 부담하여야 한다.

Ⅵ ▸▸ DPU : Delivered at Place Unloaded (도착지양하인도 ... 지정목적지 기입)

DPU(insert named place of destination) Incoterms® 2020

1 인도의무의 이행

DPU는 Incoterms 2010의 DAT를 변경한 조건이다. 연혁적으로 Incoterms 1936의 Ex Quay에서 Incoterms 1980의 EXQ로, Incoterms 1990의 DEQ로 변경되었던 것이 Incoterms 2010에서 DAT로, Incoterms 2020에서 DPU로 안착되었다.[43)]

도착지양하인도란 물품이 지정목적지에서 또는 지정목적지내 합의된 지점에서 도착운송수단으로부터 양하된 상태로 매수인의 처분하에 놓이는 때에 매도인이 인도한 것으로 되는 것을 말한다. DPU는 매도인이 목적지에서 물품을 양하하도록 하는 유일한 인코텀즈 규칙이다. 매도인이 양하의 위험과 비용을 부담하기를 원하지 않는 경우에는 DAP를 사용해야 한다. 신설된 DPU는 도착지인도 규칙(delivered rule)으로서, 운송방식에 관계없이 사용될 수 있다.

당사자들은 다음과 같은 이유로 가급적 명확하게 목적지나 목적지점을 명시하는 것이 좋다. ① 물품의 멸실 또는 훼손의 위험은 그러한 인도장소/목적지점에서 매수인에게 이전한다. ② 인도장소/목적지 전의 비용은 매도인이 부담하고 그 후의 비용은 매수인이 부담한다. ③ 매도인은 합의된 인도장소/목적지까지 물품을 운송하는 계약을 체결하거나 그러한 운송을 마련하여야 한다.

---

43) DAP조건은 Incoterms 2000의 DES, DAF, DDU조건을 삭제하고 Incoterms 2010에서 DAP로 통합한 조건이다.

2 위험 · 비용의 분기점

매도인은 물품을 도착운송수단으로부터 양하해야 하고 또한 물품을 합의된 기일에나 합의된 기간 내에 지정 인도장소/목적지점에서 매수인의 처분 하에 둠으로써 인도하여야 한다. 매도인은 물품이 인도되는 때까지 물품의 멸실 또는 손상의 모든 위험을 부담한다. 다만 매수인이 자신의 위험과 비용으로 수입허가 기타 공적 인가를 획득하고 물품의 수입통관을 이행하지 않는 경우에 매수인은 그로 인한 모든 물품의 멸실 또는 손상의 위험을 부담한다. 매수인이 합의된 수령기간 내 특정한 시기, 지정장소 내에서 인도를 수령할 지점을 결정할 권리를 가진 때에는 매도인에게 그에 관하여 충분히 통지를 하지 않은 경우에 매수인은 합의된 인도기일이나 합의된 인도기간의 만료일부터 물품의 멸실 또는 손상의 모든 위험을 부담한다. 다만 이를 위하여 물품은 계약물품으로 명확히 특정되어 있어야 한다.

3 당사자의 주요 의무

매도인은 ① 매매계약에 일치하는 물품 및 상업송장과 그 밖에 일치성에 관하여 계약에서 요구되는 증거를 제공하여야 한다. 당사자간에 합의되었거나 관습이 있는 경우에 그에 상당하는 전자적 기록이나 절차로 할 수 있다. ② 매도인은 자신의 위험과 비용으로 수출허가 기타 공적 인가를 획득하여야 하고, 물품의 수출 및 제3국을 통과하는 인도전의 운송에 필요한 모든 통관절차를 수행하여야 한다. ③ 매도인은 자신의 비용으로 물품을 합의된 목적항이나 목적지의 지정터미널까지 운송하는 계약을 체결하여야 한다. 특정한 터미널이 합의되지 않거나 관례에 의하여 결정되지 않는 경우에 매도인은 합의된 목적항이나 목적지 내에서 그의 목적에 가장 적합한 터미널을 선택할 수 있다. ④ 매도인은 물품을 도착운송수단으로부터 양하해야 하고 또한 물품을 합의된 기일에나 합의된 기간 내에 지정 목적항이나 목적지에 있는 지정터미널에서 매수인의 처분하에 둠으로써 인도하여야 한다.

매수인은 ① 지정된 목적항이나 지정 목적지에 있는 소정의 지정터미널에서 자신의 처분하에 인도된 물품을 수령하여야 하고, ② 목적항에서 물품의 수입허가와 수입통관의 절차를 이행하고 이에 따른 관세, 조세, 기타 부과금 및 최종목적지까지의 반입운송비(on carriage)를 지급하여야 한다.

Ⅶ ▸▸ DDP : Delivered Duty Paid(관세지급인도 ... 지정목적지 기입)

DDP(insert named place of destination) Incoterms® 2020

1 인도의무의 이행

관세지급인도는 수출통관된 물품이 지정목적지에서 도착운송수단에 실린 채 양하 준비된 상태로 매수인의 처분 하에 놓이는 때에 매도인이 인도한 것으로 되는 것을 말한다. 매도인은 그러한 목적지까지 물품을 운송하는 데 수반하는 모든 위험을 부담하고, 또한 물품의 수출통관 및 수입통관을 모두 하여야 하고, 수출관세 및 수입관세를 모두 부담하여야 하며, 모든 통관절차를 수행하여야 하는 의무를 부담한다.

DDP는 **매도인의 최대의무**를 표방한다. 당사자들은 합의된 목적지 내의 지점을 가급적 명확하게 명시하는 것이 바람직하다. 그러한 지점까지의 위험은 매도인이 부담하기 때문이다. 매도인은 이러한 선택을 정확하게 만족하는 내용으로 운송계약을 체결하는 것이 좋다. 매도인이 그의 운송계약에 따라 목적지에서 양하에 따른 비용을 지출한 경우에 당사자 사이에 달리 합의되지 않았다면 매도인은 이를 매수인에게 구상할 수 없다. 매도인이 직접 또는 간접으로 수입통관을 수행할 수 없는 경우에는 DDP를 사용하지 않는 것이 좋다. 만약 당사자들이 수입통관에 관한 모든 비용과 위험을 매수인이 부담하기를 원하는 때에는 DAP규칙이 사용되어야 한다. 수입 시 부과되는 부가가치세 기타 세금은 매도인이 부담하되, 다만 매매계약에서 명시적으로 달리 합의된 때에는 그에 따른다.

이 규칙은 그동안 전통적으로 사용하여 온 "Franco" 또는 개정미국외국무역정의의 "FOB(named inland point in country of importation)"계통의 거래조건 중에서 매도인이 수입관세를 포함하여 수입국 내의 지정장소까지 모든 비용과 위험을 부담하는 조건을 "Montreal Rules 1967" 때부터 정형화한 것이다. 매도인이 수입지에서 직접 또는 간접적으로 수입허가와 수입통관절차를 이행할 수 있는 경우, 즉 자신의 지점이나 대리점을 수입지에 두고 있는 경우에 사용하기에 적합하다. 매도인이 수입통관까지 수행한다고 해도 예컨대 부가가치세(VAT)를 매도인의 의무에서 제외시키려면 DDP(VAT unpaid) 등의 문언을 추가하여 그 취지를 명백히 하여야 한다.

2 위험 · 비용의 분기점

물품에 대한 위험과 비용부담의 분기점도 물품이 합의된 시기에 지정된 목적지에서 운송수단으로부터 양하하지 아니한 채 매수인의 임의처분에 두었을 때이다. 즉, 매도인은 수입통관절차의 비용과 위험을 포함하여 물품을 목적지에서 매수인에게 인도할 때까지의 모든 위험과 비용을 부담하여야 하며, 그 물품이 인도된 때부터의 모든 위험과 비용은 매수인이 부담한다. 예컨대 매도인은 선적지에서의 수출허가와 통관비, 적재비와 선창내 적부비, 수입지까지의 운송계약에 따른 운송비와 보험료, 수입지에서의 양하비, 수입허가와 통관비, 수입국 내의 최종목적지까지의 반입운송비를 모두 부담하여야 한다.

매수인은 최종목적지에서 물품이 자신의 임의 처분 하에 놓여진 후 운송수단으로부터의 양하비, 창고료, 수입국 당국이 요구하는 선적전검사비, 기타 목적지에서 물품의 수령불이행 또는 매도인에 대한 통지불이행으로 인한 추가비용 등을 부담하여야 한다.

3 당사자의 주요 의무

매도인은 ① 매매계약과 일치된 물품을 최종목적지에서 매수인의 임의 처분 하에 인도하여야 하며, ② 자신의 비용부담으로 선적지에서 수출허가와 수출통관, 수입지에서 수입허가와 수입통관절차를 이행하고 이에 따른 관세, 조세 및 기타 비용을 지급하며, ③ 수입지에서 최종목적지까지의 반입운송비를 지급하여야 한다. ④ 매매계약에 일치되는 물품을 제공했음을 입증하는 상업송장과 그 밖에 일치성에 관해 계약에서 요구되는 증거를 제공하여야 한다. 이러한 모든 서류는 당사자의 합의에 따라 전자적 기록이나 절차로 할 수 있다.

매수인은 목적지에서 자신의 임의 처분하에 인도된 물품을 수령하고 운송수단으로부터 이를 양하해야 한다.

Ⅷ ▸▸ FAS : Free Alongside Ship(선측인도 … 지정선적항 기입)

FAS(insert named port of shipment) Incoterms® 2020

1 인도의무의 이행

선측인도라 함은 매도인이 물품을 지정된 선적항에서 수출통관을 완료 후 본선의 선측에 놓았을 때 매도인의 인도의무를 이행하는 것을 의미한다. '선측'은 선박이 부두에 접안했을 경우에는 부두가 되고 선박이 내항에 정박했을 때에는 부선내가 된다. 부두와 부선의 구체적인 인도지점은 본선이 사용하는 양하기(tackle)나 다른 선적용구가 도달할 수 있는 장소를 의미한다.

매도인은 물품을 선측에 인도하거나 이미 선적을 위하여 그렇게 인도된 물품을 조달하여야 한다. 조달(procure)은 1차산품 거래(commodity trade)에서 보편적인 복수의 연속적 매매("연속매매")에 대응하기 위함이다.

물품이 컨테이너에 적재되는 경우에는 매도인이 물품을 선측이 아니라 터미널에서 운송인에게 교부하는 것이 전형적이다. 이러한 경우에, FAS는 부적절하며 FCA가 사용되어야 한다. FAS에서 매도인은 해당되는 경우에 물품의 수출통관을 하여야 한다. 그러나 매도인은 물품의 수입통관을 하거나 수입관세를 부담하거나 수입통관절차를 수행할 의무가 없다.

2 위험 · 비용의 분기점

FAS에서 위험 · 비용부담의 분기점은 선측인도시점이다. 즉, 매도인은 그때까지 물품에 대한 모든 위험과 비용을 부담하여야 한다. 매수인은 물품이 선측에 놓여진 이후 모든 위험과 비용을 부담한다.

영국의 상관습에서 유래된 영국계 FAS는 Incoterms의 FAS와 본질적으로 같다. 반면에 미국의 FAS는 매도인이 항해선박의 선측에서 선박의 선적용구가 도달할 수 있는 범위 내에서 물품을 놓아두고 이를 입증하는 무고장의 부두수령증(D/R : dock receipt)을 제공하여야 한다. 매수인은 부두에서 체선료(demurrage)와 창고료(storage) 및 수출세를 지급하여야 하며, 운송 및 보험계약을 체결하고 운임 및 보험료를 지급하여야 한다.

3 당사자의 주요 의무

매도인은 ① 매매계약과 일치된 물품을 선적항의 본선의 선측에서 인도하여야 한다. ② 계약과 일치를 증명하는 상업송장과 그밖에 일치성에 관하여 계약에서 요구되는 증거를 제공하여야 한다. FAS조건은 해상운송을 전제로 하기 때문에 위의 서류들은 모두 해상운송서류이다. ③ 자신의 위험과 비용부담으로 수출허가와 기타 공공승인을 취득하고 수출통관절차를 이행하여야 한다. ④ 매수인의 요청과 비용부담으로 영사송장, 원산지증명서 등을 취득하는데 협조하여야 한다.

매수인은 ① 자신의 위험과 비용부담으로 수입허가, 수입통관 및 기타 공적 승인을 취득하고, ② 자신의 비용부담으로 목적항까지의 물품의 운송계약을 체결하고 선박명, 적재장소 및 시기를 매도인에게 통지하여야 하며, ③ 매도인에 대한 통지불이행, 지정선박의 입항지연이나 물품의 수령불이행 등이 있을 경우에는 합의된 인도기일로부터 이로 인한 모든 위험과 비용을 부담하여야 한다. 단, 물품은 계약에 정히 충당(appropriation), 즉 계약물품으로 명확히 구분되거나 또는 기타의 방법으로 특정되어야 한다.

Ⅸ FOB : Free on Board(본선인도 … 지정선적항 기입)

FOB(insert named port of shipment) Incoterms® 2020

1 인도의무의 이행

FOB는 CIF와 함께 국제무역에서 가장 오래되었고 가장 많이 사용되고 있는 조건이다. 하지만 오늘날의 운송실무에서는 FOB대신에 FCA의 사용이 권장된다.

본선인도는 매도인이 물품을 지정선적항에서 매수인에 의하여 지정된 본선에 적재하여 인도하거나 이미 그렇게 인도된 물품을 조달하는 것을 의미한다. 물품의 멸실 또는 손상의 위험은 물품이 본선에 적재된 때에 이전하며, 매수인은 그러한 시점 이후의 모든 비용을 부담한다.

매도인은 물품을 본선에 적재하여 인도하거나 이미 선적을 위하여 그렇게 인도된 물품을 조달하여야 한다. 여기에 "**조달**"(procure)을 규정한 것은 특히 일차산품거래(commodity trade)에서 보편적인 복수의 연속적 매매("연속매매")에 대응하기 위함이다.

FOB는 예컨대 일반적으로 터미널에서 인도되는 컨테이너화물과 같이 물품이 본선에 적재되기 전에 운송인에게 교부되는 경우에는 적절하지 않다. 이러한 경우에는 FCA가 사용되어야 한다. FOB에서 매도인은 해당되는 경우에 물품의 수출통관을 하여야 한다. 그러나 매도인은 물품을 수입통관하거나 수입관세를 부담하거나 수입통관절차를 수행할 의무가 없다.

인도방법은 합의된 기일에 또는 B10에 따라 매수인으로부터 통지받은 합의된 기간중의 어느 시기에 또는 그러한 시기가 통지가 없는 경우에는 합의된 기간의 만료일에 그리고 선적항의 관습적 방법에(in the manner customary) 따르도록 규정하고 있다. 예를 들어 액체나 가스제품의 인도 시에는 파이프라인을 이용하는데 본선 파이프라인의 연결점을 본선의 난간으로 해석한다.

2 위험 · 비용의 분기점

매도인은 물품을 지정선적항에서, 특히 그 항구 내에 매수인이 표시하는 선적지점이 있는 경우에는 그 지점에서, 매수인이 지정하는 **본선에 적재**함으로써 또는 그렇게 인도된 물품을 조달함으로써 인도하여야 한다. 각각의 경우에, 매도인은 합의된 기일에 또는 합의된 기간 내에 그 항구의 관습적인 방법으로 물품을 인도하여야 한다. 매수인이 특정한 선적지점을 표시하지 않은 경우에, 매도인은 지정선적항 내에서 그의 목적에 가장 적합한 지점을 선택할 수 있다. 당사자 간에 일정한 기간 내에 인도하도록 합의된 경우에, 매수인은 그 기간 내의 어느 일자를 선택할 수 있다.

매도인은 매수인이 부담하는 비용을 제외한 물품이 인도되는 때까지 물품에 관련되는 모든 비용, 수출에 필요한 통관비용 및 수출시에 부과되는 모든 관세, 세금 기타 공과금을 부담하여야 한다.

3 당사자의 주요 의무

매도인은 ① 매매계약과 일치하는 물품을 선적항의 본선의 갑판상에서 인도하여야 한다. ② 자신의 비용부담으로 물품의 수출허가와 수출통관을 이행하고 이에 따른 비용을 지급한다. ③ 계약에 일치된 물품임을 상업송장과 그밖에 일치성에 관하여 계약에서 요구되는 증거를 제공하여야 한다. 이들 서류는 당사자 간의 합의나 관습에 따라 전자적 기록이나 절차로 할 수 있다. ④ 부정기선에 의한 용선운송과 같이 본선적재비가 운임에 포함되어 있지 아니한 경우(FI, FO, FIO)에는 항구의 관습에 따라 이러한 적재비용을 지급하여야 한다. 정기선에 의한 개품운송계약에서는 본선적재비와 양륙비 모두가 운임에 포함되는 liner term을 사용하기 때문에 매수인이 부담한다.

매수인은 ① 자신의 비용부담으로 목적항까지 물품의 운송계약을 체결하고 선박명, 적재장소 및 적재시기를 매도인에게 통지하여야 한다. ② 본선적재비가 운임에 포함되어 있는 경우에는 이 적재비용 및 목적항에서 양륙비를 지급하여야 한다. ③ 매도인에 대한 통지불이행, 지정선박의 입항지연이나 물품의 수령불이행 등으로 인한 모든 위험과 추가적인 비용을 지급하여야 한다.

4 고유의미의 FOB와 추가의무부 FOB

고유의미의 FOB계약은 매도인이 매수인에 의하여 지정된 본선에서 물품을 인도하고 인도 후의 위험과 비용은 매수인이 부담하는 계약이다. **고유의미의 FOB계약**에 그 본질을 3가지로 설명할 수 있다.[44)]

첫째, **선적지매매계약**이다. 물품은 선적지의 본선에서 인도되지만 매수인이 직접 인도수령을 할 수 없기 때문에 운송인이 매수인의 수탁자로서 이를 수령한다.

둘째, **해상매매계약**이다. FOB계약은 해상운송을 전제로 하고 선적지 해상의 출발지에 정박한 본선에서 인도가 이루어진다. 따라서 Free On Board의 "Board"는 선내의 뜻으로 '갑판'을 가리킨다. 그렇지만 FOB조건은 육상운송에도 사용하고 있는 미국에서는 "Board"의 의미를 철도나 화물자동차의 '차내' 뜻으로 해석된다.

셋째, **현실적 인도(actual delivery)계약**이다. 즉, 이 계약에서는 매도인이 물품인도의무를 이행하면 자신의 인도의무가 완성된다. 현실적 인도이기 때문에 물품의 인도와 대금의 지급이 동시이행조건(concurrent condition)이다. 그렇지만 실제로는 매도인과 매수인이 서로 멀리 떨어져 있기 때문에 동시이행조건의 이행이 불가능하다. 그러므로 매도인은 현물이 아닌 서류와 환어음을 첨부하여 대금을 회수하는 관행을 '화환특약부FOB'라고 부른다.

또한 서류에는 물품에 대한 권리증권(document of title)인 선하증권이 포함되어 있다. FOB에서는 매수인이 운송계약의 당사자이기 때문에 운송계약의 증빙서류인 선하증권을 매수인이 취득하여야 하지만 매도인이 화환어음으로 대금을 회부하기 위해서는 담보물권을 제공하여야 하기 때문에 매도인이 선하증권을 발급받게 된다. FOB가 이러한 형태로 바뀌게 된 것은 '운송특약부FOB'라 부른다. 따라서 고유의미의 FOB나 Incoterms의 FOB도 운송특약과 화환특약이라는 매도인의 추가의무에 따라 실무적으로 사용되고 있다.

44) A.G. Guest, Benjamin's Sale of Goods, 5th ed., Sweet & Maxwell, 1997, pp. 1409~1410

X ▸▸ CFR : Cost and Freight(운임포함인도...지정목적항 기입)

CFR(insert named port of destination) Incoterms® 2020

1 인도의무의 이행

운임포함인도라 함은 매도인이 물품을 본선에 적재하여 인도하거나 이미 그렇게 인도된 물품을 조달하는 것을 의미한다. 물품의 멸실 또는 손상의 위험은 물품이 본선에 적재된 때에 이전한다. 매도인은 물품을 지정목적항까지 운송하는데 필요한 계약을 체결하고 그에 따른 비용과 운임을 부담하여야 한다.

CPT, CIP, CFR, CIF가 사용되는 경우에, 매도인은 물품이 목적지에 도착한 때가 아니라 선택된 당해 규칙에 명시된 방법으로 운송인에게 물품을 교부하는 때에 그의 인도의무를 이행한 것으로 된다.

이 규칙은 위험과 비용이 상이한 장소에서 이전되기 때문에 2가지 분기점을 갖는다. 계약에서 항상 목적항을 명시하고 선적항은 명시하지 않지만, 위험은 선적항에서 매수인에게 이전한다. 선적항에 대하여 매수인이 특별한 이해관계를 갖는 경우에, 당사자들은 계약에서 이를 가급적 정확하게 특정하는 것이 바람직하다.

당사자들은 합의된 목적항 내의 지점을 가급적 정확하게 특정하는 것이 바람직하다. 그 지점까지의 비용은 매도인이 부담하기 때문이다. 매도인은 이러한 선택을 정확하게 만족하는 내용으로 운송계약을 체결하는 것이 좋다. 매도인이 운송계약에 따라 목적항 내의 명시된 지점에서 양륙비용을 지출한 경우에 당사자 사이에 달리 합의되지 않았다면 매도인은 이를 매수인에게 구상할 수 없다.

매도인은 물품을 본선에 적재하여 인도하거나 이미 목적항까지 선적을 위하여 그렇게 인도된 물품을 조달하여야 한다. 또한 매도인은 운송계약을 체결하거나 그러한 계약을 조달하여야 한다. 여기에 “조달”(procure)을 규정한 것은 특히 일차산품거래(commodity trade)에서 보편적인 복수의 연속적 매매(“연속매매”)에 대응하기 위함이다.

CFR은 예컨대 전형적으로 터미널에서 인도되는 컨테이너화물과 같이 물품이 본선에 적재되기 전에 운송인에게 교부되는 경우에는 적절하지 않다. 이러한 경우에는 CPT가 사용되어야 한다. CFR에서 매도인은 해당되는 경우에 물품의 수출통관을 하여야 한다. 그러나 매도인은 물품을 수입통관하거나 수입관세를 부담하거나 수입통관절차를 수행할 의무가 없다.

매도인이 목적항까지 보험료를 부담하지 아니한다는 점에서 CIF조건과는 다르지만 지정된 목적항까지 운임이 포함된 복합가격을 형성하고 또 서류에 의한 상징적 인도(symbolic delivery)조건이란 점에서 CIF조건과 본질적으로 같다.

2 위험 · 비용의 분기점

CFR도 물품이 지정된 선적항에서 본선 적재할 때까지 물품의 손해에 따른 모든 위험을 매도인이 부담하기 때문에 위험의 분기점은 FOB나 CIF와 같이 본선 적재시이다. 매도인은 선적항에서 물품을 본선에 인도할 때까지의 모든 비용에 목적항까지의 운임을 부담하여야 한다. 결국 CFR에서 매도인은 자신의 위험부담 구간의 비용과 매수인의 위험부담구간의 비용 중 운임을 부담하기 때문에 복합가격이라고 할 수 있다. 반면에 매수인은 목적항까지의 운임을 제외하고, 물품이 선적항에서 본선의 갑판에 인도된 때부터 그 물품에 관련된 모든 추가적인 비용을 부담하여야 한다.

매도인은 물품을 본선에 적재하기까지의 일체의 비용, 즉 수출원가(export cost)에 본선의 창내 적부 정돈비(stowage and trimming change)를 포함하여 선적항으로부터 목적항까지의 운송계약에 다른 비용과 통상의 해상운임(ocean freight), 정기선 운송의 경우 운임에 포함되는 목적항에서의 양륙비(unloading costs) 등을 부담하여야 한다.

3 당사자의 주요 의무

매도인은 ① 자신의 비용부담으로 물품의 운송에 통상적인 선박 및 항로로 목적항까지 운송계약을 체결하여야 한다. ② 매매계약과 일치한 물품을 선적항의 본선의 갑판상에 인도하여야 한다. ③ 자신의 비용부담으로 수출허가와 수출통관을 이행하고 이에 따른 비용을 지급하여야 한다. ④ 계약일치물품의 제공을 입증하는 상업송장과 그밖에 일치성에 관하여 계약에서 요구되는 증거를 제공하여야 하며, 서류는 당사자의 합의나 관습에 따라 전자적 기록이나 절차로 할 수 있다. ⑤ 물품의 본선적재비, 정기선의 선내하역인부임(stevedorage) 부담조건에 따른 적재 및 양륙 인부임을 모두 선주가 부담하는 Liner Term에서는 목적항에서의 양륙비도 지급하여야 한다.

매수인은 ① 상업송장과 운송서류가 자신에게 전달되면 물품이 선적항에서 본선의 갑판에 인도된 때에 이를 승낙하고 목적항에서 운송인으로부터 물품을 수령하여야 하고, ② 목적항에서 양륙비가 운임에 포함되어 있지 아니한 경우에는 이를 지급하여야 한다.

XI ▸▸ CIF : Cost, Insurance and Freight (운임 · 보험료 포함인도 ... 지정목적항 기입)

CIF(insert named port of destination) Incoterms® 2020

1 인도의무의 이행

운임 · 보험료포함 인도는 매도인이 물품을 본선에 적재하여 인도하거나 이미 그렇게 인도된 물품을 조달하는 것을 의미한다. 물품의 멸실 또는 손상의 위험은 물품이 본선에 적재된 때에 이전한다. 매도인은 물품을 지정 목적항까지 운송하는 데 필요한 계약을 체결하고 그에 따른 비용과 운임을 부담하여야 한다.

매도인은 운송 중 매수인의 물품의 멸실 또는 손상의 위험에 대비하여 보험계약을 체결한다. CIF에서 매도인은 단지 최소조건으로 부보하도록 요구될 뿐이므로 보다 넓은 보험의 보호를 원한다면 매수인은 매도인과 명시적으로 그렇게 합의하든지 아니면 스스로 자신의 추가보험을 들어야 한다.

CPT, CIP, CFR, CIF가 사용되는 경우에, 매도인은 물품이 목적지에 도착한 때가 아니라 선택된 당해 규칙에 명시된 방법으로 운송인에게 물품을 교부하는 때에 그의 인도의무를 이행한 것으로 된다.

이 규칙은 위험과 비용이 상이한 장소에서 이전되기 때문에 2개의 분기점을 갖는다. 계약에서 항상 목적항을 명시하고 선적항은 명시하지 않지만, 위험은 선적항에서 매수인에게 이전한다. 선적항에 대하여 매수인이 특별한 이해관계를 갖는 경우에 당사자들은 계약에서 이를 가급적 정확하게 특정하는 것이 바람직하다.

당사자들은 합의된 목적항 내의 지점을 가급적 정확하게 특정하는 것이 바람직하다. 그러한 지점까지의 비용은 매도인이 부담하기 때문이다. 매도인은 이러한 선택을 정확하게 만족하는 내용으로 운송계약을 체결하는 것이 좋다. 매도인이 그의 운송계약에 따라 목적항 내의 명시된 지점에서 양륙비용을 지출한 경우에, 당사자간에 달리 합의되지 않았다면 매도인은 이를 매수인에게 구상할 수 없다.

매도인은 물품을 본선에 적재하여 인도하거나 이미 목적항까지 선적을 위하여 그렇게 인도된 물품을 조달하여야 한다. 또한 매도인은 운송계약을 체결하거나 그러한 계약을 조달하여야 한다. **조달**(procure)을 규정한 것은 특히 일차산품거래(commodity trade)에서 보편적인 복수의 연속적 매매("연속매매")에 대응하기 위함이다.

CIF는 예컨대 전형적으로 터미널에서 인도되는 컨테이너화물과 같이 물품이 본선에 적재되기 전에 운송인에게 교부되는 경우에는 적절하지 않다. 이러한 경우에는 CIP가 사용되어야 한다.

CIF에서 매도인은 해당되는 경우에 물품의 수출통관을 하여야 한다. 그러나 매도인은 물품을 수입통관하거나 수입관세를 부담하거나 수입통관절차를 수행할 의무가 없다.

2 위험 · 비용의 분기점

CIF도 CFR와 같이 위험과 비용의 분기점이 일치하지 않는다. 매도인은 물품을 선적항의 본선에 적재할 때까지 물품손해에 따른 위험을 부담하며 그 후 물품에 대한 모든 위험은 매수인이 부담한다. 매도인은 선적항에서 물품을 본선에 인도할 때까지의 모든 관련 비용에 목적항까지의 운임과 보험료를 추가하여 부담하여야 한다. 반면에 매수인은 목적항까지의 운임과 보험료를 제외하고 물품이 선적항에서 본선에 인도된 때부터 그 물품에 관련된 추가비용을 부담하여야 한다. 매도인은 물품이 본선에 적재되기까지의 모든 비용인 수출원가(export costs), 본선 선창내 적부정돈비(stowage and trimming charge), 선적항으로부터 목적항까지 비용과 해상운임(ocean freight), 정기선운송의 경우 통상 포함되는 목적항에서의 양륙비(unloading cost) 등을 부담하여야 한다. 아울러 매도인은 목적항까지의 해상적하보험에 부보시 보험료(insurance premium)를 부담하여야 한다.

매도인은 자신의 비용으로 적어도 협회적하약관의 C-약관이나 그와 유사한 약관에서 제공하는 최소담보조건에 따른 적하보험을 취득하여야 한다.

3 당사자의 주요 의무

매도인은 ① 매매계약과 일치하는 물품을 본선에 인도한다. ② 자신의 비용부담으로 물품의 수출허가와 수출통관을 이행하고 이에 따른 비용을 부담하여야 한다. ③ 자신의 비용부담으로 물품의 운송에 통상적인 선박 및 항로로 목적항까지 운송계약을 체결하고 운임을 부담하여야 한다. ④ 평판이 좋은 보험회사와 목적항까지 운송에 수반된 보험계약을 체결하고 보험료를 지급하여야 한다. ⑤ 계약에 일치하는 물품을 매수인에게 제공하였음을 입증하는 상업송장(commercial invoice), 목적항까지 운송계약을 체결하였음을 증명하는 운송서류, 보험계약을 체결하였음을 증명하는 보험서류(보험증권 또는 보험증명서)를 지체 없이 제공하여야 하며 이러한 서류는 당사자의 합의나 관습에 따라 전자적 기록이나 절차로 할 수 있다. ⑥ 물품의 본선적재비(loading costs)뿐만 아니라 운송계약의 체결 시 정기선의 선내하역인부임(stevedorage)부담조건에 따라 적재시와 양륙시의 인부임을 모두 선주가 부담하는 liner Terms에서는 이러한 비용이 운임에 포함되기 때문에 매도인이 부담하여야 한다.

매수인은 ① 상업송장, 운송서류 및 보험서류가 자신에게 전달되면 물품이 선적항에서 본선의 갑판에 인도된 때 이를 승낙한다. ② 목적항에서 운송인으로부터 물품을 수령하여야 하고, 목적항에서 양륙비가 운임에 포함되지 아니할 경우에는 이를 지급하여야 한다. ③ 매도인에 대한 통지불이행으로 인하여 발생하는 모든 위험과 추가적인 비용을 지급하여야 한다.

4 고유한 의미의 CIF

CIF는 19세기 초 영국에서 생성된 것으로 다음과 같은 본질적인 특징을 가지고 있다.[45]

첫째, CIF계약은 FOB나 CFR와 같이 해상운송만을 전제로 하기 때문에 **해상매매계약**에 속한다.

둘째, CIF계약은 물품이 선적항의 본선난간을 통과할 때 매도인의 인도의무가 이행되는 **선적지매매조건**이다. 따라서 매도인은 선적 후 물품이 멸실되어 목적항에 도착하지 않더라도 선적항에서 계약에 일치한 물품의 선적을 입증하는 서류를 제공하는 한 대금지급을 받을 수 있다.

셋째, CIF계약은 현물매매와 서류인도라는 특수한 계약적 성격을 지니고 있다. 즉, 매도인은 계약에 일치하는 물품을 인도하고 서류를 제공하므로 자신의 인도의무가 이행되는 복합적 성격을 지닌 계약이다. 당사자 간의 매매의 본질은 물품이지만 대금지급은 선적서류에 의하여 이루어지므로 **상징적 인도(symbolic delivery)의 성격**을 지니고 있다. Arnhold Karberg & Co. v. Blythe, Green, Jourdain & Co.사건에서 Waurington 판사는 "C.I.F. 계약에서 인도는 첫째, 물품을 본선에 선적하고 다음으로 선적서류를 인도하므로 이행된다고 보아야 한다"고 판시했다. 즉, 매매의 본질은 물품이지만 인도의 이행방법은 서류이기 때문에 인도와 관련하여 매도인은 중복된 인도의무를 지닌 것으로 보아야 할 것 같다. 결국 CIF는 서류[46]인도로 이행되는 물품매매계약(contract for the sale of goods to be performed by the delivery of documents)이라고 할 수 있다.

넷째, CIF는 매도인의 위험부담구간의 비용인 "C"와 매수인의 위험부담구간의 비용인 "I+F"를 합하여 매도인이 부담하기 때문에 복합가격이라고 할 수 있다.

---

45) D.M. Sassoon, C.I.F. and F.O.B. Contracts, Sweet & Maxwell, 1995, pp. 4~7.

46) CIF에서 서류는 매매관련 서류인 상업송장, 운송계약관련 서류인 운송서류(transport document), 보험계약관련서류인 보험서류(insurance document)를 의미한다.

PART

4

무역계약의 종료(불이행)

CHAPTER

1 당사자의 의무 및 계약위반[1)]

제1절 계약당사자의 권리 · 의무

I ▸▸ 당사자의 권리 · 의무 개관

당사자의 의무에 대하여 UN통일매매법과 우리 민 · 상법이 큰 차이가 있는 것이 아니다.

UN통일매매법은[2)] **매도인의 의무**로 소유권이전의무, 물품인도의무, 서류인도의무, 물품의 계약적합의무를 규정하고, **매수인의 의무**로 대금지급의무 이외에 인도수령의무, 물품검사 · 통지의무를 규정하고 있다. 또한 물품인도의무에 부수되는 의무로 물품특정의무, 운송주선의무, 부보에 필요한 정보제공의무 등을 규정하고 있다.

우리 민법은 매도인의 의무로 소유권이전의무, 매수인의 의무로 대금지급의무만을 명시하고 있다.[3)] 그러나 매도인의 물품 · 서류인도의무는 소유권이전의무에

1) 본 장은 최준선 교수의 국제거래법(삼영사)을 인용한 부분이 많으나 일일이 각주에서 인용표기를 생략함
2) UN통일매매법 제3편 제2장 매도인의 의무, 제3장 매수인의 의무
3) 민법 제568조(매매의 효력) ① 매도인은 매수인에 대하여 매매의 목적이 된 권리를 이전하여야 하며, 매수인은 매도인에게 그 대금을 지급하여야 한다. ② 전항의 쌍방의무는 특별한 약정이나 관습이 없으면 동시에 이행하여야 한다.

포함하는 것으로 해석될 수 있다. 또한 매도인의 계약적합의무는 하자담보책임으로 해결되고 있다. 매수인의 인도수령의무는 민법의 해석상으로도 인정될 수 있는 것이며 물품검사 및 통지의무도 상사거래에서 인정되고 있다.

매매당사자 의무

	UN통일매매법	우리 민법·상법
매도인의 의무	• 소유권 이전의무 • 물품인도 의무+부수적 의무 • 서류인도의무	• 소유권이전의무
	• 계약적합의무	• 하자담보책임
매수인의 의무	• 대금지급의무	• 대금지급의무
	• 인도수령의무	(해석상 인정)
	• 물품검사·통지의무	• 물품검사·통지의무(상법)

UN통일매매법은 제3편 제5장에서 매도인과 매수인의 공통된 의무로서 손해경감의무(mitigation of damage)(제77조), 계약해제로 인한 대금반환의무(restitution of benefits received)로서 이자지급의무(제84조), 면책사유(exemptions), 통지의무(제79조), 매수인의 수령지체로 인한 물품보관의무(seller's duty to preserve goods) 등을 규정하고 있다. 그러나 이들은 일방 당사자의 계약위반 시 계약해제나 손해배상 청구 등에 부수되는 의무일 뿐 매매계약의 직접적인 효과로서 인정되는 의무는 아니다.

UN통일매매법과 정형거래조건의 관계도 중요하다.

UN통일매매법 제9조 제1항에는 "당사자들은 당사자 자신들이 동의한 관행과 당사자들이 자신들 사이에서 확립된 관습에 구속된다"고 규정하여 거래관습이나 관행에 법적 효력을 부여하고 있다. 따라서 FCA나 CIP조건과 같은 거래관습은 당사자가 동의했거나 확립된 관습으로 인정되어, 해당거래에 관련된 종류의 계약을 하는 자에게 널리 알려져 있고, 통상적으로 준수되고 있는 관행으로 인정되어 UN통일매매법이 준거법으로 적용될 경우에도 묵시계약으로 우선 적용된다. 따라서 UN통일매매법은 당사자 간 명시적 합의나 거래관습이 없는 경우에 보충적으로 적용된다.[4)]

매매계약에서 해석상 적용의 우선순위는 당사자 간 명시합의, 묵시조항인 거래관습, 준거법의 순서이다. 따라서 Incoterms의 당사자 의무와 UN통일매매법상의 의무가 상충될 때는 Incoterms가 우선한다고 해석된다.

Ⅱ ▸▸ 매도인의 의무

UN통일매매법(제30조)[5]에서 매도인의 주된 의무는 소유권이전의무, 물품인도의무, 서류인도의무 및 계약적합성의무로 나눌 수 있다.

1 소유권이전의무

소유권이전의무는 매도인의 기본이자 핵심의무이지만 나라마다 법 이론과 체계가 다양할 뿐만 아니라 소유권 이전방법도 상이하다. 더구나 국제거래는 물품인도와 대금지급이 동시에 이루어지지 않으며, 물품인도는 운송인에 의한 간접인도로, 대금지급도 은행을 통한 간접방법으로 이루어진다. 따라서 소유권의 이전시기를 밝히려면 물품인도와 대금지급에 개입되는 운송인과 은행의 법적지위가 규명되어야 한다. 따라서 국제거래에서는 '소유권'이라는 개념 대신 **위험의 이전과 연계된 '인도'의 개념**을 사용하고 있다.

국제적으로 소유권이전의무를 통일적으로 규정하기는 어렵기 때문에 UN통일매매법은 소유권이전의무를 선언적으로 규정하고 있을 뿐이다.[6] 따라서 국내법에 따라 소유권 개념을 기초로 해결되어야 하는 문제로서 위험의 이전 등이 UN통일매매법에 의하여 규율된다.[7]

4) UN통일매매법 제7조 제(2)항 : "Questions concerning matters governed by this Convention which are not expressly settled in it are to be settled in conformity with the general principles on which it is based or, in the absence of such principles, in conformity with the law applicable by virtue of the rules of private international law."

5) 매도인은 계약과 동법에 의하여 요구되는 바에 따라 물품을 인도하고, 물품에 관련된 서류를 교부하며, 물품의 소유권을 이전하여야 한다.

6) 본 법은 계약이 매각된 물품의 소유권에 미치는 효과에 대하여는 관계하지 않는다.(§4 a)

2 물품인도의무

1) 인도시기

매도인은 계약과 UN통일매매법이 정하는 바에 따라 매매 목적물을 인도해야 한다. 매도인의 **물품 인도시기**는 다음 3가지 경우이다(제33조).

① 인도일자가 계약에 의하여 확정되었거나 확정될 수 있는 경우에는 그 일자에 인도하여야 한다.

② 인도시기가 계약에 의하여 기간으로 확정되었거나 확정될 수 있는 경우에는 그 기간 내이다. 다만 사정에 의하여 매수인이 인도시기를 정하여야 하는 경우에는 매수인이 지정한 때이다. FOB나 CIF조건의 인도는 본선인도이므로 선적시기가 바로 인도시기이다.

③ 기타의 모든 경우에는 계약체결 후 '합리적 기간 내'(with a reasonable time)이다.[8] 어느 정도가 합리적인가의 문제는 사실의 문제이다.[9]

2) 인도장소

당사자가 계약으로 인도장소를 지정한 경우에는 약정된 장소에서, 또 확립된 관습이 있을 경우에는 관습에 따라 인도되어야 한다. 국제거래에서 매매당사자는 인도장소와 인도방법을 구체적으로 약정하는 경우는 드물고, 인도장소는 정형거래조건에 따라 결정된다.

정형거래조건은 매매관습이면서 인도관습이다. 따라서 EXW는 매도인의 영업소, FAS는 선측, FCA, CIP, CPT는 매도인의 영업소나 선적지 지정장소, FOB, CFR, CIF는 본선, DAP, DPU, DDP는 도착지 지정장소에서 각각 반입인도 또는 적재인도 방식으로 인도가 이행된다.

7) J.O. Honnold, "Documentary History of the Uniform Law for International Sales" Deventer/Boston : kluwer (1989) p.407.

8) UCC §2-309 (1) : SGA(1979) §29 (2).

9) SGA(1979) §29 (5)

UN통일매매법은 당사자 간의 약정이나 관습이 없을 경우에 **인도장소**에 관하여 다음 3가지를 규정하고 있다(제31조).

① 매매계약이 물품의 운송을 포함하는 송부매매의 경우에는 매수인에게 송부를 목적으로 최초의 운송인(first carrier)에게 물품을 인도하면 매도인의 인도의무는 이행된다. 최초의 운송인에게 인도는 본선인도처럼 반드시 운송수단에 적재인도를 전제로 한 것은 아니며, 운송인의 관리 하에 인도하면 된다. Incoterms 중에서 FCA, CPT, CIP가 여기에 해당된다.

② 계약내용에 물품의 운송이 포함되지 아니한 경우로서 물품이 특정물(specific goods)인 경우에는 그 물품의 현재장소가 인도장소가 된다. 다만 계약당사자가 계약체결 시에 그 물품이 특정장소에 있다는 사실을 알고 있어야만 한다. 현재장소에서 물품을 인도한다는 것은 구체적으로 물품을 매수인의 처분 하에 두는 것을 의미한다. 매수인의 처분 하에 둔다는 것은 매수인의 점유취득이 가능한 상태에 두는 것이며, 매도인이 물품을 특정하고 포장하는 등 인도에 필요한 준비를 마친 후 매수인에게 통지하면 된다. Incoterms 중에서 EXW가 여기에 해당한다.

③ 불특정물매매로서 계약의 내용에 운송이 포함되지 아니한 경우에는 계약체결 당시의 매도인의 영업소가 인도장소가 된다.

3) 물품인도에 수반되는 의무

UN통일매매법은 매도인의 인도의무에 수반되는 의무로 물품특정의무, 운송수배의무, 부보에 관한 정보제공의무를 정하고 있다(제32조).

Incoterms에서는 이들 매매당사자의 의무에 규정되어 있는 것을 반복하여 규정하고 있다.[10)]

① 물품이 특정되지 아니하여 다른 물품과 구분되지 아니하는 경우 매도인은 목적물의 하인이나 선적서류 등을 이용하여 물품을 특정하는 탁송통지서를 작성하여 매수인에게 송부하여야 한다.

10) 예들 들어 Incoterms 2020 FOB에서 물품특정의무는 B3에, 운송수배의무는 B4에, 부보에 관한 정보제공의무는 A5에 규정하고 있다.

② 매도인이 운송을 수배하도록 계약에 정해진 경우에는 매도인은 상황에 적합한 운송수단을 선택하여 통상적인 조건에 따라 운송계약을 체결해야 한다.

③ 매도인에게 부보할 의무가 없는 경우에는 매수인이 부보할 수 있도록 가능한 정보를 제공하여야 한다.

3 서류인도의무

매도인은 계약과 UN통일매매법이 정하는 바에 따라 물품에 관련된 서류를 인도하여야 한다. **서류인도**는 계약에서 정하여진 시기, 장소 및 형식에 따라 이행하여야 한다(제30조). 계약에 명시적 규정이 있으면 이에 따르지만 명시규정이 없으면 묵시조항인 Incoterms에 따르게 된다.

Incoterms에는 매도인이 매수인에게 계약과 일치하는 물품을 제공했다는 일치의 증빙서류인 상업송장과 인도의 증빙(proof of delivery)서류 등 2가지를 제공하도록 규정하고 있다. 다만 CIF나 CIP에서는 2가지 서류 외에 보험서류를 제공하도록 규정하고 있다. Incoterms에서는 당사자가 합의 또는 관습이 있는 경우 이들 서류는 전자적 기록이나 절차로 할 수 있다. 또한 신용장거래에서 매도인이 매수인에게 제공할 서류가 신용장에 하나하나 열거되고 있다.

UN통일매매법은 매도인이 계약상 정하여진 시기 이전에 서류를 인도한 경우에는 인도시기까지 서류상 미비점을 보완할 수 있도록 규정하여(제34조) 인도기일 이전의 하자물품을 인도기일까지 보완을 허용한 제37조와 균형을 유지하고 있다.

4 계약적합성 의무

UN통일매매법은 매도인에게 계약적합성 의무를 부여하고 있다. 따라서 매도인은 **물리적 측면**에서 수량, 종류, 포장 등이 계약과 그 물품의 사용목적에 적합한 물품을 인도해야 하고(제35조) **권리적 측면**에서 하자 없는 물품을 인도하여야 한다(제41조).

1) 물품의 계약적합성 의무

(1) 수 량

매도인은 계약에서 정한 수량을 인도하여야 한다. 벌크화물의 경우에는 수량의 과부족이 불가피하므로 과부족허용조항(M/L clause)이나 개산수량을 표시하여야 과부족을 인정받을 수 있다.

(2) 품질 · 명세

매도인은 계약에서 명시적으로 요구되는 품질과 명세의 물품을 인도하여야 한다(제35조 제1항). 계약에서 합의한 바가 없으면 매도인은 ⓐ 통상 사용목적에 적합한 물품, ⓑ 특별 사용목적에 적합한 물품, ⓒ 견본 또는 모형과 일치하는 물품을 인도하여야 한다(제35조 제2항). 다만, 매수인이 계약체결 시에 물품의 부적합을 알았거나 모를 리가 없었을 경우에는 매도인은 매수인에게 이러한 계약적합의무를 지지 않는다(제35조 제3항).

(3) 포 장

매도인은 계약에서 정해진 방법으로 포장하여야 한다. 포장방법에 합의가 없으면 동일한 물품에 통상 사용되는 방법으로 포장하여야 하며, 통상적인 방법이 없는 경우에는 물품의 보존과 보호에 적당한 방법으로 포장하여야 한다(제35조 제2항 d호).

(4) 계약적합성 판단시기

계약적합성 판단 시기는 원칙적으로 **위험이전 시점**이다. 국제거래는 소유권 대신에 인도라는 개념을 사용하고 있다. 인도가 위험이전과 연계되어 있으므로 바로 인도 시가 적합성 여부의 판단 시기이다.

위험이전 시에 불일치가 존재하면, 불일치 사실이 위험이전 후에 발견된 경우라도 매도인은 책임을 진다(제36조 제1항). 또한 매도인은 불일치가 위험이전 후에 발생하더라도 그것이 매도인의 의무위반에 기인한 경우에는 책임을 져야 한다.

(5) 부적합의 보완

매도인이 약정된 기일 전에 물품을 인도한 경우 매도인은 **인도기일까지 부적합을 보완**할 수 있다. 다만 이 경우 매수인에게 불합리한 불편이나 비용을 유발해서는 안 된다. 물론 매수인은 법에 규정된 손해배상을 청구할 권리를 갖는다(제37조).

2) 권리의 계약적합성 의무

매도인은 산업재산권(Industrial property right) 또는 지적재산권(intellectual property right)에 기초한 제3자의 권리 또는 클레임으로 부터 자유로운 물품을 인도할 의무가 있다(제41조 제1항). 여기에서 권리(right)는 구속력을 갖는 법적으로 확정된 제3자의 청구권을 말한다. 클레임은 소송 중인 사건에서 제3자가 제기한 것으로 아직 해결·확정되지 아니한 것을 말한다. 매도인은 제3자가 제기한 클레임이 유효한 경우 권리적 측면에서 계약적합의무를 위반한 것이 된다.

Ⅲ ▸▸ 매수인의 의무

UN통일매매법에 매수인의 의무는 대금지급의무(제53조~제59조)와 인도수령의무(제60조), 물품을 검사하고 하자를 통보할 의무(제38조, 제39조, 제43조)등이 있다. 우리민법과 상법상의 매수인의 의무와 유사하나 UN통일매매법은 구체적으로 명시하고 있다.

1 대금지급의무

UN통일매매법은 **대금의 결정방법, 지급시기, 지급장소** 등을 규정하고 있지만, 대금지급방법에 관하여는 구체적인 규정은 없다. 그러나 매수인에게 대금지급을 위한 조치를 취하도록 규정하여(제54조) L/C개설 등 필요한 조치를 취하도록 하고 있다.[11)]

1) 대금의 결정

대금은 당사자 간의 합의에 의하여 결정되어야 하지만, 계약이 유효하게 성립하였음에도 명시적 또는 묵시적으로 대금을 약정하지 아니하거나 대금결정 조항을 두지 않는 경우가 있을 수 있다. 반대의 의사표시가 없는 한 당사자들은 계약체결 시에 당해거래와 유사한 상황에서 매매되는 물품에 일반적으로 부과되는 대금(price generally charged)을 매매대금으로 간주한다(제55조). 또한 물품이 중량에 의하여 대금을 결정하도록 정하여진 경우, 대금산정의 기준이 되는 중량의 의미가 분명하지 아니하면 순중량에 의하여 대금을 결정한다.

2) 대금 지급시기

대금지급 시기는 선지급, 동시지급, 후지급 등을 계약에서 결정된다. 지급시기에 관한 **약정이 없는 경우**에는 매수인은 물품이나 물품의 처분을 지배하는 서류를 매수인의 처분 하에 두는 때에 대금을 지급하여야 한다(제58조 제1항). **계약에 물품의 운송이 포함된 경우**에는 대금지급과 상환으로 물품이나 서류를 인도한다는 조건으로 물품을 발송할 수 있다(제58조 제2항). 이 경우에 대금이 지급될 때까지 매도인은 물품의 처분을 유보할 수 있다. 합의한 물품의 인도 또는 대금지급절차가 매수인이 물품검사 기회를 가지는 것과 양립할 수 있는 경우에는 매수인이 물품의 검사기회를 가질 때까지 대금지급을 거절할 수 있다(제58조 제3항).

3) 대금 지급장소

대금지급은 당사자가 약속한 장소가 있으면 그 장소에서, **약속한 장소가 없는 경우**에는 원칙적으로 매도인의 영업소에서 지급되어야 한다(제57조 제1항 a호). 계약체결 후 매도인이 자신의 영업소를 변경하여 그로 인하여 증가되는 대금지급비용은 매도인이 부담하여야 한다(제57조 제2항). 우리 민법・상법도 UN통일매매법의 내용과 거의 일치한다.[12)]

---

11) J. O. Honnold, Uniform Law for International Sales, Kluwer, 1990, p. 407.

12) 민법에서는 대금지급장소에 관하여 특약과 관습이 없는 경우에는 지참채무(特參債務)의 원칙상 매도인의

2 인도수령의무

매수인은 계약과 UN통일매매법이 정하는 바에 따라 물품의 인도를 수령하여야 한다(제53조). **수령의무**에는 매도인이 물품인도를 가능하게 하기 위하여 합리적으로 요구되는 조치를 수행할 의무를 포함한다(제60조). 예를 들어 FOB에서 매수인은 매도인의 본선인도를 가능하도록 선박을 수배하여 매도인에게 통지하여야 한다. 이를 이행하지 않았거나 자신이 지명한 본선이 도착하지 않거나 본선이 도착하였어도 화물을 수령하지 않으면, 이에 따른 위험과 비용을 매수인이 부담하여야 한다.[13)]

3 물품검사 · 통지의무

매수인은 물품의 부족이나 하자를 발견한 경우에 이에 대한 매도인의 책임을 묻기 위하여 수령한 물품을 지체 없이 검사하고(제38조 제1항), 검사결과를 지체 없이 통지할 의무가 있다(제39조 제1항). 물품검사와 통지의무를 매수인이 매도인에 대한 의무가 아니라 자신의 권리를 유지하기 위한 의무로 우리 상법의 매수인의 검사·통지의무와 내용이 같다.[14)]

1) 물품검사의무

(1) 검사시기

매수인은 당해 사정에 비추어 **실행 가능한 짧은 기간 내**에[15)] 물품을 검사하거나

주소에서 지급하여야 하고, 영업에 관한 채무변제도 매도인의 영업소에서 하여야 한다(민법 제467조 제2항). 또한 일반거래의 사정과 당사자의 의사를 추측하여 매매물품의 인도와 동시에 대금을 지급하여야 하는 경우에는 그 인도장소에서 대금을 지급하여야 한다(민법 제586조).

13) Incoterms(2020) FOB, 매수인의 의무 B2(인도의 수령) B3(위험이전)

14) 상인 간의 매매에서 매수인이 목적물을 수령한 때에는 지체 없이 이를 검사하여야 하며, 하자 또는 수량부족을 발견한 때에는 즉시 매도인에게 그 통지를 발송하지 아니하면 이로 인한 계약해제, 대금감액 또는 손해배상을 청구하지 못한다. 그러나 하자를 즉시 발견할 수 없을 때에는 6월 내에 발견하여 통지하면 된다(상법 제69조 제1항).

15) within as short period as is practicable in the circumstances(CISG §38조 ①) 지체없이(상법 제69

또는 물품이 검사되도록 하여야 한다(제38조 제1항). 계약상 물품이 운송을 포함하는 경우에는 운송 중 검사가 어렵기 때문에 물품이 목적지에 도착한 이후까지 연기할 수 있다(제38조 제2항). 특히 운송 중 매수인이 검사를 수행할 합리적 기회를 갖지 못한 채 매수인에 의하여 물품의 목적지를 변경하거나 재발송된 경우, 매도인이 재발송 또는 목적지의 변경을 알았거나 알 수 있었을 경우에 한하여 매수인은 물품이 새로운 목적지에 도착할 때까지 검사를 연기할 수 있다(제38조 제3항).

(2) 검사장소와 검사방법

검사는 원칙적으로 **인도장소**에서 이루어져야 한다. 그렇지만 물품의 운송이 예정되어 있는 경우에는 그 목적지가, 물품의 목적지를 변경하거나 전송될 경우에는 새로운 도착지가 검사장소가 된다. **물품의 검사방법**에 관하여 별도의 약정이 없는 경우에 매수인은 해당거래의 관행적 방법으로 검사하면 된다.

2) 통지의무

(1) 통지시기

매수인은 매도인에게 물품 부적합의 책임을 묻기 위한 전제로서 물품의 부적합을 발견하였거나 발견할 수 있었을 때로부터 **합리적인 기간** 내에 부적합의 내용을 상세하게 통지하여야 한다(제39조 제1항).

통지의 범위는 물품의 부적합이지만, 물품의 수량, 품질, 명세, 포장과 권리상의 부적합도 포함된다. 서류의 부적합에 대하여는 명문규정이 없지만 매도인의 서류제공의무를 감안할 때 서류의 하자도 포함되는 것으로 보아야 한다.

UN통일매매법에서 **검사기간**은 **실행 가능한 짧은 기간 내**로 규정하면서 **통지는 합리적인 기간 내**로 규정하고 있다.[16] 합리적 기간은 물품의 변질가능성, 견본채취의

조), 합리적인 기간이 경과되기 이전에(before the lapse of reasonable time)(SGA 제35조), 합리적인 기간 내(within a reasonable time) (UCC §2-606) 등

16) 우리나라 상법은 UN통일매매법과 다르게 하자통지기간을 구체적으로 명시하여 즉시 발견할 수 있는 하자의 경우에는 매수인이 물품을 수령한 즉시 통지할 것을 규정하고, 즉시 발견할 수 없는 하자의 경우에는 물품수령 후 6개월 이내에 통지할 것을 규정하고 있다(상법 제69조).

공평성 또는 검사의 필요성 및 매도인에 의한 보완가능성 등을 고려하여 해석해야 한다.[17] 그렇지만 어떠한 경우에도 물품이 매수인에게 실제로 인도된 날로부터 **늦어도 2년 이내**에 통지하지 아니하면 매수인은 물품불일치를 주장할 권리를 상실한다(제39조 제2항). 2년은 매수인이 권리를 행사할 수 있는 제척기간(除斥期間)이다. 제척기간에 관한 규정은 강행규정이 아니므로 특약으로 이를 줄이거나 늘릴 수 있다. UN통일매매법의 2년의 제척기간은 권리부적합의 경우 적용되지 아니한다.

(2) 통지방법

매수인의 물품부적합 통지의무의 이행에는 특별한 형식이 요구되지 않으므로 상황에 따라 **적절한 방법**으로 하면 된다(제27조). 다만 통지 시에는 불일치의 내용을 명세하여 통지하여야 한다(제39조 제1항).

(3) 통지의무 불이행의 효과

매수인은 UN통일매매법에 규정된 기간 내에 정하여진 방법으로 매도인에게 통지하지 않는 경우 불일치에 관련된 **청구권을 상실**한다(제39조 제1항). 청구권에는 손해배상청구권(제74조~제77조), 계약해제권(제51조 제2항), 대금감액청구권(제50조) 및 하자보완청구권(제46조) 등이 있다.

상대방의 계약위반에 관한 통지의 경우 **발신주의원칙이 적용**되어 통지가 지연되거나 도달하지 않는 경우에도 통지의무를 이행한 것으로 본다(제27조). 또한 매도인이 물품의 부적합을 알았거나 모를 리가 없었고 또한 매도인이 매수인에게 고지하지 않았던 사실과 관련이 있는 경우에는 매도인은 매수인의 물품검사·통지에 관한 UN통일매매법 제38조와 제39조의 규정을 원용할 수 없다(제40조). 즉, 매도인은 매수인의 통지의무 해태의 효과를 주장할 수 없다.

---

17) J. O. Honnold, op. cit., p. 336.

제2절 계약위반과 권리구제

I ▸▸ UN통일매매법의 특징 및 Incoterms와의 관계

1 UN통일매매법의 특징

1) 대륙법계와 영미법계의 타협

UN통일매매법은 계약위반에 대한 권리구제로서 이행강제[18]와 손해배상에 관하여 대륙법계와 영미법계의 법리를 적절히 타협하고 있다.

대륙법계는 전통적으로 당사자 일방이 계약을 위반한 경우에 가능한 한 계약의 이행강제를 원칙으로 한다. 본래 계약에서 정한 의무의 내용을 그대로 이행토록 하는 것이 채권자에게 유리하며 계약의 본래의 취지에도 부합한다는 것이 이유이다. 계약대로 이행이 불가능한 경우에 예외적으로 손해배상에 관한 권리구제를 허용하고 있다.

반면에 영미법계는 계약위반의 보상적 구제(substitutional relief)를 명하는 손해배상을 원칙으로 하고 예외적으로 강제이행을 인정한다.

2) 당사자별 권리구제 내용의 분리

UN통일매매법의 권리구제에 관한 규정은 당사자별로 다음과 같은 구조로 구성되어 있다.

① 매도인의 계약위반에 대한 매수인의 권리구제(제45조~제52조)

18) UN통일매매법은 특정이행(specific performance) 또는 이행청구(requiring performance)란 용어를 사용함

② 매수인의 계약위반에 대한 매도인의 권리구제(제61조~제65조)

③ 양 당사자에게 모두 적용될 공통적인 구제(제71조~제72조, 제74조~제77조, 제79조, 제80조, 제81조~제84조)등

우리 민법은 계약불이행을 이행지체, 이행불능, 불완전이행, 매도인의 하자담보책임 등으로 구분하여 규정하고 있다.

3) 고의 · 과실 불문주의

UN통일매매법은 의무위반이 고의나 과실에 의한 것임을 요구하지 않는다. 다만 불가항력으로 인한 계약불이행에 대하여 손해배상책임을 면제하고 있다(제79조). 이것은 오늘날 과실책임주의 원칙이 변경되어 있는 것을 UN통일매매법이 수용한 것으로 보인다.

반면에 **우리 민법**을 포함한 대륙법계 국가의 민법은 과실책임주의의 원칙에 따라 계약불이행의 요건으로 채무자에게 귀책사유가 있어야 한다.

2 Incoterms와의 관계

Incoterms와 CISG는 국제물품매매에서 당사자의 권리와 의무를 다루고 있다는 점에서는 공통의 역할을 수행한다. 그리고 계약의 성립, 당사자 권리 · 의무의 내용(품질조건, 가격조건, 인도조건, 보험조건 등), 상대방에 의한 의무위반에 대한 권리구제 등은 Incoterms와 CISG를 모두 고려해야 비로소 알 수 있기 때문에 양자는 상호보완적 관계에 있다.

1) Incoterms가 CISG에 우선하는 경우

CISG는 강행법규가 아닌 임의법규이다. 따라서 법률조항과는 다른 당사자의 의사가 있다면 당사자의 의사가 우선적 효력을 가진다(CISG §6조). 또한 CISG는 계약내용을 확정함에 있어 관습과 거래관행의 효력을 인정한다(§9조).

Incoterms는 법률이 아니고 관습이지만 **CISG에 우선한다. 그리고 기본적으로** 계약당사자가 Incoterms를 적용한다는 의사가 있는 경우에 적용되는 것이 원칙이므

로 최소한 당사자의 의사를 근거로 적용된다.

(1) 인도조건

Incoterms는 매도인과 매수인의 의무를 각각 10개항으로 나누어 분류하고 있다. 그 중에서도 물품의 인도를 기준으로 위험이전과 비용분담을 결정한다.

CISG도 물품의 인도방법으로 인도장소(§31조), 인도시기(§33조), 위험의 이전(§66~70조)에 관한 규정을 두고 있지만 그 내용이 Incoterms보다 구체적이지 않다. 따라서 Incoterms는 계약의 일부 또는 관습으로서 CISG보다 우선하며 계약내용을 확정한다.

(2) 가격조건

Incoterms는 인도조건이며 동시에 가격조건이다. Incoterms는 가격조건으로서 매도인과 매수인이 각각 어떠한 비용을 담당해야 하는지를 CISG보다 매우 상세하게 규정하고 있다.

반면에 계약내용에서는 CISG가 Incoterms보다 상세하다. CISG는 물품의 계약일치성(§35조), 대금지급장소(§57조) 및 대금지급시기(§58조)를 상세하게 규정하고 있지만, Incoterms는 물품의 계약일치성을 판단하기 위한 기준을 제시하지 않는다. 즉, 매도인이 계약에 일치한 물품을 인도해야 할 의무와 매수인이 대금을 지급할 의무를 일반적으로 규정하고 있을 뿐 어떠한 물품이 계약에 일치하는지, 매수인은 언제 어디서 대금을 지급해야 하는지를 구체적으로 정하고 있지 않다.

Incoterms는 위험의 이전시점을 물품의 인도와 연계시켜 구체적으로 규정하고 있지만 위험이전의 효과에 대해서는 규정하고 있지 않은데, CISG에서는 규정하고 있다(§66조). 따라서 위험이전의 시점과 그 효과를 제대로 이해하기 위해서는 Incoterms와 CISG를 동시에 살펴보아야 한다.

(3) 보험계약 및 운송계약

Incoterms는 보험계약이나 운송계약을 체결할 의무가 누구에게 있는지를 밝히고 있지만 **CISG에는 이러한 규정이 없다.**

2) CISG가 Incoterms에 우선하는 경우

(1) 계약성립

CISG는 매매계약의 성립문제로서 **청약과 승낙, 청약과 승낙의 취소·철회 및 효력발생시기, 계약의 성립시점** 등을 상세히 다루고 있다.

반면에 Incoterms는 당사자의 의무를 구체적으로 규정하고 있지만, 계약의 성립에 대해서는 아무런 규정이 없다.

(2) 계약위반에 대한 구제

CISG는 **당사자의 구제권**을 상세하게 규정하고 있다. 즉, 매수인은 계약이행청구권, 대금감액청구권, 대체품인도청구권, 계약해제권 및 손해배상청구권 등을 행사할 수 있으며, 매도인은 계약이행청구권, 계약해제권 및 손해배상청구권 등을 행사할 수 있다. 또한 손해액의 산정문제와 계약을 해제의 효과에 대해서도 규정하고 있다.

반면에 Incoterms는 매도인과 매수인의 의무를 규정하고 있지만 당사자가 의무를 위반했을 때 상대방은 어떻게 할 수 있는지를 전혀 규정하고 있지 않다.

Ⅱ ▸▸ 매도인 계약위반과 매수인 권리구제

UN통일매매법은 매도인이 계약을 위반했을 때 매수인에게 부여할 권리구제의 방법으로 ① 계약대로의 이행(특정이행)을 청구하는 권리(제46조 제1항), ② 대체품의 인도청구권(제46조 제2항), ③ 하자보완청구권(제46조 제3항), ④ 추가기간지정권(제47조), ⑤ 계약해제권(제49조), ⑥ 대금감액청구권(제50조), ⑦ 손해배상청구권 등 7가지를 선택적 또는 중복적으로 사용할 수 있다.[19)]

19) 우리나라 민법상 매수인의 구제방법은 ① 대금감액청구권(다만, 권리일부의 하자, 물건의 수량부족 또는 일부 멸실의 경우)(민법 제572조 제1항, 제574조), ② 계약해제권(다만, 목적을 달성할 수 없는 하자의 경우)(민법 제547조, 제580조, 제581조), ③ 손해배상청구권(다만, 종류매매의 하자의 경우에는 손해배상청구권 또는 완전물 급부청구권의 택일)(민법 제581조) 등이 있다.

매도인의 계약위반이 근본적 위반(fundamental breach)이 되면 매수인은 계약해제나 대체물인도청구권을 행사할 수 있지만 그렇지 않을 경우 매수인은 대금감액청구권이나 하자보완청구권을 행사하게 된다.

특히 손해배상청구권은 다른 구제수단과 중복하여 행사할 수 있다(제45조 제2항).[20] 따라서 매수인은 매도인에게 특정이행을 요구함과 동시에 이행지연이나 이행과정에서의 결함 등으로 발생한 손해의 배상을 요구할 수 있고, 계약을 해제하면서 계약위반으로 발생한 손해배상을 함께 요구할 수 있다.

한편 UN통일매매법은 법원이나 중재법정이 계약을 위반한 매도인에게 이행을 위한 유예기간을 허용할 수 없도록 하였다(제45조 제3항, 제61조 제3항). 유예기간의 허용은 국제무역의 성격에 비추어 적절치 않을 뿐 아니라 특정 국가의 법원이 자국민에게 편파적인 결정을 할 소지가 있기 때문이다.

1 계약이행청구권

매도인이 계약을 이행하지 않는 경우에 매수인은 원칙적으로 **계약대로의 이행(特定履行, specific performance)**을 청구할 수 있다(제46조 제1항). 다만 법원이 UN통일매매법이 적용되지 않는 유사한 매매계약에 대하여 자국의 국내법에서 특정이행을 판결하는 경우가 아니면 법원은 특정이행을 명하는 판결을 할 의무가 없다(제28조). 이것은 영미법계 국가에서는 금전보상이 충분하지 아니한 예외적인 경우에 한하여 특정이행을 명하는 관행을 고려한 것이다.

특정이행은 언제나 허용되는 것은 아니다. 즉, 매수인은 이와 양립할 수 없는 구제수단을 사용할 때에는 강제할 수 없다(제46조 제1항). 즉, 매수인이 계약해제권이나 대금반환청구권을 행사할 경우 특정이행청구권을 행사할 수 없다. 특정이행청구권을 행사하더라도 손해배상청구권은 행사할 수 있다.

20) (2) The buyer is not deprived of any sight be may have to claim damages by exercising his rights to other remedies.

2 추가기간 지정권

매수인은 매도인의 의무이행을 위하여 **합리적인 추가기간**(Nachfrist)을 지정할 수 있다(제47조 제1항).[21] 매수인은 매도인으로부터 지정된 기간 내에 이행을 하지 않겠다는 통지를 받지 않는 한 그 기간 중에는 계약위반에 대한 어떤 구제수단도 사용할 수 없다(제47조 제2항). 그렇지만 매수인은 이행지연에 대한 손해배상청구권을 행사할 수 있다.

추가기간 지정의 의미는 매도인이 그 기간 내에 물품을 인도하지 아니하면 매수인으로 하여금 계약을 해제할 수 있도록 하는데 있다. 이러한 추가기간의 지정에 따른 계약해제는 인도불이행의 경우에만 적용된다(제49조 제1항 b호). 매수인이 추가이행기간을 지정한 경우 그 기간이 경과하거나, 기간 중이라도 매도인으로부터 추가기간 내에 계약을 이행하지 않겠다는 통지를 받으면 계약을 해제할 수 있다.

3 대체물품 인도청구권

UN통일매매법은 물품이 계약에 부적합한 경우 대체물품 인도를 청구할 수 있는 권리를 규정하면서 엄격한 제한을 두고 있다. 그 부적합이 근본적 계약위반에 해당하고 매수인의 대체품의 청구가 제39조하에서 행하여지는 통지와 연계하여 그로부터 합리적인 시간 내에 행하여진 경우에 한하여 이러한 권리를 인정하고 있다(제46조 제2항). 그렇지만 매수인이 이에 수령한 물품을 반환할 수 없거나 수령당시와 동등한 상태로 반환할 수 없는 경우에는 대체물품 인도청구권을 상실한다(제82조 제1항).

4 하자보완 청구권

물품이 계약에 부적합한 경우에 모든 상황에 비추어 불합리하지 않는 한 매수

21) 추가기간지정은 우리 민법의 이행최고(履行催告)와 유사하다. 당사자 일방이 그 채무를 이행하지 아니한 때에는 상대방은 상당한 기간을 정하여 그 이행을 최고하고 그 기간 내에 이행하지 아니한 때에는 계약을 해제할 수 있다.(민법 제544조)

인은 매도인에 대하여 하자의 보완을 청구할 수 있다(제46조 제3항). 이 경우에도 제39조에서 행하여지는 통지와 연계하여 합리적인 기간 내에 행하여져야 한다.

5 대금감액 청구권

물품이 계약에 일치하지 않는 경우 물품대금의 지급 여부에 관계없이 매수인은 현실로 인도된 물품이 인도 시에 가지고 있던 가액이 계약에 적합한 물품이 그 때에 가지고 있었을 가액에 대하여 가지는 비율에 따라 대금을 감액할 수 있다(제50조).[22] 그러나 매도인이 물품의 하자를 보완하였거나 매수인이 매도인의 보완제의를 부당하게 거절한 경우 대금감액은 인정되지 않는다.

6 매수인의 계약해제권

국제거래에서는 계약유지의 이념을 실현하기 위하여 계약이행의무가 면제되는 계약해제권을 엄격히 제한하고 있다. 왜냐하면 격지 간의 물품운송에는 비용이 많이 들고, 물품이 거절될 경우 이를 외국에서 처분해야 하는 등 어려움이 많기 때문이다.

UN통일매매법은 **계약해제의 사유로** 2가지를 들고 있다. 첫째는 매도인의 의무위반이 근본적 계약위반에 이르게 되는 경우이고, 둘째는 불인도의 경우로써 매도인이 제47조 제1항에 따라 매수인이 지정한 추가기간 내에 물품을 인도하지 않거나 그 기간 내에 자신의 의무를 이행하지 아니할 것을 명백히 한 때에 매수인은 계약을 해제할 수 있다(제49조 제1항). 이 경우에는 계약위반이 근본적이었음을 입증할 필요도 없다.

계약의 해제는 정당한 손해배상의무를 제외하고는 당사자 쌍방을 모든 계약상의 의무로부터 해방시킨다(제81조 제1항). 그렇지만 계약해제는 분쟁조정에 관한 계약조항이다. 계약해제에 따라 발생하는 당사자의 권리·의무를 규율하는 기타 조항에는 영향을 주지 않는다.

22) 우리 민법은 수량부족의 경우에는 대금감액을 청구할 수 있으나(제574조), 물품하자에 관하여는 손해배상을 청구할 수 있을 뿐 대금감액을 청구할 수 없다.

일부 계약위반에 대한 구제

1) 일부인도 및 일부 불일치

매도인이 물품의 일부만 인도하거나, 인도된 물품 중 일부가 계약내용과 일치하지 아니하는 경우에는 매수인의 권리구제에 관한 제46조 내지 제50조의 규정이 적용될 수 있다(제51조 제1항). 즉 매수인은 ① 매도인에게 대체물의 인도를 요구하거나(제46조 제2항), ② 하자 있는 부분에 대한 계약을 해제하거나(제49조 제1항 a호), ③ 하자 있는 물품을 수령한 다음 그 대금의 감액을 청구할 수 있다(제50조). 물론 이러한 구제방법과 병행하여 손해배상을 청구할 수 있다(제74조). 물론 일부인도·일부불일치가 계약의 근본적 위반을 구성하면 매수인은 계약을 해제할 수 있다(제51조 제2항).

2) 조기인도 및 초과수량 인도

매도인이 약정한 기일 이전에 물품을 인도할 경우 매수인은 물품을 수령하거나 거절할 수 있다(제52조 제1항). 매수인이 거절할 경우 매도인은 계약상 약정된 날짜에 그 물품을 다시 제공할 수 있다. 매수인이 조기 인도된 물품을 수령한 경우에는 매도인을 위하여 이를 보관하는 등 합리적인 조치를 취한 다음 이에 수반되는 비용 등의 손해배상을 청구할 수 있다(제86조). 또한 매수인은 매도인이 계약에 약정된 수량보다 많은 수량을 인도할 경우 초과된 양의 인도를 수령하거나 거절할 수 있다. 매수인이 초과된 수량의 전부 또는 일부의 인도를 수령하는 경우에는 매수인은 계약상의 비율에 따라 대금을 지급하여야 한다(제52조 제2항).

Ⅲ 매수인 계약위반과 매도인 권리구제

매수인은 약정된 대금을 지급하고, 인도된 물품을 수령할 의무가 있다. 매수인이 이러한 의무를 이행하지 아니하는 경우에 매도인은 손해배상청구권, 이행청구권, 계약해제권을 가진다. 이때 손해배상청구권은 다른 구제수단과 양립할 수 있다.

1 계약이행 청구권

매수인이 자신의 의무를 이행하지 않는 경우에 매도인은 매수인에게 대금의 지급, 인도의 수령, 기타 매수인의 의무이행을 청구할 수 있다(제62조). 이러한 매도인의 권리는 제46조 매수인의 권리에 대응한다. 매도인이 이행을 청구하려면 계약해제권의 행사 등과 같은 서로 모순되는 권리구제수단을 행사할 수 없다.

2 추가기간 지정권

매도인은 매수인이 대금지급이나 물품수령을 할 수 있도록 추가기간을 지정할 수 있다(제63조 제1항). 이 조항은 매수인에게 추가기간을 지정할 권리를 부여한 제47조에 대응하는 조항이다. 만약 매수인이 추가기간 내 자신의 의무를 이행하지 않을 경우, 매도인은 매수인의 계약위반이 근본적(fundamental)임을 입증하지 않고도 계약해제를 선언할 수 있다.

매도인의 추가기간의 지정 및 그 기간 내 불이행에 대한 계약해제는 매수인의 가장 큰 의무인 물품수령 및 대금지급의 경우에만 가능하다(제64조 제1항 b호). 그러므로 다른 채무불이행, 예컨대 물품의 명세를 확정하지 아니하는 경우에는 그 위반이 근본적인 경우에 한하여 계약을 해제할 수 있다.

3 물품명세 확정권

계약상 매수인이 물품의 형식, 규격, 기타 특징을 명세하여야 하는 경우, 매수인이 합의된 기일 또는 매도인으로부터 요청을 받은 후 상당한 기간 내에 물품의 명세를 확정하지 아니한 때에는 매도인은 매수인의 요구사항을 참작하여 스스로 물품 명세를 확정할 수 있다(제65조 제1항).

국제거래에서 물품의 구체적 내용 중 기본적인 사항만을 약정한 다음 구체적인 항목을 추후에 매수인이 정하도록 하는 내용의 계약을 체결하였다가 그 후 시황의 변동에 따라 매수인이 그 물품의 구매를 원치 않게 되자 그 구체적 명세를 지정하지 아니함으로써 계약의 파기를 시도하는 경우가 있다. 제65조는 이러한 경우를 대비한 조항이다.

매도인이 스스로 물품 명세를 확정하는 경우에는 매도인은 매수인에게 이에 관한 세부사항을 통지하여야 하고, 매수인이 통지를 받고 상이한 물품 명세를 확정하지 아니하는 경우에는 매도인이 확정한 물품명세가 구속력을 갖는다(제65조 제2항).

4 계약해제권

매도인은 매수인의 의무불이행이 근본적 계약위반인 경우와 지정한 추가기간 내 매수인이 대금지급 또는 물품수령의무를 이행하지 아니하거나, 지정된 기간 내 이행을 하지 않겠다는 선언을 한 경우에는 계약을 해제할 수 있다(제64조 제1항).

매수인이 대금을 지급한 경우 매도인은 매수인이 계약이행을 지체하였거나 매도인이 매수인의 이행사실을 이미 알고 있는 경우에는 계약을 해세할 수 없다. 또한 이행지체 이외의 계약위반인 경우 매도인이 위반을 알았거나 알았어야 한 때, 또는 매도인이 지정한 추가기간이 종료된 때 또는 매수인이 추가기간 내의 의무이행거절을 선언한 때로부터 합리적인 시간 내에 해제하지 않는 한 계약해제권은 상실된다(제64조 제2항).

제3절 계약당사자 쌍방에 공통된 권리구제

계약위반에 임박한 이행기전 계약위반(anticipatory breach)과 분할이행계약(instalment contracts)에서 상대방이 행사할 수 있는 구제로 이행정지(suspension of performance)와 계약해제가 있다(제71조~제73조). 그리고 손해배상청구 시 손해액의 산정에 관한 규칙(제74조~제77조), 지체된 금액의 이자에 관한 조항(제78조), 면책(제79조~제80조), 계약해제의 효과(제81조~제88조) 등이 있다.

본 절에서는 이행기전 계약위반, 손해배상, 이자 및 면책에 관해서만 설명한다.

I ▸▸ 이행기전의 계약위반

당사자 일방의 의무불이행이 명확함에도 불구하고 상대방의 이행을 기다려야 한다는 것은 형평의 원칙에 맞지 않는다. 따라서 당사자 일방은 계약체결 후 상대방의 이행능력, 신용상 중대한 결함, 계약의 이행준비, 이행상의 행위 등으로 중요부분을 불이행할 것이 명백하게 된 경우에는 자신의 의무이행을 정지할 수 있다(제71조 제1항). 이 조항은 영미법상의 **이행기전의 계약위반(anticipatory breach of contract)**의 법리를 수용한 것이다.[23)]

UN통일매매법은 이행의 정지가 상대방이 의무의 중요한 부분을 이행하지 않으려고 함이 명백하게 되었을 때만 허용된다. 즉, 불이행 가능성이 크다는 사실을 보여주는 객관적 정황증거가 있는 경우에만 인정된다. 일방당사자의 불이행의 가능성이 명백해지기 전에 이미 물품을 발송한 매도인은 선하증권 등과 같이 물품의 점유권을 부여하는 증서를 매수인이 소지하고 있더라도 매수인에게 물품이 인

23) 우리나라 민법은 "채무이행의 확정한 기간이 있는 경우에는 채무자는 기한이 도래한 때로부터 지체책임이 있다"고 규정하고(제387조), 동시에 "기한은 채무자의 이익을 위한 것으로 추정한다"고 규정함으로써(제153조 제1항) 이행기전의 계약위반제도를 인정하지 아니한다.

도되지 못하도록 방지할 수 있다(제71조 제2항).

그러나 현실적으로 매수인이 이에 물품의 권리를 나타내는 선하증권을 제3자에게 양도한 경우에는 이를 정지시킨다는 것은 사실상 불가능한 일이 될 것이다. 따라서 운송도중 물품의 인도중지에 관한 규정은 매매당사자 상호간의 물품에 대한 권리에만 적용되고 제3자의 권리를 해하지 못한다. 이행을 정지하는 당사자는 물품발송 전후를 불문하고 상대방에게 즉시 정지에 관한 통지를 하여야 한다. 그리고 상대방이 적당한 이행의 보장을 제공한 경우에는 이행을 계속하여야 한다(제71조 제3항).

통지를 받은 당사자로부터 적절한 보장이 없으면 통지 당사자는 계약을 해제하고 손해배상을 청구할 수 있다(제72조). 이를 이행기전의 계약해제(avoidance prior to the date for performance)라 한다.

Ⅱ ▸▸ 손해배상청구권

손해배상청구는 다른 구제방법과 병행하여 행사할 수 있다. UN통일매매법은 손해액산정의 일반원칙, 계약이 해제된 경우의 손해액의 산정기준, 손해경감의무 등을 규정하고 있다.

1 손해액 산정의 일반원칙

당사자의 계약위반으로 인한 손해는 이익의 상실을 포함하여, 위반의 결과 상대방이 입은 손해액 총액과 동일하다(제74조 제1항). 손해배상의무는 계약위반자가 계약을 이행하였더라면 얻을 수 있었던 이익까지를 당연히 배상하여야 한다.[24]

계약위반으로 입은 손해는 경우에 따라서는 예상을 넘어 극심할 수도 있다. 그러한 손해는 위반당사자가 알았거나 알았어야만 하는 사실을 기초로 하여 계약체

24) 우리 민법은 상대방의 채무불이행으로 인한 손해배상도 통상의 손해를 한도로 배상함을 원칙으로 한다(제393조 제1항).

결 당시 그가 계약위반의 가능한 결과로 예상하였거나 예상하였어야만 하는 손실액을 초과할 수 없다.[25] UN통일매매법상의 손해배상의 일반원칙은 우리 민법과 유사하다.

2 계약해제의 경우 손해액 산정

피해당사자는 계약해제와 동시에 자신이 입은 손해를 배상 청구할 수 있다. 손해액의 산정은 피해당사자가 대체거래를 한 경우와 그렇지 않는 경우를 나누어 규정한다.[26]

계약이 해제되고 해제 후 합리적인 방법과 시간 내에 매수인이 대체물품을 매입하거나 매도인이 재매각한 경우, 손해배상청구 당사자는 제74조에 의하여 배상받을 수 있는 손해뿐만 아니라 계약상의 가액과 대체거래가액의 차액을 배상받을 수 있다(제75조). 대체거래가격을 정함에 있어 피해당사자가 계약위반으로 인하여 지출하지 안 해도 된 비용은 손해액에서 공제할 수 있다. 그러나 대체거래를 함으로써 수송비용 등 기타비용이 증가하였다면 이는 계약위반으로 인하여 발생한 손해이기 때문에 당연히 배상을 청구할 수 있다.

피해당사자가 대체거래를 아니하였거나 대체거래를 하였더라도 그것이 상당기간 내에 합리적인 방법으로 행하여진 것이라고 인정되지 않거나, 계약을 해제한 당사자가 여러 차례 같은 거래를 하는 것이 해제된 계약의 대체거래에 해당하는지의 여부를 판단할 수 없는 등의 경우에는 손해액은 물품의 시가(current price)에 의하여 결정된다.

시가의 기준시점은 물품이 인도되는 시점 또는 그 이전에 피해당사자가 매매계약을 해제한 경우에는 손해액은 계약해제 시의 시가에 의하여 결정된다(제76조 제1항).

시가의 기준장소는 물품이 인도되어야 하는 장소의 일반적인 가격으로 한다(제76조 제2항). 물품이 공공시장에서 거래되는 때에는 그 시장가격에 의하여, 그러한

25) 우리 민법이 특별한 사정으로 인한 손해는 채무자가 그 사정을 알았거나 알 수 있었을 때에 한하여 배상책임이 있다(제393조 제2항)고 정한 것과 같은 취지이다.

26) 우리 민법은 계약위반의 결과 계약을 해제와 무관하게 손해배상을 청구할 수 있는 규정(§393)을 두고 있다. 그러나 UN통일매매법은 계약이 해제된 경우의 손해배상액의 산정에 관하여 특칙을 두고 있다.

공공시장이 없는 때에는 거래관행에 의하여 시가를 결정하게 된다. 또 대체지의 가격을 기준으로 하는 경우에 물품의 수송비용을 적절히 참작해야 한다(제76조 제2항).

계약해제의 경우에도 피해당사자가 계약위반자로부터 배상받을 수 있는 손해에는 계약이 이행되었더라면 피해당사자가 얻을 수 있었던 이익인 기대이익을 포함한다.

3 손해경감의무

계약위반을 주상하는 낭사자는 그 위반으로 인하여 발생하는 이익의 상실을 포함한 손실의 감소를 위하여 상황에 따라 합리적인 조치를 취하여야 하는(제77조) 피해당사자의 손해경감의무가 있다.

매매계약에서 구체적으로 행하여지는 손해경감조치는 재매입이나 재매각을 들 수 있다. 피해당사자가 손해경감의무를 다하지 않는 경우 위반당사자는 감소될 수 있는 손해액만큼의 감액을 청구할 수 있다(제77조). 이로써 피해당사자의 손해경감의무는 계약위반자의 손해배상액의 범위를 제한하는 역할을 한다.

Ⅲ ▸▸ 손해배상책임의 면제

당사자가 계약불이행으로 피해를 입었음에도 불구하고 상대방이 손해배상을 받을 수 없는 다음과 같은 **면책(exemption)**의 경우가 있다.

첫째, 계약에 면책조항(exemption clause)이나 책임부인조항(disclaim clause)을 삽입하는 경우이다. 이러한 조항들의 유효성은 국내법에 따르지만 대부분의 국가에서 이들이 공서양속(公序良俗)에 위반될 정도로 부당하지 않는 한 그 효력을 인정하고 있다.

둘째, 상대방의 계약불이행이 자신의 작위·부작위로 인한 경우에는 상대방의 불이행을 주장할 수 없다(제80조).

셋째, 당사자 쌍방에 그 책임을 돌릴 수 없는 사정에 의하여 이행이 불가능하게 된 경우가 있다. 영미법계와 대륙법계 사이에 차이가 있으나 이행불능(impossibility), 불가항력(Force majeure), 천재지변(Acts of God), 계약목적 달성불능(frustration) 등의 명칭으로 분류되고 있다. 본서에서는 불가항력을 중심으로 살펴본다.

1 면책의 요건

계약불이행당사자가 다음의 요건을 입증할 경우 불이행에 따른 손해배상책임을 면제하고 있다. 첫째, 의무불이행이 자신의 통제를 벗어나는 장애(impediment beyond his control)의 발생에 기인하고, 둘째, 계약체결 시에 그러한 장애의 발생을 고려하는 것이 합리적으로 기대될 수 없었으며, 셋째, 계약체결 시 그 장애 또는 그 결과를 회피하거나 극복하는 것은 합리적으로 기대할 수 없는 경우이다(제79조 제1항).

2 장애의 통지

불이행당사자는 계약의 이행에 대한 장애가 발생한 때에는 장애의 발생사실 및 그 장애가 자신의 이행능력에 미치는 효과에 관하여 상대방에게 통지하여야 한다. 만일 불이행당사자가 장애를 알았거나 알았어야 할 시기 이후 상당한 기간 내에 상대방이 그 통지를 수령하지 못한 경우에는 도달하지 못함으로 인하여 발생하는 손해에 대한 배상책임이 있다(제79조 제4항).

3 제3자를 이행에 이용한 경우

계약의 전부 또는 일부를 이행하기 위하여 제3자를 사용한 경우에 제3자의 불이행 때문에 당사자의 불이행이 발생한 때에는 ① 불이행당사자가 제1항의 규정에 따라 면책되고, ② 불이행당사자가 고용한 제3자가 제1항의 규정이 그에게 적용된다면 역시 면책되는 경우에 한하여 당사자는 매매계약의 불이행으로부터 면책된다(제79조 제2항).

당사자의 의무불이행이 계약의 전부 또는 일부의 이행에 종사시킨 제3자, 즉 이행보조자의 불이행에 기인한 경우에는 불이행당사자와 이행보조자에게 공히 면책요건이 충족되어야 불이행당사자는 불이행의 책임을 면할 수 있다. 따라서 이행보조자의 귀책사유가 있는 행위에 의하여 장애가 발생한 경우에는 불이행당사자 자신에게 면책사유가 있다 할지라도 책임을 면할 수 없다.

4 면책의 범위

계약불이행에 대한 면책요건이 충족되더라도 불이행 당사자는 오직 손해배상의 책임만 면할 따름이다(제79조 제5항). 따라서 계약의 이행청구, 대금감액, 계약해제 등 다른 구제방법은 사용할 수 있다.

장애가 일시적인 때에는 불이행당사자의 손해배상책임은 그 장애기간 동안에만 면제된다(제79조 제3항). 따라서 장애가 제거되면 즉시 손해배상책임의 면제는 종료되고 동시에 이행기가 도래한다.

CHAPTER 2

무역클레임과 상사중재

제1절 무역클레임

I 무역클레임의 의의 및 원인

1 무역클레임의 의의

클레임(claim)이란 매매 당사자 일방이 매매계약의 내용을 충실히 이행하지 않아 손해를 입은 당사자(claimant, 청구자)가 손해를 일으키게 한 측(claimee 또는 respondent, 피청구자)에게 손해를 배상하게 하거나 기타의 의무이행을 청구하는 것을 말한다.

claim은 'complaint'(불평)이나 'dispute'(분쟁)와 구분되어야 한다. claim은 당사자 간의 계약이나 법률에 따라 일방이 상대방에게 제기하는 객관적 성질의 청구권이지만, **complaint**는 당사자의 막연한 피해감정에 근거한 주관적인 불평이나 불만을 말한다. 따라서 complaint 가운데 객관적 근거와 구체적 청구가 수반되면 claim이 된다. 한편 **dispute**는 claim이 상대방에게 인정되지 않으므로 생기는 다툼이나 분쟁을 말한다.

일반적으로 무역클레임은 일방이 계약조건을 위반하여 발생하는 경우가 대부분이지만, 경우에 따라서는 시장상황이 악화됨에 따라 매수인이 매도인에게 가격인하나 인수거부 등 고의적으로 제기하는 이른바 market claim도 적지 않다.

매매당사자 사이에 제기되는 무역클레임 이외에 운송 중 발생한 손해에 대하여 하주가 운송인을 상대로 한 운송클레임, 보험회사를 상대로 손해보상을 청구하는 보험클레임도 자주 발생한다.

매매당사자 간 클레임 발생과 관련하여 매매계약에 **클레임조항(claim clause)**[1)]을 두는데, 여기에는 클레임 제기기간, 제기방법, 증빙서류 등이 포함되어야 한다. 특히 매수인이 클레임 제기기간 내 정해진 방법대로 제기되지 않거나, 입증할 서류가 없을 경우 클레임의 수리를 거부할 수 있기 때문에 매도인 입장에서 클레임조항은 매우 중요하다.

2 무역클레임의 원인

1) 직접적 원인

첫째, **청약(offer)과 승낙(acceptance)에 원인**이 있는 경우이다. 조건부 청약(conditional offer)이나 선매조건부 청약(offer subject to prior sale) 및 조건부 승낙이 있다. 또한 청약과 승낙의 방법에 e-mail이나 인터넷을 이용한 경우도 많다. 이러한 청약과 승낙이 계약을 유효하게 성립시키는지 유효성에 관하여 클레임이 발생하기 쉬우며, 계약이 성립할 경우 최종 승낙을 무엇으로 보아야 하느냐에 따라 계약내용이 달라질 수 있다. 청약과 대응청약이 반복에서 오는 의사표시 내용의 착오(mistake)나 사기(fraud) 또는 강박(threat)이 있다고 주장할 경우에도 계약의 유효성 문제가 생길 수 있다.

둘째, **계약내용에 원인**이 있는 경우이다. 매매계약 내용이 불충분하면 클레임이 생기기 쉽다. 계약체결 시 품질의 기준 및 기준시기, 수량의 과부족 용인약관(M/L clause), 포장방법, 가격 산출기준, 선적시기, 적하보험 담보조건, 은행수수료 부

---

1) 【클레임조항】 Claims, if any, shall be filed by cable within fourteen days from the date of final discharge at destination. Certificates by recognized surveyors shall be sent by airmail without delay.

담책임자, 검사시기, 불가항력조항, 클레임조항, 중재조항 등에 관하여 명백한 합의가 필요하다.

이 외에도 약정손해배상액조항(liquidated damage clause), 담보조항(warranty clause), 권리침해조항(infringement clause), 계약종료조항(termination clause), 준거법조항(governing law clause), 권리불포기조항(non-waiver clause) 등을 삽입하는 것이 바람직하다.

셋째, **계약이행에 원인**이 있는 경우이다. 지연선적(delayed shipment), 품질클레임(claim on quality), 수량클레임(claim on quantity), 포장클레임(claim on package), 대금클레임(claim on non-payment), 신용장클레임(claim on L/C being not opened) 등이 있다.

2) 간접적 원인

첫째, 언어의 차이에 따른 의사소통의 어려움에 의한 경우도 있다.

둘째, 매매, 운송, 보험, 결제 및 중재 등에 관한 국제적인 상관습과 법규의 차이에서 생기는 경우도 있다.

셋째, e-mail이나 인터넷 사용 시 전달과정에서 오류나 수신 및 발신 시기에 따른 분쟁이 생길 수 있다.

넷째, 신용조사의 미비로 선정된 상대방의 대금결제능력이나 도덕성의 결여 등이 문제가 될 수 있다.

다섯째, CIF조건에서 위험부담자와 보험계약자가 다르기 때문에 보험분쟁이 생길 수 있으며, 또한 포장불충분이나 화물고유의 하자 등은 보험에서 커버되지 않는 경우에도 문제가 될 수 있다.

여섯째, 일부국가가 사용하는 도량형이 국제적인 표준과 다르기 때문에 문제가 생기기도 한다.

일곱째, 상대방 국가의 법규를 모르기 때문에 문제가 될 수 있다. 비록 계약에서 UN통일매매법을 준거법으로 채택하더라도 소비자보호법, 독점금지법, 식품위생법 등은 국내법이 적용되므로 이러한 외국 법규에 대한 무지가 claim을 유발하는 간접적 원인이 될 수 있다.

Ⅱ 무역클레임의 종류

1 발생원인을 기준으로 한 분류

1) 품질에 관한 클레임

품질불량(inferior quality), 품질차이(different quality), 저등급(inferior grade), 저급품 혼입(different quality mixed in), 변질(deterioration), 변색(discoloration) 등이 있다.

2) 수량에 관한 클레임

선적수량 부족(short shipment), 인도수량 부족(short landing), 감량(diminution), 중량 부족(under weight) 등이 있다.

3) 인도에 관한 클레임

하역손상(stevedore damage), 지연선적(delayed shipment), 배달사고(non-delivery), 분실(missing), 갑판유실(drifting away), 항공운항중지(suspension of airway transportation) 등이 있다.

4) 포장에 관한 클레임

포장불충분(insufficient package), 포장불완전(incomplete package) 등이 있다.

5) 가격 또는 결제에 관한 클레임

가격조정(price adjustment), 초과지급(over payment), 초과비용지출(overcharge), 검사료(survey fee), 벌금・과태료(fine or penalty), 체선료(demurrage), 어음할인거부(reluctance to negotiate draft) 등이 있다.

6) 서류에 관한 클레임

부정확한 송장(incorrect invoice), 기재사항 차이(misdescription), 불충분한 구비서류(lack of document) 등이 있다.

7) 계약에 관한 클레임

계약위반(breach of contract), 계약취소(cancellation of contract), 계약종료(termination of contract), 계약거절(rejection of contract) 등이 있다.

2 성질을 기준으로 한 분류

1) 일반적 클레임

무역거래를 수행하는 과정에서 발생하는 일반적 클레임으로서 매매당사자 일방의 과실이나 태만으로 발생하거나 당사자 이외의 제3자에 의하여 야기된다. 클레임의 발생 원인이 제조업자나 공급자 또는 운송업자 등의 귀책사유일 경우에는 가해자(claimee)가 피해자(claimant)에게 손해배상을 한 뒤 책임 있는 제3자에게 그 책임을 전가시킬 수 있다.

2) Market claim

무역계약 성립 후 물품의 시세가 하락하여 손해를 입을 것으로 예상될 때 평소 같으면 클레임의 대상이 되지 않을 경미한 과실을 여러 가지 핑계로 제기하는 클레임이 market claim이다. 이러한 클레임은 부당한 것이므로 응할 필요가 없으나 market claim인지 정당한 클레임인지 판단하기 어렵다. 특히 Non-L/C인 경우 대금지급을 거부하겠다고 위협할 가능성도 있기 때문에 거래 전 철저한 신용조사가 중요하다.

3) 계획적 클레임

매매당사자의 고의에 의한 클레임을 말한다. 즉, 매수인은 처음부터 교묘한 술책을 사용하여 매도인으로 하여금 계약이행에 지장을 일으키게 하여 제기하는 클레임이다.

3 회피가능성을 기준으로 한 분류

대부분의 클레임이 선의(goodwill) 또는 신의성실의 원칙(principle of sincerity and truthfulness)에 따라 상당한 주의를 기울이면 사전에 방지할 수 있는 **피할 수 있는 클레임**(avoidable claim)이다. 실제로 클레임은 주의부족에서 발생하는 경우가 많다. 즉, 거래처의 선정과 신용조사에서 충분한 주의를 기울이지 못한 경우, 상담과 계약절차 및 이행에 있어서 주의를 다하지 못하면 클레임이 발생한다.

피할 수 없는 클레임(unavoidable claim)은 당사자가 상당한 주의를 기울여도 방지할 수 없는 클레임으로 market claim이나 계획적 클레임이 여기에 속하지만 이것 역시 거래 전에 거래처를 선정하는데 주의를 기울임으로써 어느 정도 줄일 수 있다.

Ⅲ ▸▸ 무역클레임의 내용

1 금전청구를 내용으로 하는 클레임

1) 대금지급의 거절

L/C나 사전송금은 선적과 동시에 또는 선적 전에 대금이 지급되기 때문에 대금지급의 거절이 일어나지 않으나, D/A나 D/P는 매수인이 대금지급을 거절하거나 서류인수를 거절할 수 있다. 또한 신용장방식이라 해도 L/C 대금의 80%는 선적과 동시에 잔액은 목적항에서 검사 후 지급 등의 조건인 경우에는 잔액 20%의

지급을 거절할 수 있다.[2)]

2) 손해배상액의 청구

L/C인 경우 대금결제가 서류를 중심으로 이루어지기 때문에 매수인의 입장에서는 서류가 일치하면 대금을 지급해야만 한다. 매수인은 대금지급 후 서류를 인도받아 물품을 수령하게 된다. 물품 수령 시 물품의 품질이나 수량이 계약과 일치하지 않을 경우 매수인은 매도인을 상대로 손해배상을 청구하게 된다. 청구방법은 T/T송금 요구나 무담보어음의 발행으로 상대방의 계약위반으로 입은 손해를 회복할 수 있을 뿐이다.

3) 대금감액 청구

클레임의 일반적인 형태로 도착물품의 품질, 수량, 포장, 하인 등이 계약내용과 불일치한 경우 매수인은 매도인에게 물품을 계약가격보다 감액된 가격으로 인수하겠다고 요구하는 것을 말한다. 대금감액의 방법에는 대금잔액으로부터의 감액, 다음 계약분이나 선적분에 대한 감액 또는 송금 기타의 방식에 의한 감액 등의 방법이 있다.

2 금전 이외 청구를 내용으로 하는 클레임

1) 물품 인수거절

도착된 물품의 품질 하자(defect)나 품질이 계약내용과 다를 경우 매수인은 물품인수를 거절할 수 있다. 매매계약서상 인수거절에 관한 약정이 있는 경우 매수인은 물품의 내용이 인수거절의 요건을 충족하면 거절할 수 있다. 매매계약서에 인수거절에 관한 약정이 없는 경우에도 저급품을 공급, 면책률 이상 잡물의 혼

2) (예문) Drawing draft for 80% of total amount upon shipment, balance to be remitted by buyer after the inspection in destination.

입, 치수나 상품의 계약과 불일치 등의 경우에 매수인은 인수거절권을 행사할 수 있다.

인수거절 후에 취해야 할 조치에는 화물에 관한 조치, 대금결제에 관한 조치, 대체품의 청구 등이 있다.

① 화물에 관한 조치로 매도인의 지점이나 대리점이 도착지에 있을 때에는 다른 매수인을 물색하여 전매토록 하거나 그렇지 않으면 선적지로 반송하도록 할 수 있다. 도착지에 지점이나 대리점이 없는 경우에는 당초 매수인을 통하여 그 물품을 매각처분하도록 의뢰하거나 매도인의 비용부담으로 최초의 선적지로 반송하도록 할 수 있다.

② 대금결제에 관한 조치로서 매도인이 사전송금이나 L/C와 같이 미리 대금을 수령하였을 경우에는 이를 반환하여야 한다. ③ 대체품의 청구는 매수인이 물품을 인수거절 후 매도인에게 대금반환청구 대신 대체품을 선적하도록 요구하는 것이다.

2) 계약이행 청구

계약대로의 이행을 청구하는 것도 넓은 의미의 클레임이다. 매도인 또는 매수인이 상대방에 대하여 계약의 이행을 청구하는 것은 당연하다고 할 수 있으나, 여러 차례 이행을 청구했지만 상대방이 이행하지 않는 경우에는 중재나 소송을 통하여 이행을 강제하게 된다.

매도인의 대표적인 계약이행의 청구는 신용장개설 요청이다. 신용장의 개설이야말로 매도인의 생산개시, 선적준비가 이행되는 정지조건이기 때문이다. 매수인이 신용장 개설이 없으면 손해배상을 청구할 수 있다.

매수인의 대표적인 계약이행의 청구는 선적요청이며, 매도인이 끝까지 선적의무를 이행하지 않으면 매수인은 계약위반을 이유로 손해배상을 청구할 수 있다.

3) 대체품 청구

매수인이 수입항에 도착한 화물의 인수를 거절하고 선적지로 반송(ship back)함과 동시에 매도인에게 계약품을 다시 선적하도록 요구하는 것을 말한다. 화물이 반송되어도 대금이 매수인에게 반환되지 않기 때문에 대체품을 선적할 때 매도인은 무환수출 신고를 해야 한다.

4) 잔여분 계약해제

주문량 가운데 일부는 먼저 선적되어 수입지에 도착하였으나 매수인이 품질불량이나 규격의 차이를 이유로 클레임을 제기한 경우 미선적분에 대하여 계약을 해제하는 것을 말한다.

3 도덕적 제재를 내용으로 하는 클레임

도덕적 제재는 금전상의 청구 등에 대하여 상대방이 성의를 보이지 않거나 상대방이 해결에 응하더라도 만족스럽지 못할 경우에 사용된다. 구체적인 방법으로는 거래정지와 업계 회람(回覽) 등이 있다.

거래정지는 일시적 거래정지와 항구적 거래정지가 있다. 또한 합리적이고 정당한 청구에 응하지 않는 상대방에 대하여는 관련 협회 등을 통하여 경고하는 동시에 홈페이지에 명단을 공개하여 업계에 주지시키는 경우가 있다.

Ⅳ ▸▸ 무역클레임의 제기와 수리

무역클레임의 당사자와 내용에 따라 그 절차가 달라질 수 있으나 여기서는 매수인이 매도인을 상대로 품질, 수량, 포장 등이 계약내용과 일치하지 않아서 클레임을 제기하는 경우의 절차를 살펴보고자 한다.

1 클레임 제기시기

클레임의 제기시기는 매매계약서의 클레임조항(Claim Clause)에 따라 결정되며, 대한상사중재원의 **표준계약서**[3]**의 클레임조항** 사용을 권장한다.

클레임의 제기기간은 일종의 면책조항과 같은 기능을 한다. 왜냐하면 정해진 기간이 경과하면 법률적인 구상권(求償權)이 상실되기 때문이다. 클레임의 제기기간에 관하여 계약에서 약정된 바가 없으면 그 기간은 통상 계약의 준거법에 따르며, 준거법에 이에 관한 명시가 없으면 물품의 검사 및 통지기간과 같다.

우리 상법은 매수인이 목적물을 수령한 때에 지체 없이 이를 검사하여야 하며, 하자 또는 수량부족 등을 발견한 때에는 즉시 매도인에게 그 통지를 하도록 규정하고 있다. 만일 이러한 통지를 하지 아니하면 이로 인한 계약해제, 대금감액 또는 손해배상을 청구할 수 없다(제69조). 다만 매매의 목적물에 즉시 발견할 수 없는 하자가 있는 경우에는 매수인이 6개월 내에 이를 발견하면 즉시 통지하고 배상을 요구할 수 있다.

UN통일매매법은 검사는 실행가능한 단기간 내(within as short period as is practicable in the circumstance)에 하여야 하지만 통지는 합리적 기간 내(within a resonable time)에 하면 된다. 그러나 이 기간은 매수인이 물품을 실제 인도받은 날로부터 2년을 초과하지 못한다(제38조 제1항, 제39조 제2항).

2 클레임 제기 당사자

클레임을 제기할 사유가 발생하면 누구를 대상으로 제기하여야 할 것인가를 결정하여야 한다. 이를 위하여 클레임의 발생원인과 그 책임 당사자가 누구인지를 알아야 하며, 그와 어떤 계약관계에 있으며 어떤 계약의 내용을 위반하였는지를 판단하여야 한다.

수출상 입장에서는 수입상, L/C 개설은행, 선박회사, 보험회사, 국내 운송회사 등 관련자들 가운데서 정하고, **수입상 입장**에서는 수출상, 선박회사, 보험회사, 국내 매수인, 하역회사, 창고회사, 또는 국내운송업자 등 관련자 가운데서 결정한다.

---

3) 대한상사중재원, 표준 상거래계약서

【클레임조항】 Any claims by buyer of whatever nature arising under this contract shall be made by cable within 30 days after arrival of the goods at the destination specified in the bills of lading. Full particulars of such claim shall be made in writing, and forwarded by registered mail to seller within 15days after cabling. Buyer must submit with particular sworn surveyor's reports when the quality or quantity of the goods is in dispute.

3 클레임 통지

클레임의 사유가 발견되면 이를 상대방에게 통지하여야 한다. 일반적으로 **통지 방법**은 e-mail, 우편, FAX 등으로 서면방식(writing)이 사용된다. 통지방법이 계약서에 명시되어 있지 않으면 준거법에 따른다. UN통일매매법에는 상황에 따라 **적절한 방법**으로 하도록 규정하고 있다(제27조).

클레임의 통지에는 이를 입증할 서류가 첨부되는데 대표적인 입증서류가 국제적으로 공인된 검정회사의 **검사보고서(survey's report)**이다. 클레임제기 시에는 상대방이 계약위반으로 자신이 입은 손해내용과 자신이 청구하는 손해배상액이 명확하게 기술되어야 한다.

클레임 통지의 효력발생 시기는 발신주의 원칙에 따라 통지를 발송한 때에 효력을 갖는다. 이것은 전달의 위험(risk of transmission)을 클레임의 제기자가 아닌 계약위반자에게 부담시키려는 것이다.[4)]

4 클레임의 수락 또는 거절

상대방이 클레임을 수락하면 손해배상청구나 대체품의 인도 등 구제조치를 취할 수 있다. 상대방이 클레임을 거절하면 소송이나 중재를 신청하여 문제해결을 제3자에게 맡기게 된다.

상대방으로부터 클레임 통지를 받으면 제기된 클레임의 내용과 구체적인 요구사항을 잘 검토한 후 신속하게 자신의 입장을 전달하여야 한다. 먼저 검토할 사항은 클레임의 제기가 약정된 기간 내에, 약정된 방법대로, 이를 뒷받침하기 위한 증빙서류가 첨부되어 있는지를 검토하여야 한다. 검토결과 상대방의 클레임이 정당하다고 생각되면 손해배상, 대체품 송부, 하자보완청구 등을 제의하여 클레임을 해결한다. 그렇지만 만약 상대방의 클레임이 부당하거나 클레임의 제기가 약

4) UN통일매매법 제27조 : Unless otherwise expressly provided in this Part of the Convention, if any notice, request or other communication is given or made by a party in accordance with this Part and by means appropriate in the circumstances, a delay or error in the transmission of the communication or its failure to arrive does not deprive that party of the right to rely on the communication.

정된 내용과 다를 경우 항변자료를 첨부하여 거절의 의사표시를 할 수 있다.

V 무역클레임의 예방 및 해결

1 무역클레임의 예방

일단 클레임이 발생하면 가해자는 피해자의 손해를 배상하여야 하기 때문에 경제적으로 손해를 입게 된다. 뿐만 아니라 클레임 처리를 위하여 많은 시간을 허비하게 된다. 따라서 클레임이 발생한 후 그 해결방안을 강구하는 것도 중요하지만 클레임의 발생을 예방하는 대책을 강구하는 것이 더욱 중요하다.

1) 신의성실의 원칙

신의성실의 원칙은 원래 윤리적·도덕적 규범이었으나 공·사법의 모든 영역에 있어서 지켜야 할 기본원리이며 국제무역거래에 있어서도 준수할 최고의 규범이다. 거래당사자는 상대방을 선택할 때 먼저 신용 있는 good customer임을 확인하고 자신도 상대방에게 good customer가 될 수 있도록 노력하여야 한다. 무역클레임 가운데 market claim이나 계획적 클레임이 바로 이러한 신의성실원칙에 위배되는 클레임이다.

2) 철저한 신용조사

신용이라 함은 상대방에 대한 경제적 평가, 특히 지급능력을 말한다. 물론 이 용어에는 인격적·도덕적 의미도 포함되어 있다. 따라서 상대방과 거래를 시작할 때 또는 거래개시 후 일정기간마다 상대방의 신용상태를 조사하여야 한다. 신용조사의 항목은 재정상태(capital), 거래능력(capacity), 상도덕(character) 등의 3C's가 기본이지만, 여기에 국가(country)와 통화(currency) 등을 추가하여 5C's가 되기도 한다.

신용조사의 방법은 자기의 거래은행(bank reference) 또는 거래선(trade reference)을 이용하거나 국내·외 신용조사기관을 이용하게 된다. 신용조사의 결과 상대방의 신용에 확신이 없을 경우에는 은행보증서(guarantee), 수출보험, 보증신용장(standby L/C) 등을 활용할 수 있다.

3) 거래상담 시 주의

일반적으로 계약의 예비단계에서 가격을 제시하면 상대방이 firm offer로 착각할 수 있기 때문에 가격에 "These price will be valid with our final confirmation"란 문언의 삽입이 필요하다. firm offer에 대하여 상대방이 counter offer를 할 경우 유효기일 이내에 행하여져야 한다. firm offer의 경우 최소한도 주요 계약조항이 빠짐이 없는지를 확인하여야 한다. 수출 시 정부의 인·허가가 필요하다면 "subject to export license"란 문언을 첨부하여 offer하여야 한다.[5)]

승낙 시 주의할 점은 상대방의 offer가 firm offer인지 free offer인지에 따라 계약의 체결시기와 체결장소가 달라지며 이후 상대방의 계약위반시 손해배상액의 산정기준일과 이 사건이 소송이나 중재로 이어질 때 관할지(jurisdiction)의 선정과도 관계된다.

4) 적합한 계약서 사용

매매계약은 낙성·불요식 계약이므로 계약당사자가 반드시 정식 계약서를 작성·교환할 의무는 없으나 후일 분쟁을 피하기 위하여 매매계약서(sales agreement) 및 일반거래조건약정서(agreement on general terms and conditions of business)를 작성해 주는 것이 좋다.

계약서에는 매매의 기본조건 이외에 신축조항(escalator clause), 약정손해배상액조항(liquidated damage clause), 담보조항(warranty clause), 클레임조항(claim clause), 불가항력조항(force majeure clause), 권리침해조항(infringement clause),

5) (예문) 선적은 L/C 수령 후 60일 이내, L/C는 offer 승낙 후 2주일 이내 개설을 조건으로 할 경우 : Shipment shall be available within 60 days after receipt of L/C, which is to be opened within 2weeks after this offer accepted.

계약종료조항(termination clause), 중재조항(arbitration clause), 권리불포기조항(non-waiver clause), 완전합의조항(entire agreement clause) 및 준거법조항(governing law clause) 등 필요한 조항을 삽입하여야 한다.

클레임조항에서는 클레임의 제기기간, 제기방법, 증빙서류 및 비용부담자 등을 명기하여야 하며, 클레임을 중재로 해결하고자 할 경우 중재조항을 삽입하여야 한다. 여기에는 중재지, 중재기관 및 준거법 등을 명기하여야 한다. 또한 클레임을 제기하기 위한 정당성 확보를 위한 검사조항이 명시되어야 한다. 검사조항에는 검사시기, 검사방법, 검사증빙서류 등에 관한 내용이 포함되어야 한다.

5) 믿을 만한 제조업자의 선정

무역상은 직접 생산하지 않고 제조업자로부터 수출물품을 구입하여 수출하는 경우가 많다. 엄격한 품질관리를 위해서 제조업자 선정에 신중하여야 하며 제조업자와 납품계약을 체결하여 품질 때문에 수입상으로부터 제기되는 클레임은 제조업자에게 그 책임을 전가할 수 있도록 하여야 한다.

6) 신용장 취급 시 주의

첫째, 신용장을 수령한 매수인은 신용장의 내용이 매매계약의 내용과 일치하는지를 확인하여야 한다. 신용장의 독립·추상성 때문에 일단 개설되면 매매계약과는 독립되어 당사자를 구속하므로 수령 즉시 확인하여 불일치한 내용이 있으면 조건변경(amendment)을 요구하여야 한다.

둘째, 선적기간, 유효기간, 또는 서류제출기간을 확인하여야 한다. 신용장에는 선적기간과 유효기간이 기재되고 양기간 사이에는 10일이나 15일 정도의 간격이 있다. 유효기간과 별도로 서류제출기간이 명시되는 경우가 있는데 매도인은 서류제출기간 내에 서류를 제출하면서 동시에 그 기간이 유효기간 이내이어야 한다.

셋째, 선적서류가 신용장의 조건과 엄격일치(strict compliance)하는지 면밀하게 확인한 후 은행에 제시되어야 한다. 국제결제에서 은행은 개개의 거래물품에 대하여는 그 내용을 모르기 때문에 매도인이 제출하는 서류가 신용장 조건과 일치할 것을 요구한다.

7) D/A 또는 D/P 취급 시 주의

신용장이 아닌 국제거래는 그 대금 회수에 대하여 은행의 지급확약이 없으므로 위험이 따르기 마련이다. 하지만 수출상이 신용장베이스를 고집한다면 거래가 단절될지도 모른다. 따라서 D/A나 D/P등 계약서 베이스로 거래하는 매도인은 우선 매수인의 신용상태를 철저하게 체크하고, 실제 거래 시에는 수출보험 등을 적극적으로 활용하여야 한다.

8) 감정서에 관한 규정

품질불량, 수량부족 또는 포장불량에 기인한 클레임을 제기한 매수인은 자신의 주장이 정당함을 입증하기 위하여 객관적 증거를 제시하여야 한다. 객관적 증거로서 제3자가 발행한 감정서(survey report)는 객관성과 공정성을 확보하기 위하여 공인된 감정기관의 감정서를 제시하도록 계약서에 명시함이 좋다. 런던 로이드협회(Lloyd's Surveyor)는 그 공신력이 국제적으로 인정받고 있다. 우리나라에는 Lloyd's agency인 협성검정 등이 있다. 감정서에는 감정일시, 감정장소, 감정품목의 명세, 포장조건 등을 비롯하여 손해액의 사정 등 감정의 결과가 자세하게 기재되는 것이 바람직하다.

2 무역클레임의 해결

1) 클레임의 해결형태

클레임은 철회, 거절, 수락의 형태로 해결된다.

첫째, **클레임의 철회(withdrawal)** 또는 **취소(cancellation)**라 함은 청구자(claimant)가 자기가 제기한 클레임을 스스로 철회 또는 취소하므로 이것을 백지로 환원시키는 것을 말한다. 철회 또는 취소하는 이유는 ① 청구자가 클레임을 자기 자신의 과실과 오해에 기인된 것임을 인정하고 자진하여 철회하는 경우, ② 피청구자(claimee)가 청구자(claimant)에 대하여 반증을 들어 클레임의 부당성을 지적하였기 때문에 부득이 철회하는 경우 등이 있다.

둘째, **클레임의 거절**(refuse)이라 함은 피청구자가 청구자로부터 제기당한 클레임의 수락을 거절하는 것을 말한다. 클레임을 거절하기 위하여 그 부당성을 충분히 입증할 만한 증거와 이유가 제시되어야 한다.

셋째, **클레임의 수락**(acceptance)은 피청구자가 청구자로부터 제기된 클레임을 정당하다고 생각하고 이를 받아들이는 것을 말한다. 클레임의 수락에는 전면적 수락과 부분적 수락으로 나눌 수 있다. 전면적 수락은 피청구자가 청구자로부터 제기된 클레임을 인정하고 그대로 이행하는 것이며, 부분적 수락은 ① 피청구자가 클레임의 원인을 조사한 결과 그 일부를 자신이 부담하는 것이 타당하다고 인정하며 이를 청구자가 승인하는 경우, ② 피청구자가 클레임의 내용이 지나치다고 생각하여 그 일부만을 수락하는 경우, ③ 청구자가 상대방과 장래의 거래관계를 고려하여 클레임의 일부를 철회하거나 또는 클레임 금액을 감액하는 경우 등이다.

2) 클레임 해결 내용

클레임이 해결된 때에 당사자에 의하여 취하여진 조치의 내용으로 청구자가 피청구자에 대하여 제기하는 청구의 내용과는 다를 수도 있다. 그렇지만 청구자가 피청구자에 대하여 제기하는 청구의 전부가 피청구자에 의하여 그대로 수락된 경우에는 클레임의 내용과 클레임 해결의 내용이 일치한다. 당사자 간의 타협이나 제3자에 의한 조정(conciliation 또는 mediation) 또는 중재 등에 의하여 클레임의 일부가 철회되는 경우나 그 일부만이 수락된 경우에 양자는 일치하지 않는다.

(1) 손해배상금의 지급

손해배상금의 지급은 청구자가 입은 손해를 피청구자가 금전적으로 변상하는 것이다. 손해배상금의 지급방법은 유보금이나 예금에서 지급하거나 T/T송금, M/T송금방식을 이용할 수 있으며 무담보신용장(clean L/C)을 이용하는 방법도 있다. 그러나 피청구자가 소속된 국가가 외국환관리를 실시하고 있는 국가인 경우에는 해당국가의 관련법규에 따라 허가를 받아야 한다. 왜냐하면 손해배상금의 지급이라는 구실로 외화도피의 우려가 있기 때문이다.

(2) 대금의 감액

대금의 감액은 매도인이 품질불량, 포장불충분, 품질상위 등을 이유로 매수인으로부터 감액을 요청받고 이를 수락하는 것을 말한다.

(3) 물품의 반송

매수인이 물품의 수령을 거절하고 이를 다시 선적지로 보내는 것을 말한다. 반송 대상 물품은 계약과 다른 물품, 품질불량품, 규격상위품, 손상품, 상표위반품 등이다. 매수인이 물품을 반송할 때는 대체품의 공급이나 대금의 반환을 요구할 수 있다. 대체품의 공급을 요구받았을 때도 매도인은 매수인이 지급한 반송비용과 대체품이 도착할 때까지 시가의 변동으로 매수인이 입은 손해를 보상하여야 한다.

(4) 계약의 이행청구

청구자가 피청구자에게 계약대로의 이행을 요구하는 것을 말한다. 그러나 피청구자에 의한 계약의 이행이 불완전할 경우 손해배상금의 청구나 대금의 감액을 수반하는 경우도 있다. 매도인의 대표적인 이행청구는 신용장의 조건변경과 선적요구이다. 매수인의 대표적인 이행청구는 납기 및 물품의 계약적합성 요구이다.

3) 클레임의 해결방법

클레임의 해결방법으로는 클레임의 포기, 화해, 알선, 조정, 중재 및 소송 등이 있다. 이 가운데 청구권의 포기와 화해는 당사자 간의 해결방법인 반면, 나머지는 제3자에 의한 해결방법이다.

(1) 클레임의 포기(waiver of claim)

클레임의 포기는 피청구자가 청구자에게 클레임의 내용과 다른 조건을 만족시켜주거나 또는 시간이 흐르면서 클레임을 제기할 가치가 없다고 판단하거나 상대방의 반응이 없기 때문에 스스로 포기하는 경우에 발생한다.

(2) 화해(amicable settlement)

클레임을 제3자의 개입 없이 당사자 간의 자주적인 교섭으로 해결하는 것을 화해라고 한다. 당사자 간의 교섭에 의하여 타협점이 모색되면 화해가 이루어지는데 실무적으로 이것이 가장 바람직하며, 실제로 클레임의 대부분이 이 방법에 의하여 해결되고 있다.

(3) 알선(intercession)

공정한 제3자적 기관이 당사자의 일방 또는 쌍방의 의뢰에 의하여 클레임 사건에 개입하여 해결을 위한 조언을 하는 것이다. 알선기관으로서 국제적으로 널리 이용되고 있는 곳이 국제상업회의소(ICC)이다. 알선의 경우 쌍방의 협력이 없으면 성공할 수 없다. 알선은 강제력이 없으나 알선을 맡은 제3자적 기관이 당사자에게 강한 영향력을 미칠 수 있는 경우에는 성공하는 예가 많다. 알선은 조정이나 중재와는 달리 형식적인 절차를 요하지 않는다.

(4) 조정(conciliation or mediation)

조정은 양 당사자가 공정한 제3자를 조정인(conciliator or mediator)으로 선입하고, 조정인이 제시하는 구체적인 해결안에 대하여 합의함으로써 클레임을 해결하는 것을 말한다. 조정은 양 당사자의 합의에 의하여 행하여지므로 일방이 조정을 신청하더라도 상대방이 이에 응하지 않으면 조정은 효력을 발휘할 수 없다. 더욱이 당사자는 제시된 조정안을 수락할 의무가 없으므로, 만약 어느 일방이 조정안에 불복하면 결국 조정은 실패로 돌아간다. 이러한 의미에서 조정은 매우 불완전한 해결방법이라고 할 수 있다. 조정인은 주로 무역에 정통하여야 하며 공정한 판단을 위하여 클레임 당사자와 이해관계가 없는 사람이어야 한다.

(5) 중재(arbitration)

중재는 조정의 경우와 같이 공정한 제3자를 중재인(arbitrator)으로 선임하고 이러한 중재인의 판정에 복종하므로 클레임을 해결하는 방법이다.

중재에 의한 해결은 양 당사자가 계약 체결 시나 또는 클레임이 제기된 후에 이를 중재로 해결할 것을 합의하여야 한다는 점에서 조정의 경우와 같다. 그러나 조정의 경우에는 조정안을 수락할 것인지의 여부는 당사자의 자유의사에 속하지만 중재에 있어서 양 당사자는 중재판정(arbitral awards)을 거부할 수 없을 뿐만 아니라 이러한 판정은 국제적으로 효력을 미치게 된다. 그리고 중재는 1회의 판정으로 끝나게 되며 일단 중재에 의뢰한 사건은 소송에 의하여 다룰 수 없다.

(6) 소송(litigation)

소송은 국가기관인 법원의 판결에 의하여 분쟁을 강제적으로 해결하는 방법이다. 계약서상에 클레임을 중재로 해결한다는 뜻의 합의가 있는 경우는 별문제가 없으나, 그렇지 않는 경우에는 상대방을 강제하기 위한 최후의 수단으로 국가권력의 발동을 요청하고 국가권력에 의하여 강제력을 행사할 수밖에 없다.

그러나 국제거래의 상대방은 법역이 다른 외국에 거주하는 것이 보통이므로 자국의 재판권이 타국에 미칠 수 없는 한계성이 있다. 특히 양국 가운데 어느 곳이 재판관할권(jurisdiction)이 있는지에 관하여도 각종 학설과 주장이 있다. 이 외에도 재판지의 소송절차, 외국판정의 승인과 집행, 국제적 소송경합 내지 판결의 저촉(conflict of laws) 등도 문제가 된다. 따라서 국제거래에서 발생하는 분쟁이 당사자 간 화해로 해결되지 않을 경우 중재(仲裁)로 해결하는 것이 차선의 방법이며 소송(litigation)은 그 다음의 해결방법이라고 할 수 있다.

제2절 상사중재제도

I. 상사중재제도의 의의

1 상사중재의 의의

1) 상사중재의 개념

중재란 분쟁(또는 거래) 당사자 간의 합의(중재합의), 즉 중재계약[6]에 따라 일반 거래 및 생활관계에서 발생하는 또는 장래에 발생할 분쟁의 전부 또는 일부를 법원의 판결에 의하지 아니하고 민간인 신분의 제3자를 중재로 선정하여 그 중재인의 판정에 맡기는 동시에 그 판정에 복종함으로써 분쟁을 해결하는 **자주법정제도**(自主法廷制度)이다. 그리고 국가공권력을 발동하여 강제 집행할 수 있는 권리가 법적으로 보장된다(중재법 제1조, 제8조, 제9조, 제37조).[7]

분쟁을 중재로 해결하기를 원하는 당사자는 계약자유의 원칙에 따라 중재절차, 중재지, 중재인의 선정방법 등을 임의로 약정할 수 있다(**임의중재**). 그러나 분쟁당사자 간 합의가 쉽지 않기 때문에 오늘날 중재는 그러한 절차를 전담하는 상설중재기관에 의뢰하여 중재절차를 수행하고 있다(**기관중재**).

세계 상설 중재기관으로서는 미국중재협회, 국제상업회의소 중재법원, 런던국제중재법원 등이 있으며, 우리나라에는 대한상사중재원이 있다.

6) 현재 분쟁에 관한 중재계약은 '중재회부계약'(submission to arbitration)을 체결하고, 장래 분쟁에 관한 중재계약은 '중재조항'(arbitration clause)을 활용한다.
7) 대한상사중재원, 「상사분쟁과 중재절차해설」, 2005, p. 5.

2) 유사개념과의 비교

조정과 비교할 때 중재는 당사자가 선정한 중재인이 당사자의 의견을 들은 후에 중재판정을 내리는 절차로, 중재판정은 법원의 확정판결과 동일한 효력을 인정받는 점에서 소송과 유사한 반면에, 조정은 분쟁 당사자 간의 합의를 도출하는 절차이다.

소송과 비교할 때 중재는 소송과 달리 중재로 분쟁을 해결하겠다는 중재 합의가 있어야 절차가 개시되고, 판사가 아닌 전문가인 중재인이 결정을 내리며, 3심이 아닌 단심으로 끝난다는 점에서 차이가 있다.[8)]

소송 및 조정과의 비교

중재	조정
· 중재인이 분쟁에 대해 중재판정	· 조정인이 당사자간 합의 유도
· 법원의 확정판결과 동일한 효력	· 민법상화해(민간조정) 혹은 재판상 화해(법원연계조정)의 효력
· 분쟁의 종국적 해결(소송불가)	· 합의 실패 시 중재 또는 소송 필요

중재	소송
· 중재합의가 있어야 신청 가능	· 일방적 소송제기 가능
· 전문가인 중재인이 판정	· 법원판사가 판결
· 단심제	· 3심제
· 대한상사중재원	· 법원

2 중재제도의 장점

1) 자주적 분쟁해결방식(voluntary reference)

중재는 원칙적으로 중재계약으로부터 중재판정에 이르는 모든 절차를 당사자의 합의로 결정할 수 있는 자주적 분쟁해결방식이다. 이에 반하여 소송은 일방 당사자의 제소로 국가가 임명한 재판관에게 사건의 해결을 맡기고 상대방은 피고의 입장에서 항변하도록 강요당하는 강제적 분쟁해결제도이다. 중재는 당사자의 의사를 존중하여 별도의 격식 없이 평화적 분위기(peaceful atmosphere) 속에서 진행

8) 대한상사중재원, 중재를 통한 분쟁해결 안내, 2014

되는데 반하여 소송은 엄격히 법정절차의 진행에 따라서 공식적으로만 진행된다.

2) 신속한 해결방식

중재판정은 분쟁당사자 간에 있어서는 법원의 확정판결과 동일한 효력이 있다. 판정에 불만이 있어도 2심 또는 3심의 항소절차가 없는 단심제이기 때문에 분쟁이 신속히 종료된다.

소송은 평균 대법원까지 2~3년이 걸리지만, 중재는 평균 5개월(국내중재4.4개월, 국제중재7.1개월) 정도 소요된다. 집중심리로 심리 횟수를 줄이고 예비 회의제도를 활성화하여 심리 자체의 소요시간도 단축하여 진행되고 있으며 신속절차의 경우 1회 심리로 1개월 내에 처리될 수도 있다.

3) 저렴한 중재비용

분쟁이 발생하면 직접비용뿐만 아니라 기회비용, 생산비용 등 간접비용의 발생도 상당하다. 분쟁해결에 필요한 비용을 줄이기 위해서는 분쟁을 신속하게 해결하는 것이 중요하다.

중재는 단심제이기 때문에 3심제인 소송에 비해 소요되는 비용이 저렴하다. 또한 소송과는 달리 변호사 대리의 원칙이 적용 되지 않아 변호사 선임 비용 절감이 가능하여 통상적으로 소송의 20% 내외의 비용으로 가능하다.

4) 절차의 비공개(closed proceedings)

민사소송은 공개를 원칙으로 하나 중재는 비공개를 원칙으로 한다. 따라서 기업의 기밀보장이 가능하게 된다(상사중재규칙 제8조). 중재인이 당사자의 의견을 충분히 듣고 판정을 내리며, 심리는 비공개 원칙으로 기업의 영업비밀과 개인의 프라이버시가 보호되고, 기업 신용도의 하락을 방지할 수 있다.

5) 전문가에 의한 판단

실체적 진실을 정확하게 찾아내기 위하여 분쟁분야에 해박한 지식과 경험 있는 전문가가 사건을 검토하고 판정할 수 있다. 즉, 변호사의 법률지식, 기업인의 실무경륜, 교수의 학문적 이론 등 중재인의 전문성(expertness)을 활용할 수 있다. 공정성 보장을 위하여 당사자에게 중재인을 선임할 권리를 부여하여 동시에 중재인 후보를 배척할 수도 있다. 대한상사중재원은 2014년 6월 기준으로 국제중재인 301명을 포함하여 총 1,080명의 중재인을 선임하고 있다.

6) 비적대성

중재는 분쟁해결을 대화와 양보로 해결하고자 하기 때문에 기본적으로 화해에 의한 분쟁해결방식이다. 따라서 중재는 양 당사자를 모두 승리자로 만들고 중재가 끝난 뒤에도 당사자 간 거래가 지속되는 경우가 많으므로 소송의 경우처럼 적대적인 관계가 아니다.

7) 중재판정효력의 국제성

중재판정은 국내적 효력(법원의 확정판결과 동일) 외에 뉴욕협약에 가입한 체약국 간에는 외국중재판정을 상호 간 승인하고 강제집행도 보장하고 있기 때문에, 국적을 달리하는 기업인 간의 분쟁해결제도로서 각광받고 있다.

3 중재제도의 단점

1) 예측가능성의 결여

소송은 엄격한 절차법에 따라 진행되고 엄격한 실체법이 적용되므로 당사자가 재판결과를 어느 정도 예측할 수 있다. 그러나 중재에서는 법률이 엄격히 적용되지 않으므로 그 결과를 예측하기 어렵다.

2) 강제성의 결여

소송의 경우 판사에게는 법률에 의하여 각종 권한이 부여되어 있으나 중재인에게는 아무런 강제적인 권한이 부여되고 있지 않다. 따라서 증거조사에 있어 증인 및 감정인이 응하지 않을 때에는 중재인은 법원에 협력을 구할 수밖에 없다(중재법 제28조).

3) 단심제

중재제도의 장점이자 단점으로 우리나라의 중재는 1심에 한하고 불복의 기회가 없다.

4) 예방성의 결여

보전처분(가압류, 가처분)을 할 경우에는 별도로 법원에 이를 청구하여야 하므로(중재법 제10조) 중재신청인은 그 권리를 보전하기 위하여 번거로운 절차를 거쳐야 한다.

4 중재제도의 한계점

중재제도는 많은 장점이 있음에도 불구하고 법원의 협조가 필요한 한계성을 갖고 있다.

첫째, 당사자 간의 중재합의의 효력에 관한 분쟁은 법원의 해결을 받아야 한다(중재법 제9조).

둘째, 중재인의 선임이 원만하게 이루어지지 않을 때에는 법원이 이를 선정·보충·대체한다(중재법 제12조).

셋째, 보전처분이 필요한 경우 신청인은 법원으로부터 피신청인에 대한 법적 강제력이 있는 보전처분을 받아야 한다.

넷째, 중재인은 증인이나 감정인을 강제로 출석시킬 권한이 없으며, 증인 등에 대한 선서를 시킬 권한도 없다. 따라서 증거조사를 위하여 법원의 협조를 받아야 한다(중재법 제28조).

다섯째, 당사자가 중재판정에 따르지 않는 경우에는 법원의 집행판결을 받아서 강제집행을 하여야 한다(중재법 제37조 제1항). 외국의 중재판정도 중재조약에 의하여 그 효력이 인정되지만 역시 법원의 집행판정을 받아야 집행할 수 있다(중재법 제39조).

여섯째, 내국중재판정에 하자가 있을 때에는 법원에 소를 제기하여 이를 취소할 수 있다(중재법 제36조), 외국중재판정의 취소와 무효는 중재절차준거법에 의하여 결정된다.

Ⅱ 중재계약

1 중재의 적용대상

당사자가 자유로이 처분할 수 있는 **사법상의 분쟁**으로서 현재 또는 장래에 발생할 분쟁 모두가 중재의 대상이 된다.(중재법 제1조, 제2조) 따라서 당사자가 자유로이 처분할 수 없는 법률관계(형사사건, 비송사건, 강제집행사건, 행정소송사건 등)는 중재의 대상이 아니다.

2 중재의 성립요건

중재의 성립요건은 ① 당사자 자격에 결격사유가 없어야 하며, ② 분쟁이 현실적으로 존재하여야 하며, 중재대상이 특정되어야 한다. ③ 분쟁은 서면에 의한 중재합의의 범위 내에 속하여야 한다.

3 중재계약의 기본요건

중재의 성립요건이 구비된 경우라 하더라도 기관중재의 경우 3가지 기본요건과 필요한 경우 절차진행 요건을 갖추어야 한다.

기본요건으로 ① **중재지**(중재지 내의 특정한 심문장소 또는 중재장소 와는 구별됨), ② **중재기관**(명칭을 정확하게 명기 할 것), ③ **준거법** 등을 들 수 있다. 중재는 본질상 분쟁당사자가 모든 절차를 중재계약으로 미리 약정할 수 있으며 이러한 약정은 준거법의 규정보다 우선하여 적용된다.

절차진행요건으로는 ① 중재인수, ② 중재인 선정방법, ③ 중재비용 부담방법, ④ 중재절차 진행기간, ⑤ 심문방법 등이 있다.

기관중재의 경우 중재규칙에서 이러한 사항을 미리 규정해 두고 있으므로 별 문제가 되지 않는다.

4 중재계약의 종류

중재계약은 현존분쟁에 관한 것과 장래분쟁에 관한 것으로 나뉜다. 전자를 **중재부탁계약**(submission to arbitration)이라 하고, 후자를 **중재조항**(arbitration clause)이라 한다.

대한상사중재원의 표준중재조항(standard arbitration clause)의 사용이 권장된다. 표준중재조항에는 전술한 상설중재기관을 이용하는 경우의 중재계약의 3요소(중재지, 중재기관, 중재절차의 준거법)를 잘 표현하고 있다.[9)]

---

9) 【일반절차】

"Any disputes arising out of or in connection with this contract shall be finally settled by arbitration in Seoul in accordance with the International Arbitration Rules of the Korean Commercial Arbitration Board." ① The number of arbitrators shall be [one / three], ② The seat, or legal place, of arbitral proceedings shall be [city / country], ③ The language to be used in the arbitral proceedings shall be [language] ("이 계약으로부터 발생되는 모든 분쟁은 대한상사중재원에서 국제중재규칙에 따라 중재로 해결한다." ① 중재인의 수 [1/3], ② 중재지 [도시/국가], ③ 중재에 사용될 언어 [언어])

【중재인을 당사자가 직접 선정하는 방식(단독중재인의 경우)】

"All disputes which may arise between the parties, in relation to this contract, shall be finally settled by arbitration in Seoul, Korea in accordance with the Domestic(International) Arbitration Rules of the Korean Commercial Arbitration Board and under the Law of Korea. The dispute shall be decided by a sole arbitrator appointed by agreement of both parties."("이 계약과 관련하여 당사자 간에 발생하는 모든 분쟁은 대한민국 서울에서 대한상사중재원의 국내(국제)중재규칙과 대한민국 법에 따라 중재에 의하여 최종적으로 해결한다. 중재판정부는 양당사자들의 합의에 따라 1인으로 구성한다.")

【중재인을 당사자가 직접 선정하는 방식(3인판정부의 경우)】

"All disputes which may arise between the parties, in relation to this contract, shall be finally settled by arbitration in Seoul, Korea in accordance with the Domestic(International) Arbitration Rules of the Korean Commercial Arbitration Board and under the Law of Korea. The arbitral

5 중재계약의 효력

중재계약은 물적효력과 인적효력을 갖는다. 물적효력의 범위는 중재계약이 당사자의 계약위반뿐만 아니라 계약의 무효, 취소 또는 해제에 관한 분쟁도 포함한다. 또한 인적효력은 분쟁당사자뿐만 아니라 계약을 승계한 승계인에게까지 효력을 갖는 경우가 있다. 당사자가 중재계약을 체결하면 그 계약이 갖는 효력의 내용은 다음과 같다.

첫째, **직소금지(直訴禁止)의 효력**을 갖는다. 즉, 중재계약이 있는 경우에는 법원에 소송을 제기할 수 없다.(중재법 제9조) 다만 중재계약이 무효, 효력상실, 이행불능의 경우에는 그러하지 아니하다.

둘째, 중재계약에 따라 선정된 **중재인이 판정**권을 갖는다. 중재인이 자기의 관할권(jurisdiction)에 관하여도 판정권이 있느냐에 대하여 긍정설과 부정설이 있으나 긍정설이 중재본질에 맞다(중재법 제17조 참조).

셋째, 중재인은 당사자 일방의 요청에 따라 타방 당사자에게 **재산보존조치를 지시**할 수 있다(국제상사중재규칙 제28조).

넷째, 서면으로 된 중재합의는 계약에 의한 것이거나 아니거나를 불문하고 **뉴욕협약에 따라 승인 및 집행이 인정**된다(NY협약 제2조).

다섯째, 중재계약은 **독립성 내지 분리가능성(severability)**[10]을 갖는다. 중재조항이

---

tribunal consists of three arbitrators, each party shall appoint one arbitrator and two arbitrators chosen by them shall appoint a third arbitrator, as a presiding arbitrator."("이 계약과 관련하여 당사자간에 발생하는 모든 분쟁은 대한민국 서울에서 대한상사중재원의 국내(국제)중재규칙과 대한민국 법에 따라 중재에 의하여 최종적으로 해결한다. 중재판정부는 3인으로 구성하되 각 당사자는 각자 1인의 중재인을 선정하고, 이에 따라 선정된 2인의 중재인들이 합의하여 의장중재인을 선정한다.")

【신속절차】

"All disputes which may arise between the parties, in relation to this contract, shall be finally settled by arbitration in Seoul, Korea in accordance with the Expedited Procedures in International Arbitration Rules of the Korean Commercial Arbitration Board and under the Law of Korea."("이 계약과 관련하여 당사자간에 발생하는 모든 분쟁은 대한민국 서울에서 대한상사중재원 국제중재규칙의 신속절차 및 대한민국 법에 따라 중재에 의하여 최종적으로 해결한다.")

10) 【분리가능성 조항】 If any one or more of the provisions contained in this Agreement shall be declared invalid, illegal or enforceable in any respect under any applicable law, the validity, legality and enforce ability of the remaining provisions contained herein shall not in any way e affected and in any case the parties hereto oblige themselves to reach the intended purpose

포함된 계약의 주요 부분이 어떠한 사유로 무효가 된 경우, 중재조항만큼은 유효하다고 보는 것이 국제적 통설이다. 따라서 주된 계약이 무효가 되더라도 중재합의는 당연히 무효가 되지 아니하고 유효하며 중재에 의하여 주계약의 효력을 판단하게 된다.

6 중재계약의 준거법

중재계약은 사법상 계약이므로 계약자유의 원칙이 우선 적용된다. 약정이 없는 경우에는 중재계약과 관련 깊은 법률, 당사자의 추정의사, 계약의 목적, 또는 계약의 이행 등을 검토하여 종합적으로 결정한다.

준거법으로 ① 주계약의 준거법, ② 중재지법(당사자 간 중재지에 관한 합의가 있는 경우), ③ 계약체결지법(행위지법) 등을 고려할 수 있다.

중재계약의 준거법과 중재지법의 준거법을 구별하는 것이 타당하며, 절차는 법정지법(lex fori)에 따른다는 원칙이 있다.

Ⅲ ▸▸ 중재 절차와 판정

1 중재절차

중재절차는 중재사건이 접수되어 판정이 내려질 때까지 전과정을 의미한다.

중재절차도 계약자유의 원칙에 따라 정할 수 있으나 만약 당사자 간 이러한 절차에 관하여 합의가 없을 경우 우리나라에서는 상사중재규칙에 따라 결정된다.

---

of the invalid provision by a new, valid and legal stipulation.

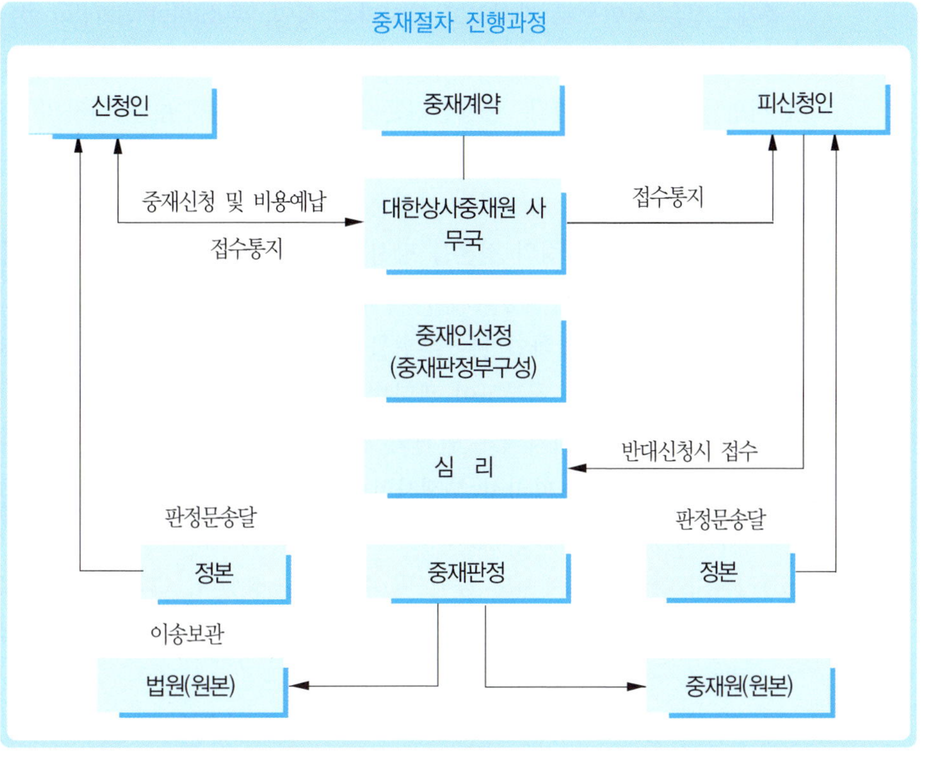

중재신청서 접수 → 중재비용예납 → 중재신청의 접수통지 → 중재인 선정(1인 또는 3인) → 제1차 심문기일통지 → 심문개최 → 피신청인으로부터 반대신청서 접수 → 심문종결 → 중재판정 → 중재판정문 정본(당사자) 및 원본(법원) 송달 → 사건종결과 같이 중재절차가 진행된다(중재법 제19조~제28조).

2 중재판정

중재판정부는 당사자 사이에 약정이 없는 한 중재심리가 종결된 날로부터 30일 이내에 중재인 과반수 찬성으로 판정하여야 한다. 또한 중재판정부는 중재계약의 범위 내에서 손해배상이나 기타의 구제는 명할 수 있으며 판정 시에 중재비용의 부담자와 부담비율을 명하여야 한다.

중재판정은 서면으로 작성하고 당사자의 성명, 주소(만약 대리인이 있는 경우 대리인의 성명과 주소), 판정주문, 판정이유의 요지, 작성 년월일 등을 기재하여 중재인이 서명 날인하여야 한다. 중재판정은 한국어로 작성하며, 당사자의 요구나 중재인 중에 외국국적을 가진 자가 있을 때에는 한국어와 영어를 공용할 수 있으며, 이때 국문과 영문으로 작성되는 판정문은 모두 이를 정본으로 한다.

중재원 사무국은 판정의 정본을 당사자 또는 대리인에게 최후로 알려진 주소에 등기우편(배달증명)으로 발송하거나 직접 교부한다. 판정의 정본을 당사자에게 송달한 후 이의 수령을 확인하는 우편물 배달증명서가 도착하면 사무국은 판정문 원본과 송달의 증서를 첨부하여 관할법원에 이송·보관한다.

중재판정은 분쟁당사자에게 법원의 확정판결과 동일한 효력이 있어 법원에 항소나 상고할 수 없다. 따라서 분쟁사안에 중재판정이 나면 당사자들은 이에 구속되고 이러한 판정내용을 이행하여야 한다. 외국의 중재판정도 뉴욕협약에 따라 판정지국이 아닌 외국에서도 승인 및 집행이 보장된다. 그러나 중재판정은 그 자체로서 집행력이 없으므로 강제집행을 하기 위해서는 별도로 법원의 집행판결로 그 적법함을 선고받아야 한다.

중재판정이 법원의 확정판결과 동일한 효력이 있음에도 불구하고 다음의 사유에 해당되면 법원은 **중재판정을 취소**할 수 있다. 첫째, 중재인의 선정 또는 중재절차가 중재법이나 중재계약에 의하지 아니한 때, 둘째, 중재인의 선정 또는 중재절차에서 당사자가 소송무능력자이거나 대리인이 적법하게 선임되지 아니하였을 때, 셋째, 중재판정이 법률상 금지된 행위를 할 것을 내용으로 한 때, 넷째, 중재절차에서 정당한 사유 없이 당사자를 심리하지 아니하였거나 중재판정에 이유를 붙이지 아니하였을 때, 다섯째, 민사소송법 제422조 제1항 제4호 내지 제9호에 해당하는 사유(재심사유)가 있을 때 등이다.

Ⅳ ▸▸ 외국중재판정의 효력과 뉴욕협약

1 중재판정의 효력과 집행

중재판정은 법원의 확정판결과 동일한 효력이 있다(중재법 제35조). 즉, 중재판정에 대하여는 항소 또는 상고가 있을 수 없으며 당사자의 불복, 중재인의 판정 철회 또는 변경은 있을 수 없다. 그리고 중재판정은 당사자를 구속하는 확정력(기판력, res judicata, claim preclusion)을 갖는다.

중재합의의 대상인 분쟁에 관하여 소(訴)가 제기된 경우에 피고가 중재합의존재의 항변을 하는 때에는 법원은 그 소를 각하하여야 한다(중재법 제9조 제1항).

중재판정은 기판력이 주어지지만 집행은 해당국가의 전속사항이므로 자동 부여되지 않는다. 중재판정의 승인 또는 집행은 법원의 승인 또는 집행판결을 받아야 한다(중재법 제37조 제1항). 집행판결의 적극적 요건으로는 중재판정이 존재하여야 하고, 소극적 요건으로는 중재판정의 취소사유가 없어야 한다.

통상 법원판결의 국제적 효력은 각국의 법제에 따라 다르다. 우리나라의 경우 외국판결은 우리나라의 법질서에 적합할 수 있는 일정한 요건을 갖춘 경우에만 그 효력을 인정하고 있다(민사소송법 제203조 참조).

중재판정의 국제적 효력은 법원의 판결과는 다르다. 중재판정의 판단기준은 국제거래관습 및 관행에 기초를 두고 있기 때문에 외국중재판정의 승인 및 집행에 관한 협약(N.Y.협약)이 이미 성립·발효 중에 있고 우리나라도 이에 가입하고 있기 때문에 동 협약에 따른다(중재법 제39조 제1항).

2 뉴욕협약

1) 뉴욕협약의 성립과 가입

1958년 6월 10일 뉴욕의 유엔 본부에서 유엔경제사회이사회의 48개국(선·후진국 및 자유, 공산국) 대표와 ICC 등 15개 국제단체의 대표가 참석하여 전문 16조로 구성된 **"외국 중재판정의 승인 및 집행에 관한 협약"**(**뉴욕협약** : United Nations Convention on the Recognition and Enforcement of Foreign Arbitral Award)이 채택되어 1959년 6월 7일 발효되었다.

우리나라는 1973년 5월 9일 42번째 회원국이 되었으며 2019년 9월 현재 가입국이 총 161개국에 달하고 있다.[11] 우리나라는 가입 시[12] 동 협약 제1조 제3항에 "한국법상 상사관계의 분쟁에 한해서 그리고 외국중재판정일지라도 그 외국이 이 협약의 체약국인 경우에 한하여 적용할 것"을 유보 선언하였다. 우리나라는 동 협약에 가입하므로 헌법 제5조에 따라 동 협약은 국내법과 동일한 효력을 갖으며 국내 법률과 저촉문제는 법의 일반원칙(신법우선의 원칙)이 적용된다. 따라서 체약국 간에는 중재판정의 효력이 승인되고 그 집행도 보장받게 된다.

2) 뉴욕협약의 주요 내용

임시적(ad hoc) 및 상설(institutional)중재와 서면으로 된 중재합의는 계약이든 아니든 불문하고 승인 및 집행이 인정된다. 또한 승인 및 집행청구서는 중재합의 원본 또는 사본과 판정문의 원본 또는 사본만 집행국 법원에 제출하면 된다. 동 협약의 가입국 간에는 1923년과 1927년의 제네바 의정서와 제네바협약은 그 효력을 상실한다.

동 협약의 승인 및 집행의 요건은 ① 중재계약이 유효하고, ② 중재절차가 적법하며, ③ 판정이 확정력 및 구속력이 있고, ④ 공공질서에 반하지 않아야 한다(뉴욕협약 제5조 참조).

국제중재의 경우도 국내중재와 마찬가지로 판정을 집행하기 위해서는 집행지의 법원에 집행판결청구소송을 제기하여 적법판결을 받아야 한다. 이 경우 동 법원은 국제중재판정의 집행절차를 국내 중재판정의 집행절차보다 엄격하게 할 수 없다(뉴욕협약 제3조).

중재판정의 집행거절 사유는 공공질서의 위반 이외에도 다음 5가지가 있다(뉴욕협약 제5조 제1항).

---

11) https://uncitral.un.org/

12) 가입 1973년 2월 8일, 발효 1973년 5월 9일

첫째, 중재합의 자체의 무효, 둘째, 당사자 일방이 중재에 응할 수 없는 사유가 있는 경우, 셋째, 판정이 중재부탁내용과 불일치하는 경우, 넷째, 중재인 선정이나 중재절차가 당사자의 의사와 불일치하는 경우, 다섯째, 중재판정이 당사자에게 구속력이 발생하지 않는 경우 등이다.

V ▸▸ 중재판정취소의 소와 신속중재절차

중재판정에 대한 불복은 법원에 제기하는 중재판정취소의 소에 의해서만 가능하다. 중재판정의 취소는 취소를 요구하는 당사자가 취소사유를 증명하거나 법원이 직권으로 취소사유에 해당한다고 인정하는 경우이다(중재법 제36조).

전자는 ① 중재합의의 당사자가 그 준거법에 의하여 합의당시 무능력자였거나, 중재합의 자체가 무효인 사실을 입증하는 경우, ② 판정의 취소를 구하는 당사자가 중재인의 선정 또는 중재절차에 관하여 적절한 통지를 받지 못하였음을 입증한 경우, ③ 중재판정이 중재합의의 범위를 벗어났음을 입증한 경우, ④ 중재판정부의 구성 및 중재절차가 당사자 간의 합리에 따르지 않았음을 입증하는 경우이다.

후자는 ① 중재판정의 대상이 된 분쟁이 대한민국의 법에 따라 중재도 해결될 수 없을 때, ② 중재판정의 승인 또는 집행이 대한민국의 선량한 풍속 또는 사회질서에 위배될 때 등이다.

위와 같이 비록 중재합의가 있었다고 하여도 판정의 취소를 구하는 당사자가 위에 언급된 사실을 입증하거나 법원의 직권으로 취소될 수 있는 것을 감안하여 중재판정부를 구성할 때 법률전문가를 적어도 1인을 포함시키는 것이 바람직하다.

대한상사중재원에서는 상사중재규칙에 신속절차제도를 도입하여 중재절차가 보다 신속, 저렴하게 해결될 수 있게 되었다. 신속절차제도의 대상은 신청금액이 2천만원 이하인 국내중재 또는 당사자 간 신속절차에 따르기로 하는 합의가 있는 국내외 중재이다. 이러한 신속절차는 1인의 중재인이 판정하며 심문전에 쟁점을 정리하여 판단한다. 또한 신속절차제도는 1회의 심문을 원칙으로 하며 심문 후 10

일 이내에 판정한다.

Ⅵ ▸▸ 주요 국제중재기관

1 국제중재법원(ICC International Court of Arbitration)

ICC는 전세계 민간기업의 대변기관으로서 상업·공업·운송·금융·보험·통신 등 모든 국제통상 분야에서 민간기업의 활동을 촉진하고 건전한 시장경제체제의 발전을 도모하는 한편, 구제무역규칙 제정 및 기업인 간의 교류를 통한 국제경제협력의 기회를 확대하는데 목적을 두고 있다. 특히 **ICC중재법원**은 국제상사분쟁의 중재를 통한 해결을 담당하는 가장 대표적이고 신망이 있는 국제중재기구이다.

중재법원은 1919년에 설립되었으며 그 본부를 프랑스 파리에 두고 있다. ICC중재규칙(총 35개 조항)은 그 동안 수차례의 개정을 거쳐 1998년에 최종 개정되었다.

ICC중재의 대표적인 특징은 첫째, 쟁점정리사항서(terms of reference)의 작성(제18조), 둘째, 중재법원의 판정문 초안의 정사 및 승인(scrutiny of the award, 제27조), 셋째, 중재비용의 당사자 간 균등예납(equal shares, 제30조), 넷째, 중재인 선정에서의 중재법원의 확인(confirmation, 제9조) 등이다.

2 LCIA(London Court of International Arbitration)

LCIA는 City of London Corporation의 주도로 1892년에 설립되었다. London Chamber of Arbitration, City of London Corporation, Chartered Institute of Arbitration의 3자간 조직으로 후자에 의하여 관리되고 있으며, 중재지는 런던의 국제중재센터이고 독자적인 중재규칙인 The Rules of the London Court of International Arbitration을 가지고 있는 세계에서 가장 오래된 중재기구이다.[13)]

13) Leo D' Arcy et al, The Law and Practice of International Trade, London Sweet & Maxwell,

LCIA는 그 소재지가 런던이지만 세계 어디에서도 포괄적인 상사중재 서비스를 제공할 수 있으며, 범세계적인 서비스를 유지하고 국제비즈니스계의 변화에 적응할 필요성에 따라 세계의 주요 거래영역을 커버하는 사용자심의회(User's Council)를 구성하여 LCIA European Council, LCIA North American Council, LCIA Asia-Pacific Council 및 LCIA Pan-African Council 등을 두고 있다.

LCIA의 설립목적은 관련 당사자의 국적을 가리지 않고 상거래에서 생기는 분쟁에 관하여 포괄적인 서비스를 제공하고자 함에 있다. LCIA의 중재법원(Arbitration Court)은 유럽은 물론 중국, 일본 등의 주요 무역국가로부터 선발된 중재인들로 구성된다. LCIA중재규칙(총 32개 조항)은 중재판정부가 중재신청에서 최종판정까지 단계별로 중재를 진행하도록 규정을 두고 있다.

3 AAA(American Arbitration Association)

AAA는 소송이 아닌 중재나 다른 방법을 이용하여 각종 분쟁해결절차를 해결하고 촉진하기 위하여 1926년에 설립되었다. 중재가 다른 분쟁해결방법보다 괄목할 정도로 성장하자 AAA는 별도의 부서를 설립하여 1996년 New York과 2001년 6월 아일랜드 더블린에 '분쟁해결을 위한 국제센터'(ICDR : International Center for Dispute Resolution)를 개원하였다. AAA는 자신의 국제중재규칙(총 36개 조항)에 따라 중재를 진행하는 외에 미주간 상사중재위원회(IACAC : Inter-American Commercial Arbitration Commission)를 두고 있으며, UNCITRAL 중재규칙에 따라 수행되는 중재에서 필요한 경우 IACAC의 서비스를 제공하고 있다.

4 ICSID(International Center for Settlement of Investment Disputes)

IBRD(국제부흥개발은행)[14]는 동 기구 내에 국제기구의 성격을 갖는 투자분쟁 국

2000. p. 495

14) IBRD는 1946년에 설립된 국제연합(UN) 산하의 국제금융기관이다. IBRD를 비롯해 IBRD의 융자대상이 안되는 개발계획에 대해 조건이 완화된 융자를 해주는 IDA(International Development Association : 국제개발협회)와 개발도상국의 민간기업을 융자대상으로 하는 IFC(International Finance Corporation:

제해결본부(**ICSID** : International Center for Settlement of Investment Disputes)를 설치하고 투자분쟁에 관한 조정과 중재를 담당하게 하였다. 이를 활용하기 위하여 IBRD는 1965년 3월 18일 "국가와 타국 민간투자분쟁의 해결에 관한 협약"(워싱턴협약 또는 ICSID협약 : Convention on the Settlement of Investment Disputes between States and Nationals of Other States)을 제정하였고, 이는 1966년 10월 18일 발효되었다. 우리나라를 포함하여(1967년 3월 23일 가입) 2014년 12월 현재 전 세계적으로 159개국이 동 협약에 가입하고 있다.[15)]

ICSID는 1985년 이후에 4건의 내부규칙을 새로이 제정하여 사용하고 있다. 즉, 행정・재정규칙(Administration and Financial Regulation), 조정・중재제기절차규칙(Rules of Procedure for the Institution of Conciliation and Arbitration Proceedings), 중재절차규칙(Rules of Procedure for Arbitration Proceedings), 조정절차규칙(Rules of Procedure for Conciliation Proceedings)이 그것이다. 이 4건을 통칭하여 ICSID 기본문건(ICSID Base Documents)이라 한다.

국제금융공사), MIGA(Multilateral Investment Guarantee Agency : 다국간 투자보장기구) 등을 합하여 **세계은행그룹**이라고 부르고 있다.

15) https://icsid.worldbank.org/apps/ICSIDWEB/about/Pages/Database-of-Member-States.bak.aspx

무 역 상 무

각 론

이 책의 공부 방법

무역에 대한 설명방식은 절차중심의 『무역실무 접근방식』과 계약중심의 『무역상무 접근방식』으로 구분할 수 있다.

절차중심의 무역실무는 수출실무와 수입실무로 구분하여 설명하는 방식으로 단기간 내 무역실무 흐름을 습득할 수 있기 때문에 실무를 이해하는데 많은 도움이 된다. 하지만 수출절차와 수입절차가 중복될 뿐만 아니라 사회과학의 한 분야로서 무역학을 학문적으로 접근하기에는 조금 부족하다.

계약중심의 무역상무는 무역을 무역계약의 성립・이행・종료(불이행)에 초점을 맞추어 법리적 기초 위에 무역 업무를 상무적으로 접근하는 방식이다. 이 방식은 설명에 중복됨이 없으며 당사자 간의 주계약과 제3자가 관계되는 종속계약으로 구분하여 설명함으로써 논리적인 설명이 명쾌해진다.

이 책은 무역 업무를 계약중심의 상무적 접근방식으로 설명한다. 즉, 수출과 수입절차를 중심으로 설명하는 방식에서 탈피하여 매도인과 매수인 사이의 약정인 매매계약을 근간으로 계약 내용을 실행하는 순서에 따라 『무역통관 → 무역운송 → 무역보험 → 무역결제』 순으로 기술한다.

무역계약은 『주문 → 생산 → 통관 → 보험 → 선적 → 결제』 순으로 이행된다. 주문(order)은 결제방법과 거래형태에 따라 여러 가지 형식을 취할 수 있다. 예를 들어 L/C거래의 경우 별도의 주문절차를 거치지 않고 L/C개설 자체가 주문의 성격을 갖는다. 따라서 이 책은 별도의 주문에 관한 항목을 두지 않고 무역결제(L/C)부문에서 포함하여 다루고자 한다. 아울러 주문 후 생산이나 물품조달도 제품의 종류나 거래의 형태에 따라 다양하므로 이 부분도 생략하고 바로 무역통관부터 설명한다.

PART 1

무역통관

무역통관

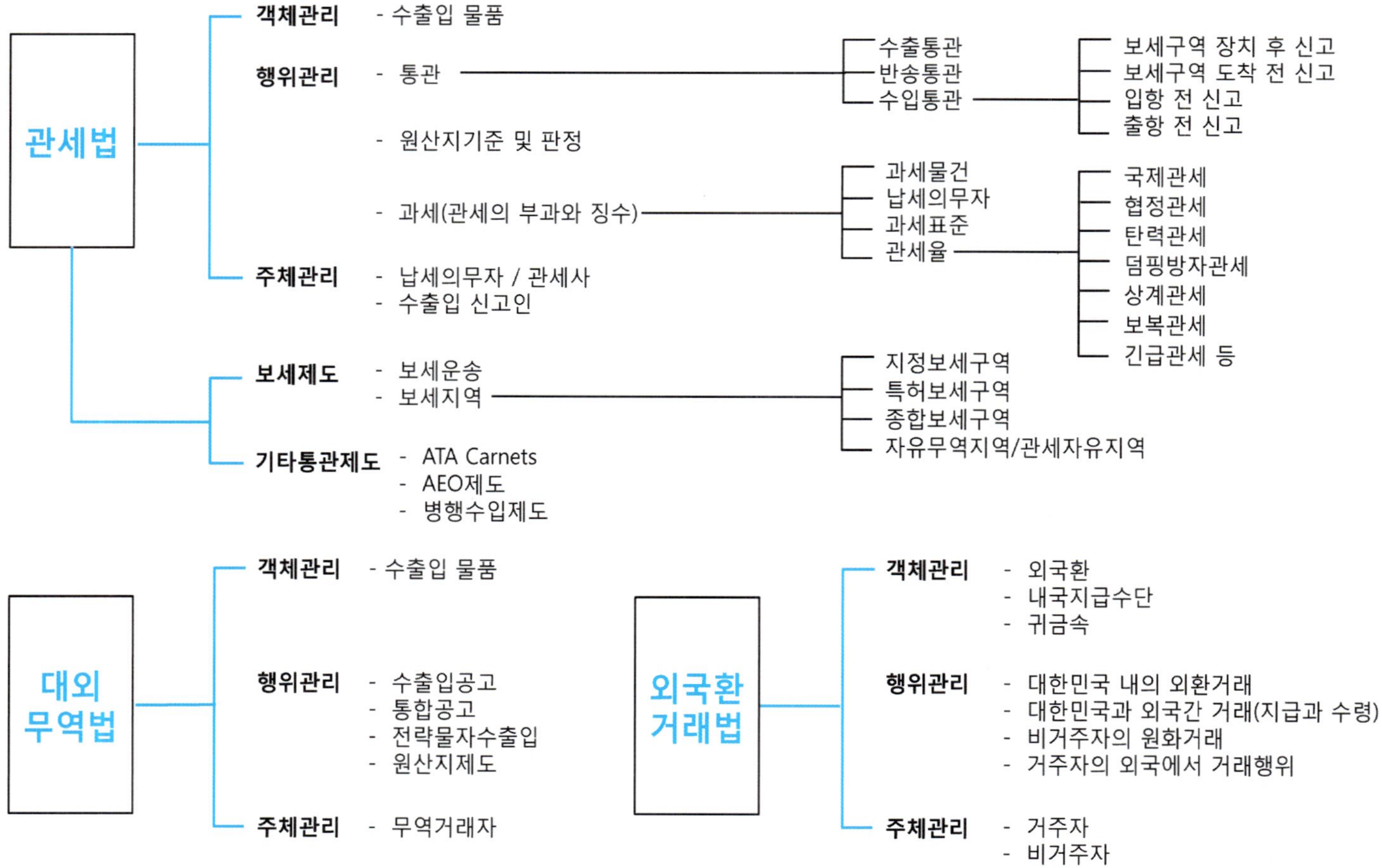

관세법
객체관리 - 수출입 물품
행위관리 - 통관
수출통관
반송통관
수입통관
보세구역 장치 후 신고
보세구역 도착 전 신고
입항 전 신고
출항 전 신고
- 원산지기준 및 판정
- 과세(관세의 부과와 징수)
과세물건
납세의무자
과세표준
관세율
국제관세
협정관세
탄력관세
덤핑방지관세
상계관세
보복관세
긴급관세 등
주체관리 - 납세의무자 / 관세사
- 수출입 신고인
보세제도 - 보세운송
- 보세지역
지정보세구역
특허보세구역
종합보세구역
자유무역지역/관세자유지역
기타통관제도 - ATA Carnets
- AEO제도
- 병행수입제도
대외 무역법
객체관리 - 수출입 물품
행위관리 - 수출입공고
- 통합공고
- 전략물자수출입
- 원산지제도
주체관리 - 무역거래자
외국환 거래법
객체관리 - 외국환
- 내국지급수단
- 귀금속
행위관리 - 대한민국 내의 외환거래
- 대한민국과 외국간 거래(지급과 수령)
- 비거주자의 원화거래
- 거주자의 외국에서 거래행위
주체관리 - 거주자
- 비거주자

PART

1 무역통관

제1절 무역통관 기초

I 수출입통관 개요

1 수출입통관의 의의

국제무역에는 세 가지의 흐름이 있다. **정보와 자료의 흐름**, 실물인 **상품의 흐름**, 그리고 상품의 대가인 **대금(돈)의 흐름**이 그것이다. 정보와 자료의 흐름은 무역에 관계하는 당사자들 상호간에, 상품의 흐름은 수출상에서 수입상 쪽으로, 그리고 대금의 흐름은 수입상에서 수출상 쪽으로 흐른다.

상품이 국가와 국가 간을 이동할 때에는 반드시 **두 번에 걸친 통관과정**을 거친다. 물품을 수출하는 국가에서의 수출통관과 수입하는 국가에서의 수입통관이다. 통관과정에서는 수출국이나 수입국의 법률이 강제로 적용된다. 통관과정에서 적용되는 법률은 수출상이나 수입상이 통관을 담당하는 정부기관과 합의하여 적용하는 것이 아니며, 법률이 가진 강제력에 의해 당연히 적용되는 것이다. 그러므로 무역을 하고자 할 때는 미리 수출국 또는 수입국의 통관과정에서 적용되는 법률상의 규제내용을 정확하게 파악할 필요가 있다.

각국이 관세법 등으로 수출입물품에 대해 통제를 하고, 통관절차의 이행을 강제하며, 이를 일탈하는 행위에 대해 처벌을 하는 이유는 '수출입과 관련한 적법성의 확보'를 위해서이다. 관세법 제1조에서 "이 법은 관세의 부과, 징수 및 수출입물품의 통관을 적정하게 하고 관세수입을 확보함으로써 국민경제의 발전에 이바지함을 목적으로 한다."고 규정하여 통관은 징세업무와 더불어 관세법상 매우 중요한 양대 기능을 하고 있음을 알 수 있다. 상술하면 통관과정에서 달성하고자 하는 적법성 확보는 우선, 관세 및 내국세의 부과 · 징수이다. 다음으로 수출입 관련 법령에 규정된 허가 · 승인 · 추천 · 표시 · 증명 기타 조건의 충족이다. 적법성에서 '법'이란 관세법을 비롯한 수출입과 관련되는 모든 법령을 말한다.

2 통관의 종류

통관(customs clearance)이란 세관을 통과하는 것을 의미한다. 화물의 국제간 이동에는 국가마다 여러 가지 규제를 하고 있는데, 이러한 규제내용을 세관이라는 관문을 통하여 실현하고 있는 것이다.

통관은 화물의 이동경로에 따라 **수입통관**, **수출통관 및 반송통관**으로 구분된다. 수입통관은 물품이 외국에서 국내로 이동하는 경우의 통관이며, 수출통관은 물품이 국내에서 외국으로 이동하는 경우의 통관이다. 반송통관은 외국물품이 국내로 이동하였다가 외국물품 그대로 다시 외국으로 이동하는 경우의 통관을 말한다.

통관이 화물의 이동, 즉 수출입에 관한 국가의 규제사항을 현물과 대조 확인하는 것이라면 통관절차란 이러한 확인절차를 의미한다. 통관절차는 여러 단계로 이루어지는데, 수출입 신고를 하고 수출입신고필증을 교부받아 보세구역에서 물품을 반출하는 절차이다. 이 중 특히 수출입신고에서 수출입신고수리까지의 절차만 통관절차라고 말하기도 한다. 전자를 광의의 통관절차라 한다면 후자는 협의의 통관절차라고 할 수 있다.

Ⅱ ▸▸ 관세법상 수출입

1 수 입

관세법상 수입이란 외국물품을 우리나라에 반입(보세구역을 경유하는 것은 보세구역으로부터 반입)하는 것을 말한다(§2조 제1호).[1)] 반입시점은 수입형태에 따라 ① 정상 수입신고 물품은 수입신고 수리 시, ② 우편물품은 수취인에게 교부된 때, ③ 세관장에 의해 매각된 물품은 매각된 때, ④ 선박 또는 항공기는 우리나라 국적을 취득한 후 처음 사용한 시점과 수입신고 수리시점 중 빠른 시점, ⑤ 밀수품은 국내로 양륙된 때 등이다.

외국물품이라 함은 외국으로부터 우리나라에 도착된 물품(외국의 선박 등에 의하여 공해에서 채집 또는 포획된 수산물 포함)으로서 수입신고수리가 되기 전의 것과 수출신고가 수리된 물품을 말한다. 다만, ① 보수작업 결과 외국물품에 첨가된 내국물품(§158조 3항), ② 보세공장에 있어서 외국물품과 내국물품을 원재료로 하여 작업을 한 경우 그로부터 생긴 물품(§188조), ③ 환급을 받을 목적으로 보세공장 또는 수출자유지역에 반입한 물품(환특법시행규칙 §2조) 등은 관세법상 외국물품으로 간주된다.

반입의 정의에 대하여 **월경설(越境說)**과 **수입신고수리설**이 있다. 전자는 물품을 운반・반입하는 사실행위라는 설이고, 후자는 물품을 관세법상 구속으로부터 벗어나 자유로운 유통 상태에 있게 되는 외국물품을 내국물품화 하는 법률상 변동이라는 설이다. 관세법상으로는 2가지 모두 통용되어 밀수입은 월경설이, 정상수입은 수입신고수리설이 적용된다.

2 수 출

관세법상 수출은 내국물품을 외국으로 반출하는 것을 말한다(§2조). **내국물품**이

1) 대외무역법령상의 "수입"의 개념 : ① 매매, 교환, 임대차, 사용대차, 증여 등을 원인으로 외국으로부터 국내로 물품을 이동하는 것, ② 유상으로 외국에서 외국으로 물품을 인수하는 것으로서 산업통상자원부장관이 정하여 고시하는 기준에 해당하는 것, ③ 비거주자의 거주자에 대한 전자적 형태의 무체물을 정보통신망을 통한 전송 그 밖에 산업통상자원부장관이 정하여 고시하는 방법으로 인도하는 것이다.

란 ① 우리나라에 있는 물품으로서 외국물품이 아닌 것, ② 우리나라의 선박 등에 의해서 공해 상에서 채집 또는 포획된 수산물, ③ 법 제244조 제1항의 규정에 의한 입항 전 수입신고가 수리된 물품, ④ 법 제252조의 규정에 의한 수입신고 수리 전 반출된 물품, ⑤ 법 제253조 제1항의 규정에 의한 즉시 반출신고를 하고 반출된 물품을 말한다.

반출시점은 수출형태에 따라 ① 정상 수출신고 물품은 수출신고가 수리되어 선적 또는 기적된 때, ② 선박·항공기의 수출은 외국을 향해 운항을 개시한 때, ③ 공해상의 직접수출은 외국을 향하여 운송을 개시한 때 또는 외국으로 향하는 선박에 옮겨 실은 때, ④ 우편물은 통관우체국에서 세관검사가 완료된 때 등이다.

3 반 송

반송이란 국내에 반입된 외국물품을 수입하지 아니하고 그대로 외국으로 다시 반출하는 것을 말하는데 내국물품이 아닌 외국물품을 반출하는 면에서 수출과 구별된다. 보세구역에 반입된 물품을 확인한 결과 무역계약 내용과 서로 달라 클레임을 제기하고 그 결과 반송하는 경우가 대표적이다. 그 외 보세창고에 장치 중인 외국물품을 선(기)용품으로서 외국무역선(기)에 적재하는 경우, 관세자유지역·자유무역지역 또는 보세공장에서 제조·가공한 물품을 외국으로 반출하는 경우 등 여러 가지가 있다. 관세법상 반송이란 국내에 반입된 외국물품을 원상태 그대로, 또는 보세구역이나 이에 준하는 구역에서 포장을 바꾸거나, 구분·분할·합병 등의 보수작업을 하거나, 제조·가공을 거쳐 변형된 상태로 외국으로 다시 반출하는 경우에 적용되는 개념이다.

4 수출입의 의제(擬制)[2)]

수출입물품에 대하여는 일정한 통관절차를 거쳐야만 수입·수출이 되나 다음과

2) 의제(擬制)란 어떠한 사실을 비유해서 진실에는 반(反)하여도 법이 이러하다고 정해버리고 반대의 증거가 있어도 변동하지 않는 것을 말하는 법률용어이며, '간주(看做)한다'고 표현한다.

같은 경우에는 수출입 되는 물품의 특수성과 관세행정상의 목적을 달성함에 지장이 없는 점을 감안하여 통관절차를 거치지 아니하고도 수출입이 이루어진 것으로 간주하고 관세 등을 따로 징수하지 아니한다(§240조).

수입된 것으로 간주되는 물품은 체신관서가 수취인에게 교부한 우편물, 관세법에 의하여 매각된 물품, 관세법에 의하여 몰수된 물품, 관세법에 의하여 통고처분으로 납부된 물품, 법령에 의하여 국고에 귀속된 물품, 몰수에 갈음하여 추징된 물품 등이다. 수출 또는 반송된 것으로 간주되는 물품은 체신관서가 외국으로 반송한 우편물이다.

5 수입으로 보지 아니하는 소비 또는 사용

수입물품은 관세가 부과되는데 물품이 사실상 국내에 반입된 것이라고 볼 수 없는 경우나 수입이 이루어졌지만 과세를 하는 것이 불합리한 경우에 관세법은 수입으로 보지 아니하는 소비 또는 사용으로 규정하고 **과세대상에서 제외**하고 있다(§239조).

① 선(기)용품, 차량용품을 운송수단 안에서 그 용도에 따라 소비 또는 사용하는 경우, 운송수단 또는 보세구역에서 소비 또는 사용하는 경우(§239조), ② 보세구역에 장치된 외국물품으로서 재해 기타 부득이한 사유로 멸실된 때와 미리 세관장의 승인을 얻어 폐기하는 때(§160조 2항 단서), ③ 보세운송 중에 재해 등 부득이한 사유로 인하여 망실되었거나 미리 세관장의 승인을 얻어 폐기하는 때(§217조 단서) 등이다.

6 수출입의 금지 및 규제

물품의 수출입에 관하여는 관세법은 물론 대외무역법, 외국환거래법, 기타 법령에서 여러 가지 규제를 하고 있다. 이 중 관세법에서 규정된 사항은 여하한 경우에도 수출입을 금지하는 절대적 금지이며, 대외무역법 등 타 법령에서 규제하는 사항은 일반적 금지로서 특정한 경우에는 그 금지를 해제할 수 있는 상대적

금지이다. 수출입에 있어서 타 법령이 정하는 바에 의하여 허가, 승인, 기타 조건을 구비한 것임을 증명하여야 하며 이러한 구비조건에 대한 세관장의 확인이 필요한 수출입물품에 대하여는 그 물품과 구비조건의 확인방법을 미리 공고하게 된다.

관세법상 수출입 금지사항으로 ① 헌법질서를 문란하게 하거나 공공의 안녕질서 또는 풍속을 해치는 서적, 간행물, 도화, 영화, 음반, 비디오물, 조각물 기타 이에 준하는 물품, 정부의 기밀을 누설하거나 첩보활동에 사용되는 물품, 화폐, 채권 기타 유가증권의 위조품, 변조품 또는 모조품(§234조), ② 지적재산권의 보호를 위하여 상표법에 의하여 등록된 상표권을 침해하는 물품(§235조)을 수출 또는 수입할 수 없다. 이를 위반하였을 시에는 밀수출입죄(§269)로 처벌받는다.

관세법 이외의 법령[3])에서 검사, 검역, 허가, 승인, 추천토록 한 물품 중 세관장이 통관단계에서 요건구비여부를 확인할 대상물품 및 확인절차를 정하여 관세청장이 고시하고 있다.[4]) 최근에는 세관장확인대상 물품을 대폭 축소·조정함으로써 신속통관과 물류흐름의 촉진으로 국가경쟁력을 제고하고 효율적인 무역관리를 위하여 국민보건, 환경보호, 사회안전과 직결되는 물품에 한하여 통관단계에서 세관장이 요건구비여부를 확인하고 나머지는 해당 주무부처에서 사후관리토록 하고 있다. 구비요건의 확인방법도 관계기관 전산망을 연계하여 전자문서에 의한 요건확인을 원칙으로 하고 전산망이 연계되지 아니하거나 그 내용이 비밀사항인 경우에는 서류에 의하여 요건구비여부를 확인하고 있다.

---

3) 관련법 : 가축전염병예방법, 건설기계관리법, 검역법, 계량에 관한 법률, 고압가스 안전관리법, 남북교류협력에 관한 법률, 농수산물 품질관리법, 농약관리법, 담배사업법, 대기환경보전법, 마약류관리법에 관한 법률, 먹는 물 관리법, 문화재보호법, 방위산업에 관한 특법 조치법, 비료관리법, 사료 관리법, 산업안전보건법, 석유사업법, 소음진동 규제법, 수산물 검사법, 수산업법, 식물방역법, 식품위생법, 액화가스의 안전 및 사업관리법, 약사법, 양곡관리법, 염관리법, 영화진흥법, 오수분뇨 및 축산폐수의 처리에 관한 법률, 오존층 보호를 위한 특정물질의 제조규제 등에 관한 법률, 외국간행물 수입배포에 관한 법률, 외국환거래법, 원자력법, 유해화학물질 관리법, 음반 비디오물 및 게임물에 관한 법률, 인삼사업법, 자동차관리법, 자연환경 보전법, 자원의 절약과 재활용촉진에 관한 법률, 전기용품 관리법, 전기통신 기본법, 전파법, 조수보호 및 수렵에 관한 법률, 종자산업법, 주세법, 지방세법, 총포도검 화약류 등 단속법, 축산물가공처리법, 축산법, 폐기물의 국가 간 이동 및 그 처리에 관한 법률, 품질경영 촉진법, 화장품법, 화학무기의 금지를 위한 특정 화학물질의 제조 수출입 규제 등에 관한 법률

4) 관세법 제226조의 규정에 의한 세관장 확인물품 및 확인방법 지정고시, 관세청고시

Ⅲ ▸▸ 수출입과 통관과의 관계

통관은 무역의 주체, 무역서류, 비용 및 과세 등과 밀접한 관계가 있다. 무역은 총체적으로 수출상과 수입상이 행하는 것이나 무역의 각 과정에 참여하는 주체는 상당히 다양하다. 이러한 주체들이 원활하고 효율적인 업무처리를 원한다면 각 과정의 단위업무뿐 아니라 통관을 포함한 무역과정 전반에 대한 종합적이고 심층적인 이해가 필요하다.

수입통관에는 상업송장, 선하증권, 원산지증명서, 포장명세서와 같은 무역서류가 필요하다. 특히 수입의 경우 무역계약을 체결하는 단계에서 향후의 통관을 염두에 두고 통관에 필요한 무역서류를 무역조건으로서 명기할 필요가 있다. 만일 필요한 무역서류를 수입상이 입수하지 못한 경우 당연히 통관 자체가 지장을 받는다.

거래가격이나 운임, 보험료는 과세표준이 되기 때문에 관세의 과세와 직접적인 관련이 있다. 무세(無稅)나 낮은 관세율의 적용을 받는 경우도 발생하며, 특혜관세 적용대상이지만 원산지증명서가 없는 경우에는 문제가 될 수도 있다. 상업송장에 가격조건 등을 표기함에 있어 수입항 도착 후에 발생하는 운임이나 보험료는 수입상이 수출상에게 대금결제 시 지불하는 비용이라 하더라도 이를 구분 표기할 경우 과세대상에서 제외될 수 있기 때문에 실질적인 절세가 가능하게 된다. 따라서 필요할 경우 무역서류에 표기할 구체적인 내용도 무역계약 단계에서 거래의 조건으로 명시해 두어야 한다. 통관이 무역의 완성이나 무역비용의 절감, 국제물류의 원활한 이행과 깊은 관련이 있듯 여타 무역과정도 통관과 밀접한 관련이 있다.

제2절 수출입통관절차

Ⅰ ▸▸ 수입통관절차

1 수입신고

1) 수입통관의 의의 및 신고시기

수입통관이란 수입신고를 받은 세관장이 신고사항을 확인하여 일정한 요건을 갖추었을 때 신고인에게 수입을 허용하는 것으로, 수입신고 사항과 현품이 부합한지 여부와 수입과 관련하여 제반 법 규정을 충족하였는지 여부를 확인하여 외국물품을 내국 물품화하는 행정행위이다.

수입신고란 물품을 수입하려는 의사를 표시하는 것이다. 관세법은 수입신고 수리 후 관세 납부제를 도입하여 통관절차와 과세절차를 분리하고 있다. 수입신고는 신고시점에 과세물건이 확정되고 신고일에 시행되는 법령(세율, 과세환율, 감면규정 포함)이 당해 수입물품에 적용된다는 점에서 중요한 의미를 갖는다.

수입신고의 시기는 원칙적으로 당해물품이 보세구역에 장치된 후 30일 이내이다. 신고시기별로 보세구역장치후신고, 보세구역도착전신고, 입항전신고, 출항전신고가 있다.

① **보세구역장치후신고**는 수입물품을 보세구역에 장치한 후 수입신고를 하는 것이다.

② **보세구역도착전신고**는 수입물품이 입항하여 당해 물품을 통관하기 위하여 반입하고자 하는 보세구역(부두밖 컨테이너보세창고 및 컨테이너내륙통관기지, 선상을 포함)에 도착하기 전에 수입신고를 하는 것이다.

③ **입항전신고**는 수입물품을 적재한 선박 등이 상대국을 출항한 다음 우리나라

에 입항하기 전에 수입신고를 하는 것이다. 다만 출항전신고와 입항전신고는 당해 물품을 적재한 선박 또는 항공기가 그 물품을 적재한 항구 또는 공항에서 출항하여 우리나라에 입항하기 5일 전(항공기는 1일전)부터 수입신고를 할 수 있다.

④ **출항전신고**는 수입물품을 적재한 선박 또는 항공기가 당해 물품을 적재한 항구 또는 공항에서 출항하기 전에 수입신고를 하는 것이다. 항공기로 수입되는 물품 또는 선박으로 수입되는 물품 중 일본, 중국, 대만, 홍콩으로부터 수입되는 물품이 대상이 된다.

수입신고시기에 따른 통관절차 구분

구분	원 칙	예외(신속통관을 위함)		
	보세구역 장치 후 신고	보세구역 도착 전 신고	입항 전 신고	출항 전 신고
신고 시기	보세구역 장치된 후 신고 (장치 후 30일 이내)	입항 후, 보세구역 도착 전	선박 : 입항 5일전 항공기 : 입항 1일전	선박(항공기) 출항 전
신고 대상	제한 없음	제한 없음	컨테이너화물은 FCL인 경우에 한함	– 항공 수입 또는 일본, 대만, 홍콩, 중국에서 선박수입 – 컨테이너화물은 FCL인 경우에 한함
신고 세관	보세구역 관할 세관	입항지 또는 보세 구역 관할 세관	입항 예정지 세관	입항 예정지 세관
검사 대상 통보 시기	수입신고일	수입신고일	수입신고일	출항 후
검사생략물품 신고수리시기	수입신고일	보세구역 도착일	적하목록 제출 후	적하목록 제출 후
검사대상물품 신고수리시기	검사 후	검사 후	검사 후	검사 후

다음 각호의 물품은 당해 선박 등이 우리나라에 입항한 후에 신고하여야 한다. ㉮ 법령의 개정에 따라 새로운 수입요건의 구비가 요구되거나 당해 물품이 우리나라에 도착하는 날부터 높은 세율이 적용되도록 입법 예고된 물품, ㉯ 농수축산

물 또는 그 가공품으로서 수입신고하는 때와 입항하는 때의 물품의 관세율표 번호 10단위가 변경되는 물품, ㉰ 농수축산물 또는 그 가공품으로서 수입신고하는 때와 입항하는 때의 과세단위(수량 또는 중량)가 변경되는 물품이 그것이다. 다만 제1호의 물품으로서 당해 선박 등이 우리나라에 입항하는 날에 해당 법령의 시행일보다 빠른 경우에는 그러하지 아니하다.

2) 신고세관 · 신고인 · 납세의무자

수입신고 세관은 당해 물품을 통관하려는 세관에서 한다. 다만 출항전신고 또는 입항전신고는 수입물품을 적재한 선박 또는 항공기의 입항예정지를 관할하는 세관장에게 하고, 보세구역도착전 신고는 당해 물품이 도착할 보세구역을 관할하는 세관장에게 하여야 한다.

수입신고인은 관세사, 관세사법인, 통관취급법인 또는 수입하주의 명의로 하여야 한다. 그리고 **납세의무자**는 수입신고를 한 물품에 대하여는 그 물품을 수입한 하주이다.

3) 신고자료 전송 및 결과통보

수입신고자는 전자문서로 작성된 신고 자료를 관세청통관시스템에 전송하여야 하며 서류제출 대상으로 지정된 수입신고 건에 대하여는 서류를 제출하여야 한다. ① 전자자료교환(EDI)방식으로 신고하려는 자는 EDI방식에 의한 수출입신고 업무처리승인(신청)서를 사업장 관할지 세관장에게 제출하여 사용자 ID를 부여받아야 한다. ② 인터넷방식으로 신고하려는 자는「인터넷통관포탈서비스이용에관한고시」의 규정에 의하여 인터넷통관포탈서비스 이용 신청을 하고 세관장의 승인을 받아야 한다.[5] ①번을 EDI통관, ②번을 인터넷통관이라 한다.

세관장은 이상 없이 전송된 신고 자료에 대하여는 신고일에 ① 접수여부 및 서류제출 대상여부, ② 통관시스템에 의한 검사대상 여부(C/S결과), ③ 신고납부대상물품의 경우 납부서 번호, ④ 자동배부의 경우는 신고서 처리담당 직원의 부호 등을 신고인에게 통보한다.

5) 관세청 인터넷 통관 포털 http://portal.customs.go.kr

4) 제출서류 및 효력발생

수입신고 시 서류제출 대상으로 지정된 수입신고 건에 대하여는 수입신고서에 송품장(상업송장), 가격신고서, 선하증권 또는 항공화물운송장 부본, 포장명세서, 원산지증명서 등 서류를 첨부하여 세관장에게 제출하여야 한다. 신고 시 제출서류는 수입하주가 원본 대조필한 사본을 제출할 수 있으며, 세관장이 필요로 하는 경우 신고수리 전 또는 신고수리 후 원본 제출을 요구할 수 있다.

수입신고 효력발생 시점은 전송된 신고 자료가 통관시스템에 접수된 시점으로 한다. 다만 수작업에 의하여 신고하는 때에는 신고서가 통관지 세관에 접수된 시점으로 한다.

5) 신고기간

통관을 하려는 물품을 보세구역(지정장치장 또는 보세창고 등)에 반입하거나 보세구역이 아닌 장소에 장치한 자는 그 반입일 또는 장치일로부터 **30일 이내**에 수입신고를 하여야 한다. 이는 보세구역의 체화(congestion)를 방지하고 수입물품의 국내유통을 신속하게 하고 관세를 적기에 징수하기 위해서이다.

세관장은 수입물품 중 물품의 신속한 유통이 긴요하다고 인정하여 관세청장이 정하는 보세구역 등에 장치되어 물품을 수입하는 자가 전술한 보세구역 반입일 또는 장치일로부터 30일을 경과하여 수입신고를 하는 때에는 당해 물품의 과세가격의 100분의 2(§241조 4항)에 상당한 금액의 범위 안에서 과세가격 및 장치가격을 참작하여 일정금액을 **가산세**로 징수하게 된다. 가산세는 보세구역의 체화를 방지하려는 등의 목적으로 수입신고를 촉구하려는 취지에서 부과하는 일종의 과태료의 성격을 가진다. 그 징수금액은 당해 수입물품 자체의 가격에 대한 2% 범위 내의 금액으로 하고 있으며 가산세는 수입물품 중 무세품이나 면세대상물품도 부과하는 것이 원칙이다.

가산세제도와 다른 것으로서 **가산금제도**가 있다. 이는 체납세에 부과하여 징수하는 연체세의 성격을 가진 것으로, 체납발생을 방지하려는 취지에서 마련된 제도이다.

2 가격신고

1) 가격신고의 의의

가격신고란 관세의 신고납부제에 따라서 납세의무자는 납부하여야 할 관세액을 스스로 결정하여 신고하여야 하고, 그 세액을 결정함에 있어서는 과세가격 산출근거를 명백하게 신고하는 것이다. 가격신고를 하려면 계약 내용, 가격결정 방법, 기타 과세가격결정에 관련된 중요사항으로 관세청장이 정하는 사항을 기재한 신고서를 세관장에게 제출하여야 한다. 다만 신고서를 제출하지 아니하여도 과세가격 결정에 곤란이 없다고 관세청장이 인정하는 경우[6]에는 그러하지 아니하다.

가격신고 시기는 수입신고를 하는 때가 원칙이나 수입통관절차의 신속화를 위하여 필요하다고 인정되면 수입신고일 전에 사전가격신고를 할 수 있도록 하고 있다. 사전가격신고를 하려면 그 사유와 위의 가격신고사항을 기재한 신고서를 세관에 제출하여야 한다.

2) 과세자료

가격신고를 할 때에는 대통령령이 정하는 바에 의하여 과세가격결정에 관계되는 과세자료를 제출하여야 한다. **과세자료**란 송품장, 계약서, 각종 비용의 금액 및 산출근거를 나타내는 증빙자료, 기타 가격신고의 내용을 입증하는 데 필요한 자료를 말하고, 다만 당해 물품의 거래내용, 과세가격결정방법 등을 감안하여 세관장이 인정하는 경우 과세자료의 일부 또는 전부를 제출하지 아니할 수 있다(영 제15조 제3항).

3) 잠정가격신고

가격신고를 함에 있어 신고할 금액이 확정되지 아니한 경우에는 잠정금액으로 가격신고를 할 수 있다. **잠정가격신고**를 할 수 있는 경우는 ① 거래관행상 거래성

6) 예를 들어 수입신고생략물품신고서에 의한 간이신고 대상물품, 목록통관 특송물품, 간이신고 특송물품

립 시부터 일정기간 경과 후 가격이 정하여지는 원유, 곡물, 광석 등 물품으로서 수입신고 때에 가격이 정하여지지 아니한 경우, ② 거래가격을 구성하는 금액이 수입신고일로부터 일정기간 경과 후에 정하여질 수 있음이 관련 서류에 의하여 확인되는 경우, ③ 계약의 내용이나 거래의 특성상 잠정가격으로 가격신고를 하는 것이 필요하다고 인정하여 관세청장이 정한 경우이다.

잠정가격신고 방법은 위 ①항의 경우에는 잠정거래계약에 따라서 수입자가 잠정적으로 지급하기로 한 가격이며, ②항에 해당하는 물품 중 당해 물품수입 후 판매수익 등의 결과에 따라 권리사용료 또는 사후 귀속이익 등 가산금액이 확정되는 물품은 사업계획서상 예상 판매량 또는 생산량을 근거로 하여 산출된 지급금액을 신고하고 일정기간 단위별 수입물품의 운송량 등에 따라 수입 후 일정기간 경과 후에 운임이나 보험료가 확정되는 경우에는 당해 운송사업자 또는 보험사업자가 발행한 잠정계산서 등의 예상 지급금액을 잠정가산금액으로 신고할 수 있다.

4) 확정가격신고

납세의무자가 잠정가격신고를 한 후 대통령령이 정한 일정기간 내에 세관장에게 신고하여야 하며, 세관장은 대통령령이 정하는 바에 의하여 잠정가격을 기초로 신고 납부한 세액과의 차액을 추징 또는 환급한다. 이때 불가피한 사유로 세관장이 지정한 신고기간 내에 확정가격신고를 하지 못할 사유가 있을 때에는 수입신고일로부터 2년을 초과하지 않는 범위 내에서 확정가격신고 연장신청서를 확정가격신고기간 종료 3일 전까지 세관장에게 제출할 수 있다.

3 신고서 심사

1) 신고서류 처리방법

신고서 배부를 받은 세관원은 통관시스템에 조회하여 C/S(cargo selectivity)결과 통관심사 및 검사 주의사항을 확인하고 ① **수입과 심사**(물품검사와 심사병행 → 심사) 또는 ② **심사과 심사**(심사 → 심사생략)의 2가지 방법 중 하나로 진행한다.

물품검사로 결정되어 신고서 처리 담당자가 변경되는 경우 통관시스템에 정정 등록을 해야 하며, 전자서류에 의한 수입신고물품 중 신고서에 의한 심사 또는 물품검사가 필요하다고 판단되는 경우에는 신고인에게 서류 제출을 요구하며 서류제출대상으로 변경된 사실을 통보한다.

2) 수입과 심사 및 심사과 심사

수입과는 제출서류의 구비 및 신고서의 기재사항과 일치 여부, 수입신고서 작성요령에 따라 작성되었는지 여부, 분석의뢰 필요성 유무, 사전세액심사 대상물품의 품목분류, 세율, 과세가격, 세액, 감면, 분납신청의 적정 여부, 법 제226조(허가, 승인 등의 증명 및 확인)의 규정에 의한 수입요건 구비여부, 법 제230조의 규정에 의한 원산지표시, 법 제235조의 규정에 의한 지적재산권 침해여부, 법령의 규정에 의한 감면신청서 및 세율적용추천서의 구비여부, 전산에서 제공하는 화물정보 및 C/S정보와 수입신고내역의 비교 확인, 검사대상물품의 품목분류 및 세율의 적정여부, B/L분할 신고된 물품이 영 제41조의 규정에 의한 징수금액 최저 미만인지 여부 등을 심사한다.

심사과는 품목분류 및 세율의 적정여부, 신고서의 세번, 원산지와 관련된 최근 수입신고실적의 과세가격, 과세가격결정방법 및 과세가격 계산사항 등 가격정보, 심사신고서의 품목별 해외시장 가격정보, 수입신고대상의 가산요소 및 공제요소의 누락여부, 감면 분납 용도세율 대상품목의 사후관리 대상여부, 수입하주의 체납사실여부, 기타 심사와 관련하여 필요한 사항 등을 심사한다.

3) 사전세액심사

신고납부 대상물품은 수입하주가 신고한 금액에 대하여 수입신고를 수리한 후에 심사하는 사후세액심사가 원칙이다.

신고한 세액에 대하여 관세채권의 확보가 곤란하다고 인정되거나 수입신고를 수리한 후에 세액심사를 하는 것이 부적당하다고 인정되는 경우에는 사전세액심사를 한다. 상술하면, ① 법률 또는 조약에 의하여 관세 및 내국세의 감면을 받고자 하는 물품, ② 법 제107조의 규정에 의해 관세의 분할납부승인 신청물품, ③

관세체납 중에 있는 자의 신고물품(체납액 10만원 미만, 체납기간 7일 이내는 제외), ④ 불성실신고인이 신고하는 물품, ⑤ 물품의 가격변동이 큰 물품 기타 수입신고 수리후에 세액을 심사하는 것이 적합하지 아니하다고 인정하여 관세청장이 정하는 물품은 수입신고 수리전 세액심사 대상물품이다(시행규칙 §8조).

4) 보완요구

신고인이 제출한 서류 및 자료에 의하여 심사사항의 확인이 곤란한 경우에는 신고사항을 보완하는 서류 또는 자료를 요구한다. 보완요구는 보완하여야 할 사항, 요구이유 및 기간 등을 구체적으로 기재하여 수입과장 명의로 하게 된다.

5) 통관보류

세관장은 통관심사결과 수입물품이 ① 신고서 기재사항 또는 신고서 제출서류 등 중요한 사항이 미비되어 보완이 필요한 경우, ② 법의 규정에 의한 의무사항을 위반하거나 국민보건 등을 위해할 우려가 있는 경우, ③ 관세범칙 혐의로 조사의뢰한 경우, ④ 기타 통관심사결과 신고수리의 요건을 구비하는데 장시일이 소요되는 경우에는 당해물품의 통관을 보류하게 된다.

4 물품검사

수입신고물품에 대하여는 신고사항과 현물의 일치여부 등 확인을 위하여 검사를 실시할 수 있다. 다만 수입물품을 전량 검사하는 것은 통관지연으로 물류비용이 증가하고 형식적 검사로 검사의 실효성을 확보할 수 없기 때문에 수입하주, 물품, 적출국, 원산지, 해외공급자 등을 추적 분석하여 우범성이 높은 물품만 선별하고 선별된 물품에 대하여는 집중적으로 검사함으로써 통관업무의 효율성을 높이는 검사기법인 **선별검사(C/S : cargo selectivity)**를 이용하고 있다.

검사대상물품의 선별은 전국공통검사기준(Central C/S)과 세관선별검사기준(Local C/S)으로 구분하여 전자의 경우 무작위선별(C/S코드 "R")과 최초수입 및 우범성 기준에 의한 선별("Y")기준과 후자의 경우 지역적 특성을 반영한 선별("T")기준으로 선별된 물품이 주로 검사대상이 되며 C/S코드가 "QS"인 경우에는 대부분 검사생략으로 처리하고 있다. 그리고 ① 포괄적 즉시수리 적용업체가 수입하는 포괄적 즉시수리 대상물품, ② 동일업체가 반복수입하는 물품으로서 검사적발실적이 없는 물품, ③ 최근 3년간 관세법위반사실 및 체납사실이 없는 외국인투자촉진법의 규정에 의한 외국인투자기업이 수입하는 물품은 검사대상에서 선별하지 않는다.

검사대상으로 선별된 물품은 원칙적으로 신고물품 이외의 마약, 총기, 기타 밀수품이 은닉되어 수입되는지 여부를 확인하여 그 방법으로 단수검사와 복수검사 및 전량검사, 발췌검사, 분석검사 등이 있다. 또한 검사대상물품은 신고서처리와는 별도로 검사전담반에서 사전에 검사계획을 수립하여 검사를 실시하게 된다.

물품검사 시 신고인의 입회가 필요하다고 인정되거나 신고인으로부터 입회요청을 받은 때에는 신고인이 입회할 수 있도록 검사일시 및 장소, 입회가능시간을 통보하여야 한다.

5 수입신고수리

적법하게 신고되고 담보를 제공하거나 관세를 납부한 물품에 대하여는 수입신고를 수리한다(§248조). 수입신고수리에 의하여 외국물품이 내국물품화 되므로 관세법의 관할로부터 벗어나고 보세구역으로부터 물품반출이 허용된다.

1) 신고 수리 전 반출

① 완성물품의 세번으로 수입신고수리를 받고자 하는 물품이 미조립 상태로 분할선적 수입되는 때, ② 조달사업에관한법률에 의한 비축물자 중 실수요자가 결정되지 아니한 물품, ③ 사전세액심사대상물품으로서 세액결정에 장시간이 소요되는 경우, ④ 품목분류 또는 세율결정에 장시간이 소요되는 경우에는 납부하여야 할 관세 등에 상당하는 담보를 제공하고 세관장의 승인을 받아 물품반출이 허용된다. 신고수리 전 반출 승인된 물품은 내국물품이 된다.

2) 신고수리 시 담보제공

관세를 납부하여야 할 물품은 신고수리 전에 납부하여야 할 세액에 상당하는 담보를 제공하여야 한다. 다만, ① 정부기관, 지방자치단체 또는 정부투자기관이 수입하는 물품, ② 관세법 및 기타 법률, 조약에 의하여 관세 등의 감면, 징수기간연장 또는 분할납부승인 시 담보를 제공받지 아니하는 경우, ③ 납부할 관세를 이미 납부한 경우, ④ 담보면제 및 포괄담보운영에 관한 고시에서 정하는 바에 의하면 담보제공 면제업체로 지정받은 경우에는 담보제공을 생략할 수 있다.

3) 의무이행 요구

세관장은 다른 법령의 규정에 의하여 수입 후 특정한 용도에 사용 등의 의무이행을 하도록 되어 있는 물품에 대하여는 문서로 당해 의무를 이행할 것을 요구할 수 있다. 대상물품은 원산지표시대상물품으로서 수입신고수리 후 분할 재포장 시 원산지 표시의무를 이행하도록 되어 있는 물품이다. 의무면제를 신청하려면 ① 법령이 정하는 허가, 승인, 추천 기타 조건을 구비하여 의무이행이 필요하지 아니하게 된 경우, ② 법령의 개정 등으로 의무이행이 해제된 경우, ③ 관계행정기관의 장의 요청으로 부가된 의무를 이행할 수 없는 사유가 있다고 인정된 경우 등에 한해 의무를 면제받을 수 있다.

6 간이통관

1) 수입신고의 생략 및 간이신고

휴대품이나 우편물 같이 소량이면서 자주 반입되는 물품과 면세물품 등은 **간이통관제도**를 인정한다.

첫째, **수입신고 생략**이다. ① 외교행낭으로 반입되는 면제대상물품(§88조), ② 우리나라에 내방하는 외국의 원수와 그 가족 및 수행원에 속하는 면세대상물품(§93조 10호), ③ 유해 및 유골, ④ 신문, 뉴스를 취재한 필름, 녹음테이프로서 문화관광부에 등록된 언론기관의 보도용품, ⑤ 제외공관 등에서 외교통상부로 발송되는 자료, ⑥ 기록문서와 서류 등은 수입신고가 생략되고 B/L만 제시하면 물품보관장소에서 즉시 인도한다.

둘째, **신고서에 의한 간이신고**이다. ① 당해 물품의 총 과세가격이 10만원 이하의 국내거주자에게 기증되는 소액면세대상물품, ② 당해 물품의 총 과세가격이 10만원 이하의 면세되는 상용견품, ③ 설계도 중 수입승인이 면제되는 것, ④ 외국환거래법의 규정에 의하여 금융기관이 외환업무를 영위하기 위하여 수입되는 지불수단 등은 첨부서류 없이 신고서에 수입신고사항을 기재하여 신고한다.

2) 특급탁송물품

특송물품은 ① 목록통관 특송물품, ② 간이신고 특송물품, ③ 일반신고 특송물품등과 같이 3가지로 구분한다. ①번은 통관목록을, ②번은 수입신고서를, ③번은 수입신고서와 신고 시 제출서류를 첨부하여 통관절차를 진행한다.

목록통관이란 개인이 사용할 물품 또는 기업에서 사용할 샘플 중 미화 150불 이하(미국발은 200불)의 물품 중 배제 대상 물품에 대하여 송수하인 성명, 전화번호, 주소, 물품명, 가격, 중량이 기재된 송장만으로 통관이 가능한 통관제도이다. 화주의 주민등록번호(개인통관고유부호 포함)가 필요 없다.

간이수입신고는 미화 150불(미국발은 200불)을 초과하고 미화 2,000불 이하인 물품이 할 수 있는 신고이다. 세관장은 품명, 가격 등 신고내역이 정확하다고 판단되면 별도 검사 없이 통관을 허용한다. 다만, 수입이 제한되는 품목 등 일부 품목은 간이수입 신고할 수 없으며 일반 수입절차에 따라 수입신고하여야 한다. 간이수입신고는 일반수입신고와 동일한 양식의 신고서를 사용하므로 화주를 특정 짓기 위한 개인의 주민등록번호(개인통관고유부호)를 관세사가 세관장에게 제출하여야 하지만, 신고 항목의 일부 생략과 신고서를 제출하지 않아도 되므로 통관절차가 일반수입신고에 비해 비교적 쉽다.

일반수입신고는 미화 2000불을 초과하거나, 목록통관 또는 간이수입신고 대상에서 제외되는 물품은 일반수입 신고를 하여야 한다.

7 해외 직구 · 직판물품의 통관[7)]

1) 해외 직구물품 수입통관

2014년 6월부터 전자상거래 물품의 목록통관에 대해 소수의 특별통관대상 업체만 이용할 수 있는 지정제도를 신고제도로 변경하여 전자상거래업체의 전자상거래의 활성화를 도와주고 있다. 따라서 자가 사용물품으로 미화 150불 이하(미국발 미화 200불 이하)의 소액 해외 전자상거래물품에 대해 통관절차를 대폭 간소화하고, 목록통관 대상을 식·의약품 등 일부품목은 제외한 전체 소비재로 확대하였다.

2) 해외 직판물품 수출통관

전자상거래업체는 소량·다품종의 전자상거래 특성상 현행 수출신고제도 이용을 자발적으로 포기하는 사례가 빈번하여 관세환급, 부가가치세 영세율 적용, 수출실적 인정 등 각종 수출지원 혜택을 받지 못했다. 관세청은 수출신고 항목을 대폭 축소하여 신고부담은 줄이면서, 수출신고에 따른 모든 혜택을 누릴 수 있도록 전자상거래 간이수출제도를 시행하였다.

57개 신고 항목에서 적재항, 항공편명, 송품장부호 등 20개 항목 삭제하고, 관세사를 통해서만 가능했던 수출신고를 개인이 직접 할 수 있도록 개선하여, 해외직접구매 물품을 반품한 경우에도 물품 수입 시 납부했던 관세 등을 보다 쉽게 되돌려 받을 수 있다.

8 보세구역 반입명령 및 조사

1) 보세구역 반입명령

수입신고수리물품이 ① 의무이행의 요구에 의한 의무를 이행하지 아니한 경우

7) 전자상거래물품 등의 특별통관 절차에 관한 고시(관세청 고시 제2014-30호, 2014.3.12.)

(§227조), ② 원산지표시가 적법하게 표시되지 아니하였거나 수입신고수리 당시와 다르게 표시되어 있는 경우, ③ 상표권 및 저작권을 침해한 경우 등에 당해 물품을 보세구역으로 반입할 것을 명령할 수 있다(§238조). 다만, 당해 물품이 수입신고수리 후 3월이 경과되었거나 관련법령에 의하여 관계행정기관의 장의 시정조치가 있는 경우에는 할 수 없다.

보세구역 반입명령은 관세청장, 수입신고수리세관장, 반입명령대상물품위반사항을 조사한 세관장, 반입명령대상물품의 소재지를 관할하는 세관장이 할 수 있다. 반입명령인은 반입대상물품의 성질, 수량 및 물품소재지와 반입보세구역(원칙적으로 지정보세구역) 간의 거리를 감안하여 반입기한을 지정하여야 한다.

반입명령 수령인은 반입명령대상물품 전부를 반입기한 내에 지정된 보세구역에 반입하여야 하며 이를 이행하면서 발생되는 운송료, 보관료 및 기타 비용을 부담해야 한다. 한편 반입명령 수령인은 반입명령을 받은 당해 물품에 대하여 관련 법령에 의하여 이미 관계 행정기관의 장의 시정조치가 있는 경우에는 그 사실을 증명하는 서류를 제출해야 한다. 반입명령인은 보세구역 반입물품의 물품검사 결과에 따라 반입명령 수령인에게 보완, 정정 후 반출 또는 반송 또는 폐기 조치를 명한다.

2) 관세법 위반혐의 조사

수입물품에 대한 심사 및 검사결과 신고사항이 다음에 해당하는 경우 관세법 등 위반혐의로 조사의뢰하여야 한다. ① 수입신고에 있어 품명, 규격, 수량, 가격, 원산지 등 주요 사항을 정당한 사유없이 허위로 신고하였을 때, ② 신고물품 이외의 물품이 수입되었을 때, ③ 수입승인서, 송품장, 원산지증명서 등 서류를 위조 또는 변조한 것으로 인정되는 경우, ④ 관세법상 수입 금지품목이나 타 법령에서 수입을 제한하고 있는 품목이 불법 수입되었을 때, ⑤ 출항 전 또는 입항 전 수입신고를 하고 정당한 사유 없이 신고취하 신청을 한 경우, ⑥ 관세사가 전자서류에 의한 수입신고를 하고 당해 규정을 위반하여 수입신고필증을 교부한 때, ⑦ 관세사가 전자서류에 의한 수입신고를 하고 서류의 보관 및 제출을 이행하지 아니한 때, ⑧ 보세구역반입명령을 이행하지 아니한 경우, ⑨ 기타 세관장이 범칙혐의가 있다고 인정할 때 등이다.

Ⅱ ▸▸ 수출통관절차

1 수출신고

1) 수출신고의 의의 및 신고시기

수출신고란 물품을 수출하려는 의사를 표시하는 행위이다. 수출자는 수출물품을 확보한 후 선적 스케줄 등을 감안하여 당해 물품을 선적하기 전까지 수출신고를 할 수 있으며, 수출자는 당해 물품이 장치되어 있는 소재지를 관할하는 세관장에게 수출신고를 하고 수리를 받아야 한다.

2) 수출신고인

수출신고는 관세사, 관세사법인, 통관취급법인을 통하여 할 수 있지만 수출하주(완제품 공급자 포함)가 직접 신고할 수도 있다. 수출하주가 직접 신고하는 경우에는 사업장을 관할하는 세관장에게 EDI방식에 의한 수출입신고업무처리를 위하여 신고자 ID를 부여받아야 한다.

3) 신고자료 전송

수출신고자는 관세청장에게 등록된 수출신고서 작성 프로그램에 따른 신고 자료를 통관시스템에 전송하여야 한다. 통신선로의 장애 등으로 신고 자료를 전송할 수 없는 경우에는 신고 자료를 디스켓에 수록하여 세관에 설치된 공용터미널을 이용하여 통관시스템에 전송하여야 한다. 신고인이 전송한 신고 자료에 대하여 내용을 수정하고자 하는 경우에는 신고번호가 부여되기 전까지 수정한 내용을 포함한 모든 신고 자료를 수정 전과 동일한 제출번호에 의하여 다시 전송하여야 한다.

4) 서류제출 신고

수출통관 ① 소요시간은 신고건당 2분으로 단축되었으며, ② 검사 및 심사 없는 통관이 허용되고, ③ 서류 없는 수출신고가 전면 허용되었으며, ④ 신고물품의 95%가 신고 즉시 통관시스템에서 자동수리가 되어 신속통관체제가 확립되어 있다.

하지만 다음의 경우에는 **서류를 제출**하여 신고한다.

① 관세법 제226조(허가·승인 등의 증명 및 확인)의 규정에 의한 세관장확인물품 및 확인방법지정고시 중 수출신고 수리 전에 요건구비의 증명이 필요한 물품, ② 계약내용과 상이하여 재수출하는 물품 또는 재수출조건부로 수입통관된 물품의 수출, ③ 수출자가 재수입 시 관세 등의 감면, 환급 또는 사후관리 등을 위하여 서류제출로 신고하거나 세관검사를 요청하는 물품, ④ 수출통관시스템에서 서류제출대상으로 통보된 물품 등이다.

수출신고 서류로는 ① 관세법 제226조의 규정에 의한 세관장 확인물품 및 확인방법 지정고시에 해당하는 경우에는 동 확인에 필요한 구비서류, ② 계약내용과 상이하여 재수출하는 물품 및 재수출조건으로 면세 받은 물품을 수출신고 할 경우에는 그 이행사실 입증서류, ③ 수출신고의 효력은 통관시스템에서 신고번호가 부여된 시점부터 발생한다.

2 신고서 처리 및 심사

신고서의 처리는 적재 전 검사로 선별된 물품은 제외하고 ① **자동수리**, ② **즉시수리**, ③ **검사 후 수리**로 구분하여 처리된다. 자동수리대상물품은 서류제출대상이 아닌 물품이다. 즉시수리대상물품은 자동수리대상에서 제외되는 물품 중 검사가 생략되는 물품이다. 검사 후 수리 대상물품은 관세청통관시스템에서 검사로 지정한 물품 또는 세관장이 현품확인이 필요하다고 판단되어 검사로 지정한 물품이다.

첫째, **자동수리대상물품**은 원칙적으로 심사를 요하지 않는다. 그러나 정확한 품명, 규격의 확인이 필요하여 관세청장이 정하는 경우에는 화면으로 심사할 수 있다. 이 경우에도 일정시간이 경과하면 자동 수리된다.

둘째, **즉시수리대상물품**은 컴퓨터 화면 및 신고서류를 통하여 ① 신고내용이 수출신고서 작성요령에 따라 정확하게 작성되었는지 여부, ② 서류제출 대상물품인지 여부, ③ 수출 신고한 물품 세번(HSK)의 정확성 여부, ④ 기타 수출물품 통관을 위하여 필요한 사항 등 형식적인 요건을 심사한다.

셋째, **실질적인 내용을 심사하여야 하는 물품**은 ① 서류제출대상 및 서류제출신고물품인 경우, ② 위조 상품 수출 등 지적재산권 침해우려가 있는 경우, ③ 관세환급과 관련하여 위장수출의 우려가 있는 경우, ④ 분석을 요하는 물품인 경우, ⑤ 기타 불법수출에 대한 우범성 정보가 있는 경우이다.

3 물품검사

수출물품에 대한 물품검사는 하지 않음이 원칙이다. 그러나 통관시스템에 의하여 검사대상으로 선별되었거나 신고의 내용을 심사한 결과 현품확인이 필요한 경우에는 예외적으로 검사를 할 수 있다. 세관장은 수출물품의 검사를 위하여 필요한 경우에는 검사 시 포장명세서의 제출을 요구할 수 있다. 세관장은 효율적인 물품검사를 위하여 필요하다고 판단되는 경우에는 발췌검사 또는 컨테이너 검색기 검사 등으로 검사방법을 지정하거나 변경할 수도 있다.

수출신고에 대한 검사대상 선별(C/S)은 물품, 수출자 또는 제조자, 신고인 등의 우범성 및 신용도 등을 고려하여 관세청장이 별도로 정한 기준에 따라 통관시스템에서 선별한다. 세관장은 수출검사업무의 효율적인 운영을 위하여 검사대상으로 선별된 경우에도 다음 업체에 대하여는 검사생략으로 변경할 수 있다. ① 최근 2년간 관세법 및 환특법 위반사실이 없는 외국인 투자기업, ② 월별 납부업체 승인요건에 해당하는 업체, ③ 전분기 수출실적 상위 10% 해당업체로서 최근 1년간 수출검사에 따른 적발 실적이 없고 관세법 및 환특법 위반사실이 없는 업체, ④ 관세청장이 정하는 기준에 의하여 법규준수도가 높다고 인정된 업체 등이다.

세관장은 다음의 경우에 신고수리 후 **적재 전에 물품검사**를 실시할 수 있다. 즉, ① 안보 위해(危害) 물품 및 마약 등 범칙정보가 있는 경우, ② 수출하고자 하는 물품의 소재지 산재 등의 사유로 신고인이 적재전 검사를 희망하는 경우, ③ 기타 세관장이 적재시점에 검사하는 것이 효율적이라고 판단하는 경우이다.

검사시기는 원칙적으로 검사 희망일이다. 그러나 보세구역에 반입하여 검사하는 경우에는 보세구역반입 완료 후 검사를 실시한다.

검사장소는 당해 물품이 장치되어 있는 장소에서 행한다. 다만, 부정수출 또는 부정환급 등 우범성 정보가 있거나 물품의 성질, 업체의 성실도 등을 감안하여 물품의 효율적인 검사를 위하여 부득이하다고 인정하는 경우에는 세관장의 명령에 의하여 물품을 보세구역에 반입하게 한 후 검사를 할 수 있다.

4 수출신고수리

수출신고수리는 신고서 처리방법에 따라 자동수리, 즉시수리, 검사 후 수리로 구분된다. **자동수리대상**은 통관시스템에서 자동으로 신고 수리된다(신고물품의 95%). **즉시수리 대상**은 컴퓨터 화면을 통한 심사 후 즉시 수리되고, 검사대상은 검사 후 수리된다. 다만 **적재 전 검사대상**은 수출물품을 적재하기 전에 검사를 받는 조건으로 신고를 수리할 수 있다.

P/L신고를 한 경우 수출신고인은 세관장으로부터 신고수리의 사실을 전산으로 통보받아 통보된 내용과 일치하는 수출신고필증을 발행하여 당해 물품의 수출신고를 의뢰한 하주에게 교부할 수 있다. 서류제출 대상물품의 경우에는 수출신고필증에 수출신고수리인과 신고서 처리담당자인을 날인한 후 신고인에게 이를 교부한다. 교부된 신고필증이 통관시스템에 보관된 전자문서의 내용과 상이한 경우에는 통관시스템에 보관된 전자문서의 내용을 원본으로 한다.

신고인은 P/L신고하고 세관장으로부터 신고수리의 사실을 전산으로 통보받은 경우에는 수출신고서 및 첨부서류를 규정에 의거 3년 동안 보관하여야 하며 마이크로필름, 광디스크 등 전산매체에 의해서 보관할 수 있다.

5 특수형태 수출신고

1) 선상수출신고

선상수출신고가 가능한 경우는 ① 선적 후 공인검정기관의 검정서에 의하여 수량을 확인하는 물품(예 벌크화물, 광산물 등), ② 물품의 신선도 유지 등의 사유로 선상수출신고가 불가피하다고 인정되는 물품(예 내항선에 적재된 수산물을 다른 선박으로 이적하지 아니한 상태로 외국무역선으로 자격을 변경하여 출항하고자 하는 경우), ③ 자동차 운반 전용선박에 적재하여 수출하는 신품 자동차 등이다.

신고절차는 내국물품 적재허가를 얻은 후 선상수출신고를 필하고 출항하게 된다. 신고시기는 출항 전까지 출항지 세관에 신고한다. 다만 검정서에 의하여 수량을 확인하는 물품으로서 규정된 경우[8]에는 출항 후 최초 세관근무시간까지 수출신고를 할 수 있다.

2) 현지수출 어패류신고

어패류를 외국 현지에서 판매한 후 대금을 정산하는 수출의 경우에는 수출 후 대금결제 전까지 출항허가를 받은 세관에 신고하면 된다. 신고절차는 출항허가를 받고 어패류를 적재하여 수입국에 입항하여 판매한다. 신고는 수출국에 입항하여 신고 자료를 전송함으로써 수출신고가 종료된다.

3) 원양수산물 신고

우리나라 선박이 공해 상에서 획득한 수산물을 외국현지에서 판매하는 경우에는 수출 후 대금결제 전까지 수출사실증명서류가 첨부된 수출실적보고서를 한국원양산업협회를 경유하여 서울세관에 신고하면 된다. 국내입항 후 수출하는 경우에는 일반수출신고 또는 선상수출신고를 하면 된다.

4) 잠정수량 신고대상 물품의 수출신고

파이프라인 등 고정 운반설비를 이용하여 적재하는 경우 또는 제조 공정상의 이유로 수출 신고 시에 수량 확정이 곤란한 물품[9]을 수출하고자 하는 자는 수출 신고 시에 적재 예정수량 및 금액을 수출신고서 서식을 사용하여 신고하고, 적재 완료일로부터 5일이 경과하기 전까지 실제 공급한 수량 및 금액을 신고할 수 있다.

---

8) 법 제140조 제4항 단서규정에 의한 적재허가를 받은 물품, 고시 제2-1-3조 제1항 제1호 내지 제2호에 해당하지 않은 물품, 세관근무시간 외에 적재 또는 출항하는 경우 등이다.

9) 가스, 액체, 전기, HS 제50류 내지 제60류 중 직물 및 편물, 기타 제1호 내지 제4호에 준하는 물품으로서 관세청장이 별도로 정하는 물품

6 수출물품 선적관리

수출신고가 수리된 물품은 법 제251조 제1항의 규정에 의하여 수출신고가 수리된 날로부터 **30일 이내**에 우리나라와 외국 간을 왕래하는 운송수단에 적재하여야 한다. 스케줄 변경 등 부득이한 사유가 있는 경우에는 통관지 세관장에게 적재기간 연장승인(신청)서를 제출하여 수리일로부터 1년의 범위 내에서 적재기간 연장승인을 받을 수 있다.

수출신고 수리를 취소하는 경우는 다음의 절차를 거친다.

① 수출신고수리 세관장은 적재기간을 경과하여 미적재한 물품에 대하여 신고인에게 "수출신고 수리 취소 예정통보"를 한다.

② 수출신고 수리 취소 예정통보를 받은 신고인은 통보일로부터 14일 이내에 원인규명을 하여 적하목록 정정, 수출신고 정정, 적재등록 등의 방법으로 원인해소 조치를 하여야 한다.

③ 미적재 원인규명 결과 적재되지 아니하였거나 원인을 규명할 수 없는 물품에 대하여 세관장은 수출신고의 수리를 취소하고 과태료를 부과한다.

제3절 관세 및 관세환급

I ▸▸ 관세 및 과세요건

수입물품에는 관세, 부가가치세, 개별소비세, 주세, 교통·에너지·환경세, 교육세, 농어촌특별세 등이 부과될 수 있다. 이들 조세가 부과되기 위한 과세요건은 각각 해당 세법에 규정되어 있다. 과세요건을 갖추었을 때 과세권자는 조세를 징수할 권리가 발생하고, 납세의무자는 조세를 납부할 의무가 발생한다. 수입물품에 대한 심사와 검사를 필하고 부과, 징수 또는 내국세의 징수가 끝나면 수입신고인에게 수입신고필증이 교부되고 물품의 보세구역 반출이 허용된다. 관세를 부과하는 절차를 과세절차라고 한다.

수입자가 수입신고 시 물품의 가격을 신고하면 이에 대한 적정성 여부에 관한 심사를 거쳐 **과세의 4대 요건**인 과세물건, 납세의무자, 과세표준, 관세율이 결정되고 이에 따라 관세가 부과된다.

1 과세물건

과세물건은 수입물품이다. 우리나라는 모든 수입물품을 과세물건으로 하는 관세의무주의를 채택하고 있다. 수입되는 물품은 계약에서 수입까지 장기간 소요되어 시기에 따라 변질, 도난, 파손 등으로 물품의 성질과 수량이 달라질 수 있다. 따라서 관세를 부과하기 위해서는 어느 한 때를 기준으로 하여야 하는데 이를 과세물건의 확정시기라 한다.

과세물건의 확정시기는 물품이 수입되는 방법에 따라 달라진다. 정상적으로 수입신고를 하는 대부분의 물품은 수입신고를 할 때의 성질과 수량이 과세물건이 된다. 그러나 선용품이나 기용품을 허가받은 대로 당해 외국무역선(기)에 적재하지 않아 관세를 징수하는 경우와 같이 관세법에서 정한 특정한 사유가 발생하여 관세를 징수할 때는 예외적으로 관세법에 따로 규정한 때의 성질과 수량이 과세물건이 된다.

2 납세의무자

관세의 징수는 신고납부를 원칙으로 하기 때문에 세관장은 납세신고에 대한 확인·심사를 한 후 납부신고서를 교부하여 납세의무자로 하여금 관세를 납부하도록 한다. **납세의무자**는 국가에 대해 관세를 납부하여야 할 법률상 의무를 지는 자를 말하며, 관세를 실제로 부담하는 최종 소비자와는 다르다.

관세법에 규정된 원칙적인 납세의무자는 물품을 **수입하는 하주**이다. 그러나 관세사가 수입신고하여 통관된 물품에 대해 납부세액에 부족이 있을 때 신고인이 하주를 명백히 하지 못하거나 하주의 주소 등이 불명확할 때는 그 신고인인 **관세사가 수입하주와 연대**하여 납세의무자가 되는 경우도 있다. 이때의 관세사를 **연대납세의무자**라 한다. 또 선용품이나 기용품을 허가받은 대로 적재하지 않아 관세를 징수하는 등 특정 사유가 발생하여 관세를 징수할 때는 특정인이 **특별납세의무자**가 된다. 그 외에 관세납부를 보증한 납세보증자와 국세기본법에 의한 제2차 납세의무자가 관세의 납세의무를 지는 경우도 있다.

3 과세표준

과세표준이란 관세액 결정의 기준이 되는 과세물건의 가격 및 수량을 말한다. 과세표준에 관세율을 곱하여 산출한 금액이 물품 수입 시 납부하여야 하는 관세액이 된다. 과세표준은 **수입물품의 가격(종가세) 또는 수량(종량세)**이다. 수입물품에 대하여 정하여진 원칙에 따라 관세의 과세가격을 결정하는 절차를 **관세평가**라 한다. 과세가격을 결정하는 방법에는 다음 6가지가 있다. 이들 방법은 WTO협정의 하나인 평가협정상의 **과세가격 결정방법**을 수용하고 있는 것이다.

수입물품의 과세가격의 결정은 이와 같은 **6가지 방법이 순차적으로 적용**된다.

즉, 제1방법 적용이 불가능할 경우 제2방법이, 제2방법이 불가능할 경우 제3방법 순으로 적용되는 것이다. 다만, 제4방법과 제5방법은 납세의무자가 선택적으로 우선 적용할 수 있다. 현재 우리나라의 경우 거의 대부분의 수입물품이 제1방법에 의해 과세가격이 결정되고 있다.

관세평가 방법

제1방법 : 당해 물품의 거래가격을 기초로 한 과세가격의 결정방법
제2방법 : 동종·동질물품의 거래가격을 기초로 한 과세가격의 결정방법
제3방법 : 유사물품의 거래가격을 기초로 한 과세가격의 결정방법
제4방법 : 국내 판매가격을 기초로 한 과세가격의 결정방법
제5방법 : 산정(算定)가격을 기초로 한 과세가격의 결정방법
제6방법 : 합리적인 기준에 의한 과세가격의 결정방법

제1방법에서 거래가격이란 일정한 조건을 갖춘 거래로서, 구매자가 실제 지급하였거나 지급하여야 할 가격에, 가산 또는 공제금액을 조정한 가격을 말한다. 일정한 조건을 갖춘 거래란 다음 4가지 조건을 모두 갖춘 거래를 말한다. ① 수입물품의 처분 또는 사용에 제한이 없을 것, ② 수입물품에 대한 거래의 성립 또는 가격의 결정이 금액을 계산할 수 없는 조건 또는 사정에 의하여 영향을 받지 아니할 것, ③ 수입물품의 수입 후의 판매처분 또는 사용에 따른 수익의 일부가 직접 또는 간접으로 판매자에게 귀속되지 아니할 것, ④ 구매자와 판매자 간에 대통령령으로 정하는 특수 관계가 있어 그 관계가 수입물품의 가격에 영향을 미치는 것이 아닐 것 등이다.

구매자가 실제로 지급하였거나 지급하여야 할 가격이란 수입물품의 대가로서 구매자가 직·간접적으로 지급하였거나 앞으로 지급할 총 금액을 말한다. 이 총 금액에는 구매자가 수입물품의 대가와 판매자의 채무를 상계하는 금액, 구매자가 판매자의 채무를 변제하는 금액, 기타 간접적인 지급액이 포함되어야 한다.

과세가격으로 가산되어야 하는 금액은 ① 구매자가 부담하는 수수료 및 중개료, 다만 구매수수료는 제외한다. ② 수입물품과 동일체로 취급되는 용기의 비용과 그 물품의 포장에 소요되는 노무비 및 재료비로서 구매자가 부담하는 비용, ③ 구매자가 수입물품의 생산 및 수출거래를 위하여 무료 또는 인하된 가격으로

판매자에게 물품 및 용역을 공급하는 때에는 그 가격 또는 인하의 차액, ④ 특허권, 실용신안권, 의장권 및 이와 유사한 권리를 이용하는 대가, 다만 이러한 대가는 수입물품에 관련되고 그 물품의 거래조건으로 구매자가 직접 또는 간접으로 지급하는 금액에 한한다. ⑤ 수입물품의 전매, 처분 또는 사용에 따른 수입금액 중 판매자에게 직접 또는 간접으로 귀속되는 금액, ⑥ 수입물품의 수입항까지의 운임, 보험료, 기타 운송에 관련되는 비용 등이다.

구매자가 지급하였으나 과세가격에서 공제될 수 있는 것은 ① 수입 후에 행해지는 당해 물품의 건설, 설치, 조립, 정비, 유지 또는 기술지원에 필요한 비용, ② 수입항 도착 후에 당해 물품을 운송하는데 필요한 운임, 보험료, 기타 운송에 관련된 비용[10], ③ 우리나라에서 당해 수입물품에 부과된 관세 등의 세금 기타 공과금[11], ④ 연불조건 수입 시의 연불이자 등이다.

4 관세율

세율이란 세액 결정을 위해 과세표준에 적용하는 비율을 말하며, **종가세(從價稅)는 백분율(%), 종량세(從量稅)는 단위당 금액**으로 표시한다. 우리나라는 종가세를 원칙으로 관세율을 정하고 있으나 영화용 필름, 일부 농산물 등에 예외적으로 종량세를 정해두고 있다. 또 종가세율과 종량세액을 모두 정해 두고 그 중 높은 쪽이나 낮은 쪽을 선택하여 부과하는 것을 선택세, 양쪽을 합하여 부과하는 것을 복합세라 한다. 우리나라도 일부품목에 복합세를 적용하는 경우가 있다.

우리나라의 관세율에는 **국정관세율과 협정관세율(양허세율)**이 있다. 국정세율에는 기본세율, 잠정세율, 간이세율, 일반특혜관세율, 탄력관세율 및 환급에 갈음하는 인하세율이 있다. 협정세율은 다자간협정세율과 양자간 협정세율로 구분되는데, 전자에는 WTO일반양허관세율, WTO개도국 간 양허관세율, 방콕협정 양허관세율, GSTP에 의한 양허관세율이 있고, 후자는 쌍무협정에 따른 양허관세율 등이 있다.

---

10) CPT, CIP, DAP, DPU, DDP조건 등과 관련이 깊다.
11) 수출상이 수입통관과 관세납부를 책임지는 DDP조건과 관련이 깊다.

① **국정(國定)관세** : 국정관세율은 우리나라가 독자적으로 정한 관세율을 말하며 다음 표와 같은 것들이 있다.

국정관세의 구조

구분	내용
기본관세 (관세법 제50조)	관세법 별표 관세율표로 국회의 승인을 받아 확정
잠정관세 (관세법 제50조)	기본세율과 같이 국회의 승인을 받아 확정되나, 그 적용을 정지하거나 세율을 변경하는 것은 대통령령으로 정함
탄력관세 (관세법 제50~74조)	변화하는 환경에 대응하는 정책적 필요에 따라 행정부에 의해 관세율이 조정될 수 있는 세율, ① 덤핑방지관세, ② 상계관세, ③ 보복관세, ④ 긴급관세, ⑤ 특정국물품 긴급관세, ⑥ 특별긴급관세, ⑦ 조정관세, ⑧ 할당관세, ⑨ 계절관세, ⑩ 편익관세
일반특혜관세(GSP) (관세법 제76조)	개발도상국 지원을 위하여 대통령령으로 대상국가와 대상물품을 지정하여 기본세율보다 낮은 관세율(현재 80여개 품목에 무세를 적용)을 적용하는 특혜관세

② **협정관세(국제협력관세)** : 외국과의 조약 또는 행정협정에 의해 결정된 관세율이다. 이에는 다음과 같은 것들이 있다.

협정관세의 구조

구분	내용
WTO협정관세	GATT협정에 의해 양허한 관세율
방콕협정 양허관세	ESCAP(UN 아시아태평양경제사회위원회) 개발도상국 간 협정 양허세율
TNDC	WTO 개발도상국 간 협정으로 양허한 관세율
GSTP	UNCTAD 개발도상국 간 협정으로 양허한 관세율
FTA협정관세	FTA협정관세

③ **탄력관세** : 덤핑방지관세, 상계관세, 보복관세, 긴급관세, 농림축산물에 대한 특별긴급관세, 조정관세, 할당관세, 계절관세, 편익관세 등 대통령령 또는 기획재정부령이 정하는 세율을 말한다.

④ **덤핑방지관세** : 정상보다 싼값으로 수입되는 물품으로부터 국내 산업을 보호하기 위하여 덤핑액만큼을 기본관세율에 할증 부과하는 관세이다.

⑤ **상계관세** : 수출국으로부터 장려금이나 보조금을 지급받은 물품이 수입되어 국내 산업을 저해하는 경우, 이러한 물품의 수입을 억제하기 위하여 장려금이나

보조금 상당액을 기본관세율에 할증 부과하는 관세이다.

⑥ **보복관세** : 우리나라 수출품 또는 선박·항공기에 대해 불리한 대우를 하는 국가에 대해 그 나라로부터 수입되는 물품에 대해 보복적으로 기본관세율에 할증 부과하는 관세이다.

⑦ **긴급관세** : 특정물품의 수입증가로 피해 발생 시 그 수입을 억제하기 위하여 기본관세율에 할증 부과하는 관세이다.

⑧ **농림축산물에 대한 특별 긴급관세** : UR에서 국내외 가격 차이에 상당하는 금액을 관세로 부과하는 것을 조건으로 시장을 개방한 농림축산물의 수입량이 급증하거나 수입가격이 하락한 경우, 국내 산업의 피해를 방지하기 위해 기본관세율에 할증 부과하는 관세이다.

⑨ **조정관세** : 시장개방에 따른 부작용을 방지하기 위하여 기본관세율에 할증 부과하는 관세이다.

⑩ **할당관세** : 물자 수급의 원활 또는 특정한 물품의 수입억제를 위하여 일정 수량을 할당(quota)해 두고 그 한도 내는 낮은 세율을, 초과분은 높은 세율을 적용하는 관세로서 일종의 이중 관세율이다.

⑪ **계절관세** : 농산물 등 계절에 따라 가격변동이 심한 물품에 대해 국내물가가 안정될 수 있도록 기본세율에 할증 부과하거나 기본세율에서 인하 부과하는 관세이다.

⑫ **편익관세** : 국제협력관세 관련 조약 체결국이 아니어서 관세상 혜택을 받을 수 없는 나라에서 수입되는 물품에 대해 조약에서 양허한 범위 내에서 관세상 편익을 부여하는 관세이다.

⑬ **합의세율** : 여러 물품을 일괄하여 수입신고한 것으로 세율이 상이한 경우 하주의 신청에 의해 그 중 가장 높은 세율을 적용하는 세율을 말한다. 합의세율을 적용한 경우는 심사청구나 심판청구와 같은 행정상 쟁송을 제기할 수 없다.

⑭ **용도세율** : 수입물품의 용도에 따라 관세율이 다르게 정해져 있는 경우 그 중 낮은 세율을 말한다. 용도세율을 적용하기 위해서는 수입신고를 할 때 세관장에게 용도세율 적용 신청을 하여 승인을 받아야 하며, 일정기간 동안 용도 외에 사용하는지 여부를 세관장이 사후 관리한다.

⑮ **간이세율** : 해외 여행자나 승무원의 휴대품, 우편물과 같이 소액으로 빈번히 수

입되는 물품에 대해 관세와 내국소비세인 부가가치세, 개별소비세 등을 통합하여 정한 단일세율을 말한다. 간이세율은 휴대품, 우편물(정식 수입신고물품은 제외), 외국에서 선박 또는 항공의 일부를 수리 등을 위하여 사용된 물품, 탁송이나 별송으로 수입되는 물품에 대해 적용한다. 그러나 물품을 수입하는 하주가 간이세율의 적용을 원하지 아니하거나 수출용원재료·무세물품과 감면물품·상업용으로 인정되는 물품 등으로 관세청장이 정하는 물품·종량세 적용물품 등은 간이세율을 적용하지 아니한다.

관세율의 적용 순서가 중요한데, 실제 수입물품에 적용되는 관세율은 다음 순위에 의해 결정된다.

관세율 적용순서

순위	관세
1순위	덤핑방지관세, 보복관세, 긴급관세, 상계관세, 농림축산물에 대한 특별긴급관세, 특정국물품긴급관세
2순위	편익관세, 국제협력관세(3순위 내지 7순위보다 세율이 낮은 경우에만 우선)
3순위	조정관세, 계절관세, 할당관세(할당관세는 GSP보다 낮은 경우에만 우선)
4순위	일반특혜관세(GSP)
5순위	농림축산물에 대한 양허관세
6순위	잠정관세
7순위	기본관세

Ⅱ 관세환급제도

1 관세환급제도의 의의

환급(drawback)이란 국가가 일단 부과·징수한 조세를 일정한 요건이 구비되었을 때 되돌려 주는 것을 말한다. **관세환급**[12)]이란 세관에서 일단 징수한 관세 등을 특정한 요건에 해당하는 경우에 그 전부 또는 일부를 되돌려 주는 것을 말한다.

일반적으로 수출용 원재료를 수입할 때 납부한 관세 등을 당해 원재료로 제조·가공한 물품을 수출 또는 외화획득 행위에 사용한 때에 수입 시에 징수한 관세 등을 수출상에게 되돌려 주는 제도를 말한다. 이는 수출지원의 한 방법으로 국내 산업보호를 위하여 설치된 관세장벽을 수출의 경우에는 이를 제거하여 수출품의 국제경쟁력을 제고시키기 위한 제도이다. 관세환급제도의 **이론적 배경**은 관세 등도 소비세의 일종이기 때문에 국내에서 소비되지 않고 수출품의 생산에 필요한 원재료에 대한 세금을 부과하는 것은 적절하지 않다는 것이다.

물품 수출에 따른 관세의 환급은 수출을 이행하였다는 사실을 입증할 수 있는 서류를 갖추어 환급을 신청한 경우에만 가능하다. 물품 수출에 따른 조세의 환급은 수출물품의 생산에 사용된 원재료를 외국에서 **수입할 때 징수한 조세**를 환급하는 경우와, 상품이 **국내에서 거래되는 단계**에서 징수한 조세를 환급하는 경우 **2가지**가 있다. 원재료를 수입할 때 징수될 수 있는 조세는 관세, 개별소비세, 주세, 교통·에너지·환경세, 농어촌특별세, 교육세, 부가가치세, 임시수입부가세 등이다. 이들 조세 중 부가가치세를 제외한 나머지 조세는 환급특례법에 의해서 세관장이 환급한다.

환급특례법에서 관세 등의 환급이라 할 때는 부가가치세를 제외한 일곱 가지 조세를 총칭하여 환급한다는 의미이다. 그러나 원재료를 수입할 때 징수되었다 하더라도 가산금이나 가산세, 벌금 등은 당해 원재료로 물품을 생산하여 수출하였다 하더라도 환급대상이 될 수 없다. 원재료를 수입할 때 징수된 조세 중 **부가가치세**는 부가가치세법 및 국세기본법에 의해 세무서장이 환급한다.

세법에서 환급을 허용하는 수출의 범위는 세법마다 차이가 있다. 환급특례법에서 정하고 있는 환급대상은 관세법에 의해 수출신고가 수리된 물품 중 유상(有償) 수출의 물품은 모두 관세환급이 가능하다. 그러나 무상수출의 경우에는 기획재정부장관이 정한 다음의 경우만 환급의 대상이 된다. ① 박람회·전시회 등에 출품을 위한 수출(수출 후 판매된 경우만 해당), ② 해외투자·건설용 기자재와 용품의 수출, ③ 대체물품의 수출, ④ 견본용 물품의 수출, ⑤ 수탁가공한 물품의 수출·

12) 관세환급에는 관세법에 의한 과오납환급과 위약물품환급이 있고, '수출용원재료에대한관세등환급에관한특례법(환급특례법)'에 의한 환급이 있다. 일반적으로 관세환급이라 하면 환급특례법에 의한 환급을 의미한다.

위탁가공을 위한 물품의 수출, ⑥ 위탁판매를 위한 물품의 수출(수출 후 판매된 경우만 해당) 등이다.

관세법에 의해 수출신고가 수리되지 아니하였지만 다음의 경우에는 관세환급 대상이 될 수 있다. ① 주한미군에 대한 물품의 판매, ② 주한미군 등에 대한 공사, ③ 주한미군 등에 대한 국산 승용차의 판매, ④ 외국인투자기업에 대한 자본재의 판매, ⑤ 국제경쟁입찰 낙찰물품의 판매, ⑥ 해외취업근로자에 대한 물품의 판매, ⑦ 보세창고 · 보세공장 · 보세판매장 등에 대한 물품의 공급, ⑧ 종합보세구역 입주기업체에 대한 물품의 공급, ⑨ 자유무역지역과 관세자유지역 입주기업체에 대한 물품의 공급, ⑩ 외항선(기)에 대한 선(기)용품의 공급, ⑪ 원양어선에 대한 물품의 송부 등이다.

북한지역으로 반출되는 물품에 대해서는 남북교류협력에관한법률에 의해 당해 물품 생산에 소요된 원재료가 수입될 때 납부한 관세 등을 세관장이 환급하고 있다.

2 환급방법

1) 개별환급제도

관세환급 방법에는 개별(個別)환급과 정액(定額)환급의 두 가지가 있다. **개별환급**은 물품을 수출한 다음 환급을 받고자 하는 자가 스스로 환급액을 산출하여 세관장에게 신청하는 것이다. 개별환급에 의해 환급액을 산출하기 위해서는 다음 3가지 사실이 서로 연결되어 확인되어야 한다. ① 어떤 물품을 얼마만큼 수출하였는가 하는 것이다. 이 사실의 확인은 수출신고필증 등 수출사실 확인서류에 의한다. ② 당해 수출물품에는 어떤 원재료가 얼마만큼 소요되었는가 하는 것이다. 이 사실의 확인은 소요량계산서에 의한다. ③ 소요량계산서에 표시된 소요원재료별로 그 원재료가 수입될 때 납부한 관세 등의 세액은 얼마인가 하는 것이다. 이 사실의 확인은 그 물품을 수입하여 사용한 것이라면 수입할 때 세관장으로부터 발급받은 수입신고필증, 수입신고필증분할증명서 또는 평균세액증명서로 한다. 만일 수입원재료를 국내에서 추가 가공한 것을 구매하여 사용한 때에는 그 원재료를 공급한 자가 세관장으로부터 발급받아 물품 공급과 함께 제공하는 기초원재료납세증명서 또는 기초원재료납세증명분할증명서 등에 의한다.

수입신고필증분할증명서는 하나의 수입신고필증에 포함되어 있는 원재료를 여러 생산자에게 공급하였을 때 세관장이 수입신고필증을 분할하여 증명서로서 발급하는 것이다.

평균세액증명서는 수입신고필증과 기초원재료납세증명서 및 수입신고필증분할증명서를 HS 10단위별로 통합함으로써 세부규격의 확인을 생략하고 전체 물량의 단위당 평균세액을 계산하여 증명서로서 발급하는 것이다. **기초원재료납세증명서**를 약칭하여 '기납증'이라 하고, **기초원재료납세증명분할증명서**는 약칭하여 '기납분증'이라 한다. 수입신고필증 등에 의해 수출물품 생산에 소요된 원재료 수입 시 납부한 관세 등이 확인되면 합산한 금액이 곧 개별환급방법에 의해 환급받을 금액이 된다.

2) 정액환급제도

정액환급은 관세청장이 수출물품별로 소요된 원재료와 그 원재료가 수입될 때 납부되는 관세 등의 세액을 확인하여 이를 평균한 다음 그 금액을 **정액환급율표**로 고시하고, 해당 물품을 수출한 자가 세관장에게 신청하면 고시된 금액을 환급하는 것이다. 정액환급제도에는 특수공정물품 정액환급제도와 간이정액환급제도의 2가지가 있으나 현재는 후자만을 운용하고 있다.

간이정액환급은 정부가 수출물품별로 소요된 원재료와 그 원재료가 수입될 때 납부되는 관세 등의 세액을 확인하여 고시한 정액환급율표를 적용한다. 따라서 환급을 신청하는 수출상으로서 원재료의 소요량계산이나 그 원재료를 수입할 때 납부한 세액이 얼마인지 등을 확인하여 계산할 필요가 없고 수출 사실을 증명하는 서류만 첨부하여 환급을 신청하면 되므로 환급절차가 매우 간편하다. 간이정액환급율표는 HS 10단위별로 1만원당 환급액을 고시하고 있다. 따라서 환급액 산출공식은 수출금액(FOB금액(₩))/10,000×간이정액환급율표금액(₩)이다.

간이정액환급율표의 적용 기준일은 환급의 경우는 수출신고수리일이고, 기초원재료납세증명서 발급의 경우는 국내거래일이다. 정액환급은 수출품목별로 평균 개념을 적용하여 환급액을 책정・고시한다. 이것은 정액환급방법을 적용하여 환급받는 수출상에 따라서는 실제 환급받아야 할 세액보다 많이 받는 경우도 있고 적게 받는 경우도 있게 된다는 것을 의미한다. 이러한 문제점을 고려하여 관세환급특례법은 간이정액환급을 받을 수 있는 대상자를 ① 중소기업기본법에 의한 중소기업자로서, ② 최근 2년간 매년 환급실적이 3억원 이하인 제조업체로 제한하고 있다.

그러나 해당하는 중소기업자라도 자신이 수출한 품목이 간이정액환급율표에 고시되어 있지 아니하거나, 고시되어 있을지라도 정액환급방법에 의해 환급받는 것보다 불리할 때는 개별환급방법에 의해 환급받을 수 있다. 또한 수입한 상태 그대로 수출하는 물품(원상태 수출물품) 또는 비적용 승인을 받은 자가 제조·가공한 물품에 대해서도 간이정액환급율표를 적용할 수 없다. 실제 환급이 이루어지는 실적을 보면 전체의 90% 이상이 개별환급방법에 의해 이루어지고 있다.

3) 자율소요량계산제도

소요량은 수출물품을 생산하는데 소요되는 원재료의 양(量)으로서 생산과정에서 정상적으로 발생하는 손모량을 포함하는 것을 말한다. 즉, 소요량은 수출물품을 형성하고 있는 원재료의 양(단위실량)과 생산과정에서 발생하는 손모량을 합한 개념이다. 소요량은 종전에는 기준소요량제도 등을 통해 정부가 발급하는 소요량증명제도에 의하였다. 현재는 수출물품 생산기업 스스로가 소요량을 산정하여 이를 환급액 산출에 사용하는 **자율소요량계산제도**에 의하고 있다. 관세청장이 소요량계산 업무를 간소화하기 위하여 필요하다고 인정하는 경우 수출물품별 평균소요량을 근거로 수출물품 1단위를 생산하는데 소요되는 원재료의 양을 고시하는 **표준소요량제도**를 운영할 수 있다.

Ⅲ 보세제도

1 외국물품의 관리

외국물품은 수입의 경우 수입통관절차가 완료되고, 수출의 경우 선(기)적이 완료될 때까지 세관의 엄격한 관리와 감시를 받는다.

주요 관리 내용은 ① 외국물품을 싣고 있는 선박(외국무역선) 또는 항공기(외국무역기)는 원칙적으로 개항(開港)으로만 출입하여야 한다. ② 외국무역선(기)에 물품을 싣거나 내릴 때는 먼저 세관장에게 신고하여야 한다. ③ 세관장 허가 없이 외국물품을 싣고 있는 선박과 다른 선박 간에 물품을 옮겨 실을 수 없다. ④ 외국물품은 원칙적으로 보세구역이 아닌 장소에 장치할 수 없다. ⑤ 외국물품을 국내에서 운송하고자 할 때는 먼저 보세운송으로서 세관장에게 신고하거나 승인을 받아야 한다. ⑥ 보세구역을 설영(設營)하고자 하는 경우에는 세관장의 특허를 받아야 한다. ⑦ 보세구역에 물품을 반입하거나 반출하고자 할 때는 세관장에게 신고하여야 한다. ⑧ 보세구역에 장치 중인 외국물품에 대해 보수, 해체, 절단 등의 작업을 하거나, 부패·손상 등의 사유로 폐기하고자 할 때는 세관장의 승인을 받아야 한다. ⑨ 보세구역에 장치 중인 외국물품의 전부 또는 일부를 견본품으로 반출하고자 할 때는 세관장의 허가를 받아야 한다.

2 보세제도 및 보세구역

보세(保稅)는 일반적으로 관세유보 또는 관세미납의 뜻으로 인식될 수 있으나 그렇게 되면 무관세품의 경우에도 수입통관 이전에는 보세화물로 불리어질 수 있기 때문에 엄격한 의미에서 수입신고 미필상태를 뜻한다.

보세제도는 외국물품이 우리나라에 도착한 후 관세의 징수를 유보하고 외국물품 상태 그대로 수입신고 미필상태에서 일정 기간 및 장소에서 보관, 장치, 운송, 제조, 건설, 전시, 가공 등을 행하는데 따른 일련의 절차를 말한다. 보세제도에는 보세구역제도와 보세운송제도가 있다. 보세구역은 **지정보세구역**, **특허보세구역**, **종**

합보세구역, 자유무역지역, 관세자유지역 등으로 구분하여 운영된다.

지정보세구역은 세관장이 주로 국가나 공공기관의 토지·시설 등의 일정구역을 지정한 곳으로 지정장치장, 세관검사장이 있다. 전자는 통관하고자 하는 물품을 일시적으로 장치할 수 있는 장소이다. 장치 가능한 기간은 6개월이다. 대개 부두, 공항 또는 세관청사 내에 특정 지역을 세관장이 지정하고 있다. 후자는 수입 또는 수출통관하고자 하는 물품의 검사를 할 수 있는 장소이다. 공항입국장의 세관검사장이 대표적이다. 수출입 물품 중 세관검사가 필요한 물품이 모두 세관검사장에 반입되어야 하는 것은 아니며 대개 여행객의 휴대품이나 이사물품, 기타 탁송물품의 검사에 세관검사장이 이용된다.

특허보세구역은 민간인의 신청에 의해 세관장이 특허한 곳으로 주로 개인의 토지·시설 등의 일정한 구역으로 보세창고, 보세공장, 보세전시장, 보세건설장, 보세판매장 등이 있다. 보세창고는 수출 또는 수입통관하고자 하는 물품을 장치할 수 있는 장소로 보세구역의 대부분을 차지한다. 보세창고에는 영리를 목적으로 불특정 다수인의 수출입물품을 보관해 주는 영업용 창고와 운송회사 또는 제조업체가 자신의 필요에 의해 운영하는 자가용 창고 2가지가 있다. 보세창고에 물품을 장치할 수 있는 기간은 1년이다.

보세공장은 외국물품이나, 외국물품과 내국물품을 원재료로 제조·가공 작업을 하기 위한 장소이다. 보세공장에는 수출용 물품만을 제조·가공하는 수출용보세공장과 수입하기 위한 물품을 제조·가공하는 내수용보세공장, 그리고 이 둘을 겸하는 수출·내수겸용보세공장이 있다. 보세공장에는 외국물품 장치에 따로 제한기간을 두지 않는다. 보세공장은 원재료를 외국물품 상태에서 제조·가공이 가능하므로 자금부담의 완화 등에 큰 도움이 될 수 있다.

보세전시장은 박람회·전시회 등을 위하여 외국물품을 장치하거나 사용할 수 있는 장소이다. 일시적으로 국내에 반입되어 전시 후 다시 외국으로 반출되는 물품에 유용하다.보세전시장은 해당 박람회·전시회 등의 기간 동안 특허되고, 외국물품의 장치기간도 보세전시기간 동안이다.

보세건설장은 외국물품 상태로 산업시설의 건설공사를 할 수 있는 장소이다. 건설된 시설은 가동하기 전에 수입통관절차를 필하여야 한다. 보세건설장제도는 대규모 산업설비 등의 건설에서 자금부담 완화에 큰 도움이 될 수 있다. 보세건설장은 당해 건설공사기간을 고려하여 일정기간 동안 특허되며, 외국물품의 장치·사용기간은 해당 특허기간과 같다.

보세판매장은 외국물품을 보세상태에서 판매할 수 있는 장소이다. 공항 출국장의 면세점이 대표적이고 시내 주요 백화점 등에도 일부 설치되어 있다. 보세판매장을 이용할 수 있는 자는 외교관 면세권자나 출국예정자이다. 출국예정자가 보세판매장에서 구입한 물품은 공항의 출국장에서 인도되며, 반드시 국외로 반출하여야 한다.

종합보세구역은 공항 또는 항만의 일정한 지역을 관계행정기관이나 지방자치단체의 요청에 의하거나 관세청장이 직권으로 지정한다. 종합보세구역은 공항 또는 항만의 일정 지역을 지정하므로 해당 지역에 여러 기업이 입주할 수 있다. 종합보세구역은 보세창고, 보세공장, 보세전시장, 보세건설장, 보세판매장의 기능을 종합적으로 수행할 수 있는 장소이다. 종합보세구역 물품의 장치기간에는 제한이 없다.

자유무역지역·관세자유지역은 관세법의 규정에 의한 보세구역이 아니라 「자유무역지역의 지정 등에 관한 법률」과 「국제물류기지 육성을 위한 관세자유지역의 지정 및 운영에 관한 법률」에 의해 지정된 지역이다. 외국물품이 보세상태에서 반입될 수 있다는 점에서 보세구역으로서의 성격을 갖는다.

그 외에 관세법에 의해 세관장의 허가를 받아 물품을 임시 장치하는 보세구역외 장치장[13]도 보세구역은 아니지만 외국물품을 반입할 수 있다는 점에서 보세구역으로서의 성격이 있다.

3 보세운송제도

보세운송이란 외국물품을 보세상태로 국내에서 운송하는 것을 말한다. 개항으로 도착한 수입물품을 당해 항구 또는 공항 내의 보세구역에서 수입통관 한다면 보세운송은 불필요할 것이다. 그러나 그 물품을 내륙지에 있는 보세구역으로 이송하여 통관하고자 한다면 도착항으로부터 내륙 목적지의 보세구역까지는 보세운

13) 보세구역외 장치장은 종전의 타소장치장의 명칭을 2001년 관세법에서 변경한 것이다.

송에 의해 운송하여야 한다. 보세운송제도의 주요 내용은 다음과 같다.

보세운송 주요 내용

목적지	외국물품의 보세운송 목적지는 개항, 보세구역, 보세구역외장치장, 세관관서 등으로 지정되어 있다.
신고 또는 승인	그 물품이 소재하고 있는 지역을 관할하는 세관장에게 받아야 한다. 대개 검역을 요하는 물품, 위험물품, 보세창고로 운송하는 물품 등이다.
신고인	보세운송 신청자는 하주, 관세사, 보세운송업자 등이다. 보세운송업자는 관세청장 또는 세관장에게 등록을 한 보세운송을 업으로 하는 운수업자이다.
통로와 운송기간	보세운송 중에는 세관의 감시·단속을 일시 벗어나게 되므로 운송통로와 운송기간을 제한한다. 원칙적으로 신고일부터 해상화물은 15일, 항공화물은 7일이다.
수출신고가 수리된 물품의 예외 인정	수출신고가 수리되어 외국물품으로 간주되는 물품에 대하여는 원칙적으로 보세운송 절차가 생략된다. 수출신고가 수리된 날부터 30일 내에 선적 하여야 한다.

Ⅳ 기타 통관 관련 제도

1 ATA Carnets

까르네협정(Carnet Convention)은 협약 가입국간에 일시적으로 물품을 수출입 또는 보세운송할 경우 재수출을 조건으로 관세신고서류 대신에 보증용 국제 관세신고서류를 사용하면 대폭 간소화된 통관절차를 이용할 수 있는 제도이다.[14)]

ATA협정의 정식명칭은 「물품의 일시수입을 위한 일시수입통관증서에 관한 관세협정」(Convention on Admission Temporaire-Temporary Admission Carnet)이다. A.T.A는 Admission Temporaire(불어)와 Temporary Admission(영어)의 조어이다. Carnet는 불어로 증서(Convention on Temporary Admission)를 의미한다.

14) A.T.A.까르네에 의한 일시 수출입 통관에 관한 고시 (관세청고시, 2013.5.6.)

이 제도를 이용하여 통관 가능한 물품은 직업용구, 전시회나 박람회에서 전시될 물품이나 상품견본 및 광고용 물품, 포장용기, 과학장비 및 교육용구 등이다. A.T.A.까르네에 의한 물품의 일시수입 또는 보세운송되는 물품에 대한 관세 등을 보증할 수 있는 자는 관세청장의 인가를 받은 대한상공회의소이다.

2 AEO제도

AEO제도(Authorized Economic Operator, 종합인증 우수업체 제도)는 관세청에서 법규준수, 내부통제시스템, 재무건전성, 안전관리의 공인기준에 따라 적정성 여부를 심사하여 일정 이상 기준을 충족하면 부여하는 기업인증제도이다. 인증업체에게는 신속통관, 물품검사 면제 등 통관절차 간소화 혜택을 부여하고 있다. ISO14000(국제환경규격), ISO90001(품질), ISO28001(물류보안) 등과 같은 기업국제규격 중 하나로 AEO는 물류보안인증제도와 유사하다.[15)]

세계관세기구(WCO)에서는 생산자에서 최종 소비자까지 국제적 물류흐름에 대한 안전인 수출입공급망 안전(Supply Chain Security)에 관해 논의해 왔다. 특히 2001년 미국 9.11 테러 이후 미국은 무역안전을 위한 새로운 물류보안 제도와 규정을 시행하였다. 초창기 이 제도는 보안에만 중점을 두었기 때문에 리드타임을 지연시키는 비관세장벽으로 작용하기 시작하였다. WCO에서는 이러한 문제점을 보완하여 2005년 6월 「무역안전과 원활화에 관한 국제규범」(WCO SAFE Framework)을 수립하였으며, 이 국제규범의 핵심개념이 바로 AEO이다.

세관당국은 공인기준에 따라 AEO업체를 공인하며, AEO업체와 비AEO업체에 대해서는 차별적인 위험관리를 실시한다. **AEO 인증대상**에는 수출업체, 수입업체, 관세사, 보세구역운영인, 보세운송업자, 화물운송주선업자, 선사, 항공사, 하역업자 총 9개의 당사자가 있다.

WCO 회원국 중 159개 국가가 제도이행 의향서를 제출하였으며, 현재 미국, 일본, EU 등 주요 선진국이 도입·시행 중에 있고, 우리나라 또한 글로벌 관세환경 변화에 발맞춰 제도연구, 법령제정[16)], 시범사업 등 준비과정을 거쳐 2009년 4월

15) 관세청(www.customs.go.kr), 한국AEO진흥협회(www.aeo.or.kr) 참조

정식으로 AEO제도를 시행하였다.

3 병행수입제도

병행수입(Parallel Import, Gray Import)은 상표를 등록한 상표권자나 상표권자로부터 상표 사용권을 얻은 전용 사용권자가 있더라도 외국에서 적법하게 부착되어 유통되는 진정상품이며 일정한 요건을 갖춘 경우에는 제3자가 국내로 수입할 수 있도록 허용하는 제도이다.

전용사용권은 상표권자와 이 상표권을 사용하고자 하는 자 사이의 사적(私的)인 계약관계에 의해 설정된다. 이러한 계약관계를 국가가 보호해 줄 경우 결과적으로 수입업자의 독점적 이윤을 보장해 주는 것이 될 수 있다. 반대로 계약관계를 인정하지 아니할 경우 상표권자 또는 국내 전용사용권자가 많은 비용을 들여 개척해 놓은 국내시장에 제3자가 무임승차하는 결과를 초래하여 결과적으로 상표권이 적정하게 보호될 수 없게 될 수 있다. 상표권에 대한 로열티를 지불하고 제조·판매권을 가진 자 보다 동일한 상표가 부착된 물품을 외국에서 수입하여 판매하는 제3자가 유리할 수 있기 때문이다.

같은 상표의 상품이 인건비가 낮은 개발도상국에서 생산된 것을 싼 가격에 수입하여 판매하거나, 가격이 높더라도 원산지에 대한 선호도가 높은 나라에서 생산된 것을 수입하여 판매할 경우가 이에 해당한다. 그러나 이때 사후관리에서 문제가 발생할 수도 있다. 병행수입의 허용은 상표권자의 이익과 국내 소비자의 이익을 균형 있게 추구하기 위한 것이다.

병행수입의 허용기준은 다음과 같다. ① 국내외 상표권자가 동일인이거나 계열회사 관계(주식의 30% 이상을 소유하면서 최다 출자자인 경우), 수입대리점 관계 등 동일인으로 볼 수 있는 관계가 있는 경우, ② 외국의 상표권자가 동일인 관계에 있는 국내 상표권자로부터 전용사용권을 설정 받은 자가 국내외 상표권자와 동일인 관계에 있는 경우, ③ 외국 상표권자와 동일인 관계에 있는 국내 상표권자로부터

16) 관세법 제255조의2, 관세법시행령 제259조의2, 제259조의3, 종합인증 우수업체 공인 및 관리업무에 관한 고시

전용사용권을 설정받은 국내전용 사용권자가 국내외 상표권자와 동일인 관계에 있지 않지만 당해 상표가 부착된 물품을 국내에서 제조 또는 판매하고 외국으로부터 수입도 하는 경우 등이다.

병행수입의 금지기준은 다음과 같다. ① 국내외 상표권자가 동일인 관계가 아닌 경우, ② 동일인 관계에 있는 국내외 상표권자로부터 전용사용권을 설정 받은 전용사용권자가 국내외 상표권자와 동일인 관계에 있지 아니하고 당해 상표부착물품을 국내에서 전량 제조 또는 판매하는 경우(수입도 하는 경우는 제외됨) 등이다.

PART

2

무역운송

무역운송

무역운송기초

- 국제물류와 무역운송
- 무역과 운송의 관계
- 수출입운송절차
  - 수출운송절차
  - 수입운송절차

무역운송형태

- **해상운송**
  - 해상운송
  - 해상운송계약
  - 정기선운송
  - 해운동맹
  - 부정기선운송
- **항공운송**
  - 항공화물의 탑재방식
  - 항공운송계약
  - 항공화물운송대리점과 항공운송주선업
- **복합운송**
  - 복합운송과 복합운송인
  - 복합운송인의 책임
  - 국제복합운송의 주요 경로

무역운송인프라

- **선박**
  - 컨테이너선
  - 화물선
- **컨테이너** – 컨테이너 종류
- **공항만**
  - 항만 - 무역항
  - 공항
- **터미널**
  - 컨테이너 부두(CY·CFS)
  - ICD

수출입 물류요금

- 정기선 운임/부정기선 운임
- 항공화물 운임
- 물류요금

운송서류

- 선하증권(B/L)
- 해상화물운송장(SWB)
- 항공화물운송장(AWB)
- 복합운송서류

PART

2 무역운송

제1절 무역운송 기초

I ▸▸ 국제물류와 무역운송

1 의 의

국제물류(international physical distribution : international logistics)는 생산과 소비가 2개국 이상에 걸쳐 이루어지는 경우 생산과 소비의 시간적・공간적 차이를 극복하기 위한 재화에 대한 물리적인 국제경제활동이다. 국제물류는 **운송, 보관, 하역, 포장 및 정보** 등의 기능을 포괄하는 개념이지만 물자의 시간적・공간적인 효용의 창조가 중요하기 때문에 특히 운송부분이 차지하는 비중이 크다.

무역운송(transport for trade)은 무역거래에 수반되는 국제운송이다. 운송(transport)은 물품이 생산된 장소와 소비하는 장소 사이에 존재하는 공간적 거리를 좁히기 위한 물품의 공간적 이동과 시간적인 극복을 통하여 재화와 용역의 효용가치를 증대시키는 행위이다.

생산자 중심의 산업사회에서는 운송의 중요성이 부각되지 않았으나, 오늘날에는 산업구조의 고도화, 국제경쟁의 심화, 세계시장의 통합, 소비자 요구의 다양화 등으로 인해 무역운송의 중요성이 나날이 강조되고 있다. 즉, 보다 많은 수량을 얼마나 안전하고 신속하게, 보다 저렴한 비용으로 운송하느냐가 전체 마케팅 비용의 절감과 고객서비스의 향상에 직결되기 때문에 무역운송이 중요하게 된다. 통계에 따르면 우리나라의 경우 운송이 전체 물류비에서 차지하는 비중이 약 50%에 달하고 있으며 전체 물류비는 기업 매출액의 7~9%에 이르고 있다.

2 운송의 종류 및 선택

운송은 장소적 관점에서 국내운송과 국제운송으로 구별된다. 국내운송(domestic transport)은 운송이 동일국가 내에서 이루어지는 반면에 **국제운송(international transport)**은 한 국가의 범위를 넘어 다른 국가 간에 이루어지는 운송이다. 즉, 국내운송은 수출자 입장에서 자가 창고나 공장에서 선적항까지의 운송 또는 수입자 입장에서 도착항에서 자가 창고나 공장까지의 운송을 의미하고, 국제운송은 선적항에서 도착항 혹은 최종목적지까지의 운송을 의미한다.

운송계약 체결방식에 따라 **개품운송계약에 의한 정기선운송**과 **용선운송계약에 의한 부정기선운송**이 있다. **개품운송**(個品運送)은 개개의 물품을 대상으로 계약하는 운송을 말하는 것으로 운송인이 다수의 하주로부터 화물을 인수하여 혼적하는 것으로 대부분 공산품의 수출입은 정기 컨테이너선에 의한 개품운송 방식에 따르고 있다. 개품운송에는 해상, 항공, 철도 운송과 같이 하나의 운송수단을 이용하는 단일운송과 운송인의 책임하에 2개 이상의 운송수단이 활용되는 복합운송이 이용된다. **부정기선운송**은 보통 선사로부터 선박의 전부(전부용선) 또는 일부(일부용선)를 빌려오는 방식의 운송계약이다. 전부용선의 경우는 기간용선(time charter), 항해용선(voyage or trip charter)이 있다.

운송수단에 따라 트럭에 의한 도로운송, 기차에 의한 철도운송, 선박에 의한 해상운송, 화물기에 의한 항공운송 및 파이프라인에 의한 운송 등으로 구분할 수 있다. 국제운송에서 운송의 효율성 증대와 물류비절감 측면에서 운송인이 하주에게 모든 책임을 지고 2가지 이상의 운송수단을 사용하여 송하인 문전에서 수하인 문전까지(door to door) 운송을 담당하는 복합운송(multimodal transportation)이 보편화되고 있다.

하주입장에서 최적의 운송수단의 선택은 수출입단가, 고객서비스 등에 지대한 영향을 미치기 때문에 경쟁력 제고 차원에서 매우 중요하다. **최적의 운송수단을 선택하는 판단 기준**으로 ① 화물의 종류, ② 중량 및 용적, ③ 운송경로, ④ 운송거리, ⑤ 운송시간, ⑥ 운송비 등을 고려해야 한다. 운임과 운송시간이 가장 중요하지만, 납품시기, 운임 부담력, 발착시설 등을 종합적으로 평가하게 된다.

Ⅱ 무역과 운송과의 관계

1 운송의 중요성 및 국제규칙

성공적인 무역거래를 위해서는 제품의 품질 및 가격, 마케팅능력, 무역계약, 대금결제 등 못지않게 적절한 운송수단의 선정을 통한 **제품의 적기인도(delivery), 운송물류비 절감** 및 이를 통한 **고객에 대한 신용도 제고** 또한 중요하다.

수출자 입장에서 경쟁사보다 더욱 값싸고 빠른 운송수단, 최적의 운송경로 선택, 그리고 운송의 각 단계별로 신속·정확한 업무처리로 인한 코스트 절감이 이루어진다면, 기업의 가격경쟁력을 높여 경쟁우위에 설 수 있게 될 것임은 두말할 나위가 없다. 운송과 관련하여 수출자는 적합한 운송서류를 취득하여 대금결제를 받는 것과, 수입자는 운송서류를 정당하게 취득하여 수입물품을 입수하는 것이 매우 중요하다. 따라서 운송서류의 요건이 무엇인가를 잘 알고 요구에 적응하기 위해서는 운송서류에 대한 이해 및 운송인이 운송계약을 위반한 경우에 하주로서 어떠한 대응을 할 수 있는가에 대한 이해가 선행되어야 한다. 이것이 바로 운송인의 책임내용이며, 이는 운송서류 약관 및 관련 국제규칙에서 규정하고 있기 때문에 다음과 같은 운송서류 및 국제규칙을 잘 이해해야 한다.

운송수단별 운송서류로는 해상운송에 선하증권(B/L : bill of lading), 해상화물운송장(SWB : sea waybill), 용선계약서(C/P : charter party), 항공운송에 항공화물운송장(AWB : air waybill), 항공화물탁송장(ACN : air consignment note), 육상운송에 도로화물탁송장(RCN : road consignment note), 철도화물탁송장(RCN : railroad consignment note), 복합운송에 복합운송서류(MTD : multimodal transport document,

CTD : combined transport document)가 있다.

운송관련 국제규칙 및 운송서류

운송수단	운송서류	국제규칙
해상운송	선하증권(bill of lading)	Hague Rules (1924) Hague-Visby Rules (1968) Hamburg Rules (1978) Rotterdam Rules (2009)
	해상화물운송장(sea waybill)	해상화물운송장에 관한 CMI통일규칙(1990)
	용선계약서(charter party)	계약자유의 원칙
항공운송	항공화물운송장(air waybill)	Warsaw Conventions (1929) Montreal Conventions (1966)
복합운송	복합운송증권 (multimodal transport document)	국제물품복합운송에 관한 UN협약(1980) UNCTAD/ICC복합운송증권규칙
도로운송	도로화물탁송장 (road consignment note)	CMR(국제도로물품운송조약)Convention Relative au Contract de Transport International de Merchandise Par Route
철도운송	철도화물탁송장 (railroad consignment note)	CIM(국제철도물건운송조약) Convention internationale concernant le transport des marchandises par chemin de fer

2 운송계약과 무역계약

무역계약의 이행을 위해서는 매도인이 매수인에게 물품을 인도해야 하지만, 매도인이 직접 매수인에게 물품을 인도하기보다는 제3자인 운송인을 활용하는 것이 보편적이다. 매매당사자가 운송인의 운송서비스를 이용하기 위하여 운송인과 체결하는 계약이 운송계약이다. 운송계약은 매매계약의 종속 계약적 성격이 있기 때문에 운송계약의 내용은 무역계약의 선적조건에 따라 결정된다.

선적조건에는 일반적으로 **선적기일**, **운송방법**(mode of transportation), **선적항**(POL : port of loading), **도착항**(POD : port of discharge), **분할선적 및 환적여부** 등이 포함된다.

선적기일(S/D : shipping date)은 최종선적일(latest shipping date)을 말하며 신용

장거래에서는 선적기일이 정해져 있지 않은 경우 신용장 유효기일(E/D : expiry date)을 선적기일로 본다. 일반적으로 선적일의 입증은 선하증권의 본선적재일(on board date) 또는 선하증권 발행일(B/L date)로 한다.

분할선적(partial shipment)은 거액거래이거나 수입자의 판매계획이나 시황에 따라 여러 번에 걸쳐 공급받고자 할 때, 또는 재고 여유가 있어서 분할하여 공급받아도 지장이 없을 경우에 허용된다. 신용장거래에서 분할선적에 대한 금지조항이 없다면 분할선적을 허용하는 것으로 해석된다. 동일항해, 동일선박에 의해 이루어진 여러 차례의 선적은 비록 선적일자와 선적항이 다르더라도 분할선적으로 보지 않는다.

환적(T/S : transshipment)은 물품 운송도중에 다른 선박 또는 운송수단으로 옮겨 싣는 것을 의미하며, 환적 중에 화물의 파손 및 비용추가 때문에 수입상 입장에서는 바람직하지 않다. 신용장에 환적 여부에 대하여 언급이 없을 경우 허용되는 것이 통설이나 예외도 있다.

직항선적(direct sailing)[1] 약정은 환적이 금지된 것으로 보며, feeder선 이용은 환적으로 보지 않는다. 단, 신용장상에 'trans shipment not allowed'로 되어 있는데 선적항의 선명과 양하항의 선명이 다른 경우는 환적으로 본다.

3 정형거래조건과 무역운송

무역계약에서 선적조건(shipment terms)에 선적시기만 명기하고, 운송계약 체결당사자, 운송방법, 운임부담자, 인도방법 등은 당사자가 선택하는 정형거래조건에 의하여 자동적으로 결정되는 것이 일반적이다.

정형거래조건(trade terms)은 가격조건을 뜻하는 명시조건(明示條件)인 한편, 계약 목적물에 대한 위험부담 및 비용부담의 분기점, 인도장소, 운송계약 및 보험계약 체결의무 등에 관한 보완적인 기능을 수행하는 묵시조건(黙示條件)이기도 하다. 이러한 정형거래조건을 규정한 국제규칙 중 대표적인 것이 Incoterms 2020이다.

1) 직항선적(direct shipment by customary route)은 일반적으로 기항지(calling port)를 거친다는 점에서 기항지 없이 가는 'Non stop'과 구분된다.

Incoterms 2020의 11가지 정형거래조건 가운데, 해상 및 내수로 운송에만 적합한 조건은 FOB, FAS, CFR, CIF 등 4개 조건이다. 기타 EXW, FCA, CPT, CIP, DAP, DPU, DDP 등 7개 조건은 모든 운송방식에 적합한 조건이다. 실무에서 항공운송의 경우에도 FOB 또는 CIF를 관습적으로 사용하고 있는데, 당사자간 위험 및 비용이전 등과 관련하여 분쟁발생 시 해석기준으로써 Incoterms의 역할을 기대하기 어려울 수 있기 때문에 무역업자들은 정확한 무역조건 선택이 중요하다.

운송계약과 관련하여 **매도인(Seller)에게 운송계약 체결 의무**가 주어지는 경우는 CIF, CFR, CIP, CPT, DAP, DPU, DDP 등 7가지 조건이다. 이들 조건 중 "C"조건 4가지는 서류에 의한 상징적 인도를 하는 주운임 지급(main carriage paid) 인도 조건으로써 매도인은 매수인을 위하여 운송계약을 체결하는 반면에, "D"조건 3가지는 매도인이 현물인도를 하는 도착지인도조건으로써 매도인의 운송계약 체결은 자기 자신을 위한 것이 된다.

매수인(Buyer)에게 운송계약 체결 의무가 주어지는 경우로는 주운송비 미지급(main carriage unpaid) 인도조건인 FOB, FAS, FCA 등 3가지 조건이다. EXW조건은 매도인 및 매수인에게 운송계약 체결의무가 없다(no obligation)고 규정하고 있는데, 이것은 물품이 매도인의 영업장 구내에서 매수인의 임의처분하에 인도되기 때문에 매도인은 목적지까지의 운송계약 체결 의무가 없으며, 매수인도 물품의 수령을 위하여 필요한 경우가 아닌 한 매도인에 대하여 물품의 운송계약을 체결할 의무가 없다는 것을 의미한다.

Ⅲ ▸▸ 수출입운송절차

컨테이너 운송에서 화물은 컨테이너를 가득 채울 수 있는 **만재화물(FCL cargo** : full container load)과 일부만 채울 수 있는 **소량화물(LCL cargo** : less than container load)로 구분할 수 있다.

컨테이너운송은 당사자인 하주(shipper)와 운송인(carrier) 간의 운송계약 체결을 통해 수행하게 된다. 선사는 수출운송을 위해, ① 컨테이너준비, ② 출하정보의 파악과 화물의 인수, ③ 컨테이너 배치, ④ 화물인수, ⑤ 선적서류 작성 및 송부를 수행한다. 수입운송을 위해 ① 컨테이너 양륙준비, ② CY 또는 CFS 오퍼레이터에게 관련서류 송부, ③ 도착통지 및 운임청구, ④ 화물인도지시서 발행, ⑤ 컨테이너화물의 과부족 발생 시 양하 화물의 추적조사 등의 업무를 수행하게 된다.

1 수출운송절차

1) 선박수배

선박수배의무는 FOB는 수입상이, CIF는 수출상이 부담한다. FOB의 경우 수출지의 선사 또는 포워더는 L/C가 개설될 시점에 운송인으로 지정(노미, nomination) 사실을 알고 있는 경우가 많다. 노미된 운송인이 먼저 송하인에게 연락하여 화물의 제조완료 시점 등 여러 가지 사실을 문의하여 오지만, 만약 운송인에게 연락이 오지 않아 적기선적에 차질이 우려될 경우에는 하주는 지체 없이 운송인에게 연락하여 선적 협의를 해야 한다. FOB조건이지만 때로는 수출하주가 수입상을 대신하여 운송인을 선정해야 하는 경우도 있고, L/C에 명시하지는 않았지만 별도로 바이어가 지정하는 운송인을 이용하도록 요청되는 경우(shipping instruction)도 많다.

CIF조건의 경우 수출하주는 납기일 내에 현지에 도착할 수 있는 선박을 수배해야 한다. 선박수배를 위해서는 출항일 전후에 선적항에 기항하는 선박스케줄을 확인해야 하는데, 선박스케줄 확인은 해당 항로에 취항하는 선사의 인터넷 홈페이지 또는 전화상담 등을 통하거나, **선박스케줄 사이트**[2]에서 정보를 확인하여 진행할 수도 있다.

선박스케줄에서 항만별, 항로별로 취항하는 선박명과 출항예정일자, 기항하는 항만명, 도착예정일자 등의 정보를 확인할 수 있다. 주의할 점은 선박스케줄에 보면 "Schedule are subject to change with or without notice"라고 기재되어 있

2) 하주협의회(http://shippersgate.kita.net), 코리아쉬핑가제트(www.ksg.co.kr), 스케줄뱅크(www.schedulebank.com) 등을 활용한다.

기 때문에, 스케줄을 확정한 뒤라도 예정대로 출항하는지 여부의 재확인이 필요하다는 것이다.

선박스케줄 확인 시 ① 입·출항일 및 시간, 운송기일(transit time), 직항 또는 환적항 기항여부, ② 선박 출항예정시간(ETD : estimated time of departure)과 도착예정시간(ETA : estimated time of arrival), ③ CY cargo인 경우 화물수취 마감시간(closing time)을 반드시 확인해야 한다.

선사에 화물을 맡기고 B/L을 받고 선적업무를 마무리 지었다고 안심하기보다는, 실제로 선적되어 출항되었는지의 여부를 끝까지 확인하는 것이 좋다. 왜냐하면 간혹 On board B/L을 받은 경우에도 부두에서 자신의 화물이 선적작업 착오 또는 다른 기업의 화물에 밀려 선적되지 못하는 경우도 발생할 수 있기 때문이다.

2) 선적예약(booking)

수출자는 일반적으로 화물출고 전 또는 수출신고를 전후해서 선사에 선적예약(booking)을 하게 된다. 수출자는 선적예약을 하기 전에, 수출지역이나 수입자의 요청 또는 화물의 특성상 필요한 제반서류(원산지증명서, 세관송장 등)를 준비한다.

선적예약 시 하주는 **선복요청서(S/R : shipping request)**에 해당사항을 정확하게 기입하여 사용하는 것이 바람직하다. 선적예약 시 상업송장이나 포장명세서만을 선사에 보내어 예약을 하는 경우가 많으나 선사 입장에서 선하증권에 반드시 기입해야 할 수출 품목, 중량, 수출면장번호 등에 대해 하주들에게 일일이 확인절차를 다시 밟아야 하는 번거로움이 발생하고 유선상의 확인 작업 중에서 착오가 발생할 수도 있게 되어 바람직하지 못하다. 더욱이 운송계약의 성립이 청약과 승낙에 의해 이루어지는 만큼 단순히 상업송장이나 포장명세서만을 보내어 예약을 하는 것은 정상적인 청약절차로 보기 어려워 만일 선적예약이 안되면 하주는 법적으로 불리한 입장에 놓이게 된다.

수출통관절차 이후에 선사들이 **적하목록(manifest)**을 직접 작성해야 하기 때문에, 선사들은 수출하주에게 S/R을 정확히 작성해주고 가급적 수출신고필증 사본을 제출해주기를 희망한다. S/R을 접수한 선박회사는 화물예약을 마치면 해당 하주와 선박의 일등항해사 앞으로 **선적지시서(S/O : shipping order)**를 보내는 것이 원칙이다. 그러나 선사도 하주에게 S/R을 보내지 않고 구두로만 예약번호 등을 알려주면서 선적예약을 통보하는 경우가 많다.

3) 선적(shipment)

컨테이너화물을 트럭이나 철도로 선적항 CY나 터미널에 반입하는 경우 **마감시간**(closing time)을 지켜야 한다. 관세청에서 **적하목록 적재전 신고제도**를[3] 시행하여 선사나 포워더는 적하목록(manifest)을 미국행 해상화물은 적재 24시간 전, 기타 해상화물은 적재 전, 근거리 해상화물 및 항공화물은 출항익일 24시까지 제출해야 하기 때문에 선사는 CY반입 마감시간을 하루 또는 12시간 정도 앞당겨 운영하고 있으므로, 마감시간 내 화물반입이 이루어지지 않으면 예약된 선박에 선적하지 못하는 경우도 있다.

수출자가 선사에게 내륙운송서비스까지 의뢰한 경우 선사들이 자기 책임하에 운송계약업체를 통해 적기에 수송서비스를 해주지만 '자가운송'을 이용할 경우 선사들 책임이 없기 때문에 수출자 스스로 마감시간을 지키도록 노력해야 한다.

4) 선하증권 수령

선사는 선적 후에 하주에게 점검(check)용 B/L을 발행 후에 원본(original)을 발행한다. 수출자가 B/L에 기재내용이 제대로 되지 않은 것을 확인하지 않고 B/L을 수령한 다음에 추후에 문제가 발생할 경우 그 피해는 결국 수출자에게 돌아가기 때문에 B/L을 받은 하주는 반드시 B/L 기재내용을 확인해야 한다. 이러한 과정 중에서 잘못된 기재내용이 있으면 선사에게 바로 알리고 변경통보는 반드시 서면으로 하는 것이 바람직하다.

5) 선적통지

선적이 끝나면 수출업자는 수입업자에게 지체 없이 선적통지(shipping notice)를 하고 선하증권 사본(copy)을 보내게 된다. 일반적으로 선적통지서에는 선사명, 선

3) 보세화물 입출항 하선 하기 및 적재에 관한 고시, 관세청고시

박명, 출항일 또는 예상출항일, 선적항, 상품 및 수량, 선하증권번호 등 필수통지 내용과 예상도착일 및 L/C번호 등 부수통지내용이 포함된다.

6) 선적지변경

수출신고 수리 후 선적지를 변경할 때 수출신고필증에 단순히 목적지를 변경하는 방식으로 정정 기재해서는 안된다.[4] 예를 들어 A사가 컨테이너 1개를 부산항에서 선적하기 위해 서울세관에서 수출신고를 마쳤는데, 일부를 인천공항을 통해 긴급히 수출해야 할 사유가 발생할 경우, 서울세관에 수리된 수출신고필증은 부산항 선적 예정분만을 뜻하므로 인천공항 선적분을 제외한 나머지 부분에 대해서는 당해 신고필증의 포장개수와 수량, 중량 및 가격을 정정하고, 인천공항 선적분에 대해서는 별도로 세관에 수출신고를 해야 한다는 것이다. 이 경우는 수출신고필증의 분할절차와 동일하므로 분할 내역 및 사유서 이외에 별도 첨부서류는 제출하지 않아도 된다.

선적지를 전부 변경할 경우 수출신고수량 등 내역의 변경 없이 적재항만이 변경되는 때에는 정정신고만으로 가능하며 별도의 첨부서류는 필요 없다. 하지만 수출신고내역을 단순히 정정하기 곤란할 정도로 복잡하게 변경되는 경우에는 당초의 수출신고를 취하하고 새로 수출신고하는 것이 바람직하다.

2 수입운송절차

1) 선적정보 입수

수입지 선사는 수출지 선사로부터 선적목록(container load list), B/L목록, 선박출항보고서 등을 접수하며, B/L 사본, 적하목록(manifest), 위험화물목록(dangerous cargo manifest), 식물화물목록(botanical cargo list), 최종적재계획(final stowage plan), 적치표(container load plan), 컨테이너번호목록(container number list)

4) "수출신고 수리 후 선적지변경에 따른 통관지침"에는 선적지 일부변경의 경우 당초 신고필증에 관련된 내용을 모두 정정하는 한편 변경된 선적지의 선적분에 대해서는 별도로 세관에 수출신고를 해야 한다고 규정하고 있다.

등을 통보받는다.

2) 선하증권 원본 입수

신용장 방식의 경우 네고 서류를 접수한 신용장 개설은행은 수입자에게 수입대금의 완납을 요구하고, 수입대금을 완납한 수입자는 신용장 개설은행으로부터 선하증권 원본 등 선적서류를 찾게 된다.

3) 화물도착 통보

선사는 도착화물을 인수할 수 있도록 해당 선박이 도착하기 전에 하주에게 화물의 도착을 알리는 도착통지(arrival notice)를 한다. 체선료(demurrage)의 발생을 방지하고 양하된 컨테이너 화물을 내륙지역까지 원활하게 수송 및 컨테이너 기기와 운송차량을 효율적으로 관리하기 위한 것이다. B/L약관에는 arrival notice가 선사의 의무사항이 아닌 것으로 되어 있어 하주가 화물의 도착여부를 수시로 확인하는 것이 안전하다. 이것은 수하인의 연락처가 잘못 기재되어 도착통지가 제때에 이루어지지 못한 경우, 장기간 보관료를 둘러싸고 운송인(선사 또는 포워더)과 하주 간 다툼이 발생할 소지가 있기 때문이다.

4) 선박입항 및 하선

선박은 외항으로부터 도선사와 예인선의 도움을 받아 입항하는데 선사는 선박입항 24시간 전(중국 등 근거리에서 입항하는 경우에는 입항 시까지)에 입항보고서, 적하목록(혼재화물 적하목록) 등을 세관에 제출한다.

적하목록은 Master B/L 단위 적하목록과 House B/L 단위 혼재화물 적하목록이 있다. 선사는 공동배선 선사와 포워더로부터 적하목록을 받아 취합하여 제출하게 되며, 하선 전에 Master B/L 단위의 적하목록을 기준으로 하선장소를 기재한 하선신고서를 세관에 함께 제출한 후 화물을 양하한다.

컨테이너 화물의 하선장소는 CY가 되는데 수입화물을 입항 전에 수입신고하거나 하선 전에 보세운송신고를 하여 부두에서 직반출하는 경우 또는 부두장치 후

직반출할 경우에는 당해 화물을 적재한 선박이 입항하기 전에 선사 또는 대리점에 당해 화물을 부두 내 하선하거나 본선에서 차상 반출하도록 부두하선 요청을 하여야 한다.

5) 화물의 장치 및 보세운송

하역업자는 적하목록 하선신고서에 따라 하선신고일로부터 7일 이내에 하선장소에 물품을 반입하게 되며 하선장소 보세구역 설영인은 반입 즉시 보세구역 반출입 요령에 의해 반입신고를 하여야 한다.

하선장소에 반입된 컨테이너 수입물품은 내장된 상태로 10일이 경과되면 물품을 컨테이너로 적출하여 수출입 화물 집화소 또는 다른 보세구역에 반입시켜야 한다. 다만 컨테이너 수입물품이 고지, 고철, 원피, 원면, 살물 등과 같이 컨테이너에서 적출하여 수출입화물 집화소나 다른 보세구역에 반입하기 곤란한 물품검역 등에 장시간이 소요되는 물품 및 기타 부득이한 사유가 있는 경우에는 20일의 범위 내에서 세관장에게 장치기간 연장을 신청할 수 있다.

하선장소에서의 물품반출은 입항전 수입신고 화물의 경우 하선장소 도착과 동시에 반출할 수 있으나 입항 후 통관화물은 하선장소에 반입 후 반출하게 되며, 타지역 운송화물의 경우는 보세운송 절차에 따라 적하목록을 첨부하여 세관에 보세운송 신고를 한 후 반출하게 된다. 한편 수입화물의 보세운송도 적하목록을 화물 입항 전에 입수하는 경우 당해 화물에 대해 입항 전 보세운송 신고가 가능하다.

6) 수입통관

수입통관은 원칙적으로 물품이 도착한 후 지정된 보세구역에 물품이 장치되었다는 것을 확인받은(장치확인) 후 세관에 수입신고를 해야 한다. 그러나 예외적으로 신속한 통관을 위해 수입물품이 우리나라에 도착하기 전에 신고를 할 수도 있으며, 부두 직통관 화물은 사전수입신고가 가능하다. 수입신고란 외국으로부터 반입한 물품을 수입하겠다는 의사표시이다. 수입신고 후 세관에서는 수입신고[5)]한

5) 관세법상 수입신고기간은 보세구역 반입일로부터 30일 내로 하도록 명시하고 있으며, 수입신고 시 구비서류로는, 수입승인서(수입승인물품에 한함), 인보이스, 선하증권, 항공화물운송장 사본, 포장명세서, 원

물품과 수입승인서상의 물품의 일치 여부를 심사한 후 수입자에게 **'수입신고필증'**을 교부한다.

7) 화물인도지시서 수령 및 화물수령

수입하주는 개설은행으로부터 입수한 선하증권 원본(original B/L)을 선사에 제출하고 **화물인도지시서(D/O : delivery order)**를 수령한다. D/O는 선박회사가 화물보관자인 CY, CFS, 보세창고 관리인에게 D/O 소지인에게 화물을 인도할 것을 지시하는 비유통 서류이다. 수입자가 선사로부터 D/O를 교부받기 위해선 선사에 선하증권 원본을 제시해야 하며 아울러 운임 등 각종 비용정산이 끝나야 한다.

8) 빈컨테이너 반납

빈컨테이너는 원칙적으로 컨테이너를 수령했던 CY 또는 **ODCY**[6]로 반환해야 하지만, 예외적으로 선사가 지정한 ICD(내륙컨테이너기지)나 CY에 반납할 수 있다. 이때 선사가 정한 free time을 경과하여 반환하는 경우에는 **컨테이너 지체료(detention charge)**가 부과된다.

주체별 관련 운송업무 내용

하주	선사	포워더[7]	하역회사	터미널
L/C 개설 선적서류 입수 부두하선요청 보세운송신고 수입통관 화물인출	선박 입항업무 선적서류 접수 적하목록 제출 하선신고서 제출 화물양하 화물인도	선적 통지 도착 통지 혼재적하목록작성 및 선사제출 선적서류 입수 화물인출	적하목록 접수 하선신고서 접수 화물반입및장치 수입통관 화물반출 내륙수송	본선입항 계획 본선양하 계획 게이트반출 업무

산지증명서(해당물품에 한함), 가격신고서 등이다.

6) ODCY(부두밖CY : Off Dock CY) : 수출입화물량에 비해 부족한 부산항 컨테이너부두의 기능을 보완하기 위하여 부두 밖 내륙지(부산시내 및 외곽지역)에 소재하고 있는 개인들이 운영하고 있는 영업용 컨테이너 야드(CY)이다.

7) 포워더(freight forwarder, 복합운송주선인)는 운송수단을 직접 소유하지 않지만, 하주(shipper, 荷主, 貨主)를 위하여 화물운송의 주선이나 운송행위를 수행하는 자이다. 즉, 하주와 운송인 사이에서 하주에게는

제2절 무역운송형태

I ▸▸ 해상운송

1 해상운송 및 해상운송계약

1) 해상운송의 의의

해상운송(carriage by sea, shipping, ocean shipping, ocean transportation, marine transportation)이란 해상에서 선박을 이용하여 사람 및 재화의 장소적·공간적 이전을 목적으로 하는 해상서비스이다. 즉, 선박이라는 고정적 설비를 이용하여 선박의 장소적 이동에 따라 해운서비스를 생산하고, 이 운송서비스를 수요자에게 제공하여 그 반대급부로써 운임을 획득하는 상행위이다.

해상운송은 육상운송이나 항공운송과 비교하여 ① **대량수송**, ② **원거리운송**, ③ **자유로운 운송로**, ④ **저렴한 운송비**, ⑤ **국제성**, ⑥ **느린 속력**이라는 특성을 가지고 있기 때문에 다음과 같은 장·단점을 지니게 된다.

해상운송의 장·단점

장 점	단 점
대량수송이 용이	항만시설에 하역기기 등의 설치 필요
장거리 수송에 적합	기후에 민감
운송비 저렴	운송시간의 장기화
부피, 중량이 큰 화물의 운송 가능	타 운송수단에 비해 높은 위험도 존재

운송인의 역할을 수행하고 운송인에 대해서는 하주의 역할을 하는 운송대리인이다.

오늘날의 해상운송은 조선기술의 발달, 전자 및 정보통신의 발달 등 계속적인 기술혁신으로 선박운송의 안정성이 크게 높아졌으며 선박의 대형화, 고속화, 전용선화, 컨테이너선화가 크게 진전되었다.

본서는 국제무역의 입장에서 무역주체인 수출상과 수입상이 운송서비스를 제공받기 위하여 선박회사와 운송계약을 체결하는 해운 실무적·법리적 측면에서 접근하고자 한다.

2) 해상운송계약

해상운송계약(contract of carriage of goods by sea, contract of affreightment)은 운송인(carrier)이 해상에서 선박에 의하여 행하는 물품운송을 인수하는 계약이다. 개개의 운송물품을 계약의 목적으로 하는 **개품운송계약**(contract of carriage in a general ship)과 선박의 전부 또는 일부를 계약의 목적으로 하는 **용선계약**(charter party)이 있다. 전자는 주로 컨테이너 화물에 대하여 정기선(liner)이, 후자는 벌크(재래)화물에 대하여 부정기선(tramper)에 의한 운송서비스가 제공된다.

개품운송계약 vs. 용선계약

	개품운송계약	용선계약
계약의 목적	개개의 물품운송	선복의 일부 또는 전부
운송방법	정기선(liner)	부정기선(tramper)
적용법규	성문법(statute law)	보통법(common law)
책임관계	운송인 면책확대 불인정	운송인 책임 수정가능
당사자	운송인과 송하인	선주와 용선자
하주	불특정 다수 하주	특정 하주
화물	잡화와 같은 비교적 적은 화물	대량산화물(원유, 철강, 석탄, 곡물 등)
계약의 증빙	선하증권(B/L)	용선계약서(C/P)
운임률	공표 운임률(tariff rate)	수급에 의한 시세(open rate)
운임조건	Berth(Liner) Term	FI, FO, FIO

정기선의 경우 선사들이 배선표(shipping schedule)를 공표하면, 하주는 선복요청서(S/R : shipping request)를 제출하고 선주가 이를 승낙하는 인수확약서(booking note)를 교부함으로써 운송계약이 체결된다. 개품운송계약에서는 개별계약서가 작성되지 않고 선하증권이 발행된다. 이때 선하증권은 운송계약 성립의 추정적 증빙(*prima facie* proof)이 된다. 개품운송의 경우에는 1인의 선주와 다수의 하주가 계약을 체결하기 때문에 계약자유의 원칙이 제한을 받으며, 운송인이 제시한 계약내용이 인쇄된 선하증권을 수령함으로써 계약책임을 져야 하는 부합계약(附合契約, contract of adhesion)적 성격을 갖고 있다.

부정기선의 경우는 용선계약서가 작성되고 그 후 용선한 선박에 화물이 적재되면 용선자는 하주에게 용선계약 선하증권(charterparty B/L)을 발행한다. 용선운송의 경우 용선계약서가 따로 작성되므로 운송계약에 관한 한 계약서(charter party)가 선하증권(charter party B/L)보다 우선한다. 용선계약에서 선복(shipping space)을 임차하는 방식에 따라 일정기간을 중심으로 한 기간용선(time charter), 특정항해 단위를 중심으로 한 항해용선(voyage charter) 그리고 선박 자체만을 임차하는 나용선(bareboat charter)이 있다.

2 정기선운송과 해운동맹

1) 정기선운송

정기선이란 정기항로에 취항하고 있는 선박을 지칭하며, 정기선운송이란 특정항로를 화물의 수량에 관계없이 규칙적으로 반복・운항하는 운송형태이다. 정기선은 정기적이고 고속으로 운항하기 때문에 부정기선화물과는 달리 주로 규격화된 공산품과 포장화물을 운송한다. 정기선 운송인은 고가의 선박을 소유한 전문운송인(common carrier)이며 표준계약서와 운임 요율표(freight tariff)에 따라 운송서비스를 제공한다.

우리나라와 관련 있는 주요 정기선 항로에는 대표적으로 북미항로, 구주항로, 한일항로, 동남아항로, 한중항로, 호주항로, 중동항로, 한러항로 등이 있다.

① **북미항로**는 아시아지역과 북미(미국, 캐나다) 간의 수출입항로이다. 북미항로에는 선복량 감축을 통한 운임의 안정화 도모를 위해 동맹·비동맹선사를 총괄하는 태평양항로안정화협정(TSA : Trans Pacific Stabilization Agreement)이 있으며, 수입(북미 → 아시아)운임동맹인 TWRA[8)]와 WTSA[9)]가 있다. 해운동맹 및 협정의 선복량 감축노력에도 불구하고 현재 동항로의 취항선사들은 대형 신조선을 지속적으로 대체 투입한 결과로 물동량(수요)의 증가에 비해 선복량(공급)의 증가가 더 큰 편이다.

② **구주항로**는 아시아·극동지역과 유럽·걸프지역 간을 운항하는 구주항로에는 100여년의 전통을 갖고 있고 가장 폐쇄적인 해운동맹인 FEFC[10)]가 있었으나 **2008년 10월 17일에 폐지**되었다.

③ **한일항로**에는 우리나라 14개 선사가 한국근해선사수송협의회에 가입하여 활동하고 있다. 취항국적선사들은 동 항로의 채산성 악화를 방지하기 위해 운임공동(pooling), 적취율상한제 등의 공동행위를 하고 있다.

④ **동남아항로**는 북미, 유럽, 호주항로의 교차지점에 위치하여 있는 연계수송지역으로서 역내 운항선사와 원양항로의 경유항으로 많은 원양선사 등이 취항하고 있다. 동남아항로는 선사들의 선복량 확충에도 불구하고 역내 국가들의 경제성장, 특히 중국의 성장에 힘입어 물동량이 큰 폭으로 증가하고 있지만 취항선사 간의 경쟁이 과열되고 있는 상태이다. 동남아항로의 주요 기항지는 홍콩, 방콕, 싱가포르, 자카르타, 마닐라 등이다.

⑤ **한중항로**에는 황해정기선사협의회 회원사로 30여개 선사가 운항하고 있다. 중국은 영토가 넓어 내륙운송에 있어 적기수송이 어렵고 운송경비가 많이 소요되는데, 이러한 단점을 보완하기 위해서 개발된 것이 중국 내륙을 동서로 관통하는 **중국횡단철도**(TCR : Trans China Railroad)이다.

⑥ **한러항로**는 부산과 보스토치니 간에 정기직항로 및 부산-바니노항 간 정기항로가 개설되어 있다. 러시아는 국토가 광할하여 내륙운송에 많은 애로가 있어 **시베리아횡단철도**(TSR : Trans Siberian Railroad)를 개발하였다. 현재 보스토치

8) TWRA : Trans-Pacific West-Bound Rate Agreement
9) WTSA : Westbound Transpacific Stabilization Agreement
10) FEFC : Far East Freight Conference

니에서 모스크바, 리투아니아 등 러시아내륙은 물론이고 이란 등 중동지역, 폴란드 등 동구지역 및 독일 등 유럽지역까지의 연계수송이 가능하다. 다만 항만, 도로, 통신시설 등 사회간접자본시설의 부족으로 화물 체화현상, 화물추적 곤란 등 피해 사례가 발생하고 있고 화물 인도장소의 제한으로 일관수송에 어려움도 있다.

⑦ 기타, 베트남항로가 호치민과 하이퐁 등 주요 항과 인근의 라오스, 캄보디아를 연결하고 있으며, 멜버른과 시드니를 기항하는 호주항로, 두바이, 쿠웨이트, 제다(Jeddah) 등을 기항하는 중동항로 등이 있다.

2) 해운동맹

해운동맹(shipping conference)은 특정 항로에 취항하고 있는 둘 이상의 정기선사가 상호 독립성을 유지하면서 대내적으로 과당경쟁을 배제하고, 대외적으로는 독점력을 강화하여 회원사 상호간의 경제적 지위를 향상·유지시킬 목적으로 운임, 적취량, 배선, 기타 운송조건에 관해 협정 또는 계약을 체결한 국제적인 선사 카르텔(cartel)이다. 카르텔에는 가입이 자유로운 개방식 동맹(open conference, 미국식)과 가입을 제한하는 폐쇄식 동맹(closed conference, 유럽식)이 있다. 해운동맹이 선주 상호간의 경쟁방지를 목적으로 하고 있지만 운임의 안정과 정기적 운항 등으로 하주에게도 경제적 이점을 주기도 한다.

우리나라는 1972년 한국하주협의회가 발족하여 해운법상 법정 하주단체로 지정됨에 따라 해운동맹에서 운임신고를 하기 전에 한국하주협의회와 사전협의를 거치도록 하고 있다.

해운동맹은 동맹사 간의 경쟁을 막기 위하여 카르텔에 의한 대내적 운영방식과 하주에 대한 대외적 구속수단을 사용하고 있다. **대내적 운영방식**으로는 운임협정(rate agreement),[11] 항해제한협정(sailing agreement),[12] 운임공동계산(pooling agreement), 공동경영(joint service) 및 비동맹선에 대항하기 위한 대항선(fighting ship)을 두고 있다. **대외적 구속수단**으로 계약운임제도(contract rate system)[13], 성

11) 정해진 운임률을 '공표 운임률'(tariff rate)이라 하고, 이를 위반하면 위약금(penalty)을 부과

12) 동맹선사별로 물량을 할당하고 기항지, 항차 수 및 최고 적취량을 협정

실할려제도(fidelity rebate system)[14], 운임연할려제도(deferred rebate system) 등이 있다.

3 부정기선운송

1) 부정기선운송의 의의

부정기선(tramper)은 하주의 요구가 있을 때 계약을 체결하고 부정기적으로 운항하는 운송형태이다. 부정기선은 통상 화물의 성질 또는 형태에 따라 특수한 시설과 구조를 갖춘 선박이나 특수전용선이 이용된다. 주로 원유, 철광석, 석탄, 곡물, 시멘트 등 저가 대량화물 수송에 유조선(oil tanker), 냉동선(refrigerated ship), 목재전용선(timber carrier), 자동차전용선(car carrier) 등의 특수전용선이 이용된다.

부정기선의 특징은 ① 화물의 운송은 지역별·시기별로 불규칙적이고 수요에 따라 항로가 결정되므로 범세계적 시장(global market)을 형성한다. ② 단일 기업으로는 시장점유율이 크지 못하므로 독점이 어렵고 카르텔의 형성도 어렵다. ③ 부정기선 시장은 동맹결성이 어렵기 때문에 경쟁원리가 적용되며, 가격인 운임이나 용선료는 수급에 따라 결정된다. 부정기선은 매번 흥정을 통하여 운임이 결정되고 선주와 하주간 용선계약서가 작성된다. 부정기선은 주로 용선계약에 따라 하주 요구대로 운항하기 때문에 부정기선운송과 용선운송은 동의어로 사용된다.

용선계약의 체결은 용선자의 선박 확보를 위한 문의에 대한 선사의 확정청약 및 용선자가 승낙으로 용선계약이 성립된다. 계약의 증빙으로 선복확정서(fixture note) 및 용선계약서(charter party)를 작성한다. 이때 주로 용선중개인(charter broker)을 이용한다.

부정기선의 운항은 일반선사가 선박을 보유하여 운항하는 전문운송인(common carrier) 또는 공중운송인(public carrier)과 용선자 자신이 선박을 빌려 화물을 직접 수송하는 자가운송인(private carrier) 또는 산업운송인(industrial carrier)으로

13) 하주가 동맹선에만 선적하겠다는 계약을 할 경우에 공표 운임률보다 낮은 계약 운임률을 적용하는 이중운임제도(dual rate system)

14) 하주가 일정기간 동안(통상 4개월) 동맹선에 선적할 경우 징수한 운임의 일정률(9.5%)을 반려하는 제도

구분한다.

2) 용선계약의 종류

용선계약(傭船契約)은 화물운송계약인 항해용선, 선박임대차계약인 나용선, 혼합계약인 기간용선으로 구분된다.

용선계약의 종류

항해용선	나용선	기간용선
선주가 선장을 임명하고 지휘·감독	임대인이 선장을 임명하고 지휘·감독	선주가 선방을 임명하고 선장은 선박의 사용에 있어 임대인의 지시에 따름
용선자는 선복을 이용하고 선주는 운송행위	임차인이 선박을 일정기간 사용, 운송행위 함	좌와 동일
운임을 화물의 수량 또는 선복으로 결정	임차료는 일정기간을 기초하여 결정	용선료는 용선기간에 따라 결정
용선자는 하주에 대한 내항성 담보책임 없음	임차인은 하주에 대한 내항성 담보책임	좌와 동일
선주비용부담항목 : 선원급료, 식료, 음료수, 윤활유, 유지비 및 수선비, 보험료, 상각, 원료, 항비, 하역비, 제수수료, 예선료, 도선료	선주비용부담항목 : 상각, 보험료	선주비용부담항목 : 선원급료, 식료, 음료수, 윤활유, 유지비 및 수선비, 보험료, 상각
용선자 비용부담항목 없음	임차인 비용부담항목 : 항해용선 중 상각 이외의 모든 비용	용선자 비용부담항목 : 연료, 항비, 하역비, 제수수료, 예선료, 도선료

항해용선(voyage charter, trip charter)은 부정기선사가 선복의 전부 또는 일부를 사용하여 용선자(charterer)에게 어떤 화물을 어느 항구에서 어느 항구까지 특정의 조건으로 운송해주기로 약정하는 화물운송계약을 말한다. 이때 용선자가 선주에게 지급하는 운송대가는 운임(freight)이며, 운임계산방법에는 물량용선(freight charter)과 총괄운임용선(lump sum charter)이 있다. 물량용선은 운임이 화물의 양에 따라 결정되는 것을 말하며, 총괄운임용선은 운임이 적재량과 관계없이 1항차 총괄운임을 정하여 적재량에 관계없이 부과하는 방법이다.

나용선(裸傭船, bareboat charter, demise charter)은 용선자가 선박 이외에 선장, 선

원, 장비 및 소모품에 대하여 모든 책임을 지는 계약이다. 따라서 용선자가 선박의 점유권과 통제권을 가지며 선장은 법적으로 용선자의 대리인이다. 나용선 계약은 자본력이 약한 선사가 선박을 보충하면서 선대(fleet)를 늘리는 일종의 장기 임대차계약이라고 할 수 있다. 통상 나용선 계약은 10~20년의 장기간에 걸쳐 체결되고 계약이 만료되면 선박의 소유권은 용선자로부터 선주에게 이전된다.

기간용선(time charter) 또는 정기용선은 용선기간에 따라 용선료(charterage 또는 hire)를 지급하는 운송계약형태이다. 선주는 선박의 설비 및 선구를 갖추고 선원을 승선시킨 상태에서 일정기간을 용선자에게 빌려준다. 정기용선은 통상 운항선사가 일시적으로 선복이 부족할 경우 일정기간 타선사의 선박을 빌려 운항할 때 사용되고 있다. 이때 선박의 점유권은 선주에게 있고 선장은 용선자의 지시를 받아야 하므로 선박임대차와 노무공급계약이 혼합된 혼합계약의 성격을 갖는다.

Ⅱ 항공운송

1 항공운송의 의의와 특성

항공운송(air transportation)은 항공기를 이용하여 여객과 화물을 국내외 공항에서 다른 공항까지 운송하는 수송시스템을 의미한다. 항공운송은 해상운송이나 육상운송보다 늦게 도입된 수송제도이지만 반도체, 스마트폰 등 고급상품이나 송이버섯이나 생화와 같이 신속성을 요하는 물품의 운송에서는 해상운송이나 다른 운송모드로는 커버할 수 없는 특성이 있다.

항공운송은 다른 운송방식과 비교해 다음과 같이 특성이 있다.

① **신속성**이다. 따라서 계절상품, 유행상품, 또한 납기가 촉박한 상품의 수송에 적합하다. ② **안전성**이다. 항공화물은 운송도중 분실, 훼손의 가능성이 적기 때문에 방사선물질, 뉴스필름, 서류 등의 수송에 적합하다. ③ **경제성**이다. 단위당 운임은 해상운송에 비하여 높으나 포장비, 창고료, 관리비 등과 배달시간 등을 고려한 종합 비용면에서는 오히려 경제성을 갖춘 경우도 있다.

2 항공화물의 탑재방식

항공화물의 탑재방식에는 벌크탑재방식과 단위탑재방식이 있다. 벌크탑재는 화물전용기를 제외한 여객기의 경우 객실 밑바닥인 화물실에 개별 화물을 인력에 의하여 직접 적재하는 방법이다. **단위탑재**(ULD : unit load device)는 항공기의 대형화, 항공기 가동의 효율화, 지상하역작업의 기계화 등으로 항공화물의 컨테이너화가 가능하게 되었다.

① Container Loading은 별도의 보조장치 없이 항공기 내의 화물실에 적재와 고정이 가능하도록 알루미늄으로 제작된 컨테이너을 사용하는 것이다. ② Pallet Loading은 1인치 이하의 알루미늄 합금으로 만들어진 팔레트 위에 화물을 항공기의 내부모양과 일치하도록 적재 작업한 후 망(net)이나 띠(strap)로 묶을 수 있도록 고안된 장비를 사용하는 것이다. 화물전용기에 사용되는 팔레트의 규격은 88″×125″의 표준사이즈이다. 팔레트에 화물을 적재해 놓고 항공기에 탑재할 때는 lift loader와 roller bed를 사용하여 기내에 고정시킨다.

3 항공운송계약

항공운송 계약체결 당사자는 FCA조건 일지라도 일반적으로 운송인과 매도인이다.

항공운송계약에 발행되는 **항공화물운송장**(AWB : air waybill, ACN : air consignment note)은 항공운송계약체결의 추정적 증거이다. 항공운송계약의 내용은 항공화물운송장의 이면약관에 나타난다.

이면약관의 대표적인 것이 국제항공운송협회(IATA : International Air Transport Association)의 표준약관(The General Condition of Carriage)이다. 이 약관은 1929년의 Warsaw Convention과 1955년의 Hague Protocol에 반하지 않는 범위 내에서만 적용되며, 오늘날 대부분의 항공사가 IATA 표준약관을 수용하거나 약간 수정하여 채택하고 있다.

각 협약별 운송인의 책임 한도액

책임원인 / 협약의 명칭	여객의 사망·지연도착	휴대수하물의 멸실·손괴·지연도착	화물·위탁수하물의 멸실·손과·지연도착 (운송가격 신고가 없는 경우)
1929년 Warsaw convention (발효: 1933. 2. 13)	125,000 Poincaré francs per passenger	5,000 Poincaré francs per passengers	250 Poincaré francs per kg
1955년, Hague Protol에 의해 개정된 Warsaw Convention (발효: 1963. 8. 1.) (우리나라 - 1967. 10. 11)	250,000 Poincaré francs per passenger	5,000 Poincaré francs per passenger	250 Poincaré francs per kg
1955년의 Hague Protocol 및 1971년의 Guatemala City Pr-otocol에 의해 개정된 Warsaw Convention 미발효	1,500,000 Poincaré francs per passenger 지연도착의 경우 62,500 Poincaré francs per passenger	15,000 Poincaré francs per passenger (위탁수하물 포함)	250 Poincaré francs per kg(위탁수하물 제외)
1975년 Montreal Additional Protocol No. 1에 의해 개정된 Warsaw Convention (발효: 1996. 2. 15.)	8,300 SDR per passenger	332 SDR per passenger	17 SDR per kg
1955년의 Hague Protocol 및 1975년의 Montreal Additional Protocol No. 2에 의해 개정된 Warsaw Convention (발효: 1996. 2. 15.)	16,600 SDR per passenger	332 SDR per passenger	17 SDR per kg
1955년의 Hague Protocol, 1971년의 Guatemala City Protocol 및 1975년의 Montreal Add-itional Protocol No. 3에 의해 개정된 Warsaw Convention	100,000 SDR per passenger 지연도착의 경우 4,150 SDR per passenger	1,000 SDR per passenger	수하물 : 1,000 SDR per passenger 화물 : 17 SDR per kg
1955년 Hague Protocol 및 1975년 Montreal Additional Protocol No. 4에 의해 개정된 Warsaw Convention (발효: 1998. 6. 14)			화물 : 17 SDR per kg
Montreal Convention(1999년)	무한책임 단 100,000 SDR 이하 절대책임 지연도착의 경우 4,150 SDR per passenger	1,000 SDR per passenger	화물 : 17 SDR per kg

Hague Protocol 제19조에는 "본 의정서의 당사국 간에 있어서는 1929년 Warsaw Convention과 Hague Protocol을 합쳐서 단일조약으로 간주하고 이를 합하여 Warsaw Convention이라 부른다."고 규정하고 있기 때문에 바르샤바체제(Warsaw System)는 1929년 Warsaw Convention과 1955년의 Hague의정서, 그 후 1961년 Guadalajara Convention, 1975년 몬트리올 제1, 제2, 제3, 제4차 추가의정서(Montreal Addition Protocols Nos.1,2,3&4), 1999년 몬트리올협약(Montreal Convention : Convention for the Unification of Certain Rules for International Carriage by Air)까지 일련의 조약체계를 말한다.

바르샤바체제를 보충하기 위하여 미국 민간항공국의 결정에 따라 1966년 항공사 간의 협정인 몬트리올협정(Montreal Agreement)이 있는데, 이것도 바르샤바체제에 포함시켜 논의된다. 현재 바르샤바체제가 국제항공운송의 기본법으로 세계 각국에서 시행되고 있는데 우리나라는 이들 조약 중 1955년 헤이그 의정서에 가입하였다.

국제협약상 운송인의 책임은 과실추정주의를 택하고 있다. 따라서 운송 중 발생한 모든 사고는 일단 운송인의 과실에 있는 것으로 추정한다. 운송인이 스스로 무과실을 입증하지 않는 한 면책되지 않는다.

4 항공화물운송대리점과 항공운송주선업

항공법에서 항공운송주선업 및 항공화물 운송대리점업을 삭제하고, **물류정책기본법**에서 **복합운송주선업을 단일 업종**으로 하고 있다. 복합운송주선업은 타인의 수요에 응해 자기의 명의와 계산으로 타인의 선박, 항공기, 철도 또는 자동차 등 2가지 이상의 운송수단을 이용하여 화물운송을 주선하는 사업이다. 따라서 항공화물운송대리점 및 항공운송주선업의 업종 구분이 없어졌으나 영업형태에서는 항공화물운송대리행위와 항공운송주선행위가 구분되어 이루어지고 있다.

항공화물운송대리점(air cargo agent)은 항공운송사업자 또는 항공운송총대리점을 위하여 유상으로 항공기에 의한 화물의 운송계약 체결을 대리하는 자이다. 항공화물운송대리점은 독자적으로 AWB를 발행하지 않고 항공사의 AWB를 이용하여 AWB를 발행하고 수수료를 취득하며, 수출 및 수입화물의 트럭 등에 의한 육상운송과 수출입통관, 창고 반출입 업무를 대행한다.

항공운송주선업자(air freight forwarder, consolidator)는 송하인과의 계약 당사자로 독자적인 AWB, 운송약관, 요율 등을 갖고 있으나 항공기를 소유하고 있지 않다. 그러므로 송하인에게 House AWB를 발행하고 자신이 항공사로부터 Master AWB를 발급받는다. 항공운송주선업자는 항공화물의 중량이 커짐에 따라 kg당 요율이 낮아지는 것을 이용하여 혼재작업으로 이윤을 확보한다. 특히 혼재화물이 도착하면 항공회사로부터 AWB를 발급받아 House AWB별로 화물을 분류하여, 수하인에게 이를 통지하고 통관절차까지 대행해주는 Break Bulk Agent(혼재화물 인수대리점)의 기능을 수행한다.

항공화물운송대리점과 항공운송주선업 비교

내 용	항공화물운송대리점	항공운송주선업자
자체Tariff	없음 (항공사 Tariff 사용)	있음
운송약관	없음 (항공사 약관에 준함)	자체약관 사용
수 하 인	매 건당 Consignee가 됨 (Master AWB)	Break Bulk Agent (Break Bulk 및 Reforwarding)
수 익	판매운임 항공사운임	- 운임 중량 체감에 의한 차액 - 혼재에 의한 Volume Weight 감소
AWB	항공사 AWB	자체 House AWB

Ⅲ ▸▸ 복합운송

1 복합운송과 복합운송인

1) 복합운송

국제복합운송(international multimodal(combined) transport)이란 복합운송인에 의해 물품이 어느 한 국가의 지점에서 다른 국가의 인도지점까지 적어도 2가지 이상 운송방식에 의해 이루어지는 물품운송이다.

복합운송의 장점은 ① 환적작업 등 수송기관 간의 접점에서 발생하는 작업비용 절감과 원활한 작업흐름, ② 컨테이너화에 의해 수송수속 간소화로 단순한 서류 체크, ③ 복합운송인에 의한 일괄운송업무 수행으로 일원화된 운송책임, ④ 단일 운송인에 의한 취급으로 용이한 화물추적 등이다. 복합운송은 **통운송**(through transport)과 유사하지만 복수 운송인이 참여한다는 점에서 다소 차이가 있다.

통운송 vs. 복합운송

구 분	통(through)운송	복합(multimodal)운송
운송수단의 조합	• 동종운송수단의 조합 • 이종운송수단의 조합	• 이종운송수단의 조합만 가능
운송계약의 형태	• 형태불문, 최종목적지까지 전반운송증명만으로 가능	• 복합운송계약(하청운송형태)
운송인의 책임형태	• 각 운송인의 분할책임	• 복합운송인의 전 구간 단일책임 (Single Liability System)
운송인 간 관계	• 2차 운송인에 대한 1차 운송인은 하주의 단순 운송대리인	• 1차 운송인 : 원청 운송인 • 2차 운송인 : 하청 운송인
운송서류의 발행인	• 선박회사와 그 대리인	• 운송인, 운송주선인 등 발행인의 특별한 제한 없음
운송서류의 형식	• B/L형식	• B/L 이외의 형식 가능
on board notation	• shipped B/L로써 지정선박에 적재증명	• Taking in charge로 증명

2) 복합운송인

복합운송인은 이종 또는 동종의 운송수단을 조합하여 일관된 운송시스템을 편성하여 송하인에 대하여 운송계약의 당사자로 행동하는 사람이다. TCM조약(Project de Convention sur le Transport Combiné Internationale de Merchandises)에서는 **CTO**(combined transport operator), UN국제물품복합운송협약(United Nations Convention on International Multimodal Transport of Goods, 1980)에서는 **MTO**(multimodal transport operator), 미국에서는 **ITO**(international transport operator)라 부른다.

TCM조약은 복합운송인을 ① 복합운송서류를 발행하며, ② 화물의 수령으로부터 인도까지 전구간에 걸쳐 자기의 이름으로 운송을 이행하고, ③ 조약에 규정된 운송인의 책임을 부담하며, ④ 복합운송서류에 기명된 자 또는 정당하게 배서된 서류의 소지인에게 화물의 인도를 확실히 하기 위하여 필요한 모든 조치를 다하는 자로 규정하고 있다.

요약컨대, 복합운송인의 구비조건은 ① 하주에 대한 전구간 단일책임, ② 복합운송서류(MTD : multimodal transport document) 발급, ③ 전구간에 대하여 일관운임(through rate)을 제공하여야 한다.

복합운송인은 실제 운송수단을 갖고 있는 실제운송인(actual carrier)과, 실제운송수단을 보유하지 않지만 계약에 의하여 복합운송을 수행하는 계약운송인(contracting carrier)으로 구분할 수 있다.

(1) 실제운송인형 복합운송인

UNCTAD/ICC복합운송서류규칙(UNCTAD/ICC Rules for Multimodal Transport Document, 1992) 제2조 3항에는 "운송인은 복합운송인과 동일인의 여부와 관계없이 운송의 전부 또는 일부를 이행하거나 또는 그 이행을 약속하는(to undertake) 자"로 정의하고 있다. 실제운송인은 선박회사, 철도회사, 항공회사 등이 복합운송인이 될 수 있으며, 컨테이너의 등장으로 운송서비스가 Door to Door로 확대됨에 따라 가장 큰 운송공간이 해상구간이므로, 선박회사가 대표적인 실제운송인이라고 할 수 있다.

(2) 계약운송인형 복합운송인

계약운송인은 자신이 선박, 트럭, 항공기 등 운송수단을 보유하고 있지 않으나 운송계약의 당사자로부터 복합운송인의 책임을 다하는 자이다. 대표적인 계약운송인은 운송주선인(freight forwarder)이다. 운송주선인은 실무에서는 '**포워더**'라고 부르지만 'forwarding agent', 'shipping agent', 'air freight agent', 'shipping & forwarding agent'를 총칭하는 개념으로 운송주선인과 복합운송인의 역할 모두를 수행한다. 전자의 기능은 물품의 집하, 선적, 운송, 보관, 통관 등의 업무를 주선하는 기능이고, 후자는 운송계약의 당사자로서 전 구간 운송을 커버하고 복합운송서류를 발행하는 기능이다. 미국의 운송수단을 보유하지 않은 **NVOCC**(non vessel operating common carrier)가 계약운송인에 속한다.

2 컨테이너화와 복합운송의 관계

복합운송에서는 운송수단 간 화물의 손상이나 멸실 없이 효율적으로 이루어져야 하며, 컨테이너 단위적재방식(unit load system)이 이를 가능하게 하였다. 국제운송은 컨테이너를 사용함으로써 안전성, 경제성, 신속성이 크게 향상되었다. 운송에 컨테이너를 사용하는 것은 하주와 운송 관계자에게 유익하지만 Door to Door의 목적이 달성된다는 차원에서 특히 하주에게 큰 이익이 된다.

컨테이너운송과 복합운송은 동일개념은 아니지만 복합운송은 컨테이너운송의 목적인 **Door to Door Service**를 제공하기 위한 필수적인 운송체제이기 때문에, 실제로는 컨테이너운송과 복합운송이 동일개념으로 인식되고 있다. 따라서 컨테이너운송 자체가 복합운송은 아니고 복합운송이 보다 효율적으로 기능하도록 하는 매체이며 복합운송의 발단은 컨테이너화의 발달과 맥을 같이 한다.

복합운송은 1920년 미국 센트럴 철도회사가 트레일러를 특수한 무개차에 적재하여 운송하는 **피기백(piggy-back)**[15]방식에서 시작하였다. 해상운송에서는 1956년 미국 Sea-Land사가 T2 탱커를 개장한 멕스톤호에 컨테이너 갑판용 platform을 설치하여 컨테이너 60개를 싣고 뉴욕과 휴스톤 간을 운행한 것이 효시라 할 수 있다.

15) piggy back에는 선박용인 fish-back과, 항공기용인 birdy-back이 있다.

3 복합운송인의 책임

복합운송인은 복합운송계약에 따라 전체 운송기간에 대하여 책임을 지는 **단일 운송책임(single carrier's liability)**을 진다. 복합운송인이 부담하는 책임에는 복합운송의 개별구간에서 발생하는 손해에 대하여 복합운송인이 동일한 책임원칙에 따라 책임을 지는 동일책임체계(uniform liability system)와 운송수단별로 운송인의

주요 국제규칙의 복합운송인 책임

	UN 국제물품복합운송협약	ICC 복합운송서류통일규칙	UNCTAD/ICC 복합운송서류규칙
책임체계	Modified Uniform System (단, 책임한도액은 협약과 강행법규 중 높은 금액)	Network System	Modified Uniform System
책임원칙	추정과실책임원칙	좌 동	좌 동
면책사유	과실책임주의에 따라 상당한 주의의무를 지고 멸실·손상 시 무과실을 증명하지 못하면 책임부담	하주의 작위·부작위, 포장·화인의 불충분, 하주의 화물취급에 의한 손해, 화물고유의 하자, 동맹파업, 원자력사고	운송인·사용인의 항해 또는 선박 관리에 의한 행위, 태만, 과실, 운송인의 고의·과실이 아닌 화재. 다만, 불내항성으로 발생한 멸실·손상은 항해 개시 시 선박의 내항성 확보를 위한 상당한 주의를 다하였음을 운송인이 입증
책임 한도액	1포장·단위당 920SDR 또는 1kg당 2.75SDR 중 높은 쪽의 금액을 초과하지 않는 범위 다만 육상운송구간은 CIM, CMR에 의함.	손해발생구간이 불명인 경우는 1kg당 30포앙카레프랑 손해발생구간이 판명된 경우 각 운송구간에 적용되는 국제협약 또는 국내법 적용	포장·단위당 666.67SDR, 1kg당 2SDR 중 높은 금액을 초과하지 않는 범위(인수 전 물품 종류와 가액을 통보하고 운송서류에 기재된 경우를 제외) 해상·내수운송이 제외된 경우 1kg당 8.33SDR을 초과하지 않는 범위
손해통지기간	화물 인도일의 다음 영업일까지, 손해가 외부로부터 인정되지 않는 경우 인도 후 6일 이내, 지연의 경우 인도일의 다음일로부터 60일 이내	손해가 외부로부터 인정되지 않는 경우 인도후 계속 7일 이내	물품 인도 시 멸실·손상의 개황을 운송인에게 통보하지 않는 한 기재된대로 물품이 인도증명 멸실·손상이 명백히 드러나지 않은 경우 인도일부터 6일 이내에 서면에 의한 통지가 없으면 인도된 추정 증거력 인정
소송제기기한	2년, 기한연기는 서면에 의한 운송인의 선언 및 당사자의 합의에 의함	물품의 인도 후 9개월 이내, 물품의 전부 멸실은 12개월	물품의 인도일로부터 9개월
책임 한도액의 상실사유	멸실·손상, 인도지연을 발생시킬 의도로 또는 고의 및 중대한 과실로 운송인의 작위 또는 부작위로 손해가 발생되었음이 증명된 경우	운송인의 고의 또는 고의에 준하는 중대한 과실에 의하여 멸실·손상 또는 지연이 발생한 경우	멸실·손상 또는 인도지연을 발생시킬 의도로 또는 이것이 발생할 우려가 있다는 사실을 알면서 행한 운송인의 작위 또는 부작위로 손해가 발생되었음이 증명된 경우

책임이 달라지는 이종책임체계(network liability system)가 있다.

특히 이종책임체계의 경우 손해가 어느 특정 구간에서 발생하고, 그 구간에 관한 국제조약 또는 국내강행법이 UN국제물품복합운송조약에서 정한 배상한도액보다 높을 경우에는, 이러한 조약이나 국내법에 따르지만 그렇지 않은 경우에는 UN협약을 적용하는 변형동일책임체계(modified uniform liability system)에 따른다.

4 국제복합운송의 주요경로

1) Land Bridge방식

우리나라를 중심으로 현재 이용되고 있는 대표적인 복합운송은 **해륙(land bridge) 방식 복합운송**이다. 해륙복합운송의 주요경로는 극동–북미간 항로, 극동–유럽항로이다.

(1) 시베리아 랜드브리지(SLB)

SLB는 시베리아 횡단철도(TSR : trans siberian railroad)를 이용하여 우리나라에서 유럽대륙, 스칸디나비아반도 및 중동 간을 연결하는 복합운송시스템이다. 화물은 우리나라나 일본에서 러시아 극동의 보스토치나(Vostochny)항과 나홋카(Nakhotka)항까지 해상으로 운송하여 시베리아철도로 러시아 서부의 국경까지 운송된 화물이 다시 철도, 선박 또는 트럭(트레일러)을 이용하여 동・서유럽, 스칸디나비아반도, 지중해 연안국, 이란 등 최종목적지까지 이송된다. 이와 같이 최종단계에서 이용되는 운송수단에 따라 Trans Sea, Trans Rail, Tracons 등으로 나뉜다.

Trans Sea는 상트페테르부르크(Saint Petersburg), 탈린(Tallinn) 등에서 영국, 네덜란드, 덴마크, 노르웨이 등 각국의 항구까지 선박을 이용한다. Trans Rail과 Tracons 등은 브레스트, 쵸프, 쥴파 등의 국경에서 유럽대륙 및 이란, 터키, 아프가니스탄 등 중동의 목적지까지 철도나 트레일러를 이용한다.

부산부터 네덜란드의 로테르담까지를 기준으로 거리를 보면, SLB의 경우 13,000km, ALB의 경우 19,000km, 수에즈운하 경유의 해상운송 20,700km, 파나마운하 경유의 해상운송 24,000km, 희망봉 경유의 해상운송 27,000km 등으로 시베리아 랜드브리지의 거리가 상대적으로 매우 단축됨을 알 수 있다. SLB가 거리면에서 강점이 있을 뿐 아니라 요금면에서도 상당한 경쟁력이 있었지만 SLB는 매년 운임을 인상한 반면, 해상루트는 해상운임이 계속 낮아져 운임경쟁력이 떨어지고 있다.

(2) 아메리칸 랜드브리지(ALB : American Land Bridge)

ALB는 부산부터 북미 서해안까지 해상운송하고 서해안부터 동해안까지 철도운송하고 동해안부터 유럽까지 해상으로 운송하는 경로이다. 극동 주요항→미대륙 서해안(Seattle, Tacoma, Oakland, San Diego, San Francisco, Los Angeles, Long Beach 등) → 미대륙 동해안(New York, Philadelphia, Baltimore, Jacksonville, Miami 등) → 유럽(Antwerp, Hamburg, Bremen 등)을 목적지로 하는 복합일관운송을 말한다. ALB는 Seatrain사가 개발하여 1972년부터 서비스를 개시하였다.

(3) 미니 랜드브리지(MLB : Mini Land Bridge)

MLB는 극동에서 선적된 화물이 미국 서해안 항구에 양하되고 육상(트럭이나 철도)으로 북미대륙을 횡단하여 미국 동부 항구까지 운송되는 복합운송서비스이다. MLB도 Sea train사에 의해 개발되어 1972년부터 서비스를 개시하였다. MLB는 극동부터 파나마운하를 경유하여 미국의 동해안 항구까지 운송되는 해상운송에 대하여 대체성을 갖는다. 극동부터 뉴욕까지를 기준으로 MLB가 파나마 경유의 경우보다 1주일 정도 운송기간이 단축된다.

(4) 마이크로 랜드브리지(Micro Land Bridge)

마이크로 랜드브리지는 IPI(interior point intermodal)라고도 한다. 이것은 미국 서해안 항만으로부터 미국 내 주요 내륙지점의 철도터미널 또는 선박회사의 CY나 CFS까지 운송하여 인도하는 복합운송방식이다. RIPI(reversed interior point Intermodal)는 극동부터 파나마운하를 통과 미국 동해안의 항구를 경유하여 동부 내륙도시까지 철도 또는 트럭을 이용하여 수송하는 방식이다.

(5) 중국횡단철도(TCR : Trans China Rail)

TCR은 인천 또는 부산부터 중국 연운항까지는 해상으로, 이어서 중국횡단철도로 서안, 돈황, 신강을 거쳐 러시아 접경 노보시비르스크에서 TSR과 접속하는 경로로 옛날의 비단길(silk road)과 일치한다. TCR은 TSR보다 극동부터 유럽까지 약 2,000km가 단축되고 운송기간도 7일 정도 단축된다. 또한 TCR은 TSR보다 남쪽에 위치하고 있어 겨울철 혹한에서 화물손상위험이 적지만, TCR과 TSR은 철도폭이 다르므로 중국 국경에서 환적되어야 하는 어려움이 있다.

2) 해공복합운송방식(Sea & Air)

해공복합운송은 해상운송의 경제성과 항공운송의 신속성을 결합하여 비용과 시간의 경제성을 최대한으로 활용하고자 하는 복합운송방식이다. 전구간을 해상으로 수송할 경우 수송기간이 너무 길며, 전구간을 항공으로 수송할 경우 높은 운임을 감당하기 어려울 때 **해·공 복합운송**이 이용된다. 실무에서는 해상운송을 예정했다가 납기가 지연된 경우 **Sea & Air 운송**을 선택한다.

해공복합운송은 1962년 미국의 Flying Tiger사가 일본의 상품을 유럽까지 수송하면서 시작되었다. 일단 상품을 북미 서해안까지 해상으로 수송하고 거기서 목적지까지 항공으로 수송한다. 따라서 북미 서해안이 주된 중계지가 된다.

오늘날 해공복합운송은 Air Freight Forwarder가 중심이 되어 운영되고 있다. 왜냐하면 항공사가 개발하는 노선은 항공사의 자체노선이 기본이 되므로 하주의 요구를 충족시킬 수 없다. 항공포워더는 하주가 요구하는 시간에 정확히 인도할 수 있게 최적의 루트를 개발하고 스페이스를 값싸게 확보하는 Space Broker의 기능을 한다.

Space Broker는 중계지점에서 유럽·중동행 부정기 항공사로부터 염가로 스페이스를 확보하여 복합운송인을 통하여 해·공 복합운송을 창출하는 기능을 한다. 해공 **복합운송의 장점**은 다음과 같다.

첫째, 해상운송에 비하여 수송기간이 단축되고 항공운송요율보다 50% 이상 절약된다. 둘째, 기업의 물류관리에서 적시수송(just in time) 요구를 충족시킬 유연성이 확보된다. 셋째, 전자상거래의 활성화로 부피는 적으나 고가의 상품수송에서 항공운송 또는 해공복합운송의 이용이 증가될 수 있다. 넷째, 정보산업의 발달로 해공 복합운송의 스케줄 조정이 가능하게 됨에 따라 해공복합운송의 효율성이 극대화될 수 있다.

주요 Sea & Air 항로

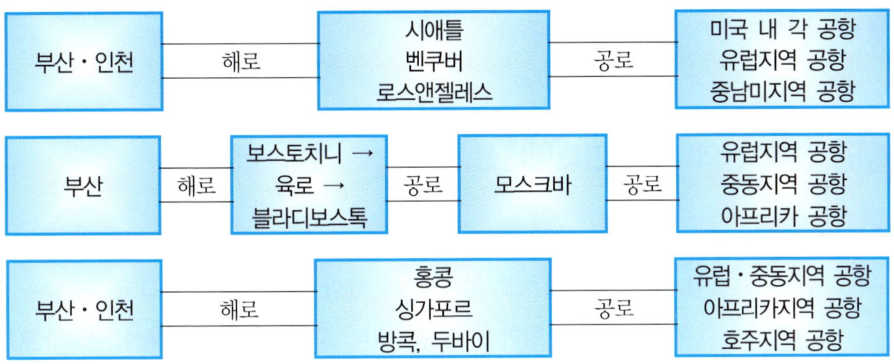

제3절 무역운송 인프라

I ▸▸ 선 박

1 선박의 의의 및 컨테이너선

선박(ship, vessel, boat)[16]이란 상법, 해상교통안전법, 선박안전법 등에서 정의를 달리하고 있지만, 일반적으로 수상에서 사람 또는 물건을 싣고, 해상을 통해서 공간적·장소적 이동을 수행하는 운송수단으로서, **부양성(浮揚性), 적재성(積載性), 운반성(運搬性)**의 3요소를 갖추어야 한다.

선박은 용도별로 화물과 여객을 수송하는 상선, 특수목적을 위한 특수선 및 군용선으로 구분된다. 상선은 화물선과 여객선으로, 화물선은 일반화물선, 전용선, 겸용선, 건화물선, 유조선으로 분류된다. 국제무역에서는 상선(merchant ship) 중 화물선만을 대상으로 한다.

컨테이너선은 컨테이너 화물의 운송에 적합하도록 설계된 구조와 설비를 갖춘 대형화물선을 말한다. 하역설비 유무에 따라 general container ship과 gearless container ship으로 나뉜다. 전자는 갑판상에 하역용 gantry crane이 장치된 것이며 후자는 자체의 gantry crane이 없어 안벽에 설치된 gantry crane을 이용한다.

선형에 따라 conventional ship, semi container ship, full container ship으로 나눈다. conventional ship은 혼재형으로 재래선에 일반 잡화와 컨테이너를 함께 싣는 것이며, semi container ship은 분재형으로 재래선의 중앙이나 갑판에 컨테이너 전용장치를 설치한 선박이며, full container ship은 컨테이너만 적재하도록 설계된 선박이다.

---

16) 크기에 따라 대형선은 ship, 중형선은 boat, 크고 작은 모든 배는 vessel이라 하며, 특수한 기교나 설비가 가해진 배는 craft라고 부른다.

하역형태에 따라 본선 또는 육상에 설치되어 있는 갠트리크레인으로 컨테이너를 수직으로 하역하는 **LO-LO방식**(lift on/lift off)과, 선수나 선미 또는 선측에 램프(ramp)가 설치되어 있어 컨테이너를 통해 트랙터 또는 포크리프트 등을 사용해 하역하는 **RO-RO방식**(roll on/roll off) 및 부선에 컨테이너 또는 일반화물을 적재하여 본선에 장착된 크레인으로 바지 자체를 적재 하역하는 방식인 Float on/Float off방식 등이 있다.

바지선[17]은 LASH(lighter aboard ship), Sea-bee ship, Sea-barge ship 등이 있다. **LASH선**은 화물을 적재한 라이터(lighter, 거룻배)를 그대로 선창(船倉)에 싣고 운반하는 선박으로 안벽을 사용하지 않으며, 항구 내외에 있는 다른 배의 영향을 받지 않고 하역할 수 있고, 항내의 혼잡에 관계없이 하역할 수 있으며, 거룻배를 싣고 내리는 것만으로 하역이 끝나기 때문에 하역시간이 짧으며, 체항(滯港)을 줄여 운항능률을 향상시킨다. 또한 하천·운하 등을 이용하여 오지까지 라이터를 이동시켜 직접 화물을 보낼 수 있고, 화물의 분류를 라이터 단위로 하기 때문에 창고의 분류작업이 용이하고 능률이 오르는 장점이 있다. LASH운송은 북미와 유럽지역에서 사용되고 있으며, 이에 적합한 화물에는 임산물, 산적화물, 중량물, 철강제품 등이 있다.

2 선박의 크기

선박의 크기는 부피단위로 **용적톤**(space tonnage)과 무게단위로 **중량톤**(weight tonnage)이 있다. 용적톤에는 총톤수, 순톤수 및 갑판하톤수가 있으며, 중량톤에는 배수톤수, 재화중량톤수가 있다.

① 총톤수(G/T : gross tonnage)는 선박의 밀폐된 내부 전체용적을 나타내며 $100ft^3$을 1톤으로 하되 기관실, 조타실 따위의 일부 시설물의 용적은 제외한다. 각국의 보유 선복량, 관세, 등록세, 도선료 등의 부과 기준이 된다.

② 순톤수(N/T : net tonnage)는 상행위에 직접적으로 사용되는 장소만을 계산한 용적으로 전체 내부용적에서 선원실, 갑판창고, 통신실, 기관실 따위를

17) Barge선은 항만내부나 짧은 거리에서 화물을 운송하는 동력장치가 없는 거룻배를 말한다.

제외한 부분을 톤수로 환산한 것이며, 톤세, 항세, 항만시설사용료, 운하통과료 등의 부과 기준이 된다.

③ 배수톤수(displacement ton)는 선박의 중량은 선체의 수면 아래 부분의 용적에 상당하는 물의 중량과 같다는 원리에서 나온 톤수를 말하는 것으로 주로 군함의 크기를 표시하는 기준으로 사용된다. 화물의 적재상태에 따라 달라지기 때문에 만재 중량톤이라고도 한다.

④ **재화중량톤수(DWT : dead weight ton)**는 선박이 적재할 수 있는 화물의 최대 중량으로서 선박의 매매, 용선료의 적용기준이 되는 톤수를 말한다.

선박의 크기를 나타내는 용어로 Panamax, Post Panamax 등이 사용되기도 하는데 **파나막스형 선박(panamax type vessel)**이라 하면 파나마 운하를 통과해서 운항할 수 있는 최대의 크기를 가진 선박을 말한다. 즉, 폭이 32.3미터, 흘수가 12미터, 그리고 65,000DWT급의 선박이다. 포스트 파나막스형 선박(post panamax type vessel)은 파나마 운하를 통행할 수 없는 초대형선을 말하는 것으로 선박 디자인상의 제약이 없으므로 배의 폭을 넓혀 화물의 적재량을 늘릴 수 있으며 안정성과 하역효율이 높아지는 장점이 있다.

3 화물톤수

화물톤수에는 화물의 무게를 기준으로 하는 중량톤과 부피를 기준으로 하는 용적톤이 있다.

중량톤(W/T : weight ton)에는 한국과 프랑스에서 사용되는 1kilo(metric)ton = 2,204lbs(=1,000kg), 영국의 1long(gross)ton = 2,240lbs(=1,016.05kg), 미국의 1short (net)ton = 2,000lbs(=907.18kg)등 3가지가 있다.

용적톤(M/T : measurement ton)에는 CBM(cubic meter)은 $1m^3$과 Cubic Feet(=1.133㎥)인 $1ft^3$가 주로 사용된다. 이외에도 원목의 용적을 지칭하는 단위인 board feet 등이 있다.

컨테이너선의 대형화 추이

구분		Ⅰ세대	Ⅱ세대	Ⅲ세대	Ⅳ세대	Ⅴ세대	Ⅵ세대	Ⅶ세대	Ⅷ세대
발전방향		본격화	대형/고속화	에너지 절약화	거대화		초거대화		
명칭		피더형	핸디형	준파나막스	파나막스	포스트 파나막스	슈퍼포스트파나막스		울트라막스
시기		60년대 후반	70년대	70년대 말~ 80년대 초	80년대 후반	90년대 전반	90년대 후반	90년대 말	21세기 초
선형(TEU)		700~1,500	1,800~ 2,300	2,000~ 2,500	2,500~ 4,400	4,300~ 5,400	6,000~ 6,670	7,000~ 8,700	10,000~ 13,000
대표선박	건조선사	NYK	MOL	Safmarine	APL	Hapag-Lloyd	Maersk	Maersk	-
	건조연도	1968년	1973년	1979년	1988년	1991년	1996년	1997년	2010년
	선명	Hakonemaru (箱根丸)	뉴저지호	S.A. Waterpark	Levenkusen E.	P. Truman	Regina M.	Souverin M.	-
선박제원	적재능력(TEU)	752	1,887	2,464	4,340	4,626	6,418	7,600	13,000 18,000
	선장-Lpp(m)	187.0	263.3	247.4	260.8	281.6	302.3	331.5	365.0
	선장-Los(m)	200.0	280.0	258.5	275.2	294.0	318.2	247.0	380.0
	선폭(m)	26.0	32.2	32.2	39.4	32.25	42.8	42.8	55.0
	선창깊이(m)	15.5	19.6	24.1	23.6	21.4	24.1	24.1	30.0
	최대흘수(m)	10.5	11.5	13.2	12.5	13.5	14.0	14.5	15.0
	톤(GT)	16,240	37,799	52,615	50,206	53,800	81,488	91,560	150,000
적재규모	선창내(단)	6	7~9	8	8	8	9	9	10
	갑판(단)	2	2~3	3	4	5	6	6	7
	선창횡적수(개)	7	9	10	11	12	14	14	18
	갑판횡적수(개)	9	12	13	13	16	17	17	22
추진	주기관(마력)	27,800	69,600	34,840	59,960	49,640	74,640	74,555	140,000
	항해속도(노트[18])	22.6	26.0	19.5	24.2	24.5	25.0	26.4	-
	추진축수(개)	1	1	1	1	1	1	1	2

자료 : 한국컨테이너부두공단 자료

18) **1노트(kt, kn)**는 1시간 1해리(1,852 m)의 속력. 16세기경부터 선미(船尾)에 삼각형 널조각을 끈에 매달아 흘려보내 28ft(약 8.5m)마다 매듭(knot)이 28초 동안 풀려나간 매듭을 배의 속력을 잰 것

한편 해상운임, 보관료 등 물류요금의 계산 시 화물의 산출된 중량톤수와 용적톤수 중 큰 숫자를 적용하고 있는데, 이를 **운임톤(R/T : revenue ton)**이라 부른다.[19] 선박회사입장에서 화물 무게가 5톤에 불과하지만 부피가 10톤에 달한다면, 10톤만큼의 화물이 적재공간을 차지하게 되므로 다른 화물을 싣지 못하기 때문에 이를 보상받기 위함이다.

Ⅱ ▸▸ 컨테이너

1 컨테이너화의 진전

컨테이너는 1920년대 미국의 철도운송에서 처음 도입되었으며, 해상운송에 등장한 것은 제2차 세계대전 중 미군의 군수물자 수송으로 시작한 이래 1956년 4월에 Pan-Atlantic Steamship사가 민간부문에서 처음으로 이용하였고, 1966년에 Sea-Land사가 북대서양항로에 풀컨테이너선을 투입함으로써 본격화되었다.

컨테이너(container)는 화물을 보다 능률적이고 경제적으로 수송하기 위해 규격화한 용기로서 프레이트 컨테이너(freight container) 또는 카고 컨테이너(cargo container)라고 불리며, 강철, 알루미늄, 경합금, 섬유강화 프라스틱(FRP), 목재, 합판 등의 재료로 구성된다.

관세청 고시는 컨테이너란 ① 항구적인 성질을 가지고 반복사용에 적합할 정도로 견고한 것, ② 수송 중 환적하지 않고 1개 또는 그 이상의 수송방식에 의한 화물의 수송을 위해 특별히 설계되어 있는 것, ③ 화물의 적입 및 적출이 용이하게 설계되어 있을 것, ④ 1m^3 이상의 내부 용적을 가지고 있을 것이 요건이다.

컨테이너 운송의 이점은 **경제성, 신속성, 안전성**이다. 경제성 측면에서 포장비 절감, 해상운임 절감, 내륙운송비 절감, 하역비 절감, 보관비 절감, 자금의 신속회전, 보험료, 인건비, 사무비 절감이 가능하고, 신속성의 측면에서 운송기간의

19) revenue란 운송업자의 수입(收入)이란 뜻이다. 해운이나 물류의 용어는 선사나 물류업자의 입장에서 사용되고 있다.

단축, 하역시간의 단축 및 운송서류의 간소화가 가능하며, 안전성 측면에서 화물의 멸실 및 손상을 방지할 수 있다.

반면에 단점으로는 이용화물의 제한, 시설확보에 따른 경비부담, 컨테이너 및 모든 설비의 관리문제 등을 들 수 있다. 우리나라의 경우 총 수출물량의 약 85%, 수입물량의 40%가 컨테이너에 의해 수송되고 있다.

2 컨테이너 규격 및 사양

컨테이너를 크기별로 분류할 때, 폭과 높이는 특수한 것을 제외하고는 8′×8.6′로 비슷하기 때문에 길이에 따라 **20피트**(TEU : twenty-foot equivalent unit), **40피트**(FEU : forty-foot equivalent unit)로 구분된다. 우리나라에서 유통되는 컨테이너는 20피트가 약 40%, 40피트 컨테이너가 약 55%를 차지하고 있으며 최근에는 컨테이너의 대형화에 따라 45피트 점보 컨테이너와 높이도 1피트 더 높아진(9피트 6인치) High Cubic 컨테이너가 점점 늘어가고 있는 추세이다. 컨테이너 내에 적입할 수 있는 화물의 양은 제작사마다 조금의 오차가 있으나 거의 다음 표와 같다.

컨테이너 재원

구 분		20피트	40피트	40피트하이큐빅	45피트
내장 규격	길이(m)	5.898	12.031	12.031	13.555
	폭(m)	2.348	2.348	2.348	2.348
	높이(m)	2.376	2.376	2.695	2.695
	최대용적(CBM)	33.2	67.11	76.11	85.77
	평균적재용적(CBM)	25	55		
무게 (톤)	자체중량	2.26	3.74	3.94	4.88
	적재가능 화물중량	21.74	26.74	26.54	25.6
	실제적재중량(국내)	17.5	20		
	총중량	24.0	30.48	30.48	30.48
트레일러 높이(m)		1.35~1.45	1.35~1.45	1.35~1.45	1.35~1.45

컨테이너에 실을 수 있는 화물의 최대 부피는 20피트, 40피트 각각 33CBM, 67CBM 정도이지만, 팔레트(pallet), 고정자재(dunnage), 틈새(dead space) 등을 감안할 때 평균 약 25CBM, 55CBM 정도 적재된다.

실제 적재량의 실례로서 박스 하나가 40cm×50cm×60cm라면 부피가 0.12CBM (0.4×0.5×0.6)이므로, 20피트에 평균 25CBM이 적재되므로 208박스(25CBM÷0.12CBM)를 적재할 수 있다.

컨테이너 사양 확인

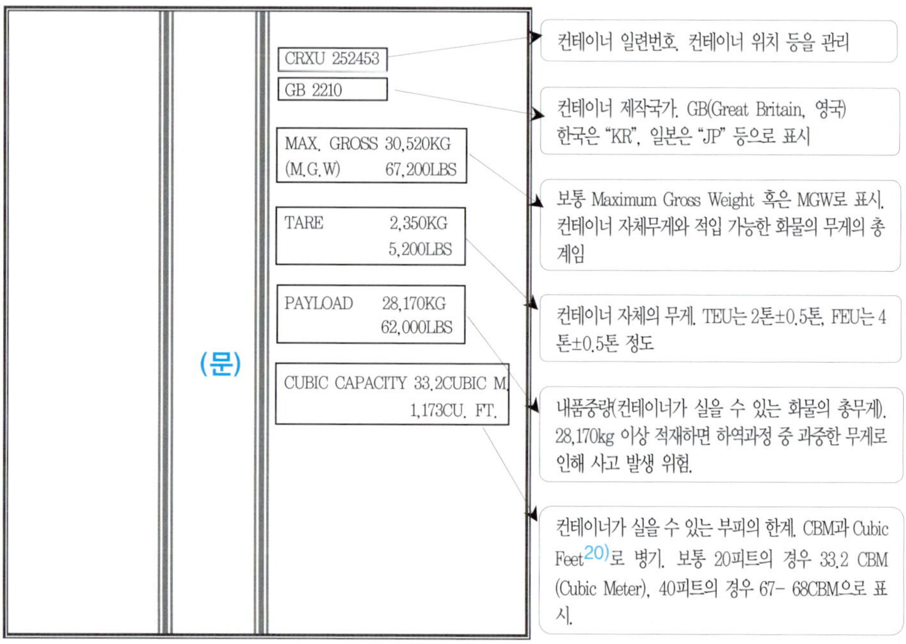

컨테이너의 문 우측 상단에는 제원이 부착되어 있는데 각국에서 적용하는 과적차량 단속기준 때문에 최대 중량을 싣지 못한다. 화물적입 시 컨테이너 무게, 화물 중량 및 팔레트(pallet)[21], 더니지(dunnage) 등 내장화물을 고정시키는 모든 자

20) Cubic Feet는 CFT 또는 ft^3로 표시되며, 1CFT는 0.0293CBM에 해당한다. 그러므로 $500ft^3$=500×0.0293CBM=14.65CBM이 된다.

재의 중량 등도 고려하여야 한다. 컨테이너 사양을 확인하는 방법은 위의 그림과 같다.

3 컨테이너 종류

규격에 따라서 컨테이너의 길이는 20ft(TEU), 40ft(FEU), 45ft(high cubic : 중량대비 용적이 큰 화물) 컨테이너로 분류할 수 있다. 이러한 컨테이너의 폭과 높이는 8ft×8.6ft(High Cubic 8ft×9.6ft), 8ft×8ft 2종류가 있다.

사용목적에 따라서 일반잡화의 운송을 포함하여 가장 많이 사용되는 일반 건화물 컨테이너(general cargo container or dry container), 채소, 육류, 과일 운송용인 냉동컨테이너(reefer or refrigerated container) 및 dry ice를 넣어 사용하는 보냉 컨테이너(insulated container), 생동물, 식물의 호흡을 돕는 통풍구를 갖춘 통풍컨테이너(ventilated container), 살물(撒物)운송용 bulk container, 액체류 운송용 tank container, 파이프, 철근 등 장척화물의 운송용 open top container, 승용차나 기계류의 운송을 위해 지붕, 측면, 단벽은 제거하고 기둥만 있는 flat rack container, 중량화물이나 부피가 큰 화물용 flat form container, 자동차 운송용 car container 등이 있다.

재질에 따라서 steel container는 원가가 싸고 수밀성이 높은 장점이 있지만 무겁고 녹이 잘 스는 단점이 있다. aluminium container는 가볍고 유연한 점이 장점이지만 손상되기 쉽고 가격이 비싼 것이 단점이다. FRP(fiberglass reinforced plastic container)는 얇고 열전도율이 낮으며 결로(結露, condensation)현상이 없다는 장점이 있다.

4 컨테이너운송

물류는 포장, 운송, 하역 및 보관 가운데 포장, 하역 및 보관에 따른 시간과 비

---

21) pallet는 화물을 일정수량 단위로 모아 하역·보관·수송하기 위해 사용되는 깔판으로, 포크 리프트(fork lift)로 들어 올릴 수 있도록 지면과 깔판 사이에 빈 공간이 나 있다. dunnage란 컨테이너 내부에 적재되는 화물의 접촉면을 충분히 보호하며, 마찰에 의한 흔들림을 방지하고 컨테이너 내의 습기의 영향을 줄이기 위해 사용하는 각종 깔개를 말하며, 깔개판(dunnage wood), 매트(mat) 등이 있다.

용의 소모가 매우 크다. 이것은 컨테이너와 같은 화물의 단위화(unitization)를 통하여 취급 회수를 줄임으로써 달성될 수 있게 된다.

컨테이너는 각종 운송수단 간에 호환성(interchangeability)을 갖춘 대형용기이므로 국제운송에서 육해공의 연합으로 경제성·신속성·안전성을 최대한으로 충족시키고 화물의 운송도중 이적 없이 일관운송을 실현하게 되었다.

컨테이너는 국경을 넘나들기 때문에 그 성격과 구조의 국제적인 표준화가 필요한데, ISO(International Standardization Organization, 국제표준화기구)가 정한 **컨테이너의 구비조건**은 다음과 같다. ① 일정기간 재사용이 가능한 충분한 내구력을 가질 것, ② 운송도중, 운송경로 또는 운송수단이 바뀌는 경우에도 화물의 손상 또는 멸실 없이 일관운송을 할 수 있을 것, ③ 운송경로를 변경할 때 조작이 용이할 것, ④ 화물의 적재가 편리할 것, ⑤ 내부용적이 1m^3(35.3ft^3) 이상일 것 등이다. **컨테이너 운송 형태**는 다음과 같이 4가지로 크게 구별할 수 있다.

1) CY/CY(FCL/FCL, Door to Door)

화물이 송하인의 공장이나 창고에서 컨테이너에 적입되어 최종목적지의 수하인의 창고까지 컨테이너의 개폐 없이 운송되는 형태이다. 이 형태는 FCL 화물의 경우에만 가능하며, 컨테이너운송의 장점인 경제성, 안전성, 신속성을 최대한 달성할 수 있는 운송형태이다.

2) CY/CFS(FCL/LCL, Door to Pier)

송하인은 1인이지만 수하인이 다수인 경우에 이용되는 운송형태이다. FCL화물이 송하인의 공장이나 창고에서 컨테이너에 적입되어 운송된 후 목적항의 CFS에서 다수의 수하인에게 인도된다. 이 형태는 한 사람의 수출상이 여러 수입상에게 일시에 화물을 운송하고자 할 경우에 이용된다.

3) CFS/CY (LCL/FCL, Pier to Door)

여러 명의 송하인이 1인의 수하인에게 화물을 운송할 때 사용하는 운송형태이다. 수출지의 CFS에 송하인 각각은 자신들의 LCL 화물을 혼재하여 최종목적지의 수하인의 창고 또는 공장까지 운송한다. 이 형태는 대규모 수입상이 여러 매도인으로부터 각각의 LCL 화물을 매입하여 자신의 창고까지 운송하고자 할 경우에 이용된다.

4) CFS/CFS (LCL/LCL, Pier to Pier)

여러 명의 송하인으로부터 집하한 LCL화물을 CFS에서 혼재하여 목적지의 CFS에서 여러 명의 수하인에게 인도하고자 할 경우에 이용된다. 이 형태는 재래선에 의한 해상운송구간을 컨테이너를 사용하여 운송하는 방법으로 컨테이너운송의 효율성이 가장 낮은 방식이다.

Ⅲ ▸▸ 항 만

항만(harbor)이란 해륙운송의 중계지로서 육상 운송된 화물의 원활한 선적과 양하를 위한 시설을 갖추고 있는 장소를 말한다. 항만은 선박이 입출항하고 하역을 하기 위하여 선박의 안전정박을 위한 충분한 수심과 넓은 접안시설, 하역장비 및 창고 화물장치장과 육상교통과 연계, 입출항에 필요한 세관 및 검역시설과 기타 간접시설을 갖추고 있어야 한다.

항만이 수출입활동의 전진기지이자 물류기지이다. 국가기간시설로서 국가자원의 최대이용과 해운산업의 보호 및 무역촉진이라는 직접적인 경제효과와 연관산업(조선, 선박수리, 선용품업, 검수·검정업 등)의 발전촉진이라는 항만의 간접적 경제효과 차원에서도 중요하다.

항만은 사업목적상으로 상업항, 공업항, 어항, 군항, 피난항, 검역항 등으로 구분된다. 상업항은 외국과 무역 또는 국내 상거래에 주로 사용하는 항구를 말하는 것으로 국제무역에서 항만이라 함은 상업항을 의미하며, 컨테이너 전용부두와 기타 컨테이너화 되지 않은 화물을 취급하는 재래부두로 나누어 볼 수 있다.

우리나라에는 **28개 무역항**이 있다. 이 중에서 부산항, 인천항, 울산항, 광양항,

마산항, 평택항 등이 컨테이너 화물을 취급하고 있으며, 특히 부산항이 전체의 82% 물량을 담당하고 있다.

항만시설은 일반적으로 수역시설, 외곽시설, 계류시설, 임항교통시설, 보관시설, 선박보관시설, 항만후생시설, 선박건조 및 수리시설로 구성된다. 대표적인 것으로 ① 항로(access channel), 박지(anchorage) 등의 수역시설, ② 방파제, 갑문 등의 외곽시설, ③ 안벽(quay), 잔교(pier), 부잔교(floating landing stage) 등의 계류시설 등을 들 수 있으나, 좁은 의미의 항만시설로는 부두, 안벽, 잔교, 창고 등이 있다.

부두(wharf)는 화물의 하역과 여객의 승선 및 하선을 위한 여러 가지 구조물을 총칭하는 것으로 안벽, 잔교, 부잔교가 이에 해당된다.

안벽(quay)은 화물의 하역과 여객의 승하선이 직접적으로 이루어지는 구조물로서 해안에 평행하여 해저에서 수직으로 구축된 일종의 벽이다.

잔교(pier)는 선박을 접안, 계류하여 화물의 하역과 여객이 승하선을 할 수 있도록 목재, 철재 혹은 철근 콘크리트로 만들어진 교량형 구조물이다.

부잔교(浮棧橋, floating landing stage)는 해저지질과 수심이 부적당한 장소에 잔교를 대신하여 구축한 변형적 잔교이다.

항만운송은 항만 내에서 화물의 적양하, 보관, 수송 등의 작업을 말하는데, 현행 항만운송사업법(제3조)에는 항만운송사업을 항만하역업, 검수·검량 및 감정업으로 분류하는 한편, 그 부대사업으로 통선업(강·바다를 왕래하는 선박업), 경비업, 강취방업(줄잡이업, line handling), 선박청소업, 급유업, 급수업, 컨테이너수리업 등을 두고 있다.

IV ▸▸ 컨테이너터미널 및 ICD

1 컨테이너터미널

컨테이너운송은 화물을 단위화하여 인력에 의존하던 하역과정상 화물의 취급을 기계화함으로써 운송기간을 단축하는 목적이 있다. 이를 위해 고안된 장소가 바로 **컨테이너부두**(container terminal)이다.

컨테이너부두는 해상과 육상의 접점인 항만에 위치하여 컨테이너의 적양작업, 트럭이나 철도로부터 컨테이너의 인수도, 컨테이너 장치, 공컨테이너 집하, 컨테이너 수리 및 청소 등 컨테이너운송과 관련된 제반기능을 담당한다. 컨테이너 부두의 구조물들은 다음과 같다.

① **Berth**(**선석**, quay(안벽), pier(잔교), wharf(부두)) : 선박을 항만 내에 계선시키는 시설을 갖춘 접안장소로, 보통 표준선박 1척을 직접 정박시키는 설비를 갖추고 있다. 선석 내에는 선박의 동요를 막기 위한 계선주(bit)가 설치되어 있다.

② **Apron** : 부두 안벽에 접한 야드의 일부분으로 부두에서 가장 가까이 접한 곳이며, 폭은 30~50m 정도이다. 이 곳에는 겐트리크레인이 설치되어 있어 이 곳에서 컨테이너의 적양이 이루어진다.

③ **Marshalling Yard** : 방금 하역했거나 적재할 컨테이너를 정돈해두는 넓은 장소로 Apron과 접하고 있다. CY의 상당한 부분을 차지할 뿐 아니라 컨테이너 부두의 운영에 있어 중심이 되는 부분이다. 컨테이너 크기에 맞추어 바둑판처럼 백색 또는 황색의 구획선이 그어져 있는데 그 한 칸을 Slot이라고 한다.

④ **CY(container yard)** : 컨테이너를 인수·인도하고 보관하는 장소로 넓게는 Marshalling Yard, Apron, CFS 등을 포함한 컨테이너 부두의 의미로 사용되지만 좁은 의미로는 컨테이너 부두 내의 컨테이너 보관장소를 말한다. CY에서는 냉동컨테이너와 보관용 배전시설 등의 준비뿐만 아니라 FCL의 인수도 작업이 수행된다. 보통 터미널 전체 면적의 약 65%를 차지한다. 일반적으로 CY란 부두 안의 On-dock CY를 말하며, 부두 밖 CY는 ODCY (Off-dock CY)라 부른다.

⑤ **CFS(container freight station)** : CY에 인접해 있으며 컨테이너 한 개를 채울 수 없는 소량화물(LCL)을 인수·인도·보관 및 컨테이너 적입(stuffing, vanning) 또는 끄집어내는(stripping, devanning) 작업을 하는 컨테이너화물집하장이다.

⑥ Control Tower(통제탑) : 컨테이너 야드의 작업을 계획, 지시, 감독하고 통제하는 사령탑이다.

⑦ CY Gate : 컨테이너 및 컨테이너 화물을 인수・인도하는 장소로 하주와 운송인 간의 책임의 분기점이다.

2 ICD

내륙컨테이너화물통관기지(**ICD** : Inland Container Depot, Inland clearance Depot)는 항만 혹은 공항이 아닌 내륙에 위치하여 항만과 똑같이 컨테이너 화물처리를 위한 시설을 갖추고 수출입 통관업무 등 종합물류터미널의 기능을 하는 지역이다. ICD는 CY가 단순히 컨테이너의 장치기능을 함에 비해 신속한 통관 및 B/L 발급을 통한 수출대금의 조기 결제가 가능토록 한 '**내륙에 있는 부두**'이다.

ICD의 주요 기능은 수출입화물 통관, 화물집하, 보관, 분류, 간이 보세운송, 관세환급, B/L발급 등이다. 실제 하주가 ICD를 이용할 경우 수입 시는 상당한 유통기일 축소 및 물류비 절감을 이루고 있는 것으로 평가되고 있다. 보통 부산에서 경인지역까지 입항 후 약 10~12일이 소요되지만 ICD 이용 시에는 5~6일로 단축 가능하며, 각종 부대비용 포함 총비용도 TEU당 20만원 정도 절감하는 것으로 나타나고 있다. 우리나라에는 경기도의 의왕ICD, 경남의 양산ICD 2곳이 있다.

1) 경인ICD

경인ICD(http://www.kicd.co.kr)는 의왕시 부곡역 인근에 총면적 227,820평(연간 취급능력 1,000,000TEU, 컨테이너 야드면적 126,305평), CFS 3,063평에 하역장비 47대, 철도시설 6,262m(연간 수송능력 493,480TEU)를 갖추고 있다. 실무에서는 의왕ICD라고 부르기도 한다.

의왕ICD는 수출입컨테이너화물 유통구조 개선으로 물류비용을 절감하여 국가경쟁력 강화를 도모하기 위하여, 정부와 민간기업이 공동으로 투자하여 건설한 컨테이너 물류단지로서 철도수송, 내륙운송, 내륙통관, 내륙항만 등 4대 기능을 수행한다. 수도권 컨테이너화물의 45% 이상을 처리하고 있으며, 총괄운영은 이들 업체들이 공동출자하여 설립한 (주)경인ICD가 담당하고 있다.

의왕ICD는 기차역, 세관, 식품검사소, 식물검역소 등의 정부기관과 운송회사, 선사, 은행 및 관세사 등이 입주해 컨테이너의 운송, 통관, 보관, 하역 등 모든 업무가 이루어지는 일관 서비스체계가 구축되어 있다.

2) 양산ICD

양산ICD(http://www.ysicd.co.kr)는 경남 양산시 물금읍 증산리에 소재하고 있으며 2000년 4월 개장, 운영되고 있다. 약 24만평의 대지에 CY(연간 처리능력 140만 TEU) 16만평, CFS(연간 처리능력 4백5십만R/T) 2천평 등으로 구성되어 있다.

양산ICD도 CY(컨테이너야적장) 및 CFS(컨테이너작업장)의 기능을 수행하며 10개 군의 컨테이너야드를 참여업체 지분별로 임대받아 운영하고 있으며, 또한 입주업체가 보세화물창고를 직접 운영하고 있다. 양산ICD는 수출입 화물을 컨테이너 배후수송 도로망을 이용하여 내륙과 항만의 연결기지로서 중추적인 운송기능을 수행하고 있으며, 통관관련 기관이 모두 입주하고 있으므로 수출입 화물에 대하여 one stop 통관서비스를 제공하고 있고, 컨테이너 수송열차가 부산권과 수도권을 철도수송하여 시간과 비용을 절감할 수 있다.

V ▸▸ 과적차량단속 및 목재포장재 검역

1 과적차량단속 및 운행허가

포장도로의 파손방지 및 보호를 위하여 도로법 등에서 운행차량 화물의 **총중량 40톤, 축중량(자동차바퀴 하나가 지면에 미치는 하중) 10톤, 폭 2.5m, 높이 4.0m, 길이 16.7m**로 제한하고 단속기준 위반 시 하주, 차주 혹은 운전기사는 벌과금[22)]을 부과하고 있다. 따라서 수입화물의 경우 선적지에서부터 이를 고려하여 초과하지 않도록 유의하여야 한다.

제한차량의 운행허가를 위해서는 허가신청서, 구비서류(차량검사증 또는 등록증,

22) 적재중량 초과 시 운전기사, 차주, 하주 : 1년 이하 징역 또는 200만원 이하의 벌금, 법인은 200만원 이하 벌금, 사업자는 과징금 30만원, 운행정지(15~30일), 적재중량 110%, 차량길이 110%, 높이 3.5m초과 시 운전자는 범칙금 5만원, 벌점 30점

차량중량표, 운행노선도, 구조물 통과 하중 계산서 등)를 갖추어 수수료와 함께 해당 도로관리자에게 신청한다. 도로관리자(한국도로공사, 지방국토관리청, 시도)는 접수된 신청서를 심사(차량의 제원, 운행경로, 허가기간, 조건 등)하여 신청인에게 운행시간, 운행기간, 호송차량배치, 깃발 부착 등의 운행조건이 부여된 허가서 또는 불허통지서를 발급한다.

보세운송의 경우 수출입신고필증에 기재된 중량을 믿고 운송한 운전기사가 실제 적재중량과의 차이로 인한 과적단속으로 벌금을 부과 받은 경우 고의성 여부와 상관없이 적하목록을 작성한 자(선박회사, 포워더)에게 과태료를 부과하고 있다.

보세운송 신고단계에서 B/L당 화물의 총중량이 25톤을 초과하는 컨테이너 화물에 대하여는 보세운송 신고가 되지 않도록 조치하고 있으며, 하나의 B/L에 여러 개의 컨테이너가 있는 경우에는 컨테이너 개수로 나눈 평균 중량이 25톤을 초과하는 경우에 보세운송 신고가 제한된다. 이 경우 화물의 총중량 25톤에는 컨테이너 및 차량무게는 포함되어 있지 않으며, 또한 도로법상 단속기준이 총중량 40톤이므로 컨테이너 규격(20피트, 40피트 등)에 상관없이 25톤을 초과하는 경우에는 보세운송 신고가 제한된다.

2 수출입화물 목재포장재 검역

목재포장재란 화물을 지지·보호 또는 운반하는데 이용되는 모든 목재 또는 목재 산물, 즉 나무팔레트, 나무상자, 받침목, 충진재, 드럼 등을 말한다. 목재포장재는 병충해를 제거하거나 사멸시키기에 충분할 만큼 가공되지 않은 생목재로 제작되는 경우가 많기 때문에 병충해의 유입 및 확산 경로이다. 목재포장재는 종류가 다양하고 화물의 포장재로 널리 쓰이기 때문에 2002년엔 목재포장재 검역과 관련된 국제기준이 마련되어 각 나라에서 목재포장재에 대한 검역을 실시하고 있다.

우리나라도 전 세계 국가에서 수입되는 화물의 활엽수 및 침엽수 목재포장재에 대하여 소독 처리해야 수입될 수 있다. 단 합판, 베니어패널 및 이와 유사한 적층목재품, 파티클보드, 배향성 스트랜드 보드, 웨이퍼보드, 섬유판, 고밀도화 목재, 집성재, 펄프, 응집코르크, 목모, 목분, 코르크분 등은 제외된다.

소독처리 방법은 **HT열처리 또는 MB훈증**을 해야 한다. HT(heat treatment)열처리는 목재중심부 온도 56℃ 이상에서 30분 이상 처리해야 하며, MB(methyl bromide)훈증은 소나무 재선충 미분포 국가에서 수입되는 침엽수 및 활엽수 목재포장재는 16시간 훈증하고, 소나무재선충 분포국에서 수입되는 소나무속, 잎갈나무속, 개잎갈나무속 목재포장재는 24시간 훈증해야 한다.

목재포장재 소독처리에 대한 증명은 아래와 같은 소독처리마크를 부착하면 된다. 수입화물의 경우 소독 후 소독처리마크표지를 부착하여 수입하면 되는데, 식물검역소의 임의추출 검사에서 불합격한 경우에는 열처리 또는 MB훈증 소독처분 및 폐기 또는 반송처분을 받게 된다.

열처리 또는 MB훈증 소독처분은 **소독처리마크가 표시**되어 있으나 검사결과 금지병해충 이외의 규제병해충 또는 잠정규제 병해충이 발견된 경우이며, 폐기 또는 반송 처분은 소독처리마크가 없는 경우, 금지병해충이 발견된 경우 및 소독명령을 받았으나 소독이 불가능하거나 소유자가 원하지 않는 경우이다. 목재포장재 검역관련 정보는 국립식물검역소(www.npgs.go.kr)에서 확인할 수 있다.

수출화물에 목재 포장재를 사용하는 수출업자는 수출대상국의 목재포장재 수입검역요건을 확인하여, 소독처리업체에 소독처리를 의뢰하고, 소독작업 결과서를 발급받는다. 수입국에서 위생증명서를 요구하지 않을 경우는 소독처리마크를 표시하여 수출하면 되지만, 중국 등 위생증명서를 요구하는 국가에 수출할 경우에는 소독작업 결과서를 첨부하여 식물검역소에 수출식물검사를 신청하여 소독처리 내용이 부기된 위생증명서를 발급받아 수출하게 된다.

소독처리 마크

XX-OOO
YY

- XX : ISO 2자리 국가코드 (한국=KR)
- OOO : 적절한 목재사용 및 표시에 대한 책임 있는 목재포장재 생산자에 대한 국가식물보호기관이 부여한 고유번호
- YY : IPPC에서 승인된 조치에 대한 약어 (예 : HT, MB)

제4절 수출입 물류요금

하주가 운송인에게 운임을 문의할 경우 운송인들은 국제운송에 소요되는 전체 요금이 아닌 해상운임(ocean freight) 또는 항공운임(air freight) 만을 알려주기 때문에 실제 운임 지불 시 발생하는 운임금액과는 차이가 많다. 수출입 물류요금은 기본운임뿐만 아니라 부대요금이 많아 경우에 따라서는 기본운임보다 부대비용이 더 많은 경우가 있다. 해상운임을 중심으로 물류부분 운임과 통관부분운임으로 구분하여 설명한다.

I ▸▸ 정기선(해상) 운임

해상운임(ocean freight)이란 선박이 사람이나 화물을 운송한 대가로서 지불 또는 수취하는 보수로서 운임의 결정은 수요공급법칙에 따라 결정된다. 일반적으로 정기선 운송 시 항로별로 **운임요율표**(tariff)를 보유하고 있으나 실제로 선사가 징수하는 **시장운임**(market rate)은 요율표보다 낮은 경우가 대부분이며 시황에 따라 변동폭도 크다.

하주가 정기선에 컨테이너 운송을 의뢰하면 기본운임 외에 할증료(surcharge), 추가운임(additional charges) 및 기타요금도 내야 할 경우가 있다. 따라서 하주는 선복예약(booking) 시 선사가 알려주는 운임이 기본운임만을 말하는지 부대비를 포함한 것인지 분명히 해두어야 한다.

1 기본운임

지급시기에 따라서 ① **선불운임**(freight prepaid)은 수출업자가 선적지에서 운임을 선불하는 경우로서 선사는 B/L발급 시 운임을 징수한다. ② **후불운임**(freight collect)은 수입업자가 화물의 도착지에서 운임을 지급하는 경우로서 화물인도지시서(D/O : delivery order) 발행 시 징수한다.

부과방법(산정기준)에 따라서 ① 귀금속 등 고가품의 운송에 있어 화물의 가격을 기초로 일정률을 징수하는 종가운임(ad valorem freight)이 있다. ② 화물의 용적이나 중량이 일정기준 이하일 경우 설정된 최저운임(minimum rate)이 있다. ③ 화물, 장소, 하주에 따라 운임을 차별적으로 부과하는 차별임(discrimination rate)과 운송거리를 기준으로 일률적으로 운임을 책정하는 무차별운임(FAK : freight all kinds rate)이 있다. ④ 실제 중량(ton)을 기준으로 하는 중량(weight)운임, 용적(CBM)을 기준으로 부과하는 용적(Measurement)운임, 중량(weight) 또는 용적(measurement) 중 운임이 높은 쪽으로 실제운임을 부과하는 **운임톤(R/T : revenue ton)**이 있다. ⑤ 톤당 운임에 기초한 운임산정의 번거로움을 줄이기 위하여 화물 종류나 중량에 관계없이 컨테이너당 받는 Box Rate, 무차별운임, 화물의 성질별로 나누어 적용되는 등급운임(class rate), 화물의 품목별로 나누어 적용되는 품목별 운임(CBR : commodity box rate) 등이 있다.

선내 하역비 부담에 따라서 ① 선적·양하 비용을 선주가 부담하는 Berth Term(liner term), ② 선적·양하 비용을 하주가 별도로 부담하는 FIO(free in & out), ③ 하주가 선적 비용을 부담하는 FI(free in), ④ 하주가 양하 비용을 부담하는 FO(free out) 등이 있다. 일반적으로 정기선 운송은 Berth Term을 사용하여 선주가 하역비를 부담하고 이를 운임에 반영하지만, 용선운송에서는 FIO, FI, FO 등의 조건을 용선운송 계약시에 선택하게 된다.

해운동맹의 운임형태에 따라서 ① 해운동맹이 비동맹선사와의 경쟁을 위해 일정 조건을 갖춘 경우 Tariff 요율을 인하하는 특별운임(special rate), ② 광산물 등 대량화물의 수송에 있어 동맹선사의 경쟁력을 높이기 위해 동맹선사 스스로가 운임을 결정토록 하는 자유운임(open rate), ③ 선박회사 해운동맹이 일정기간에 제공되는 화물량에 따라 다른 운임률을 부과할 수 있도록 승인된 운임으로서 대량하주는 선사로부터 운임을 할인받을 수 있는 기간물량운임(time volume rate), ④ 특정 하주 또는 하주단체가 정기선 화물운송을 위해 운임동맹 또는 비동맹선사와 체결하는 계약으로 하주는 계약기간 중 일정 수량을 제공할 것을 보증하며, 운임동맹 또는 비동맹선사는 스페이스, 운송기간, 기항지 등과 같은 일정한 서비스뿐만 아니라 표준운임상의 일반운임보다 저렴한 **우대운송계약(S/C : service contract)에 의한 운임** 등이 있다.

2 부대운임

운송의 발달에 따라 운송에 관련되는 시설이나 인력도 갈수록 전문화되면서 선사가 해상운임만으로 경영이 어렵게 되자 이의 보전을 위해서 도입하게 된 할증료(surcharge) 및 추가운임(additional charge)이 있다.

① **터미널화물 처리비(THC : terminal handling charge)** : 수출화물의 CY 입고시점부터 선측까지, 그리고 수입화물의 본선선측에서 CY게이트 통과 시까지 화물의 이동에 따르는 화물처리비용을 말한다. 예전에는 선사가 해상운임에 포함하여 징수하였으나 1990년에 FEFC가 분리하여 징수하면서 도입되었다. 우리나라, 대만, 홍콩, ASEAN, 유럽에서는 **THC**, 일본에서는 **CHC**(container handling charge), 미국에서는 **DDC**(destination delivery charge)라는 명칭으로 내륙운송비를 추가하여 부과하고 있다. 우리나라는 101,000원/TEU, 137,000원/FEU를 받고 있다.

② **CFS 작업료(CFS charge)** : 선사가 컨테이너 한 개의 분량이 못되는 소량화물(LCL cargo)을 운송하는 경우 선적지 및 도착지의 CFS에서 화물의 혼적 또는 분류작업에 발생하는 비용이다. 따라서 FCL화물에 CFS charge를 청구해서는 안된다.

③ **서류 발급비(documentation fee)** : 선사가 수출은 선하증권(B/L)을 발급해 줄 때, 수입은 화물인도지시서(D/O)를 발급해 줄 때 징수하는 비용이다. 선사가 안정적인 수입을 확보하기 위해 만든 것이다.

④ **체화 할증료(port congestion surcharge)** : 도착항이 선박으로 혼잡할 경우 신속히 하역할 수 없게 되어 선박의 가동률이 저하되는 경우에 선사가 발생한 손해를 하주에게 전가하기 위한 요금이다.

⑤ **유류 할증료(BAF : bunker adjustment factor)** : 선박의 운항비용 중 연료비가 20~30%를 차지하는데, 유류가격의 가격변동에 따른 손실을 보전하기 위해 부과하는 할증료로서 기본운임에 대하여 일정비율(%) 또는 일정액을 징수하고

있다. 예를 들어, 1배럴당 25$를 기준으로 운임계약을 체결하였으나 유가가 1배럴당 40$로 올랐을 경우 부과된다.

⑥ **통화 할증료**(CAF : currency adjustment factor) : 운임표시 통화의 가치하락에 따른 손실을 보전하기 위해 도입한 할증료로서 일정기간 해당통화의 가치변동률을 감안하여 기본운임의 일정비율(%)을 부과하고 있다. 예를 들어 1$=1,200원일 때 운송계약을 체결하였으나 달러 가치의 하락으로 1$=1,000원밖에 되지 않는다면 선사는 그만큼의 손실을 보므로 이를 보전하기 위한 요금이다.

⑦ **성수기 할증료**(peak season charge) : 수출화물이 특정 기간에 집중되어 하주들의 선복수요를 충족시키기 위해 선박용선료, 기기확보비의 성수기 상승분을 보전받기 위한 요금이다.

⑧ **지체료**(detention charge) : 하주가 컨테이너 또는 트레일러를 대여받았을 경우 규정된 시간(free time) 내에 반환을 못할 경우 벌과금으로 운송업체에게 지불해야 하는 비용이다. 정기선사들은 보통 4~10일 기간의 free time을 설정해두고 그 이상을 경과하면 하루당 10$ 정도의 지체료를 징수한다.

Ⅱ 항공화물 운임

1 기본운임

일반화물요율(GCR : general cargo rates)은 품목분류 혹은 특정 품목할인의 적용을 받지 않는 모든 화물의 운송에 적용되는 요율이다. ① 최저운임(minimum charge : "M")은 한 건의 화물운송에 적용할 수 있는 가장 적은 운임이다. 화물의 중량운임이나 부피운임이 최저운임보다 낮을 경우 최저운임이 적용되며 요율표에 "M"이라 표시된다. ② 기본요율(normal rate : "N")은 45kg 미만의 화물에 적용되는 요율로서 모든 화물요율의 기준이 된다. 요율표상에 "N"으로 표시한다. ③ 중량요율(quantity rate : "Q", 중량단계별 할인요율)은 화물요율은 일정 중량단계(weight break)에 따라 다른 요율이 설정되는데 화물요율은 중량이 높아짐에 따라

kg당 요율은 더 낮게 설정된다. 즉, 일반품목화물이 45kg 이상인 경우 45kg 이하 요율보다 약 25% 낮게 요율이 설정되어 있다. 이외에도 100kg, 200kg, 300kg, 500kg 이상의 중량단계에 대해 점점 더 낮은 요율이 설정되어 있다. ④ 운임산출 중량(chargeable weight)은 요율표에 운임산출중량(kg or lb)당 적용요율이 설정되어 있다. 운임산출 중량은 실제중량에 의한 방법(by actual weight), 용적중량에 의한 방법(by volume weight), 높은 중량단계에서의 낮은 운임적용규정에 의한 방법(lower charge in higher weight category) 등이 있다.

특정품목할인요율(SCR : specific commodity rate)은 특정 구간에서 특정 품목에 대해 설정되는 요율이다. 화물운송의 유형으로 보아 특정 구간에 동일품목이 계속적으로 반복되어 운송되는 품목에 대해 일반품목보다 요율을 낮게 설정함으로써 항공운송이용을 촉진・확대하는데 목적이 있다. 또한 선박이나 육상으로 운송되는 품목 중에서도 항공운송편이 이점이 많은 품목에 대해 특정품목할인요율을 설정・적용함으로써 항공운송편의 이용을 유도할 수 있다. 특정품목할인요율은 그 요율과 관련하여 설정된 최저중량이 제한을 받도록 되어 있으며, 이는 다량의 상품수송에 적용코자 하는 목적에 의한 것이다.

품목분류요율(Class rate : commodity classification rate)은 몇 가지 특정 품목에만 적용되며, 특정 구간 또는 지역 내에서만 적용되는 경우도 있다. 품목분류요율은 대개 일반화물요율의 백분율에 의한 할증, 또는 할인으로 표시된다. 적용대상 품목은 ① 할인요금 적용품목으로 신문, 잡지, 정기간행물, 서적, 카탈로그, 점자책, talking books(calendar, price tag, poster 등은 적용 불가), 화물로 운송되는 개인의류 및 개인용품(baggage shipped as cargo), ② 할증요금 적용품목으로 금괴, 화폐, 유가증권, 다이아몬드 등의 귀중화물, 시체(human remains), 생동물 등이다.

종가요금(valuation charges)은 화물의 운송에 있어서 사고발생 시 최대 배상한도액(maximum liability)을 초과하는 금액을 항공사로부터 배상받고자 할 때 운송장상에 그 화물의 가격을 신고하고 종가요금을 지불하면 실손해액을 배상받을 수 있다. 종가요금=[운송신고가격−(총중량×US$20/kg 또는 US$9.07/lb)]×0.5%이다. 송하인은 운송장상에 그 화물의 가격을 신고하여야 하는데 신고가격을 kg당 $20 미만인 경우에는 N.V.D.(no value declared)로 표시되며 kg당 $20을 초과 시는 금액을 표기한다.

단위탑재용기운임(BUC : bulk unitization charge)은 항공사가 송하인 또는 대리점에게 컨테이너 또는 팔레트단위로 판매 시 적용되는 요금으로 IATA에서 규정한 단위탑재용기(ULD : unit load device) type별로 상이한 운임이 적용된다. ULD의 적재작업(build-up)은 송하인 또는 대리점의 책임하에 이루어지며, 항공사는 송·수하인에게 만 48시간 이내에 해당 ULD를 무료로 제공할 수 있고 이 시한이 지나면 연체료를 징수한다. 다만 BUC 적용 시 위험물 규정집에 나타난 제한품목, 생동물, 귀중화물, 시체 등은 ULD 내에 실리지 못한다.

입체지불수수료(disbursement fee)로 송화인의 요구에 따라 항공사, 송화인 또는 대리인이 선불한 비용을 수화인으로부터 징수하는 금액, 착지불수수료(charges collect fee)로 운임을 수화인이 납부토록 되어 있는 화물에 대해 동 금액의 일정비율을 항공사가 징수하는 수수료이다.

기타 위험물취급수수료(dangerous goods handling fee), 수출항공화물취급수수료(handling charge), 수입화물 AWB Fee, Pick up Service Chargee 등이 있다.

2 부대운임

항공화물 THC(terminal handling charge)는 항공화물이 수출통관 또는 수입통관 되기 위해 항공사가 직영하는 보세장치장에 반입되었을 때 창고가 하주들에게 부담시키는 화물 조작료이다. 1999년 1월 이후 보세창고 보관료 및 작업료가 자유화되면서 신설되었다.

EDI사용료(D/O 전송료)는 수입화물의 효율적인 반출을 위해 도입된 D/O 전산화 이후 항공운송대리점이 하주들을 대리하여 보세장치장에 D/O를 전송할 경우 발생하는 EDI사용료(D/O 전송료)로 항공운송대리점이 하주들에게 건당 8,000원씩 징구키로 한 요금이다.

CCF(collect charge fee)는 항공화물 운임을 Collect(후불)로 항공운송대리점에 지불할 경우 항공운송대리점이 환전 및 송금에 필요한 경비를 보전하기 위해 징구하는 요금이며, 보통 Invoice 금액의 2%를 징구하며 최소 10달러를 징구한다.

Handling Charge는 항공운송대리점이 하주를 위하여 스케줄을 넣어주고, B/L Copy를 전송해주는 등의 명목으로 하주에게 청구하는데 보통 B/L건당 23,000~

28,000원 정도를 징수한다.

L/G발급수수료는 항공화물운송장(AWB)상의 Consignee가 은행일 경우 수입하주가 수입대금을 은행에 결제하기 전에 반출하고자 할 경우 은행이 동 화물에 대한 수입대금 결제를 보증하는 서류인 L/G를 발행할 때 징구하는 수수료이다. 일반적으로 건당 4,000원에서 5,000원 정도를 징수한다.

Documentation Fee는 수출에서는 Airway bill fee, 수입에서는 D/O charge라고 부르며, 건당 12,000~15,000원 정도를 징수한다.

Ⅲ ▸▸ 부정기선 운임

부정기선 운임은 해운시황에 따라 등락을 하기 때문에 정기선 운임과 달리 안정되지 않고, 선적되는 화물의 톤(중량 혹은 용적)당 얼마의 형식으로 표시된다. 부정기선 운임은 장기적으로는 경제성장과 교역량, 중기적으로는 경제적·정치적 변수, 단기적으로는 일시적 수요증감에 따른 선복 과부족에 따라 결정된다. 부정기선 운임의 운임변동에 영향을 미치는 요인으로 전쟁 등으로 인한 대량화물 운송 불가피성, 우회항로에 대한 선복부족, 시기적으로 대량물자의 출하 및 종결, 농산국의 풍작 또는 흉작, 기상이변, 한파로 인한 난방용 석탄 등의 긴급수송, 어느 국가의 경제발전 생산계획에 의한 원료, 제품의 수송, 외환 또는 관세 문제로 인한 무역거래의 증감, 시황의 변동 및 세계경제의 장기적 성장과 위축 경향 등을 들 수 있다.

부정기선 운임은 운송 시기·기간에 따라 Spot rate, 선물운임, 장기계약운임 등이 있고, 부과기준에 따라 톤당운임, 부적운임, 선복운임, 일대용선운임 등이 있다

① **Long Term Contract Freight(장기운송계약운임)** : 원료 및 제품을 장기적·반복적으로 수송하기 위한 장기운송계약 체결 시의 운임을 말하며 '몇 년간 몇 항차' 또는 '몇 년간 몇 만톤'으로 계약하게 된다.

② **Dead Freight(부적운임)** : 선적하기로 계약했던 화물량보다 실제 선적량이 적은 경우 용선자(Charterer)인 하주가 그 부족분에 대해서도 지불하는 운임을

말한다. 일반적으로는 톤당 운임(freight per ton)으로 계약한다.

③ **Lump sum Freight(선복운임)** : 화물의 개수, 중량 혹은 용적과 관계없이 일항해(trip or voyage) 혹은 선복(space)을 기준으로 하여 일괄 계산하는 운임이다.

④ **Daily charter rate(일대용선운임)** : 본선이 계약지정 선적항에서 화물을 적재한 날로부터 기산하여 계약지정 양륙항까지 운송하여 화물을 인도 완료할 때까지 1일(24시간) 계산하는 운임이다.

Ⅳ ▸▸ 물류요금

1 육상운임

1) 컨테이너 육상요금

컨테이너 육상운송요금은 화물 차주 모임인 화물공제조합에 의한 건설교통부 신고요금이다. 컨테이너 육상운송료는 전국을 150개 행정구역별로 나누어 컨테이너 물동량이 많은 5개 지역(부산, 인천, 울산, 마산, 광양)을 기점으로 요금을 정하고 있다. 모든 요금은 기본적으로 왕복운임을 적용함을 원칙으로 한다. 이는 운송업체로 보아 컨테이너를 운송한 후 돌아올 때의 빈차운행에 대한 대가를 하주가 지불해야 한다는 논리에서 나온 것이다. 각 기점에서 목적지 행정구역까지를 20피트와 40피트 컨테이너로 나누어, 20피트 요금은 40피트의 90%를 적용하고 있다.

5개 기점과 경인지역 간은 운송업체로 보아 컨테이너 물동량이 많아 공차운행의 부담이 덜하므로 편도운임을 적용하고 있다. 수입화물의 경우는 선사가 서울지역의 내륙 컨테이너기지 혹은 CY의 존재를 인정하고 공컨테이너를 장치할 경우에, 수출화물은 서울지역 내륙 컨테이너기지 또는 CY에 장치된 공컨테이너를 사용했을 경우에 편도운임을 적용하고 있다.

컨테이너 내 적입되는 화물의 중량에 따른 요금의 구분도 있는데, 컨테이너 자체중량을 제외한 내장화물의 중량이 10톤 이하인 경량 컨테이너 2개를 동일 장소에서 적재운송(컴바인운송)할 경우 40피트 컨테이너 운임의 108%를 적용하고 있다.

2) 화물자동차 육상요금

일반 **화물자동차 운송요금**은 자율화되어 업체별로 요금이 상이하다. 컨테이너 육상운송요금이 행정구역별로 요금을 적용하고 있는 반면에 일반 화물자동차 운송요금은 거리별로 요금을 적용하고 있다. 차량의 크기(2톤 이하, 2.5톤, 3~12톤, 12톤 초과 등)별로 10km까지, 20km까지, 510km까지, 510km 초과 매 50km까지로 나누어 놓고 있다.

컨테이너운송료와 달리 차종별로 전세운임을 갖고 있는데, 이 역시 차량의 크기별로 나누고 1일 8시간 기준운임(예 : 8톤 트럭 98,020원)과 초과 1시간마다의 추가요금을 명시하고 있다. 일반 화물자동차 운송요금 역시 일부품목의 성격에 따라 할증요율을 적용하고 있는데, 화약류는 200%, 귀중품은 80%, 부패성 물품은 50% 이내의 범위에서 징수토록 하고 있다. 또한 길이 4.5m, 무게 2톤, 용적 5m³ 이상의 활대품에 대해 50% 이내의 할증률을 두고 있다.

2 보세창고료

일정기간 동안 화물을 보세창고에 보관시킬 때 보세창고에 지불해야 할 보관료와 하역료(입출고료)가 있다. 보세창고 보관료와 하역료는 자율요금으로 변경되어 보세창고업체가 마음대로 요율을 정해 징수할 수 있도록 되어 있다.

보세창고 보관료는 선박화물과 항공화물로 나누어 별도의 요금을 적용하고 있다. 또한 모든 화물에 대해 종가율과 종량률을 합산하여 요금을 산출하는 방식을 취한다. 종가율과 종량률은 각각 기본료와 1일 할증료로 구성되어 있다. 화물의 보관기간을 5단계로 구분하여 실보관 일수를 해당기간대의 종가, 종량요금에 적용하고 있다. 종가율은 감정가격(실거래가격×과세환율)에 관세를 더한 금액에 보관요율을 곱하여 계산한다. 종량률은 항공화물은 kg당, 선박화물은 M/T당으로 계산하며 중량톤 또는 용적톤 중 큰 것(R/T)을 적용한다. 보세창고 보관료는 수출촉진 차원에서 수출화물에 대해서는 산출된 요금의 1/2만 받고 있으며, 요금납부시 부가가치세는 별도로 지불해야 한다.

보세장치장 보관료는 보관품목의 특성에 따라 할증료를 적용하고 있는데, 위험물은 50%, 자동차류는 100%, 도자기, 시계류 등의 파손품은 50%의 할증률을 적용하고 있다.

3 항만하역료

항만하역료는 항만운송사업법에 의해 해양수산부 인가요금으로 되어 있다. 항만하역요금은 각 지방항만운송협회가 해당 지방해양항만청에 요금인상을 신청하면 지방청은 이를 접수·검토한 후 본청(해양수산부)에 이관하고, 본청은 항만하역료 이해관계자 회의를 통해 조정안을 마련하여 기획재정부의 최종 인가를 얻어 시행한다.

항만하역료는 일반하역요금, 특수하역요금 및 연안하역요금 3가지로 나뉜다. **일반하역요금**이란 하역방법이 완전히 기계화되지 못하는 재래 벌크화물의 하역요금이며, **특수하역료**는 컨테이너화물 등 주로 기계화된 하역작업에 대한 요금이고 **연안하역료**는 무역이 아닌 연안운송에 수반되는 하역작업에 대한 요금이다. 이들 요금은 기본요금을 품목별로 명시하고 할증요금과 특별한 서비스에 대해 징수하는 기타요금을 두고 있다.

정기선에 컨테이너화물을 운송하는 하주로서는 이러한 각종 항만하역요금 중 THC만 선사에 내면 되므로 단순한 편이지만 부정기선에 벌크화물을 운송하는 하주는 일반하역요금을 지불해야 한다.

일반하역료는 우선 요금의 적용구간을 선내요금, 부선양적요금, 육상요금으로 나눈다. 하주가 부정기선의 용선(chartering) 시 선주와의 하역료 부담 범위를 FI·FO·FIO 중 하나가 정해지지만 보통 선내하역료는 선주가 부담하고 육상하역료는 하주가 부담한다. 일반하역료는 27개 화물을 유사한 작업형태별로 나누어 톤당 요금으로 징수하고 있다.

부선양적요금은 실제로 화물을 부선(barge)에 의해 하역하였을 경우에 납부하는 요금이다. 항만하역료는 수출입 물류요금 중 가장 많은 종류의 할증요율이 있는데, 중량 및 활대품 할증 등 화물의 특성에 따른 품목할증 4종류, 야간작업 할증료 등 작업할증료가 12종류나 된다.

4 화물입출항료(wharfage)

화물입출항료는 무역항의 항만시설사용 및 사용료에 관한 규정에 의해 부두를 거쳐 가는 모든 화물에 징수하는 항만시설 사용료 중의 하나로서 보통 선사나 하역회사가 하주로부터 받아 해양수산부에 대납한다.

항만시설사용료에는 선박회사가 부담하는 선박입출항료, 접안료, 정박료, 계선료가 있고, 하주가 부담해야 하는 화물입출항료, 화물체화료, 국제여객터미널이용료가 있다. 기타 항만시설을 일정기간 전용 사용할 때 부담하는 창고 및 야적장 사용료, 건물·부지 등의 사용료, 싸이로 및 냉장창고 등 특수 창고 사용료, 에이프런 사용료, 수역점용료 등이 있다.

화물입출항료는 납부대상 화물을 5가지로 구분하고 있다. 일반화물의 경우 부산항을 이용할 때, 수출은 톤당 192원, 수입은 323원을 납부한다. FCL 컨테이너 화물의 경우 20피트 컨테이너당 4,200원(부산항 및 인천항)을 징수하며, 40피트의 경우 8,400원, 45피트의 경우 9,660원을 징수한다.

5 통관부문요금

통관부문요금은 크게 통관수수료와 기타 수수료로 구분된다.

통관수수료는 관세사가 하주로부터 위임을 받아 통관 업무를 수행한 대가로 징수하는 요금인데 세관장 승인요금에서 1999년부터 자율화되었다.[23)]

파출검사수수료는 관세법에 의해 세관 검사장소가 지정장치장 또는 세관검사장이 아닌 경우 세관에 납부해야 하는 요금이다. 세관원의 시내 출장을 위한 교통비의 성격이라 할 수 있는데, 시간당 2천원의 기본수수료에 세관과 검사장소와의 거리 등을 참작하여 관세청장이 정하는 실비상당액을 가산한 금액으로 한다. 다만 수출품에 대한 검사의 경우에는 그 기본수수료가 면제되고 있다.

타소장치 허가수수료는 관세법에 의해 보세구역이 아닌 장소에 장치허가를 받고자 할 경우 세관에 납부해야 하는 요금이다. 타소장치 허가를 받으려면 수입업자

23) 자율화 전 요율은 수출 감가(FOB)의 0.15%로서 12,000~350,000원이었고, 수입은 감가(CIF)의 0.2%로서 27,000~950,000원으로 요금이 정해져 있었다.

는 매 건별로 인보이스 가액 정도의 현금담보(약 120%)를 세관에 설정해두어야 한다. 현재 매 건당 18,000원이다.

임시개청 허가수수료는 "세관수수료징수사무처리에관한고시"에 의해, 하주가 세관의 근무시간외에 통관을 받고자 할 때 세관에 납부해야 하는 요금이다. 개청시간 외 통관절차에 관한 허가수수료는 매 수출입 신고건별로 징수하고, 입출항절차에 관한 허가수수료는 선박(항공기)별로 징수한다. 다만 동일 하주가 동시에 여러 건의 수출입 신고물품을 1건으로 임시 개청허가를 신청하는 경우에는 1건으로 계산하여 수수료를 징수하고 있다. 임시개청수수료의 기본료는 평일 4,000원, 휴일은 12,000원이며, 수출의 경우는 1/4을 적용한다. 가산료는 시간대를 나누어 오전 6시~오후 6시는 시간당 3,000원, 오후 6시~10시는 시간당 4,800원, 오후 10시~오전 6시는 시간당 7,000원으로 정하고 있다.

6 EDI관련 요금

EDI관련 요금에는 수출자동화기본료, EDI전송료, 상역망사용료 등이 있다.

수출자동화기본료는 EDI 사업의 유지 및 개발 등을 위한 비용을 보전하기 위해 (주)한국무역정보통신(Kt-Net)이 EDI를 통한 수출입 신고 화물에 대하여 부담시키는 요금이다.

관세환급EDI사용료는 수출용 원자재를 수입 가공한 후 제품화하여 수출할 경우 관세를 환급받기 위해 EDI를 사용할 경우 소요되는 요금이다. 관세환급 EDI S/W 구입비, EDI 전송료, S/W 유지보수비 등이 포함된다.

EDI전송료는 Kt-Net의 EDI망을 사용하는 주체에게 부과시키는 회선 사용료인데, 수출입신고시, 관세환급 EDI 전송시, 상역망 사용시 부담하고 있다. 관세사가 수출입신고 대행시 자동화 기본료는 하주에게, 회선사용료는 관세사가 직접 납부해야 한다.

상역망사용료는 무역업체와 은행간에 L/C개설 및 L/C통지 등을 위해 현재 사용중인 Kt-Net이 제공하는 상역 EDI망을 사용할 때 발생하는 요금이며, 킬로바이트당 388원이 부과된다.

제5절 운송서류

신용장통일규칙은 ① 해상운송서류[24]로서 해상선하증권(marine/ocean B/L), 비유통성해상운송장(non-negotiable Sea Waybill), 용선계약 선하증권(charter party B/L)을, ② 우편운송서류로서 우편수취증(post receipt), 우편발송증명서(certificate of posting), 민간특급운송수취증(courier receipt)을, ③ 일반운송서류로서 복합운송서류(combined transport document), 항공운송장(Air Waybill), 육상운송서류(consignment railroad receipt, consignment cargo receipt)의 서류요건을 정하고 있다.

본 장에서는 각 운송수단별 대표적 운송서류인 선하증권, 항공화물운송장, 복합운송증권, 용선계약서에 대하여 살펴보기로 한다.

I ▸▸ 선하증권

1 선하증권의 의의 및 기능

1) 선하증권의 의의 및 법적 성질

선하증권(B/L : bill of lading)은 운송인이 하주로부터 화물을 수령 또는 선적하였음을 나타내며 도착항까지 운송하여 증권의 정당한 소지인에게 화물의 인도를 약속하는 유가증권(valuable instrument)[25]이자 권리증권(document of title)이다.

B/L은 채권적 효력과 물권적 효력이 있다. **채권적 효력**이란 B/L 소지인이 운송

24) UCP600 제19조~제25조

25) 유가증권은 재산권을 나타내는 증서로 권리의 발생 및 행사가 증서를 통하여 이루어진다. 유가증권은 유통성유가증권(negotiable)과 준유통성유가증권(quasi negotiable)으로 구분된다. 전자는 권리의 발생과 이전이 증권을 통하여 이루어지는 것으로 주로 자기앞수표 등 소지인식 증권이 이에 속한다. 후자는 권리의 이전이나 행사에만 증권이 필요한 경우로 선하증권 등이 이에 속한다.

인에 대한 운송계약상의 채무이행을 요구하고 불이행의 경우에는 손해배상을 청구할 수 있는 효력을 말하며, **물권적 효력**이란 B/L을 통한 화물에 대한 권리로 B/L의 양도는 화물에 대한 권리가 이전되기 때문에 B/L을 통하여 화물인도 청구권을 갖는다.

무역에서 인도는 현실적 인도(actual delivery)가 아닌 선적서류에 의한 상징적 인도(symbolic delivery)로 이행된다. 특히 매도인은 B/L은 환어음(bill of exchange)과 결부되어 화환계약을 통하여 인도의무의 이행과 대금수령이 가능하게 되고, 은행은 유통성 B/L을 물적 담보로 확보하여 안심하고 매수인을 대신하여 대금을 결제하게 된다. 선적서류가 결합된 화환어음(documentary bill of exchange)은 신용장제도와 결부하여 개설은행의 지급확약을 기반으로 격지자 간의 무역거래를 가능하게 하였다.

선하증권은 다음과 같은 **법적 성질**을 가진다.

첫째, 요인증권이다. 선하증권은 운송인이나 그 대리인이 물품의 선적 또는 선적을 위한 수취 등의 원인행위에 대해서만 발행되는 요인증권이며, 수표나 어음은 원인행위 없이도 발행되는 무인증권이다.

둘째, 요식증권이다. 선하증권의 기재사항에는 법정기재사항과 임의기재사항이 있다. 선하증권의 본질이 훼손되지 않는 한 법정기재사항의 일부가 누락되더라도 선하증권의 본질적 기능에는 문제가 없다. 따라서 선하증권은 일정한 요식을 필요로 하는 요식증권이지만 그 요식성이 엄격하지는 않다.

셋째, 채권증권이다. 선하증권의 정당한 소지인은 이를 발급한 운송인에 대하여 화물을 청구할 수 있는 채권적 효력이 있다.

넷째, 지시증권이다. 선하증권은 통상 지시식으로 발행되며 배서행위로 양도된다. 지시는 배서(endorsement)의 방법이 이용되며, 배서는 보통 백지배서[26](blank endorsement)에 의한다.

다섯째, 상환증권이다. 화물의 인도는 선하증권과의 상환으로만 청구할 수 있

26) 백지배서는 인도문언 및 피배서인에 대하여 아무것도 기재하지 않고 배서인이 서명하는 것을 말한다. 한편, 피배서인을 기재하고 배서인이 서명하는 경우를 기명배서라고 한다. 기명배서의 경우 최초 배서인은 그 증권면에 수취인으로 기명된 자이며 배서의 연속(continuous chain of endorsement)에 의해 권리가 이전된다.

다. 보통 복수의 선하증권이 발행될 경우 선적지에서는 선하증권 전통(full set)에 의해서만 화물청구권을 가지게 되지만, 양륙항에서는 복수의 선하증권 가운데 어느 것이나 먼저 제시하는 자가 화물을 인도받게 되고 나머지는 자동으로 효력을 상실하게 된다. 화물이 선하증권보다 먼저 도착하여 수하인이 선하증권의 도착을 기다릴 여유 없이 물품을 수령하고자 할 경우 화물선취보증장(Letter of Guarantee : L/G)을 이용할 수 있다. 하지만 L/G에 의한 화물수령은 추후에 B/L 원본의 제출을 조건으로 하고 있기 때문에 L/G는 B/L과 같은 상환증권적 성질을 가졌다고 볼 수 없다.

여섯째, 유통증권·유가증권이다. 선하증권은 재산적 가치를 갖고 있는 유가증권이며, 모든 유가증권이 갖고 있는 성실인 유통성을 갖고 있다. 선하증권의 유통은 보통 배서에 의하지만 전자식 선하증권의 경우 통지에 의하여 유통된다. 선하증권의 양도가 소유권을 이전시킬 목적으로 이루어졌다면 선하증권의 양도는 소유권의 이전을 의미한다. 그러나 양도인이 비록 선하증권을 양도했다 하여도 소유권을 이전시킬 의도가 없는 경우에는 소유권은 이전되지 않는다. 양도인이 물품대금을 받고 선하증권을 양도했다면 소유권을 이전시킬 의도가 있는 것으로 추정할 수 있다.[27)]

2) 선하증권의 기능

(1) 물품영수증(receipt of goods)

운송인이 B/L을 발행하면 B/L은 그 곳에 기재된 물품과 물품의 수량, 중량 및 상태와 똑같은 물품을 운송인이 송하인으로부터 수령하였다는 것을 나타내는 물품 수령증이다. 따라서 운송인은 선적된 화물이 B/L상 기재된 내용과 다르다는 것 또는 화물이 면책위험(excepted perils)에 의해 멸실 또는 손상된 것이 아닌 한 B/L상 기재된 그대로의 물품을 인도하여야 한다.

B/L상에 인쇄된 '외관상 양호한 상태로'(in apparent good order and condition)라는 문언은 선주의 확약(undertaking)이 아니라 진술(statement)이기 때문에 외관상

27) A.G. Guest, Benjamin's Sale of Goods, 3rd ed., 1987, para. 1454.

이나 육안으로 보아 이상 없이 적재되었음을 나타낼 뿐 그러한 상태로 인도하겠다는 의미는 아니다. 왜냐하면 B/L 발행 이후에 물품이 손상될 수도 있기 때문이다.

컨테이너화물은 송하인 포장(shipper's pack)이므로 운송인은 송하인이 신고한 물품명세를 그대로 B/L에 기재하여 발급하기 때문에 B/L상에 부지약관(不知約款, unknown clause)인 '송하인의 적입 및 계량'(shipper's load and count) 또는 "송하인이 …을 적입하였다고 함"(said by shipper to contain) 등의 문언을 삽입함으로써 운송인은 내용물에 대한 책임을 면할 수 있다. 물론 신용장거래에서는 이러한 부지약관이 있는 선하증권도 무고장 선하증권으로 수리하고 있다.

(2) 권리증권(document of title to the goods)

B/L의 기능 중에서 가장 중요한 것이 B/L 그 자체가 화물에 대한 권리를 나타내는 유가증권(有價證券)이라는 것이다. 정당한 방법으로 선하증권을 소지한 자는 화물을 청구할 수 있는 청구권과 이를 처분할 수 있는 처분권을 갖는다. 운송인은 반드시 정당한 선하증권을 제시하는 자에게만 화물을 인도하여야 하고 비록 수하인이라 하더라도 B/L이 기명식(straight B/L)으로 발행되지 않는 한 정당하게 배서된 B/L의 제시 없이 화물을 청구할 권리가 없다.

선하증권의 권리증권적 기능은 Lick barrow v. Mason 사건[28] 판례에 의해 최초로 인정되었으며, 이에 관한 최초의 성문법은 1855년 영국의 선하증권법(The Bill of Lading Act)이다.

선하증권이 화물의 권리를 나타내는 권리증권이기 때문에 금전적 가치를 지닌 유가증권이다. 이것은 어음이나 수표처럼 완전한 유통증권(negotiable instrument)이 아니며, 일정한 조건하에서만 유통되는 준유통증권(quasi-negotiable instrument)이다. 즉, 일정한 조건이나 선하증권상 'negotiable'이란 문언이 있어야 하며 'consignee'란에 지시식(order form)으로 기재되어 발행되어야 한다.

(3) 운송계약의 증빙(evidence of the terms and conditions of contracts)

개품운송계약은 Offer에 해당하는 선복신청서(S/R : shipping request)와 Acce-

28) (1794) 5 T.R. 683

ptance에 해당하는 인수확약서(B/N : booking note)에 의하여 성립되지만 별도의 운송계약서가 작성되지는 않는다. 따라서 선하증권이 유일한 **운송계약의 추정적 증거**(prima facie evidence)가 된다. 이는 실제 운송계약의 내용이 선하증권의 내용과 다름을 입증하면 선하증권의 기재내용을 수정하도록 요청할 수 있음을 의미한다. 그렇지만 발행된 선하증권을 일단 수락하여 유통시키면 제3자에 대하여는 선하증권이 유일한 운송계약의 증빙이 된다.

선하증권 발행 당시의 운송계약 당사자는 송하인과 운송인이지만 선하증권이 정당한 방법으로 양도되어 수하인이 취득하면 운송계약 당사자의 지위를 승계하며 운송인에 대한 모든 권리・의무를 행사할 수 있다. 선하증권은 운송계약의 증빙서류이기 때문에 선하증권상 약관이 바로 운송계약의 내용이 된다. 이면약관이 없는 약식선하증권(short form B/L)은 약관이 없는 것이 아니라 생략된 것이다.[29]

2 선하증권의 종류[30]

1) 선적선하증권(shipped or on board B/L)・수취선하증권(received B/L)

선적선하증권이란 선박회사가 하주로부터 수령한 운송화물을 선적한 후에 발행하는 선하증권으로서 증권면에 선적완료 사실이 'Shipped' 또는 'Shipped on Board'로서 표시된다. FOB 또는 CIF는 본선인도를 전제로 하기 때문에 당연히 Shipped B/L로 발행되어야 한다.

수취선하증권은 화물을 선적할 선박이 화물을 적재하기 위하여 항내에 정박 중이거나 아직 입항하지 않은 경우에 선박회사가 화물을 수령하고 선적 전에 발행하는 선하증권이다. 실제 선적 후 선적일과 선박회사 서명(on board notation)이 있으면 선적선하증권과 동일한 효력을 가진다. 신용장통일규칙에 의하면 신용장

29) 약식 선하증권에는 "All terms of carrier's regular long form of Bill of Lading are incorporated with like force and effect as if they are written at length herein"이란 문언이 인쇄되어 있다.

30) 신용장에서 일반적으로 요구하는 선하증권의 요건 : "Full set of clean on board ocean/ marine bill of lading made out to order of (Issuing)bank marked freight prepaid and notify accountee." : 전통(Full set), 무사고(clean B/L), 선적(on Board B/L), 해양(ocean B/L), 지시식(Order B/L), 운임선불, 착화통지처

이 특별한 선적운송서류를 요구하지 않는 한 Received B/L도 은행에서 수리하도록 하고 있다.

미국은 하주의 청구가 있을 때는 선적 전이라도 운송인이 지정한 창고에 화물이 입고되면 일단 B/L을 발행해주고 선적이 끝난 후에 선적일자를 스탬프한 후 서명함으로써 Shipped B/L로서의 효력을 갖도록 하는 것이 해운관습이다. 또한 1994년부터 Hamburg Rules이 발효됨으로써 국제적으로 Received B/L이 당연하게 자동적으로 효력을 갖게 되었다. 매수인이 선적선하증권을 선호하여 L/C상에 이를 요구하는 이유는 수취선하증권의 경우 언제 선적될 것인지 불안하고 수입항에 도착할 일자를 예상할 수 없기 때문이다.

2) 사고선하증권(dirty or foul B/L)·무사고선하증권(clean B/L)

무고장 또는 무사고 선하증권은 선하증권의 비고란에 기재사항이 없는 것을 말한다. B/L에는 "외관상 양호한 상태로 적재되었음 ...(shipped on board in apparent good order and condition ...)"과 같은 문언이 인쇄되어 있기 때문에 remarks가 없으면 자동적으로 무고장 선하증권이다. 신용장통일규칙[31]에도 "은행은 무고장 운송서류만을 수리한다. 무고장 운송서류는 물품 또는 포장에 하자가 있는 상태를 명시적으로 표시하는 조항이나 단서가 기재되어 있지 아니한 것을 말한다. 신용장에서 운송서류가 무고장 본선적재(clean on board)라는 요건이 있는 경우에도 무고장(clean)이라는 단어는 운송서류상 보일 필요가 없다."고 규정하고 있다.

물품이나 포장상태의 하자에 관한 기록이 B/L상에 기재되어 있는 사고선하증권은 은행에서 수리되지 않는다. 이에 따라 수출상은 수출대금을 수령할 수 없기 때문에 또한 파손화물의 대체나 교환이 시간적으로 가능하지 않을 경우, 수출상은 선박회사에 **파손화물보상장(L/I : letter of indemnity)**을 제출하고 무사고선하증권을 발급받는다. L/I는 송하인과 선박회사 사이에만 유효한 보상약속이므로 운송인은 선의의 제3자인 수하인이나 보험자에 대하여는 대항할 수 없다.[32] 보험회사도 L/I에 대하여는 보상약속이 없기 때문에 수출상은 이를 보험자에게 고지하여

31) UCP600 Art. 27
32) Hamburg Rules (1978) Art. 17(6)

야 한다. 고지가 없으면 의무위반이 되어 보험계약이 취소될 수 있다.[33]

3) 기명식 선하증권(straight B/L) · 지시식 선하증권(order B/L)

기명식 선하증권은 수하인(consignee)란에 특정인이 기명되는 경우이므로 기명된 자를 제외하고는 아무도 화물을 수령할 수가 없다. 따라서 기명식선하증권은 유통에 제한을 받는다. 통상 유통기간이 짧아서 운송도중 유통의 실익이 없는 Air Waybill이나 Sea Waybill의 경우에 기명식으로 발행된다.

지시식 선하증권은 수하인란에 특정인을 기명하지 않고 'order', 'order of shipper', 'order of xxxbank' 등으로 기입된다. 지시식 선하증권의 경우 지시에 의하여 양도된 선하증권의 소지인은 화물청구권을 갖기 때문에 선하증권의 담보물권적 기능이 충분히 발휘된다.

지시식 선하증권은 화환신용장제도와 조화를 이룬다. 은행이 국제결제에 개입하려면 질권 확보가 되어야 하는데, 정당하게 지시된 선하증권을 질권으로 확보하고 대금을 지급한다. 신용장거래에서는 주로 선하증권의 수하인란을 개설은행의 지시인 'to the order of A bank'로 기재할 것을 요구한다. 이것은 개설은행이 L/C 개설시 충분한 담보를 확보하지 않은 경우 자신의 지시 없이는 수하인이 물품수령을 할 수 없도록 함으로써 화물에 대한 권리를 결제시까지 확보하기 위한 방법이다.

4) Groupage B/L · House B/L

운송주선인이 여러 하주로부터 화물을 수집하여 컨테이너 적입작업을 하는 경우 운송주선인이 각 하주 앞으로 발급하는 선하증권을 House B/L이라고 하고 선주가 전체 화물에 대하여 운송주선인 앞으로 발행하는 선하증권을 Groupage B/L 또는 Omnibus B/L이라 한다.

House B/L이 은행에서 수리되기 위해서는 L/C상에 'House B/L Acceptable' 또는 'Forwarder's B/L Acceptable'과 같은 문언을 삽입하는 것이 좋다. 그렇지

33) MIA (1906) sec. 18(1)

않을 경우에는 House B/L을 발행한 운송주선인이 운송인 또는 그 대리인의 자격으로 발행한 경우에만 수리가능하다.

5) 통선하증권(through B/L)

통선하증권은 화물을 목적지까지 운송하는데 최초의 운송인인 선주가 도중에 다른 선박에 환적하거나 또는 육상운송수단을 이용할 경우, 최초의 운송인이 전 구간의 운송에 대하여 책임을 지고 발행한 선하증권이다. 특히 미국에서 해상과 육상운송을 겸한 선하증권을 Overland B/L이라고 한다.

6) 약식선하증권(short form B/L)

약식선하증권은 Long Form B/L의 이면약관이 생략된 것을 말한다. 그러나 분쟁이 발생하면 Long Form B/L상의 약관을 따르도록 "All the terms of the carrier's regular long form of Bill of Lading are corporated herein with like force and effect as if they were written at length herein. A copy of such Bill of Lading may be obtained from the carrier, its agent or the master."라고 명기하고 있다. Charter Party B/L은 보통 Short Form이지만 개품운송에 의한 정기선의 경우도 Short Form이 많이 사용되고 있다.

7) 권리포기 선하증권(surrender B/L)

하주의 요청에 따라 선사가 B/L에 'Surrendered'라고 표기하여 발행한 B/L로 수하인이 사본을 받아 선사에 제출하고 화물을 수령할 수 있다. 화물이 B/L보다 먼저 도착할 경우를 대비하여 L/G 대신 사용하는 것이지만 수하인이 수입대금을 결제하지 않고 물품을 수령하는 것을 막기 위하여 수취인을 개설은행으로 지정할 수 있다. 주로 신용장방식에서는 발행하지 않고 사전송금(T/T) 방식에서 종종 사용된다. B/L Surrender를 허용한 선사의 경우 현지 대리점이나 지사에 surrender되었다는 내용의 증거서류를 보내주어야 하며, 선하증권 원본은 목적지에서 보관하고 있어야 하므로 나중에 선사가 이를 보내주게 된다.

8) 기간경과 선하증권(stale B/L)

기간경과선하증권이란 발급된 날로부터 일정 기간이 경과한 선하증권을 말한다. 신용장통일규칙에는 선적 후 **21일**이 경과하면 Stale B/L로 간주하여 수리가 거절된다.[34] 보세창고도거래(BWT)에서는 물품을 수입지 보세창고에 장치한 후에 매매계약이 체결되기 때문에 L/C상에 "Stale B/L Acceptable"이란 문언을 삽입하여 활용하고 있다.

9) 제3자 선하증권(third party B/L)

제3자 선하증권이란 선하증권 상에 표시된 송하인이 L/C상의 수익자가 아닌 제3자로 되어 있는 선하증권을 말하며, 신용장통일규칙에 의하면 수리가능하다.[35] 이러한 선하증권은 양도가능신용장하에서 제2수익자의 명의로 선하증권이 발급되는 경우 또는 중계무역에서 발생할 수 있다.

10) 용선계약 선하증권(charter party B/L)

용선계약선하증권은 선주와 용선계약을 체결한 용선자가 제3자의 화물을 운송하면서 하주 앞으로 발행하는 선하증권이다. 용선계약선하증권인 경우 용선자와 하주 간에 운송계약과 선주와 용선자 간에 용선계약이 동시에 존재하게 된다. 이 경우 운송계약은 상위계약인 용선계약에 영향을 받을 수 있으므로 과거에는 신용장거래에서 은행이 지급거절하는 대표적인 운송서류였다. 그러나 신용장통일규칙[36]에는 용선계약부 선하증권의 수리요건을 규정하고 있다.

---

34) UCP600 Art. 14. c

35) UCP600 Art. 14. k. : The shipper or consignor of the goods indicated on any document need not be beneficiary of credit.

36) UCP600 Art. 22

3 선하증권 관련 국제규칙

1) 영국의 선하증권법(The Bills of Lading Act, 1885)

선하증권과 관련한 최초의 입법으로 선하증권의 유통성을 인정하고 있다. 배서에 의한 선하증권의 양도로 물품의 소유권이 이전됨을 규정하고, 선하증권상 명시된 송하인과 운송인간의 권리의무가 선하증권의 양도로 양수인에게 이전됨을 규정하고 있다.

이 법은 1992년 **해상화물운송법(COGSA** : carriage of Goods by Sea Act)으로 개정되어, 선하증권뿐만 아니라 해상화물운송장(SWB)과 인도지시서(Delivery Order)까지도 주요한 선적서류로 규정하고 있다.

2) 미국의 하터법(Harter Act)

선주국인 영국의 해운업자들이 과도한 면책조항으로 하주를 괴롭히자 미국은 1893년에 하터법을 제정하였다. 이 법은 선주의 면책특약을 제한 또는 금지하고, 최초로 항해과실(errors of navigation and management of ship)과 상업과실(errors of cargo handling and custody)을 구분하고, 항해과실에 대하여는 운송인의 면책을, 상업과실에 관하여는 운송인의 책임을 규정하였다.[37] 선주의 항해과실에 대하여 면책약관에 의하지 않고 법적 효과를 부여한 점, 선박의 감항성 유지에 관한 주관주의 채용, 상업과실에 관한 면책약관의 금지를 강행법으로 확립한 점이 특색이다.

하터법은 그 정신이 헤이그 규칙에 계승됨으로써 국제해상운송법의 제정에 크게 기여하였으며, 1924년 헤이그 규칙을 수용한 미국 해상화물운송법(Carriage of Goods by Sea Act, 1936)으로 대체되었다.

37) 항해과실은 선박의 항해 중 선장이나 선원의 과실로 발생한 화물손해를 말하며, 상업과실은 화물의 선적, 적부, 운송, 보관 또는 양륙 등 화물의 취급과 관련된 운송인의 과실을 말한다.

3) 헤이그 규칙(Hague Rules, 1924)

1921년 국제법협회(ILA)가 채택한 헤이그 규칙에 약간의 수정을 가한 조약 초안을 국제해사법위원회(CMI)가 승인한 국제규칙이다. 선하증권에 관한 법률 일부 규칙의 통일을 위한 국제협약(International Convention for the Unification of Certain Rules of Law relating to Bills of Lading)이 원명이지만 일명 **"선하증권통일조약"**또는 **"헤이그규칙"**으로 부른다.

하터법의 정신을 그대로 이어받아 운송인의 과실을 항해과실과 상업과실로 구분하고, 상업과실과 감항성 확보는 운송인의 책임으로, 항해과실은 운송인 면책을 규정하고 있다. 특히 항해과실을 포함한 운송인의 면책사유 17가지를[38] 열거하고 있다.

화물의 손해에 관하여 하주가 화물 멸실이 운송인의 과실에 의한 것임을 입증하면 운송인은 책임을 면할 수 없는 과실책임주의(doctrine of liability for negligence)를 원칙으로 하고 있다. 우리나라 상법은 과실책임주의에 대한 입증책임이 운송인에게 전가되어 운송인 자신이 적절한 주의의무를 다했음을 입증하면 면책되도록 하고 있다.

헤이그규칙은 운송인의 책임을 화물 1포장당 또는 1단위당 100sterling pound로 제한하고 있다. 이 규칙은 운송인의 최소한의 의무, 최대한의 면책 및 책임한도를 명확히 한 것으로 선주중심의 규칙이다.

4) 헤이그-비스비 규칙(Hague-Visby Rules, 1968)

선하증권에 관한 법률 일부 규칙의 통일을 위한 국제협약의 개정의정서(Protocol to Amend the International Convention for the Unification of Certain Rules of Law relating to Bills of Lading)는 운송환경의 변화를 반영하여 헤이그규

38) 헤이그규칙 면책위험(제4조) : a.항해과실, b.화재, c.해상 또는 가항수역에서의 손인, 위험 또는 사고(해상위험), d.천재, e.전쟁행위, f.공적행위, g.군주의 억류, h.검역상의 제한, I.송하인의 작위 또는 부작위, j.동맹파업 및 직장폐쇄, k.폭동·소요, l.인명 또는 재산의 구조, m.고유의 하자, n.포장의 불충분, o.하인의 불충분, p.상당한 주의를 기울여도 발견할 수 없는 하자, q.운송인 또는 그 대리인의 고의에 의하지 않은 원인 등

칙을 개정한 것으로 개정작업이 이루어진 지명을 따라서 **헤이그-비스비규칙**이라 부른다.

① 적용범위와 관련하여 헤이그규칙은 체약국에서 발행된 선하증권에 적용된다고 규정되어 있으나, 헤이그-비스비규칙은 i) 선하증권이 체약국에서 발행된 경우, ii) 운송이 체약국에서 발행된 경우, iii) 선하증권의 지상약관(至上約款)에 비스비규칙이 약정되어 있는 경우에 적용되기 때문에 적용범위가 크게 확대되었다.

② 선하증권의 증거력과 관련하여 헤이그규칙에서 선하증권의 추정적 증거력을 규정한 반면, 헤이그-비스비규칙은 선하증권 소지인에 대하여는 선하증권 기재의 증거력이 절대적임을 규정하고 있다.

③ 운송인의 책임한도액과 관련하여 헤이그규칙에서 포장당 100sterling pound로 규정하였던 것을 10,000poincare franc[39]으로 인상하고, 이 중 많은 금액을 운송인의 책임한도액으로 규정하고 있다. 손해액의 총액은 계약에 따라 화물을 선박으로부터 양륙한 장소 및 일시를 기준으로 하고, 화물의 가액은 상품거래소의 가격(commodity exchange price), 그것이 없는 경우에는 당시의 시장가격(current market price), 그것도 없는 경우에는 통상적인 가액을 기준으로 한다고 규정하였다.

④ 컨테이너약관(Container Clause)을 신설하였다. 컨테이너나 팔레트 등이 이용됨에 따라 선하증권에 운송물의 포장 또는 단위가 기재되어 있으면 그것을 기준으로 하고, 그러한 기재가 없으면 컨테이너를 하나의 포장으로 간주하도록 규정하였다.

헤이그규칙이 제정된 이후 운송인의 책임한도액을 정한 Poincare Franc의 환산에 관한 분쟁이 계속되자 이를 SDR(special drawing rights)[40]로 대체한 개정의 정서가 1979년에 채택되었다. 그 내용은 선적전에 신고하여 B/L에 기재하지 않은 화물에 대하여는 포장당 666.67SDR과 총중량 1kg당 2SDR 중 많은 금액을 운송

39) 포앙카레 프랑(Poincarè Franc)은 1928년 당시 프랑스 수상이었던 Raymond Poincare의 성을 따서 붙여진 명칭으로 1 포앙카레 프랑은 순도 900/1000인 금 65.5㎎. 금가치로 운송인의 책임을 정한 것은 화폐가치의 하락으로 하주들이 불이익을 당하지 않도록 하고 운송인의 책임을 국제적으로 통일시키기 위함이었음

40) SDR : IMF의 Special Drawing Right(특별인출권). 1SDR의 가치는 약 US$ 1.284정도임

인의 책임한도액으로 정하였다.

5) 함부르크규칙

헤이그규칙이 선진국의 선주이익을 대변했다는 개도국의 주장을 수용하여 UNCITRAL이 중심이 되어 1978년에 제정되어 1992년 11월에 발효된 국제규칙이다. **해상물품운송에 관한 UN협약**(United Nations Convention on the Carriage by Sea)이 원명이며, **함부르크규칙**이라 부른다. 발효에 필요한 20개국이 비준했으나 해운이나 무역에 관한 주요 국가가 비준하지 않아 국제적으로 확산되지 않고 있다.

① 헤이그규칙에서 제외된 생동물이나 갑판적 화물 등에까지 적용을 확대하였다. 그러나 헤이그규칙과 같이 용선운송에는 적용되지 않는다.

② 헤이그규칙은 운송인의 책임을 해상구간에 국한하여 "from tackle to tackle"로 한정했으나 함부르크규칙은 컨테이너운송과 관련하여 집하와 인도를 위한 인접 육상구간까지 포함하는 "from point to point"로 확대되었다.

③ 운송인의 책임한도액을 화물의 멸실·손상의 경우 포장당 또는 선적단위당 835SDR이나 kg당 2.5SDR 가운데 많은 금액으로 하고 지연손해의 경우 지연화물운임의 2.5배로 규정하였다.

④ 헤이그규칙에 명기한 운송인의 면책카탈로그를 폐지하였다. 또한 헤이그규칙에서의 과실책임주의를 과실추정원칙(principle of presumed fault or negligent)으로 바꾸어 운송 중 화물손해는 일단 운송인의 책임으로 간주하고, 운송인이 사고를 방지하기 위하여 합리적으로 요구되는 모든 조치를 취하였음을 입증할 경우에만 면책되도록 규정하였다.

⑤ 클레임은 화물인도 후 15일 이내로, 인도지연에 대해서는 인도일로부터 60일 이내에 서면으로 통지해야 하고, 제소기간도 2년으로 연장하였다. 헤이그규칙은 3일 이내이었고, 제소기간은 1년이었다.

⑥ 보상장의 효력과 관련하여 송하인과 선박회사 간 어쩔 수 없이 편법으로 관행화되고 있는 파손화물 보상장(Letter of Indemnity)으로 송하인 이외의 제3자에게 대항할 수 없음을 규정하였다.

6) 로테르담규칙

유엔국제무역법위원회(UNCITRAL : UN Commission on International Trade Law)의 주도로 국제화물운송협약이 2008년 12월 유엔총회에서 채택되었다. 명칭은 전부 또는 일부 해상운송에 의한 국제물품 운송계약에 관한 UN협약(United Nations Convention on Contracts for the International Carriage of Goods Wholly or Partly by Sea)이며, **로테르담규칙**이라 부른다.

① 협약은 정기선운송이라도 운송증권을 발행하지 않으면 적용되지 않지만, 용선운송이라도 발행하면 적용된다. 또한 해상운송과 항만지역은 물론 도로, 철도 등 복합운송까지 확대하므로 Multimodal maritime plus rules라고 한다.

② 항해과실 면책조항이 폐지되고 선박 화재면책도 크게 축소되었다.

③ 선박의 감항성 의무가 항해전부터 전체 항해기간으로 확대되었다.

④ 하주에게 화물의 감항성 의무와 수령의무를 부과하였다.

⑤ 운송인의 책임한도액을 화물의 멸실·손상의 경우 포장당 또는 선적단위당 875SDR이나 kg당 3SDR 가운데 많은 금액으로 하고 지연손해의 경우 지연화물운임의 2.5배로 규정하였다.

⑥ 손해구간이 밝혀진 화물손해는 당해 구간의 법규를 적용하고, 밝혀지지 않은 불명손해는 해상운송에서 발생한 것으로 본다.

⑦ 전자적 운송기록은 운송증권의 발행, 소지, 이전(移轉)과 동일하다.

⑧ 이해당사자 규정에 따라 항만내 하역업자 등도 협약의 적용을 받아 운송인과 같은 책임을 부담하며 히말라야약관을 원용할 수 있다.

⑨ 선사와 하주의 책임과 의무를 규정을 대량운송계약(volume contract) 등에서 당사자의 합의로 배제할 수 있다.

⑩ 클레임은 화물인도 후 7일 이내 제기하고 2년 이내에 제소해야 한다.

⑪ 이 협약을 비준할 때에는 헤이그-비스비 또는 함부르크규칙을 폐기해야 한다.[41]

41) 우리나라 상법은 2007년 8월 개정되어 로테르담규칙을 비준하는 데까지는 많은 시간이 필요할 것이다. 다만 비준한 선진국을 운항 선박이 사용하는 운송서류에 따라 통용될 것으로 보인다.

선하증권 관련 국제규칙 비교

항목	헤이그규칙	헤이그 - 비스비규칙	함부르크규칙	로테르담규칙
제정발효	1921.6 1921.9	1968.2 1977.6	1978.3 1992.11	2008.12 2010.10
제안	국제해사위원회(CMI)	국제해사위원회(CMI)	UN국제무역법위원회(UNCITRAL)	UNCITRAL · CMI
적용 범위	체약국에서 작성되는 모든 선하증권	- B/L이 체약국에서 발행된 경우 - 운송인 체약국의 항구에서 이루어지는 B/L - B/L상 준거법이 본 규칙의 효력을 부여하는 경우	*2국간의 운송계약으로서 - 선적항 또는 양하항이 체약국에 있을 경우 - B/L발행지가 체약국인 경우 - B/L에 본 규칙을 지상약관으로 채택하고 있을 경우	- 인도와 수령장소가 다른국가에 있고, 선적과 양륙항이 다른 국가에 있는 운송계약 - 다만, 수령장소, 인도장소, 양륙항 중 하나가 체약국에 있어야 함
적용 구간	적재부터 양하까지 (from tackle to tackle)		운송인 관리하에 있는 구간 (from receipt to delivery)	화물 수령에서 인도까지 (door to door)
운송인 면책내용	항해과실면책 포함 17개 조항		항해과실면책규정 삭제	항해과실면책규정 삭제 화재면책조항 15개 축소
책임 한도액	100파운드/포장	10,000프랑/포장 or 30프랑/kg 중 큰 것 667SDR/포장 or 2SDR/kg 중 큰 것으로 변경	835DR/포장 or 2.5SDR/kg 중 큰 것	875DR/포장 or 3SDR/kg 중 큰 것
포장단위 정의	별도규정 없음	컨테이너조항 신설	컨테이너조항 유지	
갑판 적화물	적용 제외		적법한 갑판적화물 적용	
이행 보조자 책임	규정 없음 Himalaya Clause 필요	운송인 대리인도 책임 제한 가능 (독립계약자 제외)	대리인은 책임 제한 가능 (독립계약자 제외)	
제소기한	1년		2년	2년
손해 통지 기한	외관상 확인가능 : 인도시 (통고불요) 외관상 확인불능 : 3일 이내		- 확인가능 : 인도 익일 중 - 확인불능 : 인도일 15일 이내	

4 선하증권 기재사항

선하증권은 원래 본선의 선장이 발행하는 해상운송물의 수취증으로써 화물은 B/L과 상환으로 목적지에서 수하인에게 인도된다. 따라서 선하증권에는 운송물의 동일성을 표시하는 사항을 비롯하여 선박명, 운임, 송하인, 수하인, 선적항, 양육항 등 운송에 중요한 사항을 기입할 필요가 있다. 이것을 **법정기재사항**이라고 한다. 이 밖에 계약자유의 원칙에 따라 각 당사자 사이의 특약에 의하여 여러 가지 사항을 기재하는 것을 인정하고 있는데 이것을 **임의기재사항**이라고 한다.

1) 법정기재사항[42)]

① 선하증권(Bill of Lading) 표시

② 운송인(carrier) 표시

③ 송하인(consignor)은 운송계약의 체결계약당사자로써, 화물명세 서면 제공의무, 화물명세서의 정확성 담보의무, 운송에 필요한 각종 서류의 교부의무, 운임 기타요금 지급의무, 위험물의 경우 적정 포장, Mark 및 Label부착의무를 진다.

④ 수하인(consignee)은 OBL로 권리를 취득하여 목적지에서 화물을 인도받을 권리자로서, 화물수령의무, 화물수령을 위한 선하증권 제시, 상환의무, 화물인도를 받을 때 운임 및 기타 요금지급의무를 진다.

⑤ 통지수령인(notify party)은 운송인이 화물도착에 관한 통지를 해 줄 곳으로 운송인이 통지수령인에게 통지를 한 때에는 송하인 및 OBL소지인 기타 수하인에게 통지한 것으로 본다.

⑥ 화물에 관한 사항으로 화물의 종류, 중량, 용적, 포장종별 및 개수와 기호, 화물의 외관상태

⑦ 운송선박의 명칭

⑧ 운송구간으로 place of receipt (운송인에 의한 화물 수령장소, 운송인의 의무, 책임

42) **상법 제814조(선하증권의 기재사항)** 선하증권에는 다음의 사항을 기재하고 발행자가 기명날인하여야 한다. 1. 선박의 명칭, 국적과 톤수, 2. 선장의 성명, 3. 운송물의 종류, 중량 또는 용적, 포장의 종별, 개수와 기호, 4. 용선자 또는 송하인의 성명 또는 상호, 5. 수하인의 성명 또는 상호, 6. 선적항, 7. 양육항, 8. 운임, 9. 작성지와 작성년월일, 수통의 선하증권을 작성한 때에는 그 수

의 개시 장소, 복합운송에서는 필수사항), port of loading(선적항), port of discharge(양륙항), place of delivery(운송인에 의해 화물이 인도되는 장소 즉, 운송인의 최종책임구간으로서 이곳에서 운송인은 정당한 수하인에게 화물을 인도함으로써 채무가 종료된다. 복합운송에서는 필수사항임)

⑨ 운임은 운송인의 운송행위에 대한 보수로써, 기본운임 외에 할증료 및 기타 요금(charge)도 포함된다. 운임액은 용선계약에 의한 운송은 운송인과 하주가 개별계약으로 정한 금액이고, 정기 컨테이너선에 의한 운송은 운송인과 하주간의 S/C 금액 또는 운송인이 품목별로 운임을 정하여 공표한 tariff이다. 운임의 지급의무자는 shipper에게 있다. B/L상 수하인 또는 OBL소지인은 화물을 수령하는 때에 운임지급의무가 있다. 또한 운송인의 화물유치권을 가지기 때문에 운송인은 운임 및 요금 전액을 지급받지 않으면 화물을 인도할 의무가 없다. 실무적으로 운송인은 운임과 손해배상을 상계하지 않는다.

⑩ B/L의 발행지와 그 발행일자이다. B/L발행지는 운송인이 B/L을 서명하여 하주에게 교부한 곳이고, 발행일자는 수취선하증권은 화물전량이 반입된 날, 선적선하증권은 화물전량이 선적된 날이다.

⑪ OBL 발행통수이다. 선하증권은 통상 3통이 발행되며 각각 독립하여 동일한 효력을 가진다. 따라서 목적지에서 1통을 소지한 자는 화물의 인도를 청구할 수 있으며, 운송인은 인도를 거부하지 못한다. 수통의 OBL 중 1통과 상환으로 화물을 인도하면 다른 OBL은 그 효력을 잃는다. 목적지 이외에서의 화물인도는 발행 OBL전통과 상환하여야 한다.

⑫ 기명날인 또는 서명이다. 수기, 기계적, 전자방식서명을 포함한다. 기명날인권자 또는 서명권자는 운송인 또는 그 대리인이며, 기명날인 또는 서명이 없는 선하증권은 효력이 없다.

2) 임의기재사항

법정기재사항 이외에 화물의 수령에서 인도에 이르기까지의 운송계약내용을 더욱 명료하게 하기 위한 보충 참고사항, 운송인과 하주간의 특약사항(일반거래약관, 운송인 면책약관)을 B/L 표면 또는 이면에 기재한 것을 임의기재사항이라 한다. 주요 임의기재사항은 다음과 같다.

① 선사가 임의 결정한 항해번호(voyage no), ② 통지처(notify party) 및 참고용 최종 목적지(final destination), ③ 운임 지불지 및 환율, ④ 선하증권 번호(B/L No), ⑤ 송하인 신고사항(shipper's declared clause), ⑥ 컨테이너 및 seal 번호, ⑦ 면책약관(general clause or exception)등이다. 면책약관은 보통 선하증권의 표면약관이나 이면약관 중에 명백히 인쇄되어 있는 일반약관(general clause)과 선하증권의 여백에 수기, 고무인, 스탬프 등으로 기입한 특별약관(special clause)이 있다.

5 선하증권 약관

선하증권 약관은 운송계약의 일방당사자(운송인)가 다수(하주)와 계약체결을 위해, 운송계약의 표준적 내용과 조건을 미리 정한 조항으로 이루어진 부합계약(附合契約)이다. 다음과 같은 내용으로 구성된다.

1) 당사자 간의 일반적 확인사항·조건 등을 내용으로 하는 약관

① 운송인에 의한 화물수령 또는 선적을 확인하는 약관

② 수락약관 : 하주는 B/L표면 및 이면에 기재된 약관(운송조건)을 마치 서명한 것과 같이 수락한다는 취지의 약관

③ 상환조항 : OBL 1통과 상환으로 화물이 인도되면 나머지 효력 없음

④ 지상약관(Paramount Clause) : 준거법 조항, Hague Rules 1924, Hague-Visibly Rules 1968, COGSA 등 관련 국가 법령 등

⑤ 소송·재판관할에 관한 조항(Jurisdiction) : 한국 민사지방법원 등

⑥ 화물손해의 통고, 제소기한(Notice of Claim and Time for Suite) : 화물손상의 통지는 인도 후 3일 이내, 제소는 화물인도 후 1년 이내

2) 운송인의 자유재량권/권리 등에 관한 약관

① 항로선정, 운송수단 사용의 자유

② 분할선적의 자유

③ 부패 또는 변질되기 쉬운 화물의 임의처분권

④ 위험물 및 금지제품 등에 대한 자유처분권
⑤ 컨테이너 내장화물의 확인 검사권
⑥ 컨테이너화물의 갑판적(on deck stowage)할 권리
⑦ 운송도중 화물의 재포장 등 합리적인 조치를 취할 권리
⑧ 환적운송(transshipment and forwarding)할 자유
⑨ 검역규칙 등에 기인한 화물의 임의 양륙권
⑩ 유치권(Lien)약관 : 운송인은 운임, 하주부담의 요금/비용의 채권확보수단으로 화물에 대해 유치권을 행사할 수 있으며, 유치화물을 법적절차를 통해 공매처분할 수 있다는 취지

3) 하주의 의무와 책임에 관한 약관

① 운송물명세에 관한 서면제공 의무
② 운송장비의 사용기간 동안 안전사용 및 반환 의무

4) 운송인의 면책사유에 관한 약관

① 해상의 위험 또는 사고에 기인한 손해의 면책
② 불가항력에 기인한 손해의 면책
③ 전쟁 및 이와 유사한 위험에 기인한 손해의 면책
④ 해적행위 등에 기인한 손해의 면책
⑤ 동맹파업, 쟁의행위 또는 선박폐쇄에 기인한 손해의 면책
⑥ 재판상 억류, 검역상 제한, 기타 공권력의 제한에 기인한 손해의 면책
⑦ 화물의 포장의 불충분에 기인한 손해의 면책
⑧ 불완전한 기호에 기인한 인도사고 또는 지연에 대한 면책
⑨ 화물의 특수 성질 또는 숨은 하자에 기인한 손해의 면책
⑩ 화재에 기인한 손해의 면책
⑪ 송하인 또는 화물소유자의 행위에 기인한 손해의 면책
⑫ 생동물 및 부패하기 쉬운 화물의 손해에 대한 면책
⑬ 선박의 숨은 하자에 기인한 손해의 면책

⑭ 세관 등에 의해 파봉(破封)된 경우 손해에 대한 면책
⑮ 부지약관(unknown clause) : "Shipper's Load and Count"의 경우 컨테이너 내품 명세 및 상태를 알지 못하므로 면책
⑯ 이로(deviation) : 인명구조 등 정당한 이로는 면책

5) 운송인의 배상책임액 제한에 관한 약관

① 화물이 멸실 또는 훼손되어 손해가 발생한 경우 운송인의 책임은 일정한도로 제한[43]
② Himalaya Clause : 운송인의 면책, 책임제한 규정은 그의 이행보조자에게 확장

6) 기타 해상위험에 관한 약관

① 공동해손(G/A : general average)에 관한 약관
② 쌍방과실충돌(both to blame collision)에 관한 약관 등

Ⅱ ▸▸ 해상화물운송장

해상화물운송장(SWB : sea waybill)은 운송계약의 증빙서류이며 화물의 영수증이라는 점에서는 B/L과 공통점이 있으나 권리증권이 아니므로, 제3자에게 유통시킬 수 없으며 도착지에서 화물 수령시 이를 제출할 필요도 없다.

해상운송의 고속화로 화물이 B/L보다 먼저 목적지에 도착한 경우[44], 만일 수입

43) 운송인의 배상한도액에 관한 국제규칙 및 주요국가 규정 : Hague Rules(100 Sterling Pound/포장), Hague-Visby Rules(① 10,000 Pointcarè Franc/포장, ② 30 Pointcarè Franc/kg, ①, ② 중 높은 금액), Hamburg Rules(① 835 SDR/포장, ② 2.5 SDR/kg, ①, ② 중 높은 금액, ③ 지연 : 운임의 2.5배>총운임), ICC/UNCTAD Rules for Multimodal transport Documents (Hague-Visby Rules와 동일), 한국 상법(500SDR/포장), 일본 국제물품운송법(666.66SDR/포장), 중국 해상법(① 666.67SDR/포장, ② 2.0SDR/kg, ①, ② 중 높은 금액, ③ 지연 : 운임액 한도), 미국 COGSA(U$500/포장), 영국 COGSA, 독일, 프랑스(Hague-Visby Rules와 동일)
44) 선하증권의 위기(the Bills of Lading's crisis)

상이 B/L 도착 전에 화물을 수령하려면 화물선취보증장(L/G)을 은행으로부터 발급받아야 하는데, L/G발급은 까다로운 절차 및 비용, 위조 등 여러 가지 문제가 제기될 수 있다. 이런 문제의 해결하기 위해 운송 중 전매될 화물이 아닌 경우에는 SWB를 이용할 수 있다.

SWB의 장점은 ① 화물인도의 신속성, ② 서류의 분실에 따른 위험해소, ③ 화물처리 업무의 효율화, ④ 경비절감 등이다.

실무적으로 신용장에 B/L 대신 SWB를 수리하도록 명기하여야 한다. 신용장통일규칙에도 SWB의 수리요건을 규정하고 있고[45] Incoterms 2020에도 매도인이 매수인에게 인도의 증빙서류로 SWB를 제시할 수 있도록 규정하고 있다.

SWB에 관한 국제규칙으로는 **"해상화물운송장에 관한 CMI 통일규칙"** (CMI Uniform Rules for Sea Waybill)이 있다. 동 규칙은 총 8개 조항으로 이루어져 있다. 이 가운데 제6조에는 화물도착 후 수하인이 화물인도를 청구하기 전까지는 언제라도 송하인이 수하인을 변경할 권리가 있음을 규정하고 있다.

Sea Waybill과 Bill of Lading 비교

<table>
<tr><th>구 분</th><th>Bill of Lading</th><th>Sea Waybill</th></tr>
<tr><td>화물권리증권</td><td rowspan="4">있 음</td><td>없 음</td></tr>
<tr><td>화물 수령 증거</td><td rowspan="3">있 음</td></tr>
<tr><td>운송계약증서</td></tr>
<tr><td>요인 증권성</td></tr>
<tr><td>인도와 원본상환</td><td>화물인도 시 원본 상환 필요</td><td>화물인도 시 원본 상환 불필요</td></tr>
<tr><td>수하인 기재방식</td><td>지시식 및 기명식</td><td>기명식</td></tr>
<tr><td>정당한 수하인</td><td>정당한 B/L소지인</td><td>기명 수하인</td></tr>
<tr><td>화물 권리 이전</td><td>B/L 교부로 권리취득·인도 증권성,
물권적효력 있음</td><td>운송계약에 지정된 자가 권리취득·
인도 증권성 및 물권적 효력 없음</td></tr>
<tr><td>적용법규
(compulsory
law or rules)</td><td>상법(해상편)
Hague-Visby Rules, Hamburg Rules,
Rotterdam Rules, B/L Act, COGSA 등</td><td>규율법규 없음</td></tr>
</table>

45) UCP600 Art. 21

Ⅲ ▸▸ 항공화물운송장

1 항공화물운송장의 의의

항공운송에서 해상운송의 선하증권에 해당하는 서류는 **항공화물운송장**(AWB : air waybill)과 **항공화물탁송장**(ACN : air consignment note)이다. 전자는 헤이그의정서(1955)에서 인정하는 운송서류이고, 후자는 바르샤바협약(1929)에서 인정하는 서류이다.

항공화물운송장은 화물의 수령을 나타내는 **영수증과 운송계약의 증빙서류의 기능만 갖는다.** 세부적으로 ① 운송 위탁된 화물을 접수했다는 영수증, ② 운송계약 체결에 대한 문서상의 증명, ③ 요금계산서(Freight Bill), ④ 송하인이 하주보험(AWB에 보험금액과 보험료가 기재됨)에 부보한 경우 보험가입증명서, ⑤ 세관신고서 및 화물운송의 지침서(취급, 중계, 배달 등)의 기능을 수행한다.

화환신용장거래에서 항공운송의 경우 수출상이 발행하는 환어음은 AWB가 유가증권이 아닌 단순한 화물수령증에 불과하기 때문에 무담보어음(clean bill)이다. 따라서 매입은행도 환어음 매입시 담보물권이 없는 무담보어음을 매입한다. 양자를 비교하면 다음과 같다.

항공화물운송장과 선하증권의 비교

항공화물운송장(AWB)	선하증권(B/L)
단순한 화물운송장	유가증권
비유통성(non-negotiable)	유통성(negotiable)
기명식	지시식
수취식(창고에서 수령하고 발행)	선적식(본선 선적 후 발행)
송하인 작성이 원칙	운송인이 작성

2 항공화물운송장의 발행

항공화물운송장은 하주가 작성·제출해야 함이 원칙이나, 항공사나 항공사의 권한을 위임받은 대리점에 의해 이행되는 것이 통례이다. 대리점은 하주가 가져온 상업송장 등 선적서류와 화물운송 하주의 지시서에 의해 운송장을 발행하며 화물전량을 인수한 후에 발행함이 원칙이다.

바르샤바협약에 의하면 항공화물운송장은 송하인이 원본 3통을 작성하여 화물과 함께 항공운송인에게 교부하도록 규정하고 있다. 항공화물운송장은 **원본 3장, 부본 6장으로 구성**되는 것을 원칙으로 하나, 항공사에 따라서 부본을 5장까지 추가할 수도 있다. 대한항공의 화물운송장은 원본 3장, 부본 9장, 합계 12장으로 구성되어 있다. 제1원본은 운송인용(녹색)으로 송화인이 기재한다. 제2원본은 수화인용(적색)으로 송화인 및 운송인이 서명하여 화물과 함께 송부한다. 제3원본은 송화인용(청색)으로 운송인이 화물을 인수한 후에 송화인에게 교부한다.

3 항공화물운송장의 작성

항공운송장에 기록되는 숫자는 라틴문자와 아라비아 숫자를 사용하고, 문자는 영어, 불어, 스페인어를 사용하는 것이 원칙이다. 라틴문자 외에 다른 문자를 사용하는 경우 영어를 병기하는 것이 바람직하다. 작성된 항공운송장의 내용을 수정하거나 추가할 때는 원본과 사본 전체에 대해서 수정 또는 추가해야 한다. 화물이 수송되는 도중이나 목적지에서 이와 같은 수정이나 추가사항이 발생하였을 경우에는 잔여분에 대한 수정이나 추가내용이 반영되어야 한다. 작성은 typing을 하고 block letter를 사용하는 것이 원칙이며 hand writing 하기도 하는데, 어떤 경우이든 원본과 부본 전체가 명확히 복사되도록 유의하여 작성해야 한다.

① Airport of Departure : 출발지 도시 또는 공항의 3 Letter Code 기입

② Shipper's Name and Address : 송하인의 성명, 주소, 도시, 국명, 전화번호

③ Shipper's Account Number : AWB 발행 항공사가 임의로 사용

④ Consignee's Name and Address : 수하인의 성명, 주소, 도시, 국명, 전화번호

⑤ Consignee's Account Number : 인도항공사가 임의로 사용한 고객분류 부호

⑥ Issuing Carrier's Agent Name and City : AWB 발행 대리점의 이름과 도시명
⑦ Agent's IATA Code : 대리점의 IATA Code
⑧ Account Number : AWB 발행 항공사가 임의로 사용
⑨ Airport of Departure(Address of First Carrier) and Requested Routing : 출발지 공항과 운송구간을 기재. 3 Letter City Code 사용도 가능
⑩ Accounting Information : 특별히 회계처리에 관한 내용으로 운송료 지불방법(현금, 수표)이나 기타 필요한 내용을 기록
⑪ Routing and Destination : 예약에 의한 첫 구간의 도착지와 수송 항공사명을 Full Name으로 기입. 최종목적지까지 2개 이상의 항공사가 개입할 경우 각 경유지와 해당구간을 수송하는 항공사명을 Code로 기입
⑫ Currency : AWB 발행국 화폐단위 Code를 기입하며 모든 금액은 본란에 표시되는 화폐단위와 일치해야 함(단, 'Collect Charges in Destination Currency'란에 표시되는 금액은 제외). 자국화폐 대신 USD를 현지통화로 간주하는 나라에서는 USD를 표시
⑬ Charge Code : 항공사가 임의로 사용
⑭ Weight/Valuation, Charge-Prepaid/Collect : 화물운임의 지불방식에 따라 선불(PPD) 또는 착지불(COLL)란에 '×'로 표시
⑮ Other Charges at Origin-Prepaid/Collect : 출발지에서 발생된 요금을 지불방식에 따라 선불 또는 착지불란에 '×'로 표시
⑯ Declared Value for Carriage : 운송신고가격 신고방법은 일정한 금액의 신고와 무가격신고(NVD : No Value Declared) 중 하주가 선택
⑰ Declared Value for Customs : 세관통관 목적을 위해 송하인의 세관신고 가격을 기록. NCV(No Customs Value)도 가능
⑱ Airport of Destination : 최종 목적지인 공항이나 도시명(Full Name으로 기록)
⑲ Flight/Date : 항공사가 임의로 사용하며, Flight의 확정을 의미하지는 않음
⑳ Amount of Insurance : 하주가 부보금액(보험금액) 또는 공란으로 남겨둠. 부보금액은 대체로 운송신고가격과 일치함
㉑ Handling Information : 다른 란에 표시할 수 없는 각종 사항 표시
㉒ Consignment Details and Rating : 요금 관련 세부사항 기록

㉓ Weight Charge(Prepaid/Collect) : 운임 지불방법에 따라 선불 또는 착지불란에 해당화물의 운임을 기입

㉔ Valuation Charge(Prepaid/Collect) : 종가금액을 지불방법에 따라 선불 또는 착지불란에 기입.

㉕ Other Charge : 화물운임 및 종가요금을 제외한 기타비용의 명세 및 금액을 기입

㉖ Total Other Charge : 출발지에서 발생하여 ㉕란에 표시된 비용

㉗ Total Prepaid : 운임, 종가요금, 기타비용(항공사 몫, 대리점 몫 포함) 중 선불란에 표시된 금액의 합계

㉘ Total Collect : 운임, 종가요금, 기타비용 중 착지불란에 표시된 금액의 합계

㉙ Shipper's Certification Box : 송하인 또는 그 대리인의 서명(인쇄, 서명 또는 Stamp)이 표시

㉚ Carrier's Execution Box : AWB 발행일자 및 장소, 항공사 또는 그 대리인의 서명 표시. 월(月) 표시는 영어로 Full Spelling 또는 약자로 쓰며 숫자로 표시는 허용되지 않음

Ⅳ 복합운송서류

1 복합운송서류의 의의

복합운송서류(multimodal transport document)는 복합운송계약에 따라 복합운송인이 화물을 자신의 관리하에 수취하였다는 것과 인도할 의무를 부담함을 증명하는 서류이다(UN국제물품복합운송협약 제1조 4항). 또는 복합운송계약을 증빙하는 서류이며 유통성 또는 비유통성 서식으로 발행할 수 있다(UNCTAD/ICC 규칙 제2조 6항). 결론컨대, 복합운송서류란 선박, 철도, 항공기 또는 자동차에 의한 운송방식 중 적어도 두 가지 이상의 운송방식의 결합에 의하여 물품의 수탁지와 인도지 간에 이루어지는 복합운송에 관한 계약을 증명하는 서류이다. 복합운송서류는 유통성 서류(negotiable)지만 비유통성(non-negotiable)으로도 발행될 수 있다.

복합운송서류가 국제법규에 따라 유통성을 갖도록 발행될 수 있지만 이것이 선하증권과 같이 유가증권적 기능을 갖는지는 불투명하다. 따라서 본서에서는 "multimodal transport document"를 복합운송증권보다는 복합운송서류로 기술하였다.

복합운송서류가 유통성을 지닐 경우 ① 지시식(to order) 또는 소지인식(bearer)으로 되어야 하며, ② 지시식으로 발행된 경우 배서에 의하여 양도할 수 있고, ③ 무기명식으로 발행된 경우 배서 없이 양도할 수 있다. 비유통성으로 발행된 경우 ① 지정된 수하인이 기명되어야 하며, ② 복합운송인은 증권에 지정된 수하인 또는 수하인으로부터 정당하게 지시받은 당사자가 아닌 그 밖의 사람에게 인도할 의무가 없다.

2 국제복합운송서류의 종류

복합운송서류는 분류기준에 따라 구분할 수 있다.

첫째, 복합운송인의 책임형태에 따라 책임 분할형과 단일 책임형으로 나눌 수 있고, 단일책임형의 경우 이종 책임형과 동일 책임형으로 나눌 수 있다. 둘째, 서류의 유통성 여부에 따라 유통형과 비유통형으로, 유통형 서류는 다시 지시식과 소지인식으로 나눌 수 있다. 셋째, 서류의 발행인에 따라 육상운송인, 해상운송인 및 복합운송인으로 나눌 수 있다. 넷째, 서류 명칭에 따라 선하증권 명칭을 지닌 것과 그렇지 않은 것이 있다.

3 복합운송인의 책임 비교

UNCTAD/ICC에 따른 Negotiable(Non-negotiable) Multimodal Transport Document이 있으며, 선하증권 형식으로 'Combined Transport Bill of Lading', 'Multimodal Transport Bill of Lading', 'International Transport Bill of Lading' 등이 있다.

국제운송주선인협회연맹(FIATA : Federation International des Association de Transitanies Assimile)은 FIATA 복합운송선하증권(FIATA FBL : FIATA Multimodal Transport Bill of Lading)을 발행한다.

복합운송 관련 국제규칙 비교

	UN국제물품복합운송협약	ICC복합운송서류통일규칙	UNCTAD/ICC 복합운송서류규칙
책임체계	Modified Uniform System (단, 책임한도액은 협약과 강행법규 중 높은 금액)	Network System	Modified Uniform System
책임원칙	추정과실책임원칙(거증책임은 운송인에게 있음)	좌측과 동일	좌측과 동일
면책사유	과실책임주의에 따라 상당한 주의의무를 지고 멸실·손상시 무과실을 증명하지 못하면 책임부담	하주측의 작위·부작위, 포장·기호의 불완전, 하주측의 화물취급에 의한 손해, 화물고유의 하자, 동맹파업, 원자력 사고	운송인측 또는 운송인의 사용인의 항해 또는 선박의 관리에 관한 행위, 태만, 과실, 운송인의 고의·과실이 아닌 화재, 다만, 불내항성으로 발생한 멸실·손상은 항해개시시에 선박의 내항성확보를 위하여 상당한 주의를 하였음을 운송인이 입증
책임 한도액	1포장·단위당 920SDR 또는 1Kg당 2.75SDR 중 높은 쪽의 금액을 초과하지 않는 범위, 다만 육상운송구간은 CIM, CMR에 의함	손해발생구간이 불명인 경우 1Kg당 30포앙카레프랑, 손해발생구간이 판명된 경우 각 운송구간에 적용되는 국제협약 또는 국내법 적용	물품 인수전 물품의 종류와 가액의 통보 및 운송서류 기재된 경우를 제외하고, 포장당 666.67SDR, 1Kg당 2SDR중 높은 쪽의 금액을 초과하지 않는 범위. 다만 해상·내수운송이 제외된 경우 1Kg당 8.33SDR을 초과하지 않는 범위
손해통지 기간	• 화물인도 다음 영업일한(限) • 손해가 인정되지 않는 경우 인도 후 6일 이내 • 지연의 경우 인도일 다음 일로부터 60일 이내	손해가 외부로부터 인정되지 않는 경우 인도후 계속 7일 이내	물품의 인도시 멸실·손상의 개황을 운송인에게 통지하지 않는 한, 기재된 대로 물품이 인도되었음이 증명, 멸실·손상이 명백히 드러나지 않은 경우 인도된 날로부터 6일이내에 서면에 의한 통지가 없으면 인도된 추정 증거력 인정
소송제기 기한	2년, 단 기한연기는 서면에 의한 운송인의 선언 및 당사자의 합의에 의함	물품의 인도후 9개월 이내 물품의 전부 멸실은 12개월	물품의 인도일로부터 9개월
책임한도액의 상실사유	멸실·손상, 인도지연을 고의 또는 중대한 과실로 행한 운송인의 작위 또는 부작위로 이들 손해가 발생되었음이 증명된 경우	운송인의 고의 또는 중대한 과실에 의하여 멸실·손상 또는 지연이 발생한 경우	멸실·손상, 인도지연을 고의 또는 중대한 과실로 행한 운송인의 개인적인 작위 또는 부작위로 이들 손해가 발생되었음이 증명된 경우

신용장통일규칙에는 복합운송서류의 수리요건을 규정하고 있지만 운송주선인이 발행한 운송서류는 freight forwarder가 운송인이나 복합운송인 또는 그들의 대리인자격으로 발행한 경우에 한하여 은행에서 수리하도록 규정하므로, freight forwarder가 발행한 모든 운송서류가 수리 가능한 복합운송서류가 아님을 유의하여야 한다.

V ▸▸ 전자식 선하증권

최근 국제무역에서 전통적인 서류를 전자문서(electronic message)로 대체하려는 움직임이 활발히 진행되고 있다. Incoterms에서도 당사자 간에 합의되었거나 관습이 있는 상당하는 전자적 기록이나 절차로 할 수 있도록 규정하고 있다.

전자식 선하증권(eB/L : electronic B/L)이란 선하증권을 발행하는 대신 그 내용을 컴퓨터에 보존하고 이를 선사와 송하인 또는 수하인 간에 EDI Message로 전송하며, 개인키(private key)[46]를 통하여 물품에 대한 권리 및 처분권의 이전을 행하는 방법을 말한다. 개인키를 소지한 자만이 운송인과 접촉하여 자신이 갖고 있는 물품에 대한 권리를 양도할 수 있다. 바로 개인키의 부여와 폐기가 전통적 선하증권의 유통기능을 하며 개인키의 유효한 소지자만이 물품인도청구권을 가지게 된다. 전자식 선하증권의 중앙등록기관은 운송인이 된다. 만일 개인키의 소지자가 물품에 대한 권리의 양도를 위하여 이를 운송인에게 통지하면 운송인은 현재의 개인키를 폐기하고 양수인에게 새로운 개인키를 부여함으로써 전통적 선하증권의 배서·양도를 통하여 권리가 이전되는 것과 같은 효과를 갖는다. 전자식 선하증권에 관한 국제적 규칙은 1990년에 채택된 "전자식 선하증권에 관한 CMI규칙"(CMI Rules for Electronic Bills of Lading)이다.

Bolero(Bill of Lading for Electronic Organization)시스템은 국제물품매매, 운송, 보험 및 결제 등 무역거래에서 전통적으로 사용해온 종이서류를 인터넷을 통한 전자문서로 대체하는 상업적 시스템이다. 1990년에 제정된 CMI규칙이 운송인과 은행으로부터 적극적인 지지를 받지 못하자 1999년 Bolero시스템이 생겨났다. 이

46) 개인키란 운송인이 송하인으로부터 화물을 수령한 후 UN 표준메시지에 의해서 구성된 선하증권에 해당하는 정보를 화물수령 메시지로서 전자적 방법으로 송하인에게 전송할 때 함께 송부되는 비밀코드이다. 개인키는 숫자와 문자의 조합으로 운송물에 대한 지시메시지의 진정성과 무결성을 보증하기 위하여 사용된다.

제도는 SWIFT와 TT Club의 합작회사인 Bolero International Ltd에 의하여 운영되고 있다. 이 시스템의 이용자에 대한 모든 권리와 의무는 Bolero Rulebook의 규정에 따른다.

BBL은 Bolero Bill of Lading의 원문(text)과 권리등록기록(title registry record)을 합친 개념이다. 권리등록기록에는 운송물에 대한 권리를 가지는 자의 ID가 기록된다. 만일 선하증권을 양도하고자 한다면 ID를 가지고 있는 자가 Bolero시스템의 중앙 신호처리소(CMP : core messaging platform)를 통하여 권리변경지시를 하면 자신의 ID는 폐기되고 양수인에게 새로운 ID가 부여된다. BBL은 이와 같이 권리등록기록을 통하여 선하증권을 양도할 수 있을 뿐 아니라 CMP를 통한 전자문서의 진정성(authenticity)과 무결성(integrity)도 확인된다.

BBL에 사용되는 디지털 서명은 비대칭암호화(non symmetric encryption)방식을 사용한다. 이 시스템의 각 사용자는 자신만이 알고 있는 개인키(private key)와 모든 사용자들에게 알려진 공개키(public key)를 사용한다. 사용자가 자신의 전자문서를 자신의 개인키로 서명하여 CMP로 보내면 이에 대응하는 공개키로 문서화함으로써 문서의 진정성과 무결성을 확인한다.

PART 3

무역보험

무역보험

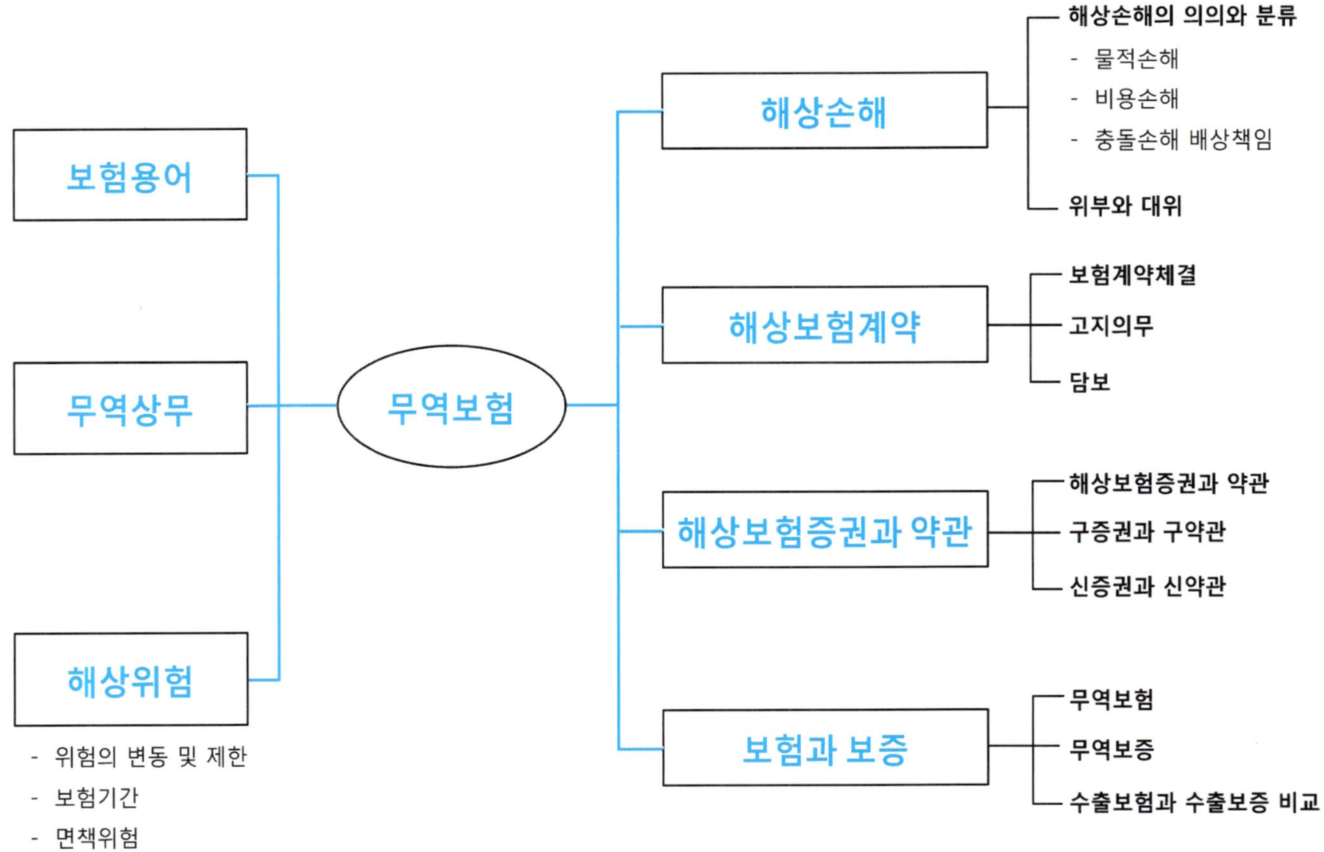

무역보험
보험용어
무역상무
해상위험
- 위험의 변동 및 제한
- 보험기간
- 면책위험
해상손해
해상손해의 의의와 분류
- 물적손해
- 비용손해
- 충돌손해 배상책임
위부와 대위
해상보험계약
보험계약체결
고지의무
담보
해상보험증권과 약관
해상보험증권과 약관
구증권과 구약관
신증권과 신약관
보험과 보증
무역보험
무역보증
수출보험과 수출보증 비교

PART

3 무역보험

제1절 해상보험 기초

I ▸▸ 해상보험의 의의

보험이란 동일한 우발적인 사고발생의 위험에 놓여 있는 다수인이 사고로 인한 손해를 보상받기 위하여 통계적 기초에서 산출된 금액(보험료)을[1] 미리 모아 자금을 만들어 두고 보험사고가 발생했을 때 이 자금으로부터 소정의 급여(보험금)를 지급받는 제도이다.

해상보험(marine insurance)이란 해상이나 항해사업과 관련된 육상 및 항공에서 발생한 손해까지 보상하는 보험이다. 우리나라 상법 제693조에는 "해상보험계약의 보험자는 해상사업에 관한 사고로 인하여 생길 손해를 보상할 책임이 있다."고 정의하고 있으며, **영국해상보험법**(MIA : Marine Insurance Act, 1906) 제1조에는 "해상보험계약(contract of marine insurance)은 보험자가 피보험자에 대하여 그 계약에서 합의된 방법과 범위 내에서 해상손해, 즉 항해 사업에 수반되는 손해를 보상

1) 보험료는 대수의 법칙(law of large numbers)에 따라 확률계산으로 산출된다. 대수의 법칙이란 확률의 기본법칙의 하나로 개개의 관찰에서는 그 현상의 발생을 예측할 수 없을 때라도 다수를 관찰해 보면 그 안에 어떤 법칙이 일어나 장래에 그 발생의 경향을 예측할 수 있는 것을 말한다.

할 것을 약정하는 계약이다"라고 정의하고 있다.[2] 이와 같이 해상보험은 항해사업과 관련된 사고로 인한 손해를 보상하며, 또한 피보험자가 입은 손해만을 보상하기 때문에 손해보상보험이다.

무역의 이행은 매도인으로부터 매수인에게 물품의 인도와 매수인으로부터 매도인에게 대금의 지급으로 요약된다. 매도인으로부터 매수인에게 물품의 인도는 직접인도가 아닌 운송인을 통한 간접인도이다. 따라서 물품이 일정기간 운송인의 관리 아래 이동하게 되는데 물품의 이동에는 반드시 위험이 수반된다. 이러한 위험을 담보(to cover)하는 제도가 바로 해상보험이다. 운송 중 화물의 위험을 담보하는 해상보험제도가 없다면 매수인은 선적지에서 인도되는 물품구매를 꺼릴 것이며, 매도인은 도착지에서 인도되는 물품판매를 주저할 것이다. 결국 해상보험제도가 있기 때문에 매도인과 매수인 그리고 운송인까지 안심하고 매매와 운송행위를 할 수 있게 된다.

해상보험계약의 주요 내용인 보험계약자, 피보험자, 보험료 부담자, 담보조건, 보험금액, 보험계약의 증빙서류 등은 일반적으로 매매계약 시 일일이 계약서에 명시하지 않고 정형거래조건에 의하여 결정된다. 일반적으로 위험을 부담하는 자가 보험계약을 체결하고 보험료를 부담하지만 CIF조건과 CIP조건은 운송 중 위험을 매수인이 부담함에도 불구하고 매도인이 보험계약을 체결하고 보험료를 부담한다. 이 조건에서 매매당사자는 담보조건 등을 미리 합의하는 것이 바람직하다.

Ⅱ ▸▸ 해상보험과 해상보험계약의 특징

1 해상보험의 특징

해상보험은 생명보험이나 기타 손해보험과는 다른 특징이 있다.

첫째, 해상보험은 **국제성**을 지니고 있다. 거의 모든 보험 분야에서 국제간 거래

2) A contract of marine insurance is a contract whereby the insurance undertakes to indemnify the assured, in manner and the extent thereby agreed, against marine losses, that is to say, the losses incident to marine adventure.

가 일어나고 있지만 해상보험은 바로 국제거래와 관련된 보험이다. 또한 해상사고도 주로 공해상에서 발생된다. 따라서 보험자의 책임과 보상에 관하여 국제적 통일법이 요구되며, 준거법으로 주로 영국의 법과 관습이 적용된다.[3] 우리나라 해상보험업계에서 이용하고 있는 보험약관 역시 합동적하위원회(JCC)에서 제정한 약관이다.

둘째, 해상보험은 **기업보험**의 성격을 지니고 있다. 보험가입자가 개인이 아닌 무역회사나 선박회사이다.

셋째, 해상보험은 다른 손해보험과 마찬가지로 저축성보험이 아닌 **보장성보험**의 성격을 지니고 있다. 피보험목적물의 손해에 대해서만 보상할 뿐 손해와 관계없이 보상되는 인보험(人保險)과는 다르다.

넷째, 해상보험은 국제무역의 촉진제 역할을 한다. 무역과 운송산업의 활성화를 위해서 위험을 커버하는 보험제도가 확립되어야 한다.

2 해상보험계약의 법률적 성격

해상보험을 활용하기 위해서는 해상보험계약이라는 법률행위가 수반되어야 한다. 해상보험계약의 법률적 성격은 다음과 같다.

① 낙성·불요식(諾成·不要式)계약이다. 해상보험계약은 당사자 간의 의사표시의 합치만으로 성립되는 낙성계약이며, 의사표시에 특별한 방법을 필요로 하지 않는 불요식계약이다. 계약체결 후 발행되는 해상보험증권은 보험계약 성립의 요건이 아니며 단지 보험계약의 내용을 증빙하는 추정적인 증거서류에 불과하다. 그러므로 보험계약의 성립시기는 보험계약자의 청약을 받은 보험자가 어떤 형태로든 승낙의 의사표시를 한 시점이다. 보험증권에는 보험자의 서명·날인만 있기 때문에 계약서라고는 할 수 없으며 보험계약의 증빙서류라고 보아야 할 것이다.

또한 보험기간은 보험계약기간과 다를 수 있다. 우리나라 상법 제656조에

3) 준거법약관(신해상보험증권 본문약관) : Notwithstanding anything contained therein or attached hereto to the contrary, their insurance is understood and agreed to be subject to English law and practice only as to liability for and settlement of any and all claims.

는 보험자의 책임개시 시기를 최초의 보험료를 지급받는 시점으로 정하고 있다. 즉, 보험계약자가 보험료를 납입하지 않았다면 비록 보험사고가 발생하더라도 보험자는 보험금의 지급의무가 없다.

② 유상(有償)계약이다. 당사자 간 급부와 반대급부가 주어지는 대가(對價)관계의 계약이다. 해상보험에서 보험자는 계약에서 합의된 방법과 범위 내에서 피보험자의 손해를 보상할 것을 약정하고, 그 대가로 보험료를 받는 계약이다.

③ 쌍무(雙務)계약이다. 보험자는 피보험목적물의 위험을 담보할 의무가 있는 반면 피보험자는 보험료를 납부할 의무가 있는 쌍방이 모두 의무를 부담하는 계약이다.

④ **부합(附合)계약이다.** 해상보험계약에서 보험계약자는 보험자가 제시하는 증권상 인쇄된 약관을 포괄적으로 승인하거나 거절할 수 있는 선택권만 있을 뿐이다. 보험자와 보험계약자가 상호 협의하여 계약조항을 수정하거나 조정할 수 없다. 보험계약은 운송계약과 마찬가지로 일방이 다수의 상대방과 계약을 체결하여야 하므로 일대일로 개별조항의 수정이 불가능하다.

⑤ 사행(射倖)계약의 성격을 지닌다. 계약을 체결한 피보험자는 보험사고가 발생하면 보상을 받지만 보험사고가 발생하지 않으면 보험료를 상실하게 된다. 해상보험계약은 장래의 불확실하고 우연한 사고발생여부에 피보험자의 손익이 달려 있으므로 사행성을 지녔다고 볼 수 있다.

⑥ 최대선의(最大善意)의 계약이다. 해상보험계약은 보험자가 다수의 보험계약자와 계약을 체결하므로 계약 체결 시 모든 피보험목적물의 내용을 점검하는 것은 불가능하다. 따라서 보험자는 피보험자의 고지(告知)에 의하여 판단하고 계약을 체결할 수밖에 없으므로 보험계약자가 고지를 하지 않거나 부실하게 한다면 올바른 계약이 체결될 수 없기 때문에 최대선의가 요구된다.

영국해상보험법 제17조에는 "해상보험계약은 최대선의에 기초한 계약이며, 당사자 일방에 의하여 이 원칙이 준수되지 않을 경우 타방은 그 계약을 취소할 수 있다"고 규정하고 있다.[4)]

4) A contract of marine insurance is a contract based upon the utmost good faith, and, if the utmost good faith be not observed by either party, the contract may be avoided by the other party

Ⅲ ▸▸ 해상보험의 보상원칙

손해보험의 보상은 **실손보상원칙(實損補償原則)**에 따르기 때문에 보험사고 발생 시 보험금액을 전액 보상하는 것이 아니라 피보험자가 입은 실손해액만을 보상한다.[5] 실손보상이란 보험사고로 손해를 입은 피보험자를 사고전과 같은 금전상의 상태(pecuniary position)로 복귀시키는 것이다.[6] 적하보험인 경우 대부분이 전부보험이기 때문에 피보험목적물의 가치변동이 없는 한 실제 입은 경제적 손실을 회복할 수 있다. 적하보험은 기평가보험으로 통상 운임과 보험료를 포함한 CIF가액의 110%로 보험금액이 결정되며 계약기간 중에 변동되지 않는다.

보험자는 피보험자에게 보험금을 지급하면 보험자가 피보험목적물에 대하여 갖고 있는 권리를 이전받게 되는 것을 **대위원칙(代位原則)**이라 한다. 만약 피보험자가 피보험 목적물이나 제3자에 대한 권리를 그대로 갖고 있으면 실손보상원칙에 어긋나게 된다.

보험자는 피보험자가 입은 직접손해에 대해서만 보상책임을 지며 간접손해에 대하여는 책임을 지지 않는데 이를 **직접손해보상원칙(直接損害補償原則)**이라 한다. 예외적으로 보험자의 간접손해, 즉 손해방지비용이나 구조비 등도 특약이나 법률에 의하여 담보 가능하다.

Ⅳ ▸▸ 해상보험의 분류

1 보험의 분류

보험은 가입대상에 따라서 물(物)보험과 인(人)보험으로 나눌 수 있으며, 우리 상법에는 보험을 크게 사람의 생명이나 신체를 대상으로 하는 인보험과 물적 손해를 대상으로 하는 손해보험으로 나눈다.

---

5) 반면에 인보험은 대체로 정액보상원칙(定額補償原則)이 적용된다.

6) Dennis Badger and Geoffery Whitehead, Elements of Cargo Insurance, Cambridge, 1983. 9. 25.

인보험은 다시 생명보험과 상해보험으로 분류하고, 손해보험은 화재보험, 운송보험, 해상보험 및 책임보험 등으로 나눌 수 있다. 이 외에도 특별법에 의한 정책보험이 있을 수 있는데 대표적인 것은 무역보험(수출보험)이나 의료보험 등이 있다.

2 해상보험의 분류

1) 보험가입대상에 따른 분류

① **적하보험(cargo insurance)** : 보험가입대상이 화물인 경우로 수출상 또는 수입상이 이용한다.

② **선박보험(hull insurance)** : 보험가입대상이 선체인 경우로 선주가 주로 이용한다. 보통 해상보험은 적하보험과 선박보험이 중심이 된다.

③ **선임보험(freight insurance)** : 선주, 용선자, 운송주선인 등이 화물 또는 여객의 운송에 따른 선임을 가입대상으로 하는 보험이다.

④ **희망이익보험(insurance on expected profit)** : 화물 도착으로 하주가 얻게 될 기대이익을 보험가입대상으로 하는 보험이다. 일반적으로 적하보험에서는 수출원가에 운임과 보험료를 합한 CIF Value의 10%를 희망이익으로 하고 있다.

2) 보험기간에 따른 분류

① **항해보험(voyage insurance)** : 특정 항해구간을 정하여 보험기간으로 할 때의 보험을 말하며 대부분의 적하보험은 항해보험이다.

② **기간보험(time insurance)** : 특정 기간을 정하여 보험기간으로 할 때의 보험을 말하며 대부분의 선박보험은 기간보험이다.

③ **혼합보험(mixed insurance)** : 항해구간과 기간의 2가지를 동시에 보험기간으로 규정하고 있는 보험으로 종전에 선박보험에서 이용되었다.

V ▸▸ 해상보험과 해상보험계약

1 매매계약과 보험계약

매매계약의 이행을 위하여 물품인도를 위한 운송계약이 체결되고, 운송 중 위험을 담보하기 위하여 보험계약이 체결되기 때문에 보험계약은 매매계약의 이행을 위한 종속계약이다. 보험계약의 내용인 계약당사자, 피보험자, 보험금액, 담보구간, 담보조건 등은 매매당사자 간의 합의에 의하여 결정되지만 일반적으로 정형거래조건에 따라 결정된다.

Incoterms 2020의 11가지 정형거래조건 대부분은 위험부담자와 비용부담자가 동일하여 위험을 부담하는 자가 자신의 비용부담으로 필요한 경우 보험에 가입한다. 그렇지만 CIF조건과 CIP조건은 운송 중의 위험을 매수인이 부담하는데 반하여 보험계약체결과 보험료 납부의무는 매도인에게 있다. Incoterms는 당사자 간 별도의 약정이 없는 경우 CIF와 **CIP는 매매대금에 10%를 더한 금액으로 매매계약과 동일한 통화로 부보되어야 한다. 보험조건은 CIF는 ICC(C)나 최소담보조건으로, CIP는 ICC(A)나 최대담보조건으로** 적하보험을 부보하도록 하고있다.[7)]

피보험자는 피보험이익을 갖는 자로 사고발생 시 보험금청구의 권리를 가진다. 피보험이익은 위험부담과 연계되어 있기 때문에 위험이 매수인에게 이전되면 매수인이 피보험이익을 갖는다. 따라서 CIF조건이나 CIP조건에서는 매도인이 부보하고 발급받은 보험증권을 매수인에게 배서·양도하므로 매수인이 사고발생 시 이를 근거로 보험금을 청구한다.

담보구간은 해상구간과 이에 부수되는 육상구간이 담보되므로 warehouse to warehouse의 담보가 가능하다. 그렇지만 FCA, FAS, FOB조건은 위험이 운송인, 선측 또는 본선에서 각각 매수인에게 이전되므로 매수인이 부보한 보험증권으로는 위험이전 시부터 담보가 개시되어 자신의 창고까지 담보될 수 있으나 매도인의 창고로부터 위험이전 시까지는 매도인이 부보하여야 한다. 그렇지만 CIF나 CIP조건은 매도인이 부보하므로 자신의 창고에서 위험이전 시까지 자신의 피보험

7) CIP와 CIF의 A5(Insurance)

이익을 담보하고 위험이전 시부터는 증권의 양도를 통하여 동일증권으로 매수인의 위험을 담보하므로 warehouse to warehouse의 담보가 가능하다. DAP, DPU, DDP조건 등은 양륙지 지정장소까지 매도인이 위험을 부담하므로 매도인이 부보하고 양륙지의 지정된 장소에서 위험이전 시 증권을 양도하므로 계속담보(continuous cover)가 가능하다.

2 운송계약과 보험계약

무역운송에서 발생하는 물적손해에 대해 이해관계자는 하주, 운송인, 보험자이다. 먼저 운송인은 운송계약에 따라 운송과정에서 발생하는 화물손해에 대하여 하주에게 손해배상책임을 져야 한다.

보험자는 보험계약에 따라 운송 중 발생하는 손해가 담보위험에 의한 손해일 경우 피보험자인 하주에게 손해보상책임을 진다. 그러나 하주는 실손보상원칙에 따라 실손 이상의 보상을 받을 수 없기 때문에 운송인과 보험자에게 동시에 손해배상과 손해보상을 동시에 청구할 수 없다. 이 경우 하주는 일반적으로 보험자에게 손해보상을 청구함과 동시에 운송인에 대한 손해배상청구권은 보험자가 대위(代位)한다.

하주는 운송인에 대한 손해배상청구권을 행사하기보다 보험자에 대한 손해보상을 청구하는 것이 유리하다. 운송인은 운송규칙에 따라서 항해과실은 면책이며 책임도 배상한도액까지만 배상하면 되므로 일반적으로 실손에 미치지 못한다. 운송인의 면책조항(면책카탈로그)에 열거된 상당부분의 위험은 보험계약에서 담보위험이거나 특약으로 담보가 가능하다. 즉, 보험자의 손해보상책임은 운송인의 손해배상책임보다 그 범위가 넓고 보상금액도 많다. 헤이그규칙이나 헤이그-비스비규칙에서 운송인의 면책으로 규정된 사유가 적하보험에서 담보위험에 속할 수 있기 때문에 적하보험자가 보상 후 행사하는 대위권은 실익이 없을 경우가 많다.

운송계약에서 **운송인의 책임구간**이 적하보험에서 **보험자의 담보구간**과 일치하지 않는다. 헤이그규칙은 운송인의 책임구간이 from tackle to tackle이며, 함부르크규칙이 이를 확대하여 port to port로 되었다고 해도 적하보험의 담보구간인 warehouse to warehouse에 미치지 못한다.

3 매매계약과 운송 · 보험계약

화물이 운송 중에 선박의 침몰이나 좌초로 전손(total loss)을 입었을 경우에 매도인과 매수인은 먼저 매매계약을 기준으로 누가 위험을 부담할 것인지를 판단하여야 한다. 그리고 위험을 부담할 당사자는 자신이 부담할 위험을 운송계약과 보험계약에 따라 누구에게 배상 또는 보상을 청구할 것인지를 결정하여야 한다.

하주가 보험계약에 따라 보험자에게 보상을 청구하여 전손과 희망이익 10%를 포함하여 110%를 보상받았을 경우에 보험자는 운송인에 대한 하주의 손해배상청구권을 대위한다.

손해의 원인이 운송인의 면책사유에 해당할 경우 배상을 받지 못할 경우도 있으며 비록 배상을 받는다고 하여도 배상한도액 때문에 자신이 보상한 금액만큼을 배상받기 어렵다. 이를 대비하여 선주는 선박보험과 P&I보험에 부보한다. 선주가 운송계약에 따라 하주에게 책임을 져야 한다면 이는 P&I보험으로 커버되므로 결국은 적하보험자의 대위권의 대상은 P&I보험자가 되어 보험회사 간의 정산문제로 된다.

VI ▸▸ 해상보험 주요 용어

1 위험(risk, peril)

위험(risk)이란 손해발생 가능성이다. 이와 유사한 용어로 손인(perils)은 손해의 원인을 말하며 좌초, 충돌, 화재 등이 있다. 협회약관은 이들을 구분하지 않고 risk란 용어만 사용하고 있다.

해상보험은 모든 손해를 담보하는 것이 아니고, 일정한 위험에 의해 야기된 손해만을 담보하며 일정한 위험은 보험약관상에 나타난다. 보험약관은 담보위험과 면책위험으로 구성되는데, 담보위험은 보험자가 부담하는 위험, 즉 당해 위험으로 발생한 손해를 보험자가 보상하기로 약속하는 위험이다. 반면 면책위험은 법률이나 약관에 의해 보험자의 보상책임을 면제시키는 위험을 말한다.

2 손해(loss, damage)

손해(loss)는 위험의 발생으로 피보험목적물의 전부 또는 일부가 소멸되거나 손상을 입는 것을 말한다. 해상손해는 손해발생의 원인에 따라 물적손해, 비용손해, 책임손해로 구분하고, 손해의 정도에 따라 전손과 분손으로 구분된다. 전손은 현실전손과 추정전손으로 분손은 단독해손과 공동해손으로 구분된다.

3 담보 · 보상(to cover & to pay)

담보(擔保, cover)는 보험자가 손해발생의 가능성에 대하여 책임을 지는 것을 말하고, 보상(補償, pay)은 위험의 발생으로 피보험자가 입은 경제적 손해에 대하여 책임을 지는 것을 말한다.

보험자는 담보한 위험에 대한 손해만을 보상할 의무가 있는데 이를 인과관계(causation)라고 한다. 보통 위험을 담보하다(to cover the risk)라고 할 때는 cover란 용어를 사용하지만 명시담보, 묵시담보, 담보위반 등에서는 warranty란 용어를 사용한다.

4 보험계약 당사자

보험자(insurer, assurer)는 보험계약의 당사자로서 위험을 인수하는 자를 말하며 보험사고 발생 시 손해보상책임을 지는 자로 회사형태의 보험회사(insurance company)와 개인보험업자(underwriter)가 있다.

보험계약자(policy holder)는 보험자에게 보험료를 지급하고 보험계약을 체결하는 당사자이다. 실무적으로 누가 보험계약을 체결할 것인지는 별도의 명시가 없는 한 정형거래조건에 따라 결정된다. 보험계약 체결자가 반드시 피보험자일 필요는 없다. FOB나 FCA에서는 보험계약자가 피보험자이지만 CIF나 CIP에서는 매도인이 보험계약자이지만 피보험자는 매수인이다.

피보험자(insured, assured)는 피보험목적물에 대하여 이해관계를 갖는 자로, 보험사고의 발생 시 보상청구권을 갖는다. 결국 보험금을 수령하는 자이다.

5 보험료 · 보험금 · 보험금액 · 보험가액

보험료(insurance premium)는 보험자의 위험인수에 대하여 보험계약자가 지급하는 대가로 보험계약의 약인(consideration)이다. 보험계약자는 보험계약체결 후 지체 없이 보험료의 전부 또는 1회 보험료를 지급하여야 하며, 이를 지급하지 아니하는 경우에는 다른 약정이 없는 한 계약 성립 후 2개월이 경과하면 그 계약은 해제된 것으로 본다(상법 제650조) 보험료는 보험금에 대한 백분비로 표시하며 보험금에 보험요율을 곱하여 계산한다.

보험금(claim amount, claims)은 보험사고의 발생으로 피보험자가 보험자로부터 보상받는 손해보상액이다. 보험금은 실손보상의 원칙에 따라 보험금액의 한도 내에서 보상된다. 보험계약에서 당사자가 상호 합의한 방법과 범위까지(in a manner and to the extent thereby agreed) 보상되기 때문에 보험금이 반드시 실손액과 일치된다고 볼 수 없다.

보험금액(amount insured)은 보험가입금액으로 사고발생 시 보험자가 보상하는 최고 한도액이다. 보험자는 손해방지비용의 경우를 제외하고 어떤 경우에도 보험금액을 초과하여 보상할 책임이 없다. 전액보험(full insurance)의 경우 보험금액은 보험가액과 일치하며, 적하보험의 경우 보험금액은 일반적으로 CIF value×110%이다.

보험가액(insurable value)은 피보험목적물의 평가액이다. 피보험목적물의 경제적 가치는 계속 변하기 때문에 보험계약 체결 시 이를 변하지 않는 확정금액으로 전제하고 계약을 체결한다. 이를 보험가액불변의 원칙이라고 하며, 이 원칙에 따라 발행하는 증권을 기평가보험증권(valued policy)이라고 한다. 적하보험에서 보험가액을 확정하는 방법은 피보험재산의 원가에 선적비용 및 선적에 부수되는 비용과 이상 전체에 대한 보험비용을 가산한 금액이다.[8)]

6 일부보험 · 전부보험 · 초과보험 · 중복보험

일부보험(under insurance)은 보험금액이 보험가액보다 적은 경우로 보험사고의

8) MIA(1906) §16 (3).

발생 시 보험자는 보험가액에 대한 보험금액의 비율로 비례보상을 한다. 선박보험의 경우가 주로 여기에 해당한다.

전부보험(full insurance)은 보험금액이 보험가액과 같은 경우로 주로 적하보험이 여기에 해당하며 실손보상의 원칙이 적용될 수 있다.

초과보험(over insurance)은 보험금액이 보험가액을 초과하는 경우로, 초과보험이 보험계약자의 선의로 체결되었을 경우에는 보험자는 보험금액의 감액을 청구할 수 있지만 사기에 의한 초과보험은 무효가 된다.

중복보험(double insurance)은 동일한 피보험목적물에 대하여 복수의 보험계약이 존재하는 경우로서 전체보험금액이 보험가액을 초과하는 경우를 말한다. 복수의 보험이 모두 유효하면 피보험자는 자신의 선택에 따라 어느 보험자에게 먼저 보험금의 지급을 청구할 수 있다. 선 지급한 보험자는 나머지 보험자에게 비례부담을 청구할 수 있다. 복수의 보험자가 동일한 피보험목적물에 대하여 보험계약을 체결하였어도 전체 보험금액이 보험가액을 초과하지 않으면 **공동보험**(co-insurance)이라 한다.

7 보험증권 · 보험약관

보험증권(insurance policy)은 보험자가 보험계약의 성립과 그 내용을 증명하기 위하여 작성·교부하는 증서이다. 해상보험계약은 낙성계약이므로 증권의 발행·교부가 보험계약의 성립에 전제조건이 아니지만 해상보험계약은 보험증권상에 나타나지 않으면 증거로 인정되지 않는다.

보험약관(clauses)은 보험계약의 내용을 구성하는 계약조항을 통칭한다. 약관 개개의 내용을 조항(clause)이라고 하나 실무적으로는 약관과 조항을 구별하지 않고 혼용하여 사용한다. 해상보험계약에서 약관은 보험자와 피보험자의 권리·의무를 규정한 것으로 보험증권에 인쇄되어 있거나 별지에 인쇄된 것을 보험증권에 첨부하여 사용한다. 해상보험약관은 본문약관과 합동적하위원회(JCC)의 협회적하약관 등이 있다.

해상보험계약에서 약관이 우선 적용되며 약관이 없을 경우 영국해상보험법이 적용되고 법이 없으면 영국의 관습이 적용된다. 그렇지만 계약의 성립 및 그것의 법률적 효력에 관해서는 국내법이 적용된다.

8 보험기간 · 보험계약기간

보험기간(duration of risk)은 피보험목적물에 대한 보험자의 책임이 존속하는 기간으로 피보험자가 보험으로부터 보호받는 시간적·공간적 한계를 말한다.

보험계약기간(duration of policy)은 보험계약이 유효하게 존속하는 기간으로 일반적으로 보험기간과 일치한다. 그렇지만 소급보험[9]이나 예정보험에서는 양자가 불일치한다.

9 보험의 목적 · 보험계약의 목적

보험의 목적은 보험계약의 객체를 의미하며 적하보험에서는 화물이며 선박보험에서는 선박이다. 보험의 목적을 피보험목적물 또는 보험목적물(subject matter insured)이라고 한다.

보험계약의 목적은 피보험자가 보험계약을 통하여 담보되는 대상으로 피보험목적물에 대한 피보험자의 경제적 이해관계인 피보험이익(insurable interest)이다. 피보험자가 보험계약을 체결하는 목적은 이러한 피보험이익을 보호받기 위함이다.

10 피보험이익

피보험이익(insurable interest)은 특정인이 피보험목적물에 대한 경제적 이해관계를 말한다. **"이익이 없으면 보험도 없다"**(no interest, no insurance)라는 법언에서 보듯이 경제적 이해관계가 없다면 손해를 입을 염려가 없다. 보험계약이 유효하게 성립하기 위한 피보험이익의 요건은 다음과 같다.

첫째, 피보험이익은 적법성을 가져야 한다. 따라서 밀수품 등은 적법한 피보험

9) S.G.Policy에는 소급약관이 있으나 신약관은 소급약관이 피보험이익약관(Insurable Interest clause)에 흡수되어 있다.

이익을 가졌다고 할 수 없다.

둘째, 피보험이익은 경제성을 가져야 한다. 즉, 피보험이익이 금전적으로 환산 가능하여야 하며 이것이 불가능한 종교적·도덕적 이익은 해상보험계약의 목적이 될 수 없다.

셋째, 피보험이익은 확정성을 가져야 한다. 즉, 피보험이익은 늦어도 손해발생 시까지는 그것이 귀속될 당사자가 확정되어 있어야 한다.

해상보험에서 피보험이익은 주로 선박과 화물에 관한 이익이다. 피보험목적물에 관한 이해관계 가운데 가장 대표적인 것이 소유권자가 갖는 소유이익이다. 이 외에도 담보권자가 갖는 담보이익, 보험사고로 기대했던 기대이익을 상실하게 되므로 이를 회복하고자 하는 희망이익, 제3자가 입은 손해에 대하여 책임을 져야 하는 책임이익 등이 있다.

보험계약의 목적이 피보험이익의 보호에 있으므로 보험자는 실손보상의 원칙에 따라 피보험자에게 피보험이익을 사고발생 이전의 상태로 회복해 주어야 한다.

피보험이익의 평가액을 보험가액(insurable value)이라고 하고, 이를 사전에 확정하여 보험기간 중 변동하지 않는 보험가액불변의 원칙이 있다. 적하보험에서의 보험가액은 일반적으로 CIF Value×110%로 사전에 확정하여 사용하고 있다.

피보험이익은 양도가능하다. 화물이 매도인으로부터 매수인에게 이전되면 피보험이익도 이전된다. CIF조건이나 CIP조건에서 위험이 매수인에게 이전되고 매도인이 보험증권을 배서·양도하므로 매수인은 보험증권상의 피보험자의 권리를 양수한다.

11 고지의무

보험계약은 최대선의계약(contract of utmost good faith)으로서 보험자는 계약체결 시에 많은 피보험목적물의 내용을 일일이 파악할 수 없다. 이러한 상황에서 위험을 인수하는 보험자를 보호하기 위하여 보험계약자 또는 피보험자에게 **고지의무(告知義務, duty of disclosure)**를 부과하여 보험료를 측정하거나 위험을 인수하는 데 영향을 줄 수 있는 모든 중요한 사항을 보험자에게 알려주도록 하고 있다.[10)]

피보험자가 보험자에게 고지하여야 할 사항은 신중한 보험자가 보험료를 결정하거나 위험인수여부를 결정하는데 영향을 미치는 모든 중요한 사항(every material circumstances)이다. 피보험자가 고지의무를 위반하면 보험자는 보험계약을 취소할 수 있다. 위반의 내용은 불고지(non-disclosure)와 부실표시(misrepresentation)를 포함한다.

보험계약이 취소되면 보험계약은 처음부터 무효가 되어 보험료는 환급되고 지급한 보험금도 반환 청구할 수 있다. 고지의무 위반을 안 날로부터 1개월 이내, 계약체결일로부터 3년 이내에 보험자는 계약을 해지할 수 있다(상법 제651조).

12 담 보

담보(擔保)는 2가지로 사용된다. 우선, 담보위험으로부터 발생한 손해를 보상한다는 의미로서 "cover"이다. 다음으로 피보험자가 약속한다는 의미로 "warranty"이다.[11] 담보는 보험자가 위험을 측정하는데 모든 사항을 파악할 수 없기 때문에 피보험자가 엄격히 이행하거나 충족시켜야 할 사항을 미리 약속하는 방법으로 한다. 담보에는 증권상 구체적으로 기재하여 명시되는 명시담보와 명시되지 않는 묵시담보가 있다.

명시담보(express warranty)는 보험증권에 담보내용이 문언으로 기재되어 있거나 담보내용이 인쇄된 서류가 첨부된 경우를 말한다. 명시담보에는 피보험목적물의 안전에 관한 안전담보(warranty of good safety), 피보험목적물이 중립적이어야 한다는 중립담보(warranty of neutrality) 등이 있다.

묵시담보(implied warranty)는 비록 보험증권상에는 명시되어 있지 않으나 피보험자가 묵시적으로 제약을 받는 조건이다. 영국해상보험법상의 묵시담보로는 감항성담보와 적법담보가 있다. 감항성(seaworthiness)담보는 선박이 항해를 개시할 때

10) MIA(1906) §18(1) : Subject to the provisions of this section, the assured must disclose to the insurer, before the contract in concluded, every material circumstance which is known to the assured, and the assured is deemed to know every circumstance which in the ordinary course of business, ought to be known by him. if the assured fails to make such disclosure, the insurer may avoid the contract.

11) warranty라 함은 피보험자가 어떤 일을 행하거나 행하지 않을 것을, 또는 특정 사실의 존재 또는 부존재를 확약하는 것이다. (MIA §33)

항해사업을 수행하기 위한 감항성을 갖추어야 함을 의미한다. 적하보험에서는 피보험자가 선박의 감항성을 관리할 수 있는 입장에 있지 않기 때문에 선박의 감항성 담보는 적용되지 않는다. 적법(legality)담보는 항해의 적법성에 대한 담보로 밀무역이나 허가를 득하지 않은 출항 및 항해금지구역내의 항해 등은 위반이 된다.

담보는 피보험자가 보험자에 대한 약속이기 때문에 반드시 지켜져야 한다. 피보험자가 담보를 위반하면 보험자는 위반일로부터 보상책임이 해제되지만, 위반일 이전에 발생한 손해는 보상책임이 있다.[12)]

12) MIA(1906) §33(3) : A warranty, as above defined, is a condition which must be exactly complied with, whether it be material to the risk or not. If it be not so complied with, then, subject to any express provision in the policy, the insurer is discharged form liability as form the date of the breach of warranty, but without prejudice to any liability incurred by him before that date.

제2절 해상위험

I ▸▸ 해상위험의 의의

1 해상위험의 정의

해상보험계약은 손해보상계약(contract of indemnity)이므로 피보험자의 피보험 목적물에 손해를 주는 위험이 특정되어 있어야 한다. 해상보험에서 보험자가 담보하는 위험은 해상위험이다. ICC(1963)의 본문약관(담보위험약관)에 명시된 위험의 분류는 다음과 같다.

위험약관상 위험의 분류

해상고유의 위험 (Perils of the Seas)	① S.S.C.위험(stranding(좌초), sinking(침몰), collision(충돌)) ② Heavy Weather(악천후)
해상위험 (Perils on the Seas)	① Fire(Burning)(화재), ② Jettisons(투하) ③ Barratry(선원의 악행), ④ Pirates, Rovers, Thieves(해적, 표도, 강도)
전쟁위험 (War Perils)	① Men-of-War(군함) ② Enemies(외적) ③ Surprisals and Capture(습격과 포획) ④ Taking at Sea & Seizure(해상탈취 및 나포) ⑤ Arrests, Restraints and Detainments Kings, Princes and People (관헌의 강류, 억지 및 억류) ⑥ Letters of Mart and Countermart
기타 일체의 위험 (All Other Perils)	동종제한의 원칙에 따라 위에 열거한 위험과 동종의 모든 것

해상위험(maritime perils)이라 함은 해상항해에 기인하는 또는 부수하는 위험, 즉 해상고유의 위험, 화재, 전쟁위험, 해적, 표도, 강도, 포획, 나포, 군주 및 인민의 억지 또는 억류, 투하, 선원의 악행 및 상기와 동종의 또는 보험증권에 기재되는

기타 일체의 위험을 말한다.[13)]

약관에서 보험자의 담보책임을 규정하는 방법에는 첫째, 위험을 기준으로 정하는 경우로 악천후(heavy weather) 등이며, 둘째, 발생된 사고의 형태, 즉 충돌, 좌초, 침몰 등을 기준으로 할 수 있으며, 마지막으로 분손, 전손 등과 같이 손해의 형태를 기준으로 할 수 있다.

2 해상위험 담보방식

해상위험 담보원칙에는 포괄담보방식과 열거담보방식이 있다. **포괄담보방식**은 보험자가 면책위험을 제외하고 모든 위험을 담보한다고 규정한 경우로 포괄담보방식은 보험자는 야기된 손해가 면책위험에 의하여 발생하였음을 입증하지 않는 한 보상한다. ICC(A)나 ICC(A/R)의 채택방식이다.

열거담보방식은 발생된 손해가 열거된 담보위험에 의한 손해임을 피보험자가 입증하는 방식이다. ICC(B), (C) 및 ICC(WA), (FPA)의 채택방식이다.

II ▸▸ 담보위험과 면책위험

해상보험에서 구체적으로 보험자의 책임을 정하는 방법은 위험을 기준으로 하는 방법과 사고의 형태를 기준으로 하는 방법, 손해를 기준으로 하는 방법이 있다.

구증권에서는 위험의 형태와 사고의 형태를 같이 분류하여 보험자의 책임기준을 1차적으로 규정하고, 2차적으로 손해의 형태에 따라 보험자의 담보책임기준을 설정하고 있다. 신증권에서는 손해의 행태를 구분하는 것을 포기하고 단지 위험의 형태만을 구분하여 담보책임을 설정한다.

13) MIA(1906) §3 : Maritime perils means the perils consequent on, or incidental to, the navigation of the sea, that is to say, perils of the seas, fire, war perils, pirates, rovers, thieves, captures, seizures, restraints, and detainments of princes and peoples, jettisons, barratry, and other perils. either of the like kind or which may be designated by the policy.

보험증권에서 보험자가 보상해 준다고 특정한 위험을 **담보위험**(risks covered)이라고 하고, 법이나 약관에서 보험자에게 보상책임을 면제시키고 있는 위험을 **면책위험**(exceptions)이라고 한다. 보험증권이나 약관상에서 담보위험이나 면책위험으로 특정되지 않는 모든 위험은 부담보위험이라고 한다.

면책위험이나 부담보위험은 둘 다 보험자가 보상하지 않는다는 점에서는 같으나 효과면에서 차이가 있다. 예를 들어 화재가 담보위험이고 낙뢰가 부담보위험이며 전쟁이 면책위험인 경우에 낙뢰에 의하여 화재가 발생하고 피보험자가 손해를 입었다면 보험자는 보상책임이 있으나 전쟁으로 인하여 화재가 발생하고 그 결과 피보험자가 손해를 입었다면 보험자는 보상책임이 없다.

Ⅲ ▸▸ 위험의 변동

1 위험변동의 의의

보험자는 보험계약 체결 시에 대수의 법칙에 따라 이재율(罹災率)을 평가하여 보험료를 산정한다. 보험료 산정의 기준이 되었던 상황이 변화하게 되면 보험계약의 기초가 무너지게 되기 때문에 보험자에게 보험계약의 해제권을 부여하거나 보험자의 책임을 면책시키게 되는데 이러한 것을 위험변동(change of risk)의 원리라고 한다. 이러한 위험의 변동에는 단순히 위험률의 변동을 초래하는 **위험의 변경**(variation of risk)과 위험사정이 완전히 달라지는 **위험의 변동**(alternation of risk)이 있다.

2 위험의 변경

위험의 변경상황은 갑판적, 환적, 강제하역, 포장불충분 등을 들 수 있으며, 이러한 위험의 변경이 발생하면 보험자는 원칙적으로 변경 후의 사고에 대하여는 면책된다. 또한 선박의 이로(離路, deviation)는 대표적인 위험의 변경상황으로 이로 시부터 보험자의 책임이 해제되며 이로 후 본래의 항로로 복귀해도 보험자의

책임은 여전히 면책된다.[14)]

영업상 이로나 지연 등 위험변동이 있는 경우에는 원칙적으로 보험자의 책임이 해제되지만 정당한 이유가 있는 경우에는 보험의 효력이 계속된다.[15)] 특히 적하보험의 피보험자인 하주는 사실상 운송인의 지배하에 있는 해상항해에서 위험변동의 선의의 피해자가 될 가능성이 있기 때문에 ICC 신약관 제8조 3항에 "피보험자가 좌우할 수 없는 지연, 이로, 부득이한 양하, 재선적, 환적, 선주의 자유재량권에 의한 위험의 변경" 등의 경우 위험변동기간 중의 담보위험에 의한 손해는 통지나 추가보험료의 지급 없이 보험자가 계속 담보할 것을 명시하고 있다.

3 위험의 변동

위험의 변동이란 보험계약 체결 당시의 위험사정은 완전히 소멸하고 새로운 위험사정이 전개되는 경우로서 구체적인 상황으로 항해의 변경[16)](change of voyage)과 선박의 변경[17)]이 있다.

항해의 변경은 선박이 보험계약에 정하여진 출발항이 아닌 다른 항에서 출발하거나, 선박이 보험계약에 정하여진 도착항이 아닌 다른 항을 향하여 출발하거나 또는 보험자의 책임이 개시된 후 보험계약에 정하여진 도착항이 변경된 경우를 포괄하는 것으로 이러한 경우에 보험자는 책임을 지지 않는다. 적하보험에서 항해의 변경은 피보험자인 하주가 통제할 수 없기 때문에 이러한 피보험자를 보호하기 위하여 ICC 신약관 제10조에 항해변경약관(change of voyage clause)[18)]을 두고 있다. 항해변경 시 피보험자가 보험담보를 계속 받기 위해서는 ① 약관상 유효한 항해의 변경, 즉 보험이 개시된 후 피보험자에 대한 목적지 변경, ② 보험자

14) MIA(1906) §46 (1) : Where a ship, without lawful excuse, deviates from the voyage contemplated by the policy, the insurer is discharged from liability as from the time of deviation, and it is immaterial that the ship may have regained her route before any loss occurs.

15) MIA(1906) §49.

16) 상법 제701조, MIA(1906) §45.

17) 상법 제703조.

18) Where, after attachment of this insurance, the destination is changed by the Assured, held covered at a premium and on conditions to be changed subject to prompt notice being giving to the underwriters.

에게 지체 없는 통지, ③ 추후 협정되는 보험료와 보험조건 등을 전제로 계속담보가 가능하도록 규정하고 있다.

선박의 변경은 피보험목적물인 적하가 선적항에서 약정된 선박에 적재되지 않고 다른 선박에 적재되는 경우와 항해 도중에 다른 선박에 환적되는 경우를 모두 포함하지만 일반적으로 전자를 가리킨다. 영법에는 선박변경 조항이 없으나 선박변경의 경우 항해의 변경과 마찬가지로 계속 담보를 위해서는 그 사실을 보험자에게 신속하게 통지하고 추후 결정되는 보험조건과 보험요율로 계속담보가 가능하다.

Ⅳ ▸▸ 보험기간

1 보험기간의 의의

보험기간(duration of the risk)이란 보험자의 위험부담 책임이 존속하는 시·공간적 한계를 말한다. 보험기간을 정하는 방법은 ① 일정한 항해단위를 기준으로 하는 항해보험, ② 일정한 기간을 기준으로 하는 기간보험, ③ 양자를 기준으로 하는 혼합보험이 있다. 통상 적하보험은 항해보험이고, 선박보험이나 항공기보험 등은 기간보험이며 혼합보험은 현재 거의 사용되고 있지 않다.

보험기간 내 보험자가 담보하는 것은 위험을 담보하는 것이지 손해보상을 담보하는 것이 아니다. 따라서 보험기간 내 발생한 위험으로 인하여 보험기간이 종료한 이후에 손해가 발생한 경우에도 보험자는 보상책임을 진다. 반대로 보험기간이 개시되기 이전에 위험이 발생하여 손해가 보험기간 중에 발생한 경우에는 보험자는 보상책임이 없다.

2 적하보험의 보험기간

적하보험의 개시는 화물이 본선에 적재된 때이고, 종료는 화물이 안전하게 육지에 양륙된 때이다. 물론 그 과정에서 담보위험에 의한 부득이한 양하나 그 후의 재선적 또는 환적 중의 위험과 양하 후 부두까지의 부선위험도 담보된다.[19)]

운송 발달과 복합운송의 일반화로 보험기간을 육상구간까지 확장할 필요에 따라 19세기 말 **창고간약관**(warehouse to warehouse clause)이 사용되기 시작하였고, 수차 개정되어 ICC(1963) 구협회적하약관 제1조 운송약관에 삽입되었다가 ICC(1982) 신협회적하약관 제8조 운송약관(transit clause)으로 삽입되어 보험기간은 매도인의 창고로부터 매수인의 창고로 확대되었다.

보험자의 책임은 화물이 운송을 위하여 보험증권에 기재된 장소의 창고나 보관장소를 떠날 때 **개시**된다. 또한 화물의 통상적인 운송과정(ordinary course of transit)에 있는 동안에 보험자의 책임이 계속된다. 통상적인 운송과정이란 화물이 선적대기 중 부두의 운송장치장(transit shed)에 있는 동안이나 화물이 양하항에서 세관당국이나 위생당국의 검사를 받거나 통관수속을 대기하고 있는 동안을 포함한다.

운송약관에서 보험이 **종료되는 시기**는 ① 수하인의 창고나 기타 최종창고나 보관장소에 인도된 때, ② 통상의 운송과정이 아닌 보관 또는 할당이나 분배를 위해 피보험자가 선택한 기타 장소나 보관장소에 인도된 때, ③ 최종 양하항에서 양하 완료후 10일이 경과한 때 중에서 먼저 발생한 때 보험은 종료된다.

V ▸▸ 인과관계

인과관계란 어떤 원인이 어떤 결과를 가져온다는 원인과 결과의 관계이다. 위험이라는 선행현상이 없었다면 손해라는 후행현상이 일어나지 않을 것이라고 하는 두 현상 간 필연적 관계가 인과관계이다. 해상보험에서 보험자는 발생된 손해

19) MIA First Schedule 기간약관 : "beginning the Adventure upon the said Goods and Merchandises from the loading thereof aboard the said ship and so shall continue and endure, during her abode there…, until the said ship with all hers Goods and Merchandises whatsoever shall be arrived at … and until the same be there discharged and safely landed"(상기 화물 및 상품에 대한 위험은 상기 선박에 적재될 때 개시하고, …에 도착할 때까지 계속하여, 그곳에서 하역하게 되고 안전하게 양륙될 때까지 계속된다.)

가 보험증권상 담보된 위험에 근인하여 발생되어야 한다는 **근인(近因, cause proxima)주의**에 바탕을 두고 있다.[20]

영법에는 근인주의에 대한 구체적인 설명이 없지만, 판례를 살펴보면 근인은 시간적 근인보다 효과적 근인(cause proxima in efficiency), 즉 사고를 일으킨 가장 직접적이고 지배적인 근인을 기준으로 한다.

해상사고로 화물의 손해가 발생되면 손해의 원인을 규명하는 것이 그렇게 쉽지 않다. 일반적으로 동일한 영향을 준 원인의 결합에 의해서 손해가 발생한 경우, 하나는 담보위험이고 다른 하나는 부담보위험이라고 할지라도 명시적인 면책위험이 아닌 한 보험자는 보상책임이 있으나 동시에 발생된 두 위험 중 명시적인 면책위험이 있다면 보험자는 보상책임이 없다.

20) MIA(1906) §55 ① : Subject to the provisions of this Act, and unless the policy otherwise provides, the insurer is liable for any loss proximately caused by a peril insured against, but, subject as aforesaid, he is not liable for any loss which is not proximately caused by a peril insured against (본 법에 별도의 규정이 있는 경우와 보험증권에 달리 규정하고 있는 경우를 제외하고 보험자는 담보위험에 근인하여 발생한 모든 손해에 대해서 책임지지 않는다.)

제3절 해상손해

I ▸▸ 해상손해의 의의

해상손해(marine loss or damage)란 피보험 목적물이 해상위험으로 인하여 전부 또는 일부가 멸실·손상됨으로써 피보험자가 입게 되는 경제적 손실을 말한다. 해상손해라고 반드시 해상에서 발생하는 손해만을 의미하지 않으며 여기에는 해상항해에 부수되는 내수 및 육상의 손해까지 포함된다.

보험자가 보상하는 손해는 피보험자가 피보험목적물에 피보험이익을 가져야 하며, 손해와 담보위험과 근인관계가 있어야 한다.

II ▸▸ 해상손해의 종류

해상손해는 분류기준에 따라 여러 가지로 구분되지만, 기본적으로 직접손해와 간접손해로 나눌 수 있다. 직접손해는 피보험목적물 자체의 손해이며 간접손해는 직접손해의 결과 부수적으로 입게 되는 손해로 이익의 상실이나 운임의 상실 등이 여기에 속한다.

해상보험은 직접손해보상의 원칙에 따라 직접손해만을 보상함을 원칙으로 하지만 약관에서 특별히 정한 경우에 간접손해도 보상한다. 일반적으로 해상손해는 다음과 같이 분류한다.

해상손해의 분류

- 해상손해(loss)
  - 물적손해(physical loss)
    - 전손(total loss)
      - 현실전손(actual : ATL)
      - 추정전손(constructive : CTL)
    - 분손(partial loss)
      - 단독해손(particular average : P/A)
      - 공동해손(general average : G/A)
  - 비용손해(expense loss)
    - 구조비(salvage charges : SC)
    - 손해방지비용(sue&labour charges)
    - 특별비용(particular charges)
  - 책임손해(liability loss)
    - 충돌손해배상책임(collision liability)

1 전손(total loss)

1) 현실전손(ATL : actual total loss)

피보험목적물이 파괴되거나 부보된 종류의 물품으로 존재할 수 없을 정도로 심한 손상을 받은 경우, 또는 피보험자가 보험의 목적물에 대한 소유권을 박탈당하고 이를 회복할 수 없는 경우에 현실전손이 존재한다(MIA §57 ①). 해상사업에 종사하는 선박이 행방불명이 되고 상당한 기간 경과 후까지 그 소식을 모를 경우에는 현실전손으로 추정할 수 있다(MIA §58조).

영국해상보험법에 따르면 **현실전손의 요건**은 다음과 같다.

첫째, 실질적인 멸실(physical destruction)로써 선박이나 적하 등이 충돌, 침몰, 좌초 등으로 인하여 완전히 파괴되어 복구가능성이 전혀 없는 상태 또는 선박이나 적하의 화재에 의한 전손 등이 이에 해당한다.

둘째, 보험목적물 본래의 성질 상실(alteration of species)로 보험목적이 물건으로는 존재하지만 본래 물건으로서 성질을 상실한 경우이다.

셋째, 회복가능성이 없는 박탈(irretrievable deprivation)로써 선박이 적에게 포획, 합법적인 전리품으로 몰수, 금괴의 해저 침몰과 같이 피보험목적물의 회복 전망이 없는 경우이다.

넷째, 선박이 행방불명(missing ship)된 경우이다. 이 경우 영법은 현실전손으로 간주하고 있으나 우리나라 상법(제711조)은 선박이 행방불명된 후 2개월이 경과하면 위부할 수 있도록 규정한 것으로 보아 이를 추정전손으로 간주하고 있다.

2) 추정전손(CTL : constructive total loss)

피보험목적물이 실질적으로는 전손이 발생하지 않았지만 전손이 발생한 것으로 추정할 수밖에 없는 경우를 말한다. 추정전손은 보험증권에 명시적인 규정이 있는 경우를 제외하고, 피보험목적물의 현실전손이 불가피한 것으로 보이기 때문에 또는 비용을 지출한다면 피보험목적물의 가액을 초과하는 비용의 지출 없이는 현실전손을 면할 수 없는 경우에 피보험목적물이 합리적으로 위부하는 경우에 된다(MIA §60). 또한 영국해상보험법(MIA)에 따르면 **추정전손**으로 인정되는 경우는 다음과 같다.

첫째, 피보험자가 담보위험으로 인하여 자신의 선박 및 화물의 점유를 박탈당한 경우에는 ⓐ 피보험자가 그 선박 및 화물을 회복할 가능성이 없어 보이는 경우, 또는 ⓑ 선박 및 화물을 회복하는 비용이 회복 후의 그 가액을 초과할 것으로 예상되는 경우이다.

둘째, 선박 손상의 경우에는 선박이 담보위험으로 인하여 심하게 손상되어서 그 손상을 수리하는 비용이 수리 후의 선박가액을 초과하는 경우이다.

셋째, 화물 손상의 경우에는 손상을 수리하는 비용과 화물을 목적항까지 운송하는 비용을 합한 금액이 도착 시의 화물가액을 초과할 것으로 예상되는 경우이다.

추정전손의 경우 피보험자에게 그 손해를 분손으로 처리하든지, 위부(委付) 후에 전손으로 처리하든지 피보험자가 결정할 수 있도록 선택권을 부여하고 있다.[21)]

21) MIA(1906) §61 : Where there is a constructive total loss the assured may either treat the loss as a partial loss, or abandon the subject-matter insured to the insurer and treat the loss as if it were an actual total loss.

2 분손(partial loss)

피보험목적물의 일부가 손상되거나 멸실된 것을 분손이라 한다. 분손은 그 손해를 피보험자 단독으로 책임질 것인가 이해관계자가 공동으로 책임질 것인가에 따라 단독해손과 공동해손으로 나눈다.

1) 단독해손(P/A : particular average)

피보험목적물의 일부가 입은 손해를 특정 하주가 단독으로 부담하는 것을 말한다. 영국해상보험법 제64조 제1항에는 "**단독해손**이라 함은 담보위험으로 인한 피보험목적물의 분손으로 공동해손손해가 아닌 것을 말한다"고 규정하고 있다.

단독해손은 다시 특정단독해손과 불특정단독해손으로 구분된다. 특정단독해손은 특정 사고에 의한 단독해손으로 대표적으로 SSBC(stranding, sinking, burnt, collision)를, 불특정단독해손은 악천후(heavy weather)에 의한 단독해손을 들 수 있다. FPA(free form particular average)는 '단독해손 부담보'라고 해석하지만 특정단독해손 손해는 담보하기 때문에 불특정 단독해손 부담보 조건으로 이해하여야 한다.

2) 공동해손(G/A : general average)

공동해손이란 피보험목적물의 일부가 입은 손해를 피보험자 이해관계자가 공동으로 책임질 때를 말한다. 공동해손에 문제되는 것이 이해관계자 각자에게 그 책임을 어떻게 분담할 것인가 하는 것으로 이에 대한 정산규칙이 York-Antwarp Rule(1994)이다.

3 비용손해(expense loss)

1) 구조비(salvage charge)

선박이나 적하가 해난을 당한 경우에 구조계약과 관계없이 임의로 이를 구조한

자는 해사법상 구조에 관하여 상당한 보수를 청구할 수 있는데 이를 구조비라 한다. 구조계약에 의한 구조작업의 결과 지출된 구조비 및 선박, 적하 등 공동의 안전을 위하여 지출된 경우는 공동해손으로 처리된다. 구조비는 보험금액을 한도로 보상된다.

2) 손해방지비용(sue and labour charge)

손해방지비용은 보험계약상[22] 피보험자의 의무사항인 손해방지의무를 이행하는데 소요된 비용이다. 손해방지의무란 일단 피보험목적물에 손해가 발생하면 피보험자는 가능한 한 손해의 확대를 방지하기 위한 조치를 취할 의무이다. 영국해상보험법 제78조 제4항에는 "손해를 방지 또는 경감하기 위한 합리적인 수단을 강구하는 것은 모든 경우에 있어서 피보험자 및 대리인의 의무이다"라고 규정하고 있다. 이러한 손해방지 활동은 근본적으로 보험자를 위한 활동이므로 그 비용이 보험금액을 초과하더라도 보험자는 보상한다. 손해방지비용은 피보험자 또는 그 대리인이 합리적으로 지출한 비용에 한하며, 보험자가 보상하게 될 손실, 즉 담보위험으로 인한 손해를 회피하거나 경감시키기 위한 비용이어야 한다.

3) 특별비용

영국해상보험법 제64조 제2항에는 "피보험목적물의 안전이나 보존을 위하여 피보험자에 의하여 또는 피보험자를 위하여 지출된 비용으로서 공동해손비용과 구조비를 제외한 것을 특별비용이라고 한다. 특별비용은 단독해손에 포함되지 않는다"고 규정하고 있다. 특별비용은 클레임 입증비용으로서 손해조사비용, 양하항에서 화물의 재포장비 등을 말한다.

4 충돌손해배상책임(collision liability)

해상보험은 담보위험으로 발생하는 피보험목적물 자체의 멸실, 손상, 비용손해

22) MIA §78 (4) : Lloyd's S.G.Policy의 Sue and Labour Clause : 협회적하약관 제16조

이외에 선원의 과실에 의하여 피보험선박이 타선과 충돌하여 생긴 손해, 즉 피보험선박 자체가 입은 물적 손해는 물론, 그 충돌로 인하여 상대 선박의 선주 및 화물의 하주에 대하여 피보험자가 책임져야 할 배상책임까지 보상해 주고 있다. 영국해상보험법 제74조에는 "피보험자가 제3자에 대한 책임을 명문으로 부보 하였을 경우, 그 손해보상의 한도는 보험증권에 명시의 특약이 있는 경우를 제외하고 피보험자가 그러한 책임에 대하여 제3자에게 지급하였든가 또는 지급하지 않으면 안될 금액이다"라고 규정하여 피보험자가 제3자에 대한 배상금액을 한도로 보상하도록 하고 있다.

협회적하약관에는 쌍방과실충돌약관(both to blame collision clause)을 두어 쌍방과실로 A선박과 B선박이 충돌하여 B선박의 하주가 입은 손해를 운송계약에 따라 A선박의 하주가 부담하게 되는 것을 A선박의 하주가 부보한 적하보험자가 보상하도록 하고 있으며, 협회선박약관에는 ¾충돌손해배상책임약관(¾ collision liability clause)을 두어 선박보험자는 피보험선박의 물적손해뿐만 아니라 피보험자의 배상책임까지의 보상을 약속하고, 제3자에 대한 손해배상액의 ¾까지 보상할 것을 약속한다.

Ⅲ ▸▸ 공동해손제도

1 공동해손의 정의와 성립요건

공동해손(共同海損, general average)은 공동의 해상사업 수행과정에서 위험에 처한 재산을 보존할 목적으로 자발적이고 합리적으로 이례적인 희생을 치르거나 이례적인 비용을 지출하는 경우에 공동해손행위가 있는 것으로 본다(MIA §66조 ②). 또한 이러한 행위로 인하여 발생한 손해 또는 이러한 행위의 직접적인 결과로 인하여 생긴 손해를 공동해손 손해라고 하며, 공동해손 손해는 공동해손비용과 공동해손희생으로 구성된다(MIA §66조 ①).[23)]

23) (1) A general average loss is a loss caused by or directly consequential on a general average act. It includes a general average expenditure as well as a general average sacrifice.

공동해손의 구성요건은 첫째, 공동해손이 성립하기 위해서는 통상적인 희생이나 비용이 아닌 이례적인 희생이나 비용이 있어야 한다. 둘째, 희생이나 비용이 자발적으로 발생된 것이어야 한다. 셋째, 고의로 발생시킨 비용이나 희생이 합리적인 수준 이내에서 발생되어야 한다. 넷째, 고의로 발생시킨 비용이나 희생이 공동의 위험을 회피하기 위한 것이어야 한다. 다섯째, 공동해손손해는 공동해손행위에 의한 직접적 손해이어야 한다.

2 공동해손의 구성

공동해손 손해(general average loss)는 공동해손희생과 공동해손비용으로 구성되며, 보험자가 공동해손으로 손해를 본 피보험자에게 보상한 후 공동해손행위를 통하여 혜택을 본 당사자에게 분담을 청구하는데 이를 공동해손분담금(general average contribution)이라 한다.

공동해손희생(general average sacrifice)의 대표적인 것으로는 적하의 경우 투하(jettison)이고, 선박의 경우 난파선의 절제, 임의좌초 등이 있으며, 공동해손비용(general average expenditure)은 구조비, 피난항비 등이 있다.

공동해손이 발생하면 그 손해를 이로 인하여 혜택을 입은 자들에게 분담하게 되는데, 이러한 작업을 공동해손의 정산(adjustment)이라 한다. 공동해손의 정산은 국제해사법위원회(CMI : Comite' Maritime International)의 요크・앤트워프규칙(York-Antwerp Rules, 1994)에 따른다. 이 규칙은 22개 숫자규정(number rules)과 7개 문자규정(lettered rules)으로 되어 있다. 이 규칙은 최우선규칙(rules of paramount), 숫자규정, 문자규정의 순서로 적용된다.

(2) There is a general average act where any extraordinary sacrifice or expenditure is voluntarily and reasonably made or incurred in time of peril for the purpose of preserving the property imperilled in the common adventure.

Ⅳ ▸▸ 위부제도

1 위부의 개념과 요건

위부(委付, abandonment)란 피보험자가 보험자에게 피보험목적물에 대한 손해를 전손으로 추정할 수 있도록 잔존물의 소유권과 제3자에 대한 구상권을 보험자에게 양도하는 것을 말한다. 피보험자는 피보험목적물의 위부를 결정한 경우에는 통지하여야 한다. 위부의 통지(notice of abandonment)란 피보험자가 보험자에게 자신의 재산권을 맡긴다는 의사표시이다. 위부통지는 ① 보험자가 보다 조속히 재산관리를 할 수 있도록 하고, ② 보험금이 지급되면 보험자의 처분에 맡겨질 재산을 피보험자가 계속 보관함으로써 손해의 확대를 막기 위한 목적이다.

위부의 요건은 ① 현실전손이 불가피한 것으로 보이거나, ② 피보험목적물의 가액을 초과하는 비용지출이 없으면 현실전손을 면하기 어려운 경우에 추정전손을 인정한다.[24]

2 위부의 효과

피보험자의 위부의 통지를 보험자가 수락하고 전손에 대한 보험금을 지급하면, 보험자는 잔존한 피보험목적물에 대한 일체의 권리와 제3자에 대한 구상권을 취득한다. 선박보험의 경우 운임까지 취득할 권리를 갖는다. 보험자의 권리는 피보험자의 위부의 통지만으로 취득되는 것이 아니고 보험자가 전손보험금을 지급했을 때 취득하게 되는 권리이다.

24) MIA §60조 ① : 보험증권에 특약이 있는 경우를 제외하고 피보험목적물의 현실전손이 불가피한 것으로 보이기 때문에 또는 만약 비용을 지출한다면 피보험목적물의 가액을 초과한 비용의 지출 없이 현실전손을 면할 수 없기 때문에 피보험목적물이 정당하게 위부될 경우에는 추정전손이 있다

3 대위권

대위(代位, subrogation)란 보험자가 피보험자에게 보험금을 지급한 경우에 피보험목적물에 대한 일체의 권리와 손해발생에 과실이 있는 제3자에 대한 구상권 등을 승계하게 되는 것을 말한다. 그 이유는 해상보험은 실손보상의 원칙이기 때문에 손해를 입은 피보험자가 실손 이상의 보상을 받지 못하도록 하기 위함이다.

위부는 추정전손이 피보험자의 권리인 반면, 대위는 전손과 분손을 가리지 않고 보험금을 지급한 보험자의 권리이다. 보험자가 대위권을 행사할 때 자신이 지급한 보험금을 한도로 권리를 행사할 수 있다. 적하보험에서 이러한 보험자의 대위권 행사를 완전하게 할 수 있도록 하기 위하여 피보험자가 보험자에게 보험금을 청구할 때 제3자에 대한 청구권을 확보할 것을 요구하고 있다.[25)]

25) 신협회적하약관 제16조 피보험자의무약관 제2항 : It is the duty of the Assured and their servants and agents in respect of loss recoverable hereunder to ensure that all rights against carriers, bailees or other third parties are properly preserved and exercised and ……

제4절 적하보험증권과 협회약관

I ▸▸ 증권 및 약관 개요

영국의 1779년 Lloyd's S.G. Policy가 해상보험계약의 표준양식으로 채택되고 1912년에 협회적하약관 ICC(FPA), 1921년에 ICC(WA), 1951년에 ICC(A/R)이 제정하여 사용하다가 1963년에 개정되었다.[26]

1982년 Lloyd's S.G. Policy가 폐지되고 새로운 MAR Form의 해상보험증권양식과 협회적하약관(ICC)가 도입되었다. 이들 2가지 보험증권은 담보체계나 담보내용이 약간씩 차이가 있으나 이들 증권을 한 장에 인쇄하여 이용하고 있다.

ICC(1963, 구증권)의 담보체계는 본문약관(19개 약관), 이탤릭체약관(3개), 난외약관(1개)과 특약(협회약관)으로 구성된 2중적 체계를 갖추고 있다. 특약(협회약관)은 14개 조항으로 구성되었으며, 그중 제5조 위험약관에 따라 A/R, WA, FPA로 구분된다.

ICC(1982, 신증권)은 구증권에 비하여 담보체계가 매우 단순화되었다. 본문약관(4

26) ① 런던보험자협회(ILU : Institute of London Underwriters)는 1884년 설립하여 Lloyd's 보험자들의 대표들과 함께 합동적하위원회(JCC : Joint Cargo Committee), 합동선박위원회(JHC : Joint Cargo Committee)등을 두고 보험회사시장과 로이즈시장 상호간의 이해관계를 조정하여 왔음
② 런던보험자협회(ILU)는 1998년 12월에 런던국제보험·재보험시장연합(LIRMA : London International Insurance and Reinsurance Market Association)과 합병하여 국제언더라이팅협회(IUA : International Underwriting Association of London)가 됨
③ 국제언더라이팅협회(IUA)는 해상보험분야와 손해보험분야를 위한 런던의 대표기구들을 통한 것으로 국제적 대형보험회사와 재보험회사들을 위한 세계적인 대표기구임
④ 런던국제보험·재보험시장연합(LIRMA)는 비해상보험사업과 재보험사업을 지원하기 위해 1960~70년대 설립된 보험협회들을 통합하여 1991년 설립됨
⑤ 로이즈시장협회(LMA : Lloyd's Market Association)는 로이즈보험자들을 위해 설립된 로이즈보험자협회(Lloyd's Underwriter Association)가 개편된 것임

개), 난외약관(3개), 특약(협회약관, 19개)로 구성되고, 본문약관에 4개 약관만 남기고 담보위험약관은 삭제하였다.

구약관처럼 손해의 형태를 분리하지 않고 위험 중심으로 통일했으며 담보위험에 관하여는 협회약관으로 모두 수용하였다.

신·구 증권 및 약관

Lloyd's S.G. Policy의 본문약관	신증권, 협회적하약관 및 M.I.A.
1. 모두약관	삭제
2. 양도약관	삭제, (참고 MIA 제15, 50, 51조)
3. 소급약관	삭제, 협회약관 제11조 '피보험이익약관'이 됨
4. 위험개시약관	삭제
5. 보험목적물의 표시약관	삭제
6. 적재선박명의 표시약관	삭제, 스케줄에 기재
7. 선장명의 표시약관	삭제
8. 보험기간 약관	삭제, 협회약관 제8조 '운송약관'이 됨
9. 기항·정박약관	삭제, 협회약관 제11조 '항해변경약관'이 됨
10. 보험가액평가약관	삭제, 증권면에 "Valued at the same amount insured"로 표기
11. 위험약관	협회약관 제1조 '담보위험약관'이 됨
12. 손해방지약관	협회약관 제16조 '피보험자의무약관'이 됨
13. 위부포기약관	협회약관 제17조 '위부포기약관'이 됨
14. 보험증권의 효력에 관한 약관	삭제
15. 구속약관	삭제
16. 약인약관	신 증권 표면에 표시
17. 면책률약관	삭제
18. 준거법약관	신 증권 표면 및 협회약관 제19조 (영국 법과 관습)
19. 선서약관	신 증권 표면에 표시
이탤릭체 약관	**신증권, 협회적하약관**
1. 포획·나포 부담보약관	협회약관 제6조 '전쟁위험면책약관'이 됨
2. 동맹파업·폭동·소요 부담보약관	협회약관 제7조 '동맹파업면책약관'이 됨
3. 항해중단부담보약관	삭제
난외약관	**신증권, 협회적하약관**
1. 교사약관	삭제, 협회약관 (B), (C)의 제1조에 명시
2. 타보험약관	신 증권표면에 표시
3. 손해통지약관	삭제
특약 : A/R, WA 및 FPA 협회약관	**협회적하약관 (A), (B), (C)약관**

ICC(1963)은 ICC(1982)에 비해 보상범위가 넓고 면책범위가 좁음에도 불구하고 보험료는 동일하였기에 ICC(1963)를 선호하여 왔다.

신 · 구 협회적하약관 비교

구약관 : ICC(1963)	신약관 : ICC(1982)
제1조 운송약관(Transit clause)	제8조 운송약관(Transit clause)
제2조 항해종료약관 (Termination of Adventure clause)	제9조 운송계약종료약관(삭제) (Termination of Contract of Carriage clause)
제3조 부선약관(Craft, etc. clause)	삭제
제4조 항해변경약관(Change of Voyage clause)	제10조 항해변경약관(Change of Voyage clause)
제5조 위험담보약관 분손부담보약관(F.P.A. clause) 분손담보약관(W.A. clause) 전위험담보약관(A/R clause)	제1조 (C) clause 제1조 (B) clause 제1조 (A) clause
제6조 추정전손약관 (Construction Total Loss clause)	제13조 추정전손약관 (Construction Total Loss clause)
제7조 공동해손약관(General Average clause)	제2조 공동해손약관(General Average clause)
제8조 감항성 승인약관 (Seaworthiness Admitted clause)	제5조 불내항 · 부적합 면책약관 (Unseaworthiness and Unfitness Exclusion clause)
제9조 수탁자약관(Bailee clause)	제16조 피보험자 의무약관(Duty of Assured clause)
제10조 보험이익불공여약관 (Not to insure clause)	제15조 보험이익불공여약관 (Not to insure clause)
제11조 쌍방과실충돌약관 (Both to Blame Collision)	제3조 쌍방과실충돌약관 (Both to Blame Collision)
제12조 포획 · 나포 부담보약관(F.C. & S. clause)	제6조 전쟁위험면책약관(War Exclusion clause)
제13조 동맹파업 · 폭동 · 소요 부담보약관 (F.S.R. & C.C. clause)	제7조 동맹파업 면책약관 (Strikes Exclusion clause)
제14조 신속조치약관 (Resonable Despatch clause)	제18조 신속조치약관 (Resonable Despatch clause)
	제4조 일반면책약관(General Exclusion clause)

Ⅱ ▸▸ 구증권과 ICC(1963)약관

1 구증권과 ICC(1963)약관 개요

구증권은 S.G.Policy와 ICC약관으로 구성된다. 즉, **S.G.Policy**는 **본문약관**, **이탤릭체약관**(3개 조항) 및 **난외약관**(1개 조항)으로 구성된다. ICC약관은 협회적하약관으로 부른다.

① **본문약관**은 모두약관, 양도약관, 소급약관, 위험개시약관, 피보험목적물 표시약관, 선박명의 표시약관, 선장표시약관, 보험기간약관, 기항·정박약관, 보험가액평가약관, 위험약관, 손해방지약관, 위부표기약관, 보험증권의 효력에 관한 약관, 구속약관, 보험료 영수승인약관, 선서약관, 면책률약관, 영국법 준거법약관 등 총 19개의 약관으로 되어 있다. 많은 약관 가운데 가장 중심이 되는 것이 담보위험에 관한 위험약관(perils clause)[27]이다.

② **이탤릭체약관**은 본문약관보다 우선한다. 오늘날은 이탤릭체로 인쇄되지 않으나 그 효력에는 차이가 없다. 이에 해당하는 것은 포획·나포 부담보약관(F.C.&S. clause), 동맹파업·폭동·소요 부담보약관(F.S.R. &C.C. clause) 및 항해중단 부담보약관(frustration clause) 등이 있다. 비록 본문약관에서 담보되는 위험이라도 이탤릭체에서 면책으로 규정되면 면책된다.

③ **난외약관**은 보험증권의 우측 또는 좌측상단에 인쇄된 약관으로, 협회약물약관

---

27) Touching the Adventures and Perils Which the said Company are contented to bear and do take upon themselves in this voyage, they are, of the Seas, Men-of War, fire, Enemies, Pirates, Rovers, Thieves, Jettisons, Letters of Mart and Counter mart, Surprisals, Takings at Sea, Arrests, Restraints and Detainments of all kings, Princes and People, of what Nation, Condition, or Quality soever, Barratry of the Master and Mariners, and of all other Perils, Losses and Misfortunes, that have or shall come to the Hurt, Detriment or Damage of the said Goods and Merchandises, and Ship : &., or any Part thereof.
(본 보험자가 본 항해에 있어서 담보할 것을 약속하는 모험 및 위험에 관하여서는 다음과 같다. 즉, 해상고유의 위험·군함·화재·외적·해적·표도·강도·투하·포획면허장 및 보복포획면허장·습격·해상탈취, 국적상황 또는 성질의 여하를 불문하고 모든 국왕·군주 및 국민의 강류·억지 및 억류, 선장 및 선원의 악행, 화물·상품 또는 선박 및 기타에 대하여 혹은 그들 일부에 대하여 파손·훼손 또는 손상을 발생케 했거나 또는 발생케 할 기타의 일체의 위험과 멸실 혹은 불행으로 한다.)

(institute dangerous drug clause), **교사약관**(grounding clause), **타보험약관**(other insurance clause), **손해통지약관**(claim notice clause) 등이 있으며 오늘날 실무에서 사용되는 보험증권에는 손해통지 및 절차를 규정한 중요약관(important clause)이 있다. 이러한 난외약관도 본문약관보다 우선한다.

④ **협회적하약관**은 다음의 ICC(1963)약관에서 설명한다.

2 ICC(1963)약관

ICC(1963)약관은 표 〈신·구 협회적하약관 비교〉에서 보는 바와 같이 14개 조항으로 구성되어 있으며, 제5조 위험담보약관만 제외하고 13개 조항은 동일하다. 다음에서는 제5조의 **분손부담보약관**(F.P.A. clause), **분손담보약관**(W.A. clause), **전위험담보약관**(A/R clause)을 소개한다.

ICC(1963)은 본문약관에서 정하고 있는 담보위험에 의한 손해 중에서 다시 손해의 형태를 분손 또는 단독해손 등으로 구분하여 최종적으로 담보여부를 결정하기 때문에 담보체계가 2중적인 것이 특징이다.

A/R약관은 위험을 보험자의 책임기준으로 설정하고 있는데 반해서 WA, FPA 약관은 손해의 형태를 보험자의 책임으로 설정하고 있기 때문에 근본적으로 그 성질이 다른 약관으로 이해해야 한다. 담보위험을 기준으로 3대 약관을 비교하면 다음과 같다.

1) A/R약관(all risks clause)[28)]

전위험담보조건이지만 면책위험은 여전히 존재한다. 영국해상보험법 제55조상

---

28) 【5. All Risks Clause】 This insurance is against all risks of loss of or damage to the subject-matter insured but shall in no case be deemed. All Risks to extend to cover loss damage or expense proximately caused by delay or inherent vice or nature of the subject-matter insured. Claims recoverable hereunder shall be payable irrespective of percentage.
(본 보험은 보험목적의 멸실 또는 손상의 모든 위험을 담보함. 그러나 여하한 경우에도 지연 또는 보험목적물의 고유의 하자 또는 성질을 근인으로 해서 생기는 멸실, 손상 또는 비용까지도 확장담보하는 것으로 간주하여서는 안됨. 이 보험에 의거 청구할 수 있는 보상금은 손해율의 다과에 관계없이 지급된다.)

구약관 3대조건의 담보범위

- A/R
  - WA
    - FPA
      - 1) 전손
      - 2) 공동해손손해
      - 3) 비용손해(손해방지비, 구조비, 특별비용, 공동해손분담금)
      - 4) 좌초, 침몰, 대화재가 발생된 경우의 단독해손 ┐
      - 5) 선적, 환적, 양육 중의 매포장당 전손(sling loss) ├ 특정사고에 의한 단독해손
      - 6) 화재, 폭발, 충돌, 접촉, 피난항에서의 양륙으로 인한 손해 ┘
    - 7) 상기 4, 5, 6 이외의 단독해손(불특정분손)
    - 8) 악천후에 의한 해수손(seawater damage caused by heavy weather)
  - 9) 모든 외부적 · 우발적 원인에 의한 손해(all accident loss)
- 면책사항
  - 1) 보험계약자 또는 피보험자의 고의적인 불법행위로 인한 손해
  - 2) 화물 고유의 결함, 성질, 운송지연으로 인한 손해
  - 3) 위험의 요건을 구비하지 않은 사유에 의한 통상의 손해
  - 4) 전쟁, 폭동, 파업 등에 기인한 손해

의 면책위험이 대표적인 것이다. 영국해상보험법 제55조상의 면책위험으로는 고의의 불법행위, 지연, 통상의 자연소모, 통상의 누손, 파손, 고유의 하자나 성질에 기인한 손해, 쥐나 벌레 등에 근인한 손해 등이 있다. 뿐만 아니라 본문약관에서 규정하고 있는 이탤릭서체약관의 내용(포획 · 나포부담보약관 등)도 역시 면책이다.

2) WA약관(With Average Clause)[29)]

분손담보약관은 본문약관의 위험약관에 규정된 담보위험으로 인한 손해 중에서 분손에 해당하는 손해를 담보하기는 하지만 특정 비율 미만의 손해는 담보하지

29) 【5. Average Clause】 Warranted free from average under the percentage specified in the policy, unless general, or the vessel or craft be stranded, sunk or burnt, but notwithstanding this warranty the Underwriters are to pay the insured value of any package which may be totally lost in loading, transhipment or discharge, also for any loss of or damage to the interest insured which may reasonably be attributed to fire, explosion, collision or contract of vessel and/or craft and/or conveyance with any external substance (ice included) other than water, or to discharge of cargo at a port of distress. This clause shall operate during the whole period covered by the policy.
(분손은 그것이 공동해손이 성립되었을 때 혹은 선박 또는 부선이 좌초되거나 침몰되거나 또는 대화재를 입었을 경우를 제외하고는 담보증권에 기재된 퍼센트 미만일 경우에는 이를 담보치 않음. 그러나 상기

않는다는 것이다. 그러나 분손 중에서 공동해손의 경우나 좌초, 침몰, 대화재의 경우에는 비율에 관계없이 담보한다는 것이다. 본문약관의 면책률 약관에서 대마, 아마, 피혁 등은 5%, 기타의 화물은 3% 미만의 손해에 대해서는 담보하지 않는다고 규정하고 있다. 실무적으로는 WA 3%, 또는 WAIOP 등으로 사용되고 있다. **WAIOP(with average irrespective of percentage)**조건으로 보험에 가입하게 되면 비율에 관계없이 보상을 받을 수 있다. 그리고 **WA 3%**는 3% 미만의 손해에 대해서는 보상하지 않으며 3%를 초과하게 되면 전액 보상하게 된다.

3) FPA약관(Free form Particular Average Clause)[30)]

단독해손부담보약관이라고 부르고 있으나 보다 명확하게는 불특정단독해손부담보약관이라고 해야 한다. 즉, 단독해손 중에서도 특정단독해손인 SSB위험으로 인한 단독해손은 담보하기 때문이다. 실무적으로는 WA약관과 FPA약관의 차이점은 악천후

면책비율에도 불구하고, 보험자는 선적, 환적 혹은 양하 시에 전손이 되는 수가 있는 화물 1포마다의 보험금액을 보상하고, 다시 화재, 폭발, 선박 간의 충돌 혹은 선박 및/또는 부선 및/또는 운송용구와 물 이외의 타물체(얼음포함)와의 접촉 혹은 조난항에서의 양하작업에 기인된다고 정당하게 간주될 수 있는 보험목적의 멸실 또는 손상에 대해서도 보상한다. 이 약관은 본 보험증권하에서 담보되는 전기간에 걸쳐서 적용되는 것으로 한다.)

30) 【5. F.P.A Clause】 Warranted free from Particular Average unless the vessel or craft be stranded, sunk, or burnt, but notwithstanding this warranty the Underwriters are to pay the insured value of any package or packages which may be totally lost in loading, transhipment or discharge, also for any loss of or damage to the interest insured which may reasonably be attributed to fire, explosion, collision or contract of the vessel and/or to discharge of cargo at a port of distress, also to pay special charges for landing warehousing and forwarding if incurred at an intermediate port of call or refuge, for which Underwriters would be liable under the standard form of English Marine Policy with the Institute Cargo Clauses(W.A.) attached. This clause shall operate during the whole period covered by the policy.
(선박 또는 부선이 좌초되거나 침몰되거나 혹은 대화재를 입었을 경우를 제외하고 단독해손을 담보하지 않는다. 그러나 이러한 면책에도 불구하고 보험자는 선적, 환적 혹은 양하 시에 발생하는 포장당 전손에 해당하는 보험금액을 지급하며 또한 화재, 폭발, 선박 간의 충돌, 선박 또는 부선, 운송용구와 물 이외의 타물체(얼음포함)와의 접촉 혹은 조난항에서의 양하작업에 상당인과관계가 있는 보험목적의 멸실 또는 손상을 보상한다. 또한, 만약에 중간의 기항항 혹은 피난항에서의 양하작업, 창고입고 작업 및 계속운반을 위해 특별비용을 지출했을 경우에, 만약 별첨의 협회적하약관(WA)에서 책임을 지는 것이라면 이러한 특별비용을 지급한다. 본 약관은 본 보험증권하에서 담보되어지는 전 기간에 걸쳐서 적용되는 것으로 한다.)

(heavy weather)에 의한 단독해손을 담보하느냐 하지 않느냐에 있다고 할 수 있다.

Ⅲ ▸▸ 신증권과 ICC(1982)약관

1 신증권과 ICC(1982)약관 개요

신증권은 본문약관에 준거법약관, 타보험약관, 약인약관, 선서약관 등 기본적인 4개 약관만 남겨두고 모두 삭제하거나 협회적하약관으로 수용하였다. 이 외에도 보험사고 발생 시 손해통지 및 질차에 관한 중요약관(important clause)을 난외약관에 두고 있다.

2 ICC(1982)약관

ICC(1982)약관은 3종류가 있다. ICC(A)는 구 약관 A/R, ICC(B)는 WA, ICC(C)는 FPA에 대응하는 것이다. ICC(1982)약관은 표 〈신・구 협회적하약관 비교〉에서 보는 바와 같이 모두 19개 조항으로 구성되어 있으며 제1조가 담보위험을 규정한 조항으로 A, B, C를 서로 달리 규정하고 있다. ICC(A)는 포괄담보주의, ICC(B)와 (C)는 열거담보주의를 채택하고 있다. 제4조 면책위험 중 1개 항목을 제외하고 모두 거의 동일한 내용으로 구성되어 있다. 다음에서 담보위험 약관을 설명한다.

1) ICC(A)[31)]

전위험담보조건이라고 불리는 본 약관은 제4, 5, 6, 7조에서 규정하고 있는 면책위험을 제외하고 나머지 모든 위험에 대해서 보험자가 담보한다. **포괄담보주의**를 채택하고 있으며, 3개의 약관 중에서 가장 담보범위가 넓은 약관이다. 손해발

31) 【A Clause】 1. This insurance covers all risks of loss of or damage to the subject-matter insured except as provided in Clauses 4, 5, 6 and 7 below.
(본 위험은 아래 제4, 5, 6, 7조에서 규정하고 있는 면책위험을 제외하고 모든 위험을 담보한다.)

생 시에 면책위험에 해당하는 것을 보험자가 입증하지 못하면 보상책임을 부담해야 하기 때문에 입증책임이 보험자에게 있다. 제4~7조에 열거된 면책위험 중에는 영국해상보험법 제55조에서 규정된 보험자의 면책사항이 대부분 포함되어 있으나, 약관상에 열거되지 않은 법정면책위험도 보험자가 면책된다.

ICC(A/R)과 비교해 보면 면책위험이 제4~7조에서 구체적으로 열거되면서 면책위험이 추가되었다. 즉, 원자력, 핵에 의한 위험도 면책위험에 추가되었고, 영국해상보험법 제55조에 규정되어 있지 않은 면책위험, 예를 들면 포장의 부적합, 운송인의 지급불능위험과 같은 것이다.

신 · 구증권상 전위험담보의 구성

I.C.C.(A) (신약관)		I.C.C.(A/R) (구약관)			
구 분	약 관	약관No	동일표현	표현변경	신설
담보위험	1. Risk Clause	5		○	
	2. General Average Clause	7		○	
	3. Both to Blame Collision Clause	11	○		
면책위험	4. General Exclusion Clause	5		○	
	5. Unseaworthiness and Unfitness Exclusion Clause	8		○	
	6. War Exclusion Clause	12		○	
	7. Strikes Exclusion Clause	13		○	
보험기간	8. Transit Clause	1	○		
	9. Termination of Contract of Carriage Clause	2		○	
	10. Change of Voyage Clause	4		○	
보 험 금 청 구	11. Insurable Interest Clause				○
	12. Forwarding Charges Clause				○
	13. Constructive Total Loss Clause	6	○		
	14. Increased Value Clause				○
보험이익	15. Not to Inure Clause	10	○		
손해경감	16. Duty of Assured Clause	9		○	
	17. Waiver Clause				○
지연방지	18. Reasonable Despatch Clause	14	○		
법률관습	19. English Law and Practice Clause				○

piracy(해적행위)는 ICC(1963)약관에서는 전쟁위험의 일종으로 간주되어 면책되었으나, ICC(1982)약관 제6조 전쟁위험면책약관에서 제외됨으로써 보험자가 담보하는 위험으로 변경되었다. 전체적으로 ICC(1963)약관보다는 담보범위가 축소되었다.

2) ICC(B)[32)]

담보위험을 열거하고 있는 **열거담보주의**를 채택하여, 손해가 발생했을 경우에 여기에 열거된 위험으로 인하여 발생했다는 인과관계가 성립하기만 하면 보험자는 보상책임을 지게 된다. 단, 담보위험으로 인한 손해를 결정하기 위한 인과관계를 밝히는데 2가지 기준이 제시되고 있다.

첫째, 상당인과관계를 가지면 보험자가 보상책임을 진다는 내용으로 1.1에서 규정하고 있는 위험은 상당인과관계(attributable to)를 가지는 경우에 보상책임을 진다. 둘째, 근인하여 발생한 손해를 보상한다는 내용으로, 1.2에서 규정하고 있는 위험은 근인관계(caused by)가 성립되어야 보상책임을 진다는 내용이다.

---

32) 【B Clause】 1. This insurance covers, except as provided in Clauses 4, 5, 6 and 7 below,
  1.1 loss of or damage to the subject-matter insured reasonably attributable to
    1.1.1 fire or explosion
    1.1.2 vessel or craft being stranded grounded sunk or capsized
    1.1.3 overturning or derailment of land conveyance
    1.1.4 collision or contact of vessel craft or conveyance with any external object other than water
    1.1.5 discharge of cargo at a port of distress
    1.1.6 earthquake volcanic eruption or lightening
  1.2 loss of or damage to the subject-matter insured caused by
    1.2.1 general average sacrifice
    1.2.2 jettison or washing overboard
  1.3 total loss of any package lost overboard or dropped whilst loading on to, or unloading from, vessel or craft.
1. 본 보험하에서 아래 제4~7조에 정하고 있는 면책위험을 제외하고 다음의 위험을 담보한다.
  1.1 다음의 위험에 상당인과관계가 있는 피보험목적물의 멸실이나 손상
    1.1.1 화재 또는 폭발
    1.1.2 본선 또는 부선의 좌초, 교사, 침몰 또는 전복
    1.1.3 육상운송용구의 전복 또는 탈선
    1.1.4 본선, 부선 또는 운송용구와 물 이외의 타물과의 충돌 또는 접촉
    1.1.5 피난항에서의 화물의 하역
    1.1.6 지진, 화산의 분화, 낙뢰
  1.2 다음의 원인에 근인하여 발생한 목적물의 멸실이나 손상
    1.2.1 공동해손희생손해
    1.2.2 투하 또는 갑판유실
  1.3 본선 또는 부선으로의 선적 또는 하역작업 중 바다에 떨어지거나 갑판에 추락한 포장단위당 전손

ICC(WA)와 비교할 때 면책률이 사라졌다. 그러나 면책률이 사라졌다고 하여 반드시 담보범위가 확대되었다고 보기는 힘들다. ICC(WA)의 담보위험약관에 있었던 'all other perils'라고 하는 문구가 사라져 열거되지 않은 유사한 위험으로 인한 손해를 담보받을 수 없다. 악천후에 의한 손해도 침수에 의한 손해로 한정되었다. 이러한 점으로 미루어 볼 때 ICC(B)가 ICC(WA)보다 담보범위가 축소된 것으로 이해된다.

3) ICC(C)[33)]

신증권 중에서 가장 담보범위가 좁은 **최소담보조건**이다. CIF계약에서 별도의 당사자 간 약정이 없는 경우에 보험가입조건은 이 조건으로 하면 된다. 구증권의 FPA약관과 대비되는 약관이기는 하지만 Sling Loss가 담보되지 않는 등 실제로는 이 약관이 FPA약관보다 담보범위가 좁다.

33) 【C Clause】 1. This insurance covers, except as provided in Clauses 4, 5, 6 and 7 below
1.1 loss of or damage to the subject-matter insured reasonably attributable to
1.1.1 fire or explosion
1.1.2 vessel or craft being stranded grounded sunk or capsized
1.1.3 overturning or derailment of land conveyance
1.1.4 collision or contact of vessel craft or conveyance with any external object other than water
1.1.5 discharge of cargo at a port of distress
1.2 loss of or damage to the subject-matter insured caused by
1.2.1 general average sacrifice
1.2.2 jettison
본 보험하에서는 아래 제4~7조에 정하고 있는 면책위험을 제외하고 다음의 위험을 담보한다.
1.1 다음의 위험에 상당인과관계가 있는 피보험목적물의 멸실이나 손상
1.1.1 화재 또는 폭발.
1.1.2 본선 또는 부선의 좌초, 교사, 침몰 또는 전복
1.1.3 육상운송용구의 전복 또는 탈선
1.1.4 본선, 부선 또는 운송용구와 물 이외의 타물과의 충돌 또는 접촉
1.1.5 피난항에서의 화물의 하역
1.2 다음의 원인에 근인하여 발생된 피보험목적물의 멸실이나 손상
1.2.1 공동해손희생손해
1.2.2 투하

Ⅳ ICC(2009)약관

2009년 1월 1일 공표된 **ICC(2009)약관은** ICC(1982)에 비해 테러리즘 면책의 신설을 제외하고 포장불충분 면책과 선주 등의 파산면책 등 면책범위가 피보험자에게 유리하도록 축소되고 운송조항과 항해 변경조항 등이 피보험자에게 유리하게 개정되었다.[34)]

하주입장에서 ICC(2009)약관은 테러리즘 면책의 신설을 제외한 포장불충분 면책, 선주 등의 파산면책등과 같이 면책범위가 축소되고, 운송조항, 항해 변경조항 등이 피보험자에게 유리하게 개정되었다. 보험용어도 underwriter, servant, goods and cargo를 각각 insurer, employee, subject matter insured로 수정하였다. 하지만 기본내용은 ICC(1982)와 동일하므로 별도의 설명은 생략한다.

34) 국제언더라이팅협회(IUA)와 로이즈시장협회(LMA)의 합동위원회(JCC)가 ICC(1982)의 개정작업을 2006년부터 수행하여 2009년 1월 1일 ICC(A),(B),(C) 및 전쟁약관, 스트라이크약관을 공표함

제5절 기타 무역보험

운송 중인 물품의 위험을 담보하는 해상보험 이외에 무역 관련 여러 종류의 보험제도가 있다. 선주가 이용하는 선박보험(hull insurance), 비상위험(emergency risk, contingency risk)을 담보하는 **수출보험(export insurance)**, 선박보험에서 담보되지 않는 비용손해 및 배상책임을 담보하기 위한 선주들 상호보험조합인 **P&I (protection & indemnity)보험**, 제조물배상책임을 담보하는 **제조물책임보험(production liability insurance)** 등이 있다.

I ▸▸ 무역보험

1 무역보험의 의의

무역보험이란 무역거래와 관련된 대금결제상의 각종 위험을 수출입자로부터 인수함으로써 무역을 촉진하려는 제도이다. 무역보험은 신용보험의 하나이며, 수출입자 및 수출입자금을 지원한 금융기관이 입게되는 손실을 보상하는 정책보험 중의 하나이다. 무역보험은 수출보험과 수입보험으로 구분할 수 있다.

1) 수출보험

수출보험이란 수출거래에 수반되는 여러 가지 위험 가운데에서 해상보험과 같은 통상의 보험으로는 구제하기 곤란한 위험, 즉 수입자의 계약파기, 파산, 대금지급지연 또는 거절 등의 신용위험(commercial risk)과 수입국에서의 전쟁, 내란, 또는 환거래 제한 등의 비상위험(political risk)으로 인하여 수출자, 생산자 또는 수출자금을 대출해준 금융기관이 입게 되는 불의의 손실을 보상함으로써 궁극적으로 수출 진흥을 도모하기 위한 비영리·정책보험이다. 즉, 수출업자가 수출과정에서 수출대금의 회수불능사태에 직면하게 되는 경우에 수출보험에서 이를 적절히 담보해 주는 것이다. 수출업자가 부담하게 되는 비상위험은 수입국 정부의 일방적인 조치로 인한 대금회수불능과 같은 정치경제적 위험이 대부분이다.

수출보험의 기능은 다음과 같다.

첫째, 수출상의 불안제거기능이다. 수출보험은 수출거래에 따른 수출자의 위험부담을 해소하여 준다는 측면에서 수출거래의 환경 및 조건을 국내 상거래의 경우와 동일한 정도로 유리하게 조성하는데 1차적인 기능을 가지고 있다. 즉, 수입국에서 발생하는 비상위험 또는 신용위험 등으로 인하여 수출불능이 되거나 수출상품의 대금회수가 어렵게 되어 수출자나 생산자 등이 입게 되는 손실을 보상함으로써 안심하고 수출활동을 할 수 있도록 하는 기능을 갖는다.

둘째, 금융보완기능이다. 수출보험은 수출대금 미회수위험을 담보하므로 금융기관으로 하여금 수출금융을 공여하게 하는 금융보완기능을 가진다. 즉, 수출금융에서는 수출대금의 회수가능성 여부가 대출심사의 중요한 기준이 되는데, 수출보험에 의하여 이를 해결할 수 있으므로 금융기관은 수출자에게 담보요건 등에서 보다 유리한 조건으로 과감하게 수출자금을 공급할 수 있다. 또한 수출계약 상대방의 대금지급지체 등과 같은 보험사고가 발생하여 수출대금의 회수전망이 불투명하거나 회수에 장기간이 소요되는 경우에도 수출자가 입는 손실을 보상함으로써 기업자금의 유동성을 제고시켜 줄 수 있는 신용공여기능도 수행한다.

셋째, 수출진흥 정책수단기능이다. 수출보험은 수출무역, 기타 대외거래의 촉진 및 진흥을 위하여 정부의 지원하에 운영됨에 따라 보험요율을 장기적 차원에서 수지균형을 목표로 가능한 한 저율로 책정한다. 보상비율도 최대한 수출자에게 유리한 형태의 보상제도를 채택하는 등 수출경쟁력을 강화시키고 수출을 촉진시키는 역할을 하게하는 수출진흥 정책수단으로서의 기능을 갖는다. 각국 간 수출지원 경쟁이 심화되고 있는 가운데 수출금융 및 세제상의 우대조치 등의 직접 수출지원 수단에 대한 국제적 규제가 강화되고 있어, 국제적으로 용인되고 있는 간접지원수단인 수출보험의 역할이 더욱 중요해지고 있다. 수출보험은 보험인수조건, 즉 담보하는 위험의 범위, 담보율, 보험요율 등을 수출여건에 따라 적절히 조정함으로써 수출자의 활동을 촉진시키거나 제한할 수도 있으므로, 수출 무역 및 대외거래에 대한 인허가 등의 직접적 통제방식을 간접적 통제방식으로 전환시키는 기능도 갖는다.

넷째, 해외수입자에 대한 신용조사기능이다. 수출보험은 효율적인 인수 및 관리를 기하고 보험사고를 미연에 방지하기 위해 해외수입자의 신용상태와 수입국의 정치경제사정에 관한 조사활동을 한다. 이러한 해외수입자 및 수입국에 관한 신용정보를 제공하여 수출자가 효과적으로 활용토록 함으로써 수출자의 신규 수입선 확보와 수출거래 확대에 기여함과 동시에 건전한 수출거래를 유도하는 부수적 기능을 가지고 있다.

2) 수입보험

수입보험은 원유, 철, 시설재 등 국민경제에 중요한 자원이나 물품을 수입하는 경우 국내기업이 부담하는 선급금 미회수 위험을 담보하거나 국내기업에 대한 수입자금 대출지원이 원활하도록 지원하는 제도이다. 수입보험의 종류에는 수입자용 수입보험과 금융기관용 수입보험이 있다.

수입자용 수입보험은 국내기업이 주요자원의 수입을 위하여 해외에 소재하는 수입계약 상대방에게 선급금을 지급하였으나 비상위험 또는 신용위험으로 인하여 선급금이 회수되지 못함에 따라 발생하는 손실을 보상하는 보험이다.

금융기관용 수입보험은 금융기관이 주요자원의 수입을 위하여 필요한 자금을 국내수입 기업에 대출하였으나 국내기업의 파산 등으로 대출금이 회수되지 못함에 따라 발생하는 손실을 보상하는 보험이다.

2 우리나라 무역보험

수출거래 및 기타 대외거래에서 필연적으로 수반되는 위험 중 해상보험 및 기타 통상의 보험으로는 구제하기 곤란한 수출불능, 수출대금 회수불능 등의 위험으로부터 수출자를 보호하고, 수출자에게 수출금융을 지원한 금융기관이 입는 손실을 보상하기 위한 제도적 장치가 필요하게 되었다. 이에 따라 1969년 2월 18일 수출보험의 운영주체는 정부이면서 그 운영업무만 대한재보험공사가 대행하는 체제로 수출보험업무가 개시되었다. 1968년 12월 31일 수출보험법이 제정된 후 현재까지 총 8차례의 법개정을 겪었고, 또한 대한재보험공사와 한국수출입은행의 정부 대행체제를 거쳐, 1992년 7월 7일 **K-sure(한국무역보험공사)**[35]가 설립되어 수출보험사업의 독립전담기관 체제가 확립되었다.

기타 K-Sure에서는 투자위험보증사업, 국외기업신용조사사업 및 채권추심대행사업 등을 수행한다. 이중에서 투자위험보증사업은 지원사업 해외자원개발사업법상 해외자원개발투자(전문)회사(일명 '해외자원개발펀드')가 해외자원개발사업에 투자하여, 피투자국의 전쟁, 수용, 송금제한 등의 비상위험(political risk)과 투자 상대방의 파산, 해당지원의 가격변동 등의 신용위험(commercial risk)으로 인하여 해외자원개발펀드가 입게 되는 손실의 일부를 보상함으로써, 궁극적으로 해외자원 개발사업을 활성화하기 위한 정책보험이다.

무역보험 종목[36]

구 분		내 용
수출 금융 지원 제도	수출신용보증(선적 전) or 수출용원자재 수입신용보증	수출기업이 수출계약에 따라 수출물품을 제조, 가공, 조달할 수 있도록 외국환은행(수출유관기관)들이 수출신용보증서를 담보로 대출 또는 지급보증을 실행함에 따라 기업이 은행에 대한 상환채무를 한국무역보험공사가 연대보증하는 제도
	수출신용보증 (선적 후)	수출기업이 수출계약에 따라 물품을 선적한 후 금융기관이 환어음 등의 선적서류를 근거로 수출채권을 매입(NEGO)하는 경우 K-sure가 연대보증하는 제도
	수출신용보증 (문화콘텐츠)	수출계약 체결 또는 외화획득이 예상되는 문화상품(영화, 드라마 등)의 제작사가 총제작비에 소요되는 자금 중 일부를 보증서를 담보로 대출을 받는 제도
	중장기수출보험 (구매자 신용)	수출대금 결제기간이 2년을 초과하는 중장기 수출거래에서 금융기관의 대출원리금 회수불능 위험을 담보하는 제도
	해외사업금융보험	국내외 금융기관이 외국인에게 수출증진이나 외화획득의 효과가 있을 것으로 예상되는 해외사업에 필요한 자금을 상환기간 2년 초과 조건으로 공여하는 금융계약을 체결한 후 대출 원리금을 상환 받을 수 없게 되는 손실을 보상하는 제도
	수출보증보험	금융기관이 수출거래와 관련하여 수출보증서를 발행한 후 수입자로부터 보증채무 이행청구를 받아 이을 이행함으로써 입게 되는 금융기관의 손실을 보상하는 제도

35) 한국무역보험공사(http://www.ksure.or.kr) 1992년7월7일 한국수출보험공사로 출범하여 2010년 7월 7일에 한국무역보험공사(K-Sure)로 재출범하여 수출보험뿐만 아니라 일부의 수입보험도 취급하고 있다.

36) 2015.1월 기준으로 K-Sure 자료를 요약·정리한 것이며, 제도의 특성상 잦은 변경이 있을 수 있으므로 필요한 경우 해당 기관 홈페이지에서 확인할 것을 권함

	이자율변동보험	상환기간 2년 이상의 수출금융을 제공하고 K-sure의 중장기 수출보험(구매자신용)에 부보한 금융기관이 이자율 변동에 따른 손실의 보상과 이익을 환수하는 제도
	수출기반보험	수출기반보험(선박)은 금융기관이 국적외항선사* 또는 국적외항선사의 해외현지법인(SPC포함) 에게 상환기간 2년 초과의 선박 구매자금을 대출하고 대출원리금을 회수할 수 없게 된 경우에 발생하는 손실을 보상하는 제도
대금 미회수 위험 담보 제도	단기수출보험 (농수산물패키지)	간편한 한 개의 보험으로 농수산물 수출 시 발생하는 대금미회수위험, 수입국 검역위험, 클레임비용위험 등을 한번에 보장하는 농수산물 수출기업용 맞춤 상품
	중장기수출보험 (선적전)	수출대금 결제기간이 2년을 초과하는 중장기 수출계약에서 수출 또는 결제자금 인출불능으로 인한 수출기업의 손실을 담보하는 제도
	해외투자보험(주식, 대출금, 보증채무)	국민이 해외투자를 한 후 투자대상국에서의 수용, 전쟁, 송금위험 등으로 원리금, 배당금 등을 회수할 수 없게 되거나 보증채무이행 등으로 입게 되는 손실을 보상
	해외자원개발펀드보험	해외자원개발 투자거래의 안정성을 제고하여 펀드에 대한 민간자금의 유입을 촉진 활성화하고 주요전략자원의 안정적인 확보를 위해 도입한 제도
	해외공사보험	해외공사계약 상대방의 신용위험 발생, 해외공사 발주국 또는 지급국에서의 비상위험 발생에 따라 손실을 입게 된 경우에 그 손실을 보상하는 제도
환리스크관리 / 환변동보험		수출 또는 수입을 통해 외화를 획득 또는 지급하는 과정에서 발생할 수 있는 환차손익을 제거, 사전에 외화금액을 원화로 확정시킴으로써 환율변동에 따른 위험을 헤지(Hedge)하는 상품
기타	수입보험	국내수입기업이 선급금 지급조건 수입거래에서 비상위험 또는 신용위험으로 인해 선급금을 회수할 수 없게 된 경우에 손실을 보상하는 제도('10.07.06자 도입)
	부품・소재신뢰성보험	부품・소재신뢰성보험은 부품・소재 신뢰성을 획득한 부품・소재 또는 부품・소재 전문기업이생산한 부품・소재가 타인에게 양도된 후 부품・소재의 결함으로 인하여 발생된 사고에 대하여 보험계약자가 부담하는 손해배상책임을 담보하는 손해보험
	국외기업 신용조사 서비스	K-sure 해외지사 및 세계 신용조사기관과 연계하여 해외소재 기업의 기본정보, 재무정보 등 신용조사를 실시한 후 의뢰인에게 신용조사 보고서를 제공하는 서비스
	해외채권 추심대행 서비스	수출 또는 기타 대외거래와 관련하여 발생한 해외미수채권에 대하여 K-sure가 해외 네트워크를 통해 채권회수를 대행하는 서비스

Ⅱ ▸▸ P&I보험

1 P&I보험의 의의 및 특징

P&I(Protection & Indemnity)보험은 선박보험과 더불어 중요한 해상보험의 일종으로 선박보험에서 담보되지 않는 비용손해 및 배상책임을 담보하기 위하여 선주들이 상호보험조합을 구성하여 운영하는 비영리 상호보험(mutual insurance)이다. 보호(protection)는 선주 또는 용선자가 선박의 운항에 따른 제3자에 대한 책임 및 선원에 대한 고용주로서의 책임을 말하며, 배상(indemnity)은 운송계약에 따라 운송인으로서 하주에 대한 계약상의 책임을 말한다.

Korea P&I Club은 선박소유자, 선박임차인, 용선자 기타 선박운항업자의 선박운항으로 인하여 발생하는 책임 및 비용에 관한 상호보험인 손해보험사업을 실시하고, 그 조합원 기타 이해관계인의 권익 보호 및 해운산업의 안정적 성장에 이바지 할 목적으로 한국선주상호보험조합법(법률 제5804호, 1999.2.5)에 따라 국내 선주들이 설립한 법인조합이다.

P&I Club은 선박운항과 관련하여 선주가 부담하게 되는 운송화물의 손해에 대한 책임, 선원 및 여객 등의 사상 또는 질병에 대한 책임, 해양 등의 오염으로 인한 손해에 대한 책임 및 그 제거비용, 선박충돌에 의한 손해에 대한 책임, 부표, 잔교, 해저전선, 어구 기타 시설물의 손해에 대한 책임 및 기타 선박운항으로 인하여 선주 등이 부담하여야 하는 책임과 비용을 담보하며, 그 외로 부가서비스를 제공함으로써 조합원의 위험관리능력제고 및 비용 및 인력절감의 효과를 거두고 있다.

P&I보험은 선박보험과 비교할 때 다음과 같은 특징이 있다.

첫째, 선박보험은 선박 자체를 보험의 대상으로 하는 물(物)보험으로 보험가액과 보험금액이 사전에 확정되지만 P&I보험은 선박의 운항에 따른 책임보험으로 보험가액과 보험금액이 사전에 확정되지 않으며 최고보상한도만 설정되는 보험이다.

둘째, P&I보험은 상호보험이기 때문에 보험에 가입하는 선주는 피보험자이면서 P&I 클럽의 회원이 되기도 한다.

셋째, P&I 보험료는 분담금(contribution or call)으로 불리는 것으로 가입시 선납분담금(advance call)과 결산 후 정산하는 보충분담금(supplementary call)으로 나누어 납부한다.

넷째, 선박보험은 기간보험으로 보험개시일이 임의의 날짜가 되지만 P&I보험은 일률적으로 2월 20일을 개시일로 하고 있다.

2 P&I보험의 담보내용

① 선원에 관한 책임 및 비용 : 선원의 사망, 상해에 따른 이로비용, 송환비용, 선원의 조난, 탈선 또는 파업에 관한 책임 및 비용을 담보한다.

② 여객에 관한 책임 및 비용 : 여객의 사망, 행방불명, 상해 등에 따른 치료비, 입원비, 장례비 등을 담보한다.

③ 선원, 여객 이외의 자에 관한 책임 : 본선원 이외의 방문해 온 선원이나 관리인, 검역관, 청소부, 하역노동자 등의 사상에 대한 책임 및 이것으로 인한 이로비용, 그리고 선원, 여객 이외의 자를 인명구조하기 위한 이로비용을 포함한다.

④ 적하에 관한 책임 및 비용 : 선주 또는 용선자가 적하의 멸실, 손상 등에 대하여 운송계약위반으로 배상책임을 부담하는 경우의 책임손해를 담보한다.

⑤ 밀항자, 난민을 하선시키기 위한 비용, 유탁(油濁, oil pollution)과 관련된 비용, 타선에 충돌하여 입힌 손해배상책임 등을 담보한다.

PART 4

무역결제

무역결제

수출자

은행 통한 결제 방식

현금(cash)방식
- COD & CAD

수입자

결제방식

수출자
결제위험
High Risk

선적 후 송금 결제방식
- T/T ...days
- O/A
- CHECK
- COD, CAD

추심거래결제방식
- D/P, D/A

L/C결제방식
- usance L/C
- sight L/C

Low Risk

수입자
제품위험
Low Risk

High Risk

L/C방식

신용장의의 및 특성
- 은행의 지급확약서
- 독립·추상·한계성

신용장 절차 및 관계당사자
- 수익자, 개설의뢰인
- 개설 · 통지 · 매입 · 확인은행

SWIFT신용장 해석

신용장 관련 비용
- 개설수수료 · 환가료 · 대체료

신용장 종류(사용방법 기준)
- sight payment credit
- deferred payment credit
- acceptance credit
- negotiation credit

신용장 종류(결제시기 기준)
- 일람출급신용장(sight L/C)
- 기한부신용장(usance L/C)

신용장 종류
- 화환신용장(Documentary L/C)
- 보증신용장(Standby L/C)
- 확인신용장(confirmed L/C)
- 양도가능신용장

기타
- 내국신용장(local L/C)
- 회전신용장(revolving L/C)
- 연계무역신용장(counter L/C)
- 전자신용장(e-L/C)
- 비은행 신용장(PLLC)

Non-L/C방식

송금
- T/T(대부분)
- M/T, D/D
- CWO

추심 - D/P / - D/A

대금교환도방식
- 현물상환방식(COD)
- 서류상환방식(CAD)

O/A거래
- 청산계정
- 상호계산

BPO결제

무역결제 국제규칙

신용장통일규칙(UCP 600)
국제은행표준관습(ISBP 745)
신용장통일규칙의 보칙(eUCP)
보증신용장통일규칙(ISP 98)
추심에관한통일규칙(URC 522)
청구보증통일규칙(URDG 758)
포페이팅통일규칙(URF 800)
은행지급의무통일URBPO750)

기타방식

팩토링
포페이팅(AVAL)
국제리스
에스크로우
전자결제
간편결제, 알리페이, 페이팔

무역결제서류

환어음
- 발행/지급지 기준
  - 내국환어음
  - 외국환어음
- 선적서류 기준
  - 화환어음
  - 무화환어음
- 결제방식 기준
  - 신용장부화환어음
  - 화환추심어음

지급기일 기준
- 일람불어음
- 기한부어음

수취인 기준
- 기명식어음
- 지시식어음
- 소지인식어음

- **상업송장**
  - 포장명세서
- **운송서류**
  1. 선하증권(B/L)
     해상화물운송장(SWB)
     용선계약선하증권(charter party B/L)
  2. 항공운송서류(AWB)
  3. 도로·철도·내수로운송서류
- **운송서류**
- **보험서류**
- **기타 무역서류**
  - L/G, T/R

PART

4 무역결제

제1절 무역결제 기초

무역은 국제거래를 통해 당사자에게 이익을 제공하고 국부의 창출과 국민의 후생증진에 역할을 한다는데 의의가 있지만 그에 따르는 위험 또한 존재한다. 위험은 크게 국가관리 위험과 거래상대방에 의한 위험으로 구분할 수 있다. 특히 수출자에게는 대금회수에 대한 위험이, 수입자에게는 물품의 계약적합성 및 납기에 대한 위험이 존재한다. 본 장에서는 대금회수에 대한 위험을 중심으로 다루고자 한다.

수출자는 **대금회수의 위험**을 안전한 지급조건(terms of payment)을 선택함으로써 줄이고자 한다. 수출상은 선적에 앞서 대금을 미리 받고 싶은 반면에 수입상은 대금지급에 앞서 물품을 수령하기를 원한다. 하지만 사전 또는 사후 대금결제방식은 일방에게만 유리한 조건이기 때문에 신뢰가 쌓인 거래선이 아니면 선뜻 선택할 수 없다.

당사자가 수출입 **대금결제방식을 선택**하는 기준으로 상호간의 신뢰, 상대방의 신용, 상품의 특성, 상거래 관습, 당사자의 협상력, 해당 국가의 수출입규제, 국가위험 등을 종합적으로 고려하게 된다. 이렇게 선택된 대금결제 방식은 통상적으로 매매계약서(sales contract), 청약서(offer sheet), 주문서(order sheet) 등의 지급조건(terms of payment)으로 나타나게 되며, 실무적으로는 이들 서류들을 근거로 거래은행과의 '**환거래약정**'을 체결하여 진행하게 된다.

대금결제방식에는 전통적인 송금, 추심, 신용장 이외에도 국제팩토링(international factoring), 포페이팅(forfaiting), 신용카드(credit card), 국제리스(international lease), 에스크로우(escrow), 전자결제(e-payment), 페이팔(paypal) 등이 존재한다. 우리나라 기업들이 활용하고 있는 대금결제방식은 송금방식이 60% 이상으로 가장 많고 다음으로 신용장방식, 추심방식(D/P, D/A) 순으로 사용된다.

I ▸▸ 매매계약과 결제

결제(決濟, settlement)는 매도인과 매수인 간의 주계약인 매매계약(sales contract)의 한 부분으로써 이를 실행하기 위하여 당사자가 은행 등 제3자와 결제계약을 체결・이행하는 종속계약이다.

결제조건(terms of payment)은 주로 결제시기, 결제방법, 결제통화 등을 정하게 된다.

결제방법은 L/C basis와 non-L/C basis로 구분할 수 있다. **L/C basis**는 지급시기에 따라 sight와 usance L/C로, 지급형태에 따라 negotiation, payment, deferred payment, acceptance L/C로 나눌 수 있다.

Non-L/C basis는 contract basis와 transfer basis이다. contract basis는 지급시기에 따라 D/P와 D/A로 나눌 수 있고, transfer basis는 송금방식에 따라 mailing transfer와 telegraphic transfer로 나눌 수 있다.[1)]

1) 무역계약서에 표시되는 결제조건의 예문
① Sight L/C : By irrevocable & confirmed documentary L/C, in favour of Charlie's Corporation, Seoul and draft at sight
② Usance L/C : By irrevocable & confirmed documentary L/C, at 30 days after sight to be opened in favour of Charlie's Corporation, Seoul
③ D/P contract : Under D/P at sight in U.S. dollars
④ D/A contract : Under D/A at 30 days after sight in U.S. dollars
⑤ Remittance : Payment in advance by T/T basis in U.S. dollars

결제형태 vs. 당사자의 위험

	위험도·가격	대금결제방식·시기	위험도	
매도인 (Seller)	높음 ↑ 낮음	○ 사후송금방식(later remittance) · CAD(cash against document) · COD(cash on delivery) · Open Account ○ 추심결제방식(collection) · 인수인도방식(document against acceptance) · 지급인도방식(document against payment) ○ 신용장방식 · 기한부신용장(usance L/C) · 일람불신용장(sight L/C) ○ 사전송금방식(advance remittance) · CWO(cash with order), Payment in advance by T/T	낮음 ↓ 높음	매수인 (Buyer)

Ⅱ ▸▸ 지급시기 · 방법

영국의 물품매매법[2], 국제물품매매계약에관한UN협약[3], 미국의 통일상법전[4] 및 우리나라 민법[5]에 규정되어 있는 바와 같이, 대금의 지급은 물품인도와 **동시이행관계(concurrent conditions)**에 있다. 하지만 실무에서는 대금결제 시기는 당사자의 합의나 관행에 따라 결정되는 것이 일반적이다.

2) SGA(Sales of Goods Act, 1979) 제28조, 당사자간에 별도의 약정이 없는 한 물품인도와 대금지급은 동시이행이다.
3) CISG, 1980, 제58조, 계약이 정하는 바에 따라 물품 또는 그 처분을 지배하는 서류를 매수인의 처분에 맡겨진 경우에 매수인은 대금을 지급해야 한다.
4) UCC(Uniform Commercial Code, 1952) 제2-310조
5) 민법 제536조(동시이행의 항변권), 일방은 상대방이 그 의무이행을 제공할 때까지 자기의 채무이행을 거절할 수 있다.

1 지급시기에 따른 분류

지급시기를 일률적으로 나누는 것이 어렵지만 물품선적 또는 선적서류의 인도 시점을 기준으로 선지급, 동시지급, 후지급, 분할지급 등으로 구분할 수 있다.

선지급(advance payment)은 매도인이 물품을 매수인이나 운송인에게 인도하기 전에 물품대금을 지급하는 방식이다. 선지급은 견본구매나 소액거래 시 주로 이루어지고, 지급방식은 송금수표나 전신환 등이 이용된다.

후지급(deferred payment)은 물품 또는 서류가 매수인에게 인도되고 일정기간 경과 후에 매도인이 대금을 지급받는 방식이다. 후지급방식은 지급자가 매수인인 경우와 매수인의 거래은행인 경우로 나누어 전자는 인수인도방식(D/A), 후자는 기한부신용장(usance L/C)방식이다. 또한 물품 인도 시 대금지급이 이루어지는 현물상환지급(COD : cash on delivery)방식과 서류 인도시 대금지급이 이루어지는 서류상환지급(CAD : cash against document)방식이 있다. 서류상환지급방식은 서류가 은행을 통하지 않는 경우와 은행을 통하는 경우로 구분된다. 은행을 통하는 경우에는 지급자가 매수인인 지급인도방식(D/P)과 거래은행인 일람출급신용장방식(sight L/C)이 있다.

분할지급(progressive payment)은 예를 들어 선급금은 계약 체결시, 잔금은 선적 후 등과 같이 분할하여 지급하는 방식이다.

2 지급방법에 따른 분류

지급방법에 따라서 현금방식, 수표방식, 환결제방식, 환어음방식 및 기타방식으로 구분할 수 있다.

현금(cash)방식은 물품 또는 서류가 은행을 경유하지 않고 전달되는 경우에 매수인이 매도인에게 현금(cash)을 지급하는 방식이다. 실무에서 흔히 '보따리 무역상'에 의한 대금지급이 여기에 속한다.

수표(check)방식은 수표를 사용한 결제방식이다. 수표는 은행수표(banker's check)와 개인수표(personal check)가 사용되는데, 후자는 사후 지급거절 및 계좌에 잔고부족에 따른 부도 위험성이 있으므로 국제결제수단으로 사용시 주의가 필요하다.

환(transfer)결제방식은 송금은행이 매수인에게 수표를 발행하는 대신 수출지에 있는 지급은행에 일정 금액을 매도인에게 지급해 줄 것을 위탁하는 지급지시서(payment order)를 발급하는 것이다. 지급지시서는 우편(우편환, M/T : mail transfer), 전신(전신환, T/T : telegraphic transfer) 등으로 보내는 데 오늘날에는 T/T가 주로 사용된다.

환어음(draft or bill of exchange)방식은 채권자가 채무자 또는 채무은행 앞으로 발행하는 환어음을 사용하는 것이다. 환어음은 채권자가 발행하여 지급을 지시하기 때문에 추심어음 또는 역환어음이라고 한다. 채권자는 환어음에 선적서류를 첨부하게 되면 화환어음(documentary bill of exchange)이라 한다.

기타방식으로 전자화폐, 국제팩토링(international factoring), 포페이팅(forfaiting), 신용카드결제(credit card), 페이팔(paypal)결제, 혼합결제 등이 있다.

Ⅲ ▸▸ 외국환

국제거래에서 대금결제는 주로 외국환(foreign exchange)에 의해 이루어진다. 환(exchange)이란 격지자 간의 채권 채무 관계를 직접 현금으로 결제하지 않고, 금융기관의 중개를 통한 지급위탁의 방법으로 결제하는 수단이나 방법을 말한다. **외국환(foreign exchange)**은 추상적으로는 국제간 대차결제수단 또는 자금이동수단이며, 실제적으로는 외국환거래에서 사용되는 구체적인 수단이다. 외국환거래법에서 외국환이라 함은 대외지급수단, 외화 증권 및 외화 채권을 말한다(법 제3조 제1항 제11호).

외국환은 다음과 같은 **특징**이 있다.

첫째, 환율 문제가 발생한다. 다른 국가 간 대차결제로 해당국 통화 간의 교환비율(환율)이라는 변수가 개입하고, 환율 변동에 따른 환위험이 존재한다.

둘째, 대차(貸借) 관계가 발생한다. 국제적인 채권 채무의 지급 결제 거래로 인하여 국가 간의 대차관계 및 국제수지가 발생한다.

셋째, 결제 차액이 발생한다. 국가 간의 결제거래로 인하여 차액이 발생하고 다양한 국제금융 거래가 파생된다.

넷째, 이자 요소가 개입한다. 국가와 국가 간의 지급결제라는 특성으로 일정한 기간이 소요되고 이에 대한 자금 손실분에 대한 보상 차원의 이자요소가 발생한다.

외국환의 발생원인은 경상거래와 자본거래이다.

첫째, 경상거래는 상품수출입거래, 운송, 여행 등 용역(서비스)거래, 임금과 이자 등 소득거래, 무상원조 및 증여성 송금 등 이전거래에 의해 발생한다.

둘째, 자본거래는 해외직접투자, 대부 및 차관거래 등으로 발생한다.

외국환의 형태는 여러 가지가 있다.

첫째, 당발환(outward exchange)과 타발환(inward exchange)이다. 외국환거래의 시발점인 은행을 기준으로 자행(自行)인 경우가 당발환이고, 상대 은행인 경우는 타발환이다.

둘째, 송금환(remittance exchange)과 추심환(collection exchange)이다. 자금을 보내주는 순환이 송금환이고, 자금을 청구하는 역환이 추심환이다.

셋째, 매도환(selling exchange)과 매입환(buying exchange)이다. 은행이 원화의 수납을 대가로 외국환을 매각하는 것이 매도환이고, 은행이 원화의 지급을 대가로 외국환을 수납하는 것이 매입환이다.

외국환의 종류

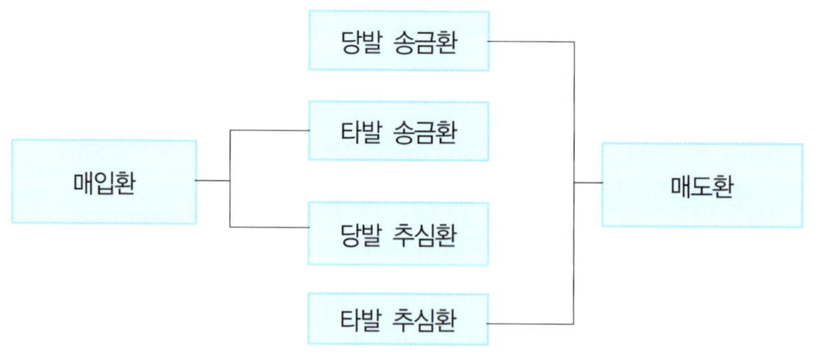

제2절 신용장결제방식

I ▸▸ 신용장의 개요

1 신용장의 의의

신용장(信用狀, L/C : letter of credit)은 개설의뢰인(수입상)의 요청에 따라 개설은행이 수익자(수출상)에게 서류요건 충족 시 대금지급을 약속하는 '조건부 지급확약서'(conditional bank undertaking of payment)이다. 즉, 신용장은 신용이 불충분한 수입상을 대신하여 신용이 충분한 은행이 신용을 제공하는 서신이다.

신용장통일규칙(UCP600 : Uniform Customs and Practices for Documentary Credit, 2007 Revision, ICC Publication No. 600)[6]에 따르면 "그 명칭이나 표현에 관계없이 일치하는 서류의 제시에 대하여 결제하겠다는 개설은행의 절대적 약속을 구성하는 취소 불가능한 확약이다."(§2)[7] **결제**란 ① 일람지급신용장의 경우에는 일람지급, ② 연지급신용장의 경우에는 연지급 확약 후 만기 지급, ③ 인수신용장의 경우에는 수익자에 의해 발행되어진 환어음의 인수 후 만기 지급 및 ④ 매입신용장의 경우 매입을 의미한다. UCP600은 이 중에서 ①,②,③번을 Honour라고 규정하고 있다.[8]

요약하면 신용장이란 그 명칭에 관계없이 개설은행이 ① 개설의뢰인(수입상)의

---

6) 제6차 개정 신용장통일규칙, 2006년 개정, 2007년 7월 1일부터 시행

7) Credit means any arrangement, however named or described, that is irrevocable and thereby constitutes a definite undertaking of the issuing bank to honour a complying presentation.(UCP Article 2. Definition)

8) Honour means : a. to pay at sight if the credit is available by sight payment. b. to incur a deferred payment undertaking and pay at maturity if the credit is available by deferred payment. c. to accept a bill of exchange ("draft") drawn by the beneficiary and pay at maturity if the credit is available by acceptance.

지시에 따라, ② 자신이 개설한 신용장 조건에 일치한 서류와 상환으로, ③ 수익자에게 지급, 어음의 인수 또는 매입, 또는 타 은행에 지급, 인수 또는 매입을 수권하는 약정(arrangement)[9]을 의미한다. 따라서 신용장조건에 일치한 환어음과 서류는 비록 수입상이 대금결제를 하지 못하더라도 개설은행이 환어음의 지급인(drawee)이 되든지 또는 지급에 대한 최종적인 책임을 지게 되므로 수출상과 수출상의 환어음을 매입하는 매입은행은 안심하고 거래할 수 있다.

2 신용장의 기원

신용장이란 명칭을 최초로 사용한 것은 누군가 외국을 여행하면서 현금을 휴대하지 않고 외국에서 공급받고자 자신을 수익자로 하는 신용장을 발행받아 사용한 것에서 시작되었다고 한다.[10] 신용장 발행인으로 상인이 등장한 것은 13세기경 유대인 또는 롬바드인 이지만 기록에 남아있는 것은 17세기경이다. 초기의 신용장은 여행자가 신용장을 휴대하는 형식(여행자신용장)을 취하고 있었다. 은행이 신용장 발행자로서 등장하게 된 것은 19세기에 들어서였다. 20세기 초에 비로소 은행이 발행한 신용장을 개설의뢰인이 지명한 수익자 앞으로 교부하고 개설의뢰인을 대신하여 어음의 지급인이 되는 근대적 의미의 신용장이 등장하게 되었다.

결국 근대적인 화환신용장의 역사는 CIF 관습의 발달과 더불어 약 100년 정도라고 할 수 있으며, 초기 50년 동안에 체계가 잡히고, 특히 제1~2차 세계대전을 계기로 신용장거래가 크게 발전하였다[11]

3 신용장의 효과

신용장제도는 수출상과 수입상 사이에 신용이 있는 은행이 개입하여 수입상의

9) UCC 5-103은 "arrangement"란 용어 대신 "engagement"란 단어를 사용하고 있다. 이들 용어들의 의미는 약정(undertaking), 확약(definite undertaking), 약속(promise)의 뜻으로 "보증"(guarantee)과는 의미가 다르다.

10) A.G.Davis, The law relating to commercial letters of credit, 3rd ed., 1963, p. 2.

11) Frans P. de Rooy, Documentary Credits, Netherlands, 1984, pp. 7~8.

불확실한 신용을 보강하므로 국제무역을 원활하게 하는 기능을 한다. 구체적으로 수출상과 수입상에게 주는 효과는 다음과 같다.

1) 수출상 입장

첫째, 수출상은 판매 및 대금회수가 은행으로부터 보장받기 때문에 수입상의 지급불능이나 지급거절 염려가 줄어든다.

둘째, 수출상은 물품이 매수인에게 도달하기 전 신용장 조건에 일치한 선적서류와 환어음으로 수출대금을 회수할 수 있다. 수출상은 목적지까지 물품운송에 따른 위험을 부담하지 않고 대금을 회수할 수 있다.

셋째, 수출상은 신용장을 담보로 선적 전에 무역금융을 통한 금융상의 편익을 누릴 수 있다. 수출상은 수령한 신용장으로 생산에 필요한 원자재나 원자재 수입에 필요한 자금을 은행으로부터 융자받을 수 있다.

넷째, 취소불능신용장의 경우 신용장의 어느 당사자 일방에 의하여 취소되거나 변경될 위험이 없으므로 수출상은 안심하고 수출물품의 집하 또는 생산할 수 있다.

다섯째, 신용장은 외국정부가 비상사태나 외화부족 등의 이유로 외국환의 대외지급이나 결제를 제한할 경우에도, 이미 발행된 신용장에 대하여는 지급규제를 하지 않기 때문에 비상위험 또는 이전위험을 어느 정도 회피할 수 있다.

2) 수입상 입장

첫째, 수입상은 신용장조건과 일치하는 서류와 상환으로 대금을 지급하기 때문에 계약조건에 일치한 물품의 선적을 문서상으로 확인할 수 있다. 특히 수입상이 가장 우려하는 품질에 관하여 제출서류 가운데 검사증명서(certificate of inspection)로 사전에 확인할 수 있다.

둘째, 수입상은 신용장으로 수입할 경우 자신의 신용을 은행의 신용으로 대체하기 때문에, 주문과 결제에 대한 확실성을 높여 나머지 계약조건을 자신에게 유리하도록 요구할 수 있다.

셋째, 수입상은 신용장으로 물품대금을 선적 시부터 대금 지급 시까지 개설은행과 매입은행이 부담하기 때문에 그 기간만큼 금융혜택이 있다. 특히 기한부신용장에서 매수인은 물품을 수령하여 이를 환매한 후 만기일에 대금을 지급하는 장기간의 수입금융의 혜택을 누릴 수 있다.

넷째, 수입상은 신용장에 선적기일과 유효기일을 명기하므로 자신이 원하는 기간 내에 물품의 수령을 보장받을 수 있다. 특히 납기가 중요한 계절상품 거래의 경우 수입기간을 보장받는다는 것은 매우 중요하다.

다섯째, 수입상은 비록 수입자금이 없더라도 거래은행의 신용으로 신용장을 개설할 수 있고, 선적서류가 도착한 때에는 개설은행으로부터 대도(T/R : trust receipt)에 의하여 선적서류를 대출하는 형식으로 인도받아 선박회사로부터 물품을 입수・판매하여 수입대금을 결제할 수 있다.

3) 은행 입장

첫째, 은행은 신용장거래에 따라서 외환매매차익과 함께 수입상으로부터는 개설수수료, 송금료, 우편료, 전신료 등 각종 수수료를, 수출상으로부터는 환가료, 대체료, 통지수수료, 전신료 등 각종 수수료 수입을 갖는다.

둘째, 개설은행은 신용장 개설시 개설의뢰인에게 담보를 요구하므로 신용장의 개설에 따른 위험을 수입상에게 전가시킬 수 있다. 담보 외에도 개설은행은 신용장개설약정 및 선하증권을 개설은행 지시식(to the order of xxx bank)으로 발행토록 하므로 화물의 담보권을 가진다.

셋째, 매입은행은 D/A나 D/P거래보다 개설은행의 지급확약이 있는 신용장의 매입이 보다 안전하다고 할 수 있다.

4 신용장의 특성

1) 독립성의 원칙(principle of autonomy)

신용장은 그 성질상 매매계약 또는 다른 계약에 근거를 두고 있더라도 이와는 별개의 거래이다. 은행은 신용장에 그러한 계약에 대한 언급이 있더라도 그러한 계약과 아무런 관계가 없으며 또한 구속되지 않는다. 따라서 신용장에 의한 지급,

인수, 매입 또는 다른 의무이행은 개설은행과 개설신청인 또는 수익자와 개설신청인 간의 관계에서 일어난 개설신청인에 의한 클레임이나 항변에 구속을 받지 않는다. 수익자는 어떠한 경우에도 은행 간 또는 개설신청인과 개설은행 간의 계약관계를 원용할 수 없다.[12)]

매매당사자가 매매계약의 지급조건(payment terms)에서 취소불능신용장으로 거래대금을 결제하기로 약정한 경우 수입상은 자신의 거래은행에 신용장의 개설을 의뢰한다. 이 경우 신용장은 분명히 매매계약에 근거를 두고 개설되지만 일단 개설되면 신용장은 그 기초가 되는 매매계약 등 기본계약(underlying contract)으로부터 독립된다. 이를 **신용장의 독립성(autonomy of letter of credit)**이라 한다. 비록 신용장상에 그러한 계약에 관하여 참조하도록 언급하고 있다고 하더라도 신용장의 당사자들은 그러한 계약에 구속을 받지 않는다. 이것은 신용장거래에는 매매당사자가 아닌 은행이 개입하고 있기 때문이다.

2) 추상성의 원칙(principle of abstraction)

신용장거래에 있어서 은행은 서류로 거래를 하는 것이지 서류에 관계된 물품, 용역 또는 의무이행으로 거래하는 것이 아니다.[13)] 신용장거래는 물품거래가 아니라 서류거래이다. 개설은행은 신용장에 기술된 물품을 선적하여야 대금을 지급하겠다고 약속한 것이 아니라, 신용장에 나타난 서류를 제시하여야 대금을 지급하겠다고 약속한 것을 **신용장의 추상성**(the abstraction of the credit)이라 한다.

신용장거래를 서류거래로 규정한 것은 물품에 대하여 알지 못하고 국제결제에 개입하는 은행을 보호하기 위함이다. 신용장의 추상성을 기초로 실물거래에 경험

12) Article 4 Credits v. Contracts a. A credit by its nature is a separate transaction from the sale or other contract on which it may be based. Banks are in no way concerned with or bound by such contract, even if any reference whatsoever to it is included in the credit. Consequently, the undertaking of a bank to honour, to negotiate or to fulfil any other obligation under the credit is not subject to claims or defences by the applicant resulting from its relationships with the issuing bank or the beneficiary. A beneficiary can in no case avail itself of the contractual relationships existing between banks or between the applicant and the issuing bank.

13) Article 5 Documents v. Goods, Services or Performance. Banks deal with documents and not with goods, services or performance to which the documents may relate.

과 지식이 없는 은행이 안심하고 개입할 수 있게 된다. 수입상의 입장에서 신용장 조건과 일치하는 서류로 수입대금을 결제하였으나 물품이 선적되지 않았거나 계약물품과 다른 물품이 선적되었다면 매매계약을 위반하였다는 이유로 수출상을 상대로 클레임을 제기하여 권리구제(remedy)를 받을 수 있을 뿐이다.

3) 한계성(limitation)

신용장은 매매계약과 독립되고 서류에 의한 거래라는 독립·추상성의 본질 때문에, 거래당사자들의 모든 문제를 충족시켜 줄 수 있는 절대적인 제도는 아니다. 수출상의 입장에서 신용장은 현금, 어음 또는 수표와 같은 절대적이고 독립된 지급수단이 못된다. 신용장은 특정인이 지정된 조건에 일치하는 서류를 기일 내에 제시한 경우에만 은행이 지급한다는 제한적인 조건부 지급약정에 지나지 않는다. 수입상은 이러한 성질을 악용하여 수출상이 계약내용을 성실히 이행하였음에도 불구하고 서류상 사소한 불일치(minor discrepancy)를 이유로 지급을 거절하거나 가격할인을 요구할 수 있다.

수입상의 입장에서 보면 신용장을 개설한다고 해도 수입상이 요구하는 물품을 반드시 수취할 수 있다는 보장이 없다. 수입상이 구매하고자 하는 것은 서류가 아니고 물품이다. 서류는 사람이 작성하기 때문에 얼마든지 선적 물품과 다르게 작성할 수 있다. 실제 매매계약의 품질조건과 불일치한 물품이 선적되었더라도 위조된 서류를 작성·제시하여 신용장 조건과 일치하면 수입상은 신용장 개설약정에 따라 개설은행에게 반드시 대금을 지급하여야 한다.

결론적으로 신용장은 상인들 간 상호 불신을 제거하고 편의를 도모하기 위하여 고안되어 오늘날 국제거래에 많이 사용되는 결제수단이지만, 독립·추상성이라는 특성과 한계성 때문에 매매당사자는 각별히 유의하여야 한다.

4) 독립·추상성의 예외

신용장거래가 서류에 의한 거래이지만 개설은행은 사기행위에 대한 명백한 증거가 있는 경우 신용장상의 조건과 일치하는 서류에 대하여 지급을 거절할 수 있는 **사기거래배제의 원칙**(fraud rule) 또는 **사기성 예외**(fraud exception)가 있다.[14] 사기거래 배재의 원칙은 신용장제도를 악용한 사기지급청구에 대처하기 위한 수단이지만 은행의 공신력 및 신용장의 독립・추상성을 감안하면 명백한 증거가 뒷받침되는 경우에 한하여 예외적으로 사용되어야 한다. 따라서 차선책으로 법원의 지급정지명령을 받아 대금지급을 거절할 수 있다.

지급정지명령(injunction)이란 우리나라의 가처분에 해당하는 것으로 신용장거래에서 개설은행의 대금지급을 금지하는 법원의 결정을 말한다. 하지만 신용장 거래가 서류거래라는 대원칙을 훼손하는 것이므로 사기와 같은 불법성에 기인한 지급금지의 적용은, ① 개설은행의 대금지급 이전일 것, ② 수출상의 사기행위에 대한 명백하고 확실한 증거가 존재할 것, ③ 매입은행의 피해가 없을 것 등의 요건을 갖춘 경우에 한하여 적용되어야 할 것이다.

Ⅱ ▸▸ 신용장 거래당사자

신용장 거래의 관계당사자는 기본당사자와 기타당사자로 나눌 수 있다. 기본당사자는 신용장거래에서 직접적인 권리와 의무를 부담하는 자를 말하며, 기타당사자는 신용장거래의 원활한 거래를 위하여 간접적으로 참여하는 은행을 말한다. 취소불능신용장의 경우에는 위의 기본당사자의 전원의 합의 없이는 신용장의 취소나 변경이 불가능하다.

신용장 거래 당사자

기 본 당사자	① 개설은행(issuing bank), ② 수익자(beneficiary) ③ 확인은행(confirming bank, 확인신용장의 경우) ④ 개설의뢰인(applicant, 개설은행을 통해 의사를 표시)
기 타 당사자	① 통지은행(advising bank) ② 지급은행(paying bank), 인수은행(accepting bank), 매입은행(negotiating bank) ③ 상환은행(reimbursing bank) 등

14) United City merchants(Investments)Ltd. v. Royal Bank of Canada(1983) 1 A.C. 168 : Tukan Timber Ltd. v. Barclay Bank Plc(1987) 1 Lloyd's Rep. 171 at 174.

1 기본 당사자

1) 개설의뢰인(applicant)

매매계약의 매수인은 신용장거래에서 거래은행에 신용장 개설을 의뢰하는 개설의뢰인(applicant)이 된다. 또한 매수인은 환어음의 지급인(drawee)이자 채무자(accountee 또는 for account of)이며, 화물의 수하인(consignee)이 된다. 미국 통일상법전은 개설의뢰인을 고객(customer)으로 하고 있다.[15)]

신용장의 개설의뢰인은 반드시 수입상이거나 매수인일 필요가 없으며 제3자가 수입대행을 하면서 개설의뢰인이 될 수 있다. 반면에 신용장에서 환어음의 지급인은 반드시 개설은행이지 개설의뢰인은 안 된다.[16)]

2) 개설은행(issuing bank)

개설의뢰인의 지시와 요청에 따라 수출상 앞으로 신용장을 개설하고 수출상이 발행한 환어음에 대한 지급, 인수 또는 매입할 것을 확약하고, 조건에 일치되는 서류를 지급, 인수 또는 매입한 은행에 대하여는 보상할 의무가 있는 은행을 말하며 opening bank 또는 establishing bank 등으로 불린다. 경우에 따라서 개설은행은 반드시 신용장을 개설하는 은행만을 의미하지는 않는다. cable L/C의 경우 수출지에 있는 자신의 환거래은행(correspondent bank)에 신용장 개설을 지시할 수 있다.

3) 수익자(beneficiary)

개설의뢰인의 요청에 따라 개설된 신용장의 권리와 이득을 누리는 자를 수익자라고 하며, 매도인(seller), 수출상(exporter), 화물을 발송하는 송하인(shipper, consignor), 환어음의 발행인(drawer)이다.

---

15) UCC 5-103(1) : A 'customer' is a buyer or other person who causes on issuer to issue a credit, …

16) UCP §6. c. : A credit must not be issued available by a draft drawn on the applicant.

양도가능신용장(transferable L/C)의 경우 원수익자(original beneficiary)를 제1수익자(first beneficiary)라 하고, 양도받는 양수인을 제2수익자(second beneficiary)라 한다. 화환신용장의 경우 수익자는 보통 수출상이지만 보증신용장의 경우 은행이 수익자가 될 수 있다. 신용장통일규칙에는 수익자를 "beneficiary"로 표현하지만 계약문구에는 "in favor of" 또는 "F/O" 다음에 수익자명을 기재한다.

4) 확인은행(confirming bank)

개설은행의 수권이나 요청에 따라 수익자에게 지급, 인수, 또는 매입 확약을 한 제3은행을 확인은행이라 한다. 수익자의 입장에서 개설은행의 대외신용이나 자산상태가 불확실하거나 외화부족 등으로 대외결제에 제한을 가할 가능성이 있다면 개설은행의 지급확약만을 믿고 거래하기 어렵다. 이러한 경우 수출상의 요청으로 신용도 높은 은행 또는 수출상의 소재지의 통지은행에게 확인을 요청하게 된다.

확인은행은 수익자에게 개설은행과 같은 입장이 되어 신용장 조건과 일치하는 서류가 제시되면 지급, 인수 또는 매입할 의무를 지게 된다. 통지은행의 확인추가 문언은 "We hereby add our confirmation to this credit"과 같다.

2 기타 당사자

1) 통지은행(advising bank)

개설은행의 요청으로 수익자에게 신용장이 개설 사실과 그 내용을 통지하는 은행을 말하며 "notifying bank" 또는 "transmitting bank"라 한다. 통상 수익자가 소재하는 수출지에 있는 개설은행의 본지점이거나 개설은행의 환거래은행이다.

신용장 또는 조건변경의 통지는 그 자신이 외관상 진정성(apparent authenticity)을 충족하고 신용장 또는 조건변경의 모든 조건을 정확히 반영하고 있다는 것을 의미한다.[17] 통지는 우편, 전신, FAX, SWIFT[18] 등을 통해서 이루어진다. 통지

17) UCP 제9조 b항

은행이 우편으로 신용장을 접수한 경우에는 개설은행과 사전에 교환한 서명감(specimen signature booklet)을, 전신으로 수령한 경우에는 개설은행과 교환하고 있는 암호(test key)에 의하여 신용장의 진정성을 확인한다.

2) 매입은행(negotiating bank)

수익자는 신용장의 조건에 따라 발행한 환어음에 선적서류를 첨부하여 거래은행에 화환어음(환어음+선적서류)의 매입을 의뢰하게 되는데 이때 이를 매입하는 은행을 매입은행이라 한다. 개설은행에 의하여 일람출급이나 기한부 환어음의 매입을 지정받은 은행이 있는 경우에는 지정은행, 지정이 없는 경우에는 모든 은행이 매입은행이 될 수 있다.

매입은행의 매입근거는 신용장상에 명시된 개설은행 또는 확인은행의 확약문언(engagement clause)[19]에 따른 지급약속이다. 매입은행은 화환어음의 할인매입으로 환어음의 선의의 소지인(bona-fide holder)이 된다.

매입은행이 매입한 화환어음이 개설은행에 의하여 지급이 거절될 때 매입은행은 수익자에 대하여 매입대금의 상환청구권(recourse)을 가진다.

3) 지급은행(paying bank)

신용장조건에 따라 수익자가 발행한 서류에 대하여 지급하도록 수권된 은행이다. 일반적으로 개설은행의 본・지점, 개설은행의 지정을 받은 예치환거래은행, 개설은행이 결제대금의 전액을 미리 위탁시켜 둔 지정은행이 지급은행이 될 수 있다.

지급은행은 신용장에서 요구되는 서류와 상환으로 또는 자기 앞으로 발행된 환

---

18) SWIFT(세계은행간금융전산망)는 “Society for Worldwide Financial Telecommunication”의 약어로 세계 회원은행을 온라인망으로 연결하여, 국제간 자금결제 및 메시지 교환을 보다 신속하고 안전하게 처리하기 위한 국제은행업무의 자동화를 의미한다. 1973년에 벨기에에 본부를 두고 설립된 비영리협동조합이다.

19) 신용장상에 개설은행의 확약문언은 일반적으로 “We hereby engage with the drawers, endorsers and bona-fide holders that draft drawn and negotiated with the terms of this credit will be duly honored on due presentation to the drawee”라고 기재되어 있다.

어음의 가액을 할인하지 않고 지급할 수 있다. 지급시기에 따라 일람출급지급(sight payment)과 연지급(deferred payment)이 있다.

수출대금을 수출국의 통화로 표시하는 경우 개설은행은 통지은행을 지급은행으로 지정하는 지급신용장(Straight L/C)을 개설하는 경우가 많다. 비록 지급신용장이라 하더라도 지급은행의 지급에 따른 궁극적인 책임은 개설은행이 지며, 개설은행의 환계정에서 차기하여 지급과 동시에 상환 받는다.

4) 인수은행(accepting bank)

신용장의 조건에 따라 수익자가 기한부 환어음(time bill 또는 usance bill)을 발행하여 은행에 제시하면 이를 인수하도록 수권된 은행이다. **인수(acceptance)**란 인수은행 앞으로 발행된 기한부 환어음을 인수하는 경우 어음의 만기일에 상환청구권을 행사하지 않고 어음 대금을 지급하여야 하는 무조건 지급확약이다. 인수신용장에서 개설은행은 반드시 인수은행을 지정하여야 하는데 통지은행이 지정되는 경우가 많다.

5) 상환은행(reimbursing bank)

신용장에서 지급, 인수, 매입은행에 대한 상환을 개설은행의 본·지점 또는 제3은행에게 청구하도록 지정한 경우 개설은행을 대신하여 상환업무를 수행하는 은행이다. 상환은행은 지급, 인수, 매입은행에게 어음대금을 결제하기 때문에 **결제은행(settling bank)**이라고도 한다.

상환은행은 대개 개설은행의 예치계정을 보유하고 있으므로 개설은행의 수권이나 지시로 상환업무를 대행한다. 상환은행이 상환하지 못하면 최종적으로 개설은행이 책임을 지고 상환하여야 한다. 상환은행은 오직 개설은행의 지시에 따라 대금의 상환업무만 대행할 뿐 지급, 인수, 매입은행에 대하여 서류의 일치를 요구할 권리가 없다.

Ⅲ ▸▸ 신용장 종류

신용장은 국제상거래에서 결제나 보증용으로 사용된다. 이러한 상업신용장도 그 기능과 성격 그리고 용도 등을 기준으로 그 종류가 다양하며, 하나의 신용장이 한 가지 기능만을 지닌 것이 아니라 여러 가지 복합적 성격을 지닌다.

1 지급 · 연지급 · 인수 · 매입신용장

신용장은 사용방법에 따라 일람지급(sight payment), 연지급(deferred payment), 인수(acceptance), 매입(negotiation)신용장으로 구분될 수 있다. 신용장통일규칙에서도 "신용장은 그것이 일람지급, 연지급, 인수 또는 매입 중 어느 것에 의하여 사용될 수 있는지를 명기해야 한다(UCP600 §6)."고 하고 있으며, 실무적으로는 SWIFT **"41D available with/by" 항목**에 그 사용방법을 정하게 된다.

① **지급신용장(payment credit)**은 환어음의 배서인이나 선의의 소지인에 대한 약정이 없이 수익자가 개설은행이나 지정은행에 직접 선적서류를 제시하면 지급하겠다는 약정만 있는 신용장이다. 주로 지급은행이 개설은행의 예금계정을 갖고 있는 경우에 사용되는 일람출급신용장으로 어음을 필요로 하지 않는다.[20)]

② **연지급신용장(deferred payment credit)**은 신용장 조건과 일치하는 서류를 신용장에서 지정한 연지급은행에 제시하면 신용장의 규정에 따라 결정되는 만기일에 지급한다고 약정된 신용장을 말한다. 신용장상에 연지급을 위한 서류를 제시할 은행과 지급 만기일을 지정하여야 한다. 통상 통지은행이 연지급은행이 되며 그 은행이 개설은행의 예금계정을 갖고 있을 때 사용된다.[21)]

③ **인수신용장(acceptance credit)**은 수익자가 선적서류와 기한부어음을 발행하여 제시하면 인수은행이 제시에 따른 인수(acceptance)를 하고 만기에 지급할 것

20) 지급확약문언 : We hereby engage that payment will be duly made against documents presented in compliance with the terms of this credit.

21) 연지급확약문언 : We hereby engage that payment will be duly undertaken against documents presented in confirmity with the terms the of this credit and payment will be duly made at maturity.

honour · 매입 · 상환의 의미

구분	내용
결제[22] (honour)	• 신용장이 일람지급을 약정하였다면 일람 후 지급하는 것 • 신용장이 연지급을 약정하였다면 연지급 확약 의무를 부담하고 만기일에 지급하는 것 • 신용장이 인수를 약정하였다면 수익자가 발행한 환어음을 인수하고 만기에 대금을 지급하는 것
지급·연지급 (payment· deferred payment)	• 지급이란 신용장 조건과 일치하는 서류를 제공해 주는 대가로 대금을 주는 행위이며, 개설은행 또는 개설은행이 권한(authorization)을 준 다른 은행이 할 수 있음 • 지급은행은 상환청구권을 행사할 수 없음 • 일람지급신용장의 경우 개설은행이나 지정은행은 서류의 제시가 있으면 즉시 지급하며, 연지급신용장의 경우에는 서류의 제시에 대하여 연지급 확약을 하고 만기 지급함
인수 (acceptance)	• 인수란 만기일에 반드시 지급하기로 하는 약속 – 인수은행이 제시 어음에 대해 어음 지급일자(만기일)를 확정하고 그 기일에 어음 발행인 등에게 지급하는 행위 • 개설은행 또는 개설은행의 수권을 받은 은행은 조건과 일치하는 서류가 첨부된 기한부지급환어음을 인수하였다가 만기일에 지급함
매입 (negotiation)	• 은행이 수출상이 제시하는 선적서류 또는 선적서류가 포함된 환어음을 구매하는 행위 – 서류를 최종지급인(drawee)으로부터 대금의 지급이 이루어지기 전에 할인가격(신용장금액에서 이자, 수수료 등을 공제한 금액)으로 사는 행위 • 매입은행은 최종지급이 이루어지지 않는 경우에는 그 어음의 발행인 또는 배서인들에게 매입대금을 돌려달라는 상환청구권(with recourse right)이 있음
상환 (reimbursement)	• 수출지 또는 제3국에 소재하는 개설은행의 예치환거래 은행이 개설은행의 요청과 지시에 의하여 일람불 또는 기한부 신용장의 대금을 지급하는 것

을 확약하는 신용장이다. 통상 인수은행이 개설은행을 위하여 신용장 대금을 먼저 지급하여 주고 만기일에 상환 받는 신용공여(banker's usance)방식으로 어음이 필요한 기한부 신용장이다.[23]

④ **매입신용장(negotiation credit)**은 수익자가 발행한 환어음이 매입될 것을 예상하여 개설은행이 수익자뿐만 아니라 배서인 및 선의의 소지인에게 지급확약을 확대하고 있는 신용장을 말한다. 매입을 제한하는 경우를 제외하고 원칙적으로 어느 은행이나 매입이 가능하며, 서류의 매입 시 어음을 함께 제시한다.[24]

22) 'honour'는 내용이 지급, 연지급 확약 후 만기지급, 인수 후 만기지급을 내용으로 하는 것은 명확하지만 honour에 대한 해석에 관하여 '지급이행', '결제이행', '최종지급', '수리', '결제' 등으로 다양하게 해석되고 있다. 본서에서는 "결제"라는 표현을 쓴다.

23) 인수확약문언 : We hereby engage that drafts drawn in compliance with the terms of this credit will be duly accepted on presentation and duly honoured at maturity.

2 상환 · 송금 · 단순신용장

신용장은 개설은행의 대금상환방법에 따라 상환신용장(reimbursement credit), 송금신용장(remittance credit), 단순신용장(simple credit)으로 구분한다. 실무적으로는 SWIFT "78 instruction to pay/acc/neg bk :" 항목에서 사용방법이 정해진다.

개설은행은 신용장을 개설할 때 주로 상환방식을 많이 이용하지만, 수입상이 신규 거래처이거나 신용이 불량한 경우에는 송금방식을 이용하려 하고, 상환방식을 이용하는 경우에도 T/T reimbursement보다는 draft reimbursement를 이용하려는 경향이 있다.

① **상환신용장(reimbursement credit)**은 신용장 개설 시 대금청구를 특정은행(reimbursing bank)으로 하도록 지정되어 있는 신용장을 말한다. 개설은행은 미리 상환은행을 지정하여 상환수권서(reimbursement authorization)를 보내놓아야 하며, 매입은행은 개설은행의 당좌계정을 갖고 있는 제3의 은행 앞으로 상환청구를 하게 된다.[25]

상환방법에는 T/T reimbursement(송금상환) 또는 Draft reimbursement (어음상환)의 방식이 있다. T/T의 경우에는 환어음의 송부 없이 T/T로 상환을 요청하며, Draft의 경우에 수익자는 환어음을 개설은행 앞으로 발행하고, 매입은행은 별도로 자신의 상환용 어음을 작성하여 상환은행에 송부하여 대금을 지급받는다.

상환신용장의 경우 수입상에게도 환가료가 발생할 수 있다. 즉, 수출상은 매입 시에 '신용장금액×전신환매입률－환가료'의 매입금액을 선지급받게 되며, 수입상은 '신용장금액×전신환매도율＋환가료'의 수입대금을 결제하게 된다.

② **송금신용장(remittance credit)**은 서류매입은행이 서류를 매입하고 대금을 받기 원하는 은행을 지정하면 개설은행이 매입은행이 지정한 은행에 송금함으로써 지급이 이루어지는 신용장을 말한다.[26]

---

24) 매입확약문언 : We hereby agree with the drawers, endorsers and bona fide holders that drafts drawn and negotiated in compliance with the terms of this credit will be duly honoured on presentation.

25) 상환문언 : "We are holding special instructions regarding reimbursement.", "We authorize you to claim reimbursement from drawee bank by forwarding the beneficiary's draft.","T/T reimbursement is not allowed.","T/T reimbursement is acceptable."

③ **단순신용장(simple credit)**은 신용장의 지급·인수·매입은행이 개설은행과 예치환거래은행인 경우에 자신이 지급한 대금을 개설은행의 예치환계정에서 대체(debit, 차기)하는 방식의 신용장이다.[27)]

예치환거래은행(depository correspondent bank)이란 수출입거래, 외국환거래, 국제금융거래 등의 원활한 수행을 위하여 외국은행과 환거래약정을 체결하고 취급업무의 종류, 결제방법, 거래조건, 수수료, 서명감, 암호 등을 상호 교환하고, 상대은행에 자신 명의로 당좌계정을 설치한 은행을 말한다.[28)]

3 취소불능 · 취소가능신용장

취소불능신용장(irrevocable credit)은 신용장 조건에 일치한 서류가 제시되면 대금을 지급하겠다는 개설은행의 확약(definite undertaking)으로 일단 개설된 후에는 개설은행, 확인은행(확인신용장의 경우) 및 수익자 전원의 합의 없이는 그 조건을 변경하거나 취소할 수 없는 신용장이다.

취소가능신용장(revocable credit)은 개설은행에 신용장을 개설한 후 수익자에게 사전 통지 없이 그 조건을 변경하거나 취소할 수 있는 신용장이다. 신용장은 취소불능의 표시가 없더라도 취소불능신용장이다.[29)] 취소불능신용장의 개설은행은 수익자에 대하여 절대적인 지급채무를 지며, 신용장의 확약문언(engagement clause)에 나타나 있다.

26) 송금문언 : "Upon receipt of complying documents, we will reimburse you as per your instructions.", "Upon receipt of documentations and drafts in conformity with the terms and conditions of this credit, we shall remit the proceeds to the bank designated by negotiating bank."
27) 차기문언 : "Please debit our account with you and credit your account on maturity."
28) 외국환은행이 외국은행과 환거래서비스를 교환하기로 한 약정을 환거래약정(correspondent arrangement, 코레스계약)이라고 한다. 환거래은행에는 신용장 통지, 송금 등 단순한 외국환서비스만을 제공하는 무예치환거래은행(non-depositary correspondent bank)과 단순 서비스와 당좌계좌를 개설하여 외국환자금 여수신까지 하는 예치환거래은행(depositary correspondent bank)이 있다.
29) UCP Art.3.…A credit is irrevocable even if there is no indication to that effect.

4 확인 · 무확인신용장

확인신용장(confirmed credit)은 주로 수출국에 있는 개설은행의 환거래은행이 개설은행의 요청에 따라 수익자에게 개설은행과 별도의 지급, 인수 또는 매입에 대한 확약을 추가한 신용장을 말하며, 주로 개설은행과 환거래계약을 맺고 있는 통지은행이 확인은행이 된다. 확인은행의 이러한 확약은 개설은행의 확약을 단순히 보증한 것이 아니라 개설은행과는 독립된 지급약속이다. 무확인신용장(unconfirmed credit)은 이러한 추가적 확약이 없는 신용장을 말한다.

5 화환 · 무화환신용장

화환신용장(documentary credit)은 신용장의 개설은행이 신용장에 명기된 조건과 일치하는 서류상환을 조건으로 수익자가 발행한 환어음을 인수, 지급, 또는 매입을 확약하는 신용장이다. 특히 서류에는 운송 중인 화물에 대한 권리증권인 선하증권이 첨부되므로 환어음 매입 시 담보 기능을 한다. 국제무역거래에 일반적으로 사용되는 신용장이다.

무화환신용장(clean credit) 또는 무담보신용장은 개설은행이 선적서류의 첨부 없이 수익자가 발행하는 환어음 또는 불이행 진술서에 따라서 인수, 지급 또는 매입할 것을 확약하는 신용장이다. 여기에는 Red Clause L/C와 스탠드바이신용장 등이 있다.

스탠드바이신용장(保證信用狀, standby letter of credit)은 일반 고객이 현지은행으로부터 금융서비스를 받거나 화환신용장을 개설받고자 할 때, 자신의 거래은행에 요청하여 그 거래은행이 현지은행(수익자) 앞으로 채권보증을 확약한다는 뜻으로 개설하는 신용장을 말하며, 대금결제를 목적으로 하지 않는 점에서 화환신용장(documentary L/C)과 대비된다.

6 일람출급 · 기한부신용장

일람출급신용장(sight credit)은 신용장에 의하여 발행되는 어음을 지급인(drawee)

에게 제시하였을 때 즉시 지급되는 신용장으로 여기에서 발행되는 환어음은 일람출급환어음(sight draft)이다.

기한부신용장(usance credit)은 수익자가 발행한 환어음을 제시하면 제시 후 일정 기간이 지나서 지급되는 신용장이다. 기한부신용장에는 환어음의 인수은행을 지정한 인수신용장과 환어음의 매입을 허용한 기한부 매입신용장이 있다.

인수신용장의 기한부환어음은 일람후정기출급환어음(at xxx days after sight), 일부후정기출급환어음(at xxx days after January 20, 2xxx), 확정일후정기출급환어음(at xxx days after the B/L date) 등 3가지가 있다. 기한부 매입신용장에 발행되는 환어음은 일람후정기출급(at 90 days after sight...)환어음이다.

기한부신용장은 어음기간에 대한 신용공여자에 따라 shipper's usance와 banker's usance로 구분된다. banker's usance인 경우에는 수출상은 일람출급조건의 경우와 같이 은행에서 수출대금을 회수할 수 있는데 반하여, shipper's usance인 경우에는 usance 기간에 대한 이자를 수출상이 부담한다.

7 양도가능 · 양도불능신용장

외국에서 신용장을 수취한 수출상은 물품을 제조하여 직접 수출하거나, 자신이 수령한 신용장(master L/C)을 근거로 제2의 신용장을 발행할 수 있으며, 원신용장 자체를 제3자에게 넘기는 신용장 양도방식을 선택할 수도 있다.

양도가능신용장(transferable L/C)이란 수익자가 신용장의 권리 일부 또는 전부를 양도은행을 통하여 제3자에게 양도하는 경우에 사용하는 신용장이다. 이때 양도인을 제1수익자(first beneficiary), 양수인을 제2수익자(second beneficiary)라고 부른다.

양도의 종류에는 첫째, 제2수익자의 수에 따라 1인에게 신용장 금액 전부를 양도하는 전액양도와 다수의 제2수익자에게 신용장을 분할하여 양도하는 분할양도가 있다. 둘째, 제2수익자의 소재지에 따라서 국내의 제2수익자에게 양도하는 국내양도와 외국의 제2수익자에게 양도하는 국외양도가 있다. 셋째, 원신용장의 조건변경에 따라서 원신용장의 조건을 변경하지 않고 양도하는 단순양도와 신용장 양도에 다른 중계차익을 확보할 목적으로 일부를 변경하여 양도하는 조건부양도가 있다.

양도신용장의 조건은 원신용장의 조건과 일치하여야 하지만 예외적으로 ① 신용장의 금액 및 단가의 감액, ② 유효기일의 단축, ③ 서류제시기일의 단축, ④ 선적기일의 단축, ⑤ 부보비율의 증액, ⑥ 서류송부은행을 개설은행에서 양도은행으로 변경, ⑦ applicant 이름을 제1수익자(양도인)로 대체하는 것은 가능하다.

8 내국신용장

내국신용장(local credit)이란 외국의 수입상으로부터 신용장을 받은 수출상이 수출품을 국내에서 구매하거나 생산에 필요한 원재료를 국내에서 조달받기 위하여 자신의 거래은행에 원신용장(original credit, prime credit, master credit)을 견질로(back to back) 하여 국내의 생산업자나 원재료공급자 앞으로 개설하는 신용장이다. 수출용 원자재의 국내 구입을 촉진하기 위하여 운용되고 있는 제도로서, 수출용 원자재나 수출용완제품의 국내 공급자를 수익자로 개설된다. 무역금융 수혜자격이 있는 자에게 발급하며, 무역금융 수혜자격이 없는 자는 은행이 결제에 대한 책임을 지지 않는 구매확인서를 이용할 수 있다.

9 선대신용장

선대신용장(red clause credit)은 개설은행이 매입은행으로 하여금 선적 전에 일정한 조건부로 수출대금을 선대할 수 있도록 수권하는 문언을 신용장상에 기재하고 그 선대금의 상환을 확약하는 신용장이다. 수출대금의 선대문언이 붉은색으로 표시되어 “red clause credit”, 선대대금으로 수출할 물품을 포장한다는 의미로 “packing credit”라 한다.

매입은행이 수출상이 가져온 영수증과 선적서류를 제출하겠다는 각서를 받고 수익자에게 대금을 지급한다. 수익자는 물품 송부 후 선대금을 제외한 금액에 대해서만 환어음을 발행하여 매입을 의뢰하는 형태로 선대금을 상환한다. 본・지사간 거래, 물품의 공급보다 수요가 많은 경우에 주로 이용된다.

10 회전신용장

회전신용장(revolving credit)이란 수출상과 수입상이 동종의 물품을 일정기간에 걸쳐 반복적으로 거래할 경우 한번 개설된 신용장의 효력이 사용 후 다시 갱생되는 신용장이다. 반복거래의 경우 신용장 개설의 시간, 비용, 담보 등에서 편의를 위해 이용되는 신용장이다.

자동 갱신되는 방법에는 첫째, 발행된 환어음이 개설은행에서 지급이 완료되고 이에 관한 통지가 있을 때, 둘째, 발행된 환어음이 매입되어 개설은행으로 서류가 송부된 후 일정기간 내에 지급거절의 통지가 없을 때, 셋째, 월력상의 일정기간, 즉 월별이나 격월 등 일정기간이 지나면 자동적으로 갱신되는 방법 등이 있다.

갱신 시 미사용 잔액이 갱신금액에 합하여지는 cumulative revolving credit과 합하여지지 않는 non-cumulative revolving credit이 있다.

11 구상무역 관련 신용장

구상무역과 관련된 신용장에는 back to back credit(동시개설신용장), escrow credit(기탁신용장), tomas credit(토마스 신용장) 등이 있다.

back to back credit은 어느 한 국가에서 수입신용장을 개설하는 경우 그 신용장이 수출국에서도 동액의 수입신용장을 개설하는 경우에만 유효하도록 제한하는 신용장이다. 수출을 수입과 연계시키므로 궁극적으로 양국 간의 무역수지를 균형을 잡으려는 목적에 이용된다.

escrow credit은 수출상이 선적 후 수입상으로부터 수출대금을 지급받는 것이 아니라 이를 기탁계정에 기탁하여 두었다가 수입상으로부터 물품을 수입할 때 그 결제대금으로만 사용하도록 지정된 신용장이다. escrow credit은 back to back credit와 달리 똑같은 금액의 신용장을 동시에 서로 개설하여야 하는 것이 아니므로 물품의 선택과 수입시기가 보다 자유롭고 유연성이 있다.

tomas credit은 구상무역에 이용되지만 양측이 동시에 동액의 신용장을 개설하도록 하는 것이 아니라, 한쪽이 먼저 신용장을 개설하고 상대방은 일정기간 후에 동액의 신용장을 개설하겠다고 보증서를 발급하여야 하는 조건으로 개설된 신용장을 말한다. tomas credit은 상대방이 일정기간 후에 동액의 신용장을 개설하겠다는 보증서를 발급해 주어야 효력이 발생한다.

Ⅳ ▸▸ 신용장 관련 국제규칙

1 신용장통일규칙(UCP 600)

제1차 세계대전 후 국제 간 교역량이 증가하자 신용장의 이용도 늘어났지만 신용장의 통일성이 결여되어 신용장거래에서 많은 분쟁이 발생되었다. 처음에 신용장통일운동은 미국에서 시작되었으나, 1920년 국제상업회의소가 창설되어 통일작업을 주도하여 1933년 6월 3일 Wien의 ICC 제7차 총회에서 정식 채택되었다. 영어 명칭은 “Uniform Customs and Practice for Commercial Documentary Credit”(상업화환신용장에 관한 통일된 관습 및 관행)이며 ICC Brochure No. 82로 발효되었다. 이를 통상 ‘**신용장통일규칙**’(UCP)이라고 한다.

UCP는 국제민간단체인 ICC에서 제정한 것으로 국제적인 협약이나 통일법과 같이 사법상의 구속력이 없고 통일관습에 불과하다. 따라서 당사자가 실제 거래에서 이를 적용하기로 합의한 경우에 구속력을 갖는다.

화환신용장에 관한 통일규칙 및 관례(UCP600, The Uniform Customs and Practice for Documentary Credits, 2007 Revision, ICC publication no. 600)가 2006년 10월 25일 파리에서 개최된 ICC은행위원회에서 승인되어, 2007년 7월 1일부터 새롭게 시행되었다. UCP600은 제2조(definitions, 정의)와 제3조(interpretations, 해석)를 추가하는 한편, 기존의 49개 조항을 39개 조항으로 통합하였다.

신설된 조항으로는 §2(정의), §3(해석), §9(신용장 및 변경통지), §12(지정), §15(일치하는 제시), §17(원본서류 및 사본)등이 있고, 폐지된 조항으로는 §5(신용장의 개설/변경 지시), §6조(취소 가능한…), §8(취소), §12(불완전 또는 불명료한 지시), §38(다른 서류들) 등이 있다.

UCP600에서 눈에 띄는 내용상 변화는 서류심사기간이 제7은행영업일 내 상당기간에서 최장 제5은행영업일로 단축되었다. 또한 연지급신용장의 할인을 허용하고, 불명확한 용어를 제거하였다는 점이다.

UCP 600의 조항별 내용

Article	Title	Article	Title
§1	UCP의 적용	§21	비유통성 해상화물운송장
§2	정의	§22	용선계약 선하증권
§3	해석	§23	항공운송서류
§4	신용장 vs 계약	§24	도로, 철도, 내수로 운송서류
§5	서류 vs 물품, 용역, 이행	§25	특송화물수령증, 우편수령증, 우편증명서
§6	사용가능성, 유효기일 및 제시장소	§26	갑판적, 부지약관 및 부가운임
§7	개설은행 확약	§27	무고장 운송서류
§8	확인은행 확약	§28	보험서류 및 담보
§9	신용장 및 변경 통지	§29	유효기일의 연장, 최종제시일자
§10	조건변경	§30	금액, 수량 및 단가의 용인
§11	전송, 사전통지신용장, 조건변경	§31	분할 어음발행 또는 선적
§12	지정	§32	할부 어음발행 또는 선적
§13	은행 간 상환약정	§33	제시기간
§14	서류심사 기준	§34	서류효력에 관한 면책
§15	일치하는 제시	§35	송달 및 번역에 관한 면책
§16	불일치서류, 권리포기 및 통지	§36	불가항력
§17	원본서류 및 사본	§37	피지시인의 행위에 대한 면책
§18	상업송장	§38	양도가능 신용장
§19	2가지 이상의 운송방식을 표시하는 운송서류	§39	대금의 양도
§20	선하증권		

2 신용장통일규칙의 보칙(eUCP 1.1)

ICC은행위원회는 인터넷기술이 널리 보급됨에 따라 종이신용장과 종이서류가 기술적인 변화를 수용할 수 있도록 2000년 5월 논의를 시작하여 2001년 12월에 eUCP를 제정하였다. 기존의 UCP를 그대로 두고 **"전자적 제시에 관한 UCP 추록"**(eUCP, UCP Supplement for Electronic Presentation)을 첨부함으로써, 기존 종이문서와 이에 상응하는 전자문서 및 전자적 제시를 동시에 규정한 통일규칙체계를 형성하게 되었다.

eUCP는 총12개 조항으로 구성되며, 여기에는 적용범위, UCP와의 관계, 정의, 형식(format), 제시, 심사, 거절통지, 원본 및 사본, 발행일, 운송, 전자기록의 변조(corruption of an electronic record), eUCP 제시에 관한 의무의 부가적 부인 등에 관하여 규정하고 있다.

eUCP를 제정하여 기존 종이서류는 UCP가 적용되며, 전자기록 단독 혹은 종이서류와의 혼합으로 제시된 경우 eUCP가 적용될 수 있다. eUCP가 적용될 경우 관련 조항들은 UCP적용에 비하여 다른 결과를 가져오는 한 우선 적용된다.[30]

eUCP에서 전자기록물은 전자적 방법에 의해 작성, 생성, 발송, 통신, 수신 혹은 저장된 데이터를 의미한다. eUCP 신용장이 전자기록물의 제시를 요구하였다면 수익자는 제시해야 할 은행에 반드시 제시가 완료된 때를 의미하는 통지를 제공하여야 한다. UCP 혹은 eUCP 신용장의 전자기록 하나 혹은 그 이상의 원본이나 사본의 제시에 대한 어떠한 요구도 하나의 전자기록의 제시에 의해 가능하다.[31] 운송을 증명하는 전자기록물에 선적일자가 없다면 발행일자를 선적일자로 간주한다.

30) eUCP Art e2b : Where the eUCP applies, its provisions shall prevail to the extent that it would produce a result different form the application of the UCP.

31) eUCP Art. e8.

eUCP v.1.1 구성

조항	제목(title) 및 내용	조항	제목(title) 및 내용
제e1조	eUCP의 적용범위	제e7조	거절통지
제e2조	UCP와 eUCP와의 관계	제e8조	원본 및 사본
제e3조	정의	제e9조	발행일자
제e4조	양식	제e10조	운송
제e5조	제시	제e11조	제시 후의 전자기록의 손상
제e6조	심사	제e12조	eUCP에 의한 전자기록 제시에 대한 추가적 면제

3 국제표준은행관습(ISBP 745)

ICC(국제상업회의소)는 신용장거래에서 하자서류로 인한 클레임을 줄이고자 '화환신용장 서류심사를 위한 국제표준은행관습'(ISBP : International Standard Banking Practice for the Examination of Documents under Documentary Letters)을 2002년 10월 30일에 제정(ICC Publication No. 645)하여 2003년 1월부터 사용되었다. 한편, 2007년 7월 1일 UCP 600의 개정과 함께 ISBP 681로 개정하였고, 다시 2013년 4월 17일에 ISBP 745로 개정되었다.

국제표준은행 관습의 범위는 UCP 조항뿐만 아니라 실제로 표준 국제은행에서 통용되는 관습을 포괄한다. 구체적으로는 UCP조항, UC조항을 해설한 ICC 각종 공표물, ICC은행위원회의 결정과 의견 및 이를 분석한 사례집, ICC와 제휴한 주요 금융기관의 결정과 의견 및 공표물, ICC 요청에 따른 신용장 분쟁 전문가 그룹의 의견이나 신용장에 관한 저명한 논문자료 등이다.

ISBP는 UCP의 적용에 관한 실무상 보완서(practical complement)이다. 따라서 UCP의 효력을 변경하지 아니하고 UCP의 일상 적용에 관하여 상세히 설명하고 있다. 아울러 ISBP가 해당 국가의 강행규정에 저촉되지 아니하는 한 신용장에 삽입하지 않더라도 UCP와 함께 신용장거래의 일상 업무에 사용된다. ISBP 745는 다음과 같이 총 16장 298개 조항의 세부적인 서류심사목록으로 구성되어 있다.

ISBP 745 구성

장	제목(title) 및 내용	조항표기 및 수	
제1장	사전적 고려사항	§i~vii	7
제2장	일반원칙	§A1~41	41
제3장	환어음과 만기일의 산정	§B1~18	18
제4장	송장	§C1~15	15
제5장	적어도 두 가지 이상의 다른 운송방법을 포괄하는 운송서류 (복합운송서류)	§D1~32	32
제6장	선하증권	§E1~28	28
제7장	비유통성 해상화물운송장	§F1~25	25
제8장	용선계약부 선하증권	§G1~27	27
제9장	항공운송서류	§H1~27	27
제10장	도로, 철도, 내수로운송서류	§J1~20	20
제11장	보험서류와 부보범위	§K1~23	23
제12장	원산지증명서	§L1~8	8
제13장	포장명세서, 포장노트 또는 약기서(포장명세서)	§M1~6	6
제14장	중량명세서, 중량노트 또는 약기서(중량증명서)	§N1~6	6
제15장	수익자의 증명서	§P1~4	4
제16장	분석증명서, 검사증명서, 위생증명서, 검역증명서, 수량증명서, 품질증명서 기타 증명서(증명서)	§Q1~11	11
합계			298

제3절 신용장 취급절차

I 신용장 거래절차

신용장이 개설, 통지, 매입, 상환으로 이어지는 전 과정을 이해하는 것은 신용장실무를 이해하는데 도움이 된다. 여기서는 매입신용장을 기준으로 거래경로를 설명하고자 한다.

신용장의 거래절차

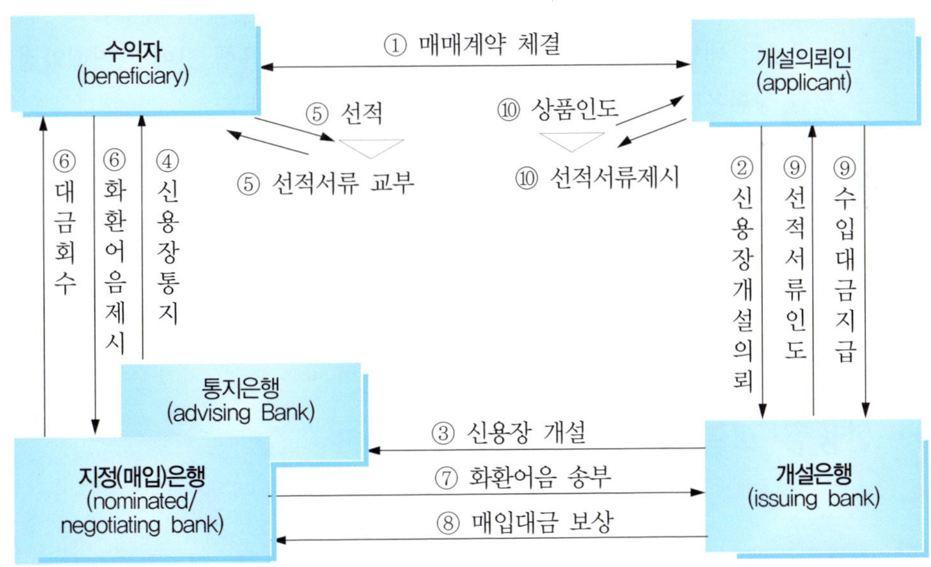

① 먼저 매도인(수출상)과 매수인(수입상) 사이에 매매계약(sales contract)이 체결되고 여기서 지급조건을 신용장으로 약정한다.

② 매매계약을 이행하기 위하여 수입상은 자신의 거래은행에 신용장의 개설을 의뢰한다. 이때 수입상은 개설의뢰인(applicant)이 되고, 거래은행은 개설은행(issuing bank)이 된다.

③·④ 개설은행은 수출상의 소재지에 있는 환거래은행을 통하여 수출상에게 신용장을 통지한다. 이때 환거래은행은 통지은행(advising bank)이 되고 통지를 받은 수출상은 수익자(beneficiary)가 된다.

⑤ 신용장을 받은 수출상은 물품을 생산 또는 집하하여 선적한다.

⑥ 선적 후 수익자는 환어음의 발행자(drawer)가 되어 환어음을 발행하고 신용장상에 명기된 선적서류를 첨부하여 자신의 거래은행에 화환어음의 매입을 의뢰한다. 이때 거래은행은 매입은행(negotiating bank)이 된다. 지급신용장의 경우에는 지급은행이, 인수신용장의 경우에는 인수은행이 각각 매입은행을 대신하며, 통지은행이 확인(confirmation)을 추가한 경우에는 확인은행(confirming bank)이 개입될 수 있다.

⑦·⑧ 화환어음을 매입한 매입은행은 이를 개설은행 앞으로 송부하고 개설은행으로부터 매입대금을 상환받는다. 매입은행과 개설은행 간에 환거래약정이 없으면 상환은행(reimbursing bank)을 통하여 결제된다.

⑨ 개설은행은 신용장의 개설의뢰인인 수입상에게 수입대금을 받고 송부되어 온 선적서류를 인도한다.

⑩ 수입상은 선적서류를 선박회사에 인도하고 인도지시서(delivery order)를 교부받아 이를 통하여 물품을 수령한다.

Ⅱ 신용장 개설 및 통지

1 외국환거래약정

수출상과 수입상이 수출 및 수입과 관련하여 은행과 거래를 하고자 하면 서로 간의 권리와 의무에 관한 계약을 체결하여야 한다. 수출상의 입장에서는 수출환어음의 매입, 수출품 조달을 위한 내국신용장의 발행 및 내국신용장 환어음의 매입, 그리고 수입상의 입장에서는 수입신용장의 개설과 관련하여 외국환은행과 거래약정을 체결하여야 한다. 일반적으로 은행들은 거래형태에 따른 별도의 약정이 아닌 은행의 모든 여신행위에 두루 사용될 수 있는 포괄적인 외국환거래약정서를 사용한다.

외국환거래약정서(foreign exchange transaction agreement)는 수출입자가 은행과 외국환거래를 함에 있어 "은행여신거래기본약관"이 적용됨을 승인하고 여러 조건을 따를 것을 확약하는 약정서로써 은행과 고객과의 환거래에 관한 계약서에 해당한다. '외국환거래'라 함은 수출, 수입, 내국신용장발행, 내국신용장 환어음 또는 판매대금 추심의뢰서 매입(추심)거래, 선적통지결제방식 수출거래에 의한 수출채권 매입거래 등을 말한다. 여기에는 수출환어음의 매입, 수입신용장의 발행 및 화환어음의 인도와 결재, 내국신용장 발행거래 및 내국신용장 화환어음매입(추심)거래에서 은행과 수출상 또는 수입상의 권리・의무를 규정하고 있다.

우리나라는 전국은행연합회에서 작성한 통일된 인쇄 양식인 '외국환거래약정서'를 사용하고 있는데, 형식은 ① 확약문언, ② 공통사항, ③ 수출거래에 대한 특약, ④ 수입거래에 대한 특약, ⑤ 내국신용장 발행에 관한 특약, ⑥ 내국신용장어음매입(추심)에 대한 특약, ⑦ 수출대금 채권 매입거래에 대한 특약으로 구성되어 있다.

외국환거래약정서의 **주요 내용**은 ① 신용장 발행과 관련된 비용과 위험을 포괄적으로 약정하여 모든 채무와 비용은 개설의뢰인이 부담한다. ② 신용장에 의하여 발행되는 환어음이 결제될 때까지 관련 물품은 개설은행의 담보로써 소유권은 개설은행에 있다. ③ 운송서류상의 부정확 또는 불명확, 우편 또는 전송상의 사고에 대해서는 면책이다. ④ 수출자가 발행한 환어음 매입과 관련하여 환어음의 발행인인 수익자로부터 환어음 매입에 따르는 담보문제, 사고에 따른 책임소재, 부도 또는 인수거절 되었을 경우의 처리문제를 규정한다. ⑤ 기타비용 부담에 관한 약정 ⑥ 약정되지 아니한 사항에 대하여는 신용장통일규칙, 추심에관한통일규칙, 은행 간 신용장 대금 상환에 관한 통일규칙, 국제표준은행관습, 기타 국제규약, 전자무역업무표준약관, 은행의 관련규정을 따른다.

수입거래에 대한 특약의 내용은 ① 신용장은 신용장개설신청서 등에 기재된 대로 발행, 통지된다. ② T/R(대도) 물품은 입고, 운반, 출고, 가공, 매도 이외의 목적으로 사용하거나 은행의 권리를 해하는 행위를 할 수 없다. ③ 은행은 신용장 조건과 불일치하는 화환어음에 대하여 수입자의 동의 없이 지급 또는 인수를 거절할 수 있다. ④ 수입자가 대금결제 기일 내에 결제하지 못한 경우 익영업일에 외화지급보증대지급금계정으로 처리하며 수입자는 원화금액을 상환한다. ⑤ 수입자가 L/G(화물선취보증장) 발급을 원할 경우에는 사전 승낙을 받아야 하고, 이때 은행은 수입결제대금의 적립을 요청할 수 있다. ⑥ 은행은 수입상이 신청한 경우에 한하여 신용장을 취소 또는 조건 변경할 수 있고, 그 효력은 발행은행, 수익자, 확인은행(확인신용장의 경우) 전원의 동의가 있어야 발생한다.

2 신용장 개설

수입상이 자신이 거래하는 외국환은행에 신용장 개설을 신청할 때에는 ① 취소불능화환신용장발행신청서, ② 계약관련서류, ③ 보험서류(FAS, FOB, FCA, CFR, CPT인 경우), ④ 기타 은행이 필요하다고 인정하는 서류 등을 제출하여야 한다.

수입상은 수입이 제한되는 일부 품목에 대해서만 세관에 수입신고 전까지 승인기관으로부터 수입승인(I/L : import license)을 받으면 된다.

개설은행은 신용장개설수수료[32]와 전신료를 청구하고 신용장을 개설한다. 대부분의 신용장이 SWIFT망을 이용하여 개설·통지되는데 이를 SWIFT신용장이라 한다. 신용장은 통지가 수익자에게 전달되었을 때 개설된 것으로 간주한다.[33] 모든 매매계약에서 신용장의 개설시기를 약정하게 되는 바, 그것이 수익자에게 통지되었을 때를 기준으로 한다.

3 신용장 통지

통지은행은 개설은행으로부터 온 신용장을 수익자에게 전달한다. 통지은행은 단순히 신용장을 전달하는 역할 이외에 **신용장의 진정성(authenticity)**[34]을 확인할

32) 신용장개설수수료(opening commission)는 납입 후 3개월이 경과하면 term charge란 명목으로 징구한다.
33) Bunge Corporation v. Vegetable Vitamin Foods(Pte) Ltd. (1985) 1 Lloyd's Rep. 613.

의무가 있다. 진정성의 확인을 위하여 SWIFT신용장에서는 authenticity key로 신용장의 진정성을 확인한다. SWIFT의 경우 신용장의 금액, 통화종별, 거래일자 등 신용장의 제반조건이 암호화되어 있다. 개설은행이 동 암호를 통지은행에 전송하면 통지은행은 이를 해독하여 수익자에게 전달하므로 가짜신용장이 발생할 가능성이 거의 없다.

Ⅲ ▸▸ SWIFT 신용장 내용

1 신용장의 구성

통지은행으로부터 신용장을 수취한 수익자는 3가지 사항을 검토한다. 첫째, 개설은행의 신용도를 검토하여 불안할 경우 '확인'(confirmation)을 추가하도록 요구하여야 한다. 둘째, 신용장의 조건이 매매계약의 내용과 일치하는지를 확인하고, 일치하지 않는 부분이 있을 경우 매수인에게 계약대로 조건을 변경(amendment)하도록 요구하여야 한다. 셋째, 신용장의 조건 가운데 이행이 불가능하거나 곤란한 사항이 있는지를 확인하고 이러한 조건의 변경을 요구하여야 한다.

이어서 **신용장 6대 부분**에 대한 검토가 있어야 한다.

① 신용장 자체에 관한 사항은 당사자(issuing bank, advising bank, applicant, beneficiary), 개설일자 및 장소, 유효기간(expiry date) 및 장소, 금액(amount) 등이다.

② 결제 및 환어음에 관한 사항은 지정은행 및 결제방법(available with~by~), 환어음기간(at~sight), 환어음 지급인(drawn on~, drawee) 등이다.

③ 선적에 관한 사항은 선적방법(partial shipment, transshipment), 운송구간(선적항, 도착항), 선적일자(shipping date) 등이다.

34) '眞正性'이란 의사표시가 누구에 의하여 이루어진 것인가를 확정할 수 있는 것을 의미한다. 즉, 외관상 나타난 표의자에 의하여 실제로 의사표시가 행해졌는지를 확인하는 것으로 이를 신분증명(identification)이라고 부르기도 한다. SWIFT MT700으로 개설된 신용장의 경우 두 번째 페이지에 SWIFT 방식에 의하여 진정성이 확인되었다는 표시가 있다(*** AUTH. CORRECT WITH CURRENT KEY ***)

④ 물품에 관한 사항은 물품의 규격, 수량, 단가와 가격조건 등이다.

⑤ 서류에 관한 사항은 기본서류로서 상업송장, 운송서류, 보험서류와 보충서류로서 포장명세서, 검사증명서, 원산지증명서, 수익자증명서 등이다.

⑥ 특수조건으로 은행수수료 부담조항, 서류제시기일, 상환조항, 신용장통일규칙 준수조항 등이다.

2 SWIFT신용장의 조항별 검토

SWIFT의 첫 페이지는 통지은행이 표지(covering letter)로 보내온 것으로 신용장 본문이 아니다. 두 번째 페이지 본문을 보면 이 신용장은 SWIFT방식에 의하여 외견상 진정성이 판별된 신용장임을 명시하고 있다.[35] Message Type 700은 신용장 개설을 의미한다. received from 다음은 신용장 개설은행을 의미한다.

- 27 sequence of total : 전문 전체에서 몇 번째 페이지인지를 표시한다. 1/4은 4page 중에서 1 page를 의미함
- 20 documentary credit number : 개설은행이 부여한 신용장 번호
- 31C date of issue : 신용장 개설일자. 아무런 표시가 없는 경우 전문이 발송된 일자를 개설일자로 봄
- 31D date and place of expiry : 서류의 최종 제시일자 및 장소. 대부분 수출국이 되나 수입국인 경우도 있으므로 수입국까지 서류도착 기일을 계산하여 미리 매입 신청해야 함
- 32B currency code amount : 신용장의 통화 및 금액을 표시
- 39A pct credit amount tolerance : 신용장 수량과 금액의 과부족을 표시. 05/05는 수량과 금액이 5% 범위 과부족을 허용함. 환어음 발행은 원칙적으로 신용장 금액을 초과할 수 없으나 special instruction의 내용에 따라서 초과 발행할 수도 있음
- 39B maximum credit amount : "up to", "maximum", "not exceeding" 등을 사용하여 신용장 금액을 표시

35) *** AUTH. COLLECT WITH CURRENT KEY ***에서 AUTH는 authentication의 약자이다.

- 40A form of documentary credit : 신용장의 종류를 표시. 아무런 언급이 없으면 취소불능신용장(irrevocable L/C)임.
- **41D available with~ by~** : "with" 다음에는 신용장을 사용할 수 있는 은행명, 'by' 다음에는 신용장 사용방법을 표시. 신용장 사용방법에는 지급(payment), 연지급(deferred payment), 매입(negotiation), 인수(acceptance) 등 크게 4가지로 구분함
- **42C drafts at** : 환어음의 지급기일을 표시함. at sight(일람불)는 매입은행이 환어음과 선적서류를 개설은행으로 송부하면 개설은행은 서류상의 하자가 없는 한 즉시 대금을 지급하고, usance(기한부)는 개설은행이 서류를 인수하고, 만기일에 매입은행으로 대금을 지급함
- 42D drawee name and address : 화환어음의 지급인을 표시. 지급인은 개설은행 또는 개설은행이 수권을 준 다른 은행이 될 수도 있지만 개설의뢰인은 될 수 없음
- 42M mixed payment details : 혼합지급으로 사용이 가능한 경우 그것들의 결정에 필요한 지급일자, 금액, 방법을 표시
- 42P deferred payment details : 후지급으로 사용이 가능한 경우 그것의 결정에 필요한 지급일자 또는 결정방법을 표시
- 43P partial shipments : 분할선적 허용 여부를 표시. allowed(or permitted)는 허용 의미이며, 문구가 없으면 허용됨
- 43T transshipment : 환적 허용 여부를 표시. allowed(or permitted)는 허용 의미이며, 문구가 없는 경우 환적은 금지되나 항공운송 또는 컨테이너운송은 허용됨
- 44A on board/ dispatch/ taking in charge at/from : 선적항 또는 발송지 또는 수탁지를 표시
- 44B for transportation to : 최종목적지를 표시
- **44C latest date of shipment** : 최종선적일자를 표시
- 44D shipment period : 선적이 가능한 기간을 표시
- 45A description of goods and/or services : 상품, 용역의 명세를 표시. 신용장이 계약 내용과 상이하면 조건변경 요청 필요

- **46A documents required** : 제시해야 할 서류에 관한 사항
  + SIGNED COMMERCIAL INVOICE IN TRIPLICATE(서명된 상업송장 3통)[36)]
  + FULL SET ORIGINAL CLEAN "ON BOARD" MARINE BILLS OF LADING MADE OUT TO ORDER, ENDORSED IN BLANK, MARKED "FREIGHT PREPAID" NOTIFY APPLICANT WITH FULL ADDRESS AND MENTIONING THIS DC NO.(전통・원본・무하자・본선적재・해상선하증권이 지시식・백지배서・운임선불・수입상 도착통지・화환신용장번호명기 조건임)
  + MARINE INSURANCE POLICY OR CERTIFICATE(해상보험증권 또는 보험증명서)
- 47A additional conditions : 추가조건을 표시
- 48 period for presentation : 선적 후 서류가 지급, 인수, 매입을 위하여 제시되어야 하는 제한기간을 표시. 제시기간이 명시되지 않은 경우 선적일로부터 21일이 경과하면 지체선하증권(stale B/L)으로 간주되어 지급거절의 사유가 됨
- 49 confirmation instructions : 수신은행(receiving bank) 앞 확인에 대한 지시사항으로 CONFIRM(확인 요청), MAY ADD(확인 허용), WITHOUT (확인 불필요)를 의미
- 53a reimbursing bank : 개설은행에 의하여 상환을 이행하도록 수권 받은 상환은행명을 표시
- 57a advise through bank : 수익자에게 통지하기 위하여 경유해야 하는 은행명을 표시
- 50 applicant : 개설의뢰인(수입상)
- 59 beneficiary : 수익자(수출상)
- 71B charges : 수익자 부담인 경우 표시. 명시가 없는 경우 매입수수료와 양도수수료를 제외한 모든 수수료는 개설의뢰인 부담
- 72 sender to receiver information : 발신은행이 수신은행에게 제공하는

36) 요구 서류의 수량 표시 : 2통 duplicate, 3통 triplicate, 4통 quadruplicate, 5통 quintuplicate, 6통 sextuplicate, 7통 septuplicate, 8통 octuplicate

정보사항을 표시

- 78 instructions to the paying/accepting/negotiating bank : 지급, 인수, 매입은행을 위한 지시사항을 표시

Ⅳ ▸▸ 신용장 매입 및 수수료

1 신용장 매입

수출상은 선적을 완료한 후 환어음과 선적서류를 준비하여 제시하면 지정은행(nominated bank)은 이를 매입함으로써 수출대금을 회수한다.

매입(negotiation)이란 수출자가 제시한 서류가 신용장 조건을 충족하고 있는지 심사한 후 매입은행이 자신의 자금으로 대금을 지급하는 것을 의미한다. 매입은행은 수출자의 매입신청에 응해야 할 의무가 없지만 매입을 실행하는 경우 다음 사항을 확인한다. 첫째, 서류가 신용장의 조건과 일치하게 작성되었는지를 엄밀일치원칙에 따라 확인한다. 둘째, 매입은행은 개설은행으로부터 대금이 입금되지 않을 경우 수출자로부터 반환을 요청하는 어음의 상환청구권(recourse right)이 있어야 한다.

매입시 유의사항은 첫째, 매입은행이 지정되어 있는 경우 네고는 지정된 은행에서 하여야 하며, 부득이 지정은행이 아닌 거래은행에 매입시킬 경우 재매입(re-nego) 절차를 밟아야 한다. 둘째, 어떠한 경우라도 유효기일 내에 지정은행으로 앞으로 서류를 제시하여야 한다. 선적기일(shipping date), 서류제시기일(presenting date), 신용장유효기일(expiry date) 모두를 충족해야 한다. 셋째, 유효기일이 은행의 휴업일에 해당하는 경우 그 다음 최초 영업일까지 유효기일이 연장된다. 하지만 선적을 위한 최종일도 연장되는 것은 아니다.

매입에 필요한 **구비서류**는 첫째, 화환어음거래약정서 및 명판(인감신고서), 매입신청서, 신용장 원본이 필요하다. 환어음거래약정서는 최초 거래 시 한번만 제출하며 은행이 제시하는 서류에 수출자가 기명날인하면 된다. 둘째, 금융서류로써 환어음이 필요하다. 환어음은 지급신용장, 연지급신용장의 경우는 원칙적으로 신

용장을 요구하지 않지만 가끔 요구하는 경우도 있다. 셋째, 선적서류로서 운송서류(B/L, AWB, CTD, Post Receipt 중 한 가지), 보험서류, 상업송장, 포장명세서, 원산지증명서 등이 필요하다.

매입절차는 ① 매입신청(접수증 발급), ② 기장(은행비치 매입대장에 기록), ③ 신용장 조건과 일치여부 및 서류 상호간 모순 조사, ④ 보완지시(송장, 어음 등 정정이 가능한 서류에서 사소한 하자의 경우), ⑤ 매입이행, 신용장액면 금액에서 수출금융금액, 제수수료・이자 등을 공제한 잔액을 수출자 계정에 입금시킨 후 계산서만 수출자에게 지급한다. 신용장 원본은 그 뒷면에 매입사실을 기재한 후 수출자에게 되돌려준다. ⑥ Covering Letter작성한다. 대금결제은행에 서류를 송부할 때 첨부하는 송부서류의 겉장으로써 매입사실, 서류의 명세, 검토의견, 상환청구이행여부 등에 관한 사항을 지정서식에 표시한다. ⑦ 서류의 발송, 신용장에 별도의 지시가 없으면 분실 등에 대비 2개조로 나누어 2회에 걸쳐 송부한다. ⑧ 상환요청서를 실제로 대금을 지급할 상환은행 앞으로 발송한다.

2 신용장 수수료

수출자 또는 수입자가 신용장 등을 이용할 때 외국환은행에 관련 수수료가 들어간다. 최근에는 은행의 예대(예금/대출) 마진이 줄어들어 각종 수수료가 늘어나고 있는 실정이다.[37] **수수료 종류**는 다음과 같다.

① **개설수수료(issuing commission)**이다. 신용장 개설에 따라 개설은행이 부담하는 위험에 대해 보상명목으로 개설신청 시 개설은행이 수입상에게 받는 term charge(기간수수료) 개념이다.[38]

② **환가료(exchange commission)**이다. 외국환은행이 수출환어음, 여행자수표 등의 외국환을 매입한 후 완전한 외화자산(cash)으로 현금화할 때까지 또는 미

37) 71B(Charge) : "All banking charges except L/C opening charges are for beneficiary's account", "All banking charges outside Korea are for account of beneficiary" 등으로 표시됨
통상적으로 Amend commission은 수입상이, Advising commission, Reimbursement commission, Payment commission 등은 수출상이 부담함.

38) 개설수수료=개설금액×매매기준율×요율(0.15~0.25%)×월수/3

리 지급한 자금을 추후 상환받을 때까지 은행측에서 부담하는 자금에 대한 이자보전 명목으로 징수하는 기간 수수료이다. 일반적으로 환가료는 수출환어음 매입시 수출상이 부담하나, 수입의 경우에도 개설은행이 상환방식으로 선적서류가 도착되기 전에 상환은행에게 대금을 미리 지급하게 한 경우나 개설은행 부담 기한부신용장의 경우에는 수입상도 환가료를 부담한다.[39)]

③ 대체료(commission in lieu of exchange)이다. 외국환거래에서 원화의 매매가 수반되지 않고 동종 외국통화로 대체되는 경우에 은행의 기대 외환매매이익 상실의 보전 명목으로 징구하는 수수료이다.[40)]

④ 지연이자(delay charge)이다. 수출상의 경우 개설은행으로부터 우편기일이 넘을 때까지 입금되지 않았을 때 매입은행이 수출상에게 청구한다. 수입상의 경우는 개설은행에 서류가 도착한 후 5영업일이 지날 때까지 수입상이 그 대금을 지급하지 못하면, 6일째 되는 날 개설은행이 우선 대납처리하고 그 이후 대금 완납 시까지 기간에 대한 이자를 수입상에게 부과한다. 적용이율은 받는 날 원화연체대출 이율을 적용한다.[41)]

⑤ 송금수수료(remittance charge)이다. 송금 시 징수하는 수수료이며 금액에 따라 차등(5,000~20,000원) 적용된다.

⑥ 추심수수료(collection charge)이다. D/P, D/A 등 환어음 추심 및 수표(cheque)추심의 경우에 징수하는 수수료이다. 통상 0.1% 정도이다.

⑦ 미입금수수료(less charge)이다. 매입 당시에는 예상하지 않은 은행 수수료가 해외은행으로부터 추가로 징수된 경우에 추징하는 수수료를 말한다. 통상 reimbursement charge, telex charge, postage, pre- checking charge, additional charge 등의 이름으로 징수된다.

⑧ 양도수수료(transfer charge)이다. 양도가능신용장을 수취한 원수익자가 신용장 금액의 일부 또는 전부를 제2수익자에게 양도해 줄 것을 요청할 때에 은행이 징수하는 수수료이다. 통상 20,000원(EDI 10,000원, 국외 30,000원) 정

39) 환가료=매입금액×매매기준율×환가요율(Libor+0.5~1.0%)×표준우편일수/360
(표준 우편일수는 일반은 8일, 재매입은 13일을 적용)

40) 대체료=외화금액×매매기준율×0.1%

41) 지연이자=외화금액×하자환가요율×경과일수/360

도이다.

⑨ 전신료(cable charge)이다. 일종의 통신비로써 cable, SWIFT 등으로 교신하는데 소요되는 비용이다. 통상 20,000~30,000원(EDI : 10,000~15,000) 정도이다.

⑩ 우편료(mail charge)이다. 서류 발송비용으로 선적서류의 경우는 9,000~22,500원, 외화수표의 경우는 2,000~2,600원이다.

⑪ 통지수수료(advising charge)이다. 수입지의 신용장 개설은행이 개설한 신용장에 대하여 수출지에 있는 통지은행이 수익자 앞으로 신용장 내도 사실을 통지할 때 징수하는 수수료이다. 통상 15,000~30,000원 정도이다(EDI 15,000원/건).

⑫ 인수수수료(acceptance commission)이다. 기한부신용장에서 인수를 담당하는 은행에게 지급하는 수수료이며 수출계약 조건에 따라 수출상 또는 수입상이 부담하게 되는데, 통상 0.4%/3개월 정도이다.

⑬ 확인수수료(confirming charge)이다. 확인신용장에서 지급하는 수수료인데, 일반적으로 개설의뢰인이 부담하지만 수익자가 부담하는 경우도 있으며, 통상 0.16~0.36%(최저 US$20) 정도이다.

⑭ 매입수수료(negotiation charge)는 매입신용장에서 매입은행이 매입할 때 수취하는 수수료를 말하며 통상 20,000원 정도이다.

V ▸▸ 신용장 조건변경과 양도

1 신용장 조건변경

신용장을 받은 수익자가 신용장의 원래 조건대로 이행할 수 없거나 신용장의 조건이 매매계약과 다를 경우 개설의뢰인에게 신용장 **조건변경(amendment)** 또는 **취소(cancellation)**를 요구하게 된다.

취소불능신용장의 조건변경은 원칙적으로 개설은행, 수익자, 확인은행(확인신용장에 한함) 등 기본당사자 전원의 합의가 있어야 가능하다. 개설의뢰인은 개설은행을 통하여 의사표시를 하기 때문에 개설의뢰인은 조건변경의 당사자로 보기 어렵다.

신용장의 조건변경은 신용장의 유효기간 내에 이루어져야 한다. 신용장의 조건변경은 통상 수익자가 요청한다. 때로는 개설의뢰인이 일방적으로 개설은행을 통하여 조건변경을 요청하는 경우도 있다. 이 경우 수익자는 조건변경사항의 승낙여부에 대하여 선택권을 보유하고 있으므로 승낙여부를 서류제시기일까지 유보할 수 있다.

조건변경의 주요 내용은 다음과 같다. 첫째, 신용장금액의 증감에 관하여 신용장금액의 증감폭을 'by~'로 표현하며, 변경 후의 최종금액을 'to~'로 표현한다. 둘째, 선적 및 유효기일의 연기와 관련하여 "The latest shipment and expiry date extended to October 31 and November 15, 20XX respectively." 등으로 기재한다. 선적기일의 연장으로 유효기일은 같은 기간만큼 자동으로 연장되지만 신용장의 유효기일이 연장된다고 선적기일이 자동으로 연장되지 않는다. 셋째, 선적항이나 도착항이 변경될 수도 있다. 넷째, 환적이나 분할선적 등 선적방법의 변경은 원신용장 개설시 금지되어 있던 것을 허용하는 쪽으로 변경하는 것이 일반적이다. 다섯째, 품명, 단가, 정형거래조건 등을 변경할 수 있으나 수익자에게 결정적인 영향을 줄 수 있는 이러한 항목에 관하여는 수익자의 동의가 필요하다.

2 신용장 양도

신용장을 수취한 수출상은 물품을 제조하여 직접 수출하거나, 자신이 수령한 신용장(master L/C)을 근거로 제2 신용장을 발행할 수 있으며, 원신용장 자체를 제3자에게 넘기는 신용장 양도방식을 선택할 수 있다. **양도가능신용장(transferable L/C)**이란 수익자가 신용장의 권리 일부 또는 전부를 양도은행을 통하여 제3자에게 양도하는 경우에 사용하는 신용장이다. 이때 양도인을 제1수익자(first beneficiary), 양수인을 제2수익자(second beneficiary)라고 부른다.

신용장을 양도하게 되는 경우는 수입상에게 가장 유리한 공급선을 찾고자 할 때 수출지에 있는 수입상의 지사 또는 대리점 앞으로 신용장을 개설하고 지사 등이 실제공급자에게 이를 양도하거나, 신용장의 수익자가 계약물품을 생산업자 등으로부터 구입하는 대신 신용장을 이들에게 양도하여 직접 선적토록 하고 그 차액을 취득하는 경우 등이다.

양도의 종류에는 첫째, 제2수익자의 수에 따라 1인에게 신용장 금액 전부를 양도하는 전액양도와 다수에게 신용장을 분할하여 양도하는 분할양도가 있다. 둘째, 제2수익자의 소재지에 따라서 국내에 소재하는 제2수익자에게 양도하는 국내양도와 외국에 소재하는 제2수익자에게 양도하는 국외양도가 있다. 셋째, 원신용장의 조건변경에 따라서 원신용장의 조건을 변경하지 않고 있는 그대로 양도하는 단순양도와 신용장 양도에 다른 중계차익을 확보할 목적으로 일부를 변경하여 새로운 조건의 신용장을 만들어 양도하는 조건부양도가 있다.

양도신용장의 조건은 원신용장의 조건과 일치하여야 하지만 예외적으로 ① 신용장의 금액 및 단가의 감액, ② 유효기일의 단축, ③ 서류제시기일의 단축, ④ 선적기일의 단축, ⑤ 부보비율의 증액, ⑥ 서류송부은행을 개설은행에서 양도은행으로 변경, ⑦ Applicant 이름을 제1수익자(양도인)로 대체하는 것은 가능하다.

신용장 양도 시 주의할 사항은 ① 신용장에 반드시 양도가능(transferable)이라고 명시되어 있어야 하며(UCP600 §38), 기타 "divisible", "fractionable", "assignable", "transmissible" 등의 용어를 사용하면 양도가능으로 보지 않는다. ② 양도은행으로 특별히 지정된 은행만이 양도를 취급할 수 있다. 발행은행은 양도은행일 수 있다. ③ 분할선적이 금지되어 있지 않는 한 분할양도가 가능하다. ④ 신용장에 별도의 명시가 없는 한 양도는 1회에 한한다. ⑤ 무역금융 융자취급 사실이 있는 신용장은 양도가 불가능하다. ⑥ 양도신청서에는 조건변경 통지방법에 대한 지시가 제1수익자를 경유하여 통지할 것인지 또는 제2수익자에게 직접 통지할 것인지 여부가 명확히 기재되어 있어야 한다.

Ⅵ ▸▸ 신용장 관련 서류

무역은 물품인도와 대금지급이 외국에서 일어난다는 부분을 제외하면 국내물품 매매거래와 마찬가지로 '동시이행조건'의 거래이다. 동시이행조건(concurrent condition)이란 당사자 일방은 상대방이 의무를 이행할 때까지 자기의 채무이행을 거절할 수 있다는 것이다.

무역거래는 매도인과 매수인이 마케팅과 계약을 중심으로 업무를 수행하며, 물품인도와 대금지급의 행위는 운송인과 은행을 개입하여 이행한다. 당사자 간 물품과 대금의 교환이 아니라 제3자에게 업무를 위임하여 이행하기 때문에 이행의 증거로서 '서류'(documentation)가 개입되며, 무역을 **'서류에 의한 거래'**라 부른다. 특히, 신용장거래는 독립・추상성에 의거한 서류상의 거래이므로 은행은 수익자가 제시한 서류만으로 대금지급 여부를 결정하기 때문에 서류의 중요성은 절대적이다.

추심에관한통일규칙(URC522 §2)은 서류를 금융서류와 상업서류로 구분하고 있다. 금융서류(financial documents)는 환어음, 약속어음, 수표 또는 대금지급을 위해 사용되는 유사한 증서를 말한다. 상업서류(commercial documents)는 송장, 운송서류, 권리증권이나 이와 유사한 서류, 금융서류로 사용되지 않는 모든 서류이다.

신용장통일규칙(UCP600)은 URC와 같이 서류에 관한 분류 및 정의 조항은 없지만 서류심사기준(§14) 및 개별서류조항(§18~§28) 등 전체 39개 조항 중 12개 조항(30%)에서 서류를 중요하게 다루고 있다. 신용장에 사용되는 서류는 크게 **환어음(draft or bill of exchange)**과 **선적서류(shipping document)**로 구분할 수 있다. 선적서류는 환어음을 제외한 신용장에서 요구하는 모든 서류를 가리킨다. 따라서 신용장 조항에서 모든 shipping documents에 L/C No.를 기재하라고 지시하였으면 어음을 제외한 모든 서류에 명시하여야 한다.

환어음(換어음, bill of exchange, draft)은 발행인(drawer)이 지급인(drawee) 앞으로 하는 서면상 무조건 지불지시로써, 발행인이 서명하고 지급인에게 요구 시, 장래의 특정시기, 장래에 결정할 수 있는 시기에 일정금액을 특정인(payee)에게 또는 특정인의 지시인 또는 지참인(bearer)에게 지불토록 요구하는 지시서이다(영국환어음법). 국내거래에서 주로 사용되는 약속어음(約束어음, promissory note)과 구분하면, 換어음은 발행인이 제3자인 지급인에 대하여 수취인 또는 그 지시인에게 만기에 일정한 금액을 지급할 것을 위탁하는 지급위탁증권(支給委託證券)인 반면에 약속어음은 발행인 자신이 일정금액의 지급을 약속하는 지급약속증권(支給約束證券)이다.

선적서류는 기본서류(basic documents)와 기타서류(other documents)로 구분할 수 있다. 기본서류에는 상업송장(commercial invoice), 운송관련서류(transport documents), 보험서류(insurance documents)가 있다. 기타 서류에는 포장명세서(packing list), 검사증명서(certificate of inspection), 원산지증명서(certificate of origin), 수익자증명서(beneficiary's certificate), 기타 기본서류에 포함되지 않는 일체의 서류를 말한다.

가장 중요한 서류인 운송관련 서류에는 선하증권(bill of lading), 복합운송서류(combined transport documents), 해상화물운송장(seaway bill), 항공화물운송장(airway bill), 철도화물상환증(rail bill of lading), 내수로화물상환증(inland waterway bill of lading), 우편수취증(postal receipt), 철도화물수령증(railway consignment note), 특송배달수령증(courier receipt) 등 다양한 종류와 명칭이 있다.

제4절 무신용장방식

I ▸▸ 추심결제방식

1 추심결제방식의 의의

추심(推尋, collection)결제방식은 수출상(customer)의 의뢰를 받은 추심의뢰은행(remitting bank)이 추심은행(collecting bank)을 통해 환어음을 수입상에게 제시하여 대금을 회수하는 거래이다.

추심결제방식에는 ① 환어음의 지급인(수입상)이 선적서류를 영수함과 동시에 대금을 결제하는 **일람지급**(D/P, document against payment)방식인 지급인도방식과, ② 수입상이 환어음의 앞면에 인수(引受, acceptance)를 표시해 선적서류를 일단 수령하고, 일정기간 후에 대금을 결제하는 **기한부지급**(D/A, document against acceptance)방식인 인수인도방식 2가지가 있다.

추심결제방식에서 거래위험을 수출상이 부담하기 때문에 본·지사 간 거래 등 수출입상 간 신뢰가 두터운 경우에 사용한다. 추심결제거래에서 은행은 단순하게 통로역할만 담당하며, 대금(D/P) 또는 인수(D/A)와 교환하여 선적서류를 인계하는 최소한의 책임만 진다.

추심결제방식의 특징은 다음과 같다. ① 수출상이 환어음을 발행하는 어음부거래(어음법 적용), ② 수출상은 선적서류를 은행을 통해 송부, ③ 수입상은 수입대금을 은행을 통해 지급, ④ 추심에 관한 통일규칙(Uniform Rules for Collection, URC522)이라는 국제규칙 존재, ⑤ 수입자의 신용에 바탕을 둔 거래, ⑥ 신용장거래에 비해 낮은[42] 은행수수료를 부담한다.

---

42) 우리나라 한 외국환은행의 경우 ① 수입어음 결제수수료 US$100, ② 추심수수료 어음금액의 0.1%, ③ 지급/인수 통지를 전신으로 하는 경우에는 전신료 5,000~20,000원을 징수한다.

2 지급인도(D/P)방식

D/P(documents against payment, 지급인도)란 수출상의 선적서류를 수입상에게 제시할 때 수입상이 대금결제를 하여야 서류를 넘겨줄 수 있다는 의미이다. 즉, 환어음이 일람불인 경우 환어음의 제시에 대하여 대금을 지급하고 지급과 동시에 선적서류를 환어음 지급인에게 인도하는 지급인도조건이다.

수출업자가 수입업자와 맺은 무역계약에 따라서 상품을 선적한 다음 선적서류를 갖추어 수입업자 앞으로 일람불어음(sight bill)을 발행하여 외국환은행에 추심(매입)을 의뢰하면, 추심을 의뢰받은 외국환은행은 수입지의 추심은행에 이를 의뢰한다. 추심은행은 어음지급인인 수입업자로부터 상품대금을 지급받고 이와 상환으로 수입업자에게 선적서류를 인도하고, 지급받은 상품대금은 추심의뢰은행(수출업자의 거래은행)에 송금하여 수출업자가 수출대금을 지급받게 하는 대금결제방식을 말한다.

일람불어음이란 어음이 지급인에게 제시되는 날이 어음의 만기일이 되는 어음을 말한다. D/P, D/A표시가 없으면 D/P로 간주되며, **D/P거래의 전개과정**은 다음과 같다.

① 수출상, 수입상이 매매계약을 체결하고 계약서상의 결제조항(terms of payment)에서 D/P거래를 하기로 합의한다.[43] ② 계약서에 명기된 선적서류를 만들기 위하여 수출상이 선박회사, 보험회사와 접촉하여 B/L, I/P 등을 발급 받고 환어음, 상업송장, 포장명세서 등은 수출상이 직접 작성한다. ③ 추심의뢰은행(remitting bank)에 추심의뢰서를 작성하고 서류송부와 대금추심을 한다. ④ 추심의뢰은행(remitting bank)은 서류의 내용심사 없이 추심의뢰서에 명기된 서류와 실제 제출서류 목록이 일치하는지의 여부만 확인한 후 서류를 수입지의 추심은행(collecting bank)으로 송부한다. ⑤ 추심은행(collecting bank)은 서류를 받는 즉시 계약서에 명기된 수입상을 은행으로 불러 도착한 서류를 보여주고 서류의 인수여부를 문의한다. ⑥ 수입상이 서류를 받겠다고 말하면 대금지불을 요구해야 하며 돈을 받지 않고 서류를 넘겨주어서는 안 된다. ⑦ 수입상은 대금 지불 후 은행에

43) 매매계약서 D/P조건 : ① deliver documents against payment, ② D/P at sight, ③ at sight on arrival of vessel, ④ D/P 30 days after sight, ⑤ D/P, at 30 days after draft's date(기한부 D/P) 등

D/P 전개과정

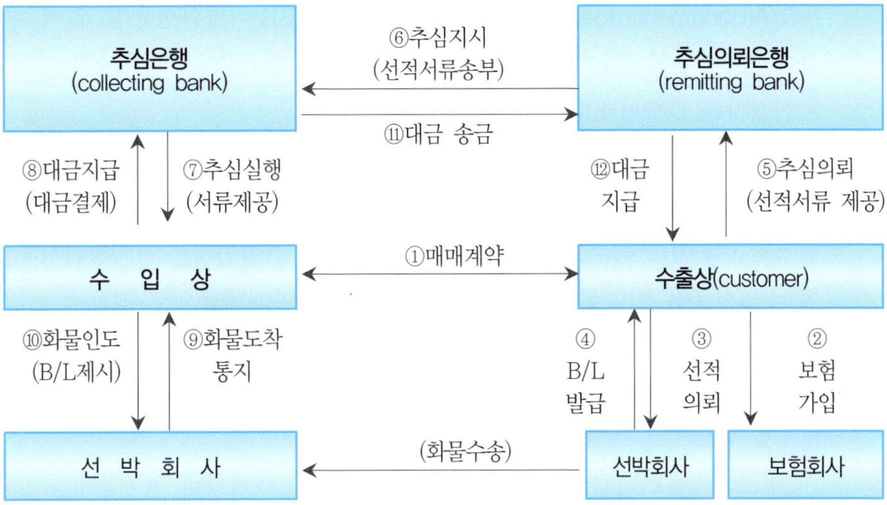

서 받은 서류를 보관하고 있다가 선박회사로부터 화물도착 통지(arrival notice)를 받으면 B/L을 주고 화물을 인도받은 후 관할세관에 가서 수입통관 업무를 마친다. ⑧ collecting Bank는 수입상에게 받은 돈을 remitting bank로 송금하고 remitting bank는 이 돈을 수출상에게 지급한다.

추심은행은 어음의 지급인 즉 수입상이 자행의 거래선 인가를 확인하여 자행의 거래선이 아니거나 의뢰서에서 제시은행을 따로 지정하고 있을 때에는 지급인의 거래은행 또는 지정된 은행으로 서류를 송부하여야 한다. 다음으로 서류가 추심의뢰은행을 통하여 내도된 것인가 또는 수출상으로부터 직송되어 온 것인가를 확인하여야 한다. 수출상이 수입지의 추심은행에 직접 추심 의뢰할 수 있다. 서류가 D/P, D/A 또는 기타 서류인가를 확인하여야 한다. 추심의뢰서에는 서류가 D/P인가 D/A인가를 명시하여야 하고, 명시가 없는 경우에는 D/P인 것으로 간주된다. 특히 기한부어음인 경우에도 D/P, D/A의 표시가 없으면 D/P로 간주되므로 이 경우에는 추심의뢰은행 또는 추심 의뢰인에게 조회한 후 처리하는 것이 좋다. 일반적으로 D/P, D/A로 표시하나 기타의 표현을 사용하는 경우도 있다.

3 인수인도(D/A)방식

D/A(document against acceptance, 인수인도)는 화환신용장 없이 수출입업자 간에 맺은 무역계약에 따라서 화물환어음으로 대금을 결제하는 방식으로서 대금 추심절차는 D/P거래의 경우와 유사하다.

D/A는 추심은행이 수출업자가 발행한 기한부어음(usance draft)을 수입업자에게 제시하고 수입업자가 이 기한부어음에 "Accepted"라고 서명하면 수입업자에게 선적서류를 인도해주고, 선적서류를 인도받은 수입업자는 이 선적서류를 이용하여 수입상품을 인수한 다음, 상품을 판매하여 판매대금으로 정해진 기간 내에 추심은행에 수입대금을 결제하고, 추심은행은 이 대금을 추심의뢰은행에 송금하여 수출업자가 수출대금을 지급받게 하는 거래방식을 말한다. **D/A거래의 전개과정**은 다음과 같다.

① 수출상, 수입상이 매매계약을 체결하고 계약서상의 결제조항(terms of payment)에서 D/A거래를 하기로 합의한다.[44] ② 계약서에 명기된 선적서류를 만들기 위하여 수출상이 선박회사, 보험회사와 접촉하여 B/L, I/P 등을 발급받고 환어음, 상업송장, 포장명세서 등은 수출상이 직접 작성한다. ③ 추심의뢰은행(remitting bank)에 추심의뢰서를 작성하고 서류송부와 대금추심을 한다. ④ 추심의뢰은행(remitting bank)은 서류의 내용 심사 없이 추심의뢰서에 명기된 서류와 실제 제출 서류의 목록이 일치하는지의 여부만 확인한 후 서류를 수입지의 추심은행(collecting bank)으로 송부한다. ⑤ 추심은행(collecting bank)은 서류를 받는 즉시 계약서에 명기된 수입상을 은행으로 불러 도착한 서류를 보여주고 서류의 인수여부를 문의한다. ⑥ 수입상이 서류를 인수하겠다는 승낙의 의사표시를 하면 추심은행은 수입상에게 이 의사를 문서로 작성한 인수증을 제출하게 한 후 돈은 받지 않고 선적서류를 수입상에게 넘겨준다. ⑦ 서류를 넘겨줄 때 추심은행은 수출상이 발행한 환어음의 만기일이 구체적으로 몇 년 몇 월 몇 일에 해당하는지 알려주고 만기일에 반드시 어음결제가 이루어져야 한다는 점을 강조하여야 한다. ⑧ 만기일이 되면 추심은행은 수입상에게 어음결제를 독촉하게 되고 수입상이 어

44) 매매계약서 D/A조건 : ① deliver documents against acceptance, ② D/A 60 days after sight, ③ at 90 days after arrival of vessel, ④ at 30 days after sight, ⑤ 60 days after B/L date 등

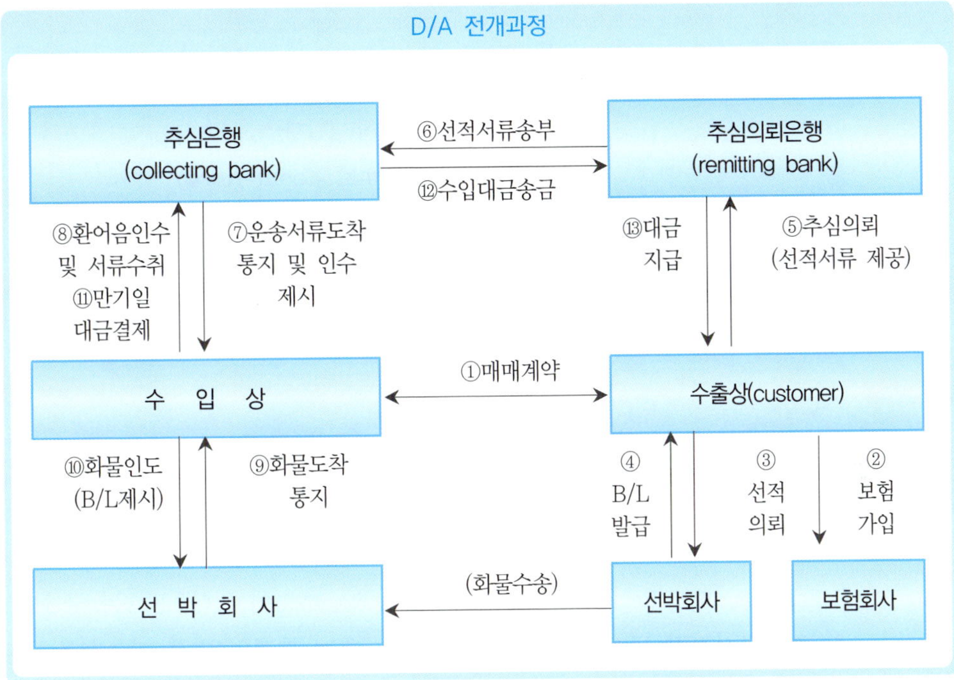

음을 결제하면 그 돈을 remitting bank를 통하여 수출상에게 전달한다. ⑨ 만일 수입상이 만기일에 어음결제를 하지 않으면 추심은행은 공증인사무소에 의뢰하여 거절증서를 작성케 하여 이것을 remitting으로 송부한 후 모든 업무를 종결하게 된다.

인수(引受, acceptance)라 함은 환어음의 지급인이 어음에 기명날인하여 주된 어음채무자가 되는 어음행위를 말한다. 지급인은 소지인에 대한 채무자가 아니고 발행인으로부터 어음금의 지급을 위임받고 있는 수임인에 지나지 않는다. 그러나 한번 인수의 기명날인을 하면 약속어음의 발행인과 같이 주채무자로서 소지인에 대하여 만기에 어음의 지급의무를 부담하게 된다.

실무적으로 어음의 인수는 만기일에 대금을 지급하겠다는 지급인의 약속인 동시에 추심은행이 선적서류를 수입상에게 인도하였음을 입증하는 어음법상 행위이다. 즉, D/A거래에서 추심은행의 기본적인 의무는 인수사인을 받고 선적서류를 수입상에게 넘겨주어야 하는 것이다.

인수문언 기재 예시

Accepted on (날짜)
Payable at xxx Bank, Seoul Korea

(Authorized Signature)

4 추심에 관한 통일규칙(URC 522)

추심결제방식에 관한 국제규칙으로 "**추심에 관한 통일규칙**"(Uniform Rules for Collections, 1995 Revision, ICC Publication No. 522)이 있다. ICC는 국제 추심거래 시 거래당사자간 관습과 법률의 차이에서 오는 분쟁의 발생 가능성을 줄이기 위하여 URC 522를 1956년에 제정하였으며, 현재까지 3차례(1967년·1978년·1995년) 개정하였다. 추심거래에 URC 522가 적용되기 위해서는 추심의뢰인이 추심을 지시하는 추심의뢰서(collection instruction)에 추심통일규칙의 준거문언이[45] 삽입되어 있어야 한다.

추심(推尋, collection)이란 은행이 접수된 지시에 따라 지시 또는 인수의 취득, 서류의 지급인도(D/P) 또는 인수인도(D/A), 기타의 여러 조건으로 금융서류 또는 상업서류를 취급하는 것을 말한다.

금융서류(financial documents)는 환어음, 약속어음, 수표 또는 기타 금전의 지급을 취득하기 위하여 사용되는 이와 유사한 증권을 말하고, **상업서류(commercial documents)**는 송장, 운송서류, 권리증권 또는 기타 이와 유사한 서류 또는 그 밖의 금융서류가 아닌 모든 서류를 말한다(URC 제2조).

추심의 **관계 당사자(parties thereto)**에는 ① 은행에 추심업무를 위탁하는 추심의

45) 추심결제 준거문언 : This Collection is subject to Uniform Rules for Collection, 1995 Revision, ICC Publication No. 522

뢰인(principal), ② 추심의뢰인으로부터 추심업무를 위탁받은 추심요청은행(remitting bank), ③ 추심요청은행 이외에 추심업무의 과정에 참여하는 추심은행(collecting bank), ④ 지급인에게 제시를 행하는 추심은행인 제시은행(presenting bank), ⑤ 추심의뢰서에 따라 제시를 받는 지급인(drawee)이 있다(URC 제3조).

추심결제방식에서 은행은 신의성실과 상당한 주의(good faith and reasonable care)만 하면 되고(URC 제9조) 신용장에서와 같이 주도적인 역할(대금지급 확약)을 하지 않는다.

URC522 규정은 신용장통일규칙(UCP 600)과 비교하면 서류심사조항 등이 없이 A. 총칙 및 정의(§1. URC522의 적용, §2. 추심의 정의, §3. 추심의 관계당사자), B. 추심의 형식 및 구조(§4. 추심의뢰서), C. 제시의 형식(§5. 제시, §6. 일람출급/인수, §7. 상업서류의 인도(D/A vs D/P), §8. 서류의 작성), D. 의무와 책임(§9. 신의성실 및 상당한 주의, §10. 서류 vs 물품/서비스/채무이행, §11~§14. 각종 면책조항, §15. 불가항력), E. 지급(§16. 지체 없는 지급, §17~§18. 지급통화, §19. 분할지급), F. 이자, 수수료, 비용(§20. 이자, §21. 수수료 및 비용), G. 잡칙(§22. 인수, §23. 약속어음 및 기타의 증권, §24. 거절증서(protest), §25. 예비 지급인, §26. 통지) 등으로 간단하게(총 26개조) 규정되어 있다.

Ⅱ ▸▸ 송금결제방식

1 송금결제방식의 의의

송금(送金, remittance)결제방식은 수입상이 계약물품을 수령하기 전·후 및 동시에 전신환(T/T : telegraphic transfer), 우편환(M/T : mail transfer) 및 수표(D/D : demand draft) 등의 방법으로 수출상에게 송금하여 수입대금을 결제하는 방식이며, 대부분 T/T방식을 사용한다. **T/T방식**은 수입상의 요청에 따라 송금은행이 일정한 금액을 전신환으로 발행하여 직접 지급은행 앞으로 송신하는 방식이다. 우리나라 및 무역업체의 신용도 상승, 본·지사거래 비중 증가 및 수수료 절감 노력 등을 이유로 현재 우리나라에서 가장 많이 사용하고 있는 방식이다.

송금방식에 의한 수출입거래는 환어음을 사용하지 않기 때문에 수출자는 B/L 등 선적서류를 은행을 통하지 않고 직접 송부하며, 수입자가 물품대금을 은행을 통하지 않고 직접 지급할 수도 있는데, 은행을 이용하는 것은 송금창구 역할로서 계정이체를 통한 송금, 수표 등을 통한 대금수취의 편의, 국가관리 목적 등 여러 이유 때문이다. 송금방식의 거래는 단순(사전)송금의 경우 수입자가 불리한 입장에 놓이므로, 거래당사자 간의 신용이 두터운 경우에 은행을 통할 경우 발생하는 추심 수수료나 신용장 수수료 등 비용절감을 위해 이용된다. 송금결제방식은 물품의 인도방법 중 현실인도의 결제에 많이 이용되는데, 이는 당사자 간 신용이 두터운 경우나 선지급 또는 동시지급의 경우 매도인이 소유권을 유보할 이유가 없기 때문이다. 또한 송금결제방식 수출의 경우 수출자는 수출물품 확보를 위한 원자재구매 및 생산자금 등 무역금융을 수혜받을 수 있다.

송금방식의 특징은 다음과 같다. ① 대금결제방식 중 은행수수료가 가장 저렴하다. 대체로 US$50,000 이상 송금의 경우에도 3만원 내외의 수수료만 부담하면 된다. ② 환어음(draft or bill of exchange)을 사용하지 않으므로 어음법의 적용을 받지 않는다. ③ 서류 및 대금결제의 위험을 수출자 또는 수입자가 지게 된다. 즉, 사전송금방식은 수입자에게, 사후송금방식은 수출자가 부담한다. ④ 신용장 및 추심과 달리 송금방식에 적용되는 국제규칙이 없다.

실무적으로 매매계약서의 결제조건(terms of payment)란에는 송금방식 계약문구를[46] 기재하며, 송금을 받을 은행명칭과 계좌번호를 계약서에 기재하거나 별도로 알려준다.

송금방식에 의한 수출입은 수출입하기 전에 미리 수출입대금을 외화로 지급, 영수한 후 수출입하는 단순송금방식과 물품 및 서류의 인도, 인수와 동시 또는

---

46) 【송금계약문구－사전송금】 ① By T/T in advance within 10 days after the date of sales contract, ② T/T remittance in advance on March 19, 20XX, ③ By T/T remittance before shipment in favor of supplier, ④ T/T in advance in favor of supplier, ⑤ T/T remittance after receiving firm offer sheet 등

【송금계약문구－사후송금】 ① By T/T within 10days after Bill of Lading date, ② T/T in favor of supplier on receipt a copy of B/L consigned to the buyer, ③ Buyer shall remit by wire transfer within 10 days after the date of B/L issuance, ④ Buyer shall remit by T/T payment within 10 days after the shipment, ⑤ Buyer shall remit by wire transfer within 60 days after the date of arrival at buyer's warehouse. 등

일정기간 후에 수출입 대금을 외화로 지급, 영수하는 사후송금방식(COD 및 CAD)이 있다.

2 단순송금방식

단순송금방식에 의한 수출입은 수출입대금 전액을 물품선적 전에 외화, 수표 등으로 미리 영수, 지급하고 일정한 기일 내에 이에 상응하는 물품을 수출입하는 것을 말한다.

이 방식에는 주문불수입(cash with order), 수출선수금(payment in advance) 등이 있는데, 주문불수입은 주문과 동시에 물품대금을 지불하는 것이고 수출선수금은 계약서조건에 따라 수출대금의 일부 또는 전부를 수출물품 선적전에 영수한다는 것이다. 이 방식은 수출상의 입장에서 보면 수출대금을 미리 받는다는 장점이 있으나, 수입상의 입장에서 보면 수입대금을 미리 송부하기 때문에 자금면에서 부담이 크고, 수입물품의 확실한 인수보장이 없다는 단점이 있다.

단순(사전)송금방식 수출입의 수출입대금 지급 또는 영수에는 D/D(demand draft, 송금환수표), M/T(mail transfer, 우편송금환) T/T (telegraphic transfer, 전신송금환) 및 Check Base(수표) 등이 이용되며, 견본품구매나 소액의 시험주문 등에서 이루어진다.

3 사후송금방식

물품이나 서류의 인도와 동시에 또는 인도 후에 수출대금을 외화로 영수하는 조건부거래를 대금교환도(COD 및 CAD)조건수출이라 한다. 대금교환의 대상이 현물인 현물상환방식(COD : cash on delivery)과 서류인 서류상환방식(CAD : cash against document)이 있다. COD, CAD 방식은 동시지급조건이지만 실무적으로 COD 30d/s (days after sight) 또는 CAD 60d/s처럼 사후송금(후불)방식으로도 쓰이고 있으며, 오늘날 대표적인 사후송금방식은 O/A방식(선적통지조건부 사후송금방식)이다.

현물상환방식(COD : cash on delivery)은 수입자 소재 국가에 수출자의 지사나 대리인이 있는 경우, 수출자가 물품을 지사 등에 송부하면 수입자가 물품의 품질 등을 검사한 후 물품과 현금을 상환하여 물품대금을 송금하는 방식의 거래로, 귀금속 등 고가품으로서 직접 물품의 검사를 하기 전에는 품질 등을 정확히 파악하기 어려운 경우에 활용된다.

서류상환방식(CAD : cash against documents)은 수출자가 물품을 선적하고 수출자 소재 국가에 있는 수입자의 대리인이나 지사에 운송서류를 제시하면 서류와 상환하여 대금을 결제하는 방식이다. 이 방식에서 통상 수입자의 대리인 등은 수출국 내에서 물품의 제조과정을 지켜보게 되고 계약물품에 대한 검사를 행한다. CAD방식으로 거래하는 경우 대부분 수출국에 수입상의 지사나 대리인이 없는 경우 은행이 그 역할을 대신하는데, 이때 CAD방식은 D/P방식과 형식상 유사하기 때문에 CAD방식을 유럽식 D/P방식이라고도 한다. 양자의 차이점은 환어음을 발행 여부에 있는데, D/P는 어음결제방식으로서 환어음을 발행하여 추심에 관한 통일규칙에 의거, 화환추심으로 대금을 결제하고, CAD는 송금방식으로서 수입자는 운송서류를 영수한 후 은행을 통해 물품대금을 송금하여 대금결제를 한다.

Ⅲ ▸▸ 기타 결제방식

1 전자결제방식

전자무역은 재화 또는 서비스의 국가 간 거래인 무역행위의 본질적 업무를 인터넷을 포함한 IT수단을 활용하여 전자적 방법으로 수행하는 무역활동이다. 전자무역은 제품과 서비스의 수출입에 관련된 전통적 무역프로세스에서 발생하는 방대한 정보를 전자적 방식으로 교환함으로써, 무역프로세스를 획기적으로 전환함과 동시에 마케팅 활동과 무역업무 대행역할을 수행한다.

전자상거래가 원활하게 이루어지기 위한 핵심요소의 하나인 전자결제는 전자상거래에 있어서 판매자와 구매자 사이에 발생하는 대금결제를 전통적인 방식을 이용하지 않고 전자 방식으로 결제함으로써 거래를 완성하는 것을 말한다. 지금까지 많은 전자지불시스템이 개발 상용화되어 있으며, 개발된 전자결제 방법에는 신용카드를 이용하는 방법, 전자자금이체, 전자수표, 전자화폐 및 이들의 혼합결제 형태가 있다. 현재 전자결제시스템으로 국제무역에서 상용화되어 있는 대표적인 것으로 트레이드카드와 볼레로프로젝트가 있다.

TradeCard는 신용장 등 기존 결제제도의 결함을 극복한 새로운 결제방식의 필요성과 정보통신 기술의 발전을 무역거래에 수용하여 종이서류 없는 무역거래를 실현하겠다는 배경에서 출발하였다. TradeCard는 1994년 10월 13일 세계무역센터(World Trade Center Association)의 자회사인 FSTS(Full Service Trade System Ltd)의 명의로 결제시스템에 관한 특허를 미특허청에 제출하고 FSTS는 회사명을 TradeCard로 바꾸어 본격적인 사업 확장에 나서게 되었다.

신용장방식이든 추심방식이든 은행이 자금결제과정의 처음부터 끝까지 개입하는 반면에 TradeCard의 경우에는 그러한 역할의 상당부분을 TradeCard가 수행하게 된 것이다. 은행은 신용장방식인 경우 수행하고 있는 신용장조건과의 일치여부 판단기능을 수행하지 않게 되며, 단지 TradeCard의 수권을 받아 대금을 지급하고 이를 수입업자에게 회수하기까지의 이자수입만을 기대하게 될 수밖에 없다. 이는 결국 신용장방식에서의 신용공여기능과 대금지급기능 중 전자를 전면 배제하는 것이며 무역결제관습상 가장 일반적인 방법으로 평가받아 오던 신용장을 대체하게 된다는 결과를 유도하게 되는 것이다.

Bolero Project(Bill of lading Electronic Registry Organization, Bill of Lading for Europe)는 1994년 6월 해상운송회사, 은행, 통신회사 등이 컨소시엄 형태로 시작되었으며 선하증권을 포함하여 무역서류 전반에 걸친 전자화를 추구하고 있다.

Bolero Project는 SWIFT와 TT Club[47]에 의해 주도되고 있으며, 이들이 합작으로 설립한 Bolero Operation Ltd는 사용자 그룹인 Bolero 협회와 함께 범세계적으로 무역서류의 전자화를 통한 상업적 서비스를 제공하는 것을 목표로 하고 있다. Bolero Project는 1995년 7월부터 3개월간 법적·기술적 타당성 검토를 위한 테스트를 거쳤으며, 이후 전세계 18개 무역권에 대한 법률분석을 완료(1999. 1)

47) TT Club : Through Transport Club : 해상화물 운송 부문의 상호부보조직(P&I Club)으로 80여개국의 운송업자, 운송주선인, 항만당국 등이 회원으로 참여하고 있으며, 컨테이너 선단의 2/3, 1,725개의 항만시설, 5,890사의 운송업자에 대한 보험을 담당하고 있다.

하고 시범서비스 기간(1999. 1~1999. 6)을 거쳐 상용서비스를 출범시켰다.

2 소액결제방식

국제 인터넷 상거래가 늘어남에 따라 안전하고 편리한 소액결제의 필요성이 증가하고 있다. 해외와 인터넷 거래를 할 경우 주로 신용카드 또는 송금방식을 택하는데, 은행계좌번호나 신용카드번호를 알려주지 않고서도 거래를 할 수 있는 전자상거래 **소액결제방식**들이 운영되고 있다. 한국의 휴대폰 소액결제, 미국의 페이팔(eBay), 월렛(Google), 중국의 알리페이(Alibaba), 일본의 편의점 결제 등이 그것이다.

1) 휴대폰 소액결제

휴대폰 소액결제[48]는 온라인으로 콘텐츠나 제품 구매 시 휴대전화를 통해 본인인증 후 이용요금을 결제하여 익월 통신요금에 해당 구매 비용이 포함되어 청구되는 결제방식이다.

휴대폰 소액결제는 신용카드나 계좌이체에 비해 입력내용이 적어서 편리하고, 후불 기능이 강점으로 이용량이 크게 늘고 있다. 그러나 스미싱[49] 같은 해킹피해 등 보안 등에 대한 제도정비 및 사용자의 주의가 요구된다.

2) Paypal

페이팔(PayPal)[50]은 1998년 12월에 e-Bay 자회사로 설립된 인터넷을 이용한 결제 서비스이며, 페이팔 계좌끼리 또는 신용카드로 송금, 입금, 청구를 할 수 있다. 페이팔은 금전에 수수료를 받기도 하지만, 거래를 하면서 신용카드 번호나 계좌번호를 알리지 않아도 되기 때문에 보안에 안전하며, 주로 미국에 보급되어 있다.

48) http://ko.wikipedia.org
49) 스미싱(Smishing)은 SMS(문자 메시지)와 Phising의 합성어로서 문자메시지를 이용한 피싱(SMS phising)이다.
50) http://ko.wikipedia.org, www.paypal.com/kr/

페이팔 계좌의 종류에는 Personal(개인), Premier(개인사업자), Business(법인)가 있으며, 모든 계좌는 대가 없이 바로 계좌를 개설할 수 있고, 계좌 유지 수수료도 없다. Personal의 경우 Paypal 사이의 입금 수수료가 무료이며, Premier/Business는 유료이다. 페이팔과 신용카드 등으로 거래할 때, Personal 쪽이 결제 수수료가 비싸고, 1년에 5번까지만 할 수 있다.

Paypal은 거래에 있어 안전하며, 결제 관리와 환불 등이 확실한 편이고, 특히 에스크로(Escrow)가 보장되는 시스템이다. 그러나 소비자의 계정을 막아버리거나 계좌에 있는 돈도 인출하는 등 상황도 발생한다.

3) Google Wallet

구글 체크아웃[51]은 구글이 제공하는 온라인 결제 서비스로서 이베이의 페이팔(Paypal)과 유사한 서비스이다. 상품 대금 결제 시스템이 상대적으로 취약한 온라인 판매자가 자신의 쇼핑몰 사이트에 구글 체크아웃 서비스를 추가하면, 결제자들이 쉽게 구글 체크아웃을 통해 대금이 지급될 수 있다.

구글 체크아웃은 2013년에 구글 월렛으로 흡수되었는데, 구글 **월렛(Google Wallet)**은 구글이 개발한 모바일 결제 시스템이다. NFC(근거리무선통신) 기능이 내장된 스마트폰을 통해 직불카드, 신용카드, 멤버십카드 등의 기능을 대체한다. 2011년 8월부터 뉴욕과 샌프란시스코를 시작으로 서비스 중이며, 씨티은행, 마스터카드, 삼성전자 등이 참여하고 있다.

4) Alipay

Alipay(支付宝)[52]는 중국의 알리바바그룹[53]이 2004년부터 운영하는 에스크로(escrow service)를 바탕으로 하는 온라인 결제서비스이다.

알리페이 이용방법은 먼저, 타오바오(淘宝)와 즈푸바오(支付宝)에 회원으로 가입

51) http://ko.wikipedia.org.
52) www.alipay.com, http://taobaobank.co.kr/
53) 알리바바그룹(Alibaba, 阿里巴巴集团)은 1999년 마윈이 중국 항저우에 설립한 전자상거래업체이다. 알리바바닷컴, 타오바오닷컴, 즈푸바오, 알리소프트, 야후차이나 등의 자회사를 두고 있다.

하여 계정을 개설하고, 중국 은행계좌와 연결시켜 필요한 금액을 즈푸바오 계정에 충전한 후 물건을 구입할 수 있다. 구입한 물건의 정확한 배송이 확인되면 즈푸바오는 판매자에게 즈푸바오 계좌에 예치된 금액을 판매자에게 온라인으로 지불한다.

제5절 결제리스크와 단기무역금융

I ▸▸ 독립보증방식

1 결제리스크와 독립보증

상품무역에서 화환신용장이 수입자의 신용위험에 대처하는 수단으로 널리 이용되어 왔었지만 그 이용이 감소하고 있고, 더욱이 서비스무역이나 복합무역에 있어서는 화환신용장의 사용이 부적절하게 되어 대금지급의 불이행에 대한 대처방안으로 **독립보증**이 중요하게 부각되고 있다.

독립보증(Independent Guarantees)은 수출자의 입장에서 수입자의 인수거절, 주문지연・취소 등 신용위험에 대비한 약정손해배상금(liquidated damage)의 지급을 담보하는 장치, 또한 수입자의 입장에서 수출자의 수출대금 수령 후 계약이행 지연 등의 위험에 선수금의 반환을 담보하는 장치로 활용될 수 있다.

독립보증은 원래 계약당사자의 의무불이행이라는 리스크를 커버하기 위하여 창안된 것으로 대개 은행 등의 금융기관에 의하여 발행하며, 이밖에도 청구보증(또는 요구불보증)과 보증신용장(스탠드바이신용장)이 있다.

독립보증은 기초계약상 채무자의 채무이행에 대한 담보를 제공할 목적, 즉 수익자의 손해를 전보하는 것을 목적으로 하기 때문에 독립보증은 의도면에서 2차적이다. 하지만 형식면에서는 보증의뢰인과 수익자 사이의 기초계약과 단절된 1차적 지급약속(primary undertaking)이다.

요약컨대, 독립보증은 의도면에서 2차적이나 형식면에서는 1차적인 점에서 부종보증과 상업신용장의 중간에 있다. 따라서 이행은 1차적으로 보증의뢰인(원채무자)이 하여야 하고, 발행신청인이 불이행을 하는 경우에 한하여 비로소 지급청구를 할 수 있게 되는 것으로 의도되어 있다. 보증인은 기초계약과 관련이 없고, 만약 지급청구서가 정히 제시된 때에는 비록 보증의뢰인이 그 계약을 완전히 이행하였다고 주장하더라도 해당 준거법에 따른 명백한 사기가 없거나 다른 정당한 지급거절사유가 없는 때에는 보증금이 지급되어야 한다.

독립적 은행보증에 관한 국제적 규범으로 URDG 758,[54] ISP98,[55] UCP 600, 1995년 UN협약[56] 등이 있다.

2 청구보증과 보증신용장

1) 청구보증

청구보증(請求保證, demand guarantee)은 일반적으로 지급청구서나 보증서에 명시된 서류를 보증기간 내에 보증조건에 일치하게 제시하여 지급청구를 하면 수익자에게 일정한 보증금을 지급한다는 보증인의 수익자에 대한 조건부 지급약속이다.[57]

청구보증은 일반적으로 다른 추가서류가 첨부됨이 없이 단지 지급청구서의 제시만으로 지급되는 것으로 발행된다.[58] 이는 청구보증의 기원이 원래 현금예치에 있기 때문이자 전통적으로 보증의 수익자인 발주자들이 대개 우세한 협상력을 가졌기 때문이다.

2) 보증신용장

보증신용장(保證信用狀, standby letter of credit)은 보증신용장의 유효기간 내에 지

54) 청구보증통일규칙(Uniform Rules for Demand Guarantees, 2010.7.1.시행)
55) 보증신용장통일규칙(International Standby Practices, 98)
56) 독립보증과 보증신용장에 관한 UN협약(UN Convention on Independent Guarantees and Stand-by Letters of Credit, 2000.1.1발효)
57) Roy Goode, Guide to the ICC Uniform Rules for Demand Guarantees, (ICC, 1992), pp. 8~9 : 오원석・허해관・김중년 공역(Roy Goode 저), 『국제상업회의소 청구보증통일규칙 가이드』(도서출판 두남, 2008), 2면 참조.
58) URDG758(제15조)은 보증상 달리 명시되지 않은 경우에 지급청구서와 함께 불이행진술서를 제시하도록 규정하고 있다.

급청구서 및 기타 보증신용장에 명시된 서류의 일치하는 제시가 있으면 수익자에게 일정한 액수의 금전을 지급한다는 보증신용장 개설인의 수익자에 대한 조건부 지급약속이다.

보증신용장은 법적 성격의 면에서 청구보증과 동일하며, 기능면에서 매우 유사하다. 보증신용장은 청구보증과 같이 의도의 면에서는 2차적이나 형식의 면에서는 1차적이라는 공통점이 있다.

보증신용장은 미국에서는 은행이 guarantee(보증)를 발행하는 것이 법적으로 통상 허용되지 않기 때문에 그 대신에 standby credit(보증신용장)이라는 용어가 채택되어 사용되고 있다.

스탠드바이신용장은 화환신용장에 대신하여 매매계약에서 상품대금의 지급보증에도 이용될 수 있고, 임대차계약, 부동산 개발, 채무보증, 약속어음 담보, 심지어 스포츠 경기에 이르기까지 영역을 확장하고 있다.

스탠드바이신용장은 신용장조건에 일치하는 일정한 서류의 제출에 따라 약정금액이 지급된다는 점에서 일반적인 화환신용장과 유사하지만 다음과 같은 점에서 **차이**가 있다.

첫째, **지급구조의 차이**다. 화환신용장에서 수익자가 기본계약의 의무를 제대로 이행하는 즉시 대금지급이 이루어지는 것에 반하여, 스탠드바이신용장에 있어서는 개설의뢰인이 기본적인 거래관계상 수익자에게 이행하여 할 의무를 다하지 않은 경우에도 약정금액이 지급된다.

둘째, **채무의 발생시점의 차이**다. 스탠드바이신용장은 기본적인 계약관계 성립과 함께 은행의 채무부담이 시작되지만, 화환신용장은 수익자가 정당한 서류를 제시하여 지급을 요청함으로써 은행 채무가 발생된다.

셋째, **제출되는 서류의 성격과 목적상 차이**다. 화환신용장은 선하증권과 같이 제3자가 작성한 서류가 요구되지만, 스탠드바이신용장은 개설의뢰인이 기본계약상의 의무를 이행하지 않았다는 수익자 자신의 진술서만 있으면 된다. 화환신용장에서 은행은 지급과 동시에 선적서류를 보유하여 당해 화물에 대한 담보이익(security interest)을 가지게 된다.

3 보증 관련 국제규칙

1) 청구보증통일규칙 (URDG 758)

ICC는 1991년에 청구보증통일규칙(Uniform Rules for Demand Guarantees, ICC Publication no. 458)을 제정하였다. 이어 2009년 12월에 URDG 758로 개정하여 2010년 7월 1일부터 시행되었다.

독립적 은행보증에 관한 국제규칙으로 URDG 758, UCP 600, ISP 98, 1995년 UN협약(독립보증과 보증신용장에 관한 UN협약) 등이 있다. URDG 758은 35개 조문으로 구성된다.

2) 보증신용장통일규칙 (ISP 98)

보증신용장통일규칙(International Standby Practices, ISP 98)은 1988년에 미국의 Institute of International Banking Law & Practice Inc.가 제정하였고, ICC은행위원회에서 이 규칙을 승인하였다.

ISP 98은 보증신용장의 국제적인 실무관행을 규범화하여 세계적으로 통일하려는 목적을 가지고 있다. 실무적으로 보증신용장에 대하여 UCP를 사용하는 경우도 많지만, ISP 98을 이용하는 것이 바람직하다. ISP 98은 총 10장 84개 조문으로 구성된다.

Ⅱ ▸▸ 팩토링결제방식

1 팩토링결제의 의의

수출팩토링(export factoring)이란 사후송금방식 외상수출거래에 의해서 발생된 수출채권을 수출기업으로부터 '상환청구권 없이'(without recourse) 매입하는 수출금융상품으로서 국제팩토링의 일종이다. 상환청구권 없는 조건이기 때문에 수출팩토링을 이용하는 수출기업은, 수출대금 회수에 대한 불안감 없이 안심하고 수출에만 전념할 수 있는 장점을 지니게 된다. 수출팩토링 회사는 수출자에게 수출대금의 조기지급, 해외수입자의 신용위험 인수, 수출대금의 추심, 해외수입자의 신용조사, 수출채권 관리 등의 금융서비스를 종합적으로 제공하는 종합금융상품으로써 우리나라에서는 2005년 5월 수출입은행이 처음 도입하였다.59) **'상환청구권 없이'**란 해외수입자가 만기일에 수출대금을 상환하지 못하더라도 팩터가 수출기업에게 수출대금의 반환을 청구하지 않는 것을 의미한다.

특히 수출입은행은 선적 후 무역금융 제도로써 수출팩토링, 포페이팅, 수출환어음매입 제도를 운영하고 있다. 무역금융은 물품의 수출 및 용역 제공을 통한 외화획득 및 국내생산기반의 확충을 위하여, 수출업체 등에 대해 수출물품의 생산·원자재 및 완제품 구매에 필요한 자금을 원화로 대출하는 단기금융지원 제도이다. 수출물품을 생산하는데 소요되는 자금을 선적 전에 지원한 후 동 수출대전으로 융자금을 상환토록 하는 선적전 금융과 물품 선적 후 대금결제 시 일정 시일이 소요되는 수출환어음을 기일 전에 매입하는 선적후금융이 있다.

선적 후 무역금융제도 비교

구 분	수출팩토링	포페이팅	수출환어음매입
결제방식	사후송금방식	신용장방식	추심방식
대상채권	송장(Invoice), 외상매출채권	화환어음, 약속어음	화환어음
결제기간	180일 이내 (단기)	30일~2년 미만(중장기)	30일~2년 미만
상환청구권 여부	없음(without)	없음(without)	있음(with)
금융비율	80~100%	100%	100%

* 수출입은행 내부자료, 필자 일부가공

59) 우리나라에 팩토링이 도입된 것은 1980년대 초반이지만, '수출팩토링'의 명칭의 서비스는 2005년도 수출입은행에서 처음 실시하였으며, 현재 기업은행과 신한은행도 취급하고 있지만 그 실적은 미미하다.

2 팩토링결제의 흐름

팩토링 전개과정

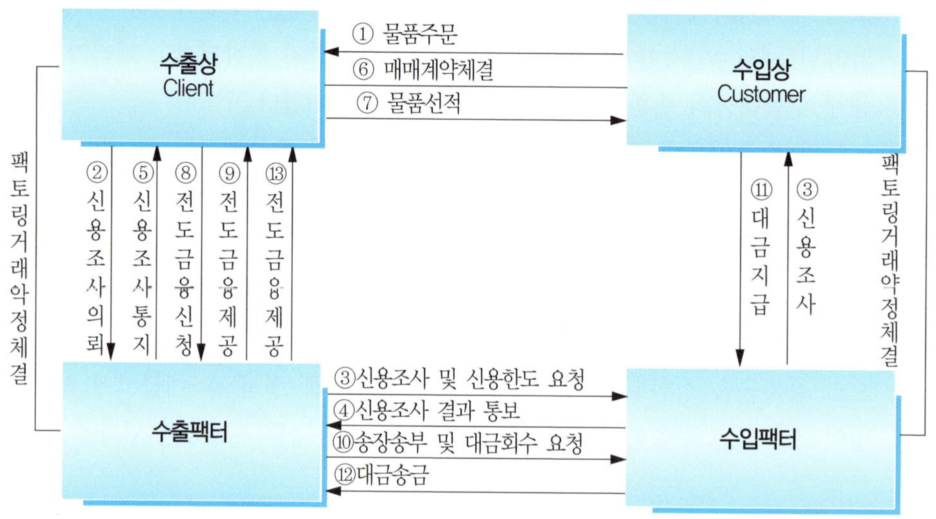

① 수출상이 수입상으로부터 물품 주문을 받는다.

② 수출상은 수출팩터에게 수입상에 대한 신용조사를 의뢰한다.

③ 수출팩터는 신용승인신청서에 따라 수입국의 거래팩터에게 수입상에 대한 신용조사 및 수입팩터가 지급보증 신용한도를 요청한다.

④ 수입팩터는 수입상에 대한 신용조사를 실시하여 신용조사의 결과 및 승인을 수출팩터에게 통지한다.

⑤ 수출팩터는 수입상 신용승인내용을 수출상에게 통지한다.

⑥ 수출상은 신용승인내용을 근거로 수입상과 국제팩토링방식에 의한 수출입계약을 체결한다.

⑦ 수출상은 물품을 선적한다.

⑧ 수출상은 원본송장에 수입팩터의 지시에 따라 양도날인문서를 수입상에게 직접 송부하고 사본은 양도통지서와 수출팩터에게 양도하여 전도금융을 요청한다.

⑨ 수출팩터는 운송서류를 확인 후 송장금액의 100% 이내에서 수출상에게 전도

금융이자와 팩토링수수료를 제외한 전도금을 제공한다.

⑩ 수출팩터는 수출상으로부터 양도받은 수출채권을 수입팩터에게 재양도하고 대금회수를 요청한다.

⑪ 수입상은 지급기일에 수입대금을 수입팩터에게 지급한다.

⑫ 수입팩터는 수입상에게서 대금을 영수하여 수출팩터에게 송금한다.

⑬ 수출팩터는 수입팩터로부터 송금되어 온 수출대금에서 전도금융액을 정산하고 잔액을 지급한다.

Ⅲ 포페이팅결제방식

1 포페이팅결제의 의의

포페이팅(forfaiting)은 상환청구권 없이(without recourse) 수출환어음을 매입하는 것이다. 국제 간 무역거래에서 수출의 대가로 받은 어음을 수출업자나 이전 소지인에게 상환청구권을 행사하지 않는 조건하에 고정금리로 할인하는 금융기법이다. 일반적으로 선적 시점으로부터 만기 대금의 회수기간이 긴 경우, 수입국가 위험도가 높은 새로운 시장을 개척하려는 경우, 신용도가 낮은 업체와 거래할 때 이용한다.

포페이팅방식의 장점은 ① 수입상 또는 개설은행의 지급불능 위험을 회피할 수 있다. 포페이터(forfaiter)가 상환청구권이 없는 조건으로 채권을 매입하기 때문에 수입상 또는 개설은행이 만기에 수입대금을 결제하지 않는 경우에도 수출상은 대금을 반환할 책임이 없다. ② 수출대금을 조기 회수할 수 있다. 포페이터가 수출채권 매입 시 수출대금을 지급하기 때문에 수출대금을 조기 회수함으로써 운전자금 확충 및 환차손을 예방할 수 있다. ③ 담보제공이 필요 없다. 포페이터는 수입상 개설은행이 발행하는 지급보증서 또는 환어음에 추가하는 **지급확약**(Aval)을 담보로 활용하며 수출상에게 별도의 보증이나 담보제공을 요구하지 않는다. ④ 재무구조 개선 및 자금조달 여력을 제고한다. 포페이팅 활용 시 수출기업 앞 거래은행의 여신한도에서 제외하며 외상매출채권을 현금으로 전환하고 차입금에서 미계상하는 효과가 있다.

포페이팅 이용시 유의점은 ① 해외 수입국은행의 신용이 중요하다. 따라서 해외 수입국은행이 적격 은행인지 여부를 확인해야 하며, 동 은행의 신용도는 수수료에도 영향을 미치게 된다. ② 신용장상 매입제한 여부를 확인해야 한다. 취소불능여부, 유효기일, 서류제시기간, 조건부신용장 여부 등을 확인해야 한다. ③ 해외수입국의 이상 징후 여부를 확인해야 한다. 참고로 수출입은행의 경우 포페이팅의 수수료는 최저Libor+0.35% 이상에서 국가, 개설은행, 기간, 신용도 등에 따라 차등 적용한다.

Factoring과 Forfaiting 비교

항 목	Factoring	Forfaiting
1. 금액	일반적으로 소액 (30만불 미만)	비교적 거액(100만불이상)
2. 외상기간	단기(1년 미만)	비교적 장기(6개월 - 10년)
3. 상환청구권	with recourse, without recourse	without recourse만 인정
4. 지급근거	수입 Factor의 신용승인	수입상, 개설은행의 지급보증/Aval
5. 거래방식	송금방식이 가장 많음	환어음 또는 약속어음이 매개체 - 주로 Usance L/C 또는 D/A거래
6. 대상채권	현재뿐만 아니라 미래에 발생할 매출채권까지 포함 가능	개별적으로 확정된 매출채권에만 국한
7. 취급은행	수출입은행, 기업은행, 신한은행	대부분 은행 (특히 HSBC가 적극적)

* 금액, 외상기간 등은 취급 금융기관마다 차이가 남

2 포페이팅결제의 흐름

① 수출상은 수입상과 결제방법에 포페이팅을 추구하는 조건으로 무역계약을 체결하고 수출물품을 조달하여 이를 수입상에게 인도한다.

② 수입상이 지급보증은행에 어음이나 환어음을 제출하면, 지급보증은행은 별도의 지급보증서를 발급하거나 환어음이나 어음상에 "Aval"을 추가하여 이를 수출상에게 인도한다.[60)]

60) Aval이란 어음보증인의 서명 또는 어음보증이라는 프랑스어. 보증은행이 약속어음(환어음)에 보증의 뜻을 기입하여 성실하게 채무를 이행할 것을 보증하는 취소불능의 무조건보증임

③ 수출상은 포페이터와 포페이팅계약을 체결하고 포페이터는 수출상에게 어음대금을 할인하여 지급한다. 포페이터는 어음의 만기일에 어음을 지급보증은행에 제시하고 지급보증은행은 포페이터에게 대금을 지급한다.

④ 포페이터는 어음의 만기일에 어음을 지급보증은행에 제시하고 지급보증은행은 포페이터에게 대금을 지급한다.

포페이팅 전개과정 - AVAL방식

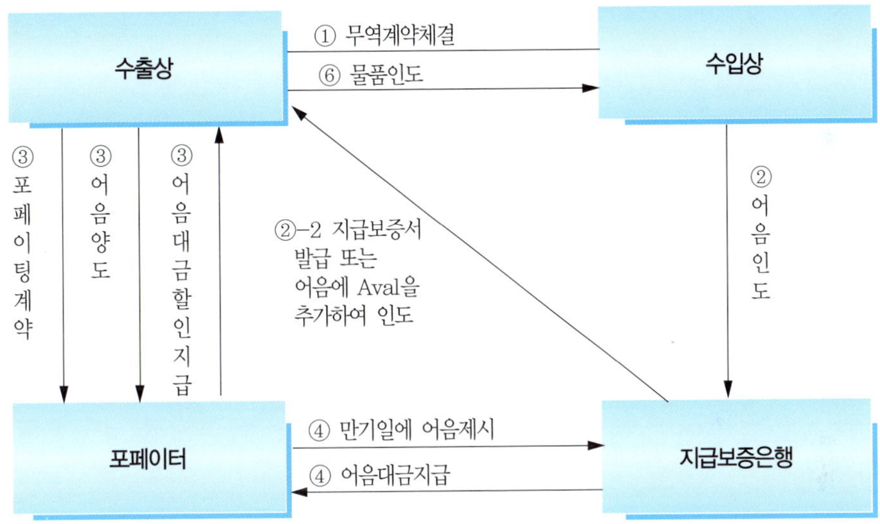

3 포페이팅통일규칙(URF 800)

포페이팅통일규칙(The Uniform Rules for Forfaiting, ICC Publication no. 800)은 국제포페이팅협회(IFA : International Forfaiting Association)과 국제상업회의소(ICC)가 공동으로 2011년 2월에 초안을 마련하여 2013년 1월 1일부터 시행되었다.

IFA는 2004년 2차 시장(secondary market, 연속거래시장)을 위한 IFA가이드라인을 작성하고, 2008년에 1차시장(primary market, 최초 발생시장)을 위한 소개를 작성하였다. URF는 1·2차 시장 모두를 대상으로 작성하였다. URF 800는 다음과 같이 17개 조문으로 구성된다.

부 록

1 Incoterms® 2020

2 UCP 600

3 Documentation

Incoterms® 2020

Incoterms 2020의 Introduction과 5개 규칙(FCA, CIP, DPU, FOB, CIF)의 원문을 수록하고, 6개 규칙(EXW, CPT, DAP, DDP, FAS, CFR)의 원문은 생략함

Introduction to Incoterms® 2020

1. The purpose of the text of this Introduction is fourfold:
   ▷ to explain what the Incoterms® 2020 rules do and do NOT do and how they are best incorporated;
   ▷ to set out the important fundamentals of the Incoterms® rules: the basic roles and responsibilities of seller and buyer, delivery, risk, and the relationship between the Incoterms® rules and the contracts surrounding a typical contract of sale for export/import and also, where appropriate, for domestic sales;
   ▷ to explain how best to choose the right Incoterms® rule for the particular sale contract; and
   ▷ to set out the central changes between Incoterms® 2010 and Incoterms® 2020.

2. The Introduction follows this structure:
   I. What the Incoterms® rules do
   II. What the Incoterms® rules do NOT do
   III. How best to incorporate the Incoterms® rules
   IV. Delivery, risk and costs in the Incoterms® 2020 rules
   V. Incoterms® 2020 rules and the carrier
   VI. Rules for the contract of sale and their relationship to other contracts
   VII. The eleven Incoterms® 2020 rules - "sea and inland waterway" and "any mode(s) of transport": getting it right
   VIII. Order within the Incoterms® 2020 rules
   IX. Differences between Incoterms® 2010 and Incoterms® 2020
   X. Caution with variants of Incoterms® rules.

3. This Introduction gives guidance on the use of, and about the fundamental principles behind, the Incoterms® 2020 rules.

I. WHAT THE INCOTERMS® RULES DO

4. The Incoterms® rules explain a set of eleven of the most commonly-used three-letter trade terms, e.g. CIF, DAP, etc., reflecting business-to-business practice in contracts for the sale and purchase of goods.

5. The Incoterms® rules describe:
   ▷ *Obligations*: Who does what as between seller and buyer, e.g. who organises carriage or insurance of the goods or who obtains shipping documents and export or import licences;
   ▷ *Risk*: Where and when the seller "delivers" the goods, in other words where risk transfers from seller to buyer; and
   ▷ *Costs*: Which party is responsible for which costs, for example transport, packaging,

loading or unloading costs, and checking or security-related costs.
The Incoterms® rules cover these areas in a set of ten articles, numbered A1/B1 etc., the A articles representing the seller's obligations and the B articles representing the buyer's obligations. See paragraph 53 below.

II. WHAT THE INCOTERMS® RULES DO NOT DO

6. The Incoterms® rules are NOT in themselves - and are therefore no substitute for - a contract of sale. They are devised to reflect trade practice for no particular type of goods - and for *any*. They can be used as much for the trading of a bulk cargo of iron ore as for five containers of electronic equipment or ten pallets of airfreighted fresh flowers.

7. The Incoterms® rules do NOT deal with the following matters:
   - ▷ whether there is a contract of sale at all;
   - ▷ the specifications of the goods sold;
   - ▷ the time, place, method or currency of payment of the price;
   - ▷ the remedies which can be sought for breach of the contract of sale;
   - ▷ most consequences of delay and other breaches in the performance of contractual obligations;
   - ▷ the effect of sanctions;
   - ▷ the imposition of tariffs;
   - ▷ export or import prohibitions;
   - ▷ force majeure or hardship;
   - ▷ intellectual property rights; or
   - ▷ the method, venue, or law of dispute resolution in case of such breach.

   Perhaps most importantly, it must be stressed that the Incoterms® rules do NOT deal with the transfer of property/title/ownership of the goods sold.

8. These are matters for which the parties need to make specific provision in their contract of sale. Failure to do so is likely to cause problems later if disputes arise about performance and breach. In essence, the Incoterms® 2020 rules are not themselves a contract of sale: they only become part of that contract when they are incorporated into a contract which already exists. Neither do the Incoterms® rules provide the law applicable to the contract. There may be legal regimes which apply to the contract, whether international, like the Convention on the International Sale of Goods (CISG); or domestic mandatory law relating, for example, to health and safety or the environment.

III. HOW BEST TO INCORPORATE THE INCOTERMS® RULES

9. If parties want the Incoterms® 2020 rules to apply to their contract, the safest way to ensure this is to make that intention clear in their contract, through words such as
   "[the chosen Incoterms® rule] [named port, place or point] Incoterms® 2020".

10. Thus, for example,
    CIF Shanghai Incoterms® 2020, or
    DAP No 123, ABC Street, Importland Incoterms® 2020.

11. Leaving the year out could cause problems that may be difficult to resolve. The parties, a judge or an arbitrator need to be able to determine which version of the Incoterms® rules applies to the contract.

12. The place named next to the chosen Incoterms® rule is even more important:
    ▷ in all Incoterms® rules except the C rules, the named place indicates where the goods are "delivered", i.e. where risk transfers from seller to buyer;
    ▷ in the D rules, the named place is the place of delivery and also the place of destination and the seller must organise carriage to that point;
    ▷ in the C rules, the named place indicates the destination to which the seller must organise and pay for the carriage of the goods, which is not, however, the place or port of delivery.

13. Thus, an FOB sale raising doubt about the port of shipment leaves both parties uncertain as to where the buyer must present the ship to the seller for the shipment and the transport of the goods - and as to where the seller must deliver the goods on board so as to transfer risk in the goods from seller to buyer. Again, a CPT contract with an unclear named destination will leave both parties in doubt as to the point to which the seller must contract and pay for the transport of the goods.

14. It is best to avoid these types of issues by being as geographically specific as possible in naming the port, place or point, as the case may be, in the chosen Incoterms® rule.

15. When incorporating a particular Incoterms® 2020 rule into a sale contract, it is not necessary to use the trademark symbol. For further guidance on trademark and copyright, please refer to https://iccwbo.org/incoterms-copyright/

IV. DELIVERY, RISK AND COSTS IN THE INCOTERMS® 2020 RULES

16. A named place or port attached to the three letters, e.g. CIP Las Vegas or CIF Los Angeles, then, is critical in the workings of the Incoterms® 2020 rules. Depending on which Incoterms® 2020 rule is chosen, that place will identify either the place or port at which the goods are considered to have been "delivered" by the seller to the buyer, the place of "delivery", or the place or port to which the seller must organise the carriage of the goods, i.e. their destination; or, in the case of the D rules, both.

17. In all Incoterms® 2020 rules, A2 will define the place or port of "delivery" - and that place or port is closest to the seller in EXW and FCA (seller's premises) and closest to the buyer in DAP, DPU and DDP.

18. The place or port of delivery identified by A2 is critical both for risk and for costs.

19. The place or port of delivery under A2 marks the place at which risk transfers from seller to buyer under A3. It is at that place or port that the seller performs its obligation to provide the goods under the contract as reflected in A1 such that the buyer cannot recover against the seller for the loss of or damage to the goods occurring after that point has passed.

20. The place or port of delivery under A2 also marks the central point under A9 which allocates costs to seller and buyer. In broad terms, A9 allocates costs before the point of delivery to the seller and costs after that point to the buyer.

Delivery points
Extremes and in-betweens: the four traditional Incoterms® rules groups

21. Versions of the Incoterms® rules before 2010 traditionally grouped the rules into four,

namely E, F, C and D, with E and D lying at extreme poles from each other in terms of the point of delivery and the F and C rules lying in between. While the Incoterms® rules have, since 2010, been grouped according to the means of transport used, the old groupings are still helpful in understanding the point of delivery. Thus, the delivery point in EXW is an agreed point for collection of the goods by the buyer, whatever the destination to which the buyer will take them. At the other extreme in DAP, DPU and DDP, the delivery point is the same as the destination point to which the seller or its carrier will carry the goods. In the first, EXW, risk transfers before the transport cycle even starts; in the second, the D rules, risk transfers very late in that cycle. Again, in the first, EXW and, for that matter, FCA (seller's premises), the seller performs its obligation to deliver the goods whether or not they actually arrive at their destination. In the second, the seller performs its obligation to deliver the goods only if they actually arrive at their destination.

22. The two rules at the extreme ends of the Incoterms® rules are EXW and DDP. However, traders should consider alternative rules to these two for their international contracts. Thus, with EXW the seller has to merely put the goods at the buyer's disposal. This may cause problems for the seller and the buyer, respectively, with loading and export clearance. The seller would be better advised to sell under the FCA rule. Likewise, with DDP, the seller owes some obligations to the buyer which can only be performed within the buyer's country, for example obtaining import clearance. It may be physically or legally difficult for the seller to carry out those obligations within the buyer's country and a seller would therefore be better advised to consider selling goods in such circumstances under the DAP or DPU rules.

23. Between the two extremes of E and D rules, there lie the three F rules (FCA, FAS and FOB), and the four C rules (CPT, CIP, CFR and CIF).

24. With all seven F and C rules, the place of delivery is on the seller's side of the anticipated carriage: consequently sales using these Incoterms® rules are often called "shipment" sales. Delivery occurs, for example,
    a) when the goods are placed on board the vessel at the port of loading in CFR, CIF and FOB; or
    b) by handing the goods over to the carrier in CPT and CIP; or
    c) by loading them on the means of transport provided by the buyer or placing them at the disposal of the buyer's carrier in FCA.

    In the F and C groups, risk transfers at the seller's end of the main carriage such that the seller will have performed its obligation to deliver the goods whether or not the goods actually arrive at their destination. This feature, of being shipment sales with delivery happening at the seller's end early in the transit cycle, is common to the F and the C rules, whether they are the maritime Incoterms® rules or the Incoterms® rules intended for any mode[s] of transport.

25. The F and the C rules do, however, differ as to whether it is the seller or buyer who contracts for or arranges the carriage of the goods beyond the place or port of delivery. In the F rules, it is the buyer who makes such arrangements, unless the parties agree otherwise. In the C rules, this obligation falls to the seller.

26. Given that a seller on any of the C rules contracts for or arranges the carriage of the goods beyond delivery, the parties need to know what the destination is to which it must arrange carriage - and that is the place attached to the name of the Incoterms® rule, e.g. "CIF the port of Dalian" or "CIP the inland city of Shenyang". Whatever that named desti-

nation is, that place is not and never becomes the place of delivery. Risk will have transferred on shipment or on handing over the goods at the place of delivery, but the contract of carriage must have been made by the seller for the named destination. Delivery and destination, then, in the C rules, are necessarily not the same place.

V. INCOTERMS® 2020 RULES AND THE CARRIER

27. In the F and the C rules, placing the goods, for example, on board the vessel or handing them over to, or placing them at the disposal of, the carrier marks the point at which the goods are "delivered" by the seller to the buyer. Therefore this is the point at which risk transfers from the seller to the buyer.

28. Given those two important consequences, it becomes essential to identify who the carrier is where there is more than one carrier, each carrying out a separate leg of transport, for instance by road, rail, air or sea. Of course, where the seller has taken the far more prudent course of making one contract of carriage with one carrier taking responsibility for the entire carriage chain, in a so-called "through" contract of carriage, the problem does not arise. However, where there is no such "through" carriage contract, the goods could be handed over (where the CIP or CPT rules are used) to a road-haulier or rail company for onward transmission to a sea carrier. The same situation may arise with exclusively maritime transport where, for example, the goods are first handed over to a river or feeder short-sea carrier for onward transmission to an ocean carrier.

29. In these situations, when does the seller "deliver" the goods to the buyer: when it hands the goods over to the first, second or third carrier?

30. Before we answer that question, a preliminary point. While in most cases the carrier will be an independent third party engaged under a contract of carriage by either the seller or the buyer (depending on whether the parties have chosen a C Incoterms® rule or an F Incoterms® rule), there are situations where no such independent third party is engaged at all because the seller or the buyer itself will carry the goods sold. This is more likely to happen in the D rules (DAP, DPU and DDP), where the seller may use its own means of transport to carry the goods to the buyer at the delivery destination. Provision has therefore been made in the Incoterms® 2020 rules for a seller under the D rules either to *contract for* carriage or to *arrange for* carriage, that is to say through its own means of transport: see A4.

31. The question asked at paragraph 29 above is not simply a "carriage" question: it is an important "sale" question. The question is not which carrier can a seller or buyer of goods damaged in transit sue under the contract of carriage. The "sale" question is: where there is more than one carrier involved in the carriage of the goods from seller to buyer, at which point in the carriage string does the handing over of the goods mark the point of delivery and the transfer of risk as *between seller and buyer*?

32. There needs to be a simple answer to this question because the relationships between the multiple carriers used, and between the seller and/or the buyer with those several carriers, will be complex, depending as they do on the terms of a number of separate contracts of carriage. Thus, for example, in any such chain of contracts of carriage, one carrier, such as a carrier actually performing a leg of the transit by road, may well act as the seller's agent in concluding a contract of carriage with a carrier by sea.

33. The Incoterms® 2020 rules give a clear answer to this question where the parties contract

on FCA. In FCA, the relevant carrier is the carrier nominated by the buyer to whom the seller hands over the goods at the place or point agreed in the contract of sale. Thus even if a seller engages a road haulier to take the goods to the agreed delivery point, risk would transfer not at the place and time where the seller hands the goods over to the haulier engaged by the seller, but at the place and time where the goods are placed at the disposal of the carrier engaged by the buyer. This is why the naming of the place or point of delivery as precisely as possible is so important in FCA sales. The same situation can arise in FOB if a seller engages a feeder vessel or barge to take the goods to the vessel engaged by the buyer. A similar answer is provided by Incoterms® 2020: delivery occurs when the goods are placed on board the buyer's carrier.

34. With the C rules, the position is more complex and may well attract different solutions under different legal systems. In CPT and CIP, the relevant carrier is likely to be regarded, at any rate in some jurisdictions, as the first carrier to whom the seller hands over the goods under A2 (unless the parties have agreed on the point of delivery). The buyer knows nothing of the contractual arrangements made between the seller and the first or subsequent carriers, or indeed between that first carrier and subsequent carriers. What the buyer does know, however, is that the goods are "in transit" to him or her - and that "transit" starts as far as the buyer knows, when the goods are put by the seller into the hands of the first carrier. The consequence is that risk transfers from seller to buyer at that early stage of "delivery" to the first carrier. The same situation can arise in CFR and CIF if a seller engages a feeder vessel or barge to take the goods to the agreed port of shipment, if any. A similar answer might be suggested in some legal systems: delivery occurs when the goods are placed on board the vessel at the agreed port of shipment, if any.

35. Such a conclusion, if adopted, may seem harsh on the buyer. Risk would transfer from seller to buyer in CPT and CIP sales when the goods are handed over to the first carrier. The buyer does not know at that stage whether or not that first carrier is responsible for loss of or damage to the goods under the relevant carriage contract. The buyer is not a party to that contract, has no control over it and will not know its terms. Yet, despite this, the buyer would end up bearing the risk in the goods from the very earliest moment of handing over, possibly without recovery against that first carrier.

36. While the buyer would end up bearing the risk of loss of or damage to the goods at an early stage of the transport chain, it would, on this view however, have a remedy against the seller. A2/A3 do not operate in a vacuum: under A4, the seller must contract for the carriage of the goods "from the agreed point of delivery, if any, at the place of delivery to the named place of destination or, if agreed, any point at that place." Even if risk has transferred to the buyer at the time the goods were handed over to the first carrier under A2/A3, if that first carrier does not undertake responsibility under its contract of carriage for the through carriage of the goods to the named destination, the seller, on this view, would remain liable to the buyer under A4. In essence, the seller should make a contract of carriage to the destination named under the contract of sale.

VI. RULES FOR THE CONTRACT OF SALE AND THEIR RELATIONSHIP TO OTHER CONTRACTS

37. This discussion of the role of the carrier in the delivery of the goods as between the seller and the buyer in the C and F Incoterms® rules raises the question: what role do the Incoterms® rules play in the contract of carriage, or, indeed, in any of the other contracts typically surrounding an export contract, for example an insurance contract or a letter of credit?

38. The short answer is that the Incoterms® rules do not form part of those other contracts: where incorporated, the Incoterms® rules apply to and govern only certain aspects of the contract of sale.

39. This is not the same as saying, however, that the Incoterms® rules have no impact on those other contracts. Goods are exported and imported through a network of contracts that, in an ideal world, should match the one with the other. Thus, the sale contract, for example, will require the tender of a transport document issued by the carrier to the seller/shipper under a contract of carriage and against which the seller/shipper/beneficiary might wish to be paid under a letter of credit. Where the three contracts match, things go well; where they do not, problems rapidly arise.

40. What the Incoterms® rules say, for example, about carriage or transport documents, (in A4/B4 and A6/B6) or what they say about insurance cover (A5/B5), does not bind the carrier or the insurer or any of the banks involved. Thus, a carrier is only bound to issue a transport document as required by the contract of carriage it makes with the other party to that contract: it is not bound to issue a transport document complying with the Incoterms® rules. Likewise, an insurer is bound to issue a policy to the level and in the terms agreed with the party purchasing the insurance, not a policy which complies with the Incoterms® rules. Finally, a bank will look only at the documentary requirements in the letter of credit, if any, not at the requirements of the sales contract.

41. However, it is very much in the interests of all the parties to the different contracts in the network to ensure that the carriage or insurance terms they have agreed with the carrier or insurer, or the terms of a letter of credit, comply with what the sale contract says about ancillary contracts that need to be made or documents that need to be obtained and tendered. That task does not fall on the carrier, the insurer or the bank, none of whom are party to the contract of sale and none of whom are, therefore, party to or bound by the Incoterms® 2020 rules. It is, however, in the seller's and buyer's interest to try to ensure that the different parts of the network of contracts match - and the starting point is the sale contract - and therefore, where they apply, the Incoterms® 2020 rules.

VII. THE ELEVEN INCOTERMS® 2020 RULES - "SEA AND INLAND WATERWAY" AND "ANY MODE(S) OF TRANSPORT": GETTING IT RIGHT

42. The main distinction introduced in the Incoterms® 2010 rules, that between **Rules for any Mode or Modes of Transport** (comprising EXW, FCA, CPT, CIP, DAP, the newly named DPU - the old DAT - and DDP), and **Rules for Sea and Inland Waterway Transport**, (comprising FAS, FOB, CFR and CIF) has been retained.

43. The four so-called "maritime" Incoterms® rules are intended for use where the seller places the goods on board (or in FAS alongside) a vessel at a sea or river port. It is at this point that the seller delivers the goods to the buyer. When these rules are used, the risk of loss of or damage to those goods is on the buyer's shoulders from that port.

44. The seven Incoterms® rules for any mode or modes of transport (so-called "multi-modal"), on the other hand, are intended for use where
    a) the point at which the seller hands the goods over to, or places them at the disposal of, a carrier, or
    b) the point at which the carrier hands the goods over to the buyer, or the point at which they are placed at the disposal of the buyer, or
    c) both points (a) and (b)

are not on board (or in FAS alongside) a vessel.

45. Where delivery happens and risk transfers in each of these seven Incoterms® rules will depend on which particular rule is used. For example, in CPT, delivery happens at the seller's end when the goods are handed over to the carrier contracted by the seller. In DAP, on the other hand, delivery happens when the goods are placed at the buyer's disposal at the named place or point of destination.

46. The order in which the Incoterms® 2010 rules were presented has, as we have said, been largely retained in Incoterms® 2020 and it is important to underline the distinction between the two families of Incoterms® rules so that the right rule is used for the contract of sale depending on the means of transport used.

47. One of the most frequent problems in the use of the Incoterms® rules is the choice of the wrong rule for the particular type of contract.

48. Thus, for example, an FOB inland point (for example an airport or a warehouse) sale contract makes little sense: what type of contract of carriage must the buyer make? Does the buyer owe the seller an obligation to make a contract of carriage under which the carrier is bound to take over the goods at the named inland point or at the nearest port to that point?

49. Again, a CIF named sea port sale contract where the buyer expects the goods to be brought to an inland point in the buyer's country makes little sense. Must the seller procure a contract of carriage and insurance cover to the eventual inland destination intended by the parties or to the seaport named in the sale contract?

50. Gaps, overlaps and unnecessary costs are likely to arise - and all this because the wrong Incoterms® rule has been chosen for the particular contract. What makes the mismatch "wrong" is that insufficient regard has been given to the two most important features of the Incoterms® rules, features which are mirrors of each other, namely the port, place or point of delivery and the transfer of risks.

51. The reason for the frequent misuse of the wrong Incoterms® rule is that Incoterms® rules are frequently regarded exclusively as price indicators: this or that is the EXW, FOB, or DAP price. The initials used in the Incoterms® rules are doubtless handy abbreviations for the formula used in the calculation of the price. Incoterms® rules are not, however, exclusively, or even primarily, price indicators. They are a list of general obligations that sellers and buyers owe each other under well-recognised forms of sale contract - and one of their main tasks is to indicate the port, place or point of delivery where the risk is transferred.

VIII. ORDER WITHIN THE INCOTERMS® 2020 RULES

52. All the ten A/B articles in each of the Incoterms® rules are important - but some are more important than others.

53. There has, indeed, been a radical shake-up in the internal order in which the ten articles within each Incoterms® rule have been organised. In Incoterms® 2020, the internal order within each Incoterms® rule now follows this sequence:
A1/B1 General obligations
A2/B2 Delivery/Taking delivery

A3/B3 Transfer of risks
A4/B4 Carriage
A5/B5 Insurance
A6/B6 Delivery/transport document
A7/B7 Export/import clearance
A8/B8 Checking/packaging/marking
A9/B9 Allocation of costs
A10/B10 Notices

54. It will be noticed that concerning the Incoterms® 2020 rules, after recording in A1/B1 the basic goods/payment obligations of the parties, Delivery and the Transfer of risks are moved to a more prominent location, namely to A2 and A3 respectively.

55. The broad sequence thereafter goes:
▷ ancillary contracts (A4/B4 and A5/B5, carriage and insurance);
▷ transport documents (A6/B6);
▷ export/import clearance (A7/B7);
▷ packaging (A8/B8);
▷ costs (A9/B9); and
▷ notices (A10/B10).

56. It is appreciated that this change in the order of the A/B articles will take some time - and cost - to become familiar. It is hoped that with delivery and risk now made more prominent, traders will find it easier to identify the differences among the various Incoterms® rules, i.e. the different points in time and place at which the seller "delivers" the goods to the buyer with risk transferring to the buyer from that time and point.

57. For the first time, the Incoterms® rules are published both in the traditional format setting out the eleven Incoterms® rules and in a new "horizontal" format setting out the ten articles within each Incoterms® rule under each of the headings listed above in paragraph 53, first for the seller and then for the buyer. Traders can therefore now far more easily see the difference, for example, between the place of delivery in FCA and the place of delivery in DAP; or the items of cost which fall on a buyer in CIF when compared with the items of cost which fall on a buyer in CFR. It is hoped that this "horizontal" representation of the Incoterms® 2020 rules will further assist traders in choosing the Incoterms® rule most appropriate to their commercial requirements.

IX. DIFFERENCES BETWEEN INCOTERMS® 2010 AND 2020

58. The most important initiative behind the Incoterms® 2020 rules has been to focus on how the presentation could be enhanced to steer users towards the right Incoterms® rule for their sale contract. Thus:
a) a greater emphasis in this Introduction on making the right choice;
b) a clearer explanation of the demarcation and connection between the sale contract and its ancillary contracts;
c) upgraded Guidance Notes presented now as Explanatory Notes to each Incoterms® rule; and
d) a re-ordering within the Incoterms® rules giving delivery and risk more prominence.
All these changes, though cosmetic in appearance, are in reality substantial attempts on the part of ICC to assist the international trading community towards smoother export/import transactions.

59. Apart from these general changes, there are more substantive changes in the Incoterms® 2020 rules when compared with Incoterms® 2010. Before looking at those changes, mention must be made of a particular development in trade practice which occurred since 2010 and which ICC has decided should not lead to a change in the Incoterms® 2020 rules, namely Verified Gross Mass (VGM).

60. *Note on Verified Gross Mass (VGM)* - Since 1 July 2016, Regulation 2 under the International Convention for the Safety of Life at Sea (SOLAS) imposed on shippers in the case of the shipment of containers the obligation either to weigh the packed container using calibrated and certified equipment, or to weigh the contents of the container and add the weight of the container when empty. In either case, the VGM is to be recorded with the carrier. A failure to comply bears the sanction under the SOLAS Convention that the container "should not be loaded onto a ship": see paragraph 4.2, MSC1/Circ.1475, 9 June 2014.
These weighing operations obviously incur expense and failure may lead to delay in loading. As this happened after 2010, it is unsurprising that there was some pressure in the consultations leading to Incoterms® 2020 for a clear indication to be given as to who, as between seller and buyer, should bear such obligations.

61. It was felt by the Drafting Group that obligations and costs relating to VGM were too specific and complex to warrant explicit mention in the Incoterms® 2020 rules.

62. Returning to the changes made by ICC to the Incoterms® 2010 rules in the Incoterms® 2020 rules, these are:
[a] Bills of lading with an on-board notation and the FCA Incoterms® rule
[b] Costs, where they are listed
[c] Different levels of insurance cover in CIF and CIP
[d] Arranging for carriage with seller's or buyer's own means of transport in FCA, DAP, DPU and DDP
[e] Change in the three-letter initials for DAT to DPU
[f] Inclusion of security-related requirements within carriage obligations and costs
[g] Explanatory Notes for Users

[a] Bills of lading with an on-board notation and the FCA Incoterms® rule

63. Where goods are sold FCA for carriage by sea, sellers or buyers (or more likely their banks where a letter of credit is in place) might want a bill of lading with an on-board notation.

64. However, delivery under the FCA rule is completed before the loading of the goods on board the vessel. It is by no means certain that the seller can obtain an on-board bill of lading from the carrier. That carrier is likely, under its contract of carriage, to be bound and entitled to issue an on-board bill of lading only once the goods are actually on board.

65. To cater for this situation, FCA A6/B6 of Incoterms® 2020 now provides for an additional option. The buyer and the seller can agree that the buyer will instruct its carrier to issue an on-board bill of lading to the seller after the loading of the goods, the seller then being obliged to tender that bill of lading to the buyer, typically through the banks. ICC recognises that, despite this somewhat unhappy union between an on-board bill of lading and FCA delivery, this caters for a demonstrated need in the marketplace. Finally, it should be emphasised that even where this optional mechanism is adopted, the seller is under no obligation to the buyer as to the terms of the contract of carriage.

66. Does it remain true to say that where containerised goods are delivered by seller to buyer by handing over to a carrier before loading onto a ship, the seller is well advised to sell on FCA terms rather than on FOB terms? The answer to that question is Yes. Where Incoterms® 2020 have made a difference, however, is that where such a seller still wants or needs a bill of lading with an on-board notation, the new additional option in the FCA term A6/B6 makes provision for such a document.

[b] Costs, where they are listed

67. In the new ordering of the articles within the Incoterms® 2020 rules, costs now appear at A9/B9 of each Incoterms® rule. Apart from that re-location, however, there is another change that will become obvious to users early on. The various costs which fall to be allocated by various articles within the Incoterms® rules have traditionally appeared in different parts of each Incoterms® rule. Thus, for example, costs related to the obtaining of a delivery document in FOB 2010 were mentioned in A8, the article under the heading "Delivery Document", but not in A6, the article under the heading "Allocation of Costs".

68. In the Incoterms® 2020 rules, however, the equivalent of A6/B6, namely A9/B9, now lists all the costs allocated by each particular Incoterms® rule. A9/B9 in the Incoterms® 2020 rules are consequently longer than A6/B6 in the Incoterms® 2010 rules.

69. The purpose is to provide users with a one-stop list of costs, so that the seller or buyer can now find in one place all the costs for which it would be responsible under that particular Incoterms® rule. Items of cost are also mentioned in their home article: thus, for example, the costs involved in obtaining documents in FOB still also appear at A6/B6 as well as at A9/B9. The thinking here was that users interested in discovering the specific allocation of documentary costs might be more inclined to go to the specific article dealing with delivery documents rather than to the general article listing all the costs.

[c] Different levels of insurance cover in CIF and CIP

70. In the Incoterms® 2010 rules, A3 of both CIF and CIP imposed on the seller the obligation to "obtain at its own expense cargo insurance complying at least with the minimum cover as provided by Clauses (C) of the Institute Cargo Clauses (Lloyd's Market Association/International Underwriting Association 'LMA/IUA') or any similar clauses." Institute Cargo Clauses (C) provide cover for a number of listed risks, subject to itemised exclusions; Institute Cargo Clauses (A), on the other hand, cover "all risks", again subject to itemised exclusions. During the consultations leading to the Incoterms® 2020 rules, the case was made for moving from Institute Cargo Clauses (C) to Institute Cargo Clauses (A), thus increasing the cover obtained by the seller for the benefit of the buyer. This could, of course, also involve an additional cost in premium. The contrary case, namely to stay with Institute Cargo Clauses (C), was equally strongly put, particularly by those involved in the maritime trade of commodities. After considerable discussion within and beyond the Drafting Group, the decision was made to provide for different minimum cover in the CIF Incoterms® rule and in the CIP Incoterms® rule. In the first, which is much more likely to be used in the maritime commodity trades, the status quo has been retained, with Institute Cargo Clauses (C) as the default position, although it is, of course, open to the parties to agree to higher cover. In the second, namely the CIP Incoterms® rule, the seller must now obtain insurance cover complying with Institute Cargo Clauses (A), although it is, of course, again open to the parties to agree on a lower level of cover.

[d] Arranging for carriage with seller's or buyer's own means of transport in FCA, DAP, DPU

and DDP

71. In the Incoterms® 2010 rules, it was assumed throughout that where the goods were to be carried from the seller to the buyer, they would be carried by a third-party carrier engaged for the purpose either by the seller or the buyer, depending on which Incoterms® rule was used.

72. It became clear in the deliberations leading to Incoterms® 2020, however, that there were some situations where, although the goods were to be carried from the seller to the buyer, they could be so carried without any third-party carrier being engaged at all. Thus, for example, there was nothing stopping a seller on a D rule from arranging for such carriage without outsourcing that function to a third party, namely by using its own means of transportation. Likewise, with an FCA purchase, there was nothing to stop the buyer from using its own vehicle for the collection of the goods and for their transport to the buyer's premises.

73. The rules appeared not to take account of these eventualities. The Incoterms® 2020 rules now do, by expressly allowing not only for the making of a contract of carriage, but also for simply arranging for the necessary carriage.

[e] Change in the three-letter initials for DAT to DPU

74. The only difference between DAT and DAP in the Incoterms® 2010 rules was that in DAT the seller delivered the goods once unloaded from the arriving means of transport into a "terminal"; whereas in DAP, the seller delivered the goods when the goods were placed at the disposal of the buyer on the arriving means of transport for unloading. It will also be recalled that the Guidance Note for DAT in Incoterms® 2010 defined the word "terminal" broadly to include "any place, whether covered or not…".

75. ICC decided to make two changes to DAT and DAP. First, the order in which the two Incoterms® 2020 rules are presented has been inverted, and DAP, where delivery happens before unloading, now appears before DAT. Secondly, the name of the rule DAT has been changed to DPU (Delivered at Place Unloaded), emphasising the reality that the place of destination could be any place and not only a "terminal". However, if that place is not in a terminal, the seller should make sure that the place where it intends to deliver the goods is a place where it is able to unload the goods.

[f] Inclusion of security-related requirements within carriage obligations and costs

76. It will be recalled that security-related requirements made a rather subdued entry into the Incoterms® 2010 rules, through A2/B2 and A10/B10 in each rule. The Incoterms® 2010 rules were the first revision of the Incoterms® rules to come into force after security-related concerns became so prevalent in the early part of this century. Those concerns, and the associated shipping practices which they have created in their wake, are now much more established. Connected as they are to carriage requirements, an express allocation of security-related obligations has now been added to A4 and A7 of each Incoterms® rule. The costs incurred by these requirements are also now given a more prominent position in the costs article, namely A9/B9.

[g] Explanatory Notes for Users

77. The Guidance Notes appearing at the start of each Incoterms® rule in the 2010 version

now appear as "Explanatory Notes for Users". These Notes explain the fundamentals of each Incoterms® 2020 rule, such as when it should be used, when risk transfers and how costs are allocated between seller and buyer. The Explanatory Notes are intended (a) to help the user accurately and efficiently steer towards the appropriate Incoterms® rule for a particular transaction; and (b) to provide those deciding or advising on disputes or contracts governed by Incoterms® 2020 with guidance on matters which might require interpretation. For guidance on more fundamental issues that cut across the Incoterms® 2020 rules more generally, reference may, of course, also be made to the text of this Introduction.

X. CAUTION WITH VARIANTS OF INCOTERMS® RULES

78. Sometimes the parties want to alter an Incoterms® rule. The Incoterms® 2020 rules do not prohibit such alteration, but there are dangers in so doing. In order to avoid any unwelcome surprises, the parties would need to make the intended effect of such alterations extremely clear in their contract. Thus, for example, if the allocation of costs in the Incoterms® 2020 rules is altered in the contract, the parties should also clearly state whether they intend to vary the point at which delivery is made and the risk transfers to the buyer.

FCA | Free Carrier

FCA (insert named place of delivery) Incoterms® 2020

EXPLANATORY NOTES FOR USERS

1. **Delivery and risk** - "Free Carrier (named place)" means that the seller delivers the goods to the buyer in one or other of two ways.

  ▷ First, when the named place is the seller's premises, the goods are delivered
    ▷ when they are loaded on the means of transport arranged by the buyer.

  ▷ Second, when the named place is another place, the goods are delivered
    ▷ when, having been loaded on the seller's means of transport,
    ▷ they reach the named other place and
    ▷ are ready for unloading from that seller's means of transport and
    ▷ at the disposal of the carrier or of another person nominated by the buyer.

  Whichever of the two is chosen as the place of delivery, that place identifies where risk transfers to the buyer and the time from which costs are for the buyer's account.

2. **Mode of transport** - This rule may be used irrespective of the mode of transport selected and may also be used where more than one mode of transport is employed.

3. **Place or point of delivery** - A sale under FCA can be concluded naming only the place of delivery, either at the seller's premises or elsewhere, without specifying the precise point of delivery within that named place. However, the parties are well advised also to specify as clearly as possible the precise point within the named place of delivery. A named precise point of delivery makes it clear to both parties when the goods are delivered and when risk transfers to the buyer; such precision also marks the point at which costs are for the buyer's account. Where the precise point is not identified, however, this may cause problems for the buyer. The seller in this case has the right to select the point "that best suits its purpose": that point becomes the point of delivery, from which risk and costs transfer to the buyer. If

the precise point of delivery is not identified by naming it in the contract, then the parties are taken to have left it to the seller to select the point "that best suits its purpose". This means that the buyer may incur the risk that the seller may choose a point just before the point at which goods are lost or damaged. Best for the buyer therefore to select the precise point within a place where delivery will occur.

4. **'or procure goods so delivered'** - The reference to "procure" here caters for multiple sales down a chain (string sales), particularly, although not exclusively, common in the commodity trades.

5. **Export/import clearance** - FCA requires the seller to clear the goods for export, where applicable. However, the seller has no obligation to clear the goods for import or for transit through third countries, to pay any import duty or to carry out any import customs formalities.

6. **Bills of lading with an on-board notation in FCA sales** − We have already seen that FCA is intended for use irrespective of the mode or modes of transport used. Now if goods are being picked up by the buyer's road-haulier in Las Vegas, it would be rather uncommon to expect a bill of lading with an on-board notation to be issued by the carrier from Las Vegas, which is not a port and which a vessel cannot reach for goods to be placed on board. Nonetheless, sellers selling FCA Las Vegas do sometimes find themselves in a situation where they need a bill of lading with an on-board notation (typically because of a bank collection or a letter of credit requirement), albeit necessarily stating that the goods have been placed on board in Los Angeles as well as stating that they were received for carriage in Las Vegas. To cater for this possibility of an FCA seller needing a bill of lading with an on-board notation, FCA Incoterms® 2020 has, for the first time, provided the following optional mechanism. If the parties have so agreed in the contract, the buyer must instruct its carrier to issue a bill of lading with an on-board notation to the seller. The carrier may or may not, of course, accede to the buyer's request, given that the carrier is only bound and entitled to issue such a bill of lading once the goods are on board in Los Angeles. However, if and when the bill of lading is issued to the seller by the carrier at the buyer's cost and risk, the seller must provide that same document to the buyer, who will need the bill of lading in order to obtain discharge of the goods from the carrier. This optional mechanism becomes unnecessary, of course, if the parties have agreed that the seller will present to the buyer a bill of lading stating simply that the goods have been received for shipment rather than that they have been shipped on board. Moreover, it should be emphasised that even where this optional mechanism is adopted, the seller is under no obligation to the buyer as to the terms of the contract of carriage. Finally, when this optional mechanism is adopted, the dates of delivery inland and loading on board will necessarily be different, which may well create difficulties for the seller under a letter of credit.

A THE SELLER'S OBLIGATIONS

A1 General obligations

The seller must provide the goods and the commercial invoice in conformity with the contract of sale and any other evidence of conformity that may be required by the contract.

Any document to be provided by the seller may be in paper or electronic form as agreed or, where there is no agreement, as is customary.

A2 Delivery

The seller must deliver the goods to the carrier or another person nominated by the buyer at the named point, if any, at the named place, or procure goods so delivered.

The seller must deliver the goods

1. on the agreed date
   or,
2. at the time within the agreed period notified by the buyer under B10(b)
   or,
3. if no such time is notified, then at the end of the agreed period.
   Delivery is completed either:

a) If the named place is the seller's premises, when the goods have been loaded on the means of transport provided by the buyer;
   or,
b) In any other case, when the goods are placed at the disposal of the carrier or another person nominated by the buyer on the seller's means of transport ready for unloading.

If no specific point has been notified by the buyer under B10(d) within the named place of delivery, and if there are several points available, the seller may select the point that best suits its purpose.

A3 Transfer of risks

The seller bears all risks of loss of or damage to the goods until they have been delivered in accordance with A2, with the exception of loss or damage in the circumstances described in B3.

A4 Carriage

The seller has no obligation to the buyer to make a contract of carriage. However, the seller must provide the buyer, at the buyer's request, risk and cost, with any information in the possession of the seller, including transport-related security requirements, that the buyer needs for arranging carriage.

If agreed, the seller must contract for carriage on the usual terms at the buyer's risk and cost.

The seller must comply with any transport-related security requirements up to delivery.

A5 Insurance

The seller has no obligation to the buyer to make a contract of insurance. However, the seller must provide the buyer, at the buyer's request, risk and cost, with information in the possession of the seller that the buyer needs for obtaining insurance.

A6 Delivery/transport document

The seller must provide the buyer at the seller's cost with the usual proof that the goods have been delivered in accordance with A2.

The seller must provide assistance to the buyer, at the buyer's request, risk and cost, in obtaining a transport document.

Where the buyer has instructed the carrier to issue to the seller a transport document under B6, the seller must provide any such document to the buyer.

A7 Export/import clearance

a) Export clearance

Where applicable, the seller must carry out and pay for all export clearance formalities required by the country of export, such as:

▷ export licence;
▷ security clearance for export;
▷ pre-shipment inspection; and
▷ any other official authorisation.

b) Assistance with import clearance

Where applicable, the seller must assist the buyer, at the buyer's request, risk and cost, in obtaining any documents and/or information related to all transit/import clearance formalities, including security requirements and pre-shipment inspection, needed by any country of transit or the country of import.

A8 Checking/packaging/marking
The seller must pay the costs of those checking operations (such as checking quality, measuring, weighing, counting) that are necessary for the purpose of delivering the goods in accordance with A2.
The seller must, at its own cost, package the goods, unless it is usual for the particular trade to transport the type of goods sold unpackaged. The seller must package and mark the goods in the manner appropriate for their transport, unless the parties have agreed on specific packaging or marking requirements.

A9 Allocation of costs
The seller must pay:
a) all costs relating to the goods until they have been delivered in accordance with A2, other than those payable by the buyer under B9;
b) the costs of providing the usual proof to the buyer under A6 that the goods have been delivered;
c) where applicable, duties, taxes and any other costs related to export clearance under A7(a); and
d) the buyer for all costs and charges related to providing assistance in obtaining documents and information in accordance with B7(a).

A10 Notices
The seller must give the buyer sufficient notice either that the goods have been delivered in accordance with A2 or that the carrier or another person nominated by the buyer has failed to take the goods within the time agreed.

B THE BUYER'S OBLIGATIONS

B1 General obligations
The buyer must pay the price of the goods as provided in the contract of sale.
Any document to be provided by the buyer may be in paper or electronic form as agreed or, where there is no agreement, as is customary.

B2 Taking delivery
The buyer must take delivery of the goods when they have been delivered under A2.

B3 Transfer of risks
The buyer bears all risks of loss of or damage to the goods from the time they have been delivered under A2.
If:
a) the buyer fails to nominate a carrier or another person under A2 or to give notice in accordance with B10; or
b) the carrier or person nominated by the buyer under B10(a) fails to take the goods into its charge, then, the buyer bears all risks of loss of or damage to the goods:
  (i) from the agreed date, or in the absence of an agreed date,
  (ii) from the time selected by the buyer under B10(b); or, if no such time has been notified,
  (iii) from the end of any agreed period for delivery, provided that the goods have been clearly identified as the contract goods.

B4 Carriage
The buyer must contract or arrange at its own cost for the carriage of the goods from the named place of delivery, except when the contract of carriage is made by the seller as provided for in A4.

B5 Insurance
The buyer has no obligation to the seller to make a contract of insurance.

B6 Delivery/transport document
The buyer must accept the proof that the goods have been delivered in accordance with A2.
If the parties have so agreed, the buyer must instruct the carrier to issue to the seller, at the buyer's cost and risk, a transport document stating that the goods have been loaded (such as a bill of lading with an onboard notation).

B7 Export/import clearance
a) Assistance with export clearance
Where applicable, the buyer must assist the seller at the seller's request, risk and cost in obtaining any documents and/or information related to all export clearance formalities, including security requirements and pre-shipment inspection, needed by the country of export.
b) Import clearance
Where applicable, the buyer must carry out and pay for all formalities required by any country of transit and the country of import, such as:
▷ import licence and any licence required for transit;
▷ security clearance for import and any transit;
▷ pre-shipment inspection; and
▷ any other official authorisation.

B8 Checking/packaging/marking
The buyer has no obligation to the seller.

B9 Allocation of costs
The buyer must pay:
a) all costs relating to the goods from the time they have been delivered under A2, other than those payable by the seller under A9;
b) the seller for all costs and charges related to providing assistance in obtaining documents and information in accordance with A4, A5, A6 and A7(b);
c) where applicable, duties, taxes and any other costs related to transit or import clearance under B7(b); and
d) any additional costs incurred, either because:
   (i) the buyer fails to nominate a carrier or another person under B10, or
   (ii) the carrier or person nominated by the buyer under B10 fails to take the goods into its charge, provided that the goods have been clearly identified as the contract goods.

B10 Notices
The buyer must notify the seller of
a) the name of the carrier or another person nominated within sufficient time as to enable the seller to deliver the goods in accordance with A2;
b) the selected time, if any, within the period agreed for delivery when the carrier or person nominated will receive the goods;
c) the mode of transport to be used by the carrier or the person nominated including any transport-related security requirements; and
d) the point where the goods will be received within the named place of delivery.

CIP | Carriage and Insurance Paid To

CIP (insert named place of destination) Incoterms® 2020

EXPLANATORY NOTES FOR USERS

1. **Delivery and risk** - "Carriage and Insurance Paid To" means that the seller delivers the goods - and transfers the risk − to the buyer

▷ by handing them over to the carrier
▷ contracted by the seller
▷ or by procuring the goods so delivered.
▷ The seller may do so by giving the carrier physical possession of the goods in the manner and at the place appropriate to the means of transport used.

Once the goods have been delivered to the buyer in this way, the seller does not guarantee that the goods will reach the place of destination in sound condition, in the stated quantity or indeed at all. This is because risk transfers from seller to buyer when the goods are delivered to the buyer by handing them over to the carrier; the seller must nonetheless contract for the carriage of the goods from delivery to the agreed destination. Thus, for example, goods are handed over to a carrier in Las Vegas (which is not a port) for carriage to Southampton (a port) or to Winchester (which is not a port). In either case, delivery transferring risk to the buyer happens in Las Vegas, and the seller must make a contract of carriage to either Southampton or Winchester.

2. **Mode of transport** - This rule may be used irrespective of the mode of transport selected and may also be used where more than one mode of transport is employed.

3. **Places (or points) of delivery and destination** - In CIP two locations are important: the place or point at which the goods are delivered (for the transfer of risk) and the place or point agreed as the destination of the goods (as the point to which the seller promises to contract for carriage).

4. **Insurance** - The seller must also contract for insurance cover against the buyer's risk of loss of or damage to the goods from the point of delivery to at least the point of destination. This may cause difficulty where the destination country requires insurance cover to be purchased locally: in this case the parties should consider selling and buying under CPT. The buyer should also note that under the CIP Incoterms® 2020 rule the seller is required to obtain extensive insurance cover complying with Institute Cargo Clauses (A) or similar clause, rather than with the more limited cover under Institute Cargo Clauses (C). It is, however, still open to the parties to agree on a lower level of cover.

5. **Identifying the place or point of delivery with precision** - The parties are well advised to identify both places, or indeed points within those places, as precisely as possible in the contract of sale. Identifying the place or point (if any) of delivery as precisely as possible is important to cater for the common situation where several carriers are engaged, each for different legs of the transit from delivery to destination. Where this happens and the parties do not agree on a specific place or point of delivery, the default position is that risk transfers when the goods have been delivered to the first carrier at a point entirely of the seller's choosing and over which the buyer has no control. Should the parties wish the risk to transfer at a later stage (e.g. at a sea or river port or at an airport), or indeed an earlier one

(e.g. an inland point some way away from a sea or river port), they need to specify this in their contract of sale and to carefully think through the consequences of so doing in case the goods are lost or damaged.

6. **Identifying the destination as precisely as possible** - The parties are also well advised to identify as precisely as possible in the contract of sale the point within the agreed place of destination, as this is the point to which the seller must contract for carriage and insurance and this is the point to which the costs of carriage and insurance fall on the seller.

7. **'or procuring the goods so delivered'** - The reference to "procure" here caters for multiple sales down a chain (string sales), particularly common in the commodity trades.

8. **Costs of unloading at destination** - If the seller incurs costs under its contract of carriage related to unloading at the named place of destination, the seller is not entitled to recover such costs separately from the buyer unless otherwise agreed between the parties.

9. **Export/import clearance** - CIP requires the seller to clear the goods for export, where applicable. However, the seller has no obligation to clear the goods for import or for transit through third countries, or to pay any import duty or to carry out any import customs formalities.

A THE SELLER'S OBLIGATIONS

A1 General obligations
The seller must provide the goods and the commercial invoice in conformity with the contract of sale and any other evidence of conformity that may be required by the contract.
Any document to be provided by the seller may be in paper or electronic form as agreed or, where there is no agreement, as is customary.

A2 Delivery
The seller must deliver the goods by handing them over to the carrier contracted in accordance with A4 or by procuring the goods so delivered. In either case the seller must deliver the goods on the agreed date or within the agreed period.

A3 Transfer of risks
The seller bears all risks of loss of or damage to the goods until they have been delivered in accordance with A2, with the exception of loss or damage in the circumstance described in B3.

A4 Carriage
The seller must contract or procure a contract for the carriage of the goods from the agreed point of delivery, if any, at the place of delivery to the named place of destination or, if agreed, any point at that place. The contract of carriage must be made on usual terms at the seller's cost and provide for carriage by the usual route in a customary manner of the type normally used for carriage of the type of goods sold. If a specific point is not agreed or is not determined by practice, the seller may select the point of delivery and the point at the named place of destination that best suit its purpose.
The seller must comply with any transport-related security requirements for transport to the destination.

A5 Insurance
Unless otherwise agreed or customary in the particular trade, the seller must obtain at its own cost cargo insurance complying with the cover provided by Clauses (A) of the Institute Cargo

Clauses (LMA/IUA) or any similar clauses as appropriate to the means of transport used. The insurance shall be contracted with underwriters or an insurance company of good repute and entitle the buyer, or any other person having an insurable interest in the goods, to claim directly from the insurer.
When required by the buyer, the seller must, subject to the buyer providing any necessary information requested by the seller, provide at the buyer's cost any additional cover, if procurable, such as cover complying with the Institute War Clauses and/or Institute Strikes Clauses (LMA/IUA) or any similar clauses (unless such cover is already included with the cargo insurance described in the preceding paragraph).
The insurance shall cover, at a minimum, the price provided in the contract plus 10% (i.e. 110%) and shall be in the currency of the contract.
The insurance shall cover the goods from the point of delivery set out in A2 to at least the named place of destination.
The seller must provide the buyer with the insurance policy or certificate or any other evidence of insurance cover.
Moreover, the seller must provide the buyer, at the buyer's request, risk and cost, with information that the buyer needs to procure any additional insurance.

A6 Delivery/transport document
If customary or at the buyer's request, the seller must provide the buyer, at the seller's cost, with the usual transport document[s] for the transport contracted in accordance with A4.
This transport document must cover the contract goods and be dated within the period agreed for shipment. If agreed or customary, the document must also enable the buyer to claim the goods from the carrier at the named place of destination and enable the buyer to sell the goods in transit by the transfer of the document to a subsequent buyer or by notification to the carrier.
When such a transport document is issued in negotiable form and in several originals, a full set of originals must be presented to the buyer.

A7 Export/import clearance
a) Export clearance
Where applicable, the seller must carry out and pay for all export clearance formalities required by the country of export, such as:
▷ export licence;
▷ security clearance for export;
▷ pre-shipment inspection; and
▷ any other official authorisation.

b) Assistance with import clearance
Where applicable, the seller must assist the buyer, at the buyer's request, risk and cost, in obtaining any documents and/or information related to all transit/import clearance formalities, including security requirements and pre-shipment inspection, needed by any country of transit or the country of import.

A8 Checking/packaging/marking
The seller must pay the costs of those checking operations (such as checking quality, measuring, weighing, counting) that are necessary for the purpose of delivering the goods in accordance with A2.
The seller must, at its own cost, package the goods, unless it is usual for the particular trade to transport the type of goods sold unpackaged. The seller must package and mark the goods in the manner appropriate for their transport, unless the parties have agreed on specific packaging or marking requirements.

A9 Allocation of costs
The seller must pay:
a) all costs relating to the goods until they have been delivered in accordance with A2, other than those payable by the buyer under B9;
b) transport and all other costs resulting from A4, including the costs of loading the goods and transport-related security costs;
c) any charges for unloading at the agreed place of destination but only if those charges were for the seller's account under the contract of carriage;
d) the costs of transit that were for the seller's account under the contract of carriage;
e) the costs of providing the usual proof to the buyer under A6 that the goods have been delivered;
f) the costs of insurance resulting from A5;
g) where applicable, duties, taxes and any other costs related to export clearance under A7(a); and
h) the buyer for all costs and charges related to providing assistance in obtaining documents and information in accordance with B7(a).

A10 Notices
The seller must notify the buyer that the goods have been delivered in accordance with A2.
The seller must give the buyer any notice required to enable the buyer to receive the goods.

B THE BUYER'S OBLIGATIONS

B1 General obligations
The buyer must pay the price of the goods as provided in the contract of sale.
Any document to be provided by the buyer may be in paper or electronic form as agreed or, where there is no agreement, as is customary.

B2 Taking delivery
The buyer must take delivery of the goods when they have been delivered under A2 and receive them from the carrier at the named place of destination or if agreed, at the point within that place.

B3 Transfer of risks
The buyer bears all risks of loss of or damage to the goods from the time they have been delivered under A2.
If the buyer fails to give notice in accordance with B10, then the buyer bears all risks of loss of or damage to the goods from the agreed date or the end of the agreed period for delivery, provided that the goods have been clearly identified as the contract goods.

B4 Carriage
The buyer has no obligation to the seller to make a contract of carriage.

B5 Insurance
The buyer has no obligation to the seller to make a contract of insurance. However, the buyer must provide the seller, upon request, with any information necessary for the seller to procure any additional insurance requested by the buyer under A5.

B6 Delivery/transport document
The buyer must accept the transport document provided under A6 if it is in conformity with the contract.

B7 Export/import clearance

a) Assistance with export clearance

Where applicable, the buyer must assist the seller at the seller's request, risk and cost in obtaining any documents and/or information related to all export clearance formalities, including security requirements and pre-shipment inspection, needed by the country of export.

b) Import clearance

Where applicable, the buyer must carry out and pay for all formalities required by any country of transit and the country of import, such as:

▷ import licence and any licence required for transit;
▷ security clearance for import and any transit;
▷ pre-shipment inspection; and
▷ any other official authorisation.

B8 Checking/packaging/marking

The buyer has no obligation to the seller.

B9 Allocation of costs

The buyer must pay:

a) all costs relating to the goods from the time they have been delivered under A2, other than those payable by the seller under A9;
b) the costs of transit, unless such costs were for the seller's account under the contract of carriage;
c) unloading costs, unless such costs were for the seller's account under the contract of carriage;
d) the costs of any additional insurance procured at the buyer's request under A5 and B5;
e) the seller for all costs and charges related to providing assistance in obtaining documents and information in accordance with A5 and A7(b);
f) where applicable, duties, taxes and any other costs related to transit or import clearance under B7(b); and
g) any additional costs incurred if it fails to give notice in accordance with B10, from the agreed date or the end of the agreed period for shipment, provided that the goods have been clearly identified as the contract goods.

B10 Notices

The buyer must, whenever it is agreed that the buyer is entitled to determine the time for dispatching the goods and/or the point of receiving the goods within the named place of destination, give the seller sufficient notice.

DPU | Delivered at Place Unloaded

DPU (insert named place of destination) Incoterms® 2020

EXPLANATORY NOTES FOR USERS

1. **Delivery and risk** - "Delivered at Place Unloaded" means that the seller delivers the goods - and transfers risk - to the buyer
   ▷ when the goods,
   ▷ once unloaded from the arriving means of transport,
   ▷ are placed at the disposal of the buyer
   ▷ at a named place of destination or

▷ at the agreed point within that place, if any such point is agreed.

The seller bears all risks involved in bringing the goods to and unloading them at the named place of destination. In this Incoterms® rule, therefore, the delivery and arrival at destination are the same. DPU is the only Incoterms® rule that requires the seller to unload goods at destination. The seller should therefore ensure that it is in a position to organise unloading at the named place. Should the parties intend the seller not to bear the risk and cost of unloading, the DPU rule should be avoided and DAP should be used instead.

2. **Mode of transport** - This rule may be used irrespective of the mode of transport selected and may also be used where more than one mode of transport is employed.

3. **Identifying the place or point of delivery/destination precisely** - The parties are well advised to specify the destination place or point as clearly as possible and this for several reasons. First, risk of loss of or damage to the goods transfers to the buyer at that point of delivery/destination - and it is best for the seller and the buyer to be clear about the point at which that critical transfer happens. Secondly, the costs before that place or point of delivery/destination are for the account of the seller and the costs after that place or point are for the account of the buyer. Thirdly, the seller must contract or arrange for the carriage of the goods to the agreed place or point of delivery/destination. If it fails to do so, the seller is in breach of its obligations under this rule and will be liable to the buyer for any ensuing loss. The seller would, for example, be responsible for any additional costs levied by the carrier to the buyer for any additional on-carriage.

4. **'or procuring the goods so delivered'** - The reference to "procure" here caters for multiple sales down a chain (string sales), particularly common in the commodity trades.

5. **Export/import clearance** - DPU requires the seller to clear the goods for export, where applicable. However, the seller has no obligation to clear the goods for import or for post-delivery transit through third countries, to pay any import duty or to carry out any import customs formalities. As a result, if the buyer fails to organise import clearance, the goods will be held up at a port or inland terminal in the destination country. Who bears the risk of any loss that might occur while the goods are thus held up at the port of entry in the destination country? The answer is the buyer: delivery will not have occurred yet, B3(a) ensuring that the risk of loss of or damage to the goods is with the buyer until transit to a named inland point can be resumed. If, in order to avoid this scenario, the parties intend the seller to clear the goods for import, pay any import duty or tax and carry out any import customs formalities, the parties might consider using DDP.

A THE SELLER'S OBLIGATIONS

A1 General obligations

The seller must provide the goods and the commercial invoice in conformity with the contract of sale and any other evidence of conformity that may be required by the contract.
Any document to be provided by the seller may be in paper or electronic form as agreed or, where there is no agreement, as is customary.

A2 Delivery

The seller must unload the goods from the arriving means of transport and must then deliver them by placing them at the disposal of the buyer at the agreed point, if any, at the named place of destination or by procuring the goods so delivered. In either case the seller must deliver the goods on the agreed date or within the agreed period.

A3 Transfer of risks
The seller bears all risks of loss of or damage to the goods until they have been delivered in accordance with A2, with the exception of loss or damage in the circumstances described in B3.

A4 Carriage
The seller must contract or arrange at its own cost for the carriage of the goods to the named place of destination or to the agreed point, if any, at the named place of destination. If a specific point is not agreed or is not determined by practice, the seller may select the point at the named place of destination that best suits its purpose.
The seller must comply with any transport-related security requirements for transport to the destination.

A5 Insurance
The seller has no obligation to the buyer to make a contract of insurance.

A6 Delivery/transport document
The seller must provide the buyer, at the seller's cost, with any document required to enable the buyer to take over the goods.

A7 Export/import clearance
a) Export and transit clearance
Where applicable, the seller must carry out and pay for all export and transit clearance formalities required by the country of export and any country of transit (other than the country of import), such as:
▷ export/transit licence;
▷ security clearance for export/transit;
▷ pre-shipment inspection; and
▷ any other official authorisation.

b) Assistance with import clearance
Where applicable, the seller must assist the buyer, at the buyer's request, risk and cost, in obtaining any documents and/or information related to all import clearance formalities, including security requirements and pre-shipment inspection, needed by the country of import.

A8 Checking/packaging/marking
The seller must pay the costs of those checking operations (such as checking quality, measuring, weighing, counting) that are necessary for the purpose of delivering the goods in accordance with A2.
The seller must, at its own cost, package the goods, unless it is usual for the particular trade to transport the type of goods sold unpackaged. The seller must package and mark the goods in the manner appropriate for their transport, unless the parties have agreed on specific packaging or marking requirements.

A9 Allocation of costs
The seller must pay:
a) all costs relating to the goods and their transport until they have been unloaded and delivered in accordance with A2, other than those payable by the buyer under B9;
b) the cost of providing the delivery/transport document under A6;
c) where applicable, duties, taxes and any other costs related to export and any transit clearance under A7(a); and
d) the buyer for all costs and charges related to providing assistance in obtaining documents

and information in accordance with B5 and B7(a).

A10 Notices
The seller must give the buyer any notice required to enable the buyer to receive the goods.

B THE BUYER'S OBLIGATIONS

B1 General obligations
The buyer must pay the price of the goods as provided in the contract of sale.
Any document to be provided by the buyer may be in paper or electronic form as agreed or, where there is no agreement, as is customary.

B2 Taking delivery
The buyer must take delivery of the goods when they have been delivered under A2.

B3 Transfer of risks
The buyer bears all risks of loss of or damage to the goods from the time they have been delivered under A2.
If:
a) the buyer fails to fulfil its obligations in accordance with B7, then it bears all resulting risks of loss of or damage to the goods; or
b) the buyer fails to give notice in accordance with B10, then it bears all risks of loss of or damage to the goods from the agreed date or the end of the agreed period for delivery,

provided that the goods have been clearly identified as the contract goods.

B4 Carriage
The buyer has no obligation to the seller to make a contract of carriage.

B5 Insurance
The buyer has no obligation to the seller to make a contract of insurance. However, the buyer must provide the seller, at the seller's request, risk and cost, with information that the seller needs for obtaining insurance.

B6 Delivery/transport document
The buyer must accept the document provided under A6.

B7 Export/import clearance
a) Assistance with export and transit clearance
Where applicable, the buyer must assist the seller at the seller's request, risk and cost in obtaining any documents and/or information related to all export/transit clearance formalities, including security requirements and pre-shipment inspection, needed by the country of export and any country of transit (other than the country of import).

b) Import clearance
Where applicable, the buyer must carry out and pay for all formalities required by the country of import, such as:
▷ import licence;
▷ security clearance for import;
▷ pre-shipment inspection; and
▷ any other official authorisation.

B8 Checking/packaging/marking

The buyer has no obligation to the seller.

B9 Allocation of costs
The buyer must pay:
a) all costs relating to the goods from the time they have been delivered under A2;
b) the seller for all costs and charges related to providing assistance in obtaining documents and information in accordance with A7(b);
c) where applicable, duties, taxes and any other costs related to import clearance under B7(b); and
d) any additional costs incurred by the seller if the buyer fails to fulfil its obligations in accordance with B7 or to give notice in accordance with B10, provided that the goods have been clearly identified as the contract goods.

B10 Notices
The buyer must, whenever it is agreed that the buyer is entitled to determine the time within an agreed period and/or the point of taking delivery within the named place of destination, give the seller sufficient notice.

FOB | Free On Board

FOB (insert named port of shipment) Incoterms® 2020

EXPLANATORY NOTES FOR USERS
사용자를 위한 설명문

1. **Delivery and risk** - "Free on Board" means that the seller delivers the goods to the buyer
   ▷ on board the vessel
   ▷ nominated by the buyer
   ▷ at the named port of shipment
   ▷ or procures the goods already so delivered.

   The risk of loss of or damage to the goods transfers when the goods are on board the vessel, and the buyer bears all costs from that moment onwards.

2. **Mode of transport** - This rule is to be used only for sea or inland waterway transport where the parties intend to deliver the goods by placing the goods on board a vessel. Thus, the FOB rule is not appropriate where goods are handed over to the carrier before they are on board the vessel, for example where goods are handed over to a carrier at a container terminal. Where this is the case, parties should consider using the FCA rule rather than the FOB rule.

3. **'or procuring the goods so delivered'** - The seller is required either to deliver the goods on board the vessel or to procure goods already so delivered for shipment. The reference to "procure" here caters for multiple sales down a chain (string sales), particularly common in the commodity trades.

4. **Export/import clearance** - FOB requires the seller to clear the goods for export, where applicable. However, the seller has no obligation to clear the goods for import or for transit through third countries, to pay any import duty or to carry out any import customs

formalities.

A THE SELLER'S OBLIGATIONS

A1 General obligations
The seller must provide the goods and the commercial invoice in conformity with the contract of sale and any other evidence of conformity that may be required by the contract.
Any document to be provided by the seller may be in paper or electronic form as agreed or, where there is no agreement, as is customary.

A2 Delivery
The seller must deliver the goods either by placing them on board the vessel nominated by the buyer at the loading point, if any, indicated by the buyer at the named port of shipment or by procuring the goods so delivered.
The seller must deliver the goods
1. on the agreed date
   or,
2. at the time within the agreed period notified by the buyer under B10
   or,
3. if no such time is notified, then at the end of the agreed period
   and
4. in the manner customary at the port.

If no specific loading point has been indicated by the buyer, the seller may select the point within the named port of shipment that best suits its purpose.

A3 Transfer of risks
The seller bears all risks of loss of or damage to the goods until they have been delivered in accordance with A2, with the exception of loss or damage in the circumstances described in B3.

A4 Carriage
The seller has no obligation to the buyer to make a contract of carriage. However, the seller must provide the buyer, at the buyer's request, risk and cost, with any information in the possession of the seller, including transport-related security requirements, that the buyer needs for arranging carriage. If agreed, the seller must contract for carriage on the usual terms at the buyer's risk and cost.
The seller must comply with any transport-related security requirements up to delivery.

A5 Insurance
The seller has no obligation to the buyer to make a contract of insurance. However, the seller must provide the buyer, at the buyer's request, risk and cost, with information in the possession of the seller that the buyer needs for obtaining insurance.

A6 Delivery/transport document
The seller must provide the buyer, at the seller's cost, with the usual proof that the goods have been delivered in accordance with A2.
Unless such proof is a transport document, the seller must provide assistance to the buyer, at the buyer's request, risk and cost, in obtaining a transport document.

A7 Export/import clearance
a) Export clearance
Where applicable, the seller must carry out and pay for all export clearance formalities required

by the country of export, such as:
▷ export licence;
▷ security clearance for export;
▷ pre-shipment inspection; and
▷ any other official authorisation.

b) Assistance with import clearance
Where applicable, the seller must assist the buyer, at the buyer's request, risk and cost, in obtaining any documents and/or information related to all transit/import clearance formalities, including security requirements and pre-shipment inspection, needed by any country of transit or the country of import.

A8 Checking/packaging/marking
The seller must pay the costs of those checking operations (such as checking quality, measuring, weighing, counting) that are necessary for the purpose of delivering the goods in accordance with A2.
The seller must, at its own cost, package the goods, unless it is usual for the particular trade to transport the type of goods sold unpackaged. The seller must package and mark the goods in the manner appropriate for their transport, unless the parties have agreed on specific packaging or marking requirements.

A9 Allocation of costs
The seller must pay:
a) all costs relating to the goods until they have been delivered in accordance with A2, other than those payable by the buyer under B9;
b) the costs of providing the usual proof to the buyer under A6 that the goods have been delivered;
c) where applicable, duties, taxes and any other costs related to export clearance under A7(a); and
d) the buyer for all costs and charges related to providing assistance in obtaining documents and information in accordance with B7(a).

A10 Notices
The seller must give the buyer sufficient notice either that the goods have been delivered in accordance with A2 or that the vessel has failed to take the goods within the time agreed.

B THE BUYER'S OBLIGATIONS

B1 General obligations
The buyer must pay the price of the goods as provided in the contract of sale.
Any document to be provided by the buyer may be in paper or electronic form as agreed or, where there is no agreement, as is customary.

B2 Taking delivery
The buyer must take delivery of the goods when they have been delivered under A2.

B3 Transfer of risks
The buyer bears all risks of loss of or damage to the goods from the time they have been delivered under A2.
If:
a) the buyer fails to give notice in accordance with B10; or
b) the vessel nominated by the buyer fails to arrive on time to enable the seller to comply with A2, fails to take the goods, or closes for cargo earlier than the time notified in accordance

with B10; then the buyer bears all risks of loss of or damage to the goods:
(i) from the agreed date, or in the absence of an agreed date,
(ii) from the date selected by the buyer under B10, or, if no such date has been notified,
(iii) from the end of any agreed period for delivery, provided that the goods have been clearly identified as the contract goods.

B4 Carriage
The buyer must contract at its own cost for the carriage of the goods from the named port of shipment, except when the contract of carriage is made by the seller as provided for in A4.

B5 Insurance
The buyer has no obligation to the seller to make a contract of insurance.

B6 Delivery/transport document
The buyer must accept the proof of delivery provided under A6.

B7 Export/import clearance
a) Assistance with export clearance
Where applicable, the buyer must assist the seller at the seller's request, risk and cost in obtaining any documents and/or information related to all export clearance formalities, including security requirements and pre-shipment inspection, needed by the country of export.
b) Import clearance
Where applicable, the buyer must carry out and pay for all formalities required by any country of transit and the country of import, such as:
▷ import licence and any licence required for transit;
▷ security clearance for import and any transit;
▷ pre-shipment inspection; and
▷ any other official authorisation.

B8 Checking/packaging/marking
The buyer has no obligation to the seller.

B9 Allocation of costs
The buyer must pay:
a) all costs relating to the goods from the time they have been delivered under A2, other than those payable by the seller under A9;
b) the seller for all costs and charges related to providing assistance in obtaining documents and information in accordance with A4, A5, A6 and A7(b);
c) where applicable, duties, taxes and any other costs related to transit or import clearance under B7(b); and
d) any additional costs incurred, either because:
  (i) the buyer has failed to give notice under B10, or
  (ii) the vessel nominated by the buyer under B10 fails to arrive on time, fails to take the goods, or closes for cargo earlier than the time notified in accordance with B10, provided that the goods have been clearly identified as the contract goods.

B10 Notices
The buyer must give the seller sufficient notice of any transport-related security requirements, the vessel name, loading point and, if any, the selected delivery date within the agreed period.

CIF | Cost Insurance and Freight

CIF (insert named port of destination) Incoterms® 2020

EXPLANATORY NOTES FOR USERS

1. **Delivery and risk** - "Cost Insurance and Freight" means that the seller delivers the goods to the buyer
   ▷ on board the vessel
   ▷ or procures the goods already so delivered.

   The risk of loss of or damage to the goods transfers when the goods are on board the vessel, such that the seller is taken to have performed its obligation to deliver the goods whether or not the goods actually arrive at their destination in sound condition, in the stated quantity or, indeed, at all.

2. **Mode of transport** - This rule is to be used only for sea or inland waterway transport. Where more than one mode of transport is to be used, which will commonly be the case where goods are handed over to a carrier at a container terminal, the appropriate rule to use is CIP rather than CIF.

3. **'or procuring the goods so delivered'** - The reference to "procure" here caters for multiple sales down a chain (string sales), particularly common in the commodity trades.

4. ***Ports* of delivery and destination** - In CIF, two ports are important: the port where the goods are delivered on board the vessel and the port agreed as the destination of the goods. Risk transfers from seller to buyer when the goods are delivered to the buyer by placing them on board the vessel at the shipment port or by procuring the goods already so delivered. However, the seller must contract for the carriage of the goods from delivery to the agreed destination. Thus, for example, goods are placed on board a vessel in Shanghai (which is a port) for carriage to Southampton (also a port). Delivery here happens when the goods are on board in Shanghai, with risk transferring to the buyer at that time; and the seller must make a contract of carriage from Shanghai to Southampton.

5. **Must the shipment port be named?** - While the contract will always specify a destination port, it might not specify the port of shipment, which is where risk transfers to the buyer. If the shipment port is of particular interest to the buyer, as it may be, for example, where the buyer wishes to ascertain that the freight or the insurance element of the price is reasonable, the parties are well advised to identify it as precisely as possible in the contract.

6. **Identifying the destination point at the discharge port** - The parties are well advised to identify as precisely as possible the point at the named port of destination, as the costs to that point are for the account of the seller. The seller must make a contract or contracts of carriage that cover the transit of the goods from delivery to the named port or to the agreed point within that port where such a point has been agreed in the contract of sale.

7. **Multiple carriers** - It is possible that carriage is effected through several carriers for different legs of the sea transport, for example, first by a carrier operating a feeder vessel from Hong Kong to Shanghai, and then onto an ocean vessel from Shanghai to Southampton. The question which arises here is whether risk transfers from seller to buyer at Hong Kong or at

Shanghai: where does delivery take place? The parties may well have agreed this in the sale contract itself. Where, however, there is no such agreement, the default position is that risk transfers when the goods have been delivered to the first carrier, i.e. Hong Kong, thus increasing the period during which the buyer incurs the risk of loss or damage. Should the parties wish the risk to transfer at a later stage (here, Shanghai) they need to specify this in their contract of sale.

8. **Insurance** - The seller must also contract for insurance cover against the buyer's risk of loss of or damage to the goods from the port of shipment to at least the port of destination. This may cause difficulty where the destination country requires insurance cover to be purchased locally: in this case the parties should consider selling and buying under CFR. The buyer should also note that under the CIF Incoterms® 2020 rule the seller is required to obtain limited insurance cover complying with Institute Cargo Clauses (C) or similar clause, rather than with the more extensive cover under Institute Cargo Clauses (A). It is, however, still open to the parties to agree on a higher level of cover.

9. **Unloading costs** - If the seller incurs costs under its contract of carriage related to unloading at the specified point at the port of destination, the seller is not entitled to recover such costs separately from the buyer unless otherwise agreed between the parties.

10. **Export/import clearance** - CIF requires the seller to clear the goods for export, where applicable. However, the seller has no obligation to clear the goods for import or for transit through third countries, to pay any import duty or to carry out any import customs formalities.

A THE SELLER'S OBLIGATIONS

A1 General obligations

The seller must provide the goods and the commercial invoice in conformity with the contract of sale and any other evidence of conformity that may be required by the contract.
Any document to be provided by the seller may be in paper or electronic form as agreed or, where there is no agreement, as is customary.

A2 Delivery

The seller must deliver the goods either by placing them on board the vessel or by procuring the goods so delivered. In either case, the seller must deliver the goods on the agreed date or within the agreed period and in the manner customary at the port.

A3 Transfer of risks

The seller bears all risks of loss of or damage to the goods until they have been delivered in accordance with A2, with the exception of loss or damage in the circumstance described in B3.

A4 Carriage

The seller must contract or procure a contract for the carriage of the goods from the agreed point of delivery, if any, at the place of delivery to the named port of destination or, if agreed, any point at that port. The contract of carriage must be made on usual terms at the seller's cost and provide for carriage by the usual route in a vessel of the type normally used for the transport of the type of goods sold.
The seller must comply with any transport-related security requirements for transport to the destination.

A5 Insurance

Unless otherwise agreed or customary in the particular trade, the seller must obtain, at its own cost, cargo insurance complying with the cover provided by Clauses (C) of the Institute Cargo Clauses (LMA/IUA) or any similar clauses. The insurance shall be contracted with underwriters or an insurance company of good repute and entitle the buyer, or any other person having an insurable interest in the goods, to claim directly from the insurer.
When required by the buyer, the seller must, subject to the buyer providing any necessary information requested by the seller, provide at the buyer's cost any additional cover, if procurable, such as cover complying with the Institute War Clauses and/or Institute Strikes Clauses (LMA/IUA) or any similar clauses (unless such cover is already included with the cargo insurance described in the preceding paragraph).
The insurance shall cover, at a minimum, the price provided in the contract plus 10% (i.e. 110%) and shall be in the currency of the contract.
The insurance shall cover the goods from the point of delivery set out in A2 to at least the named port of destination.
The seller must provide the buyer with the insurance policy or certificate or any other evidence of insurance cover.
Moreover, the seller must provide the buyer, at the buyer's request, risk and cost, with information that the buyer needs to procure any additional insurance.

A6 Delivery/transport document
The seller must, at its own cost, provide the buyer with the usual transport document for the agreed port of destination.
This transport document must cover the contract goods, be dated within the period agreed for shipment, enable the buyer to claim the goods from the carrier at the port of destination and, unless otherwise agreed, enable the buyer to sell the goods in transit by the transfer of the document to a subsequent buyer or by notification to the carrier.
When such a transport document is issued in negotiable form and in several originals, a full set of originals must be presented to the buyer.

A7 Export/import clearance
a) Export clearance
Where applicable, the seller must carry out and pay for all export clearance formalities required by the country of export, such as:
▷ export licence;
▷ security clearance for export;
▷ pre-shipment inspection; and
▷ any other official authorisation.
b) Assistance with import clearance
Where applicable, the seller must assist the buyer, at the buyer's request, risk and cost, in obtaining any documents and/or information related to all transit/import clearance formalities, including security requirements and pre-shipment inspection, needed by any country of transit or the country of import.

A8 Checking/packaging/marking
The seller must pay the costs of those checking operations (such as checking quality, measuring, weighing, counting) that are necessary for the purpose of delivering the goods in accordance with A2.
The seller must, at its own cost, package the goods, unless it is usual for the particular trade to transport the type of goods sold unpackaged. The seller must package and mark the goods in the manner appropriate for their transport, unless the parties have agreed on specific packaging or marking requirements.

A9 Allocation of costs

The seller must pay:

a) all costs relating to the goods until they have been delivered in accordance with A2, other than those payable by the buyer under B9;

b) the freight and all other costs resulting from A4, including the costs of loading the goods on board and transport-related security costs;

c) any charges for unloading at the agreed port of discharge that were for the seller's account under the contract of carriage;

d) the costs of transit that were for the seller's account under the contract of carriage;

e) the costs of providing the usual proof to the buyer under A6 that the goods have been delivered;

f) the costs of insurance resulting from A5;

g) where applicable, duties, taxes and any other costs related to export clearance under A7(a); and

h) the buyer for all costs and charges related to providing assistance in obtaining documents and information in accordance with B7(a).

A10 Notices

The seller must notify the buyer that the goods have been delivered in accordance with A2.
The seller must give the buyer any notice required to enable the buyer to receive the goods.

B THE BUYER'S OBLIGATIONS

B1 General obligations

The buyer must pay the price of the goods as provided in the contract of sale.
Any document to be provided by the buyer may be in paper or electronic form as agreed or, where there is no agreement, as is customary.

B2 Taking delivery

The buyer must take delivery of the goods when they have been delivered under A2 and receive them from the carrier at the named port of destination.

B3 Transfer of risks

The buyer bears all risks of loss of or damage to the goods from the time they have been delivered under A2.
If the buyer fails to give notice in accordance with B10, then it bears all risks of loss of or damage to the goods from the agreed date or the end of the agreed period for shipment, provided that the goods have been clearly identified as the contract goods.

B4 Carriage

The buyer has no obligation to the seller to make a contract of carriage.

B5 Insurance

The buyer has no obligation to the seller to make a contract of insurance. However, the buyer must provide the seller, upon request, with any information necessary for the seller to procure any additional insurance requested by the buyer under A5.

B6 Delivery/transport document

The buyer must accept the transport document provided under A6 if it is in conformity with the contract.

B7 Export/import clearance

a) Assistance with export clearance

Where applicable, the buyer must assist the seller at the seller's request, risk and cost in obtaining any documents and/or information related to all export clearance formalities, including security requirements and pre-shipment inspection, needed by the country of export.

b) Import clearance

Where applicable, the buyer must carry out and pay for all formalities required by any country of transit and the country of import, such as:

▷ import licence and any licence required for transit;

▷ security clearance for import and any transit;

▷ pre-shipment inspection; and

▷ any other official authorisation.

B8 Checking/packaging/marking

The buyer has no obligation to the seller.

B9 Allocation of costs

The buyer must pay:

a) all costs relating to the goods from the time they have been delivered under A2, other than those payable by the seller under A9;

b) the costs of transit, unless such costs were for the seller's account under the contract of carriage;

c) unloading costs including lighterage and wharfage charges, unless such costs and charges were for the seller's account under the contract of carriage;

d) the costs of any additional insurance procured at the buyer's request under A5 and B5;

e) the seller for all costs and charges related to providing assistance in obtaining documents and information in accordance with A5 and A7(b);

f) where applicable, duties, taxes and any other costs related to transit or import clearance under B7(b); and

g) any additional costs incurred if it fails to give notice in accordance with B10, from the agreed date or the end of the agreed period for shipment, provided that the goods have been clearly identified as the contract goods.

B10 Notices

The buyer must, whenever it is agreed that the buyer is entitled to determine the time for shipping the goods and/or the point of receiving the goods within the named port of destination, give the seller sufficient notice.

The Uniform Customs and Practice for Documentary Credits, 2007 Revision, ICC Publication no. 600

Article 1 Application of UCP

The Uniform Customs and Practice for Documentary Credits, 2007 Revision, ICC Publication no. 600 ("UCP") are rules that apply to any documentary credit ("credit") (including, to the extent to which they may be applicable, any standby letter of credit) when the text of the credit expressly indicates that it is subject to these rules. They are binding on all parties thereto unless expressly modified or excluded by the credit.

Article 2 Definitions

For the purpose of these rules:

Advising bank means the bank that advises the credit at the request of the issuing bank.

Applicant means the party on whose request the credit is issued.

Banking day means a day on which a bank is regularly open at the place at which an act subject to these rules is to be performed.

Beneficiary means the party in whose favour a credit is issued.

Complying presentation means a presentation that is in accordance with the terms and conditions of the credit, the applicable provisions of these rules and international standard banking practice.

Confirmation means a definite undertaking of the confirming bank, in addition to that of the issuing bank, to honour or negotiate a complying presentation.

Confirming bank means the bank that adds its confirmation to a credit upon the issuing bank's authorization or request.

Credit means any arrangement, however named or described, that is irrevocable and thereby constitutes a definite undertaking of the issuing bank to honour a complying presentation.

Honour means:

a. to pay at sight if the credit is available by sight payment.
b. to incur a deferred payment undertaking and pay at maturity if the credit is available by deferred payment.
c. to accept a bill of exchange ("draft") drawn by the beneficiary and pay at maturity if the credit is available by acceptance.

Issuing bank means the bank that issues a credit at the request of an applicant or on its own behalf.

Negotiation means the purchase by the nominated bank of drafts (drawn on a bank other than the nominated bank) and/or documents under a complying presentation, by advancing or agreeing to advance funds to the beneficiary on or before the banking day on which reimbursement is due to the nominated bank.

Nominated bank means the bank with which the credit is available or any bank in the case of a credit available with any bank.

Presentation means either the delivery of documents under a credit to the issuing bank or nominated bank or the documents so delivered.

Presenter means a beneficiary, bank or other party that makes a presentation.

Article 3 Interpretations

For the purpose of these rules:
Where applicable, words in the singular include the plural and in the plural include the singular.
A credit is irrevocable even if there is no indication to that effect.

A document may be signed by handwriting, facsimile signature, perforated signature, stamp, symbol or any other mechanical or electronic method of authentication.

A requirement for a document to be legalized, visaed, certified or similar will be satisfied by any signature, mark, stamp or label on the document which appears to satisfy that requirement.

Branches of a bank in different countries are considered to be separate banks.

Terms such as "first class", "well known", "qualified", "independent", "official", "competent" or "local" used to describe the issuer of a document allow any issuer except the beneficiary to issue that document.

Unless required to be used in a document, words such as "prompt", "immediately" or "as soon as possible" will be disregarded.

The expression "on or about" or similar will be interpreted as a stipulation that an event is to occur during a period of five calendar days before until five calendar days after the specified date, both start and end dates included.

The words "to", "until", "till", "from" and "between" when used to determine a period of shipment include the date or dates mentioned, and the words "before" and "after" exclude the date mentioned.

The words "from" and "after" when used to determine a maturity date exclude the date mentioned.

The terms "first half" and "second half" of a month shall be construed respectively as the 1st to the 15th and the 16th to the last day of the month, all dates inclusive.

The terms "beginning", "middle" and "end" of a month shall be construed respectively as the 1st to the 10th, the 11th to the 20th and the 21st to the last day of the month, all dates inclusive.

Article 4 Credits v. Contracts

a. A credit by its nature is a separate transaction from the sale or other contract on which it may be based. Banks are in no way concerned with or bound by such contract, even if any reference whatsoever to it is included in the credit. Consequently, the undertaking of a bank to honour, to negotiate or to fulfil any other obligation under the credit is not subject to claims or defences by the applicant resulting from its relationships with the issuing bank or the beneficiary.

A beneficiary can in no case avail itself of the contractual relationships existing between banks or between the applicant and the issuing bank.

b. An issuing bank should discourage any attempt by the applicant to include, as an integral part of the credit, copies of the underlying contract, proforma invoice and the like.

Article 5 Documents v. Goods, Services or Performance

Banks deal with documents and not with goods, services or performance to which the documents may relate.

Article 6 Availability, Expiry Date and Place for Presentation

a. A credit must state the bank with which it is available or whether it is available with any bank. A credit available with a nominated bank is also available with the issuing bank.

b. A credit must state whether it is available by sight payment, deferred payment, acceptance or negotiation.

c. A credit must not be issued available by a draft drawn on the applicant.

d. i. A credit must state an expiry date for presentation. An expiry date stated for honour or negotiation will be deemed to be an expiry date for presentation.

ii. The place of the bank with which the credit is available is the place for presentation. The place for presentation under a credit available with any bank is that of any bank. A place for presentation other than that of the issuing bank is in addition to the place of the issuing bank.

e. Except as provided in sub-article 29 (a), a presentation by or on behalf of the beneficiary must be made on or before the expiry date.

Article 7 Issuing Bank Undertaking

a. Provided that the stipulated documents are presented to the nominated bank or to the issuing bank and that they constitute a complying presentation, the issuing bank must honour if the credit is available by:

i. sight payment, deferred payment or acceptance with the issuing bank;

ii. sight payment with a nominated bank and that nominated bank does not pay;

iii. deferred payment with a nominated bank and that nominated bank does not incur its deferred payment undertaking or, having incurred its deferred payment undertaking, does not pay at maturity;

iv. acceptance with a nominated bank and that nominated bank does not accept a draft drawn on it or, having accepted a draft drawn on it, does not pay at maturity;

v. negotiation with a nominated bank and that nominated bank does not negotiate.

b. An issuing bank is irrevocably bound to honour as of the time it issues the credit.

c. An issuing bank undertakes to reimburse a nominated bank that has honoured or negotiated a complying presentation and forwarded the documents to the issuing bank. Reimbursement for the amount of a complying presentation under a credit available by acceptance or deferred payment is due at maturity, whether or not the nominated bank prepaid or purchased before maturity. An issuing bank's undertaking to reimburse a nominated bank is independent of the issuing bank's undertaking to the beneficiary.

Article 8 Confirming Bank Undertaking

a. Provided that the stipulated documents are presented to the confirming bank or to any other nominated bank and that they constitute a complying presentation, the confirming bank must:

i. honour, if the credit is available by

a. sight payment, deferred payment or acceptance with the confirming bank;

b. sight payment with another nominated bank and that nominated bank does not pay;

c. deferred payment with another nominated bank and that nominated bank does not incur its deferred payment undertaking or, having incurred its deferred payment undertaking, does not pay at maturity;

d. acceptance with another nominated bank and that nominated bank does not accept a draft drawn on it or, having accepted a draft drawn on it, does not pay at maturity;

e. negotiation with another nominated bank and that nominated bank does not negotiate.

ii. a. negotiate, without recourse, if the credit is available by negotiation with the confirming bank.

b. A confirming bank is irrevocably bound to honour or negotiate as of the time it adds its confirmation to the credit.

c. A confirming bank undertakes to reimburse another nominated bank that has honoured or negotiated a complying presentation and forwarded the documents to the confirming bank. Reimbursement for the amount of a complying presentation under a credit available by acceptance or deferred payment is due at maturity, whether or not another nominated bank prepaid or purchased before maturity. A confirming bank's undertaking to reimburse another nominated bank is independent of the confirming bank's undertaking to the beneficiary.

d. If a bank is authorized or requested by the issuing bank to confirm a credit but is not prepared to do so, it must inform the issuing bank without delay and may advise the credit without confirmation.

Article 9 Advising of Credits and Amendments

a. A credit and any amendment may be advised to a beneficiary through an advising bank. An advising bank that is not a confirming bank advises the credit and any amendment without any undertaking to honour or negotiate.

b. By advising the credit or amendment, the advising bank signifies that it has satisfied itself as to the apparent authenticity of the credit or amendment and that the advice accurately reflects the terms and conditions of the credit or amendment received.

c. An advising bank may utilize the services of another bank ("second advising bank") to advise the credit and any amendment to the beneficiary. By advising the credit or amendment, the second advising bank signifies that it has satisfied itself as to the apparent authenticity of the advice it has received and that the advice accurately reflects the terms and conditions of the credit or amendment received.

d. A bank utilizing the services of an advising bank or second advising bank to advise a credit must use the same bank to advise any amendment thereto.

e. If a bank is requested to advise a credit or amendment but elects not to do so, it must so inform, without delay, the bank from which the credit, amendment or advice has been received.

f. If a bank is requested to advise a credit or amendment but cannot satisfy itself as to the apparent authenticity of the credit, the amendment or the advice, it must so inform, without delay, the bank from which the instructions appear to have been received. If the advising bank or second advising bank elects nonetheless to advise the credit or amendment, it must inform the beneficiary or second advising bank that it has not been able to satisfy itself as to the apparent authenticity of the credit, the amendment or the advice.

Article 10 Amendments

a. Except as otherwise provided by article 38, a credit can neither be amended nor cancelled without the agreement of the issuing bank, the confirming bank, if any, and the beneficiary.

b. An issuing bank is irrevocably bound by an amendment as of the time it issues the amendment. A confirming bank may extend its confirmation to an amendment and will be irrevocably bound as of the time it advises the amendment. A confirming bank may, however, choose to advise an amendment without extending its confirmation and, if so, it must inform the issuing bank without delay and inform the beneficiary in its advice.

c. The terms and conditions of the original credit (or a credit incorporating previously accepted amendments) will remain in force for the beneficiary until the beneficiary communicates its acceptance of the amendment to the bank that advised such amendment. The beneficiary should give notification of acceptance or rejection of an amendment. If the beneficiary fails to give such notification, a presentation that complies with the credit and to any not yet accepted amendment will be deemed to be notification of acceptance by the beneficiary of such amendment. As of that moment the credit will be amended.

d. A bank that advises an amendment should inform the bank from which it received the amendment of any notification of acceptance or rejection.

e. Partial acceptance of an amendment is not allowed and will be deemed to be notification of rejection of the amendment.

f. A provision in an amendment to the effect that the amendment shall enter into force unless rejected by the beneficiary within a certain time shall be disregarded.

Article 11 Teletransmitted and Pre-Advised Credits and Amendments

a. An authenticated teletransmission of a credit or amendment will be deemed to be the operative credit or amendment, and any subsequent mail confirmation shall be disregarded.

If a teletransmission states "full details to follow" (or words of similar effect), or states that the mail confirmation is to be the operative credit or amendment, then the teletransmission will not be deemed to be the operative credit or amendment. The issuing bank must then issue the operative credit or amendment without delay in terms not inconsistent with the teletransmission.

b. A preliminary advice of the issuance of a credit or amendment ("pre-advice") shall only be sent if the issuing bank is prepared to issue the operative credit or amendment. An issuing bank that sends a pre-advice is irrevocably committed to issue the operative credit or amendment, without delay, in terms not inconsistent with the pre-advice.

Article 12 Nomination

a. Unless a nominated bank is the confirming bank, an authorization to honour or negotiate does not impose any obligation on that nominated bank to honour or negotiate, except when expressly agreed to by that nominated bank and so communicated to the beneficiary.

b. By nominating a bank to accept a draft or incur a deferred payment undertaking, an issuing bank authorizes that nominated bank to prepay or purchase a draft accepted or a deferred payment undertaking incurred by that nominated bank.

c. Receipt or examination and forwarding of documents by a nominated bank that is not a confirming bank does not make that nominated bank liable to honour or negotiate, nor does it constitute honour or negotiation.

Article 13 Bank-to-Bank Reimbursement Arrangements

a. If a credit states that reimbursement is to be obtained by a nominated bank ("claiming bank") claiming on another party ("reimbursing bank"), the credit must state if the reimbursement is subject to the ICC rules for bank-to-bank reimbursements in effect on the date of issuance of the credit.

b. If a credit does not state that reimbursement is subject to the ICC rules for bank-to-bank reimbursements, the following apply:

i. An issuing bank must provide a reimbursing bank with a reimbursement authorization that conforms with the availability stated in the credit. The reimbursement authorization should not be subject to an expiry date.

ii. A claiming bank shall not be required to supply a reimbursing bank with a certificate of compliance with the terms and conditions of the credit.

iii. An issuing bank will be responsible for any loss of interest, together with any expenses incurred, if reimbursement is not provided on first demand by a reimbursing bank in accordance with the terms and conditions of the credit.

iv. A reimbursing bank's charges are for the account of the issuing bank. However, if the charges are for the account of the beneficiary, it is the responsibility of an issuing bank to so indicate in the credit and in the reimbursement authorization. If a reimbursing bank's charges are for the account of the beneficiary, they shall be deducted from the amount due to a claiming bank when reimbursement is made. If no reimbursement is made, the reimbursing bank's charges remain the obligation of the issuing bank.

c. An issuing bank is not relieved of any of its obligations to provide reimbursement if reimbursement is not made by a reimbursing bank on first demand.

Article 14 Standard for Examination of Documents

a. A nominated bank acting on its nomination, a confirming bank, if any, and the issuing bank must examine a presentation to determine, on the basis of the documents alone, whether or not the documents appear on their face to constitute a complying presentation.

b. A nominated bank acting on its nomination, a confirming bank, if any, and the issuing bank shall each have a maximum of five banking days following the day of presentation to determine if a presentation is complying. This period is not curtailed or otherwise affected by the occurrence on or after the date of presentation of any expiry date or last day for presentation.

c. A presentation including one or more original transport documents subject to articles 19, 20, 21, 22, 23, 24 or 25 must be made by or on behalf of the beneficiary not later than 21 calendar days after the date of shipment as described in these rules, but in any event not later than the expiry date of the credit.

d. Data in a document, when read in context with the credit, the document itself and international standard banking practice, need not be identical to, but must not conflict with, data in that document, any other stipulated document or the credit.

e. In documents other than the commercial invoice, the description of the goods, services or performance, if stated, may be in general terms not conflicting with their description in the credit.

f. If a credit requires presentation of a document other than a transport document, insurance document or commercial invoice, without stipulating by whom the document is to be issued or its data content, banks will accept the document as presented if its content appears to fulfil the function of the required document and otherwise complies with sub-article 14 (d).

g. A document presented but not required by the credit will be disregarded and may be returned to the presenter.

h. If a credit contains a condition without stipulating the document to indicate compliance with the condition, banks will deem such condition as not stated and will disregard it.

i. A document may be dated prior to the issuance date of the credit, but must not be dated later than its date of presentation.

j. When the addresses of the beneficiary and the applicant appear in any stipulated document, they need not be the same as those stated in the credit or in any other stipulated document, but must be within the same country as the respective addresses mentioned in the credit. Contact details (telefax, telephone, email and the like) stated as part of the beneficiary's and the applicant's address will be disregarded. However, when the address and contact details of the applicant appear as part of the consignee or notify party details on a transport document subject to articles 19, 20, 21, 22, 23, 24 or 25, they must be as stated in the credit.

k. The shipper or consignor of the goods indicated on any document need not be the beneficiary of the credit.

l. A transport document may be issued by any party other than a carrier, owner, master or charterer provided that the transport document meets the requirements of articles 19, 20, 21, 22, 23 or 24 of these rules.

Article 15 Complying Presentation

a. When an issuing bank determines that a presentation is complying, it must honour.

b. When a confirming bank determines that a presentation is complying, it must honour or negotiate and forward the documents to the issuing bank.

c. When a nominated bank determines that a presentation is complying and honours or negotiates, it must forward the documents to the confirming bank or issuing bank.

Article 16 Discrepant Documents, Waiver and Notice

a. When a nominated bank acting on its nomination, a confirming bank, if any, or the issuing bank determines that a presentation does not comply, it may refuse to honour or negotiate.

b. When an issuing bank determines that a presentation does not comply, it may in its sole judgement approach the applicant for a waiver of the discrepancies. This does not, however, extend the period mentioned in sub-article 14 (b).

c. When a nominated bank acting on its nomination, a confirming bank, if any, or the issuing bank decides to refuse to honour or negotiate, it must give a single notice to that effect to the presenter.

The notice must state:

i. that the bank is refusing to honour or negotiate; and

ii. each discrepancy in respect of which the bank refuses to honour or negotiate; and

iii. a) that the bank is holding the documents pending further instructions from the presenter; or

b) that the issuing bank is holding the documents until it receives a waiver from the applicant and agrees to accept it, or receives further instructions from the presenter prior to agreeing to accept a waiver; or

c) that the bank is returning the documents; or

d) that the bank is acting in accordance with instructions previously received from the presenter.

d. The notice required in sub-article 16 (c) must be given by telecommunication or, if that is not possible, by other expeditious means no later than the close of the fifth banking day following the day of presentation.

e. A nominated bank acting on its nomination, a confirming bank, if any, or the issuing bank may, after providing notice required by sub-article 16 (c) (iii) (a) or (b), return the documents to the presenter at any time.

f. If an issuing bank or a confirming bank fails to act in accordance with the provisions of this article, it shall be precluded from claiming that the documents do not constitute a complying presentation.

g. When an issuing bank refuses to honour or a confirming bank refuses to honour or negotiate and has given notice to that effect in accordance with this article, it shall then be entitled to claim a refund, with interest, of any reimbursement made.

Article 17 Original Documents and Copies

a. At least one original of each document stipulated in the credit must be presented.

b. A bank shall treat as an original any document bearing an apparently original signature, mark, stamp, or label of the issuer of the document, unless the document itself indicates that it is not an original.

c. Unless a document indicates otherwise, a bank will also accept a document as original if it:

i. appears to be written, typed, perforated or stamped by the document issuer's hand; or

ii. appears to be on the document issuer's original stationery; or

iii. states that it is original, unless the statement appears not to apply to the document presented.

d. If a credit requires presentation of copies of documents, presentation of either originals or copies is permitted.

e. If a credit requires presentation of multiple documents by using terms such as "in duplicate", "in two fold" or "in two copies", this will be satisfied by the presentation of at least one original and the remaining number in copies, except when the document itself indicates otherwise.

Article 18 Commercial Invoice

a. A commercial invoice:

i. must appear to have been issued by the beneficiary (except as provided in article 38);

ii. must be made out in the name of the applicant (except as provided in sub-article 38 (g));

iii. must be made out in the same currency as the credit; and

iv. need not be signed.

b. A nominated bank acting on its nomination, a confirming bank, if any, or the issuing bank may accept a commercial invoice issued for an amount in excess of the amount permitted by the credit, and its decision will be binding upon all parties, provided the bank in question has not honoured or negotiated for an amount in excess of that permitted by the credit.

c. The description of the goods, services or performance in a commercial invoice must correspond with that appearing in the credit.

Article 19 Transport Document Covering at Least Two Different Modes of Transport

a. A transport document covering at least two different modes of transport (multimodal or combined transport document), however named, must appear to:

i. indicate the name of the carrier and be signed by:
the carrier or a named agent for or on behalf of the carrier, or
the master or a named agent for or on behalf of the master.

Any signature by the carrier, master or agent must be identified as that of the carrier, master or agent.

Any signature by an agent must indicate whether the agent has signed for or on behalf of the carrier or for or on behalf of the master.

ii. indicate that the goods have been dispatched, taken in charge or shipped on board at the place stated in the credit, by:
pre-printed wording, or
a stamp or notation indicating the date on which the goods have been dispatched, taken in charge or shipped on board.

The date of issuance of the transport document will be deemed to be the date of dispatch, taking in charge or shipped on board, and the date of shipment. However, if the transport document indicates, by stamp or notation, a date of dispatch, taking in charge or shipped on board, this date will be deemed to be the date of shipment.

iii. indicate the place of dispatch, taking in charge or shipment and the place of final destination stated in the credit, even if:

a. the transport document states, in addition, a different place of dispatch, taking in charge or shipment or place of final destination, or

b. the transport document contains the indication "intended" or similar qualification in relation to the vessel, port of loading or port of discharge.

iv. be the sole original transport document or, if issued in more than one original, be the full set as indicated on the transport document.

v. contain terms and conditions of carriage or make reference to another source containing the terms and conditions of carriage (short form or blank back transport document). Contents of terms and conditions of carriage will not be examined.

vi. contain no indication that it is subject to a charter party.

b. For the purpose of this article, transhipment means unloading from one means of conveyance and reloading to another means of conveyance (whether or not in different modes of transport) during the carriage from the place of dispatch, taking in charge or shipment to the place of final destination stated in the credit.

c. i. A transport document may indicate that the goods will or may be transhipped provided that the entire carriage is covered by one and the same transport document.

ii. A transport document indicating that transhipment will or may take place is acceptable, even if the credit prohibits transhipment.

Article 20 Bill of Lading

a. A bill of lading, however named, must appear to:

i. indicate the name of the carrier and be signed by:

- the carrier or a named agent for or on behalf of the carrier, or
- the master or a named agent for or on behalf of the master.

Any signature by the carrier, master or agent must be identified as that of the carrier, master or agent.

Any signature by an agent must indicate whether the agent has signed for or on behalf of the carrier or for or on behalf of the master.

ii. indicate that the goods have been shipped on board a named vessel at the port of loading stated in the credit by:

pre-printed wording, or

an on board notation indicating the date on which the goods have been shipped on board.

The date of issuance of the bill of lading will be deemed to be the date of shipment unless the bill of lading contains an on board notation indicating the date of shipment, in which case the date stated in the on board notation will be deemed to be the date of shipment.

If the bill of lading contains the indication "intended vessel" or similar qualification in relation to the name of the vessel, an on board notation indicating the date of shipment and the name of the actual vessel is required.

iii. indicate shipment from the port of loading to the port of discharge stated in the credit.

If the bill of lading does not indicate the port of loading stated in the credit as the port of loading, or if it contains the indication "intended" or similar qualification in relation to the port of loading, an on board notation indicating the port of loading as stated in the credit, the date of shipment and the name of the vessel is required. This provision applies even when loading on board or shipment on a named vessel is indicated by preprinted wording on the bill of lading.

iv. be the sole original bill of lading or, if issued in more than one original, be the full set as indicated on the bill of lading.

v. contain terms and conditions of carriage or make reference to another source containing the terms and conditions of carriage (short form or blank back bill of lading). Contents of terms and conditions of carriage will not be examined.

vi. contain no indication that it is subject to a charter party.

b. For the purpose of this article, transhipment means unloading from one vessel and reloading to another vessel during the carriage from the port of loading to the port of discharge stated in the credit.

c. i. A bill of lading may indicate that the goods will or may be transshipped provided that the entire carriage is covered by one and the same bill of lading.

ii. A bill of lading indicating that transhipment will or may take place is acceptable, even if the credit prohibits transhipment, if the goods have been shipped in a container, trailer or LASH barge as evidenced by the bill of lading.

d. Clauses in a bill of lading stating that the carrier reserves the right to tranship will be disregarded.

Article 21 Non-Negotiable Sea Waybill

a. A non-negotiable sea waybill, however named, must appear to:

i. indicate the name of the carrier and be signed by:

- the carrier or a named agent for or on behalf of the carrier, or
- the master or a named agent for or on behalf of the master.

Any signature by the carrier, master or agent must be identified as that of the carrier, master or agent.

Any signature by an agent must indicate whether the agent has signed for or on behalf of the carrier or for or on behalf of the master.

ii. indicate that the goods have been shipped on board a named vessel at the port of loading stated in the credit by:

pre-printed wording, or

an on board notation indicating the date on which the goods have been shipped on board.

The date of issuance of the non- negotiable sea waybill will be deemed to be the date of shipment unless the non- negotiable sea waybill contains an on board notation indicating the date of shipment, in which case the date stated in the on board notation will be deemed to be the date of shipment.

If the non-negotiable sea waybill contains the indication "intended vessel" or similar qualification in relation to the name of the vessel, an on board notation indicating the date of shipment and the name of the actual vessel is required.

iii. indicate shipment from the port of loading to the port of discharge stated in the credit.

If the non-negotiable sea waybill does not indicate the port of loading stated in the credit as the port of loading, or if it contains the indication "intended" or similar qualification in relation to the port of loading, an on board notation indicating the port of loading as stated in the credit, the date of shipment and the name of the vessel is required. This provision applies even when loading on board or shipment on a named vessel is indicated by pre-printed wording on the non-negotiable sea waybill.

iv. be the sole original non-negotiable sea waybill or, if issued in more than one original, be the full set as indicated on the non-negotiable sea waybill.

v. contain terms and conditions of carriage or make reference to another source containing the terms and conditions of carriage (short form or blank back non-negotiable sea waybill). Contents of terms and conditions of carriage will not be examined.

vi. contain no indication that it is subject to a charter party.

b. For the purpose of this article, transhipment means unloading from one vessel and reloading to another vessel during the carriage from the port of loading to the port of discharge stated in the credit.

c. i. A non-negotiable sea waybill may indicate that the goods will or may be transhipped provided that the entire carriage is covered by one and the same non-negotiable sea waybill.

ii. A non-negotiable sea waybill indicating that transhipment will or may take place is acceptable, even if the credit prohibits transhipment, if the goods have been shipped in a container, trailer or LASH barge as evidenced by the non-negotiable sea waybill.

d. Clauses in a non-negotiable sea waybill stating that the carrier reserves the right to tranship will be disregarded.

Article 22 Charter Party Bill of Lading

a. A bill of lading, however named, containing an indication that it is subject to a charter party (charter party bill of lading), must appear to:

i. be signed by:
the master or a named agent for or on behalf of the master, or
the owner or a named agent for or on behalf of the owner, or
the charterer or a named agent for or on behalf of the charterer.
Any signature by the master, owner, charterer or agent must be identified as that of the master, owner, charterer or agent.
Any signature by an agent must indicate whether the agent has signed for or on behalf of the master, owner or charterer.
An agent signing for or on behalf of the owner or charterer must indicate the name of the owner or charterer.

ii. indicate that the goods have been shipped on board a named vessel at the port of loading stated in the credit by:
pre-printed wording, or
an on board notation indicating the date on which the goods have been shipped on board.
The date of issuance of the charter party bill of lading will be deemed to be the date of shipment unless the charter party bill of lading contains an on board notation indicating the date of shipment, in which case the date stated in the on board notation will be deemed to be the date of shipment.

iii. indicate shipment from the port of loading to the port of discharge stated in the credit. The port of discharge may also be shown as a range of ports or a geographical area, as stated in the credit.

iv. be the sole original charter party bill of lading or, if issued in more than one original, be the full set as indicated on the charter party bill of lading.

b. A bank will not examine charter party contracts, even if they are required to be presented by the terms of the credit.

Article 23 Air Transport Document

a. An air transport document, however named, must appear to:

i. indicate the name of the carrier and be signed by:
the carrier, or
a named agent for or on behalf of the carrier.
Any signature by the carrier or agent m ust be identified as that of the carrier or agent.
Any signature by an agent must indicate that the agent has signed for or on behalf of the carrier.

ii. indicate that the goods have been accepted for carriage.

iii. indicate the date of issuance. This date will be deemed to be the date of shipment unless the air transport document contains a specific notation of the actual date of shipment, in which case the date stated in the notation will be deemed to be the date of shipment.
Any other information appearing on the air transport document relative to the flight number

and date will not be considered in determining the date of shipment.

iv. indicate the airport of departure and the airport of destination stated in the credit.

v. be the original for consignor or shipper, even if the credit stipulates a full set of originals.

vi. contain terms and conditions of carriage or make reference to another source containing the terms and conditions of carriage. Contents of terms and conditions of carriage will not be examined.

b. For the purpose of this article, transhipment means unloading from one aircraft and reloading to another aircraft during the carriage from the airport of departure to the airport of destination stated in the credit.

c. **i.** An air transport document may indicate that the goods will or may be transhipped, provided that the entire carriage is covered by one and the same air transport document.

ii. An air transport document indicating that transhipment will or may take place is acceptable, even if the credit prohibits transhipment.

Article 24 Road, Rail or Inland Waterway Transport Documents

a. A road, rail or inland waterway transport document, however named, must appear to:

i. indicate the name of the carrier and:
be signed by the carrier or a named agent for or on behalf of the carrier, or
indicate receipt of the goods by signature, stamp or notation by the carrier or a named agent for or on behalf of the carrier.

Any signature, stamp or notation of receipt of the goods by the carrier or agent must be identified as that of the carrier or agent.

Any signature, stamp or notation of receipt of the goods by the agent must indicate that the agent has signed or acted for or on behalf of the carrier.

If a rail transport document does not identify the carrier, any signature or stamp of the railway company will be accepted as evidence of the document being signed by the carrier.

ii. indicate the date of shipment or the date the goods have been received for shipment, dispatch or carriage at the place stated in the credit. Unless the transport document contains a dated reception stamp, an indication of the date of receipt or a date of shipment, the date of issuance of the transport document will be deemed to be the date of shipment.

iii. indicate the place of shipment and the place of destination stated in the credit.

b. **i.** A road transport document must appear to be the original for consignor or shipper or bear no marking indicating for whom the document has been prepared.

ii. A rail transport document marked "duplicate" will be accepted as an original.

iii. A rail or inland waterway transport document will be accepted as an original whether marked as an original or not.

c. In the absence of an indication on the transport document as to the number of originals issued, the number presented will be deemed to constitute a full set.

d. For the purpose of this article, transhipment means unloading from one means of conveyance and reloading to another means of conveyance, within the same mode of transport, during the carriage from the place of shipment, dispatch or carriage to the place of destination stated in the credit.

e. i. A road, rail or inland waterway transport document may indicate that the goods will or may be transhipped provided that the entire carriage is covered by one and the same transport document.

ii. A road, rail or inland waterway transport document indicating that transhipment will or may take place is acceptable, even if the credit prohibits transhipment.

Article 25 Courier Receipt, Post Receipt or Certificate of Posting

a. A courier receipt, however named, evidencing receipt of goods for transport, must appear to:

i. indicate the name of the courier service and be stamped or signed by the named courier service at the place from which the credit states the goods are to be shipped; and

ii. indicate a date of pick-up or of receipt or wording to this effect. This date will be deemed to be the date of shipment.

b. A requirement that courier charges are to be paid or prepaid may be satisfied by a transport document issued by a courier service evidencing that courier charges are for the account of a party other than the consignee.

c. A post receipt or certificate of posting, however named, evidencing receipt of goods for transport, must appear to be stamped or signed and dated at the place from which the credit states the goods are to be shipped. This date will be deemed to be the date of shipment.

Article 26 "On Deck", "Shipper's Load and Count", "Said by Shipper to Contain" and Charges Additional to Freight

a. A transport document must not indicate that the goods are or will be loaded on deck. A clause on a transport document stating that the goods may be loaded on deck is acceptable.

b. A transport document bearing a clause such as "shipper's load and count" and "said by shipper to contain" is acceptable.

c. A transport document may bear a reference, by stamp or otherwise, to charges additional to the freight.

Article 27 Clean Transport Document

A bank will only accept a clean transport document. A clean transport document is one bearing no clause or notation expressly declaring a defective condition of the goods or their packaging. The word "clean" need not appear on a transport document, even if a credit has a requirement for that transport document to be "clean on board".

Article 28 Insurance Document and Coverage

a. An insurance document, such as an insurance policy, an insurance certificate or a declaration under an open cover, must appear to be issued and signed by an insurance company, an underwriter or their agents or their proxies.
Any signature by an agent or proxy must indicate whether the agent or proxy has signed for or on behalf of the insurance company or underwriter.

b. When the insurance document indicates that it has been issued in more than one original, all originals must be presented.

c. Cover notes will not be accepted.

d. An insurance policy is acceptable in lieu of an insurance certificate or a declaration under an open cover.

e. The date of the insurance document must be no later than the date of shipment, unless it appears from the insurance document that the cover is effective from a date not later than the date of shipment.

f. i. The insurance document must indicate the amount of insurance coverage and be in the same currency as the credit.

ii. A requirement in the credit for insurance coverage to be for a percentage of the value of the goods, of the invoice value or similar is deemed to be the minimum amount of coverage required.

If there is no indication in the credit of the insurance coverage required, the amount of insurance coverage must be at least 110% of the CIF or CIP value of the goods.

When the CIF or CIP value cannot be determined from the documents, the amount of insurance coverage must be calculated on the basis of the amount for which honour or negotiation is requested or the gross value of the goods as shown on the invoice, whichever is greater.

iii. The insurance document must indicate that risks are covered at least between the place of taking in charge or shipment and the place of discharge or final destination as stated in the credit.

g. A credit should state the type of insurance required and, if any, the additional risks to be covered. An insurance document will be accepted without regard to any risks that are not covered if the credit uses imprecise terms such as "usual risks" or "customary risks".

h. When a credit requires insurance against "all risks" and an insurance document is presented containing any "all risks" notation or clause, whether or not bearing the heading "all risks", the insurance document will be accepted without regard to any risks stated to be excluded.

i. An insurance document may contain reference to any exclusion clause.

j. An insurance document may indicate that the cover is subject to a franchise or excess (deductible).

Article 29 Extension of Expiry Date or Last Day for Presentation

a. If the expiry date of a credit or the last day for presentation falls on a day when the bank to which presentation is to be made is closed for reasons other than those referred to in article 36, the expiry date or the last day for presentation, as the case may be, will be extended to the first following banking day.

b. If presentation is made on the first following banking day, a nominated bank must provide the issuing bank or confirming bank with a statement on its covering schedule that the presentation was made within the time limits extended in accordance with sub-article 29 (a).

c. The latest date for shipment will not be extended as a result of sub- article 29 (a).

Article 30 Tolerance in Credit Amount, Quantity and Unit Prices

a. The words "about" or "approximately" used in connection with the amount of the credit or the quantity or the unit price stated in the credit are to be construed as allowing a tolerance not to exceed 10% more or 10% less than the amount, the quantity or the unit price to which they refer.

b. A tolerance not to exceed 5% more or 5% less than the quantity of the goods is allowed, provided the credit does not state the quantity in terms of a stipulated number of packing units or individual items and the total amount of the drawings does not exceed the amount of the credit.

c. Even when partial shipments are not allowed, a tolerance not to exceed 5% less than the amount of the credit is allowed, provided that the quantity of the goods, if stated in the credit, is shipped in full and a unit price, if stated in the credit, is not reduced or that sub-article 30 (b) is not applicable. This tolerance does not apply when the credit stipulates a specific tolerance or uses the expressions referred to in sub-article 30 (a).

Article 31 Partial Drawings or Shipments

a. Partial drawings or shipments are allowed.

b. A presentation consisting of more than one set of transport documents evidencing shipment commencing on the same means of conveyance and for the same journey, provided they indicate the same destination, will not be regarded as covering a partial shipment, even if they indicate different dates of shipment or different ports of loading, places of taking in charge or dispatch. If the presentation consists of more than one set of transport documents, the latest date of shipment as evidenced on any of the sets of transport documents will be regarded as the date of shipment.

A presentation consisting of one or more sets of transport documents evidencing shipment on more than one means of conveyance within the same mode of transport will be regarded as covering a partial shipment, even if the means of conveyance leave on the same day for the same destination.

c. A presentation consisting of more than one courier receipt, post receipt or certificate of posting will not be regarded as a partial shipment if the courier receipts, post receipts or certificates of posting appear to have been stamped or signed by the same courier or postal service at the same place and date and for the same destination.

Article 32 Instalment Drawings or Shipments

If a drawing or shipment by instalments within given periods is stipulated in the credit and any instalment is not drawn or shipped within the period allowed for that instalment, the credit ceases to be available for that and any subsequent instalment.

Article 33 Hours of Presentation

A bank has no obligation to accept a presentation outside of its banking hours.

Article 34 Disclaimer on Effectiveness of Documents

A bank assumes no liability or responsibility for the form, sufficiency, accuracy, genuineness, falsification or legal effect of any document, or for the general or particular conditions stipulated in a document or superimposed thereon; nor does it assume any liability or responsibility for the description, quantity, weight, quality, condition, packing, delivery, value or existence of the goods, services or other performance represented by any document, or for the good faith or acts or omissions, solvency, performance or standing of the consignor, the carrier, the forwarder, the consignee or the insurer of the goods or any other person.

Article 35 Disclaimer on Transmission and Translation

A bank assumes no liability or responsibility for the consequences arising out of delay, loss in transit, mutilation or other errors arising in the transmission of any messages or delivery of letters or documents, when such messages, letters or documents are transmitted or sent according to the requirements stated in the credit, or when the bank may have taken the initiative in the choice of the delivery service in the absence of such instructions in the credit.

If a nominated bank determines that a presentation is complying and forwards the documents to the issuing bank or confirming bank, whether or not the nominated bank has honoured or negotiated, an issuing bank or confirming bank must honour or negotiate, or reimburse that nominated bank, even when the documents have been lost in transit between the nominated bank and the issuing bank or confirming bank, or between the confirming bank and the issuing bank.

A bank assumes no liability or responsibility for errors in translation or interpretation of technical terms and may transmit credit terms without translating them.

Article 36 Force Majeure

A bank assumes no liability or responsibility for the consequences arising out of the interruption of its business by Acts of God, riots, civil commotions, insurrections, wars, acts of terrorism, or by any strikes or lockouts or any other causes beyond its control.

A bank will not, upon resumption of its business, honour or negotiate under a credit that expired during such interruption of its business.

Article 37 Disclaimer for Acts of an Instructed Party

a. A bank utilizing the services of another bank for the purpose of giving effect to the instructions of the applicant does so for the account and at the risk of the applicant.

b. An issuing bank or advising bank assumes no liability or responsibility should the instructions it transmits to another bank not be carried out, even if it has taken the initiative in the choice of that other bank.

c. A bank instructing another bank to perform services is liable for any commissions, fees, costs or expenses ("charges") incurred by that bank in connection with its instructions.

If a credit states that charges are for the account of the beneficiary and charges cannot be collected or deducted from proceeds, the issuing bank remains liable for payment of charges.

A credit or amendment should not stipulate that the advising to a beneficiary is conditional upon the receipt by the advising bank or second advising bank of its charges.

d. The applicant shall be bound by and liable to indemnify a bank against all obligations and responsibilities imposed by foreign laws and usages.

Article 38 Transferable Credits

a. A bank is under no obligation to transfer a credit except to the extent and in the manner expressly consented to by that bank.

b. For the purpose of this article:

Transferable credit means a credit that specifically states it is "transferable". A transferable credit may be made available in whole or in part to another beneficiary ("second beneficiary") at the request of the beneficiary ("first beneficiary").

Transferring bank means a nominated bank that transfers the credit or, in a credit available with any bank, a bank that is specifically authorized by the issuing bank to transfer and that transfers the credit. An issuing bank may be a transferring bank.

Transferred credit means a credit that has been made available by the transferring bank to a second beneficiary.

c. Unless otherwise agreed at the time of transfer, all charges (such as commissions, fees, costs or expenses) incurred in respect of a transfer must be paid by the first beneficiary.

d. A credit may be transferred in part to more than one second beneficiary provided partial drawings or shipments are allowed.

A transferred credit cannot be transferred at the request of a second beneficiary to any subsequent beneficiary. The first beneficiary is not considered to be a subsequent beneficiary.

e. Any request for transfer must indicate if and under what conditions amendments may be advised to the second beneficiary. The transferred credit must clearly indicate those conditions.

f. If a credit is transferred to more than one second beneficiary, rejection of an amendment by one or more second beneficiary does not invalidate the acceptance by any other second beneficiary, with respect to which the transferred credit will be amended accordingly. For any second beneficiary that rejected the amendment, the transferred credit will remain unamended.

g. The transferred credit must accurately reflect the terms and conditions of the credit, including confirmation, if any, with the exception of:

- the amount of the credit,
- any unit price stated therein,
- the expiry date,
- the period for presentation, or
- the latest shipment date or given period for shipment,

any or all of which may be reduced or curtailed.

The percentage for which insurance cover must be effected may be increased to provide the amount of cover stipulated in the credit or these articles.

The name of the first beneficiary may be substituted for that of the applicant in the credit.

If the name of the applicant is specifically required by the credit to appear in any document other than the invoice, such requirement must be reflected in the transferred credit.

h. The first beneficiary has the right to substitute its own invoice and draft, if any, for those of a second beneficiary for an amount not in excess of that stipulated in the credit, and upon such substitution the first beneficiary can draw under the credit for the difference, if any, between its invoice and the invoice of a second beneficiary.

i. If the first beneficiary is to present its own invoice and draft, if any, but fails to do so on first demand, or if the invoices presented by the first beneficiary create discrepancies that did not exist in the presentation made by the second beneficiary and the first beneficiary fails to correct them on first demand, the transferring bank has the right to present the documents as received from the second beneficiary to the issuing bank, without further responsibility to the first beneficiary.

j. The first beneficiary may, in its request for transfer, indicate that honour or negotiation is to be effected to a second beneficiary at the place to which the credit has been transferred, up to and including the expiry date of the credit. This is without prejudice to the right of the first beneficiary in accordance with sub-article 38 (h).

k. Presentation of documents by or on behalf of a second beneficiary must be made to the transferring bank.

Article 39 Assignment of Proceeds

The fact that a credit is not stated to be transferable shall not affect the right of the beneficiary to assign any proceeds to which it may be or may become entitled under the credit, in accordance with the provisions of applicable law. This article relates only to the assignment of proceeds and not to the assignment of the right to perform under the credit.

Documentation (무역 관련 서식)

【 게재한 무역서식 】

(1) Circular Letter (1)
(2) Circular Letter (2)
(3) Inquiry (1)
(4) Inquiry (2)
(5) Credit Bank Response
(6) Offer sheet (1)
(7) Offer sheet (2)
(8) Acceptance Letter
(9) Proforma Invoice
(10) Purchase Order (1)
(11) Purchase Order (2)
(12) Master Contract
(13) Case by Case Contract (1)
(14) Case by Case Contract (2)
(15) ICC Model Int'l Sales Contract

(16) 송금확인서
(17) 추심의뢰서
(18) 화환신용장 개설 신청서
(19) SWIFT신용장
(20) 보증신용장
(21) 청구보증서
(22) Local L/C
(23) 구매확인서
(24) 선적서류 매입(추심) 의뢰서
(25) 수출환어음 매입(추심) 신청서

(26) 상업송장
(27) 포장명세서
(28) 환어음
(29) 선하증권(선하증권 뒷면(약관) 포함)
(30) 해상화물운송장(SWB)
(31) 항공화물운송장(Air Waybill)
(32) 복합운송증권
(33) 보험증권
(34) 보험증명서
(35) 원산지증명서
(36) 검사증명서
(37) 선복요청서(S/R)
(38) 수입화물선취보증신청서(L/G)
(39) 수입화물대도신청서(T/R)
(40) 파손화물보상장 (L/I)
(41) 수출신용보증서
(42) 수출승인신청서
(43) 수출신고서
(44) 수입신고서
(45) 환급신청서

【 게재하지 않은 무역서식 】

※ 본서에서는 게재하지 않지만 실무에서 사용되는 다음과 같은 서식도 있음

(1) 무역업고유번호신청서
(2) 사업자등록증
(3) Request for Quote(견적요청서)
(4) 수출실적의 확인 및 증명발급 신청서
(5) 외화획득용원료수입승인(신청)서
(6) 구매확인서물품수령확인서
(7) 소요량산정방법등신고서
(8) 소요량계산서
(9) 외국환거래약정서(한글)
(10) 외국환거래약정서(영문)
(11) 수출신용장 수령증
(12) 수출신용장 분실신고 및 재발행 의뢰서
(13) 환어음(기업구매자금용) 추심 의뢰서
(14) Advice of L/C(신용장 통지서)
(15) 신용장양도신청서
(16) 신용장 변경/취소 신청서
(17) 국제팩토링 거래 약정서
(18) Credit Note(대변전표)
(19) Debit Note(차변전표)
(20) 자가운송 각서
(21) Surrender 요청서
(22) 출항적하목록 신청서
(23) 출항적하목록정정신청서
(24) Advise of Despatch
(26) 중재신청서
(27) Fax Advice

부록 3

No.1 Circular Letter

CHARLIE'S TRADING CORPORATION

Fl 52, 511, Yeongdongdae-ro, Gangnam-Gu, Seoul, 06164, Korea
Tel: 82-2-450-3577, Fax: 82-2-3436-6610, Homepage: www.charlie.com

October, 1, 20xx

Mr. Michael Nam
President of Inline Trading Corporation
27, Penrose Avenue, Cherrybrook, NSW, 2126,
Australia.

Dear Mr. Nam:

Your company has been recommended as a major distributor of pants by the Commercial Counselor's office of the Australia Embassy in Korea.

We, Charlie Trading Corp, are one of the largest blue jean companies in Korea and exporting the blue jean pants to America as well as European countries. We have been proud of good reputation from our customers due to the high quality and reliable quality control.

When you contact our Internet web-site(www.charlie.com), you can find the brief company's profile and the digital catalogues more easily. If you want to know more - about our products, please do not hesitate to contact us.

We are looking forward to your early reply.

Best regards,

____

C. K. Park
CEO and President
Charlie's Trading Corporation

No.2 Circular Letter

MES Co., Ltd

143B-14Lot, Namdong Complex, 178-12, Gojan-dong, Namdong-gu, Incheon, Korea
Tel: 032-828-8358, Fax:032-818-8457, http://lona.kr/eng

October, 1, 20XX

Dear Sirs,

Your name has been found through Alibaba, an internet trade-matching site. We observed that you need quality shower head with special health-care effects.

We are proud to present Micro-bubble. We are one of the technologically distinguished shower head manufacturer in Korea. We make health-care shower head of which the effect on the body is scientifically tested and recognized by consumers.

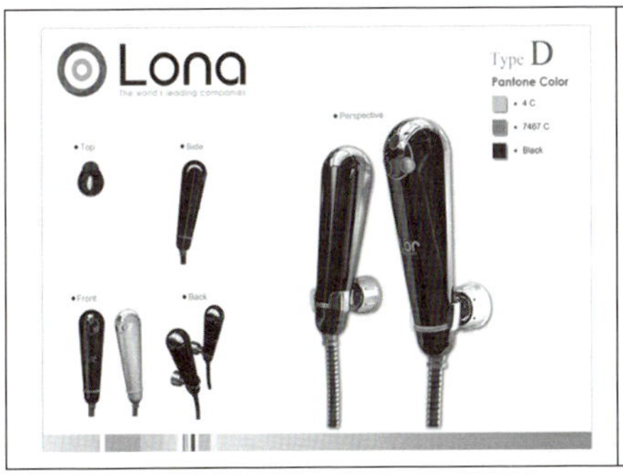

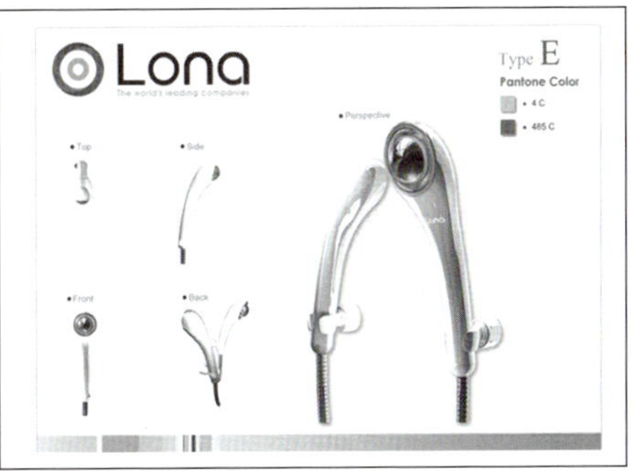

Special Health-Recipe in your bathroom!

Micro-Bubble effect: Micro-bubble produced through the shower head dissolutes bacteria and harmful chemicals in the water by instant heat of 5,500 degrees celsius.

AnIon effect: Micro-bubble produces AnIon which generally exists in forest and waterfalls. People coming in contact with AnIon can enjoy sense of freshness and rest as if they are in forest and near waterfalls.

We expect Mirco-bubble will appeal to health-conscious customers who want quality shower. The design is futuristic and sleek that it can be a good accessory in bathroom.

We shall be glad if we canget an opportunity to be one of your potential vendors. We are confident that we can supply quality product with reasonable price. Please refer to our homepage for the detailed materials on the product effects and their scientific tests. We are looking forward to your trial letter.

Truly Yours,
Adam Yim

No.3 Inquiry

INLINE TRADING CORPORATION

27, Penrose Avenue, Cherrybrook, NSW, 2126, Australia.
Tel: 61-2-9649-9010, Fax: 61-2-9649-9011, Homepage: www.itc.com

October, 15, 20xx

Mr. Charlie Park
President of Charlie's Trading Corporation
511, Yeongdongdae-ro, Gangnam-Gu, Seoul, 06164, Korea

Dear Sir,

Thank you for your e-mail of October 1. We were impressed by your products that displayed on your website. We have a large chain of retailers and are looking for a manufacturer who could supply us with a wide range of blue jean pants for Australia's market.

As we usually place very large orders, we would expect a quantity discount in addition to a 20% trade discount off net list prices, and our terms of payment are normally 30 days bill of exchange, documents against acceptance.

If these conditions interest you, and you can meet order of over 500 garments at a time. Please send us your current catalogue and price list.
We hope that this will meet your immediate approval.

Very truly yours,

____

Mr. Michael Nam
President
Inline Trading Corporation

No.4 Inquiry

KoBiZone CO., LTD.

148-3, SAMSUNG-DONG, GANGNAM-GU, SEOUL, KOREA
Tel : (82-2)3473-2709 / Fax : (82-2)3473-2708 / www.kobizone.com

June 8, 20xx

Inquiry for baby supplies

Baby & Children INC.
77, rue des Archives
75003 PARIS
FRANCE

Gentlemen;

Having seen your company name in internet site, we wish to make a purchase of baby supplies from you.

We would appreciate receiving your best CIF Prices with earliest delivery schedule.

We would also like to have two samples of your most popular model by air-mail.

If your goods are satisfactory in quality and delivery, we will place an order of 100,000 ea on a trial basis and can make repeat orders with you in the near future.

We look forward to your early reply.

Yours truly,

E & T SYSTEM CO., LTD.
M.R Jeong
Assistant manager

No.5 Credit Bank Response

KOREA TOP BANK

(Full name of the company)
(Address)
(City), (Zip code), (Country)

October, 20, 20xx

Dear Sir,

XYZ Company, (company's full address) Seoul, Korea has maintained an account at our bank since (year), is known in the local community, and is generally considered to be of good repute in its business dealing and have good relationship with our bank

We trust that XYZ Company could be your good business partner and we also hope to maintain an excellent relationship through a spirited business with you.

Please be informed that there would be no responsibility out of this letter on our part.

Thank you

Korea Top Bank
512, Yeongdongdae-ro, Gangnam-Gu,
C.P.O Box 1234, Seoul, 06164, Korea

____

(Staff name), (Position)
(Name of the Branch or Post)

No.6 Offer Sheet

CHARLIE'S TRADING CORPORATION

Fl 52, 511, Yeongdongdae-ro, Gangnam-Gu, Seoul, 06164, Korea
Tel: 82-2-450-3577, Fax: 82-2-3436-6610, Homepage: www.charlie.com

Offer Sheet

Offer No : CTC200XX-XX-1234
Date : October 20, 20xx
Ref. No. : ________________

Mr. Michael Nam
President of Inline Trading Corporation
27, Penrose Avenue, Cherrybrook, NSW,
2126, Australia.

Dear Sir,

We are pleased to offer the under-mentioning articles as per conditions and details described as follows.

Description of Goods	: Blue jeans (Item no: Charlie-0924)
Quantity	: 1,000 pcs
Price	: USD25.00/pc CIF Sydney port
Shipment	: Within 2months after receipt of your L/C
Payment	: Draft at sight under an Irrevocable and confirmed L/C in favour of Charlie's Trading Corp., (SEOUL KOREA)
Inspection	: Seller's inspection is to be final
Insurance	: Seller to cover the CIF price plus 10% against All Risks including TPND and SRCC risk
Validity	: October 27, 20xx
Shipping port	: Busan, Korea
Packing	: Export Standard packing.
Marks	: Each carton box bearing the mark "CTC" in diamond with port mark, running case number and the country of origin.
Remark	: Minimum order is to be 100 pcs per size.

Looking forward to your valued order for the above offer.

Yours faithfully,
Charlie's Trading Corporation

____

C. K. PARK
CEO and President

No.7 Offer Sheet

KoBiZone CO., LTD.

148-3, SAMSUNG-DONG, GANGNAM-GU, SEOUL, KOREA
Tel : (82-2)3473-2709 / Fax : (82-2)3473-2708 / www.kobizone.com

February 8, 20xx

Offer Sheet

Messrs. ALTECH TAIWAN Co., Ltd
6F, No. 141, Sec. 3, Cheng-Kung Rd.,
Nei-Hu District Taipei 114, Taiwan
Attn.: Mr. Takahisa Naito / Managing Director

Offer No.: K-95-0206
Date : 20xx. 02. 07

WE HAVE THE PLEASURE OF OFFERING YOU THE UNDER MENTIONED GOODS ON THE TERMS AND CONDITIONS AS STATED BELOW;

Item No	COMMIDITY & DESCRIPTION	Q'ty	UNIT PRICE	AMOUNT
KD1732PF	17" Sony Trinitron CDT Monitor	9,200pcs	USD135.00	USD1,242,000.00
KD1920PF	19" Sony Trinitron CDT Monitor	1,700pcs	USD215.00	USD365,500.00
KD2120PF	21" Sony Trinitron CDT Monitor	350pcs	USD480.00	USD168,000.00
TOTAL AMOUNT		**11,250pcs**		**USD1,775,500.00**

- Origin : Republic Of Korea
- Minimum Q'ty : 100PCS
- Price Term : FOB Korea Port
- Packing : Export Standard Packing
- Delivery : Within 30days after receipt of your L/C or T/T
- Payment : By an irrevocable L/C at sight or T/T in advance in favor of us
- Shipping Port : Any Korean Port
- Validity of Offer : 31, 03. 20xx.

Yours Very truly,

E & T SYSTEM CO., LTD.
M.R Jeong
Assistant manager

ACCEPTED BY:

No.8 Acceptance Letter

INLINE TRADING CORPORATION
27, Penrose Avenue, Cherrybrook, NSW, 2126, Australia.
Tel: 61-2-9649-9010, Fax: 61-2-9649-9011, Homepage: www.itc.com

Mr. Charlie Park
President of Charlie's Trading Corporation
511, Yeongdongdae-ro, Gangnam-Gu, Seoul, 06164, Korea

Subject: Accept to Offer

October, 20, 20xx.

Dear Mr. Charlie Park,

We are pleased to accept your counter offer of October 18 for Blue jeans(Item no Charlie-0924), at USD22.50 per piece, CIF Sydney port for January shipment.

To confirm this business, we are attaching our Purchase contract draft No ITC-1020 to e-mail. We trust that you will find this e-mail. Please sign the copies and return the PDF file to us not later than October 25.

We will let you know the definite date of payment by e-mail as soon as the goods are loaded on the vessel.

Very truly yours,

____

Mr. Michael Nam
President
Inline Trading Corporation

No.9 Proforma Invoice

KoBiZone CO., LTD.

148-3, SAMSUNG-DONG, GANGNAM-GU, SEOUL, KOREA

Tel : (82-2)3473-2709 / Fax : (82-2)3473-2708 / www.kobizone.com

Proforma Invoice

Messrs Baby & Children Inc.
77, Rue des Archives,
75003 PARIS, FRANCE

NO. : KOBI-10
DATE : MAY. 18, 20xx

Note : The following terms & conditions are subject to further confirmation by us.

DESCRIPTION OF GOODS	QUANTITY	PRICE PER UNIT IN USD	AMOUNT IN USD
Umbrellas	10,000PC	FOB BUSAN, KOREA USD10 / PC	USD100,000.00
TOTAL	10,000PC	USD10 / PC	USD100,000.00

- PAYMENT : BY IRRE- L/C AT SIGHT IN FAVOUR OF US
- SHIPMENT : WITHIN 30 DAYS AFTER L/C OPENING DATE
- PACKING : MANUFACTURER'S STANDARD PACKING
- ORIGIN : REPUBLIC OF KOREA
- MANUFACTURER :
- INSURANCE : TO BE COVERED BY SELLER
- VALIDITY : MAY. 25, 20xx
- L/C OPENING : MAY. 30, 20xx
- REMARKS : IF REQUIRED, INSPECTION FEE IS BUYER'S ACCOUNT

ACCEPTED AND CONFIRMED BY
BABY & CHILDREN INC.

KOBIZONE CO., LTD.

No.10 Purchase Order

INLINE TRADING CORPORATION

27, Penrose Avenue, Cherrybrook, NSW, 2126, Australia.
Tel: 61-2-9649-9010, Fax: 61-2-9649-9011, Homepage: www.itc.com

Purchase Order

Mr. Charlie Park
President of Charlie's Trading Corporation
511, Yeongdongdae-ro, Gangnam-Gu, Seoul,
06164, Korea

Date : October 25, 20xx
Ref. No. : CTC200XX-XX-1234

Dear Sir,

We, as buyer, hereby confirms our purchase from you as Seller of the following goods in accordance with the terms and conditions given below and on the back hereof.

Description	: Blue jeans (Item no: Charlie-0924)
Quantity	: 2,000 pcs
Unit Price	: USD22.50/pc CFR Sydney port
Total amount	: USD45,000 only
Payment	: Under document against payment at sight in U.S dollar.
Shipment	: Not later than January 15, 20xx.
POL/POD	: Korean port / Sydney port
Insurance	: To be covered by buyer
Inspection	: No need
Packing	: 20pieces to be packed in a carton and each piece has to be packed with poly bag
Marks	: TO be marked on both sides of each carton box as numbers under "IBS" in triangle carton no. 1－/up

CONFIRMED & ACCEPTED BY :

Charlie's Trading Corporation

C. K. PARK
CEO and President

Inline Trading Corporation

Michael Nam
President

부록 3

No.11 Purchase Order

KoBiZone On & Off Line Easy Trader **KoBiZone CO., LTD.**

148-3, SAMSUNG-DONG, KANGNAM-GU, SEOUL, KOREA

Tel : (82-2)3473-2709 / Fax : (82-2)3473-2708 / www.kobizone.com

Purchase Order

To : Baby&Children(B&C) PINPON　　　　Offer No.: Kobi020516-1

Atten: F. Miramont　　　　Date　: May. 16. 20xx

Dear Sirs.

We are pleased to issue our Purchase order for the under-mentioned commodities in accordance with the terms and conditions given below

Description	Quantity	Unit Price	Total Amount
Baby Climber	150	20.07	3,010.5
Baby Runner	50	12	600
The bath hammock	100	12.68	1268
Sampoo goggles	300	2.65	795
Finger Guard	50	6.4	320
Papartoo	50	8.87	443.5
Night light	50	8.62	431
Baby Monitor	5	33.44	167.2
Door handle	50	11.49	574.5
			Total EURO 7,609.7

- Delivery : By June 30. 20xx
- Payment : By an Irrevocable at sight L/C
- Origin : Made in France
- Shipping Port : France any port
- Destination : Busan in Korea
- Packing : Export Standard Packing
- Remarks :

ACCEPTED

Miramont

Baby & Children(B&C)

Sincerely yours

E & T SYSTEM CO., LTD.

No.12 Master Contract

Agreement on General Terms and Conditions of Business

This Agreement entered into between Inline Trading Corporation, NSW, Australia (hereinafter called the Buyer), and Charlie's Trading Corporation, Seoul, Korea (hereinafter called to as the Seller) witness as follows;

1. **Privity** : Both Seller and Buyer shall act as Principal and not as Agent.

2. **Quality** : Goods sold on sample shall be warranted by the Seller to confirm about equal to the sample upon arrival at destination

3. **Quantity** : Weight and Quantity determined by the Seller, as set forth in shipping documents, shall be final.

4. **Prices** : Unless otherwise specified, prices shall be quoted in U.S. dollars on CIP Sydney basis.

5. **Firm Offers** : All firm offers shall remain effective for a week including the day cabled. Sundays and national holidays shall not be counted as days.

6. **Orders** : Except in cases where firm offers are accepted all orders shall be subject to the Seller's final confirmation.

7. **Risk and Title** : All risks of loss, damage in the goods shall pass to the Buyer on delivery according to the trade terms chosen by Parties.
   Title to product sold by Seller completely transfer to the Buyer when Seller has received proceeds in full as specified in this Agreement or the offer sheets etc.

8. **Packing** : Proper export wooden case packing shall be carried out, each case bearing the mark IBC with port mark, running case numbers, and the country of origin.

9. **Payment** : Draft shall be drawn at 30 d/s under irrevocable Letter of Credit which shall be opened in favor of seller immediately including Bill of Lading, Insurance Policy, Commercial Invoice and other documents which each contract requires.

10. **Shipment** : Shipment shall be made within the time stipulated in each contract. The date of Bill of Lading shall be taken as conclusive proof of the day of shipment. Unless expressly agreed upon, the port of shipment shall be at the Seller's option.

11. **Marine Insurance** : All shipments shall be covered on All Risks including War Risks and S.R.C.C. for the invoice amount plus 10 percents. All policies shall be made out in U.S. Dollar and claims payable in New York.

12. **Force Majeure** : The Sellers shall not be responsible for the delay in shipment due to force majeure, including mobilization, war, strikes, riots, civil commotion, hostilities,

blockade, requisition of vessels, prohibition of export, fires, floods, earthquakes, tempest and any other contingencies, which prevent shipment within the stipulated period. In the event of any of the aforesaid causes arising, documents proving its occurrence or existence shall be sent by the Sellers to the Buyers without delay.

13. Delayed Shipment : In all cases of force majeure provided in the Article No. 11 the period of shipment stipulated shall be extended for a period of twenty one (21) days. In case shipment within the extended period should still be prevented by a continuance of the causes mentioned in the Article No.11 or the consequences of any of them, It shall be at the Buyer's option either to allow the shipment of late goods or to cancel the order by giving the Sellers the notice of cancellation by cable.

14. Claims : Claims, if any, shall be submitted by cable within fourteen (14) days after arrival of goods at destination. Certificates by recognized surveyors shall be sent by mail without delay.

15. Arbitration : All claims which cannot be amicably settled between Sellers and Buyers shall be finally settled by arbitration in Seoul, Korea in accordance with the Commercial Arbitration Rules of the Korea Commercial Arbitration Board and under the Laws of Korea. The award rendered by the arbitrator(s) shall be final and binding upon both parties concerned.

16. Trade Terms : Unless specially stated, the trade terms under this contract shall be governed and interpreted by the latest Incoterms.(Incoterms 2020)

17. Governing Law : This Agreement shall be governed as to matters including validity, construction and performance under and by United Nations Convention on Contract for the International Sale of Good 1980.

This Agreement shall be valid on and after November 26, 20xx

(BUYER)	(SELLER)
Inline Trading Corporation	Charlie's Trading Corporation
______________________	______________________
Michael Nam	C. K. PARK
President	CEO and President

No.13 Case by case Contract

CHARLIE'S TRADING CORPORATION

Fl 52, 511, Yeongdongdae-ro, Gangnam-Gu, Seoul, 06164, Korea
Tel: 82-2-450-3577, Fax: 82-2-3436-6610, Homepage: www.charlie.com

SALES CONTRACT

MESSRS, Inline Trading Corporation
NSW, Australia

Date: October 30, 20xx
No.: CTC-ITC-1126

We as Seller confirm having sold you as Buyer the following goods on the terms and conditions as stated below and on the back hereof.

DESCRIPTION	QUANTITY	UNIT PRICE	AMOUNT
Blue jeans (Item no: Charlie-0924)	2,000 pcs	CFR Sydney USD $22.50	US$45,000.00

SHIPMENT : On or about January 15, 20xx
PAYMENT : By a Documentary Letter of Credit at 90 days after sight in favour of Charlie's Trading Corp.,
INSURANCE : Seller to cover the invoice amount plus 10% against All Risks including TPND and SRCC Risks
PACKING : 20pieces to be packed in a carton and each piece has to be packed with poly bag

SHIPPING MARK
IBC in triangle
Sydney port
Box No. 1/Up

DESTINATION : Cherrybrook, NSW, Australia
REMARKS :

PLEASE SIGN AND RETURN THE DUPLICATE

(BUYER)
Inline Trading Corporation

Michael Nam
President

(SELLER)
Charlie's Trading Corporation

C. K. PARK
CEO and President

General Terms and Conditions

1. **Principal to Principal Basis** : This Contract recognizes the fact that it is on a Principal to Principal basis between Seller and Buyer.
2. **Quantity** : Quantity is subject to a variation of 5% plus or minus at Seller's option.
3. **Shipment** : The date of Bill of Lading shall be taken as the conclusive date of shipment. Partial shipment and/or transshipment shall be permitted, unless otherwise stated on the face hereof. Seller shall not be responsible for non-shipment or late shipment in whole or in part by reason of Force Majeure, such as fires, floods, earthquakes, tempests, mobilization, war, strikes, riots, civil commotions hostilities, blockade, requisition vessel, and any other contingencies beyond Seller's control.
4. **Price** : The Price is on the rate of freight and insurance premium prevailing at the time of accepting the order, and any increase in the rate of freight and insurance premium at the time of shipment shall be born by Buyer.
5. **Risk and Title** : All risks of loss, damage in the goods shall pass to the Buyer on delivery according to the trade terms chosen by Parties.
   Title to product sold by Seller completely transfer to the Buyer when Seller has received proceeds in full as specified in this Agreement or the offer sheets etc.
6. **Inspection** : Inspection performed under the export regulation of Korea is final respective of quality and/or conditions of the contracted goods, unless otherwise stated on the face hereof.
7. **Trade Terms** : The trade terms used in this contract shall be governed and interpreted by the provisions of Incoterms 2020 unless otherwise specially stated.
8. **Infringement** : Buyer shall hold seller harmless from liability for any infringement with regard to patent, trade mark, design and / or copyright originated or chosen by buyer.
9. **Claim** : Any claim by buyer must be made in writing within fourteen(14) days from the date of final discharge at destination.
10. **Arbitration** : All disputes, controversies, or differences which may arise between seller and buyer, out of or in relation to or in connection with this contract, or for the breach thereof, shall the finally settled by arbitration in Seoul, Korea accordance with the Commercial Arbitration Rules of The Korean Commercial Arbitration Board. The award rendered by the arbitrator(s) shall be final and binding upon both parties.
11. **Governing Law** : This Contract shall be governed in all respects by the laws of Korea.

No.14 Case by case Contract (2)

EXPORT SALES CONTRACT

Contract No. SD-CN0205

To: SPEC
2-22-2. Orada Bldg., Onda Ube City Yamagucbi Pref. 755-0023 Japan

Dear Sirs:

We, Kobizone Co., Ltd., as Seller, hereby agree to sell you, as Buyer, the following goods subject to the terms and conditions hereinafter set forth and on the reverse side hereof:

Description of Goods	Quantity	Unit Price	Amount
Perfect Combustion Promote System 1) ST-C (Black) 2) ST-D (Black) 3) ST-F (Black) 4) ST-G (Black) 5) ST-H (Black)	10,000 E/A	U$25.00	U$250,000
Total	10,000 E/A	U$25.00	U$250,000

Contract Amount	USD 250,000
Quality	Same as manufacture's original Sample
Packing	Export Standard packing
Shipment	Shipment shall be no later than (20xx, 3. 1) Port of loading shall be any Korean port Port of discharging shall be Osaka Port, Japan
Payment	Irrevocable LC at sight in favor of us
Other Terms and Conditions	As per "general terms and conditions" attached

Refer to General Terms and Conditions on the reverse side hereof which are incorporated herein and make an integral part hereof.
Agreed and confirmed by

[SPEC]

By: ______________________

Name: Masafumi Nishimura
Title: President
Date: 20xx, 10. 1

[Kobizone Co.,Ltd.]

By: ______________________

Name: Baik, Sang-Hyun
Title: President
Date: 20xx, 10. 1

General Terms and Conditions

Unless otherwise stipulated on the face hereof, the sale and purchase specified on the face hereof shall be subject to the following terms and conditions:

(1) Quantity: The total quantity stipulated on the face hereof shall be subject to a variation of ten percent (10%) plus or minus at Seller's option.

(2) Shipment : The date of the bill of lading shall be accepted as the conclusive date of shipment. Partial shipment and/or transshipment shall be permitted. Each shipment shall be considered as a separate and independent contract. In case of FOB term, Buyer shall provide necessary shipping space and give shipping instructions in a timely manner. Failure of Buyer to provide such shipping space or to give such instruction shall be a breach of the contract, and Buyer shall bear any additional costs incurred therefrom and all risks of the goods. If requested by Seller, Buyer shall amend the letter of credit and take full responsibility to enable Seller to make the necessary procedure to fulfill such shipment.

(3) Payment : All payment hereunder shall be made in United States Dollars. Buyer shall establish in favor of Seller an irrevocable letter of credit negotiable on sight draft through a first class international bank satisfactory to Seller, which shall be received by Seller immediately after conclusion of the contract. The letter of credit shall be valid and effective for at least fifteen days after the final date of the term of shipment for negotiation of the relative draft. The substance and forms of the letter of credit shall be acceptable to Seller in writing. If Buyer fails to furnish the letter of credit in the manner and form specified above or to fulfill the payment term under the contract, Seller may reserve the right to stop or suspend the shipment or to cancel all or any part of the contract and/or may dispose of the goods on Buyer's account and risk.

(4) Title : The title to and ownership of the goods shall remain in Seller until Buyer pays the contract amount in full.

(5) Packing : The goods shall be packed and marked in accordance with Seller's standard export packing and marking specification.

(6) Inspection : The inspection of the goods shall be performed by Seller or its designee in the country (from which the goods are exported) according to the export regulations of the country and such inspection shall be considered as final and conclusive in all respects regarding the goods.

(7) Force Majeure : If any performance of the contract is prevented or delayed in whole or in part, by reason of any prohibition of export or import, flood, typhoon, Act of God, fire, war whether declared or not, armed conflict, civil commotion, riot, strike or other labor disputes of Seller or of the manufacturer or suppliers of the goods, severe economic dislocation, peril or accident of the sea, the bankruptcy or insolvency of the manufacturers or suppliers, or any other cause beyond the reasonable control of Seller or of the manufacturers or suppliers of the goods, Seller shall not be liable for the non-performance of the contract including non-shipment or late shipment of the goods, and Buyer shall accept any shipment made within a reasonable time, or shall accept the cancellation of all or any part of the contract at Seller's option. Nothing herein shall relieve Buyer from its obligation to pay for the goods.

(8) Warranty : Unless expressly stipulated on the face of the contract, Seller make no warranty or condition, express or implied, as to the fitness and suitability of the goods for any particular purpose.

(9) Patents : Buyer shall hold Seller harmless from liability, loss, or expenses in connection with any infringement with regard to patent, pattern, design, copyright, trademark and the likes originated or chosen by Buyer.

(10) Claim : Buyer's claim of whatever nature arising under the contract shall be notified in writing by Buyer to Seller within fifteen (15) days after the arrival of the goods at the destination stipulated on the face hereof. Unless such notice is accompanied by particulars of such claim together with proof certified by an authorized surveyor, Buyer shall be deemed to have waived such claim. In no event may buyer assert a claim for any reason whatsoever after the goods are used, sold, cut, proceed or otherwise altered. In no event shall Seller be liable for prospective profits, or indirect, special, incidental or consequential damages.

(11) Termination : Seller may terminate the contract by notice in writing, without prejudice to any remedy it might have against Buyer for the breach of contract, (i) if Buyer fails to comply with any of the provisions of the contract and does not remedy the violation or breach within fifteen (15) days after its has been notified thereof, or (ii) if any proceeding for insolvency or bankruptcy is instituted by or against Buyer or a receiver is appointed for Buyer.

(12) Trade Terms : Unless otherwise specified herein, all trade terms used in the contract shall be interpreted in accordance with the latest Incoterms of the International Chamber of Commerce.

(13) Governing Law & Arbitration : The contract shall be governed as to all matters, including validity, construction and performance by and under the Laws of Korea. All disputes, controversies, or differences which may arise between the parties, out of, or in relation to, or in connection with the contract, or for the breach thereof, shall be finally settled by arbitration in Seoul, Korea in accordance with the Commercial Arbitration Rules of the Korean Commercial Arbitration Board and under the Laws of Korea. The award rendered by the arbitrator(s) shall be final and binding upon both parties concerned.

IN WITNESS WHEREOF, the parties hereto have executed this Agreement as of the day and year first above written.

No.15 ICC Model Contract

ICC MODEL INTERNATIONAL SALE CONTRACT
(Manufactured Goods Intended for Resale)[1]

SELLER :	*(name and address)*
Contract Person :	*(name and address)*
BUYER :	*(name and address)*
Contract Person :	*(name and address)*

A. SPECIFIC CONDITIONS

A1 Goods Sold (description of the goods) (If there is insufficient space parties may use an annex.)
· Goods: 1500 English widgets ; · Model: classic ; · Size: 13 ; · Colour: dark blue

A2 Contract Price (Art. 4)
currency: US Dollar amount in numbers: 1,570,000.00
amount in letters: one million five hundred and seventy thousand only

A3 Delivery Terms

◎ **Recommended terms** (according to Incoterms 2020)

☐	**EXW** Ex Works	named place : ______
☒	**FCA** Free Carrier	named place : Dover
☐	**CPT** Carriage Paid To	named place of destination : ______
☐	**CIP** Carriage and Insurance Paid To	named place of destination : ______
☐	**DAP** Delivered At Place	named place of destination : ______
☐	**DPU** Delivered At Place Unloaded	named place of destination : ______
☐	**DDP** Delivered Duty Paid	named place of destination : ______

◎ **Other terms** (according to Incoterms 2020)

☐	FAS Free Alongside Ship	named port of shipment : ______
☐	FOB Free On Board	named port of shipment : ______
☐	CFR Cost and Freight	named port of destination : ______
☐	CIF Cost, Insurance and Freight	named port of destination : ______

◎ **Other delivered terms** : ______

◎ **Carrier** (where applicable) : *(name and address)* Transworld plc, 13 East Lane Dock, Dover — *(Contract Person)* Tom Bungee

1) ICC Model International Sale Contracts (ICC Pub No 556E)의 내용을 일부 수정한 것임

These specific Conditions have been prepared in order to permit the parties to agree the particular terms of their sale contract by completing the spaces left open or choosing (as the case may be) between the alternatives provided in this document. Obviously this does not prevent the parties from agreeing other terms or further details in box A16 or in one or more annexes.

A4 Time of Delivery: Fourth week of March 20xx
(Indicate here the date or period (e.g. week or month) at which or within which the Seller must perform his delivery obligations according to clause A4 of the respective Incoterm.)

A5 Inspection of the Goods by Buyer (Art. 3)
☒ Before shipment   Place of inspection : Carrier's Terminal - Dover
☐ Other : ________

A6 Retention of Title (Art. 7) ☒ Yes ☐ No

A7 Payment Conditions (Art. 5)
☐ **Payment on open account** (art. 5.1)
Time for payment (if different from art. 5.1) 45 days from date of invoice. Other: ____
☐ Open account backed by demand guarantee or standby letter of credit (art. 5.5)
☐ **Payment in advance** (art. 5.2)
Date (if different from art. 5.2) : ______ ☐ Total price ☐ ___% of the price
☐ **Documentary Collection** (art. 5.5)
☐ D/P Documents against payment ☐ D/A Documents against acceptance
☒ **Irrevocable documentary credit** (art. 5.3) ☐ **Confirmed** ☐ **Unconfirmed**
Place of issue (if applicable): Torino, Italy   Place of confirmation (if applicable) : London, UK

Credit available:
☒ By payment at sight
☐ By deferred payment at : ___days
☐ By acceptance of drafts at : ___days
☐ By negotiation

Partial shipments:
☒ Allowed
☐ Not allowed

Transshipment:
☒ Allowed
☐ Not allowed

Date on which the documentary credit must be notified to seller (if different from art. 5.3)
☒ 30 days before date of delivery ☐ Other : ________
☐ **Other** : ________
(e.g. cheque, bank draft, electronic funds transfer to designated bank account of seller)

A8 Documents
(Indicate here documents to be provided by Seller. Parties are advised to check the Incoterms they have selected under A3 of these Specific Conditions.)
☒ Transport documents: (indicate type of transport document required) Multimodal Transport Document
☒ Commercial Invoice   ☒ Certificate of origin
☒ Packing list   ☒ Certificate of inspection
☒ Insurance document   ☒ Other : ________

A9 Cancellation Date
(To be completed only if the parties wish to modify article 10.3)
If the goods are not delivered for any reason whatsoever (including force majeure) by (date) the Buyer will be entitled to cancel the contract immediately by notification to the seller

A10 Liability for Delay (Art. 10.1, 10.4 and 11.3)
(To be completed only if the parties wish to modify art. 10.1, 10.4 or 11.3)

Liquidated damages for delay in delivery shall be:
☐ ___% (of price of delayed goods) per week, with a maximum of ___% (of price of delayed goods), or
☐ ________ (specify amount)

In case of termination for delay, Seller's liability for damages for delay is limited to ___% of the price of the non-delivered goods

부록 3

A11 Limitation of Liability for Lack of Conformity (Art. 11.5)
(To be completed only if the parties wish to modify art. 11.5.)

Seller's liability for damages arising from lack of conformity of the goods shall be:
☐ limited to proven loss (including consequential loss, loss of profit, etc.) not exceeding __% of the contract price ; or
☐ as follows (specify): ______________________________

A12 Limitation of Liability Where Non Conforming Goods are Retained By the Buyer (Art. 11.6)
(To be completed only if the parties wish to modify art. 11.6)

The price abatement for retained non-conforming goods shall not exceed:
☐ ____% of the price of such goods, or
☐ ____________________(specify amount)

A13 Time-Bar (Art. 11.8)
(To be completed only if the parties wish to modify art. 11.8)
Any action for non-conformity of the goods (as defined in article 11.8)must be taken by the Buyer not later than ____ from the date of arrival of the goods at destination

A14 **Applicable Law** (Art. 1.2)
(To be completed only if the parties wish to submit the sale contract to a national law instead of CISG.. The solution hereunder is not recommended)
(a) This sales contract is governed by the domestic law of ________(country)
(To be completed if the parties wish to choose a law other than that of the seller for questions not covered by CISG)
(b) Any questions not covered by CISG will be governed by the law of ________(country)

A15 Resolution of Disputes (Art. 14)
The two solutions hereunder (arbitration or litigation before ordinary courts) are alternatives: parties cannot choose both of them. If no choice is made, ICC arbitration will apply, according to art. 14

☒ **Arbitration**
☒ ICC (according to art. 14.1)
Place of arbitration Paris
☐ Other ______(specify)

☐ **Litigation (ordinary courts)**
In case of dispute the courts of (place) shall have jurisdiction

A16 Other ______________________________

The present contract of sale will be governed by these Specific Conditions (to the extent that the relevant boxes have been completed) and by the ICC General Conditions of Sale (Manufactured Goods Intended for Resale) which constitute part B of this document.

Seller		Buyer	
(signature)		*(signature)*	
place	date	place	date

B. GENERAL CONDITIONS

Art. 1 General

1.1 These General Conditions are intended to be applied together with the Specific Conditions (part A) of the International Sale Contract (Manufactured Goods Intended for Resale), but they may also be incorporated on their own into any sale contract. Where these General Conditions (Part B) are used independently of the said Specific Conditions (Part A), any reference in Part B to Part A will be interpreted as a reference to any relevant specific conditions agreed by the parties. In case of contradiction between these General Conditions and the specific conditions agreed upon between the parties, the specific conditions shall prevail.

1.2 Any questions relating to this Contract which are not expressly or implicitly settled by the provisions contained in the Contract itself (i.e. these General Conditions and any specific conditions agreed upon by the parties) shall be governed :

A. by the United Nations Convention on Contracts for the International Sale of Goods (Vienna Convention of 1980, hereafter referred to as CISG), and

B. to the extent that such questions are not covered by CISG, by reference to the law of the country where the Seller has his place of business.

1.3 Any reference made to trade terms (such as EXW, FCA, etc.) is deemed to be made to the relevant term of Incterms published by the International Chamber of Commerce.

1.4 Any reference made to a publication of the International Chamber of Commerce is deemed to be made to the version current at the date of conclusion of the contract.

1.5 No modification of the Contract is valid unless agreed or evidenced in writing. However, a party may be precluded by his conduct from asserting this provision to the extent that the other party has relied on that conduct.

Art. 2 Characteristics of the goods

2.1 It is agreed that any information relating to the goods and their use, such as weights, dimensions, capacities, prices, colours and other data contained in catalogues, prospectuses, circulars, advertisements, illustrations, price-lists of the Seller, shall not take effect as terms of the Contract unless expressly referred to in the Contract.

2.2 Unless otherwise agreed, the Buyer does not acquire any property rights in software, drawings, etc. which may have been made available to him. The Seller also remains the exclusive owner of any intellectual or industrial property rights relating to the goods.

Art. 3 Inspection of the goods before shipment

If the parties have agreed that the Buyer is entitled to inspect the goods before shipment, the Seller must notify the Buyer within a reasonable time before the shipment that the goods are ready for inspection at the agreed place.

Art. 4 Price

4.1 If no price has been agreed, the Seller's current list price at the time of the conclusion of the Contract shall apply. In the absence of such a current list price, the price generally charged for such goods at the time of the conclusion of the Contract shall apply.

4.2 Unless otherwise agreed in writing, the price does not include VAT, and is not subject to price adjustment.

4.3 The price indicated under A2 (contract price) includes any costs which are at the Seller's charge according to this Contract. However, should the Seller bear any costs which, according to this Contract, are for the Buyer's account (e.g. for transportation or insurance under EXW or FCA), such sums shall not be considered as having been included in the price under A2 and shall be reimbursed by the Buyer

Art. 5 Payment conditions

5.1 Unless otherwise agreed in writing, or implied from a prior course of dealing between the parties, payment of the price and of any other sums due by the buyer to the seller shall be on open account and time of payment shall be 30 days from the date of invoice. The amounts due shall be transferred, unless otherwise agreed, by tele transmission to the Seller's bank in the Seller's country for the account of the Seller and the Buyer shall be deemed to have performed his payment obligations when the respective sums due have been received by the Seller's bank in immediately available funds.

5.2 If the parties have agreed on payment in advance, without further indication, it will be assumed that such advance payment, unless otherwise agreed, refers to the full price, and that the advance payment must be received by the Seller's bank in immediately available funds at least 30 days before the agreed date of delivery or the earliest date within the agreed delivery period. If advance payment has been agreed only for a part of the contract price, the payment conditions of the remaining amount will be determined according to the rules set forth in this article.

5.3 If the parties have agreed on payment by documentary credit, then, unless otherwise agreed, the Buyer must arrange for a documentary credit in favour of the Seller to be issued by a reputable bank, subject to the Uniform Customs and Practice for Documentary Credits published by the International Chamber of Commerce, and to be notified at least 30 days before the agreed date of delivery or at least 30 days before the earliest date within the agreed delivery period. Unless otherwise agreed, the documentary credit shall be payable at sight and allow partial shipments and transhipments.

5.4 If the parties have agreed on payment by documentary collection, then, unless otherwise agreed, documents will be tendered against payment (D/P) and the tender will in any case be subject to the Uniform Rules for Collections published by the International Chamber of Commerce.

5.5 To the extent that the parties have agreed that payment is to be backed by a bank guarantee, the Buyer is to provide, at least 30 days before the agreed date of delivery or at least 30 days before the earliest date within the agreed delivery period, a first demand bank guarantee subject to the Uniform Rules for Demand Guarantees published by the International Chamber of Commerce, or a standby letter of credit subject either to such Rules or to the Uniform Customs and Practice for Documentary Credits published by the International Chamber of Commerce, in either case issued by a reputable bank.

Art.6 Interest in case of delayed payment

6.1 If a party does not pay a sum of money when it falls due the other party is entitled to interest upon that sum from the time when payment is due to the time of payment.

6.2 Unless otherwise agreed, the rate of interest shall be 2% above the average bank short-term lending rate to prime borrowers prevailing for the currency of payment at tha place of payment, or where no such rate exists at that place, then the same rate in the State of the currency of payment. In the absence of such a rate at either place the rate of interest shall be the appropriate rate fixed by the law of the State of the currency of payment.

Art. 7 Retention of title

If the parties have validly agreed on retention of title, the goods shall remain the property of the Seller until the complete payment of the price, or as otherwise agreed.

Art. 8 Contractual term of delivery

Unless otherwise agree, delivery shall be "Free Carrier" (FCA).

Art. 9 Documents

Unless otherwise agreed, the Seller must provide the documents (if any) indicated in the applicable Incoterm or, if no Incoterm is applicable, according to any previous course of dealing.

Art. 10 Late-delivery, non-delivery and remedies therefore

10.1 When there is delay in delivery of any goods, the Buyer is entitled to claim liquidated damages equal to 0….5% or such other percentage as may be agreed of the price of those goods for each complete week of delay, provided the Buyer notifies the Seller of the delay. Where the Buyer so notifies the Seller within 15 days from the agreed date of delivery, damages will run from the agreed date of delivery or from the last day within the agreed period of delivery. Where the Buyer so notifies the Seller after 15 days of the agreed date of delivery, damages will run from the date of the notice. Liquidated damages for delay shall not exceed 5% of the price of the delayed goods or such other maximum amount as may be agreed.

10.2 If the parties have agreed upon a cancellation date in Box A9, the Buyer may terminate the Contract by notification to the Seller as regards goods which have not been delivered by such cancellation date for any reason whatsoever (including a force majeure event).

10.3 When article 10.2 does not apply and the Seller has not delivered the goods by the date on which the Buyer has become entitled to the maximum amount of liquidated damages under article 10.1, the Buyer may give notice in writing to terminate the Contract as regards such goods, if they have not been delivered to the Buyer within 5 days of receipt of such notice by the Seller.

10.4 In case of termination of the Contract under article 10.2 or 10.3 then in addition to any amount paid or payable under article 10.1, the Buyer is entitled to claim damages for any additional loss not exceeding 10% of the price of the non-delivered goods.

10.5 The remedies under this article are exclusive of any other remedy for delay in delivery or non-delivery.

Art. 11 Non-conformity of the goods

11.1 The Buyer shall examine the goods as soon as possible after their arrival at destination and shall notify the Seller in writing of any lack of conformity of the goods within 15 days from the date when the Buyer discovers or ought to have discovered the lack of conformity. In any case the Buyer shall have no remedy for lack of conformity if he fails to notify the Seller thereof within 12 months from the date of arrival of the goods at the agreed destination.

11.2 Goods will be deemed to conform to the Contract despite minor discrepancies which are usual in the particular trade or through course of dealing between the parties but the Buyer will be entitled to any abatement of the price usual in the trade or through course of dealing for such discrepancies.

11.3 Where goods are non-conforming (and provided the Buyer, having given notice of the lack of conformity in compliance with article 11.1 does not elect in the notice to retain them), the Seller shall at his option:

(a) replace the goods with conforming goods, without any additional expense to the Buyer, or

(b) repair the goods, without any additional expense to the Buyer, or

(c) reimburse to the Buyer the price paid for the non-conforming goods and thereby terminate the Contract as regards those goods.

The buyer will be entitled to liquidated damages as quantified under article 10.1 for each complete week of delay between the date of notification of the non-conformity according to article 11.1 and the supply of substitute goods under article 11.3(a) or repair under article 11.3(b) above. Such damages may be accumulated with damages (if any) payable under article 10.1 but can in no case exceed in the aggregate 5% of the price of those goods.

11.4 If the Seller has failed to perform his duties under article 11.3 by the date on which the Buyer becomes entitled to the maximum amount of liquidated damages according to that article, the Buyer may give notice in writing to terminate the Contract as regards the non-conforming goods unless the supply of replacement goods or the repair is effected within 5 days of receipt of such notice by the Seller.

11.5 Where the Contract is terminated under article 11.3(c) or article 11.4, then in addition to any amount paid or payable under article 11.3 as reimbursement of the price and damages for any delay, the Buyer is entitled to damages for any additional loss not exceeding 10% of the price of the non-conforming goods.

11.6 Where the Buyer elects to retain non-conforming goods, he shall be entitled to a sum equal to the difference between the value of the goods at the agreed place of destination if they had conformed with the Contract and their value at the same place as delivered, such sum not to exceed 15% of the price of those goods.

11.7 Unless otherwise agreed in writing, the remedies under this article 11 are exclusive of any other remedy for non-conformity.

11.8 Unless otherwise agreed in writing, no action for lack of conformity can be taken by the Buyer, whether before judicial or arbitral tribunals, after 2 years from the date of arrival of the goods. It is expressly agreed that after the expiry of such term, the Buyer will not plead non-conformity of the goods, or make a counter-claim thereon, in defence to any action taken by the Seller against the Buyer for non-performance of this Contract.

Art. 12 Cooperation between the parties

12.1 The Buyer shall promptly inform the Seller of any claim made against the Buyer by his customers or third parties concerning the goods delivered or intellectual property rights related thereto.

12.2 The Seller will promptly inform the Buyer of any claim which may involve the product liability of the Buyer.

Art. 13 Force majeure

13.1 A party is not liable for a failure to perform any of his obligations in so far as he proves :

(a) that the failure was due to an impediment beyond his control, and

(b) that he could not reasonably be expected to have taken into account the impediment and its effects upon his ability to perform at the time of the conclusion of the Contract, and

(c) that he could not reasonably have avoided or overcome it or its effects.

13.2 A party seeking relief shall, as soon as practicable after the impediment and its effects upon his ability to perform become known to him, give notice to the other party of such impediment and its effects on his ability to perform. Notice shall also be given when the ground of relief ceases.

Failure to give either notice makes the party thus failing liable in damages for loss which otherwise could have been avoided.

13.3 Without prejudice to article 10.2, a ground of relief under this clause relieves the party failing to perform from liability in damages, from penalties and other contractual sanctions, except from the duty to pay interest on money owing as long as and to the extent that the ground subsists.

13.4 If the grounds of relief subsist for more than six months, either party shall be entitled to terminate the Contract with notice.

Art.14. Resolution of disputes

14.1 Unless otherwise agreed in writing, all disputes arising in connection with the present Contract shall be finally settled under the Rules of Arbitration of the International Chamber of Commerce by one or more arbitrators appointed in accordance with the said Rules.

14.2 An arbitration clause does not prevent any party from requesting interim or conservatory measures from the courts.

No.16 송금확인서

외화송금확인서
CERTIFICATE OF REMITTANCE

고 객 용

신한은행 SHINHAN BANK

귀하　　　　송금일자(DATE) : 20 -11-28

항상 신한은행을 이용해 주셔서 감사합니다.
동일수취인 앞으로 다시 송금하시고자 하는 경우에는 이 확인서를 가지고 오시면 더 빠르게 처리해드립니다.
개인송금, 유학생경비, 일반해외체재비는 인터넷 뱅킹을 이용하여 고객이 직접 송금거래를 할 수 있으며, 송금수수료 및 환율을 우대하여 드립니다.

REF-No. : 810-048985916　　　　송금액 (AMOUNT) : AUD

MT103 SINGLE CUSTOMER CREDIT TRANSFER

SETTLEMENT BANK(결제은행)	:	ANZ BANK, MELBOURNE
: 20 / SENDER'S REFERENCE(송금번호)	:	810-048985916
: 23E / INSTRUCTION CODE(지시코드)	:	
: 32A / VALUE DATE / CURRENCY / INTERBANK SETTLED AMOUNT (지급일자/통화/송금액)	:	0 1129AUD
: 50K / ORDERING CUSTOMER(송금인)	:	KWANG SO PARK SOUTH KOREA
: 57 / BENEFICIARY BANK(수취은행)	:	//AU012287 ANZ BANK EASTWOOD 158 ROWE STREET EASTWOOD NSW 2122 BSB NO. 012287
: 59 / BENEFICIARY CUSTOMER(수취인)	:	,CHERRYBROOK NSW 2126
: 70 / REMITTANCE INFORMATION(송금내역)	:	
: 71A / DETAILS OF CHARGES(국외수수료 부담자)	:	OUR
: 72 / SENDER TO RECEIVER INFORMATION(은행간 지시사항)	:	

거래일	거래외국환은행 지정(확인) 번호	거래구분	송금종류	송금인구분	거주자구분	국가코드
20 1128		취결	T/T	민간	거주자	AU
지급 사유	727(개인의 이전거래)					
기타 사항						

귀하께서 신청하신 외화송금을 위와 같이 처리하였음을 확인합니다. 결제은행은 고객께서 지정하지 않으신 경우 변경될 수 있습니다.
We hereby certify that overseas remittance will be made as above.
Settlement bank may vary unless specifically designated by customer.

신한은행 건국대학교 지점
(02 -453 -0583)

(2006.10 제정)　　　　3-303-0050(21.0×29.7) NCR용지54g/m²

No.17 추심의뢰서

<table>
<tr><td colspan="2">Principal ①   Reference</td><td colspan="2">Collection Order</td></tr>
<tr><td colspan="2" rowspan="2"></td><td colspan="2">Amount ②</td></tr>
<tr><td colspan="2">Tenor ③</td></tr>
<tr><td colspan="2" rowspan="2">Drawee/Consignee ④</td><td colspan="2">Drawee if not Consignee ⑤</td></tr>
<tr><td colspan="2">Domicile ⑥</td></tr>
<tr><td colspan="2">Remitting Bank ⑦</td><td colspan="2">Collecting bank to be used ⑧</td></tr>
<tr><td colspan="2">Transport details ⑨</td><td colspan="2">We send you the enclosed documents for collection in accordance with our instructions(see "x" where appropriate) and subject to the Uniform Rules for Collection(Publication No. 522) of the International Chamber of Commerce, Paris as far as these are applicable.</td></tr>
<tr><td colspan="4">Goods ⑩</td></tr>
<tr><td>Documents ⑪</td><td>No</td><td rowspan="2">Deliver commercial documents⑫
□ against acceptance □ against payment

Accepted bill of exchange⑮
□ collect when due
□ to be returned to you

Protest for non-acceptance⑯ □ Yes
□ No

Protest for non-payment □ Yes
□ No

Also collect⑰ Waive if refused
□ interest as per bill of exchange □ Yes
□ No
□ interest as detailed below □ Yes □ No
□ your charges □ Yes □ No
□ further collection charges □ Yes □ No</td><td rowspan="3">Hold until arrival of goods?⑬
□ Yes, or request of drawee only
□ No

Accept deposit in local currency?⑭
□ Yes, against drawee's guarantee concerning exchange risk
□ No

In case of need, consult ⑱
□ for assistance only
□ see powers described below

□ Request teletransmitted advice to you(of) ⑲
□ Acceptance and due date
□ Payment
□ Non-acceptance and reason
□ Non-payment and reason

Proceeds to be remitted to you ⑳
□ by teletransmission method upon receipt, credit proceed to our account No.</td></tr>
<tr><td>Bill of exchange
Commercial invoice
Transport document
Insurance document
Certificate of</td><td></td></tr>
<tr><td colspan="3">Additional instructions ㉑</td></tr>
<tr><td colspan="4">Place, date and principal's authentication or signature</td></tr>
</table>

No.18 화환신용장 개설신청서

<table>
<tr><td colspan="2">APPLICATION FOR IRREVOCABLE DOCUMENTARY CREDIT
- 취소불능 화환신용장 개설 신청서 -
보람은행 앞 Please advise by ☐ air mail ☐ telex ☑ swift</td></tr>
<tr><td>Credit Number M45N0403NS00057</td><td>Date 20xx / 02/ 25</td></tr>
<tr><td colspan="2">Advising Bank THE INTERNATIONAL COMMERCIAL BANK OF CHINA
TAIWAN BRANCH, NO. 62, AN-HO RD. SEC.2, TAIPEI, TAIWAN, R.O.C</td></tr>
<tr><td>Confirmation ☐ Yes ☑ No</td><td>Transferable ☐ Yes ☑ No</td></tr>
<tr><td colspan="2">Applicant ABC CO., LTD. 777-77 GURO-DONG GURO-GU SEOUL, KOREA
T)+82 2 2222 7777 F)+82 2 222 7788</td></tr>
<tr><td colspan="2">Beneficiary BABY WORLD LTD. 7F NO.77 AN-HO RD., SEC.7, TAIPEI, TAIWAN, R.O.C.</td></tr>
<tr><td>Amount USD20,113.50</td><td>Date and places of expiry
(date) 20xx / 06/ 15
(place) AT THE NEGOTIATING BANK</td></tr>
<tr><td colspan="2">Tenor of draft/payment ☑ At sight ☐ Usance(Usance L/C only) ( ) days after sight
☐ Banker's usance L/C(A/C, D/C: 선취☐ 후취☐)
☐ Shipper's usance L/C</td></tr>
<tr><td>Drawee Bank BORAMRSEXXX KORAM BANK
39, DA-DONG, CHUNG-GU</td><td>T/T Reimbursement
☐ Allowed ☑ Not allowed</td></tr>
<tr><td>Shipment FROM : HONG KONG
TO : KOREA PORT</td><td rowspan="2">Partial shipment
☐ Allowed ☑ Not allowed</td></tr>
<tr><td>Latest shipment Date 20xx/05/08</td></tr>
<tr><td>Country of origin CHINA</td><td>Transhipment ☐ Allowed ☑ Not allowed</td></tr>
</table>

DOCUMENTS :

☑ Signed commercial invoice in FIVE fold
☑ Full set of clean on board ocean bills of lading made out to the order of BORAM BANK, SEOUL, marked "Freight ☑ collect ☐ prepaid" and "Notify ☑ applicant ☐ "
☐ Airway bill consigned to BORAM BANK, SEOUL, marked 'Freight ☐ collect ☐ prepaid' and 'Notify ☐ applicant'
☐ Insurance policy or certificate in duplicate, endorsed in blank for 110% of the invoice value, expressly stipulating that claims are payable in and it must include:
Covering Institute War Clauses and Institute Cargo Clauses
☐ All risks ☐ W.A % ☐ W.A.I.O.P ☐ F.P.A ☑ Insurance to be effected by Buyer
☑ Packing list in FIVE fold

Covering:

Commodity Descriptions	Quantity	Unit Price	Amount
ITEM NO. NE6A PACO RABANNE STROLLER ALUMINUM AND IRON TUBE MIXED WHEELS:EVA TYRE AND PLASTIC SURCHARGE OF 1X20" TOTAL H.S. CODE : 8715.00-0000 COUNTRY OF ORIGIN : CHINA	235PCS	USD84.10 FOB HONG KONG	USD19,763.50 USD350.00 USD20,113.50

- Documents must be presented within 15 days after the date of shipment but within the validity of this credit
- All banking charges including postage outside korea are for account of ☐ Applicant ☑ Beneficiary ☐ Others
- Shipment must be effected by ____________
- Other conditions and other required documents (if any):
  + 10 percent more or less on both quantity and credit amount are acceptable
  + third party document are acceptable
  + spare parts or samples are acceptable
  + shipment must be containerized and b/l must show 20 " s container shipment

This Documentary Credit is subject to the Uniform Customs and Practice for Documentary Credits(2007 Revision, International Chamber of Commerce, Paris, France, Publication No. 600).

위와 같이 신용장 발행을 신청함에 있어서 따로 제출한 외국환거래약정서의 해당 조항을 따를 것을 확약하며 아울러 위 수입물품에 관한 모든 권리를 은행에 양도하겠습니다.

20xx년 2월 24일
주소 : 서울특별시 구로구 구로동 777-77
신청인 : *ABC주식회사 대표 김 길 동 (인)*
TEL. *02 222 7788*

보 람 은 행 장 귀하

No.19 SWIFT신용장[1]

HSBC Trade Services

The Hongkong and Shanghai Banking Corporation Limited.
6th Floor Kyobo Building, 1.1-Ka, Jongno, Jongno-Ku, Seoul, Korea,
Telephone:3700-9630/6, Facsimile: 722-6547
EXPORT DEPARTMENT

NEW DC ADVICE

ICOM CO LTD, SEOUL KOREA, TEL 598-1206
A6302-803-15194
TEL/FAX NO. 598-1209

DEAR SIR,
DOCUMENTARY CREDIT NO. MGK248186
FOR USD 28,240.35
ISSUED BY HONGKONG AND SHANGHAI BANKING CORP, HONGKONG

WE ADVISE RECEIVED THE ATTACHED DOCUMENTARY CREDIT. PLEASE CHECK THE TERMS AND CONDITIONS OF THIS CREDIT IMMEDIATELY AND NOTE THAT WE ARE UNABLE TO MAKE ANY CHANGES WITHOUT THE ISSUING BANK'S AUTHORITY. ACCORDINGLY, SHOULD ANY OF ITS TERMS/CONDITIONS BE UNACCEPTABLE PLEASE CONTACT THE OPENER DIRECTLY WITH A VIEW TO OBTAINING A SUITABLE AMENDMENT WITHOUT DELAY TO BE ADVISED TO US. YOU ARE NOT ENTITLED TO RELY ON ANY COMMUNICATIONS OR ANY DISCUSSIONS AT ANY TIME WITH US, THE ISSUING BANK OR THE OPENER AS IN ANY WAY AMENDING THIS CREDIT, SAVE TO THE EXTENT THAT THE CREDIT HAS BEEN AMENDED IN WRITING UNDER AN ADVICE SIGNED BY OUR AUTHORIZED SIGNATORIES. YOUR ATTENTION IS ALSO DRAWN TO ARTICLE 4 AND 5 OF UCP600.

THIS ADVICE IS SUBJECT TO UNIFORM CUSTOMS AND PRACTICE FOR DOCUMENTARY CREDITS (2007 REVISION) INTERNATIONAL CHAMBER OF COMMERCE PUBLICATION NO. 600.

THIS ADVICE CONSTITUTES A DOCUMENTARY CREDIT ISSUED BY THE ABOVE BANK AND SHOULD PRESENTED WITH DOCUMENT/DRAFTS FOR NEGOTIATION/PAYMENT /ACCEPTANCE.

THIS IS A SYSTEM GENERATED ADVICE AND THEREFORE NO SIGNATURE IS REQUIRED.

*** FIRST COPY ***

*** AUTH. CORRECT WITH CURRENT KEY ***

** FIN UAK { 1: F21HSBCKRSEAXXX1078463827}
** {4:{177: Date and Time(YYMMDDHHMM) : 20xx0320 1845}
** {451: acceptance/rejection : 0}}
**

1) 한국무역협회 무역아카데미, 수출입대금결제 자료를 일부 가공

** {1: FIN MESSAGE/Session/OSN F01 HSBCKRSEAXXX 1078 463827}
** {2: Output Message Type 700 issue of a documentary credit
** Input Time/MIR 1743 980320HSBCHKHHAHKH9838295090
** Received fromHSBCHKHHAHKH, hongkong and shanghai banking corporation limited, hong kong
** Output Date/time 20xx0320 1843
** Priority/Delivery/Obsol. Normal}
** MUR : 079059650 {3:{108:079059650}}

** {4:
** :27 sequence of total : 1/1
** :40A form of documentary credit : IRREVOCABLE
** :20 documentary credit no. : MGK248186.
** :31C date of issue : 20XX 03 20
**: 31D date and place of expiry : 20XX 04 22, KOREA
** :50 applicant: : KALMAX GARMENTS FTY. LTD. BLOCK C, 10F., DONTEX BLDG., 10-3 SHEUNS HEI ST., SANPOKONG. KOWLOON. HONG KONG
** :59 beneficiary : ICOM CO.,LTD. Rm202 HONGIL B/D, 1551-9, SOCHO-DONG, SOCHO-GU, SEOUL, KOREA
** :32B currency code amount :
** currency code : USD US DOLLAR
** amount : #28,240.35#
** :39A pct credit amount tolerance : 03/03
** :41D available with/by-name. address : HK SHANGHAI BANKING CORPORATION LTD, SEOUL, KOREA, BY NEGOTIATION
** :42C drafts at : DRAFTS TO BE DRAWN AT SIGHT FOR FULL INVOICE VALUE
** :42D drawee name and address : THE HONGKONG AND SHANGHAI BANKING CORPORATION LIMITED MONGKOK OFFICE,
** :43P partial shipments : ALLOWED
:43T transshipment : PROHIBITED
** :44A on board/disp/taking charge : KOREA
** :44B for transportation to : HONG KONG
** :45A description of goods and/or services:
** + 9,573 YARDS 40 PERCENT NYLON 60 PERCENT COTTON WOVEN FABRIC
** WIDTH : 56 INCHES, ITEM NO : IE-1003, FINISH : PD. WR. W/S
** AT USD 2.95 PER YD CIF HONG KONG
** COLOUR ASSORTMENT :

COLOUR	QTY(YDS)	SHIPMENT LATEST
BLACK	6,277	30 MAR XX
STONE	2,150	15 APR XX
NAVY	1,146	15 APR XX

** **:46A documents required**
** + SIGNED COMMERCIAL INVOICE IN TRIPLICATE. (AN EXTRA COPY OF INVOICE FOR ISSUING BANK'S FILE IS REQUIRED.)
** + SIGNED PACKING AND WEIGHT LIST IN TRIPLICATE.
** + FULL SET ORIGINAL CLEAN 'ON BOARD' MARINE BILLS OF LADING MADE OUT TO ORDER, ENDORSED IN BLANK. MARKED 'FREIGHT PREPAID', NOTIFY APPLICANT WITH

FULL ADDRESS AND MENTIONING THIS DC NO.

** + MARINE INSURANCE POLICY OR CERTIFICATE IN NEGOTIABLE FORM, ENDORSED IN BLANK FOR FULL CIF VALUE PLUS 10 PERCENT COVERING INSTITUTE CARGO CLAUSES (A) INCLUDING FROM WAREHOUSE TO WAREHOUSE, INSTITUTE WAR CLAUSES (CARGO) AND INSTITUTE STRIKES CLAUSES (CARGO), AND SHOWING CLAIMS PAYABLE AT DESTINATION IN THE CURRENCY OF THIS DOCUMENTARY CREDIT.

** + COPY OF APPLICANT'S FAX TO BENEFICIARY CERTIFYING THAT SHIPMENT SAMPLES HAVE BEEN APPROVED BEFORE SHIPMENT.

** + COPY OF BENEFICIARY'S FAX SHIPMENT ADVICE TO APPLICANT (FAX NO. 852- 3452- 3223) DATED ON OR BEFORE SHIPMENT ADVISING NAME OF THE CARRYING VESSEL, SHIPMENT DATE, NUMBER OF CARTONS, QUANTITY AND VALUE OF THE GOODS TO BE SHIPPED AND NAME OF THE SHIPPING COMPANY'S AGENT IN HONG KONG.

** + BENEFICIARY'S SIGNED CERTIFICATE CERTIFYING THAT ONE SET OF NON-NEGOTIABLE SHIPPING DOCUMENTS INCLUDING SIGNED COMMERCIAL INVOICE, SIGNED PACKING AND WEIGHT LIST AND MARINE BILL OF LADING HAS BEEN FAXED TO APPLICANT (FAX NO. 852-3452-3223) ON OR BEFORE SHIPMENT.

** + INSPECTION CERTIFICATE ISSUED AND SIGNED BY TEXTILE LIMITED.

** **:47A additional conditions:**

** + DOCUMENTS TO BE PRESENTED WITHIN 7 DAYS AFTER THE DATE OF SHIPMENT BUT WITHIN THE VALIDITY OF THIS CREDIT. DOCUMENTS MUST BE PRESENTED TO US THROUGH YOUR BANKER.

** + 3 PERCENT MORE OR LESS IN QUANTITY AND AMOUNT FOR EACH COLOUR ALLOWED.

** + IN CASE OF DC OVERDRAWN AND IF SUCH DISCREPANCY IS ACCEPTED BY APPLICANT. THEN A DC OVERDRAWN COMMISSION AT 1/4 PERCENT ON OVERDRAWN AMOUNT (MINIMUM HKD450.00 OR EQUIVALENT) WILL BE DEDUCTED FROM PROCEEDS.

** + AT THE TIME OF NEGOTIATION. THE NEGOTIATING BANK WILL PAY YOU THE AMOUNT OF THE DRAFT LESS REIMBURSING BANK'S CHARGES.

** + A USD 50.00 FEE PLUS ALL RELATIVE CABLE CHARGES WILL BE DEDUCTED FROM THE REIMBURSEMENT CLAIM FOR EACH PRESENTATION OF DISCREPANT DOCUMENT UNDER THIS DOCUMENTARY CREDIT. NOTWITHSTANDING ANY INSTRUCTIONS TO THE CONTRARY. THIS CHARGE SHALL BE FOR THE ACCOUNT OF THE BENEFICIARY.

** : 71B charges : ALL BANKING CHARGES OUTSIDE HONG KONG. INCLUDING ADVISING AND NEGOTIATION COMMISSION, ARE FOR THE ACCOUNT OF BENEFICIARY.

** : 49 confirmation instructions: WITHOUT

** : 78 instructions to pay/acc/neg bk: DOCUMENTS MUST BE DESPATCHED BY REGISTERED AIRMAIL IN ONE COVER TO OUR MONGKOK OFFICE, 673 NATHAN ROAD, KOWLOON, HONG KONG. ON RECEIPT OF DOCUMENTS CONFORMING TO THE TERMS OF THIS CREDIT, WE UNDERTAKE TO REIMBURSE YOU IN THE CURRENCY OF THIS CREDIT AS PER YOUR INSTRUCTIONS LESS REIMBURSEMENT FEES AND PAYMENT CABLE CHARGES (PLS PROVIDE REIMBURSEMENT BANK'S ABA NO AND YOUR CHIPS UID NO.). NEGOTIATING BANK'S DISCOUNT AND/OR INTEREST, IF ANY, PRIOR TO REIMBURSEMENT BY US ARE FOR BENEFICIARY'S A/C.

** : 72 sender to receiver information: PLS. CONTACT BENEFICIARY AT TEL. NO. 598-1206 IMMEDIATELY UPON RECEIPT OF THIS CREDIT.

** -}

** {5:{MAC:13B4493A} Authentication Result

** {CHK:F55F958409A5} Checksum Trailer}

* End

No.20 보증신용장

MIR NUMBER : 1832120118CZNBKRSEAXXX79558 BR NO : 2181 SWIFT
MOR NUMBER : MAKE : 20xx/01/18
REF NUMBER : N07E91201XD03355 STAT : 90 (ACK)

DOC ID : 20xx0118OIMS01018 MESSAGE TYPE : 760

TO : ICBKCNBJSZU
INDUSTRIAL AND COMMERCIAL BANK OF CHINA SUZHOU

:27 : Sequence of Total
1/1
:20 : Transaction Reference Number (TRN)
N07E91201XD03355
:23 : Further Identification
ISSUE
:30 : Dat
xx0118
:40C: Applicable Rules
OTHR/UCP

:77C: Details of Guarantee

· AT THE REQUEST OF MK CO.,LTD (THE APPLICANT), WE HEREBY ISSUE OUR IRREVOCABLE STAND-BY LETTER OF CREDIT NO.N07E91201XD03355 IN YOUR FAVOR FOR ACCOUNT OF MK EL(KUNSHAN) CO.,LTD.(THE BORROWER) WHICH HAS ITS REGISTERED OFFICE AT NO.1 XINXING ROAD. PENGLANG. KUǸSHAN DEVELOPMENT ZONE, JIANGSU (ADDRESS OF THE BORROWER) FOR AN AMOUNT OF UNITED STATES DOLLARS PLUS INTEREST ACCRUED FROM THE AFORESAID PRINCIPAL AMOUNT, COSTS AND FEES ,AND OTHER BANKING CHARGES PAYABLE BY THE APPLICANT (THE BORROWER) AT THE RELEVANT EXCHANGE RATE OF USD/CNY QUOTED BY ICBC ON THE DATE OF YOUR DRAWING.

WE KOOKMIN BANK, YONG-IN BRANCH, WITH OUR OFFICE AT 95-2,KIMRAYNGJANG-DONG, CHEOIN-GU, YONGIN-CITY, KYUNGGI-DO, KOREA HEREBY ISSUE IN YOUR FAVOUR THIS IRREVOCABLE STAND-BY

LETTER OF CREDIT NO N07E91201XD03355 AMOUNTING TO USD500,000 (SAY UNITED STATES DOLLARS FIVE HUNDRED THOUSAND ONLY).

· UPON PRESENTATION OF YOUR DRAFT(S) AND YOUR TESTED SWIFT MESSAGE DEMAND NOT LATER THAN THE EXPIRY DATE OF THE L/C STATING THAT THE AMOUNT DRAWN REPRESENTS THE UNPAID BALANCE OF INDEBTEDNESS DUE TO YOU BY THE BORROWER, WE SHALL, WITHIN SEVEN(7) BUSINESS DAYS PAY YOU THE AMOUNT SPECIFIED IN YOUR DRAFT(S) DRAWN ON US.

· EXCEPT AS EXPRESSLY STATED HEREIN, THIS UNDERTAKING IS NOT SUBJECTED TO ANY AGREEMENT, CONDITION OR QUALIFICATION. THE OBLIGATION OF THE ISSUING BANK UNDER THIS LETTER OF CREDIT SHALL BE THE INDIVIDUAL OBLIGATION OF THE BANK.

· THIS STAND-BY LETTER OF CREDIT SHALL COME INTO EFFECT ON 18/01/20xx(DATE/MOMTH/YEAR) AND ITS AMOUNT SHALL BE REDUCED CORRESPONDINGLY AS AND WHEN PAYMENTS THEREOF ARE MADE BY THE BORROWER PURSUANT TO THE FACILITY AGREEMENT OR BY US. THIS STAND-BY LETTER OF CREDIT SHALL EXPIRE AT OUR COUNTER ON 17/01/20xx (DATE/MONTH/YEAR).

ALL DRAFTS DRAWN HEREUNDER MUST BE MARKED DRAWN UNDER KOOKMIN BANK, YONG-IN BRANCH (THE ISSUING BANK) STAND-BY LETTER OF CREDIT NO N07E91201XD03355 DATED 18/JAN/20xx.

· ALL NOTICE AND COMMUNICATIONS TO US SHALL BE SENT TO CZNBKRSE (SWIFT CODE) BY AUTHENTICATED SWIFT.

· ALL BANKING CHARGE OUTSIDE KOREA IS FOR ACCOUNT OF BENEFICIARY.

WE ENGAGE WITH YOU THAT DRAFTS DRAWN UNDER AND IN COMPLIANCE WITH TERMS OF THIS CREDIT SHALL BE DULY HONORED ON DUE PRESENTATION TO US.

· THIS LETTER OF CREDIT IS SUBJECT TO UNIFORM CUSTOMS AND PRACTICE FOR DOCUMENTARY CREDITS, 2007 REVISION, INTERNATIONAL CHAMBER OF COMMERCE, PUBLICATION NO. 600.

========== END OF MESSAGE ==========

No.21 청구보증서

P-BOND

MIR NUMBER : 1203120106CZNBKRSEAXXX6658 BR NO : 5474 SWIFT
MOR NUMBER : MAKE : 20xx/01/06
REF NUMBER : M10H81201XD0041 STAT : 90 (ACK)

DOC ID : 20xx0106OIMS00233 MESSAGE TYPE : 760

TO : HBMBMYKLXXX
HSBC BANK MALAYSIA BERHAD, MALAYSIA KUALA LUMPUR

:27 : Sequence of Total
1/1
:20 : Transaction Reference Number (TRN)
M10H81201XD0041
:23 : Further Identification
ISSUE
:30 : Date
xx0106
:40C: Applicable Rules
URDG

:77C: Details of Guarantee
TO: ALSTOM ASIA PACIFIC SDN BHD(243308H)
5TH FLOOR,CHULAN TOWER,3 JALAN CONLAY, 50450 KUALA LUMPUR, MALAYSIA
TEL:603 2055 6000

PERFORMANCE GUARANTEE NO.M10H81201XD0041

DEAR SIRS,

· WE HAVE BEEN INFORMED THAT YOU HAVE CONCLUDED ON 27TH OF MAY 20xx A CONTRACT NO.41000595/3 WITH MESSRS. CEPAS LINES CORP., 33-2, HWAJEON-DONG, SEO-GU, BUSAN, KOREA (HEREINAFTER CALLED 'SUPPLIER') FOR THE SUPPLY OF BUTTERFLY VALVE AT A TOTAL PRICE OF EUR10,131.60 ACCORDING TO THIS CONTRACT. SUPPLIER IS REQUIRED TO PROVIDE YOU WITH A PERFORMANCE GUARANTEE IN THE AMOUNT OF EUR519.74 (**PERCENT OF THE CONTRACT PRICE).

· THIS BEING STATED, WE, KOOKMIN BANK, 9, NAMMUNRO, JUNG-GU, SEOUL, KOREA(RELAY TO SINPYEONG-DONG BRANCH), IRRESPECTIVE OF THE VALIDITY AND THE LEGAL EFFECTS OF THE ABOVE-MENTIONED CONTRACT AND WAIVING ALL RIGHTS OF OBJECTION AND DEFENSE ARISING FROM THE PRINCIPAL DEBT, HEREBY IRREVOCABLY UNDERTAKE TO PAY IMMEDIATELY TO YOU UPON YOUR FIRST DEMAND, ANY AMOUNT UP TO EUR519.74(SAY EURO FIVE HUNDRED NINETEEN AND SEVENTY FOUR ONLY) UPON RECEIPT OF DRAFT, YOUR WRITTEN REQUEST FOR PAYMENT AND YOUR WRITTEN CONFIRMATION STATING THAT IN YOUR BELIEF SUPPLIER HAS NOT FULFILLED ITS OBLIGATIONS IN CONFORMITY WITH THE TERMS OF THE ABOVE-MENTIONED CONTRACT.

· FOR THE PURPOSE OF IDENTIFICATION, YOUR REQUEST FOR PAYMENT AND YOUR CONFIRMATION HAVE TO BE PRESENTED THROUGH THE INTERMEDIARY OF A FIRST RATE BANK CONFIRMING THAT THE SIGNATURES ARE LEGALLY BINDING UPON YOUR FIRM. IF ,IN THIS RESPECT, SUCH BANK WILL MAKE USE OF SWIFT, IT WILL HAVE TO TRANSMIT IN ANY CASE THE FULL WORDING OF YOUR REQUEST FOR PAYMENT AND OF YOUR ABOVE-MENTIONED WRITTEN CONFIRMATION AND TO CONFIRM AT THE SAME TIME THAT THE ORIGINALS OF THESE DOCUMENTS, LEGALLY BINDING UPON YOUR FIRM, HAVE BEEN FORWARDED TO US.

· OUR GUARANTEE IS VALID UNTIL 2nd OF APRIL 20xx AND EXPIRES IN FULL AND AUTOMATICALLY.

WITH EACH PAYMENT UNDER THIS GUARANTEE OUR OBLIGATION WILL BE REDUCED PRO RATE.

· ALL BANKING CHARGE OUTSIDE KOREA IS FOR ACCOUNT OF THE BUYER.

· THIS GUARANTEE IS SUBJECT TO THE UNIFORM RULES FOR DEMAND GUARANTEES, ICC PUBLICATION NO.758.

========== END OF MESSAGE ==========

No.22 Local L/C(내국신용장)

출력고유번호 :	인쇄일자 :	인쇄자 :	출력처 :
2014121900100	2014-12-19		국가전자무역 기반사업자(KTNET)

<별지 제4-3호 서식>

취소불능 내국신용장

전자문서 번호 : LOCAPP2014032000000 통지일자 : 2014-03-20

----------------------------------- < 개설내역 > -----------------------------------

개설은행 : 07AX 국민은행 영등포2가
개설일자 : 2014-03-20
신용장번호 :
개설의뢰인 (상호, 주소, 대표자, 전화번호, 사업자 등록번호) : 주식회사
10
서울 영등포구 버드나루로 50 리버타워 오피스텔 706호
수혜자 (상호, 주소, 대표자, 전화번호, 사업자 등록번호) : 주)
6 12
서울 종로구 계동 140-2 현대빌딩

내국신용장 종류 : 외화표시 내국신용장
개설외화금액 : USD 233,860.00
개설원화금액 :
허용오차 : (+)/ (-) (%)
매매기준율 :
물품매도확약서 번호 : M540-LATIN-140212-1
물품인도기일 : 2014-04-14
유효기일 : 2014-04-18
제출서류 : 물품수령증명서 1통
공급자발행 세금계산서 사본 1통
공급자발행 물품매도확약서 사본 1통
본 내국신용장 사본 1통
기타 구비서류 :

> 당행은 귀하(사)가 위 금액의 범위내에서 상기의 서류를 첨부하여 물품대금 전액의 일람출급식 판매대금추심의뢰서 또는 당행을 지급장소로 하고 개설의뢰인을 지급인으로 한 물품대금 전액의 일람출급환어음을 발행할 수 있는 취소불능내국신용장을 개설합니다. 당행은 이 신용장에 의하여 발행되고 또는 이 신용장의 조건에 일치하는 판매대금추심의뢰서 또는 환어음이 당행에 제시된 때에는 이를 이의없이 지급할 것을 판매대금추심의뢰서의 발행인 또는 환어음의 발행인, 배서인, 기타 정당한 소지인에게 확약합니다.

대표공급물품명 : Hyundai Crawler Excavator model R340LC-7 x 2 Units
(Made in India) (HS부호 : 8429521021)
분할인도 허용여부 : 불허
서류제시기간 : 물품수령증명서 발급일로부터 5영업일이내
개설근거별 용도 : 완제품(실적)
기타 :

----------------------------------- < 원수출신용장 등 내역 > -----------------------------------

개설근거서류 종류 :
신용장(계약서) 번호 :

----------------------------------- < 발신기관 전자서명 > -----------------------------------

발신기관 전자서명 : 국민은행 영등포2가지점장
0320001220

> 1. 이 전자문서는 「전자무역 촉진에 관한 법률」에 의거 발행된 내국신용장으로서 이 문서를 전송받은 개설의뢰인 또는 수혜자는 동 법률 시행규정 제12조의 제3항 별표4에서 정한 바에 따라 신용장 여백에 정당발급문서임을 표시 하는 적색 고무인을 날인하여야 합니다.
> 2. 이 신용장에 관한 사항은 다른 특별한 규정이 없는 한 국제상공회의소 제정 화환신용장 통일규칙 및 관례에 따릅니다.

No.23 구매확인서

외화획득용원료·기재구매확인서

※구매확인서 번호 : R0696312

(1) 구매자

울산시 동구 전하동 1번지

(2) 공급자

부산시 사상구 삼락동 393-3

1. 구매원료·기재의 내용

(3)HS부호	(4)품목 및 규격	(5)단위 및 수량	(6)구매일	(7)단가	(8)금액	(9)비고
8409993030	SIDE COVER ASS'Y	1 SET	2014-05-13	KRW 1,480,000 USD	KRW 1,480,000	순수원화EM13CM5311
8409993030	SIDE COVER ASS'Y	1 SET	2014-06-24	KRW 7,938,000 USD	KRW 7,938,000	순수원화EM13CM5315
8409993030	SIDE COVER ASS'Y	1 SET	2014-05-27	KRW 2,544,000 USD	KRW 2,544,000	순수원화KM613C0187
TOTAL		3 SET			KRW 11,962,000	

(총할인/할증/변동금액)

2. 세금계산서 (외화획득용 원료·기재를 구매한 자가 신청하는 경우에만 해당)

(10)세금계산서 번호	(11)작성일자	(12)공급가액	(13)세액	(14)품목	(15)규격	(16)수량

(17) 구매원료, 기재의 용도명세: 원자재(실적)

위의 사항을 대외무역법 제 18조에 따라 확인합니다.

확인일자 2013 년 12 월 31 일

확인기관 한국외환은행장 계동지점

전자서명 1110300117

이 전자무역문서는 [전자무역 촉진에 관한 법률]에 따라 전자문서교환방식으로 발행된 것으로서 출력하여 세관 또는 무역유관기관 등 제 3자에게 제출하려는 경우 업체는 동 법률 시행규정 제 12조제3항에 따라 적색고무인을 날인하여야 합니다.

1/1

부록 3

No.24 선적서류 매입(추심) 의뢰서

선적서류 매입(추심) 의뢰서

(20 년 06월 17일)

담당	책임자	차장	지점장

한국외환은행 지점 앞

MAIL TO

고객번호	418 -
매입번호	418 -

AMOUNT	USD	US$34,000,000.00		TENOR & MATURITY	AT SIGHT
L/C(CONTRACT)	NO	DATED		ISSUED BY	
COMMODITY				H.S.CODE	
ACCOUNTEE (DRAWEE)				BENEFICIARY (DRAWER)	
DESTINATION	FROM			TO	
PRICE TERM		E/L NO		FOB 금액	US$34,000,000

DOCUMENTS ATTACHED		DRAFT		INVOICE		B/L	AWB	P/L						
		BENE	BANK	COMM	CUST									
TO ISSUING BANK	1st													
	2st													
TO REIM BANK													TO REIM BANK CODE :	

매입대전 처리신청 명세

명 세		금 액
외화계정 대체		
원화계정 대체		
무역어음 대 출	A	
	B	
수입보증금		
우편료	환가료	대체료
전신료	추심료	
예 금	계좌번호	

불일치 내용

위와 같이 화환어음의 매입(추심)을 신청함에 있어서 외국환거래약정서의 해당 조항을 따를 것을 확약하며, 신용장(계약서) 불일치 내용이 상대은행에서 통보되어 온 경우에도 매입시 불일치 내용을 신고한 것으로 인정하여 이의를 제기하지 않겠습니다. 아울러 위 수출물품에 대한 모든 권리를 은행에 양도하겠습니다.

본 인 (인) 인감대조

주 소

(은행 사용란)

※ 전산망 필수 투입 사항

①본지사 거래 ☐

②수출보험공사 부보 ☐수출어음보험 ☐단기수출보험 ☐기타( )

③수출형태 ☐선수금매입 ☐중계매입 ☐착수금매입 ☐기타( )

▣ 신용장

☐BANKER'S USANCE

▣ D/P, D/A

☐COLLECT INTEREST FROM DRAWEE AT % P.A. FROM TO (DAYS IN A YEAR)

☐DO NOT WAIVE 1.INTEREST ☐2.CHARGES ☐ WITHOUT OUR PRIOR APPROVAL.

☐ALL CHARGES AND/OR EXPENSES OUTSIDE KOREA ARE FOR DRAWEE'S ACCOUNT

▣ 특수조건 기재란

EP-B-FM-024(2003. 9월개정, 210X297)

KEB First Choice Bank 외환은행

No.25 수출환어음 매입(추심) 신청서

수출환어음매입(추심)신청서

☐ 추심인 경우(V 표시)

담 당	검토자	결재권자

매입번호*	
고객번호*	
승인신청번호*	

우리은행 앞

아래와 같이 화환어음의 매입/추심을 신청함에 있어서 따로 제출한 외국환거래약정서의 해당 조항에 따를 것을 확약하며 신용장(계약서) 불일치 내용이 상대은행에서 통보되어 온 경우 매입시 불일치 내용을 신고한 것으로 인정하여도 이의를 제기하지 않겠습니다. 아울러 위 수출물품에 대한 모든 권리를 귀 은행에 양도하겠습니다.

(1) L/C 및 운송서류 내용		(2) 매입(추심)신청내역	
L/C 번 호*		통 화*	USD
개 설 일 자*		금 액*	
수출신고필증번호*		외화대체금액	
선 적 기 일		수입보증금	
유 효 기 일		원화입금액	

(3) 신용장(계약서)불일치 내용 *

①
②
③
④
⑤
⑥

위 신용장(계약서)에 의한 수출환어음매입 또는 선적서류매입과 관련하여 본인은 아래와 같은 신용장(계약서) 조건과의 불일치 또는 기타 사유로 인한 하자사항을 확인하며 이로 말미암은 비용 및 손해는 외국환거래 약정서에 따라 부담하겠습니다.

년 월 일

*주 소

*신청인 (인)

인감 및 원본확인

*DOCS	DRAFT	COMM INV	B/L	AWB	PKG LIST	INSU PO/CE	CERT ORIG	INSP CERT	CONS INV	BENEF CERT	SHIP ADV			
1 ST			C	C		C								
2 ND			C	C		C								
DRAWEE														

MAIL TO			
DRAWEE BANK		*수출보험등 부보여부	Y N
OPENING / COLLECTING BANK		COMM/INTEREST	
BENEFICIARY		특별문구(코드)	
ACCOUNTEE		H.S. NO.	
COMMODITY		TRANSSHIPMENT	ALLOWED. NOT
DESTINATION		PARTIALSHIPMENT	ALLOWED. NOT

* 표시란은 고객/영업점께서 작성하시는 란입니다.

수출 (403006, 210×297) 백상지 70g/㎡(2002. 11 개정)

우리은행

부록 3

No.26 상업송장

COMMERCIAL INVOICE

<table>
<tr><td colspan="3">① Shipper/Exporter
Charlie's Trading Corporation.
511, Yeongdongdae-ro, Gangnam-Gu,
Seoul, 06164, Korea</td><td colspan="3">⑧ No. & date of invoice
HS-070413 February 13, 20XX

⑨ No. & date of L/C
IMP101133 November 15, 20XX</td></tr>
<tr><td colspan="3">② Consignee
ANZ Bank of Australia</td><td colspan="3">⑩ L/C issuing bank
ANZ Bank of Australia</td></tr>
<tr><td colspan="3">③ Notify party
Inline Trading Corporation
27, Penrose Avenue, Cherrybrook, NSW
2121, Australia</td><td colspan="3">⑪ Remarks :
Details are as per P/O No. DIC-07-011-10
Dated November 10, 20xx to be issued by
Inline Trading Corporation
Origin : Republic of Korea</td></tr>
<tr><td>④ Port of loading
Busan, Korea</td><td colspan="2">⑤ Final destination
Hobart, Australia</td><td colspan="3">⑫ Payment Term :
Letter of Credit , At sight</td></tr>
<tr><td>⑥ Carrier
Elroy</td><td colspan="2">⑦ Sailing on or about
February 15, 20XX</td><td colspan="3">⑬ Price Term :
CIF Hobart, Australia</td></tr>
<tr><td>⑭ Marks & numbers of Pkg</td><td>⑮ Description of Goods</td><td>⑯ Quantity</td><td>⑰ Unit-price</td><td colspan="2">⑱ Amount</td></tr>
<tr><td>"ITC"
IN TRIANGLE
C/NO :1-2500
USD25,000.00
ITEM : JEAN PANTS
SIZE :
Q'TY :</td><td><u>JEAN PANTS</u></td><td>PCS 1,000</td><td>USD25.00</td><td colspan="2">USD25,000</td></tr>
<tr><td colspan="3">P.O. Box :
E-mail :
Telefax No. :
Telephone No. :</td><td colspan="3">⑲ Signed by ______________________
Manager</td></tr>
</table>

No.27 포장명세서

Packing List

<table>
<tr><td colspan="2">① Shipper/Exporter
Charlie's Trading Corporation.
511, Yeongdongdae-ro, Gangnam-Gu,
Seoul, 06164, Korea</td><td>⑧ No. & date of invoice
HS-070413 February 13, 20XX

⑨ No. & date of L/C
IMP101133 November 15, 20XX</td></tr>
<tr><td colspan="2">② Consignee
ANZ Bank of Australia</td><td>⑩ L/C issuing bank
ANZ Bank of Australia</td></tr>
<tr><td colspan="2">③ Notify party
Inline Trading Corporation
27, Penrose Avenue, Cherrybrook, NSW
2121, Australia</td><td>⑪ Remarks :
Details are as per P/O No. DIC-07-011-10
Dated November 10, 20xx to be issued by
Inline Trading Corporation
Origin : Republic of Korea</td></tr>
<tr><td>④ Port of loading
Busan, Korea</td><td>⑤ Final destination
Hobart, Australia</td><td>⑫ Payment Term :
Letter of Credit , At sight</td></tr>
<tr><td>⑥ Carrier
Elroy</td><td>⑦ Sailing on or about
February 15, 20xx</td><td>⑬ Price Term :
CIF Hobart, Australia</td></tr>
</table>

⑭ Marks & numbers of Pkg	⑮ Description of Goods	⑯ Quantity/Net wt	⑰ Gross wt	⑱ Measure
"ITC" IN TRIANGLE C/NO :1-2500 USD25,000.00 ITEM : JEAN SIZE : Q'TY :	JEANS	PCS1,000	15,370kgs	148CBM

P.O. Box :
E-mail :
Telefax No. :
Telephone No. :

⑲ Signed by ______________________

Manager

부록 3

No.28 환어음

Bill of Exchange

NO. HS RS 30 **BILL OF EXCHANGE** February 20, 20xx. Seoul, Korea

FOR USD25,000.00

AT xxx SIGHT OF THIS ORIGINAL BILL OF EXCHANGE (SECOND OF THE SAME TENOR AND DATE BEING UNPAID)PAY TO WOORI BANK OR ORDER THE SUM OF Say U.S. Dollars Twenty-Five Thousands Only

VALUE RECEIVED AND CHARGE THE SAME TO ACCOUNT OF

AUSTRADE, LIMITED 25-25 CALINGFORD RD, EPPING NSW 2121, AUSTRALIA

DRAWN UNDER ANZ BANK, HOBART, AUSTRALIA

L/C NO IM74771 DATE NOVEMBER 15, 20xx

TO ANZ BANK, HOBART, AUSTRALIA

C K Park
Charlie's Trading Corp.,

---

① NO. ______ ⓐ **BILL OF EXCHANGE** ② KOREA ______

③ FOR ______

AT ④ ______ Sight OF THIS **ORIGINAL** BILL OF EXCHANGE ⓑ

(⑤ SECOND OF THE SAME TENOR AND DATE BEING SIGHT UNPAID)

⑧ PAY TO ⑥ ○○○BANK OR ORDER THE ⑦ SUM OF ______

⑨ VALUE RECEIVED AND ⑩ CHARGE THE SAME TO ACCOUNT OF ______

⑪ DRAWN UNDER ______ ⑫ L/C NO. ______ ⑬ DATED ______

⑭ TO ______ ⑮ ______

ⓐ 환어음 표제, ⓑ 환어음 문구,
① 어음번호, ② 발행지 및 발행일, ③ 어음금액(숫자), ④ 만기, ⑤ 파훼문구, ⑥ 수취인,
⑦ 어음금액(문자), ⑧ 지급위탁, ⑨ 대가수취문구, ⑩ 계정결제인, ⑪ 신용장개설은행,
⑫ L/C번호, ⑬ 신용장개설일, ⑭ 지급인, ⑮ 발행인&서명

No.29 선하증권

Bill of Lading

① SHIPPER/EXPORTER Charlie Trading Corporation 511, Yeongdongdae-ro, Gangnam-Gu, Seoul, 06164, Korea		B/L No.: SW5E **Hanjin Shipping Line**
② CONSIGNEE To the order of ANZ Bank of Australia		
③ NOTIFY PARTY Inline Trading Corporation 27, Penrose Avenue, Cherrybrook, NSW 2121, Australia		
PRE-CARRIAGE BY	④ PLACE OF RECEIPT Busan CY	
⑤ OCEAN VESSEL/VOYAGE/FLAG J. Elroy	⑥ PORT OF LOADING Busan, Korea	⑨ FOR TRANSSHIPMENT TO
⑦ PORT OF DISCHARGE Hobart, Australia.	⑧ PLACE OF DELIVERY	⑨-1 FINAL DESTINATION

PARTICULARS FURNISHED BY SHIPPER

MARKS AND NUMBERS	NO. OF CONT. OR OTHER PKGS.	DESCRIPTION OF PACKAGES AND GOODS	GROSS WEIGHT (KGS)	MEASUREMENT (CBM)
⑩ " ITC " In triangle C/No. 1-2500 Item : Pant Size : Q'ty : ⑪ Container/Seal No. --------------- 20'IWTU4102/3/4/5/6/7 S/034334/5/6/7/8/9 CY/CY Total No. of CNTR or Pkgs(in words)	⑫ 2,500 Cartons 6 X 20'	⑬ Container "Shipper's Load & Count & Sealed" Said to contain : 1,000 Pieces of Jean Pant "Freight Prepaid" L/C No. IMP101133 Say : six(6) containers only ⑰	⑭ 15,370 kgs	⑮ 148CBM ⑯ On Board Date: February 15, 20xx

FREIGHT AND CHARGES ⑱ REVENUE TONS RATE PER	PREPAID	COLLECT
"Freight As Arranged" ⑲ No. of Original B/Ls :Three(3) ⑲ Freight Prepaid at : Seoul, Korea ⑲ Freight Payable at :		

Received in apparent good order and condition unless otherwise specified on board the aforementioned vessel the goods described above the particulars given being supplied by the Shipper and the measurement, wight, quantity, brand contents, marks numbers, quality and value being unknown to the carrier) for the carriage to the port of discharge or so near thereunto as she may safely go subject to the terms and condition and

....

IN WITNESS WHEREOF, the master or agent of the said ship has affirmed to THREE(3) bills of lading, all of this tenor and date, ONE of which being accomplished, the others to stand void.

B/L NO.
SN3E

⑲ Place and date of Issue: February 13, 20xx,
Seoul, Korea

Sung Nam Asia Shipping Line

BY ______ ⑳ ______

As Carrier

【선하증권 앞면】

HANJIN SHIPPING **BILL OF LADING**

Hanjin Internet Service
www.hanjin.com

SHIPPER/EXPORTER(COMPLETE NAME AND ADDRESS)	BOOKING NO. (DOCUMENT NO.) EXPORT DEC
	EXPORT REFERENCES
CONSIGNEE(COMPLETE NAME AND ADDRESS/NON-NEGOTIABLE UNLESS CONSIGNED TO ORDER)	FORWARDING AGENT REFERENCES(COMPLETE NAME AND ADDRESS)
NOTIFY PARTY(COMPLETE MAILING ADDRESS)	POINT AND COUNTRY OF ORIGIN
	ALSO NOTIFY(NAME AND FULL ADDRESS)/DOMESTIC ROUTING
PIER OR PLACE OF RECEIPT * / PRE-CARRIAGE BY *	
VESSEL VOY (FLAG) / PORT OF LOADING	TYPE OF MOVE / CONTAINERIZED(Vessel only) ☐ Yes ☐ No
PORT OF DISCHARGE / PLACE OF DELIVERY (BY ON CARRIER) *	FINAL DESTINATION(FOR THE MERCHANT' S REFERENCE ONLY)

PARTICULARS FURNISHED BY SHIPPER

CONTAINER NO. SEAL NO MARKS & NOS.	NO OF PKGS. OR CONTAINERS	H M * *	KIND OF PACKAGES:DESCRIPTION OF GOODS	TOTAL GROSS WEIGHT KGS (POUNDS)	TOTAL MEASUREMENT CBM(CFT)

VOID

ORIGINAL

Optional Declared Value for increased freight charges to avoid Package Limitation: US$ ____________

TOTAL NO. OF PACKAGES OR CONTAINERS(IN WORDS)

FREIGHT AND CHARGES	RATED AS	RATE	PER	PREPAID	COLLECT
			TOTAL		
			AT		

Date

BY ____________

PLACE OF B(s)/L ISSUE

NO.OF ORIGINAL B(s)/L SIGNED

DATE OF B(s)/L ISSUE

BILL OF LADING NO.

RECEIVED by the Carrier from the Shipper in apparent good order and condition unless otherwise indicated herein, the Goods, or the container(s) or package(s) said to contain the cargo herein mentioned, to be carried subject to all the terms and conditions provided for on the face and back of this Bill of Lading by the Vessel named herein or any substitute at the Carrier' s option and/or other means of transport, from the place of receipt or the port of loading to the port of discharge or the place of delivery shown herein and there to be delivered to Consignee or on-carrier on payment of all charges due thereon.

If REQUIRED by the Carrier, this Bill of Lading duly endorsed must be surrendered in exchange for the Goods or delivery order None of the terms of this Bill of Lading can be waived by or for the Carrier except by written waiver signed by a duly authorized agent of the Carrier.

IN ACCEPTING THIS BILL OF LADING the Merchant agrees to be bound by all the stipulations, exceptions, terms and conditions on the face and back hereof, whether written, typed, stamped or printed, as fully as if signed by the Merchant any local custom or privilege to the contrary notwithstanding.

IN WITNESS WHEREOF, the undersigned, on behalf of **Hanjin Shipping Co., Ltd.** the master and the owner of the Vessel has signed the number of Bill(s) of Lading stated above all of the same tenor and date, one of which being accomplished, the others to stand void. (Terms of Bill of Lading Continued on Back Hereof).

* Applicable only when used for **multimodal** or through transportation. * * Check **"HM"** column if hazardous material.

HANJIN SHIPPING CO., LTD.

As Carrier

BY ____________

【선하증권 뒷면】

1. DEFINITIONS

When used in this Bill of Lading

(a) "Bill of Lading" means this contract of carriage for the Goods made between Carrier and Merchant, effective for all modes of transport from place of receipt to place of delivery.

(b) "Carrier" means Hanjin Shipping Co., Ltd., its vessel, agents and subcontractors at all stages of carriage; in context of Multimodal Transportation, "Ocean Carrier" means Hanjin Shipping Co., Ltd., the Vessel, her owner, operator and charterers and the agents and subcontractors of each; "Inland Carrier" means any barge line vessel, trucker or railroad with custody of the Goods under this Bill of Lading, and agents and subcontractors of each.

(c) "Goods" means the cargo as described on the face of this Bill of Lading and trailers, containers and transportable tanks when delivered to the Carrier by the Merchant containing the cargo.

(d) "Multimodal Transportation" means carriage of the Goods under this Bill of Lading by the Ocean Carrier and one or more Inland Carriers for a single freight charge to the Merchant.

(e) "Laden on board" means physically laden on board the first means of transport operated in the service of the Carrier.

(f) "Merchant" means any actual or previous holder of this Bill of Lading and shall include shipper, consignor, consignee, owner and receiver of the Goods, and their agents.

(g) "Package" means the single largest unit of Goods (e.g, container, pallet, box, bale) delivered by Merchant to Carrier for carriage pursuant to the terms of this Bill of Lading.

(h) "Particulars" is that description of the Goods provided by the Merchant to the Carrier, and shall include all manner of description, marks, numbers, weight, measure, nature and value of the items constituting the Goods.

(i) "Subcontractor" identifies all interests engaged in owning, operating or chartering the vessel, lighterers, feeder line, stevedores, terminal operators, warehousemen, truckers, railroads, and the agents of each of them, and all other persons or legal entities performing services pursuant to contract with Ocean or Inland Carriers with respect to the Goods.

(j) "Vessel" means the vessel named in this Bill of Lading, and includes all assisting or substitute vessels, lighters or other conveyances.

N.B. The plural shall include the singular, and the singular shall include the plural throughout this Bill of Lading : the headings are for information purposes only. Any mention in this Bill of Lading of parties to be notified of the arrival of the Goods is solely for information, and failure to give such notification shall not involve the Carrier in any liability nor relieve the Merchant of any obligation.

2. CLAUSE PARAMOUNT

(a) This Bill of Lading shall have effect subject to the International Convention for the Unification of Certain Rules relating to Bills of Lading, dated at Brussels 25 August 1924 (The Hague Rules) as enacted in the country of shipment, unless the protocol, dated Brussels 23 February 1968 (The Hague-Visby Rules) or the United States Carriage of Goods by Sea Act, 1936 (U.S. COGSA, 46 U.S.C. Appendix 1300-1315) apply compulsorily.

(b) When no such enactments are in force in the country of shipment, the corresponding Hague Rules, Hague-Visby Rules or U.S. COGSA legislation (Hague/Visby/COGSA legislation) of the country of destination shall apply, but in respect of shipments to which no such enactments are compulsorily applicable, the terms of the Hague Rules shall apply.

(c) The applicable Hague/Visby/COGSA legislation shall govern throughout the time when the Goods are in the actual or constructive custody of the Carrier. The Carrier takes all reservation possible under the Hague/Visby/COGSA legislation relating to the period before loading and after discharging and while the Goods are in the charge of another Carrier, and to deck cargo and live animals.

3. LITIGATION AND CLAIM

(a) Disputes arising under the Bill of Lading shall be determined at the option of the Merchant by the courts and in accordance with the law (including choice of law) at

(i) the Carrier's principal place of business, (being Seoul, Korea, except for actions under U.S. COGSA, where the Carrier's principal place of business Shall be New York, New York); or

(ii) the place of receipt of the Goods by the Carrier, or the port of discharge.

(b) No proceedings may be brought before other tribunals by the Merchant unless Merchant and Carrier shall have agreed in advance in writing in both the choice of another tribunal and the law to be applied. Carrier may sue Merchant wherever Merchant or Goods are found.

(c) Suit shall not be deemed brought against the Carrier until jurisdiction shall have been obtained of the Carrier by service of summons.

(d) Claims for loss of or damage to the Goods may be filed at the offices of the Carrier or their agent at the port of discharge; claims must be filed and suits commenced within the applicable Hague/Visby/COGSA periods, unless the Merchant claims these rules are inapplicable and loss or damage occurred in the custody of the Inland Carrier, when claims must be filed, and suits commenced, within the time limits provided by law or tariff applicable to the Inland Carrier.

(e) Nothing in this Bill of Lading, expressed or implied, shall operate to limit or deprive the Carrier of any statutory protection or exemption or limitation of liability authorized by any applicable laws, statutes or regulations whether the action is founded in contract, in tort, or otherwise.

4. RESPONSIBILITY

(a) The Carrier shall be responsible for and shall enjoy the immunities and limitation against loss or damage pursuant to the applicable Hague/Visby/COGSA legislation for all periods when the Goods are in the actual or constructive custody of the Carrier.

(b) Where it is forbidden by law to extend Hague/Visby/COGSA legislation to the inland part of the Multimodal Transportation contract, the Carrier shall not be responsible for loss or damage to the Goods while the Goods are in the custody of the Inland Carrier in excess of the scope for which the Inland Carrier would have assumed the responsibility subject to its tariff.

(c) If, despite the terms herein, no legal regime clearly applies to the period of inland carriage, the Carrier and Inland Carrier shall not, in any circumstances, be liable for that part of any claim for damages caused by acts of God, acts or restraint of authority, inherent vice of the Goods, wrongful act or neglect of the Merchant, strike or stoppage of labor of any kind or extent, insufficient or defective packaging or marking or numbering of the Goods or Packages, or any cause, event or consequence which the Carrier could not avoid or prevent by reasonable diligence; nor for any other cause excluded by tariff.

(d) In context of Multimodal Transportation, where the Merchant or Carrier cannot establish in whose custody loss or damage occurred to Goods delivered to the Carrier in actual good condition, it shall be deemed, as between the Merchant and any Carrier, that the loss or damage occurred onboard the Vessel while in the custody of the Ocean Carrier.

(e) The Carrier shall not be responsible for loss of or damage to the Goods occurring before receipt of the Goods by the Carrier at the place of receipt or after delivery by the Carrier at the place of delivery.

(f) Where damage is alleged to the contents of any Package delivered by the Carrier without notation for external damage, it shall in all circumstances be a prerequisite to Carrier's liability that the Merchant shall first demonstrate its delivery of the contents of the Package in actual good condition at the Carrier's place of receipt.

(g) The Carrier shall not be responsible for any loss of or damage to live animals arising or resulting from any cause whatsoever.

(h) In respect of Goods carried on deck and identified on this Bill of Lading to be so carried, all risks of loss or damage from perils inherent in or incident to the custody or carriage of such Goods on deck shall be borne exclusively by the Merchant without recourse to the Carrier.

5. TARIFF

Where a public tariff has been filed by Carrier, Ocean Carrier or Inland carrier governing all or part of the period of carriage, the terms of this Bill of Lading may, to some extent, be modified by the terms of that tariff and by documents referenced therein, such as uniform inland Bills of Lading. To the extent of any actual inconsistency between tariff and this Bill of Lading, the terms of this Bill of Lading shall control to the fullest extent permitted by law.

6. SUB-CONTRACTING AND ADDITIONAL INSTRUCTIONS

(a) The Carrier shall be entitled to sub-contract on any terms the whole or any part of the handling, storage or carriage of the Goods and any and all duties whatsoever undertaken by the Carrier in relation to the Goods. Every servant, agent and sub-contractor (including all interests engaged in the owning or chartering of the Vessel, stevedores, warehousemen, and other independent contractors) and the agents of each shall have the benefit of all provisions herein for the benefit of the Carrier as if the provisions were expressly for their benefit; and in entering into this contract of carriage, the Carrier does so not only on his own behalf but also as agent for all such servants, agents and sub-contractors to the fullest extent permitted by the law applicable to Himalaya Clauses.

(b) Where the Carrier arranges alternative inland transportation as agent for the Merchant, the Merchant's rights and liabilities shall be governed by the law or contract applicable to the inland carriage, without further liability of the Carrier as a carrier.

7. LIBERTIES

(a) The Carrier shall make commercially reasonable efforts to carry the Goods expeditiously to the place of delivery, but the Carrier does not warrant any specific route, vessel, method of transport or delivery date, and shall have liberty to perform the carriage in any commercially reasonable manner and by any reasonable means, methods and routes including the right to transship Goods using other Carriers, conveyances or containers. The Carrier shall always have liberty to comply with directions, howsoever given, of any government, national or local authority.

(b) At any stage in the carriage, the Goods may, at the Carrier's absolute discretion, be carried as a single shipment or as several shipments on any means of transport, whether owned or operated by the Carrier or not.

(c) The Carrier shall make commercially reasonable efforts to complete the carriage and to deliver the Goods at the place designated for delivery, but does not guarantee such delivery and shall be excused from all consequences of nondelivery at such place, (and shall remain entitled to full freight and charges and his lien,) if such delivery is commercially unfeasible, or would delay or imperil the interests of the Carrier or the Goods, the Goods of others or the general enterprise.

(d) In particular, the Carrier is excused from full performance of the contract of carriage by the existence or apprehension of war, declared or undeclared, hostilities, warlike or belligerent acts or operations, riots, civil commotions, boycotts or other disturbances; epidemics or diseases, quarantine, sanitary or similar regulations or restrictions; shortage, absence or obstacles of labor or facilities for loading, discharge, delivery or handling of the Goods; strikes, lockouts or other labor troubles, whether partial or general, and whether or not involving employees of the Carrier, his agents or sub-contractors; congestion of ports, berths, freight stations or terminals; closure of, obstacle in or danger to any canal, waterway, land route or railroad; ice, landslide, earthquake or other natural effects creating obstacles to carriage. This list is descriptive and not exhaustive, and the existence of any of these similar conditions prior to receipt of the Goods shall not constitute waiver of the Carrier's rights.

(e) If the Goods are unclaimed during a reasonable time or whenever, in the Carrier's opinion, the Goods will deteriorate, decay or diminish in value, the Carrier may sell, abandon or otherwise dispose of such Goods at the risk and expense of the Merchant and Goods.

(f) If, in the Carrier's opinion, good cause exists to fear danger, injury, loss, delay or disadvantage to the Carrier, the Goods, the Goods of others or to the general enterprise, the Carrier shall be entitled to dispose of the Goods in such way as the Carrier may deem advisable, or to cancel the contract of carriage without compensation and to require the Merchant to take prompt delivery of the Goods. Such actions by the Carrier shall constitute complete and final delivery and full performance of this contract, and the Carrier shall thereafter be freed from any responsibility for the Goods.

(g) Any action taken by the Carrier pursuant to this clause for the intended benefit of the Vessel, the Goods, the Goods of others or the general enterprise shall fall within the contractual carriage, and such action or delay resulting therefrom shall not constitute a deviation at law, and the Carrier shall be entitled to the full benefit of all privileges, rights and immunities contained in the Bill of Lading.

8. CONTAINERS

(a) On any Vessel or other mode of transportation designed to carry containers, the Carrier has the right to carry Goods in containers in any area designed for such carriage. Such carriage of the Goods shall constitute "under deck" stowage for all purposes, including Hague/Visby/COGSA regulations and General Average.

(b) Where the Goods are not already packed into containers at the time of receipt, the Carrier shall be at liberty to pack and carry them in any type of container.

(c) The Merchant shall indemnify the Carrier against any loss of or damage to the Carrier's container or other equipment while in the possession or control of the Merchant, his agents or sub-contractors engaged by or on behalf of the Merchant.

(d) The Carrier shall in no event be liable for and the Merchant shall indemnify and hold the Carrier harmless from and against any loss of or damage to property of other persons or injuries to other persons caused by the Carrier's container or the contents thereof during handling by, or while in the possession or control of, the Merchant, his agents or sub-contractors.

(e) If any container is delivered sealed by the Merchant to the Carrier, this Bill of Lading is evidence of the receipt only of the number of containers shown on the Bill of Lading, and the condition and any particulars of the contents are unknown to the Carrier; and the Merchant warrants that the containers and contents thereof are suitable for handling and carriage. In the event of breach of this warranty, the Carrier shall not be responsible for any loss of or damage to or in connection with the Goods and the Merchant shall be liable for loss of or damage to any other property, or for personal injury or the consequences of any other accidents or events whatsoever. If such containers are delivered by the Carrier with seals intact, such delivery shall be full and complete performance of the Carrier's obligation hereunder and the Carrier shall not be liable for any loss of or damage to the contents of the containers.

(f) The Carrier does not undertake to carry the Goods in refrigerated, heated, insulated, ventilated or any other special containers, unless special arrangements for the carriage of such containers have been agreed to in writing between the Carrier and the Merchant and special freight has been paid. The Carrier does not accept responsibility for the function of special containers supplied by or on behalf of the Merchant. The Carrier does not guarantee the maintenance of any temperature inside any container.

9. FREIGHT

(a) Freight shall be payable at any lawful rate agreed with the Merchant, and will be calculated on the basis of the Particulars furnished by the Merchant; but the Carrier may at any time open, examine, weigh, measure and value the Goods and Packages to determine the accuracy of the Merchant's Particulars. If it is determined by the Carrier that the freight or charges should be higher, the Carrier may collect the additional amount from the Merchant who shall also be liable for all expenses associated with recalculation of freight or charges.

(b) Full freight and all advance charges shall be considered completely earned on receipt of the Goods by the Carrier, whether the Vessel or the Goods be damaged, lost or not lost, or the journey frustrated or abandoned. All freight and charges shall be paid in full without any offset, counterclaim or deduction, and shall be paid in the currency named in this Bill of Lading.

(c) Each Merchant shall be severally liable to the Carrier for the payment of all freight, charges and other amounts due the Carrier.

10. MERCHANT'S RESPONSIBILITY

(a) Each Merchant shall be responsible for any failure to perform any Merchant's obligations under any of the terms of this Bill of Lading; and each shall indemnify the Carrier against and hold it harmless upon written demand from all liability, loss, damages and expense which the Carrier may sustain or incur arising or resulting from any such failure of performance by the Merchant or any of them. The responsibility of each Merchant shall not be diminished by the existence of any lien claim on the Goods.

(b) Any reference on the face of the Bill of Lading to any particulars of the Goods is furnished by the Merchant, and the Carrier shall not be responsible for the accuracy thereof. The Merchant warrants to the Carrier that the particulars furnished by him are correct.

(c) Each Merchant warrants that equipment, whether owned or leased by the Carrier, would be returned to the Carrier within a reasonable time stipulated in the applicable tariff and further promises and agrees to pay equipment detention charges stipulated in the applicable tariff including the costs and expenses of recovering the same in case of failure to do so.

11. LIEN

(a) The Carrier shall have a lien on the Goods, for all freight, dead freight, demurrage and the costs and expenses of recovering the same and any other sums whatsoever payable by the Merchant under this Bill of Lading or any other Bill of Lading between Carrier and Merchant and may enforce this lien, by all available means, including public or private sale. The net proceeds of any such sale, after first deducting all costs and expenses in executing the lien shall be applied towards the settlement of the amounts due the Carrier. If on sale of the Goods, the proceeds fail to cover the amount due and the cost and expenses incurred, the Carrier shall be entitled to recover the deficit from the Merchant.

(b) The Carrier shall have a lien on the Goods for all expenses and charges incurred in protecting or caring for the Goods, whether the Goods be damaged or not, and for any payment or liability of whatsoever nature incurred by the Carrier in connection with the Goods, including legal fees incurred through attachments or interpleader or other proceedings in respect of the Goods.

12. DANGEROUS GOODS, CONTRABAND

(a)The Carrier undertakes to carry Goods of a hazardous, injurious or dangerous nature only upon the Carrier's written acceptance of a prior written application by the Merchant for the carriage of such Goods.

(b) The Merchant shall ensure that the nature of dangerous Goods is distinctly and permanently marked and manifested on the outside of the packages and containers, and shall submit all documents or certificates required by any applicable statutes or regulations.

(c) Whenever Goods are discovered to be contraband or prohibited by any applicable laws or regulations, the Carrier shall be entitled to have such Goods rendered innocuous, thrown overboard or discharged or otherwise disposed of at the Carrier's discretion without compensation.

13. DELIVERY

(a) The Carrier shall have the right to deliver the Goods at any time at any place designated by the Carrier within the geographic limits of the place of delivery.

(b) In any case the Carrier's responsibility shall cease when the Goods have been delivered to the Merchant, its agent or subcontractors or otherwise according to law at the place designated by the Carrier. Delivery of the Goods to the custody of Customs or any other authorities shall always constitute final discharge of the Carrier's responsibility hereunder.

(c) For Goods received by the Carrier in containers the Carrier shall only be responsible for delivery of the total number of containers shown on the face of the Bill of Lading, and shall not be required to unpack the containers.

(d) Where the Goods have been packed into containers by the Carrier, the Carrier shall unpack the containers and deliver the contents thereof and shall not be required to deliver the Goods in containers.

(e) The Carrier shall not be liable for failure to deliver in accordance with marks unless the Goods or Packages shall have been clearly, legibly and permanently marked.

14. NOTICE OF CLAIM AND TIME FOR SUIT

(a) Unless notice of loss or damage and the general nature of such loss or damage be given in writing to the Carrier or his agent at the place of delivery at the time of delivery, such removal shall be evidence of the delivery by the Carrier of the Goods as described in the Bill of Lading. If the loss or damage be not apparent, the notice must be given in writing to the Carrier within three days after delivery.

(b) In any event and however founded the Carrier shall be discharged from all liability unless suit is brought within one year after the delivery of the Goods or the date when the Goods should have been delivered.

(c) Where the Merchant contests the general application of Hague/Visby/COGSA legislation, proof that damage actually occurred in the care, custody or control of the Inland Carrier, and that claim or suit were not timely made within the time limits provided by law and tariff applicable to the Inland Carrier shall create an absolute defense to the liability of the Ocean Carrier.

15. DAMAGES

(a) In no event shall the Carrier be liable for more than the contract value to the Merchant of the damaged or lost items at the place and time they were or should have been delivered to the Merchant. Where permitted by law, the Carrier's liability hereunder shall not exceed the Merchant's net invoice cost, freight and insurance premiums, if paid.

(b) In no event shall the Carrier be responsible for consequential damages, for lost profits, for non-compensatory damages, for exemplary damages, or for damages of any kind arising from delay, loss of market, depreciation or damages payable by the Merchant to any third party.

16. LIMITATION OF DAMAGES

(a) Damages shall, in all events, be limited in accordance with the applicable Hague/Visby/COGSA legislation.

(b) Unless the nature and value of the Goods have been declared in writing by the Merchant before shipment and inserted in this Bill of Lading, and ad valorem freight regulated in the applicable tariff paid in advance;

(i) Where Hague Rules apply, the Carrier shall in no event be liable for loss or damage in an amount exceeding the minimum allowable limit per package or unit in the applicable version of the Hague Rules.

(ii) Where U.S. COGSA applies, the Carrier shall in no event be or become liable for any loss or damage to or in connection with the Goods in an amount exceeding U.S. dollars 500 per package or, in case of Goods not shipped in packages, per customary freight unit.

17. GENERAL AVERAGE AND SPECIAL CHARGES

(a) General Average to be adjusted, stated and settled at any port or place at the Carrier's option, according to the York-Antwerp Rules 1974 as amended 1994 (or as amended 1990 at the discretion of the Carrier) and in the currency selected by the adjuster, who shall be appointed by the Carrier.

(b) Average agreement, non-separation agreement, deposit or bond shall be furnished by the Merchant to the Carrier before delivery of Goods subject to claims for contribution in General Average.

(c) The Amended Jason Clause as approved by the Baltic and International Maritime Conference (BIMCO) is incorporated here by this reference.

(d) The Both-to-Blame Collision Clause as adopted by BIMCO is incorporated here by this reference.

(e) In case of special charges or expenditures unforeseen by the terms of this Bill of Lading, and not compensable in General Average, the Merchant shall reimburse the Carrier for all such special charges and expenditures that might be applicable to the Goods.

18. DEVIATION

No reasonable or customary action taken by the Carrier during the carriage of the Goods shall constitute a deviation, and in particular, no action taken by the Carrier pursuant to the Liberties Clause above shall constitute a deviation if it was taken for the intended benefit of the Vessel, the Goods, the Goods of others or the general enterprise. It shall be prerequisite to the Merchant's claim for damages on account of deviation that the Merchant's insurance shall first have been cancelled on account of the alleged deviation. No deviation shall oust the right to limit liability or damages, and the Carrier shall always be entitled to the full benefit of all privileges, rights and immunities contained in this Bill of Lading and any incorporated tariffs.

19. SEVERABILITY OF TERMS

(a) The terms of this Bill of Lading are severable, and if any part or term is declared invaild or unenforceable, the validity or enforceability of any other part or term shall not be affected.

(b) In particular, if any term of this Bill of Lading is held to be repugnant to the applicable Hague/Visby/COGSA legislation or to any tariff to any extent, such term shall be void to that extent but no further.

No.30 해상화물운송장

HANJIN SHIPPING NON - NEGOTIABLE WAYBILL (NON NEGOTIABLE)

SHIPPER/EXPORTER(COMPLETE NAME AND ADDRESS)	BOOKING NO.	(DOCUMENT NO.)	EXPORT DEC
TIMELY ENT CO.,LTD. C/O NO. 529,SEC. 3,YUN CHI RD.TENG CHUNG CHEN, CHANG-HWA HSIEN TAIWAN R.O.C . CN T:769-83214345 **	SZP0G3763603 EXPORT REFERENCES 096-1169147	42258987	Y

CONSIGNEE(COMPLETE NAME AND ADDRESS/NON-NEGOTIABLE UNLESS CONSIGNED TO ORDER	FORWARDING AGENT REFERENCES(COMPLETE NAME AND ADDRESS)
TARGET STORES 1000 NICOLLET MALL, MINNEAPOLIS, MN 55403, UNITED STATES	DAMCO (CHINA) LTD. SHENZHEN BRANCH
NOTIFY PARTY(COMPLETE MAILING ADDRESS) TARGET CUSTOMS BROKERS, INC. 7000 TARGET PARKWAY NORTH, NCD-4452 BROOKLYN PARK, MN 55445 ATTN:JENNIFER THOMPSON **	**POINT AND COUNTRY OF ORIGIN** **ALSO NOTIFY(NAME AND FULL ADDRESS)/DOMESTIC ROUTING** NYK LOGISTICS AMERICAS (W555) 13501 38TH ST EAST SUMNER, WA 98390 PHONE:901-473-5918 FAX:901-473-5997

PIER OR PLACE OF RECEIPT *	PRE-CARRIAGE BY *	
YANTIAN,GUANGDONG		
VESSEL VOY (FLAG)	**PORT OF LOADING**	**TYPE OF MOVE** / **CONTAINERIZED(Vessel only)**
GUANG DONG BRIDGE 0033E	YANTIAN,GUANGDONG	[V] Yes [ ] No
PORT OF DISCHARGE	**PLACE OF DELIVERY (BY ON CARRIER) ***	**FINAL DESTINATION(FOR THE MERCHANT'S REFERENCE ONLY)**
TACOMA,WA	TACOMA,WA	

PARTICULARS FURNISHED BY SHIPPER

CONTAINER NO. MARKS & NOS	SEAL NO	NO OF PKGS. OR CONTAINERS	H M	KIND OF PACKAGES:DESCRIPTIONOF GOODS	TOTAL GROSS WEIGHT KGS(POUNDS)	TOTAL MEASUREMENT CBM(CFT)
				=SHIPPER'S LOAD & COUNT=	8.840	0.092
HJCU9022826 PT CY/CY S/CH7393345 1CT 8.840KGS .092CBM TARGET STORES PO#:1169147 DPC-ITEM#: 096080540 STYLE#: ASSOR TMENT COLOR:DOVE SIZE:51/2-11 CASEPACK:1 COUNTRY OF * SEE ATTACHED RIDER *		1 .01X45HC		CARTON IN TOTAL CONTAINER SAID TO CONTAIN: 1 CARTON WOMENS FOOTWEAR FREIGHT COLLECT PO.NO.:1169147 TOTAL:12PRS 1CTNS SHIPPER'S DECLARATION CONCERNING WOOD PACKING MATERIALS - NO WOOD PACKAGING MATERIALS IS USED IN THE SHIPMENT. 8.84 KGS 0.092 CBM **SHPR: T:769-83214349 **NTFY: PHONE:763-405-0364 FAX:763-405-1340	=FREIGHT COLLECT= CY/CY	

NON-NEGOTIABLE

Optional Declared Value for increased freight charges to avoid Package Limitation: US $ ____

TOTAL NO. OF PACKAGES OR CONTAINERS(IN WORDS) .01X45HC CONTAINER(S) ONLY

FREIGHT AND CHARGES	RATED AS	RATE		PER	PREPAID		COLLECT	
OFT AEN200100	0.010	USD	1494.00	D7			USD	14.94
ORC	0.010	USD	340.00	D7	USD	3.40		
BUC	0.010	USD	627.00	D7			USD	6.27
SLF	0.010	CNY	25.00	D7	CNY	0.25		
DHF	1.000	CNY	200.00	BL	CNY	200.00		
TOTAL					CNY USD	200.25 3.40	USD	21.21
AT					CNSZP		USCHI	

LADEN ON BOARD THE VESSEL
Date 08Jan2011
BY Ryan Li

PLACE OF B(s)/L ISSUE: SHENZHEN,
NO.OF ORIGINAL B(s)/L SIGNED: NONE
DATE OF B(s)/L ISSUE: 08Jan2011
BILL OF LADING NO.: ** SEA WAYBILL ** HJSCSZP0G3763603

Received by the Carrier from the Shipper in apparent good order and condition unless otherwise indicated herein, the Goods, or the container(s), or package(s) said to contain the cargo herein mentioned, to be carried subject to the terms and conditions provided by this Waybill by the Vessel named herein or any substitute at the Carrier's option and/or other means of transportation, from the place of receipt or the port of loading to the port of discharge or the place of delivery shown herein and there to be delivered to Consignee or on-carrier on payment of all charges due thereon.
The Cargo shipped under this Waybill will be delivered to the Party named as Consignee or its authorized agent, on production of proof of identity without any documentary formalities. Should the Shipper require delivery of the cargo to a party other than the Consignee stated in this Waybill, then written instructions must be given to the Carrier or his agent.
The Carrier shall exercise due care ensuring that delivery is made to the proper party. However, in case of incorrect delivery, the Carrier will accept no responsibility unless due to fault or neglect on his part.
This Waybill is not a Document of Title and shall not be deemed as evidence of title for the Cargo. However, this Waybill is subject to the terms and conditions of the then effective Carrier's Bill of Lading including but not limited to the Paramount clause, limitation of liability and declared value clauses, which are applicable mutatis mutandis.
The Terms and Conditions applying to this Waybill are available from the carrier, its agent and also at www.hanjin.com

HANJIN SHIPPING CO.,LTD.
As Carrier
BY HJS

【해상화물운송장 뒷면】

CONDITIONS OF CARRIAGE

(1) This Waybill, which is not a document of title to the Goods, is subject to the terms and conditions, liberties and exceptions of the Carrier's standard bill of lading and tariff, copies of which may be obtained from the Carrier's office and those of his authorized agents, and to the provisions set out below.

(2) Paramount Clause

(a) This Waybill is not a bill of lading and no bill of lading will be issued. However, it is agreed that the Hague Rules contained in the International Convention for the Unification of certain rules relating to Bills of Lading, dated Brussels the 25th August 1924 as enacted in the country of shipment shall apply to this Waybill. When no such enactment is in force in the country of shipment, the corresponding legislation of the country of destination shall apply, but in respect of shipments to which no such enactments are compulsorily applicable, the terms of the said Convention shall apply in exactly the same way.

(b) Trades where Hague – Visby Rules apply.
In trades where the International Brussels Convention 1924 as amended by the Protocol signed at Brussels on February 23rd 1968 – the Hague-Visby Rules-apply compulsorily, the provisions of the respective legislation shall also apply to this Waybill.

(c) The Carrier shall in no case be responsible for loss of or damage to the Goods howsoever arising before receipt of the Goods by the Carrier at the place of receipt or after delivery by the Carrier at the place of delivery.

(d) It is agreed that whenever the Brussels Convention and the Brussels Protocol or statutes incorporating same use the words 'Bill of Lading' they shall be read and interpreted as meaning 'Waybill'.

(3) The Consignee by presenting this Waybill and/or requesting delivery of the Goods further undertakes all liabilities of the Shipper hereunder such undertaking being additional and without prejudice to the Shipper's own liability.

(4) Unless instructed to the contrary by the Shipper, the Carrier will, subject to the aforesaid terms and conditions, process cargo claims with the Consignee named in this Waybill. Such settlement, if any, shall be a complete discharge of the Carrier's liability to the Shipper. The Shipper accepts the said standard conditions on his own behalf on behalf of the Consignee and the owner of the Goods and warrants that he has authority to do so.

No.31 항공화물운송장

Shipper's Name and Address Shipper's Account Number	Not Negotiable **Air Waybill** KOREANA AIR issued by
	Copies 1, 2 and 3 of this Air Waybill are originals and have the same validity
Consignee's Name and Address Consignee's Account Number	It is agreed that the goods described herein are accepted in apparent good order and condition(except as noted)for carriage SUBJECT TO THE CONDITIONS OF CONTRACT ON THE REVERSE HEREOF. ALL GOODS MAY BE CARRIED BY ANY OTHER MEANS INCLUDING ROAD OR ANY OTHER CARRIER UNLESS SPECIFIC CONTRARY INSTRUCTIONS ARE GIVEN HEREON BY THE SHIPPER, AND SHIPPER AGREES THAT THE SHIPMENT MAY BE CARRIED VIA INTERMEDIATE STOP........
Issuing Carrier's Agent Name and City	Accounting Information
Agent's IATA Code Account No.	
Airport of Departure(Addr. of First Carrier)and Requested Routing	Reference Number Optional Shipping Info

to	By First Carrier Routing and Destination	to	by	to	by	Curcy	CHG Cod	WT V P C	Other P C	Declared Value for Carriage	Declared Value for Customs

Airport of Destination	Requested Flight/Date	Amount of Insurance	INSURANCE If Carrier offers insurance, and such insurance is requested in accordance with the conditions on reverse hereof, indicate amount to be insured in figures in box marked 'amount of insurance.'

Handling Information

No. of Pieces RCP	Gross Weight	kg lb		Rate Class Commodity Item No.	Chargeable Weight		Rate / Charge		Total		Nature and Quantity of Goods (incl. Dimensions or Volume)

Prepaid Weight	Charge Collect	Other Charges
Valuation	Charge	
	Tax	Shipper certifies that the particulars on the face hereof are correct and that insofar as any part of the consignment contains dangerous goods, such part is properly described by name and is in proper condition for carriage by air according to the applicable Dangerous Goods Regulations.
Total Other Charges	Due Agent	
Total Other Charges	Due Carrier	Signature of Shipper or his Agent
Total Prepaid	Total Collect	
Currency Conversion Rates	CC Charges in Dest Currency	Executed on(Date) at(Place) Signature of Issuing Carrier of its Agent
For Carrier's Use only at Destination	Charges at Destination	Total Collect Charge

부록 3

No.32 복합운송증권

Consignor/Shipper
Charlie's Trading Corporation
511, Yeongdongdae-ro, Gangnam-Gu,
Seoul, 06164, Korea

Negotiable KIFFA
KIFFA MULTIMODAL TRANSPORT
BILL OF LADING
B/L NO.SSAX 9AL0159

Consignee
To the order of ANZ Bank of Australia

Notify Party

Reg No.64
SEA ROAD
TRANS CORPORATION
C.P.O BOX364
SEOUL KOREA

For delivery of goods please apply to :

Pre-carriage by

Place of Receipt
BUSAN CFS,KOREA

Vessel/Voyage No.

Port of Loading
BUSAN, KOREA

Port of Discharge
HOBART, AUSTRALIA

Place of Delivery

Final Destination(For the Merchant Ref.)

PARTICULARS FURNISHED BY CONSIGNOR/SHIPPER

Container no. & Seal No. Marks and No.	No. & Kinds of Containers or Pkgs	Description of Goods	Gross Weight	Measurement
" ITC " In triangle C/No. 1-2500	2,500 Cartons 6 X 20'	Jean Pant	15,370kgs	148 CBM

PART OF 40HC X 1
(6CNTRs)

SAID TO CONTAIN:
5000 MTRS OF
ART 1001
65PERCENT POLUSTER 35 PERCENT COTTON

SAY : PART OF ONE (40HC X 1)CONTAINERS ONLY

LOADED ON BOARD DATE : April .26, 20XX

Total Number of Containers or Packages(in words)

Freight Payable at
SEOUL, KOREA

Freight & Charges	Prepaid	Collect
AS ATTACHED		

Received by the Carrier, the Goods specified herein in apparent good order and condition unless otherwise stated, to be transported to such place as agreed, authorized or permitted herein and subject to all the terms and conditions appearing on the front and reverse of this Multimodal Transport Bill of Lading (hereinafter called the 'K B/L') to which the Merchant agrees by accepting this K B/L, notwithstanding any local privileges, customs or any other agreements between the parties. The particulars of the Goods provided herein were stated by the shipper and the weight, measurements, quantity, condition, contents and value of the Goods are unknown to the Carrier. In witness whereof three(3) original K B/L(s) have been signed unless otherwise stated herein. If two(2) or more original K B/L(s) have been issued and either one(1) has been surrendered, all the other(s) shall be null and valid. If required by the Carrier one(1) duly endorsed original K B/L must be surrendered in exchange for the Goods or delivery order.

Place and Date of Issue	No. of original B/L
SEOUL, KOREA APR.26, 20xx	THREE(3)

Signature
SEA ROAD TRANS CORPORATION

ACTING AS A CARRIER
Authorized by KIFFA 1997(210 X 297mm)

No.33 보험증권

MARINE CARGO INSURANCE POLICY

<table>
<tr><td colspan="3">Assured(s), etc CHARLIE'S TRADING CORPORATION</td></tr>
<tr><td colspan="2">Policy No. 00264782A2700</td><td>Ref. No.
Invoice No. HS-070413
L/C No. IMP101133</td></tr>
<tr><td colspan="2">Claims, if any, payable at :
GELLATLY HANKEY MARINE SERVICE
30, Calingford Rd., Epping, NSW 2121, Australia</td><td>Amount insured
USD 65,120.-
(USD59,200 XC 110%)</td></tr>
<tr><td colspan="2">Survey should be approved by :
THE SAME AS ABOVE</td><td rowspan="5">Amount insured
USD27,500.00
(USD25,000 × 110%)</td></tr>
<tr><td>Local Vessel or conveyance</td><td>From(interior port or place of loading)</td></tr>
<tr><td>Ship or Vessel called the
ELROY</td><td>Sailing on or about
March 3, 20xx</td></tr>
<tr><td>At and from
BUSAN, KOREA</td><td>transshipped at</td></tr>
<tr><td>Arrived at
Sydney, AUSTRALIA</td><td>thence to</td></tr>
<tr><td colspan="2">Goods and Merchandiese

2,000 pcs of Jean pants

Marks and Numbers as per Invoice No. specified above</td><td>Subject to the following Clauses as per back hereof institute Cargo Clauses Institute War Clauses(Cargo) Institute War Cancellation Clauses(Cargo)
Institute Strikes Riots and Civil Commotions Clauses
Institute Air Cargo Clauses(All Risks)
Institute Classification Clauses
Special Replacement Clause(applying to machinery)
Institute Radioactive Contamination Exclusion Clauses
Co-Inssurance Clause Marks and Numbers as</td></tr>
<tr><td colspan="3">Place and Date signed in SEOUL, KOREA MARCH 2, 20xx. No. of Certificates issued. TWO

This Certificate represents and takes the place of the Policy and conveys all rights of the original policyholder (for the purpose of collecting any loss or claim) as fully as if the property was covered by a Open Policy direct to the holder of this Certificate.
This Company agrees lossed, if any, shall be payable to the order of Assured on surrender of this Certificate.
Settlement under one copy shall render all otehrs null and viod.
Contrary to the wording of this form, this insurance is governed by the standard from of English Marine Insurance Policy.
In the event of loss or damage arising under this insurance, no claims will be admitted unless a survey has been held with the approval of this Company's office or Agents specified in this Certificate.

SEE IMPORTANT INSTRUCTIONS ON REVERSE
LIG Insurance Co., Ltd.

AUTHORIZED SIGNATORY

This Certificate is not valid unless the Declaration be signed by an authorized representative of the Assued.</td></tr>
</table>

부록 3

【보험증권 앞면】

SAMSUNG FIRE & MARINE INSURANCE

SAMSUNG INSURANCE BUILDING EULJIRO 1GA, CHOONG-KU, SEOUL, KOREA

C.P.O. BOX 469 FAX: 758-7815 www.samsungfire.com

Policy No. 90100977940000

MARINE CARGO INSURANCE POLICY

Assured(s), etc: ENT SYSTEM

Claim, if any, payable at:
BULGARKONTROLA
P.O.BOX106 SOFIA 1080 SOFIA.
BULGARIA
TEL: 359 2 85151
FAX: 359 2 882354

Ref. No. INV. NO : KOBI/0803-01

Amount insured:
USA DOLLAR EXCH:₩1,303.9000
**************************1,287.00
CARGO: USD ****************1,287.00
<USD **********1,170.00 X 110.00 %>

Claims are payable in the USA DOLLAR

Survey should be approved by:
BULGARKONTROLA
P.O.BOX106 SOFIA 1080 SOFIA.
BULGARIA
TEL: 359 2 85151
FAX: 359 2 882354

Conditions: Subject to the following Clauses as per back hereof.
CARGO CLAUSES(ALL RISKS-AIR)

Local Vessel or Conveyance

Ship or Vessel called the: BY AIR

Sailing on or about: 20 .08.04

at and from: INCHON, KOREA

transhipped at

arrived at: TIRANA, ALBANIA

thence to

Goods and Merchandises:
TFT-LCD MONITOR(15.1")
TOTAL : 3

ORIGINAL DUPLICATE UNPAID

TRANSIT TERMINATION CLAUSE (30 DAYS)
applicable only for cargoes imported to Korea

It is specially understood and agreed that the words "60 days" in [ICI/B] of the paragraph of the transit Clause of the Institute Cargo Clauses are substituted by the words "30 days".

-Institute Classification Clause.
-Institute Radioactive Contamination Exclusion Clause.
-On-Deck Clause.
-Special Replacement Clause (applying to machinery)
-Special Replacement Clause for Secondhand Machinery (applying to used machinery)
-Label Clause (applying to labelled goods)
-Inland Transit Extension
-Computer Millennium Clause (Cargo)

Place and Date signed in SEOUL, KOREA ON 03 AUG 20

Numbers of Policies issued: TWO

Be it known that

In the event of loss or damage arising under this Policy, no claims will be admitted unless a survey has been held with the approval of this Company's Office or Agents specified in this Policy.

In case of loss or damage, please follow the "IMPORTANT" clause printed on the back hereof.

SAMSUNG FIRE & MARINE INSURANCE CO.,LTD

Lee soo Chang

AUTHORIZED SIGNATORY

【보험증권 뒷면】

No.34 보험증명서

AIG AMERICAN HOME ASSURANCE COMPANY
(AIG General Insurance)

60-1, CHUNG MU RO 3-KA, CHUNG-GU SEOUL, 100-705 KOREA
TEL:02-2260-6800 FAX:02-2260-6840

MARINE CARGO INSURANCE CERTIFICATE

COPY

AHA(AIG General Insurance) is the non-life insurance company of AIG in Korea.

NO.: Y076974C00 Y0P0015C

Assured Name KOREA TDK CO., LTD.	Invoice No..etc INVOICE NO. TKRA171505
Claim Agent AIU INSURANCE COMPANY 2-4, KINSHI 1-CHOME, SUMIDA-KU, TOKYO 130-8560, JAPAN TEL:(813)5611-0388 FAX:(813)5619-2645	Amount Insured Cargo USD4,552.72 (USD4,138.83 * 110 %)
Survey Agent SAME AS ABOVE	Conditions INSTITUTE AIR CARGO CLAUSES(ALL RISKS)

Conveyance	Sailing on or about
AIR	20 -06-13
At and From	Transhipped at
KOREA	
Arrived at	Thence to
NAGOYA	

Goods and Merchandises
275,000 PCS
PEAKING COIL

SPECIMEN

Subject to the following Clauses as per back hereof.
- Institute Cargo Clauses specified above.
- Institute Classification Clause
- Transit Termination Clause(30 days) [(A)/(B)] (applicable only for cargo imported to Korea)
- Special Replacement Clause for secondhand Machinery.
- Special Replacement Clause(applying to machinery)
- Co-Insurance Clause(if applicable)
- On-Deck Clause.
- Other Insurance Clause.
- Institute Radioactive Contamination Exclusion Clause.
Computer Millennium Clause(cargo) /with named peril extension
- Termination of Transit clause(Terrorism)

Marks and Numbers as per Invoice No. specified above

Place and Date Signed in.	No. of Policies Issued.
KOREA 20 -06-13	TWO

Be it known that [illegible]

In the event of loss or damage arising under this Policy, no claims will be admitted unless a survey has been held with the approval of this Company's Office or Agents specified in this Policy.

In case of loss or damage, please follow the "IMPORTANT" clause printed on the back hereof.

For AMERICAN HOME ASSURANCE COMPANY KOREA

AIG American Home Assurance Company (AIG General Insurance)
AIG 손해보험

ME569822

인지세현금납부중
승인 제2001-120호
세액 100 원정
승인 2001.12.19
중부세무서

AUTHORIZED SIGNATORY

No.35 원산지증명서

Certificate of Origin

<table>
<tr><td>Exporter(Name, address, country)
Charlie Trading Corp.
511, Yeongdongdae-ro, Gangnam-Gu,
Seoul, 06164, Korea</td><td>ORIGNAL

CERTIFICATE OF ORIGIN
issued by
THE KOREA CHAMBER OF COMMERCE & INDUSTRY
Seoul, Republic of Korea</td></tr>
<tr><td>Consignee (Name, address, country)
To the order of Commonwealth Bank</td><td>Country of Origin
Republic of Korea</td></tr>
<tr><td>Transport details
From : Busan, Korea
To : Hobart
By : Elroy
On : November 15, 20XX</td><td>Remarks</td></tr>
<tr><td>Marks & numbers; number and kind of packages; description of goods

"ITC" JEAN
IN TRIANGLE
C/NO :1-2500
USD25,000.00
ITEM : JEAN
SIZE :
Q'TY :</td><td>Quantity

1,000pcs</td></tr>
<tr><td>Declaration by the Exporter
The undersigned, as an authorized signatory, hereby declares that the abovementioned goods were produced or manufactured in the country shown in box 3.

(Signature)

(Name)</td><td>Certification
The undersigned authority hereby certifies that the goods described above originate in the country shown in box3 to the best of its known and belief.

Authorized Signatory

Certificate No.</td></tr>
</table>

부록 3

No.36 검사증명서

DRYDEN HOUSE CO., LTD.

16-1 JANGAN-DONG DONGDAEMUN-GU SEOUL KOREA

MANUFACTURERS, EXPORTERS & IMPORTERS, TEL : 725-5671

CERTIFICATE OF INSPECTION

Messrs. Charlie's Trading Corporation
511, Yeongdongdae-ro, Gangnam-Gu,
Seoul, 06164, Korea

February 13, 20XX

As per Cont. NO. DIC-07-11-10 Cat. No. DH-005

Shipped by Elory Sailed on/about November 15, 20xx

Of Hanjin Shipping Co.,

This is to certify that our Quality controller attended for inspection of the captioned shipment at Yang San

and samples taken at random from this shipment were inspected and appeared to be such as to warrant the issue of this Authorization.

The issue of this Certificate of inspection to ship these goods does not imply that the goods are in accordance with the contract and does not in anyway relieve the sellers of their responsibility to supply the goods to be shipped herewith in entire accordance with the contract.

Merchandise inspected by :

No.37 선복요청서

SHIPPING REQUEST

① SHIPPER/EXPORTER Charlie's Trading Corporation 511, Yeongdongdae-ro, Gangnam-Gu, Seoul, 06164, Korea		**Hanjin Shipping Line**
② CONSIGNEE To the order of Commonwealth Bank of Australia		
③ NOTIFY PARTY Inline Trading Corporation 27, Penrose Avenue, Cherrybrook, NSW 2121, Australia		
PRE-CARRIAGE BY	④ PLACE OF RECEIPT Busan CY	
⑤ OCEAN VESSEL/VOYAGE/FLAG J. Elroy	⑥ PORT OF LOADING Busan, Korea	⑨ FOR TRANSSHIPMENT TO
⑦ PORT OF DISCHARGE Hobart, Australia	⑧ PLACE OF DELIVERY	FINAL DESTINATION FOR THE MERCHANT'S REFERENCE ONLY

PARTICULARS FURNISHED BY SHIPPER

MARKS AND NUMBERS	NO. OF CONT. OR OTHER PKGS.	DESCRIPTION OF PACKAGES AND GOODS	GROSS WEIGHT (KGS)	MEASUREMENT (CBM)
⑩ " ITC" in triangle C/No. 1-2500 Item : Pant Size : Q'ty :	⑪ 2,500Cartons 6 X 20'	⑫ 1,000 Pieces of Jean Pants "Freight Prepaid" L/C No. IMP20748	⑬ 15,370kgs	⑭ 148CBM

ACCEPTED :
Hanjin Shipping Line

BY____________________

Please arrange to ship cargoes as above :
Applicant :
Address : ⑮
Name : Tel :

부록 3

No.38 수입화물선취보증신청서

수입화물선취보증신청서

(Application for Letter of Guarantee)

(□수입물품대도(T/R)신청 □EDI형 서비스 신청)

TO : WOORI Bank

<table>
<tr><td colspan="2" rowspan="2">선박회사명(Shipping Co.)
Hanjin Shipping Line</td><td colspan="2">신용장(계약서)번호(L/C NO.)
IMP101133</td><td>L/G번호(L/G NO.)
XXXXXXXXX</td></tr>
<tr><td>선하증권번호
(B/L NO.)</td><td colspan="2">SW5A</td></tr>
<tr><td colspan="2" rowspan="2">송하인(Shipper)
Charlie Trading Corp.
511, Yeongdongdae-ro, Gangnam-Gu, Seoul, 06164, Korea</td><td>선박명
(Vessel Name)</td><td colspan="2">ELROY</td></tr>
<tr><td>도착(예정)일
(Arrival Date)</td><td colspan="2">MARCH 4TH 20xx</td></tr>
<tr><td colspan="2">상업송장금액(Invoice Value)
USD25,000.00</td><td>항해번호
(Voyage NO.)</td><td colspan="2">830A</td></tr>
<tr><td colspan="2">선적항(Port of Loading)
BUSAN, KOREA</td><td>도착항
(Port of Discharge)</td><td colspan="2">HOBART, AUSTRALIA.</td></tr>
<tr><td>화 물 표 시 및 번 호
(Nos. & Marks)</td><td>포 장 수
(Packages)</td><td colspan="3">상 품 명 세
(Description of Goods)</td></tr>
<tr><td>" ITC " in triangle
C/No. 1-2500
Item : JEAN PANTS
Size :
Q'ty :</td><td>2,500 CARTONS</td><td colspan="3">1,000pcs OF JEAN PANTS</td></tr>
</table>

□ 본인은 위 신용자의 수입물품을 대도(T/R) 신청함에 있어 따로 제출한 외국환거래약정서 및 양도담보계약서의 모든 조항에 따를 것을 확약 합니다

□ 본인은 EDI 방식에 의한 수입물품선취보증서(L/G) 발급의 경우 소정의 서비스 이용료를 납부하고 본건이 발급된 후에는 변경 또는 취소가 불가능함을 확약합니다.

본인은 위 신용장 등에 의한 관계선적서류가 귀행에 도착하기 전에 수입화물을 인도받기 위해 수입화물 선취보증을 신청하며 본인이 따로 제출한 수입화물 선취보증서(LETTER OF GUARANTEE)에 귀행이 서명함에 있어 다음 사항을 따를 것을 확약합니다.

1. 귀행이 수입화물 선취보증서에 서명함으로써 발생하는 위험과 책임 및 비용은 모두 본인이 부담하겠습니다.
2. 본인은 위 수입화물에 대하여는 귀행이 소유권이 있음을 확인하며 귀행이 수입화물선취보증서에 따른 보증채무를 이행하여야 할 것이 예상될 경우 또는 본인에 대하여 은행여신거래 기본약관 제7조의 사유가 발생할 경우에는 귀행의 청구를 받는 즉시 위 수입화물을 귀행에 인도하겠으며, 수입화물의 인도가 불가능할 경우에는 위 수입물품에 상당하는 대금으로 상환하겠습니다.
3. 본인은 위 수입화물에 대한 관계선적서류를 제3자에게 담보로 제공하지 않았음을 확인하며, 또한 귀행의 서면 동의 없이 이를 담보로 제공하지 않겠습니다.
4. 본인은 위 수입화물에 관한 관계 선적서류가 도착할 때는 신용장 조건과의 불일치 등 어떠한 흠에도 불구하고 이들 서류를 반드시 인수하겠습니다.

20xx년 월 일

신 청 인 : 박 찬 경 (인)
주 소 : 서울 강남구 영동대로 511

수입(4040051, 210×297) NCR 2매1조 (`2002.12 개정)

No.39 수입화물대도신청서

□ 선 적 서 류 수 령 증
□ 수입화물 대도(T/R) 신청서

우 리 은 행 앞

□ 본인은 아래 신용장에 의한 선적서류를 정히 수령하였습니다.

□ 본인은 아래 신용장의 수입물품을 대도 신청함에 있어 따로 제출한 외국환거래약정서 및 양도담보계약서의 모든 조항에 따를 것을 확약합니다.

신용장번호										
선적서류	종류	선하증권	항공화물운송장	상업송장	보험서류	포장명세서	검사증명서	기타		
	통수									
대도(T/R)	선하증권(항공화물운송장)		번호							
	상업송장		번호							
			번호							
	대도금액									

본 인
주 소 (인)

수입 (4040101. 210×297) 백상지 80g/㎡ ('99. 1. 제정)

부록3

No.40 파손화물보상장

LETTER OF INDEMNITY(Sample)

To : ***HYUNDAI MERCHANT MARINE CO., LTD*** Date : *DATE(일자)*
Address : ***66, CHOKSON-DONG, CHONGRO-GU, SEOUL, KOREA***

Dear Sirs

Ship : *NAME OF SHIP(선명)*
Voyage : *VOYAGE NUMBER(항차)*
Cargo : : *DESCRIPTION OF CARGO(화물내역)*
Bill of lading : *B/L NUMBER, PLACE AND DATE OF ISSUE(B/L번호, 발급지 및 발급일자)*

The above cargo was shipped on the above ship by *NAME OF SHIPPER(송하인)* and consigned to *NAME OF CONSIGNEE(수하인/은행)* for delivery at the port of *NAME OF DISCHARGE PORT IN THE B/L(양하항)* but the bill of lading has not arrived and we, *NAME OF SHIPPER(송화인)*, hereby request you to deliver the said cargo to , *NAME OF NOTIFY(통지처/실화주)* at *PLACE WHERE DELIVERY IS TO BE MADE(B/L상 화물인도지)* without production of the original bill of lading.

In consideration of your complying with our above request, we hereby agree as follows :

1. To indemnify you, your servants and agents and to hold all of you harmless in respect of any liability, loss, damage or expense of whatsoever nature which you may sustain by reason of delivering the cargo in accordance with our request.

2. In the event of any proceedings being commenced against you or any of your servants or agents in connection with the delivery of the cargo as aforesaid, to provide you or them on demand with sufficient funds to defend the same.

3. If, in connection with the delivery of the cargo as aforesaid, the ship, or any other ship or property in the same or associated ownership, management or control, should be arrested or detained or should the arrest or detention thereof be threatened, or should there be any interference in the use or trading of the vessel (whether by virtue of a caveat being entered on the ship's registry or otherwise howsoever), to provide on demand such bail or other security as may be required to prevent such arrest or detention or to secure the release of such ship or property or to remove such interference and to indemnify you in respect of any liability, loss, damage or expense caused by such arrest or detention or threatened arrest or detention or such interference , whether or not such arrest or detention or threatened arrest or detention or such interference may be justified.

4. If the place at which we have asked you to make delivery is a bulk liquid or gas terminal or facility, or another ship, lighter or barge, then delivery to such terminal, facility, ship, lighter or barge shall be deemed to be delivery to the party to whom we have requested you to make such delivery.

5. As soon as all original bills of lading for the above cargo shall have come into our possession, to deliver the same to you, or otherwise to cause all original bills of lading to be delivered to you, whereupon our liability hereunder shall cease.

6. The liability of each and every person under this indemnity shall be joint and several and shall not be conditional upon your proceeding first against any person, whether or not such person is party to or liable under this indemnity.

7. This indemnity shall be governed by and construed in accordance with English law and each and every person liable under this indemnity shall at your request submit to the jurisdiction of the High Court of Justice of England.

Yours faithfully
For and on behalf of
NAME OF REQUESTOR(대표자)
The Requestor

명판/직인

Signature

No.41 수출신용보증서

수출신용보증서

(선적전 수출신용보증·수출용원자재 수입신용보증)

국민시초남(지) 귀하

보증서번호 31-20 -1128-B-000

신용보증한도 : 금삼천칠백만원정(KRW37,000,000)

채무자	상호	(주)이엔티시스템
	주소	서울 강남구 삼성동148-3번지
	대표자	김 현
수입자	상호	CYRK, INC
	주소	3 POND ROAD GLOUCESTER, MA 01930
	대표자	
L/C개설(확인) 은행		CITIZENS BANK OF RHODE ISLAND
대금지급국		미국
L/C또는 계약서번호		LC262385
대출금종류		약관 제2조 제1호 무역금융 및 관련 지급보증
보증방법		개별
보증기간		20 /05/06 - 20 /05/27

※ 특 약 사 항 ※

1. 보증부대출금의 상환기일이 보증기간을 초과할 수 없으며, 이 보증서는 회전운용할 수 없음.
2. 이 보증서에 의한 대출금은 위 무역금융중 완제품구매자금에 한함.

※ 굵은 선 안은 개별 보증인 경우에만 기재됨.
위와 같은 내용으로 수출신용보증(선적전) 약관에 따라 보증책임을 부담합니다.

20 년 5월 6일

한 국 보 험 공 사 강남지사장

No.42 수출승인(신청)서

수출승인(신청)서
Export License(Application)

처리기간 : 1일 Handling Time : 1Day

① 수출자 (Exporter) 무역고유번호 (Notification No.) 671110 상호, 주소, 성명 (Name of firm, Address, Name of Rep.) Charlies Trading Company 서울시 강남구 영동대로 511 (Signature)	④ 구매자 또는 계약당사자 Inline Trading Corporation 25, Penrose Avenue, Cherrybrook, NSW 2121, Australia ⑤ 신용장 또는 계약서 번호(L/C or Contract No.) IMP20748
② 위탁자 (Requester) 사업자등록번호 (Business No.) 상호, 주소, 성명 (Name of firm, Address, Name of Rep.) Charlies Trading Company 서울시 강남구 영동대로 511 (Signature)	⑥ 금액(Total Amount) USD171,500.00 ⑦ 결제기간(Period of Payment) L/C, At sight ⑧ 가격조건(Terms of Price) CIF New York
③ 원산지(Origin) Republic of Korea	⑨ 도착항(Port of Arrival) New York

⑩ HS부호 (HS Code)	⑪ 품명 및 규격 (Description/Size)	⑫ 단위 및 수량 (Unit/Quantity)	⑬ 단가 (Unit Price)	⑭ 금액 (Amount)
4011. 10 1000	Automobile Tube SIZE VALVE 500R13 TR13	50,000 Pieces	USD3.43	USD171,500.00

⑮ 승인기관기재란(Remarks to be filled out by an Approval Agency)

⑯ 유효기간(Period of Approval)

⑰ 승인번호(Approval No.)

⑱ 승인기관 관리번호(No. of Approval Agency)

⑲ 위의 신청사항을 대외무역법 제14조제2항 및 동법 시행령 제26조제1항의 규정에 의하여 승인합니다.
(The undersigned hereby approves the above-mentioned goods in accordance with Article 14(2) of the Foreign Trade Act and Article 26(1) of the Enforcement Decree of the said Act.)

년 월 일

승인권자 ㉑

※승인기관이 2이상인 경우 ⑮~⑱의 기재사항은 이면에 기재하도록 합니다.
※이 서식에 의한 승인과는 별도로 대금결제에 관한 사항에 대하여는 외국환거래법령이 정하는 바에 따라야 합니다.

No.43 수출신고서

수 출 신 고 서

계약번호:
(통 계 용)

※ 처리기간 :즉시

① 신고자상호 ______ 제출번호 [ ]		⑦ 신고번호	⑧ 신고일자	⑨ 신고구분	⑩C/S구분
② 수출자상호 ______ 부호 [ ] [ ]					
③ 제조자주소 ______		⑪ 거래구분		⑫ 종 류	⑬ 결제방법
상 호 ______		⑭ 목적국		⑮ 적재항	
통관고유부호 [ ] 사업자등록번호 [ ]		⑯ 운송형태		⑰ 제조완료일 (검사희망일)	
④ 구매자상호 ______ 부호 [ ]		⑱ 물품소재지 [ ]			
⑤ 환급신청인 [수출자] [제조자]		⑲ L/C번호			
⑥ 환급기관 ______ 부호 [ ]		⑳ CS변경		㉑ 조사란	

㉒ 품 명 · 규 격			
	㉓관 세 사 실 적		
	㉔ 세 번 부 호		
	㉕ 제 품 코 드		
	㉖신고가격(FOB)		
	㉗순 중 량		KG
	㉘수 량		U
	㉙포장갯수 / 종류		CT
	세 번 부 호		
	제 품 코 드		
	신고가격(FOB)		
	순 중 량		KG
	수 량		U
	포장갯수 / 종류		CT

㉚ 총란수 ( )란	㉛ 총 중 량	단위 KG	㉜ 총포장갯수	㉝총신고가격	₩ $
관련서류	㊲ 수출승인서			㉞ 결제금액	
	㊳ 수출추천서			㉟ 운 임(₩)	㊱보험료(₩)
	㊴ 검 사 증			㊺ 세관기재란	
	㊵ 검 역 증				
	㊶ 전약물자수출 허가서				
	㊷				
보세운송	㊸ 운송신고인			㊻ 신고수리일자(/ /)	
	㊹ 기 간 / / 부터 / / 까지				

471-00122민

(1) 수출신고일로부터 30일이내 선(기)적하지 아니할 때에는 수출신고수리의 취소 및 벌금이 부과되므로 선(기)적 사실을 확인하시기 바랍니다. (관세법 제66조, 제14조의3, 제188조)
(2) 수출신고필증의 진위여부는 수출입통관정보시스템에 조회하여 확인하시기 바랍니다. (http://kcis.ktnet.co.kr)

210×297mm NCR지55g/m²

부록 3

【수출신고필증 실례】

UNI-PASS

수출신고필증(적재전,갑지)

USD 1,054.4100 계약번호1:
InvoiceNo:20110707-005

※처리기간 : 즉시

제출번호 43092-11-802797U

① 신고자 관세법인 스카

⑤ 신고번호 020-15-11-02136749

⑥ 신고일자 20 /07/11

⑦ 신고구분 H 일반P/L신고

⑧ C/S구분

② 수출대행자 글로벌무역
(통관고유부호) 글로-5-10-1-01-4 수출자구분 C
수출화주 글로벌무역
(통관고유부호) 글로-5-10-1-01-4
(주소) 경기 고양시 일산 동구 마두동 85
(대표자) (소재지) 410
(사업자등록번호) 128-35-36171

⑨ 거래구분 11 ⑩ 종류 A ⑪ 결제방법 TT
⑫ 목적국 TR TURKEY ⑬ 적재항 KRINC 인천항 ⑭ 선박회사(항공사)
⑮ 선박명(항공편명) ⑯ 출항예정일자 // ⑰ 적재예정보세구역 -
⑱ 운송형태 10 BU ⑲ 검사희망일 20 /07/11
⑳ 물품소재지 400 인천 중구 항동

③ 제조자 에이
(통관고유부호) 에이 -5-11-1-01-3
제조장소 210 산업단지부호 999

㉑ L/C번호 ㉒ 물품상태 N
㉓ 사전임시개청통보여부 A ㉔ 반송 사유

④ 해외거래처 MAYA LAZER EPILASYON MEDIK
(해외거래처부호) TRMAYALA0001Q

㉕ 환급신청인 2 (1:수출/위탁자, 2:제조자)
간이환급 NO

. 품명,규격 (란번호/총란수:001/001)

㉖ 품명 COSMETICS
㉗ 거래품명 COSMETICS
㉘ 상표명

㉙ 모델,규격	㉚ 성분	㉛ 수량	㉜ 단가(USD)	㉝ 금액(USD)
SUN PROTECT CREAM SPF50 PA+++(50ML)		2,160 (PC)	3.5	7,560

본 신고필증은 수출통관 사무처리에 관한 고시 제21조에 따라 세관장으로부터 신고수리된 것을 확인하여 발행 교부함

㉞ 세번부호	3304.99-9000	㉟ 순중량	180.0 (KG)	㊱ 수량		㊲ 신고가격(FOB)	$7,560 W7,971,339
㊳ 송품장부호	20110707-005	㊴ 수입신고번호		㊵ 원산지	KR--	㊶ 포장갯수(종류)	18(CT)
㊷ 수출요건확인(발급서류명)							
㊸ 총중량	198.0(KG)	㊹ 총포장갯수	18 (CT)	㊺ 총신고가격(FOB)			$7,560 W7,971,339
㊻ 운임(W)		㊼ 보험료(W)		㊽ 결제금액		FOB-USD-7,560.00	
㊾ 수입화물 관리번호				㊿ 컨테이너번호			N

※신고인기재란
선적기간 : 20 -07-11 - 2011-08-10

⑸ 세관기재란

인천세관 관할
관세사 최화진
전자서류수출통관승인

운송(신고)인
기간 / / 부터 / / 까지
적재의무기한 20 /08/10
담당자
신고수리일자 20 /07/11

업태/종목:도소매/화장품

Page 1/1

(1) 수출신고수리일로부터 30일내에 적재하지 아니한 때에는 수출신고수리가 취소됨과 아울러 과태료가 부과될 수 있으므로 적재사실을 확인하시기 바랍니다.
(관세법 제251조, 제277조) 또한 휴대탁송 반출시에는 반드시 출국심사(부두,초소,공항) 세관공무원에게 제시하여 확인을 받으시기 바랍니다.

(2) 수출신고필증의 진위여부는 관세청 인터넷통관포탈에 조회하여 확인하시기 바랍니다.(http://portal.customs.go.kr)

No.44 수입신고서

수 입 신 고 서

(보 관 용) ※ 처리기간: 3일

신 고 번 호: 신 고 일: 세관.과:
B/L(AWB)번호: 입 항 일:
화물관리번호: 반 입 일: 징수형태:

신 고 자:
수 입 자:
납 세 의 무 자: 통관고유부호: 사업자등록번호:
무 역 대 리 점:
공 급 자:
통 관 계 획: 거래구분: 원산지증명서 유무:
신 고 구 분: 종류: 가격신고서 유무:
총 중 량: KG 국내도착항: 적출국:
총 포장 갯수: CT 운송형태: 선기명:
MASTER B/L번호: 운수기관부호:
검사(반입)장소:

●품명·규격(란번호/총란수 :)
품 명:
거 래 품 명:
상 표:
모델 · 규격 : 성분 수량 단가(USD) 금액(USD)

세 번 부 호: 순중량: C/S 검사:
과세가격(CIF): 수 량: 검사변경:
환급물량:
사후확인 기관: 원산지표시: 특수세액계산근거:
수입요건확인:
(요건확인물량)
세종 세율(구분) 감면율 세액 감면분납부호(감면액) *내국세종부호

●총과세가격 및 세액
결 제 금 액: 환 율:
총 과 세 가 격: 운 임: 가 산 금 액:
보 험 료: 공 제 금 액:

세 종	세액
관 세	
특 소 세	
교 통 세	
주 세	
교 육 세	
농 특 세	
부 가 세	
신고지연 가산세	
총세액합계	

납 부 번 호:
부가가치세과표:
세 관 기 재 란:

담 당 자 : 접 수 일 시 : 수 리 일 자 :

= 이 하 여 백 =

업태: 종목: 세관·과 : 신고번호: Page: /

【수입신고필증 실례】

UNI-PASS

수 입 신 고 필 증

612749U

① 신고번호	② 신고일	③ 세관.과	⑥ 입항일	⑦ 전자인보이스 제출번호
32036-11-612749U	20 /04/21	040 - 26	20 /04/20	

④ B/L(AWB) 번호	⑤ 화물관리번호	⑧ 반입일	⑨ 징수형태
H7835236528	115X05G4K15-4002-180	20 '04/20	18

⑩ 신 고 인 대한통운(주) 고남례
⑪ 수 입 자 (주)로비존상사 (로비존상-1-05-1-01-2 A)
⑫ 납세의무자 (로비존상-1-05-1-01-2 / 120-86-39050)
(주소) 서울 송파구 방이동 48-5 현대주상복합
(상호) (주)로비존상사
(성명) 백상현
⑬ 운송주선인 유나이티드파슬서비스코리아주식 (UPSX)
⑭ 해외거래처 WAH CHEONG HONG (HK) LTD
(HK) / HKBICONH0001P

⑮ 통관계획 D 보세구역장치후 | ⑲ 원산지증명서 유무 N | ㉔ 총중량 27.5 KG
⑯ 신고구분 B 일반서류신고 | ⑳ 가격신고서 유무 N | ㉕ 총포장갯수 2 CT
⑰ 거래구분 11 일반형태수입 | ㉑ 국내도착항 ICN 인천공항 | ㉖ 운송형태 40 - ETC
⑱ 종류 K 일반수입(내수용) | ㉒ 적출국 HK HGKONG | ㉓ 선기명 5X0196 US
㉗ MASTER B/L 번호 40663100785 | ㉘ 운수기관부호

㉙ 검사(반입)장소 040 77009 - PKG/F (UPS창고)

● 품명 · 규격 (란번호/총란수 : 1 / 1)

㉚ 품 명 BRACELET ㉜ 상 표 NO
㉛ 거래품명 BRACELET

㉝ 모델 · 규격 (6)	㉞ 성분	㉟ 수량	㊱ 단가(USD)	㊲ 금액(USD)
"을지참조"				

㊳ 세번부호	7117.19-2000	㊵ 순중량	25 KG	㊸ C/S 검사	Y 청CS기준검사	㊻ 사후확인기관
㊴ 과세가격(CIF)	$2,343	㊶ 수 량		㊹ 검사변경		
	₩2,574,472	㊷ 환급물량	550 EA	㊺ 원 산 지	CN-C-Y-Z	㊼ 특수세액

㊽ 수입요건확인 (발급서류명)

㊾ 세종	㊿ 세율(구분)	51 감면율	52 세액	53 감면분납부호	감면액	* 내국세종부호
관	8.00(A기가)		205,957			
부	10.00(A)		278,042			

54 결제금액(인도조건-통화종류-금액-결제방법) FOB - USD - 2,160 - TT 56 환 율 1,098.8300

55 총과세가격 $ 2,343 57 운 임 201,000 59 가산금액 61 납부번호 0127-040-26-11-1-241888-1
₩ 2,574,472 58 보험료 60 공제금액 62 부가가치세과표 2,780,429

63 세종	64 세액
관 세	205,950
개별 소비세	
교 통 세	
주 세	
교 육 세	
농 특 세	
부 가 세	278,040
신고지연가산세	
미신고가산세	
65 총세액합계	483,990

◆ 신고인기재란 02-440-0395

66 세관기재란

수입신고수리 인천공항세관

67 담당자 김태영 011923 68 접수일시 20 /04/21 16:01 69 수리일자

업태/종목:도매외/무역컨설팅외 KSM1 세관.과 : 040-26 신고번호 : 32036-11-612749U Page 1/2

* 수입신고필증의 진위 여부는 관세청포탈시스템(http://portal.customs.go.kr)에 조회하여 확인하시기 바랍니다.

UNI-PASS

수 입 신 고 필 증

(을 지)

◆ 처리기간 : 3일

① 신고번호	② 신고일	③ 세관.과	⑥ 입항일	⑦ 전자인보이스 제출번호
32036-11-612749U	20 '04/21	040 - 26	20 '04/20	

④ B/L(AWB) 번호	⑤ 화물관리번호	⑧ 반입일	⑨ 징수형태
H7835236528	115X05G4K15-4002-180	20 '04/20	18

●품명 · 규격 (란번호/총란수 : 1 / 1)

㉚ 품 명 BRACELET
㉛ 거래품명 BRACELET
㉜ 상 표 NO

㉝ 모델 · 규격 (6)	㉞ 성분	㉟ 수량	㊱ 단가(USD)	㊲ 금액(USD)
(NO.01) 1021 S/S BRACELET		100 EA	3.9	390
(NO.02) 1060 S/S BRACELET		100 EA	3.9	390
(NO.03) 1061 S/S BRACELET		100 EA	3.9	390
(NO.04) 1062 S/S BRACELET		100 EA	4.2	420
(NO.05) 1070 S/S BRACELET		100 EA	4.4	440
(NO.06) TC-09 TOOLS FOR LENGTH ADJUSTM ENT		50 EA	2.6	130

===== 이 하 여 백 =====

업태/종목:도매외/무역컨설팅외 세관.과 : 040 - 26 신고번호 : 32036-11-612749U Page : 2/2

• 수입신고필증의 진위 여부는 관세청포탈시스템(http://portal.customs.go.kr)에 조회하여 확인하시기 바랍니다.

No.45 환급신청서

환 급 신 청 서(갑)

환급신청인	신청인부호	※접수번호		처리기간 : 3일
주소		기관부호	년도	일련번호
상호	사업자등록번호			
성명				

신청관세사		※접수일자	
제출번호		환급구분 (1 : 연산품정액, 2 : 간이(₩), 3 : 개별, 4 : 간이($))	
세조사	통관고유번호	결정일자	
주소			
상호	사업자등록번호	추가환급	
성명			

수 출 물 품 규 격				세 종	금 액
				관 세	
				특 소 세	
				교 통 세	
HS		부호	형태	주 세	
				교 육 세	
수출금액(FOB$)		수출물량	단위	농 특 세	
지급은행	은행명		본(지)점	계	
	코드번호			조사1	조사2
	온라인구좌번호				

총 ( )행

ⓐ행번호	수 출 신 고 번 호				ⓕ수리일자	ⓖ수출물량	ⓗ수출금액(FOB$)
	ⓑ세 관	ⓒ과	ⓓ신고번호	ⓔ란			

결재	담당	주무	과장	장

참고문헌

1. 한국문헌

강원진, 「무역실무 제3판」, 박영사, 2008

강이수 · 박종삼, 「국제거래분쟁론 (제4판)」, 삼영사, 2010

김병술, 「무역업의 창업과 경영」, 두남, 1998

대한상공회의소, 「UCP600 공식번역 및 해설서」, 대한상공회의소 · ICCKorea · 건국은행연합회, 2007

__________, 「인코텀즈 2010」, 대한상공회의소 · ICCKorea · 한국무역상무학회, 2010

__________, 「인코텀즈 2020」, 대한상공회의소 · ICCKorea, 2019

대한상사중재원, 「상사분쟁과 중재절차해설」, 대한상사중재원, 2005

_____, 「중재를 통한 분쟁해결 안내」, 대한상사중재원, 2014

박광서, 「무역결제 제4판」, 삼영사, 2017

_____, 「무역법규 제3판」, 탑북스, 2017

_____, 「무역운송」, 한국무역협회 무역아카데미, 2006

_____, 「서비스무역」, 삼영사, 2018

_____, 「알기쉬운 수출입실무」, 한국무역협회, 2001

박대위, 「제8전정판 무역실무」 법문사, 2005

박세운 · 한기문 · 한재필 · 허해관, 「ICC청구보증통일규칙」, 대한상공회의소 · ICCKorea, 2010

박세운 · 한기문 · 김상만 · 허해관, 「보증신용장통일규칙 공식번역 및 해설」, 대한상공회의소 · ICCKorea국제금융위원회, 2008

배정한, 「국제무역대금결제 재4판」, 삼영사, 2007

서정두, 「국제상무론」, 삼영사, 2006

양영환, 「무역학개론」, 동성사, 1987

양영환 · 오원석, 「무역영어」, 삼영사, 1987

_____, 「제5차개정화환신용장통일규칙 및 관례」, 대한상공회의소, 1993

양영환 · 오원석 · 서정두, 「국제표준은행관습」, 한국무역상무학회, 2003

오세창, 「무역실무론」, 박영사, 1985

오원석, 「국제비즈니스계약론」, 성균관대학교경영대학원, 2006

_____, 「무역관습론」, 동성사, 1987

오원석 역, 「UN통일매매법」, 삼영사, 1998.

오원석 · 박광서, 「무역보험 제2판」, 삼영사, 2018

오원석 · 박광서 · 이병문, 「글로벌 무역학개론」, 탑북스, 2015

오원석 외, 「인코텀즈(Incoterms) 2010」, 대한상공회의소·한국무역상무학회, 2010
우리은행, 「외환길라잡이」, 우리은행, 2004
유광현, 「무역초보자가 꼭 알아야 할 139가지」, 원앤원북스, 2006
이상호·이환호·주한광, 「글로벌시대의 국제무역론」, 법문사, 2005
이시환·김광수, 「Incoterms 2010」, 두남, 2010
이철·장대련, 「글로벌시대의 국제마케팅」, 학현사, 1998
임석민, 「국제운송론 (제5판)」, 2011
정재완, 「21세기 무역학개론」, 삼영사, 2014
최준선, 「국제거래법, 제6판」, 삼영사, 2010
_____, 「보험법·해상법」, 삼영사, 2007

한국무역협회, 「무역실무 길라잡이」, 한국무역협회, 2011
한국무역협회, 「무역실무 매뉴얼」, 한국무역협회, 2008
________, 「무역서식 기재요령」, 한국무역협회, 2008
________, 「수출입대금결제」, 한국무역협회, 2006
________, 「수출입업무요람」, 한국무역협회, 1996
________, 「한국무역사」, 한국무역협회, 2006

2. 일본문헌

加藤 清, 要說 貿易實務, 酒井書店, 1984
加藤 修, 貿易保險の實務, 同文社, 1985
______, 最新國際貿易海上保險實務, 成山堂書店, 1984
大崎正瑠, 標準貿易原則, 成山堂書店, 1980
大村榮一, 海上保險, 千倉書房版, 1982
浜谷源藏, 貿易取引の基本問題, 同文館, 1977
飯田秀雄, 海陸複合運送の研究, 1973
石田貞夫, 貿易取引の實務, 實教出版, 1980
石曾根孝輔, 基本貿易取引, 同文館, 1984
小林 甫, 現代貿易商務論, 泉文堂, 1985
井上德男, 貿易取引, 同文館, 1985
朝岡良平, 逐條解說信用狀統一規則, 文唱堂, 1985
______, 貿易賣買と商慣習, 東京布井出版, 1981
中村 弘, 貿易契約の基礎, 東洋經濟新報社, 1983
______, 貿易實務論, 東洋經濟新報社, 1985
新堀聰, 貿易賣買, 同文館, 1990

興亞火災海上保險(株), 運送契約の理論と實務, 海文堂, 1982
東京海上火災保險, 海上保險論, 成山堂書店, 1985
東京海上火災保險(株), 貨物海上保險の理論と實務, 海文堂, 1978

3. 영미문헌

Aaditya Mattoo · Robert M. Stern · Gianni Zanini, *A Handbook of International Trade in Services*, Oxford University Press, 2008

Anders Grath, *The Handbook of International Trade and Finance*, 2nd ed., Koganpage, 2012

Atiyah, P. S., *The Sale of goods*, 10th ed., Pearson Edu., 2001

Bes, J., *Chartering and Shipping Law*, London, 1970

Bianca, C. M., & Bonnell, M. J., *Commentary on the International Sales Law*, Giuffre · Milan, 1987

Bonell, M. J., *An International Restatement lf Contract Law*, 2nd ed., Transnational Pub., Inc., 1997

Brown, R. H., *Marine Insurance Vol. 2-Cargo Practice*, London, 1975

______, *Marine Insurance vol. 1-Principles*, London, 1975

Buman, H. J., *The Law of International Trade*(1969~70), Harvard Univ., 1970

Carole Marray·David Holloway·Daren Timson-Hunt, *Schmitthoff's The Law and Practice of International Trade, 12th ed.*, Sweet & Maxwell, 2012

Chissick, M., *Electronic Commerce, Law and Practice*, Sweet & Maxwell, 1999

Commonwealth of Australia, *Winning Export*, Pitman Publishing, 1996

David J. Hennah, *The ICC Guide to the Uniform Rules for Bank Payment Obligations*, ICC, 2013

Day, D. M., *The Law of International Trade*, London, 1981

Eiternann, D. K. and Stonehill, A. I., *Multinational Business Finance*, Massachusetts, 1979

Folsom, R. H., *International Business Transaction*, West Pub., Co. 1996

Guillermo C. Jimenez, *ICC Guide to Export/Import Global Standards for International Trade*, 4th ed., International Chamber of Commerce, 2012

Hague Rules(1924)

Hamburg Rules(1978)

Honnold, J., *Uniform Law for International Trade Law and Practice*, Euromoney

Pub., 1983 & 1990

Houtte, H. V., *The law of International Trade*, Sweet & Maxwell, 1995

I.C.C. Guide to Export-Import Basics, Vital Knowledge for Trading Internationally, 3rd ed., 2008

_____, Guide to Incoterms, 2010

_____, ICC Model International Business Contracts, 2005

_____, ICC Model International Sales Contract (Manufactured Goods), 2013 Revision, 2013

_____, ICC Model International Technology Transfer Contract, 2009

James, E. Byrne, *The Comparison of UCP600 & UCP500*, The Institute of International Banking Law & Practice, Inc., 2006

J. Bradford Jensen, *Global Trade in Services – Fear, Facts, and Offshoring*, Peterson Institute for International Economics, 2011

Kotler & Armstrong, *Principles of Marketing*, 9th ed., Prentice hall Inc., 2001

Leo D'Arcy et al, *Shmitthoff's Export Trade*, Swet & Maxwell, 2000

Marine Insurance Act, 1906.

Revised American Foreign trade Definitions(1991)

Rob and Terry Adams, *Import/Export Business*, Entrepreneur Media Inc., 2003

Sassoon, *D. M., C.I.F. and F.O.B. Contract*, 3rd ed., Stevens & Sons, 1980

Schmitthoff, C. M., *Export Trade*, 8th ed., Stevens & Sons, 1986 & 1990

__________, *Legal Aspects of Export Sales*, London, 1969

The Sale of Goods Act(1979)

Thomas E. Johnson, *Export/Import Procedures and Documentation*, 4th ed., Amcom, 2004

U.S. Small Business Administration, *Breaking into the Trade Game*, 3rd ed., 2005

Walker, A. B., *Export Practice and Documentation*, London, 1977

4. 국제무역규칙

Hague Rules(1924)

Hamburg Rules(1978)

I.C.C. Incoterms(1990)

_____, Incoterms(2000)

_____, Incoterms(2010)

_____, Incoterms(2020)

_____, Uniform Customs and Practice for Documentary Credits, ICC Publication No 600, 2007

_____, Uniform Rules for Collection, ICC Publication No 522, 1995

Marine Insurance Act, 1906

Revised American Foreign Trade Definitions(1991)

Sale of Goods Act(1979)

United Nations Convention on Contracts for the International Sale of Goods(1980)

United Nations Convention on International Transport of Goods(1980)

Warsaw Convention(1929 & 1955)

Warsaw/Oxford Rules for C.I.F. Contract(1932)

찾아보기

ㄱ

ㅇ

吳 元 奭

- 성균관대학교 졸업
- 美, American Graduate School of International Management 졸업
- 성균관대학교 대학원 졸업(경제학박사)
- 美, University of Washington Law School 교환교수
- 동아대학교 교수
- 성균관대학교 무역연구소장
- 성균관대학교 무역대학원장
- (사)한국무역상무학회 회장
- 성균관대학교 경영학부장, 경영대학원장, 경영전문대학원장
- 성균관대학교 경영전문대학원 W-AMP원장
- 한국무역보험학회 회장

- 現, 성균관대학교 명예교수
  (사)한국무역상무학회 고문
  한국무역보험학회 고문
  대한상사중재원 중재인 및 이사

저 서

- 국제무역의 이해(공저, 삼영사)
- 국제물품매매법의 이해(공저, 삼영사)
- 국제비즈니스영어(공저, 삼영사)
- 국제상사계약원칙2004(공저, 법문사)
- 국제운송론(박영사)
- 국제운송물류(공저, 탑북스)
- 국제운송·보험론(공저, 법문사)
- 국제표준은행관습(공저, 삼영사)
- 글로벌무역학개론(공저, 탑북스)
- 무역관습론(동성사)
- 무역계약과 결제(삼영사)
- 무역계약론(삼영사)
- 무역보험(공저, 삼영사)
- 무역상무의 이해(공저, 문영사)
- 무역학원론(공저, 삼영사)
- 신용장론(공저, 삼영사)
- 인터넷무역론(공저, 법문사)
- 최신국제비즈니스계약(삼영사)
- 최신무역관습(삼영사)
- 최신무역상무론(공저, 법문사)
- 해상보험론(삼영사)
- UN통일매매법(역서, 삼영사)
- 국제상사계약원칙 2016(공저, 삼영사)

朴 洸 緖

- 충남대학교 법과대학 법학과 졸업 (법학사)
- 성균관대학교 무역대학원 석사과정 졸업 (경영학석사)
- 美, Arthur D. Little School of Management 졸업 (MBA)
- 성균관대학교 대학원 박사과정 졸업 (경영학박사)
- 대한상사중재원 중재인
- 한국무역협회 근무(1991~2006)
- 건국대학교 조교수(2006), 부교수(2010)

- 現, 건국대학교 국제무역학과 교수(2015~현재)
  (사)한국무역상무학회 회장(2019~현재)
  국제무역사 출제・선정・감수위원
  한국무역협회 무역아카데미 객원교수

▌저 서

- 서비스무역(삼영사)
- 무역결제(삼영사)
- 무역법규(탑북스)
- 무역보험(공저, 삼영사)
- 글로벌무역학개론(공저, 탑북스)
- 국제무역비즈니스(공저, 건국대학교 출판부)

저자와의
협의하에
인지생략

무역상무[제4판]

2008년 3월 1일 1판 1쇄 발행
2011년 8월 30일 2판 1쇄 발행
2015년 2월 15일 3판 1쇄 발행
2020년 2월 25일 4판 1쇄 발행
2024년 3월 5일 4판 5쇄 발행

저 자 오 원 석 ・ 박 광 서
발행인 고 성 익

05027
발행처 서울특별시 광진구 아차산로 335 삼영빌딩
도서출판 三 英 社
등 록 1972년 4월 27일 제2013-21호
전 화 737-1052・734-8979 FAX 739-2386

정가 36,000원

ISBN 978-89-445-0500-3-93320